„… dzisiejsza supremacja Ameryki ma swoje cechy wyróżniające: powstała niezwykle szybko, ma zasięg ogólnoświatowy i sprawowana jest w szczególny sposób." [1]

Zbigniew Brzeziński 1997

Światowe mocarstwo USA
- czy to już schyłek?

---

[1] Brzeziński, Zbigniew, *Wielka szachownica*, Świat Książki, Warszawa 1998, s. 3

dla Alyssy i Liv

Tytuł oryginału:
Weltmacht USA – hat der Niedergang begonnen?

Copyright © 2017-2019 by Hartmut Spieker, 26419 Schortens
Copyright © 2019 for the Polish edition by Hartmut Spieker, 26419 Schortens
Copyright © 2019 for the Polish translation by Paweł Seydak, 02-791 Warszawa
Wydanie pierwsze

Tłumaczenie: Paweł Seydak

TWENTYSIX – wydawnictwo samodzielnie wydawanych pozycji,
wspólnota kooperacyjna Grupy Wydawniczej Random House
i BoD – Books on Demand, Norderstedt

Projekt graficzny okładki oraz grafiki w tekście:
Dirk Gaiser, San Carlos, CA (USA)

Zdjęcie na tylnej okładce książki ze zbiorów autora

Produkcja i wydawnictwo:
BoD – Books on Demand, Norderstedt

ISBN: 9-783740-706234

Światowe mocarstwo USA
- czy to już schyłek?

Dzisiejsze USA

Przedmowa

God's own country; wzorzec demokracji; matecznik praw człowieka; kraj mlekiem i miodem płynący; od pucybuta do milionera; swobody obywatelskie; wiodąca potęga Zachodu; wielkie i być może jedyne prawdziwe mocarstwo światowe.

Oto kilka przewodnich pojęć, z których pomocą przybliżano mi od czasów młodości i utrwalono obraz Stanów Zjednoczonych Ameryki. I tak zostało na wiele dziesięcioleci – aż do owych czterech lat pomiędzy rokiem 1989 a 1993, kiedy to wraz z moją żoną Ursulą mieszkaliśmy na Rhode Island oraz w Wirginii. Właśnie wtedy te ideały czy też pojęcia przewodnie z wolna zaczęły się zmieniać: stawałem się coraz bardziej krytyczny w ocenie USA.

Jakimż to sposobem tej niegdysiejszej kolonii brytyjskiej udało się wznieść do rangi jedynego istniejącego mocarstwa światowego i jak to się stało, że ten kraj, u szczytu potęgi, w roku 2001 tak szybko zaczął tracić swój pozytywny wizerunek publiczny oraz swoją pozycję w świecie i – jak należy sądzić – wkroczył na równię pochyłą?

Ten problem nurtuje mnie od dłuższego czasu. Zacząłem go zgłębiać i szukać odpowiedzi, które zebrałem w niniejszej książce. Oparłem się przy tym na faktach, które udało mi się wyszukać w książkach, artykułach prasowych i w internecie. Z tej przyczyny znaczna część przytoczonych faktów i opisów historycznych nie jest moją duchową własnością. Niekiedy przejmowałem całe pasaże z zaznaczonych źródeł. Są one niezbędne tak do prześledzenia rozwoju moich poglądów, jak i do ich oceny.

Zbigniew Brzeziński, doradca do spraw bezpieczeństwa narodowego Jimmy Cartera (39. prezydent USA, 1977-1981), wyraził w swej książce „Wielka szachownica" trafną opinię:

> „Klęska i rozpad Związku Radzieckiego ... doprowadził do błyskawicznego wzrostu wpływów Stanów Zjednoczonych, mocarstwa półkuli zachodniej, jedynego i w gruncie rzeczy pierwszego supermocarstwa o charakterze naprawdę ogólnoświatowym. ... Wynika stąd, że Ameryka ... musi się troszczyć o geopolityczny wymiar swojej polityki zagranicznej i wykorzystywać swoje wpływy

... w taki sposób, aby pełnić ... rolę arbitra politycznego, zapewniającego stabilizację i równowagę.''[2]

Brzeziński miał tu absolutną rację, tyle że rządy USA od tamtej pory w dość nikłym stopniu stosują się do tej analizy uznanego i doświadczonego polityka. Dotyczy to zwłaszcza George'a Busha II, jak i początkowo tak wychwalanego na wyrost Baracka Obamy, wyróżnionego tuż po objęciu prezydentury Pokojową Nagrodą Nobla. W szczególnej mierze tyczy się to również pełniącego urząd od 2017 r. prezydenta Donalda Trumpa. Podczas kadencji prezydenckiej obu wpierw wymienionych polityków proces regresji ich kraju przyspieszył, wspomagając tym samym wzlot Chin, potencjalnego następcy USA. Wygląda też na to, że i obecny prezydent raczej przyspieszy ów schyłkowy proces.

Błyskawiczny wzrost USA w pierwszej połowie XX wieku oraz ich niekwestionowana, wyraźna rola przywódcza pełniona z powodzeniem przez kolejnych 50 lat, doprowadziły naród i państwo, po rozpadzie Układu Warszawskiego, do rangi jedynego mocarstwa światowego. Przez pół wieku Stany Zjednoczone były gwarantem wolności politycznej i gospodarczej, zyskując sobie przyjaźń i uznanie wielu narodów. Wystarczyło wszakże jedno jedyne wydarzenie i jeden prezydent, by nastąpiła wyraźna zmiana kursu tak wewnętrznego, jak i zewnętrznego. "... obecnie zaś [Stany Zjednoczone] jawią się coraz bardziej jako czynnik międzynarodowego nieładu, wprowadzając – gdzie się tylko da – niepewność i konflikty."[3]

Od czasu zamachu na *World Trade Center* w roku 2001 Stany Zjednoczone, w skali globalnej, stale tracą na wiarygodności i zaufaniu. Naruszanie praw człowieka, coraz silniejsza arogancja władzy, problemy gospodarcze, kryzysy finansowe nieznanych dotąd rozmiarów, błędne metody politycznego działania, słaby i nieobliczalny prezydent – wszystko to prowadzi do stanu, w którym USA właściwie już tylko dzięki swym siłom zbrojnym, mającym nadal wyraźną przewagę, mogą bronić pozycji światowego mocarstwa. Trudności gospodarcze, wysokie zadłużenie wewnętrzne oraz problemy budżetowe ograniczają zdolność państwa do politycznego działania. Tak jak niegdyś *Royal Navy* gwarantowała dobrobyt i globalną władzę Wielkiej Brytanii, tak dziś pozycję światowego mocarstwa zapewniają Ameryce zespoły lotniskowcowe *US Navy*. Dzisiejsze USA jawią się już tylko jako mocarstwo światowe do odwołania.

---

[2] Brzeziński, Zbigniew, op. cit., s. XXIX i nast.
[3] Todd, Emmanuel, *Schyłek imperium. Rozważania o rozkładzie systemu amerykańskiego*, Wydawnictwo Akademickie, Warszawa 2003, s. 7

Co umożliwiło ów błyskawiczny wzrost, na czym polegają problemy wewnętrzne, jaką rolę odgrywają USA w polityce światowej i jak wyglądają perspektywy? Te i inne kwestie zostaną poddane analizie na kolejnych stronach.

W tym miejscu chciałbym pokrótce wymienić i opisać kilka istotnych wydarzeń historycznych, które są kojarzone z problemem stopniowego słabnięcia roli USA i zostaną głębiej zbadane w dalszej treści niniejszej książki.

2001 r. – 11 września

11 września 2001 r., w wyniku terrorystycznego ataku, zniszczone zostały obie wieże nowojorskiego *World Trade Center*. Ponieważ od czasów wojny domowej lat 1861-1865 nie było potrzeby toczenia wojny na własnym terytorium (wszystkie 81 wojen, które prowadziły USA od 1865 r., rozgrywało się na innych terytoriach), zamach ten ugodził kraj wyjątkowo dotkliwie. Akcja wymierzona w *World Trade Center* została przez USA uznana za „wojnę" przeciwko państwu i prezydent George Bush II odpowiednio na to zareagował. W wyniku zamachu zginęło 2.989 osób – to rezultat aż nadto zły. Jeśli jednak przeciwko sprawcom tego mordu prowadzi się „wojnę", to należałoby „ruszyć w pole" także przeciwko sprawcom 30.000 morderstw dokonywanych corocznie w USA z pomocą broni palnej i zwalczać *National Rifle Association*. Ale najwyraźniej dzięki „9/11" znów udało się stworzyć wizerunek wroga, z którym „da się toczyć wojnę" przez długi czas.

2001 – III wojna w Afganistanie

Po pierwszych katastrofalnych doświadczeniach Brytyjczyków w XIX wieku i takich samych doświadczeniach Związku Radzieckiego w wieku XX, w październiku 2001 r. USA, jako trzecie mocarstwo światowe, rozpoczęły inwazję w Afganistanie przy wsparciu potężnego sojuszu o światowym zasięgu. Celem tej wojny była rzekomo eliminacja terrorystów, którzy według ustaleń CIA odpowiadali za zamachy z 11 września 2001 r. W wyniku inwazji, koalicji udało się początkowo obalić panujących w kraju talibów. Jednak z chwilą wycofania wojsk, co nastąpiło w końcu 2014 r., zaistniała obawa, że w przyszłości talibowie znów opanują kraj i przywrócą status „pro ante". W takim wypadku cały przelew krwi oraz zaangażowanie niezwykle dużej ilości sprzętu wojskowego i środków budżetowych wielu uczestniczących państw okazałyby się daremne (do końca 2014 r. życie straciło 3.485 żołnierzy koalicji, w tym 54 żołnierzy Bundeswehry i trzech niemieckich policjantów). USA, jako państwo wystawiające największy kontyngent, poniosło najcięższe straty wynoszące 67 % wszystkich poległych żołnierzy koalicji. Liczba zabitych żołnierzy afgańskich oraz talibów jest nieznana. Oficjalne dane na temat ofiar cywilnych są niekompletne, a oceny bardzo się różnią, zwykle jednak wykazywany jest podobny rząd wielkości wynoszący ok. 3.500 zabitych Afgańczyków. A oto dokładne liczby żołnierzy poległych w tej wojnie:

	ogółem	USA	WBR	KAN	FRA	NIE	inni
2014	75	55	6	0	0	0	
2013	161	127	9	0	0	1	
2012	402	310	44	0	8	0	
2011	566	418	46	4	26	7	
2010	711	499	103	16	16	9	
2009	521	317	108	32	11	7	
2008	295	155	51	32	11	3	
2007	232	117	42	30	3	7	
2006	191	98	39	36	6	0	
2005	131	99	1	1	2	4	
2004	60	52	1	1	3	0	
2003	58	48	0	2	0	6	
2002	70	49	3	4	0	10	
2001	12	12	0	0	0	0	
w sumie	3.485	2.356	453	158	86	54	378

2002 r. – więzienie Guantánamo

W związku z „wojną" przeciwko „terrorystom", od początku inwazji w Afganistanie USA przystąpiły do zakładania obozu więziennego w bazie wojskowej Guantanamo – amerykańskiej enklawie na Kubie. Po inwazji w roku 2002, do Guantanamo przywieziono ogółem 779 osób z ponad 40 krajów jako domniemanych członków organizacji talibskich i Al-Kaidy. Byli oni i po części są nadal więzieni, mimo że nie wytoczono im procesu, nie przygotowano go bądź nie planowano, ani też nie robi się tego obecnie. Z amerykańskiego punktu widzenia sprawa dotyczy nielegalnych kombatantów. Wykorzystując to bezprawne uwięzienie, USA chcą zarówno chronić się przed terrorystami, jak i uzyskać informacje wywiadowcze. Stosowane przez CIA i w międzyczasie ujawnione praktyki w postaci tortur doprowadziły do wyraźnego spadku zaufania do USA w skali globalnej.

2003 r. – druga wojna w Iraku

20 marca 2003 r. George Bush II rozpoczął bombardowanie Bagdadu, inicjując tym samym drugą wojnę w Iraku. Uzasadnienie tej wojny zlecił on swemu ministrowi spraw zagranicznych, byłemu szefowi Sztabu Generalnego Colinowi Powellowi, który w przemówieniu wygłoszonym na forum Rady Bezpieczeństwa Organizacji Narodów Zjednoczonych w Nowym Jorku zaprezentował „dowody" rzekomego istnienia

irackiej broni masowego rażenia, dowody, które zebrała CIA i które później okazały się fałszerstwem. Colin Powell był świadomie utrzymywany przez CIA w niewiedzy. Mimo owych „dowodów", USA nie uzyskały mandatu ONZ na wkroczenie do Iraku. W tej sytuacji George Bush II utworzył „koalicję chętnych", do której przystąpiły 42 państwa, w tym 12 państw NATO. Niemcy pod rządami kanclerza Schroedera odmówiły udziału.

Tymczasem okazało się i zostało to potwierdzone przez historyków, że Saddam Hussein ani nie dysponował bronią chemiczną, ani też nie przygotowywał konkretnych planów wojennych. Za faktyczne przyczyny wojny uznaje się obecnie geopolityczne i gospodarcze interesy USA.

2004 – Abu Ghraib

W roku 2004 rozeszła się wiadomość, że w więzieniu Abu Ghraib, stworzonym w Iraku przez siły zbrojne USA, poddawano torturom osadzonych tam irackich więźniów. Opublikowane zostały dowody w postaci zdjęć. W trakcie dyskusji na ten temat, administracja prezydenta G. Busha II bagatelizowała ujawnione fakty. I tak ówczesny minister sprawiedliwości Gonzales stwierdził, że ustawy zakazujące stosowania tortur nie odnoszą się do „wrogich bojowników". Również tzw. *Waterboarding*, czyli podtapiania, nie można, zdaniem ministra, uznać za torturę. Donald Rumsfeld i prezydent George Bush II znaleźli się w ogniu ostrej krytyki. Rozdrażnionej opinii światowej nie zdołały uspokoić nawet publiczne przeprosiny prezydenta. Stany Zjednoczone Ameryki w poważnym stopniu naruszyły prawa człowieka. Kraj, który wielokrotnie domagał się od innych przestrzegania praw człowieka i nadal niezmiennie się tego domaga, wskutek takiego postępowania utracił wiarygodność.

2007 – kryzys amerykańskiego rynku nieruchomości

Latem 2007 r. w USA wybuchł kryzys na rynku nieruchomości. Państwo forsowało i popierało nabywanie nieruchomości na własność, w następstwie czego banki hipoteczne udzielały pożyczek wynoszących 120 i więcej procent ówczesnej rzekomej wartości owych nieruchomości. Doszło do wyraźnego przeszacowania wartości rynkowej nieruchomości, a gdy rynek osiągnął maksymalny poziom, ceny spadły.

Za początek tego kryzysu finansowego uznano dzień 9 sierpnia 2007 r., w tym bowiem dniu wzrosło skokowo oprocentowanie kredytów międzybankowych – nastąpiło pęknięcie bańki nieruchomości. Miało to miejsce nie tylko w USA, lecz i w innych krajach; wyjątkowo boleśnie odczuła to Hiszpania. Kryzys objął wszakże również wiele innych krajów, w tym Niemcy. Wskutek pęknięcia bańki nieruchomości w kłopotach znalazły się też inne banki świata. Następstwem były straty i stany niewypłacalności.

2008 – Lehman Brothers

Kryzys osiągnął punkt kulminacyjny wraz z upadkiem *Lehman Brothers* we wrześniu 2008 r. 15 września, na skutek kryzysu, amerykański bank inwestycyjny *Lehman Brothers Inc.* zmuszony był ogłosić niewypłacalność. *Lehman Brothers* był bankiem prowadzącym operacje w wymiarze światowym i, mając blisko 30.000 pracowników, zaliczał się do największych instytucji finansowych na świecie. Ponieważ rząd amerykański zdążył już wesprzeć trzy wielkie banki miliardami dolarów, nacisk polityczny stał się zbyt wielki i kolejne banki nie mogły więcej liczyć na ratunek. Po odmowie udziału w pomocy dla *Lehman'a* ze strony angielskiego banku *Barclays*, ówczesny amerykański minister finansów Paulson nie mógł udzielić dalszego wsparcia. Ta decyzja – wbrew dotychczasowej zasadzie *too big to fail*, czyli „za duży, żeby upaść" – doprowadziła do niewypłacalności *Lehman Brothers*.

W następstwie kryzysu także inne kraje dostrzegły potrzebę wspomożenia wielkich usługodawców finansowych kapitałem państwowym. Obok *Fannie Mae* i *Freddy Mac* (USA) należałoby tu wymienić choćby *UBS* (Szwajcaria) czy *Commerzbank* (Niemcy). Dzięki takim krokom ze strony państw, banki te oraz wiele innych zostało utrzymanych przy życiu. Kilka banków upaństwowiono, a później zamknięto. Kryzys przeniósł się także na inne gałęzie światowej gospodarki. Na przykład *General Motors*, producent samochodów z Detroit, musiał ogłosić niewypłacalność i uzyskał pomoc rządu USA. Pojawiło się pojęcie „firm systemowo ważnych". Są to przedsiębiorstwa, co do których dane państwo jest zdania, iż skutkiem ich niewypłacalności byłyby nienaprawialne szkody dla własnej gospodarki narodowej; te właśnie przedsiębiorstwa są *„too big to fail"* – jak już stwierdzono powyżej.

Na skutek tych operacji wspierających oraz i tak już ekstremalnie wysokiego zadłużenia państwa, Stanom Zjednoczonym przejściowo groziła plajta, której w ostatniej chwili udało się zapobiec.

2012 – ujemny bilans handlowy

Stany Zjednoczone Ameryki wciąż jeszcze są największą gospodarką narodową na świecie. Jednak od lat 70. ubiegłego wieku regularnie wykazują deficyt w handlu zagranicznym, który od lat 90. nieustannie rośnie. W roku 2016 przeciwwagą importu o wartości 2.205 miliardów $ był eksport w wysokości zaledwie 1.471 miliardów $. Deficyt handlowy wyniósł 734 miliardy $, czyli mniej więcej jedną trzecią importu. Amerykańscy konsumenci wolą kupować towary zagraniczne, a rodzime produkty cieszą się mniejszym uznaniem; na świecie popyt na amerykańskie towary też nie jest zbyt wielki, a wstrzemięźliwość ta, zważywszy na jakość wielu tych towarów, jest chyba zrozumiała.

Poniższa tabela przedstawia bilans handlowy kilku wybranych krajów za rok 2016 (dane w mld. USD)[4]:

	CHI	NIE	EUR	ROS	JAP	USA
Import	1.587	987	1.727	165	629	2.205
Eksport	2.098	1.283	1.910	259	641	1.471
Różnica	+ 511	+ 296	+ 183	+94	+ 12	-734

Niedobór musi być finansowany poprzez dopływ kapitału zagranicznego, przez co USA coraz bardziej zadłużają się wobec zagranicy. Największymi zagranicznymi wierzycielami są tu Chińska Republika Ludowa i Japonia.

Pytanie brzmi, czy zagraniczni inwestorzy na dłuższą metę będą gotowi przyznawać corocznie USA kredyt w wysokości mniej więcej 800 miliardów $. Bilans handlowy USA nie zrównoważy się tak szybko, gdyż wymagałoby to również działań partnerów handlowych Ameryki na gruncie polityki fiskalnej i gospodarczej. A ponieważ duże kraje, jak Francja czy Japonia, same odnotowują już wysokie deficyty budżetowe, redukcja deficytu handlowego USA nie będzie łatwa do przeprowadzenia, o ile w ogóle będzie możliwa.

2012 – amerykańskie agencje ratingowe

Agencje ratingowe sprawują ogromną władzę nad państwami i przedsiębiorstwami. Stąd też powinny być neutralne i nie traktować w sposób uprzywilejowany ani krzywdzący żadnego przedsiębiorstwa czy państwa. Najwyraźniej jednak w wypadku trzech wielkich, wiodących na światowym rynku agencji, czyli *Standard & Poor's, Moody's* oraz *Fitch* – wszystkie pochodzą z USA – zasady te nie obowiązują. Podczas kryzysu finansowego instytucje te „nie splamiły się sławą", przyznając bankowi *Lehman Brothers*, tuż przed jego upadkiem, najlepsze oceny. Ryzykowne kredyty nieruchomościowe w USA, z których część przyznano dzięki pomocy agencji ratingowych, agencje te oceniły wysoko. Ci potężni kontrolerzy rynku finansowego sprawują swą władzę w dużym stopniu poza wszelką kontrolą. Swoje osądy dotyczące zdolności płatniczej przedsiębiorstw, a przede wszystkim państw, ogłaszane jako obiektywne, upubliczniają jako niezobowiązujące opinie, za które w żadnym wypadku nie ponoszą odpowiedzialności.

---

[4] *CIA-Factbook z danymi za 2016 r.*

Z tą ucieczką w sferę „niezobowiązujących wypowiedzi" koliduje fakt, że agencje ratingowe są mocno osadzone na gruncie zasad i standardów rynku finansowego i ich opinie w rzeczywistości są wiążące: to właśnie te agencje swymi ocenami na temat państw pogrążonych w kryzysie popychały europejską politykę w określonym kierunku (Irlandia, Grecja, Portugalia, Hiszpania, Włoch, a także Francja), zaostrzając kryzysy w tych państwach, a tym samym w strefie euro. Jednak rząd amerykański i amerykański wymiar sprawiedliwości podzieliły pogląd agencji i wzięły je pod ochronę wskazując na swobodę wyrażania opinii.

Agencje ratingowe stanowią problem z tej przyczyny, że działają z pozycji rzekomo obiektywnej instancji sądowej wyrokującej o państwach, a ich wyroki mogą pozbawić równowagi całe gospodarki narodowe.

2013 – *Government Shutdown*

Terminem *Gouvernment Shutdown* (unieruchomienie rządu) określa się w USA sytuację, w której większa część administracji zmuszona jest wstrzymać działalność i może wykonywać jedynie te zadania, które zostały uznane za niezbędne. W okresie *Shutdown* aparat rządowy zostaje ograniczony, jeśli termin ważności dotychczasowej podstawy prawnej, pozwalającej na korzystanie ze środków budżetowych, zdążył już upłynąć, a obu izbom parlamentu i prezydentowi nie udało się osiągnąć zawczasu porozumienia w kwestii dalszych środków budżetowych poprzez przyjęcie stosownej ustawy. Takie sytuacje przydarzały się co jakiś czas różnym rządom USA. W okresie od 1976 r. do 2013 r. nastąpiło to w sumie osiemnaście razy. Do *Shutdown* doszło za kadencji Geralda Forda (1x), Jimmy Cartera (5x), Ronalda Reagana (8x), George'a Busha I (1x), Billa Clintona (2x) i Baracka Obamy (1x).

W październiku 2013 r. *Government Shutdown* trwał przez siedemnaście dni i odbił się mocno na gospodarce. Ponieważ placówki celne w portach i na lotniskach pracowały przy zredukowanej obsadzie personalnej, doszło do poważnych opóźnień w przeładunku towarów. Odraczano udzielanie zezwoleń, postępowania sądowe itd., odwoływano międzynarodowe konferencje. Według różnych ocen, straty gospodarki amerykańskiej wynosiły od 300 do 550 milionów $ dziennie. Oznacza to 5 do 9 miliardów dolarów USA w okresie owych 17 dni.

Utrzymywanie się *Shutdown* prowadziło też do następstw w polityce zagranicznej Stanów Zjednoczonych: trzeba było odwołać negocjacje z Unią Europejską w sprawie umowy handlowej. *Shutdown* nie wpłynął natomiast na pobory deputowanych do Kongresu.

Ponadto, z uwagi na brak ustawy budżetowej, 17 października 2013 r. osiągnięty został aktualny limit zadłużenia państwa wynoszący 16,7 biliona $. Gdyby wieczorem owego dnia limit ten nie został podwyższony, nie wolno byłoby zaciągać nowych kredytów: groziło bankructwo państwa, które w bardzo poważny i skrajnie negatywny sposób odbiłoby się na światowym systemie finansowym oraz całej gospodarce światowej.

2013 – afera kontrolno-podsłuchowa

W roku 2013 wyznania Edwarda Snowdena, młodego Amerykanina i byłego pracownika *Natonal Security Agency* (NSA, Narodowa Agencja Bezpieczeństwa, 40.000 pracowników), na temat funkcjonowania tej agencji USA, umożliwiły poznanie rozmiaru praktyk stosowanych przez amerykańskie służby w celu sprawowania globalnej kontroli i uprawiania szpiegostwa. Wyznania te wywołały aferę kontrolno-podsłuchową w skali całego świata, której szczytem okazały się podsłuchy telefoniczne uprawiane przez NSA: USA, co udowodniono, podsłuchiwały m.in. rozmowy telefoniczne wysokich rangą polityków, jak na przykład brazylijską prezydent Dilmę Rousseff, francuskiego prezydenta Francois'a Hollande'a oraz niemiecką kanclerz Angelę Merkel.

Przerażająca jest już sama arogancja, z jaką USA szpiegowały najbliższych nawet sojuszników, przyjaciół i zaufanych sprzymierzeńców. Szkody, jaką wyrządzono, nie da się naprawić w krótkim czasie i będzie ona miała wpływ na przyszłą współpracę z tymi państwami, jak i z całą Unią Europejską. Sygnałem tego jest domaganie się przez Parlament Europejski wypowiedzenia zawartego z UE porozumienia SWIFT czy czasowego zawieszenia negocjacji w sprawie umowy o wolnym handlu TTIP między UE a USA.

Prawa człowieka

Od dziesięcioleci USA rościły sobie prawo do tego, by w swym dorocznym raporcie na temat przestrzegania praw człowieka odprawiać sądy nad innymi krajami, a zarazem bezkrytycznie pomijać przewiny z własnego terenu. Gros Amerykanów jest głęboko przekonane, że Stany Zjednoczone zawsze walczą po stronie sprawiedliwości i dlatego nie mogą zrobić nic błędnego. Natomiast wewnątrz USA równolegle do „walki z terrorem" odnotowuje się redukcję demokracji i praw człowieka, co sięga aż po aplikowane przez państwo torturowanie jeńców.

W ostatnim obszernym raporcie Departamentu Stanu nt. praw człowieka potępiane są wykroczenia przeciwko tymże prawom w ponad 190 innych państwach, lecz nie w samych USA. Od pewnego czasu Chińska Republika Ludowa nie pozostawia już tego bez reakcji. Pekin ze swej strony publikuje informacje dotyczące lekceważenia praw człowieka w USA, dzięki czemu Stany Zjednoczone mogą przejrzeć się we własnym zwierciadle.

Rola wzorca i wiarygodność

Opisane tu procesy, zachodzące w USA po pokojowej rewolucji w Europie Środkowej lat 1989/1990, w ciągu kilku lat wstrząsnęły rolą wzorca, samodzielnie wybraną i pożądaną przez Amerykę, a uznawaną przez wiele krajów oraz wielu ludzi na świecie, jak również wiarygodnością tego kraju. Na tę utratę wiarygodności uskarżał się nawet prezydent Obama 17 października 2013 r., na zakończenie wypracowanego z mozołem kompromisu w sporze budżetowym:

> *„Lecz prawdopodobnie nic nie zaszkodziło amerykańskiej wiarygodności na świecie, naszemu wizerunkowi w innych krajach bardziej niż spektakl, którego świadkami byliśmy w minionych tygodniach. Dodaje to odwagi naszym wrogom, zagrzewa naszych konkurentów i działa deprymująco na naszych przyjaciół, którzy oczekują od nas stabilnego przywództwa."*[5]

Jednak nie tylko ten spór budżetowy jest powodem utraty wiarygodności przez USA. Złożyły się na nią wszystkie zarysowane dotąd problemy – 9/11, Afganistan, wojna w Iraku, Guantanamo, Abu Ghraib, kryzys nieruchomości, *Lehman Brothers*, bilans handlowy, *Shutdown*, agencje ratingowe i afera podsłuchowa – i jedynie z trudem da się tę wiarygodność odbudować, choć może raczej jej utrata wyznaczy początek opuszczania tronu przez jedyne istniejące mocarstwo światowe. Po zmianie warty w Białym Domu, kiedy to w styczniu 2017 r. Baracka Obamę zastąpił Donald Trump, ów schyłkowy proces może jeszcze przyspieszyć.

W dalszych 30 rozdziałach podjąłem próbę spięcia szeroką klamrą czasu od pierwszych kroków młodego państwa aż po aktualną rolę USA jako światowego mocarstwa. Czas ten podzieliłem na trzy obszerne segmenty. Najpierw, w segmencie „Mocarstwa powstają i przemijają – mocarstwa światowe minionych epok", przyglądam się wcześniejszym mocarstwom o światowym wymiarze. Potem, w segmencie zatytułowanym „USA – rozwój historyczny", piszę o wznoszeniu się Stanów Zjednoczonych aż do pozycji jedynego mocarstwa światowego. Wreszcie rozważam aktualną sytuację kraju i jego możliwe perspektywy – to segment „Dzisiejsze USA".

w lutym 2018

Hartmut Spieker

---

[5] examiner.com z 18 października 2013 r. [tłumaczenie własne]

Mocarstwa powstają i przemijają – dawniejsze mocarstwa światowe

Rozdział 1

Dawniejsze mocarstwa światowe

„**M**ocarstwem światowym jest państwo, które ze względu na swą siłę polityczną, militarną i gospodarczą wywiera decydujący wpływ w skali globalnej."[6]

Zatem mianem mocarstwa światowego określa się państwo, które wywiera istotny wpływ na kształt światowej sceny politycznej, dysponując w tym celu czynnikami sprawczymi, czyli potęgą polityczną, gospodarczą i militarną. W równej mierze liczą się tu wiodąca rola w nauce oraz funkcja moralnego wzorca.

Niektórzy historycy za niezbędny warunek użycia pojęcia „mocarstwo światowe" uważają istnienie globalnej płaszczyzny politycznej, w związku z czym uznają potęgi sprzed epoki odkryć jedynie za wielkie mocarstwa. Ponieważ jednak świat czasów antycznych nie był jeszcze znany w swych rzeczywistych rozmiarach, definicję „mocarstwa światowego" należy moim zdaniem dostosować do wówczas znanego świata. Dzięki temu, w okresie od antyku do wieku XXI, pojawi nam się jedenaście mocarstw światowych, od Egiptu aż po USA. Są to

- Egipt   ≈ 480 lat   od 1550 p.n.e.   do 1070 p.n.e.
- Asyria   ≈ 138 lat   od 750 p.n.e.   do 612 p.n.e.
- Babilon   ≈ 85 lat   od 624 p.n.e.   do 539 p.n.e.
- Medo-Persja   ≈ 208 lat   od 539 p.n.e.   do 331 p.n.e.
- Grecja   ≈ 301 lat   od 331 p.n.e.   do   30 p.n.e.
- Rzym   ≈ 622 lata   od 146 p.n.e.   do 476 n.e.
- Portugalia   ≈ 242 lata   od 1415   do 1657
- Hiszpania   ≈ 334 lata   od 1492   do 1826
- Wielka Brytania   ≈ 357 lat   od 1588   do 1945
- Związek Radziecki   ≈ 46 lat   od 1945   do 1991
- USA   ≈ 70 lat   od 1945   do dziś

---

[6] *Brockhaus* w piętnastu tomach, tom 15, s. 194

W tym wypadku dat nie należy traktować jako wartości absolutnych, ponieważ dokładny początek i konkretny dzień końca danego mocarstwa światowego nie zawsze jest możliwy do zdefiniowania. Osiąganie pozycji mocarstwa światowego i tracenie jej było z reguły procesem trwającym dłuższy czas. Przy tym regresywnemu procesowi danego mocarstwa często towarzyszył wzrost innego. Jako przykład można tu wymienić Wielką Brytanię, której schyłkowi towarzyszyło wzbicie się USA.

Na kolejnych stronach zostanie krótko przedstawiony proces wzrostu dawniejszych mocarstw światowych, a po nim zwięzła analiza ich schyłku.

Egipt[7] ≈ 480 lat

Znane początki Egiptu sięgają roku 3000 p.n.e. W okresie od 3032 r. do 2707 r. p.n.e. nad Nilem ukształtowały się większe siedliska ludzkie. Jeden z władców południowego Egiptu zajął obszar delty, dzięki czemu udało mu się dokonać zjednoczenia Górnego i Dolnego Egiptu w jeden organizm państwowy. Na siedzibę rządu wybrano Memfis – pierwszą egipską stolicę.

Pierwszy okres rozkwitu nastał w Egipcie między rokiem 2707 a 2216 p.n.e. Był to czas rządów dynastii od trzeciej do szóstej. Ważną rolę w dalszej budowie państwa o religijnym charakterze odegrały hieroglify oraz posiadana już wiedza matematyczna. We wczesnym okresie wynaleziony został też kalendarz, który dzielił rok na 365 dni. Dzięki niemu oraz dzięki odkryciu papirusu jako materiału pisarskiego stworzono warunki pozwalające dokumentować ważne wydarzenia historyczne.

Niezwykły rozwój przeżywały rzemiosło, a przede wszystkim rolnictwo, czego ważnym warunkiem było wykorzystanie kanałów nawadniających. Nil umożliwiał stałe uprawianie handlu z ludami Azji Południowo-Zachodniej i wysp Morza Śródziemnego. Dzięki temu zapoczątkowany został rozwój kulturalny antycznego Egiptu.

W okresie od trzeciej do szóstej dynastii rozwinęła się doskonale funkcjonująca administracja, a faraon Dżeser stworzył pierwszą piramidę. Ta piramida schodkowa stała się podwaliną wielu innych wspaniałych budowli starożytnego Egiptu – także piramida Cheopsa powstała w tym właśnie czasie.

Mentuhotepowi II (2061-2010 r. p.n.e.) pomiędzy 30. a 39. rokiem rządów udało się zjednoczyć cały Egipt. Jest on uważany za założyciela Średniego Państwa.

---

[7] Fernholz, M., *Die Supermacht Altes Ägypten*, w „Wissensmix" z 9 lipca 2013 r.

Dwukrotnie zmieniał swoje imię; ostatnie, brzmiące Sema-taui, oznacza „Zjednoczyciel obu krajów" (Górnego i Dolnego Egiptu). Władca ten rozpoczął agresywną politykę zagraniczną połączoną z wyprawami wojennymi m.in. przeciwko Nubii i Libii, a stolicą państwa uczynił Teby.

Dzięki ekspansji daleko w głąb terytorium Nubii, dokonanej przez Amenemhata I, kraj mocno się powiększył. Sesostris I, następca Amenemhata I, objął w posiadanie kopalnie złota w Wadi Allaki, dzięki czemu Egiptowi przypadło w udziale niebywałe bogactwo. Sesostrisowi III w wyniku dalszych walk udało się ostatecznie podbić Nubię i przedrzeć aż do Palestyny. Podjęto też na nowo wymianę handlową, która sięgała aż do Morza Czerwonego i daleko w głąb Środkowego Wschodu. Sztuka i literatura sięgnęły wyżyn.

Od 1550 r. p.n.e. kraj zaczął się stawać mocarstwem światowym. W wyniku wojen i wypraw zaborczych, władcy z dynastii od XVIII do XX zdobyli panowanie nad Syrią, Palestyną i Nubią. Po Tutmosisie II rządy w królestwie Egiptu objęła Hatszepsut i przez 22 lata sprawowała je bez konfliktów wojennych. Dopiero jej następca, Tutmosis III, przeprowadził wiele uwieńczonych powodzeniem kampanii, które znów dostarczyły krajowi bogactw. Egipt przekształcił się w mocarstwo światowe, a kolejni faraonowie mogli się koncentrować głównie na polityce wewnętrznej.

Echnaton (Amenhotep IV) dokonał restrukturyzacji w obrębie religii; powołał do życia monoteizm i sam siebie mianował arcykapłanem nowego kultu Atona. Jego małżonka, Nefertiti, była wprowadzona w sprawy państwowe.

Pod naciskiem wojska, następca Echnatona, Tutanchamon, przywrócił starą wiarę. Ramzesowi II (XIX dynastia), który rządził od 1279 do 1213 r. p.n.e., udało się ostatecznie wprowadzić politykę i gospodarkę na najwyższy poziom. Handel osiągnął pełen rozwój.

Pod rządami władców z kolejnych czterech dynastii rozpoczął się schyłek światowego mocarstwa. Za czasów następców Ramzesa III Egipt wpierw stracił panowanie nad swymi azjatyckimi terytoriami, następnie, między 1055 a 322 r. p.n.e., krajem rządziły dynastie nubijskie i libijskie. W końcu, w 671 r. p.n.e., kraj zdobyli i opanowali Asyryjczycy.

W Egipcie zawsze panował faraon kontynuujący stabilny system rządów, system nie mający sobie równych pod względem trwałości. Boże królestwo faraonów przetrwało co najmniej pięć stuleci. Mimo tej zadziwiającej stabilności, pewnego dnia Egipt upadł – jakie były przyczyny tego upadku?

Z punktu widzenia chronologii, starożytne imperium światowe opanowali wpierw Asyryjczycy, następnie Persowie, po nich Grecy, a w końcu Rzymianie. Powstały nowe szlaki handlowe prowadzące przez Syrię, Babilonię i Persję, nowe ludy przerywały senną egzystencję i tłoczyły u bram Egiptu. W końcu upadek Egiptu zapowiadał niezmierzone łupy. Fenicjanie i Grecy stworzyli własną kulturę, która potrafiła transportować towary morzami. Dzięki temu transport był dla nich o wiele prostszy niż dla Egipcjan i ich karawan z mozołem pokonujących pustynię.

Na wszystkich wybrzeżach Morza Śródziemnego nagle pojawiły się ludy, które zakwestionowały pozycję egipskiego imperium. W końcu, po śmierci Kleopatry w 30 r. p.n.e., Egipt stał się prowincją Cesarstwa Rzymskiego.

Jakie formalne przyczyny doprowadziły do upadku światowego imperium egipskiego? Można wskazać pięć głównych przyczyn, które ów upadek spowodowały.

Przyczyny wojskowo-polityczne:
Nadmierne wojny toczone przez kilku faraonów oraz olbrzymie imperium, czasowo opanowane przez Egipt – wszystko to sprawiło, że faktycznie Egipcjanie nie byli w stanie kontrolować państwa. Strategiczne rozdęcie obszaru władzy i konieczność utrzymania wielu okolicznych ludów w jarzmie środkami militarnymi przeciążyły państwo i doprowadziły Egipt do upadku pod względem wojskowym.

Przyczyny społeczno-gospodarcze:
W końcu zemściło się i to, że Egipt przez długi czas wyzyskiwał inne ludy, utrzymywał je w uzależnieniu, pobierał daniny, a ich mężczyzn i kobiety wykorzystywał jako niewolników. Tego owe ludy na stałe nie chciały znosić.

Egipt nie zadbał o to, by w sferze rozwoju nowych technologii – w tym ewentualnych nowych szlaków handlowych – przejmować wiodącą rolę, co zapewniałoby mu konkurencyjność. Tak więc rozwój nowych szlaków handlowych, przede wszystkim przez Morze Śródziemne, w połączniu z bardziej inteligentną, wyżej rozwiniętą techniką żeglugi przyczynił się do upadku państwa.

Kapłani żerowali na ludności. Najpóźniej od czasów Ramzesa I lwia część zdobyczy z każdej wyprawy łupieskiej trafiała do świątyń. Przy tym podbite prowincje zostawały zwykle obłożone wysokimi podatkami, a zyski w coraz większej mierze trafiały do kapłanów. Poza tym zarabiali oni na przesądach i zabobonach ludności. Kapłani z państwa uczynili swój łup.

Również imponujące budowle świątynne i piramidy, które zdawały się ucieleśniać wieczność, przyczyniły się do upadku. Były zbyt drogie i kosztowały wiele ludzkich istnień. Pewne arabskie ;przysłowie z tamtego okresu mówi: „Cały świat drży przed czasem, ale to czas drży przed piramidami."

Reasumując można stwierdzić, że Egipt zniszczył sam siebie na długo przedtem, nim Asyryjczycy, Persowie, Grecy czy Rzymianie ujarzmili wszechpotężne niegdyś światowe mocarstwo.

Asyria[8] ≈ 138 lat

Państwo asyryjskie istniało w sumie około 650 lat, od 1263 r. p.n.e. do mniej więcej 612 r. p.n.e. Czas ten dzielony jest na trzy okresy: staroasyryjski, średnioasyryjski i nowoasyryjski. Państwo nowoasyryjskie trwało od 750 do 612 r. p.n.e. i uważane jest za drugie mocarstwo światowe w historii świata. Pod rządami króla Sargona II państwo to zaczęło poszerzać obszar swojej władzy. W ciągu zaledwie 40 lat królowie Tiglat-Pileser III i Sargon II uczynili zeń największe imperium Azji Przedniej. Dzięki licznym kampaniom wojennym i tłumieniu powstań, następcom Sargona udało się jeszcze bardziej rozbudować obszar panowania.

Gdy w roku 669 p.n.e., podczas jednej z kampanii przeciwko Egiptowi, zmarł Assur-aha-iddina, rządy przejął jego syn i następca tronu Aszurbanipal. Dwa lata później nowy król, dzięki zdobyciu Teb (stolica Górnego Egiptu), nadał nowoasyryjskiemu imperium największe rozmiary. 40-letnie panowanie Aszurbanipala (668-627 r. p.n.e.) było okresem rozkwitu.

Królestwo nowoasyryjskie było nastawione na ekspansję. Podbite tereny dopóty były eksploatowane poprzez deportacje mieszkańców i ściąganie podatków, dopóki jedynym wyjściem w celu utrzymania standardu życia warstwy rządzącej we własnym kraju nie stała się kolejna ekspansja. W celu utrzymania coraz bardziej odległych terenów pod kontrolą, coraz więcej Asyryjczyków z metropolii trzeba było wcielać do wojska, przesiedlać bądź kierować do zadań administracyjnych. Spadająca wskutek tego coraz bardziej wydajność metropolii zmuszała z kolei do wyzysku zdobytych obszarów, a tym samym do kolejnych ekspansji. Na przykład w chwili zdobycia Teb w 667 r. p.n.e. rezerwy w dziedzinie personelu administracyjnego już były na wyczerpaniu. To jednak nie prowadziło jeszcze do natychmiastowego załamania, co pokazuje 40-letnie panowanie Aszurbanipala. Dzięki silnemu królowi, obfitym żniwom i stosunkowo małej liczbie zamieszek, zdestabilizowane państwo było jeszcze w stanie utrzymać zewnętrzne granice.

---

[8] *Assyrien – Bibel Lexikon*, w: www.bibelkommentare.de

Asyria, która odznaczała się brutalnością w stosunku do podbitych terenów oraz stosowaniem tortur, nie była w stanie zapewnić sobie trwałego składu terytorialnego. Nie wiadomo, kiedy dokładnie zmarł Aszurbanipal. W 616 r. p.n.e. do Asyrii wkroczyła armia babilońska pod dowództwem króla Nabopolassara. w 614 r. p.n.e. padło miasto Aszur, a w 612 r. p.n.e., po długiej walce, także Niniwa. To wydarzenie uważa się za faktyczny koniec imperium asyryjskiego.

Konic Asyrii oznaczał zarazem osiągnięcie przez Babilonię pozycji czołowego mocarstwa Mezopotamii[9]. Co doprowadziło do upadku światowego imperium asyryjskiego? Historycy widzą po temu trzy główne przyczyny:

Przyczyny wojskowo-polityczne:
Uciskani przez Asyryjczyków Babilończycy i Medowie połączyli swoje siły, zaatakowali asyryjskie granice i ostatecznie odnieśli sukces w starciu z armią Asyryjczyków.

Przyczyny społeczno-gospodarcze:
Imperium asyryjskie nie radziło sobie z nazbyt szybką ekspansją. Większość ludności służyła jako żołnierze bądź pełniła funkcje w administracji podbitych obszarów. Skutkiem tego w metropolii brakowało robotników, rolników i urzędników administracyjnych. Dochodziło do braków w zaopatrzeniu ludności i związanych z tym niepokojów wewnętrznych.

Od mniej więcej 660 r. p.n.e. klimat Bliskiego Wschodu stał się wyraźnie bardziej suchy. Stąd imperium asyryjskie odnotowywało coraz dłuższe okresy suszy i nieurodzajów. Susza, która trwała przez pięć lat od 657 r. p.n.e., wyjątkowo mocno osłabiła polityczną i gospodarczą stabilność asyryjskiego państwa. Ponieważ w okresie poprzedzającym liczba ludności Asyrii znacznie wzrosła, nie potrafiono jej teraz dostarczyć wystarczającej ilości zaopatrzenia. Wskutek tego w kraju narastały zamieszki, które doprowadziły do wybuchu wojny domowej.

Babilonia[10] ≈ 85 lat
Imperium babilońskie wzięło nazwę od nazwy swojej stolicy, Babilonu. Centrum państwa leżało w dolnej części Niziny Mezopotamskiej. W Biblii obszar ten nazywano

---

[9] Wicki, Jaqueline, *Aufstieg Babylons zur Weltmacht* [Rozwój Babilonii do mocarstwa światowego], z 4 lipca 2013

[10] *http://de.wikipedia.org/wiki/Babylon*

„krainą Szinear". Gdy władcy zwiększyli obszar władzy Babilonu i uczynili Babilon jego stolicą, kraj nazwano Babilonią.

Za czasów asyryjskiego mocarstwa światowego Babilon odgrywał pewną rolę w różnych wojnach i powstaniach. Ok. 645 r. p.n.e., w schyłkowym okresie drugiego mocarstwa światowego, Chaldejczyk Nabopolassar założył w Babilonie nową dynastię. Pod rządami jego syna, Nabuchodonozora II, państwo urosło do rangi mocarstwa światowego. Gdy w 624 r. p.n.e. władca ten wstąpił na tron Babilonu i został drugim monarchą imperium nowobabilońskiego, rzucił Asyrię na kolana. Uważano go za znakomitego stratega wojskowego. Podczas swych długich, trwających 43 lata rządów objął w posiadanie tereny zdobyte przez Asyrię. Nabuchodonozor rozszerzył obszar swojej władzy, na północy przyłączył do swego państwa Syrię, a jednocześnie podbił Palestynę aż po granicę z Egiptem i Tyrem. Całkowicie odnowił Babilon i uczynił go największym wówczas na świecie miastem otoczonym murami. W tym celu dokończył budowę masywnych, podwójnych murów, których budowę rozpoczął jego ojciec. Dzięki temu stolica zdawała się być nie do zdobycia. Jednak, jak się później okazało, taką nie była.

W 539 r. p.n.e., za panowania Belsazara, Medo-Persja zdobyła Babilon. Wroga armia pod dowództwem Cyrusa zmieniła bieg Eufratu, którego wody opływały miasto, tak że napastnicy, brodząc, mogli podejść pod same jego mury. W ciągu zaledwie jednej nocy Babilon, pozornie nie do zdobycia, wpadł w ręce Medów i Persów.

Wieki semickiego władania dobiegły końca. Babilon dostał się pod panowanie aryjskie. Gdzie leżały przyczyny zejścia Babilonię z areny światowej?

Przyczyny wojskowo-polityczne

Według legendy, Babilon został zdobyty przez Persów pewnej nocy roku 539 p.n.e. Podczas hucznego święta, obchodzonego w mieście uważanym przez jego mieszkańców za nie do zdobycia, Cyrus zmienił bieg potężnego Eufratu. Persowie, idąc pustym korytem rzeki, wkroczyli do Babilonu. Niepokonane mury, chroniące miasto, po prostu zdołano obejść.

Przyczyny społeczno-gospodarcze

Warstwa kapłanów Marduka sprzeciwiła się przywracaniu przez króla Nabonida asyryjskich kultów i restaurowaniu dawnych sanktuariów świątynnych. Kapłani pozbawili Nabonida statusu najwyższego bóstwa, po czym udał się on na trwające dziesięć lat wygnanie do wielkiej oazy Tajma w Arabii Saudyjskiej.

Po pozbyciu się Nabonida, kapłani nawiązali współpracę z królem Persów Cyrusem II, który doprowadził do upadku Babilonii oraz, co się z tym wiąże, także króla Babilończyków.

Medo-Persja[11]   ≈ 208 lat

Około połowy II tysiąclecia p.n.e. do Iranu i Indii przedostały się z południowej Rosji ludy indoirańskie. Wśród nich na pierwszym miejscu wymienia się Medów; za nimi postępowały plemiona Persów. Jak się wydaje, przewędrowały one różne obszary Wyżyny Irańskiej, zanim w końcu V w. p.n.e. ostatecznie osiedliły się w regionie Fars na południu Iranu.

Wstąpienie na tron Cyrusa Wielkiego zapoczątkowało w Persji dynastię Achemenidów. Cyrus obalił króla Astyagesa z Medii i w 550 r. p.n.e. podbił jego kraj. W 547 r. p.n.e. Cyrus zaatakował potężne królestwo Lidii i zdobył jego stolicę Sardes. W 539 r. p.n.e., po długotrwałych walkach, Persom udało się w końcu spełnić biblijne proroctwo (Jezajasz 21, 2.90) i zadać śmiertelny cios potężnemu Babel (Babilonii). Persja przekształciła się w wielkie imperium, które łączyło w sobie tereny państw asyryjskiego i babilońskiego, jak również Mezopotamię i Syrię. Linia władców Medo-Persji trwała od 539 do 331 r. p.n.e., a rozpoczęli ją Dariusz Med, oraz Cyrus Wielki, któremu udało się złączyć Medów i Persów pod wspólnym przywództwem.

W okresie rządów króla Dariusza I zaczęły się konflikty z miastami greckimi, ponieważ w 512 r. p.n.e., przy okazji wyprawy przeciwko Scytom z południowej Rosji, król przekroczył obszar Grecji. W 500 r. p.n.e. miasta jońskie w Azji Mniejszej zbuntowały się przeciwko panowaniu Persów, którzy je wszakże pokonali i okrutnie ukarali, planując od tej pory podbój Grecji. Jednak wojny perskie osłabiły władzę króla królów i wyczerpały zasoby. Rozległe terytorium państwa utrudniało prowadzenie długotrwałych wojen, ponieważ armia była nieustannie potrzebna do zwalczania bądź trzymania w szachu niepokornych ludów lub satrapów.

Skłonność Medo-Persji do podbojów można dostrzec obserwując szybkość i powodzenie, z jakim państwo to prowadziło swoje kampanie. Na północy zdobyto Babilon, uderzenie na zachód przecięło Azję Mniejszą i sięgnęło aż do Tracji; w końcu, w rezultacie natarcia na południe, zdobyty został Egipt. Z zewnątrz mogłoby wprawdzie wyglądać na to, że dzięki podbojom na wschodzie król Kserkses I (486-465 r. p.n.e.) doprowadził państwo do nowego szczytu potęgi, w rzeczywistości jednak trwające wciąż powstania w Babilonii i Egipcie wskazywały na rozpoczynający się,

---

[11] *Persien – Bibel Lexikon*, w: www.bibelkommentare.de

wewnętrzny rozpad perskiego imperium. Stworzenie silnej władzy centralnej uniemożliwiały poza tym spory o tron i intrygi szlachetnie urodzonych po 400 r. p.n.e.. Wprawdzie Dariusz III (335-330 r. p.n.e.) zgromadził silną armię do walki z Aleksandrem Wielkim z Macedonii, poniósł jednak kilkakrotnie druzgocącą klęskę i w 330 r. p.n.e. został zamordowany przez jednego z poddanych mu satrapów. Historia perskiego mocarstwa światowego zakończyła się jego wcieleniem do światowego mocarstwa Aleksandra Macedońskiego.

Jak po ponad 200 latach mogło dojść do rozpadu tego wielkiego mocarstwa światowego?

Przyczyny społeczno-gospodarcze
Rozrost imperium sięgającego od Grecji po Indie i od Morza Czarnego aż do Sudanu nastąpił bardzo szybko i przerósł możliwości państwa wynikające z dostępności zasobów.

Przyczyny wojskowo-polityczne
Tendencja do podbijania coraz to nowych terytoriów wymagała dużej liczby żołnierzy i dowódców. Prowadzące nieustanne wojny państwo nie było w stanie zapewnić sobie na trwałe niezbędnych zasobów ludzkich.

Grecja[12] ≈ 301 lat
Szukając początków historii Greków trzeba się cofnąć do około 750 r. p.n.e. Wtedy to na poszarpanych wybrzeżach wschodniej części Morza Śródziemnego powstały niezależne miasta-państwa nieustannie toczące walki między sobą. Łączyło je jedynie wspólne wyobrażenie o równie dostojnym co pełnym intryg świecie bogów, którzy ze szczytu Olimpu sprawują władzę nad wszystkimi dziedzinami ziemskiego życia. Nie planuje się tu żadnej wojny, żadnego wesela ani jakichkolwiek innych działań, nie zasięgnąwszy uprzednio rady niebiańskich bohaterów.

Rozwój Grecji ku pozycji światowego mocarstwa rozpoczął się po zamordowaniu macedońskiego króla Filipa w 336 r. p.n.e. Tron odziedziczył jego syn Aleksander. Zaledwie w dwa lata po jego objęciu, z niewielką armią liczącą 30.000 pieszych żołnierzy i 5.000 jeźdźców, rozpoczął on w Azji kampanię podbojów. Na północnym zachodzie Azji Mniejszej (w dzisiejszej Turcji) młody Aleksander wygrał swą pierwszą bitwę z Persami. Rok później wygrał drugą bitwę z perskim królem królów Dariuszem

---

[12] *Antikes Griechenland*, w: Wikipedia 2013

III. Armia macedońska zadała Persom druzgocącą klęskę. Legendarna kampania Aleksandra (od 334 r. p.n.e.) otworzyła Grekom bramy do nowego świata. Aleksander pobił perskie armie i dotarł aż do Indii. W wyniku trzeciej, decydującej bitwy, medo-perskie mocarstwo światowe ostatecznie upadło, zwalniając miejsce dla Grecji.

Gdy w 323 r. p.n.e. Aleksander Wielki zachorował na malarię i zmarł w wieku tylko 32 lat, ogromne imperium zostało podzielone między czterech jego generałów. Tak ze światowego imperium Aleksandra powstały cztery hellenistyczne królestwa, które jednak nie dysponowały już dawną siłą.

Rozpoczęła się epoka hellenizmu. Nie powidła się podjęta przez Ateny, po śmierci Aleksandra, próba odzyskania rangi mocarstwa. Miejsce dawnych polis, jako czynnik władzy, zajęły poszczególne greckie państwa związkowe. Kultura grecka rozprzestrzeniła się aż do Indii.

Na skutek walk pomiędzy małymi i średnimi państwami greckimi, a także u boku oraz przeciwko Macedonii, doszło do ingerencji Imperium Rzymskiego. Podczas drugiej wojny macedońsko-rzymskiej (200-197 r. p.n.e.) Macedonia została całkowicie pobita. W 196 r. p.n.e. rzymski generał Tytus Kwinkcjusz Flamininus ogłosił wolność Grecji; Rzym pozostał jednak państwem protekcyjnym. Ponieważ sytuacja nadal była niestabilna, także w przyszłości Rzym wielokrotnie czuł się zmuszony do podjęcia ingerencji. Po bitwie pod Pydną (168 r. p.n.e.) Macedonia, która pod panowaniem króla Perseusza raz jeszcze podjęła próbę wywalczenia sobie dominującej pozycji w Grecji kosztem Rzymu, została wyeliminowana jako czynnik władzy. Teraz Rzym trwale zaangażował się w Grecji.

W roku 133 p.n.e. Rzym zaanektował Pergamon, na przełomie lat 64/63 p.n.e. taki sam los spotkał państwo Seleukidów w Syrii, a w końcu, w 30 r. p.n.e., ostatnie państwo hellenistyczne – Egipt Ptolemeuszy.

W swojej epoce Grecja wspięła się na najwyższy poziom kultury. W takich dziedzinach jak filozofia, sztuka, nauka i sport nie istniało nic porównywalnego z tym, co stworzyła zachwycająca, stara Grecja. Także dzisiejszy, nowoczesny świat ma starożytnym Grekom mnóstwo rzeczy do zawdzięczenia. To w Atenach stworzono najtragiczniejsze dramaty i najzabawniejsze komedie, ale również rozwinięto naukę matematyki. Sporo elementów wiedzy naukowej Grecy przejęli z kultur Orientu. Grekom zawdzięczamy igrzyska olimpijskie: mają one łączyć w sposób pokojowy ludzi najróżniejszego pochodzenia. Także demokracja jest spadkiem po sławnych wizjonerach z Aten: Grecję uważa się za kolebkę Europy.

Dlaczego Grecja musiała upaść jako imperium światowe?

Przyczyny wojskowo-polityczne

Państwa greckie coraz częściej przegrywały bitwy ze swoimi przeciwnikami. Seria porażek sięga od bitwy morskiej pod Knidos w roku 394 p.n.e. aż po bitwę pod Cheroneą (338 r. p.n.e.).

Przyczyny społeczno-gospodarcze

Wszystkie trzy podstawowe formy rządów, mianowicie monarchia, arystokracja i demokracja, ujawniły swoje słabości: w ramach monarchii ostro walczono o tron; niekiedy rywalizacja toczyła się między setką kandydatów równocześnie. Jeśli chodziło o zdobycie tronu, przemoc była na porządku dziennym. Kwestia następstwa rzadko była dobrze uregulowana, a sprawy dynastyczne uporządkowane. Wyraźne były też wady systemu arystokracji. Gdy klika arystokratów wyciskała z narodu ostatnie soki, po krótszym lub dłuższym czasie państwo też upadało. Arystokracja niszczyła sama siebie, nie była bowiem szczerze zainteresowana pomyślnością wszystkich warstw ludności. Z kolei demokracja zawiodła, gdyż demokratyczne instytucje w Atenach popadły w zapomnienie w sytuacji, gdy każdy poszukiwał jedynie własnej korzyści. W kilku greckich demokracjach podatki stały się pod koniec tak wysokie, że wszelka inicjatywa i chęć do pracy były unicestwiane już w zarodku.

Niezwykle istotny wpływ na upadek miały zakłócenia życia gospodarczego. Po części wskutek zawirowań polityki zewnętrznej, a po części z powodu wynaturzeń różnych form rządów zabrakło w końcu jakiegokolwiek porządku, w którego ramach handel i gospodarka mogłyby funkcjonować bez przeszkód.

Do schyłku imperium przyczynił się również upadek religii: dawno już podania religijne zostały zdemaskowane jako pobożne zmyślenia. Etyka nie korzystała już z patronatu bogów.

Od zawsze elementem składowym greckiego życia miłosnego była pederastia. Tę sferę w coraz większym stopniu opanowywała rozpusta. Całe miasta dogorywającej, starej Grecji znane są jako eldorado prostytucji. Upadła moralność, na porządku dziennym były nagie tańce. Otwarcie propagowano wymianę partnerów seksualnych i należało to do stałych elementów życia Greków. Poza tym także aborcja przestała już być karana. Wiele dzieci porzucano tuż po urodzeniu, wskutek czego spadała liczba urodzeń. Wreszcie rodzina mogła była sobie zażyczyć wyłącznie jednej córki lub jednego syna, przy czym córek nie uważano za równie cenne jak synów. Dlatego córki często bywały porzucane i wydawane na śmierć. Ostatecznie zabójstwa dzieci zaaprobowano jako legalny środek zapobiegający przeludnieniu.

Rzym[13] ≈ 622 lata

Droga Rzymu do rangi światowego mocarstwa zaczęła się od toczonych z powodzeniem wojen w innymi państwami śródziemnomorskimi; w ich wyniku zajęto na przykład wybrzeża Adriatyku, wybrzeża północnoafrykańskie bądź Azję Mniejszą, czyli dzisiejszą Turcję. Później doszły do tego również Morze Egejskie i Grecja. Zdobywano nowe prowincje i kolonie i ustanawiano kontrolę nad nowymi regionami.

Dzięki swej sile militarnej, Rzym podporządkowywał sobie wszystko, co tylko stanęło mu na drodze i coraz bardziej się rozrastał. W końcu jego obszar rozciągał się od Wysp Brytyjskich poprzez znaczną część Europy Środkowej i cały region śródziemnomorski aż do Babilonu i Zatoki Perskiej. W miarę jak Rzym stawał się coraz zamożniejszy, jego potęga wojskowa stopniowo podupadała. W końcu owo niegdyś tak mocarne imperium rozpadło się na wiele mniejszych królestw.

Za przyczyną nowych prowincji i kolonii, w Rzymie postępowała wielka ekspansja gospodarcza. Forma gospodarki była demokratyczna, choć nie tacy byli wszyscy jej uczestnicy. I tak składnikiem demokratycznym był lud rzymski, senat elementem arystokratycznym, a konsulat – monarchistycznym. Rzymianie mogli prowadzić wygodne życie, lud był zadowolony: jako przykład można tu podać igrzyska lub walki gladiatorów. Tajemnicą tego olbrzymiego, wielonarodowego państwa i jego długotrwałego żywota było funkcjonowanie w ramach rodziny równych sobie narodów.

Dzięki kontrolowaniu innych kultur Rzym przywłaszczył sobie olbrzymią wiedzę, przejął na przykład wiedzę Greków, a zatem i wiedzę świata arabskiego.

Pax Romana, długo utrzymujący się okres wewnętrznego spokoju w granicach rzymskiego imperium, skończył się wraz z detronizacją ostatniego cesarza Rzymu w roku 476 n.e. W rzeczywistości upadek Rzymu był długim procesem trwającym 300 lat. W końcu jednak również pozornie „wieczny Rzym" zakończył swoje istnienie, Rzym, który bądź co bądź trwał równy tysiąc lat (od VI wieku p.n.e. do V wieku n.e.), a przez ponad 600 lat był mocarstwem światowym.

Jednakże, dzięki papiestwu, Rzym przez wiele jeszcze stuleci utrzymywał polityczne i religijne panowanie nad Europą. W średniowieczu na przykład *Święte Cesarstwo Rzymskie Narodu Niemieckiego*, z papieskim Rzymem jako centrum, przez długi czas decydowało o sprawach znanego wówczas świata.

---

[13] *antike-wiki-bgym-t10b.wikispaces.com/Punische+Kriege+%26+Aufstieg*

Jakie przyczyny doprowadziły owo wielkie imperium światowe do powolnego, lecz systematycznego upadku?

Przyczyny polityczno-gospodarcze

Jedną z przyczyn upadku Rzymu były liczne wojny. Równocześnie degeneracji ulegała rzymska wojskowość. Armię, dla której motywacją są tylko pieniądze, łatwiej pokonać niż taką, która służy własnemu krajowi. Istnienie armii najemników sprzyjało upadkowi Rzymu. Ponadto każda wojna rodziła „:złą krew" na podbitych terenach, każda pochłaniała niezliczone ludzkie żywota i każda kosztowała niebywałe sumy pieniędzy. Pokonani żywili bezgraniczną nienawiść do zwycięzców. Rzymianie uprowadzali niewolników obu płci, a nierzadko unicestwiali całą szlachtę. Pozostawał spustoszony kraj, a wielu namiestników prowincji napełniało swoje sakiewki. Eksploatacja prowincji, która praktycznie ustała za takich cesarzy jak Oktawian August czy Hadrian, była kontynuowana przez ich nieudolnych następców. W takiej mierze, w jakiej Rzym uznawał siebie za centrum świata, a wszystko i wszystkich wokół traktował wyłącznie jako *krwiodawców*, w takiej też ponosił straty. Rzym, imperium złożone w całość przez wojny, rozpadł się próbując utrzymać obszar panowania, który znacznie wykraczał poza jego siły. Z wojskowej perspektywy można tu mówić o nadmiernym rozdęciu strategicznym.

Przyczyny społeczno-gospodarcze

Nie wszyscy władcy byli inteligentni i nieposzlakowani. Na rzymskim tronie cesarskim zdarzały się osobowości o niewiarygodnych cnotach (jak Trajan, Hadrian czy Marek Aureliusz), ale także inni monarchowie, o złych skłonnościach (jak Kaligula czy Neron), których rozwiązłość, łakomstwo, tyrania i wojowniczość są znane. Zwłaszcza w fazie degeneracji imperium do władzy dochodzili cesarze o wątpliwych przymiotach.

Z okresu od 77 do 60 r. p.n.e. pochodzą doniesienia o nieprzerwanych walkach optymatów (arystokratów) z popularami (ludem). Popularzy domagali się otwartej drogi dla rzetelnych, całej władzy w rękach zgromadzenia narodowego i bezpłatnej ziemi dla weteranów i biednych. Natomiast optymaci sądzili, że wysokie urzędy mogą być obsadzane wyłącznie przez szlachetnie urodzonych, względnie przez synów rodzin, które już wcześniej takie urzędy pełniły. Obie strony zupełnie otwarcie dążyły do władzy, posługując się bez wyrzutów sumienia metodą zastraszania i korupcją. Głosy kupowano na rynku. Przekupywane były całe grupy wyborców, których przywódcom wręczono uprzednio pokaźne sumy.

Do upadku Rzymu ostatecznie doprowadziły także przyczyny gospodarcze. Na pierwszym miejscu trzeba tu wymienić wysokie podatki. Żaden władca po Hadrianie i Marku Aureliuszu nie był wystarczająco inteligentny, by domagać się niskich podatków. Ponadto większość pieniędzy trwoniono na wojny, które z powodu armii najemników stawały się coraz droższe. Poza tym Rzym coraz bardziej zamieniał się w państwo opiekuńcze. Podczas gdy mądrzy władcy przeciwstawiali się biedzie dając pracę, cesarze końcowego okresu byli na tyle głupi, by nieodpłatnie i na ślepo rozdawać zboże ludowi, chcąc „uspokoić motłoch". Chleba i igrzysk domagano się za darmo.

Coraz więcej było przerostów biurokracji, a do tego pasożytniczy dwór, który pochłaniał niebywałe sumy. Pieniędzmi szastano, gdzie tylko się dało – cnota oszczędności poszła w zapomnienie. Za to w dalszym ciągu podnoszono podatki, napędzając tym samym błędne koło. Przygniatające podatki paraliżowały handel, przemysł i rzemieślników. Przewóz towarów spadł na niższy poziom, a wskutek niedostatku porządku znów zaczęła się budzić niepewność co do bezpieczeństwa prawnego. Podczas gdy ciężko pracująca klasa średnia była wysoko opodatkowana, szlachta i dwór swobodnie szastały pieniędzmi, wzbudzając tym nienawiść.

W dożywającym swych dni Rzymie narastała liczba powstań niewolników; czuli się oni wyzyskiwani i nie chcieli dłużej służyć niesprawiedliwym i obłudnym panom.

Najpóźniej od czasów Hadriana uwidaczniał się znaczący spadek liczby ludności. Z drugiej strony do państwa wdzierali się barbarzyńcy, których dzięki inteligentnym władcom, takim jak Marek Aureliusz, częściowo udawało się integrować. W pewnej jednak mierze rodzimy lud rzymski wymierał. Powodem tego była nowa postawa wobec rodziny. Aborcje i rozwody były na porządku dziennym.

Ważnym czynnikiem upadku tego olbrzymiego imperium był niedostatek moralności. Dotyczyło to w takim samym stopniu rządu, co i rodzin. Nie szanowano już instytucji małżeństwa, zaakceptowano ograniczanie liczby urodzin i porzucanie dzieci. Dla obyczajowości charakterystyczne były wynaturzenia seksualne, bezżenność i promiskuityzm. Stale rosła w Rzymie liczba eunuchów. Antykoncepcja i zabójstwa dzieci doprowadziły do dotkliwego zmniejszenia się ludności.

A poza wszystkim, do Rzymu odnosi się to, co było prawdą także w wypadku Grecji: Rzym nie został zniszczony z zewnątrz, nie upadł wskutek napaści barbarzyńców, lecz w ostatecznym rozrachunku zniszczył siebie sam.

Portugalia[14] ≈ 242 lata

Portugalia uważana jest dziś za jeden z najbiedniejszych krajów Europy. Jednakże na przełomie średniowiecza i ery nowożytnej Portugalczycy, „mały i niedostrzegalny lud żeglarzy w zakątku Europy"[15], przeżyli swą wielką godzinę. Vasco da Gama znalazł drogę do Indii prowadzącą wokół Przylądka Dobrej Nadziei, Ferdynand Magellan opłynął południowy kraniec Ameryki, a Pedro Alvares Cabral podbił Brazylię. Przez dwa stulecia Portugalczycy pozostawali mocarstwem kolonialnym numer jeden i zdominowali handel z Indiami i Dalekim Wschodem. Przyprawy korzenne, jedwab, konie i niewolnicy – wszystkie „towary" przechodziły przez placówki portugalskie, co przynosiło krajowi bogactwo i sławę.

Jak to było możliwe, że w okresie pomiędzy rokiem 1415 a 1515 jeden z najmniejszych krajów Europy zapewnił sobie dostęp do najważniejszych obszarów handlowych na dwóch kontynentach?

Pod koniec XIV wieku Portugalia miała około miliona mieszkańców. W Lizbonie, największym mieście, mieszkało 40.000 ludzi. Społeczeństwo Portugalii miało w większości charakter rolniczy i uprawiało pszenicę, proso, winorośl, oliwki i owoce południowe. Większość zatrudnionych, pracujących za dniówkę, pozostawała na służbie u świeckich i duchownych panów. Większość wynagrodzenia ludzie ci musieli oddawać w zamian za kawałek ziemi, którą zagospodarowywali na własne potrzeby. I w każdej chwili można ich było skierować pracy pańszczyźnianej. Na mniej urodzajnym południu, w prowincji Alentejo, znaczna była migracja do miast portowych. Kto tylko mógł, próbował ujść mizernemu losowi robotnika rolnego zostając miejskim rzemieślnikiem, zajmując się drobnym przemysłem czy właśnie uchodząc na morze. To owa ucieczka Portugalczyków od pracy na roli w ostateczności przyczyniła się do zamorskiej ekspansji Portugalii.

W końcu XIV stulecia Portugalia uśmierzyła swe długotrwałe konflikty graniczne z Kastylią i zawarła umowę handlową z Anglią. Ponieważ swój handel zagraniczny prowadziła drogą morską, potrzebowała – także w celu ochrony wybrzeży – sprawnej floty. Dodatkową zachętę stanowiły pogłoski o bajecznych skarbach Indii, znane ze sprawozdań podróżnych wenecjanina Marco Polo. Do zakończenia rekonkwisty w 1492 r. (wyparcie muzułmanów z Półwyspu Iberyjskiego), Portugalia była bowiem odcięta przez Arabów od handlu śródziemnomorskiego. Tak więc pobudzona została chęć dotarcia do tak pożądanych indyjskich przypraw bez korzystania z pośrednictwa muzułmanów.

---

[14] *Portugal: Weltmacht im 15. und 16. Jahrhundert*, w: www.moneymuseum.com
[15] Zweig, Stefan, *Magellan*, Książka i Wiedza, Warszawa 1957, s. 26

Z kolei dla Kolumba, Vasco da Gamy i Magellana, gdy wyruszali w rejsy przez nieznane oceany, siłą napędową były żądza złota, przygód, chęć bojowej aktywności oraz waleczny duch ukształtowany przez iberyjską rekonkwistę. Renesans ze swym zwrotem ku tej właśnie stronie świata znalazł w owych odkrywczych wyprawach swój najbardziej spektakularny wyraz.

Zdobycie w 1415 r. północnoafrykańskiego portu Ceuty, dogodnie ulokowanego na wybrzeżu Cieśniny Gibraltarskiej, dało ostateczny impuls sukcesom Portugali w światowo-historycznym wymiarze. Od tej chwili dominacja cywilizacji białego człowieka w epoce nowożytnej była ugruntowana.

Początkowo Portugalczycy żeglowali wzdłuż zachodniego wybrzeża Afryki, unikając wypuszczania się na otwarte morze. W 1487 r. Bartolomeu Diaz opłynął Przylądek Dobrej Nadziei przecierając drogę Vasco da Gamie, który w 1498 r. wylądował we wschodnich Indiach. Teraz droga morska na wschód, do Indii i korzennych wysp na Pacyfiku, stała przed Portugalczykami otworem. Dlatego odrzucili oni plan Kolumba pożeglowania za Daleki Wschód szlakiem na zachód. W ten sposób odkrycie Ameryki w 1492 nastąpiło pod protektoratem Hiszpanii.

Teraz Portugalia i Hiszpania chciały zabezpieczyć swoje odkrycia. Rozwiązanie problemu, możliwe do przyjęcia przez oba kraje, znalazł papież. Nakreślił on linię demarkacyjną od bieguna do bieguna, która na wysokości równika przebiegała w pobliżu ujścia Amazonki. W 1494 r., w traktacie z Tordesillas, Portugalia otrzymała tereny na wschód od tej linii (odkrytą w 1500 r. przez Pedro Alvaresa Cabrala Brazylię i wyspy korzenne Południowo-Wschodniej Azji). Hiszpania uzyskała prawa do kolonii na obszarach na zachód od niej (Ameryka Środkowa i Południowa).

Traktat ten oraz dalsze podobne umowy wskazują, jak silnie w średniowiecznym prawie międzynarodowym zakotwiczona była idea „orbis christianus", czyli świata chrześcijańskiego. Zatem od samego początku idea misyjna była filarem kolonializmu.

Hiszpanie i Portugalczycy byli jak najbardziej konkurentami, lecz z podbitymi terenami postępowali zupełnie odmiennie. Podczas gdy Hiszpanie swoje obszary kolonialne uroczyście obejmowali w posiadanie w imieniu Korony, Portugalczycy stworzyli całkiem inny model. Zrezygnowali mianowicie z opanowywania dużych połaci ziemi i stworzyli szeroko rozgałęzioną sieć faktorii handlowych, z Goa jako portem centralnym. Na początku, za pośrednictwem robiącej wrażenie demonstracji siły, skłaniano lokalnych książąt do odstąpienia niedużego terenu portowego lub leżącej opodal portu wyspy pod budowę twierdzy. Tubylczej ludności pozostawiano dotychczasowe struktury osiedleńcze i strukturę władzy. Przez lata, w celu pielęgnacji wzajemnych stosunków, na wybrzeżach Afryki i Azji wytworzyła się często mieszana pod względem rasowym warstwa średnia złożona z marynarzy, handlarzy i tłumaczy. Na wschodzie, w Chinach i Japonii, Portugalczycy napotykali i tak już wysoko rozwinięte obce kultury, które napawały ich respektem.

Tajemnica sukcesu Portugalii polegała na tym, że zawsze ograniczała się ona do realizacji pierwotnej koncepcji: śmiały i dzielny naród żeglarzy pragnął zapewnić sobie dostęp do tak pożądanych owoców natury Wschodu – obchodząc świat islamu i wykorzystując najdogodniejszą drogę morską. Z najróżniejszymi grupami ludności, na jakie się natykali, Portugalczycy utrzymywali stosunki kulturalne zadowalające obie strony. Działo się tak przypuszczalnie i dlatego, że oni sami, z punktu widzenia swej historii, byli rasą mieszaną o fenickich, żydowskich, arabskich i afrykańskich korzeniach. Nie znane im były uprzedzenia rasowe i łączyli się z tubylczą ludnością, co pokazuje przykład Brazylii.

W wypadku Portugalii zbiegło się kilka czynników, które sprzyjały decyzji o wyruszeniu do nowych światów. Dzięki sprawozdaniom podróżnym Marco Polo o jego przeżyciach w Chinach oraz Sir Johna Mandeville'a o wschodnioazjatyckich przyprawach korzennych i skarbach Wielkiego Chana, wiedza o dalekich krajach i wielkich skarbach dotarła aż do Portugalii. Ponadto mieszkańcy obszaru śródziemnomorskiego, dzięki wyparciu Maurów, uzyskali styczność z wiedzą arabskich i żydowskich uczonych. Wskutek tego portugalscy odkrywcy dysponowali m.in. znakomitym materiałem kartograficznym Arabów.

Oni sami od XV wieku rysowali o wiele dokładniejsze mapy niż kartografowie średniowiecza, którzy często mieszali legendy z realiami. Np. mapy sporządzane przez wenecjan i genueńczyków oraz żydowskich kartografów na Majorce były pokryte liniami kierunku wiatrów, które miały ułatwiać kapitanom znalezienie drogi do najbliższego portu. Wynalezienie karawel, żaglowców zdolnych do pełnomorskich rejsów, umożliwiło przekroczenie Atlantyku. Zastosowanie dział na okrętach dało nowym potęgom morskim przewagę na morzach świata. Wreszcie pomoce nawigacyjne, jak kompas, który Arabowie poznali w XII wieku w Chinach i w XIII wieku przywieźli do Europy, astrolabium czy log, w pełnym zakresie umożliwiły dalekie rejsy Vasco da Gamy, Pedro Cabrala, Bartolomeu Diaza i Magellana.

Goa było centralnym punktem handlu ze Wschodem. Port był oddalony od Lizbony o 10.000 mil morskich. Stąd było jeszcze 4.000 mil morskich do Macao. Na podróż do Europy i z powrotem trzeba było przeznaczyć półtora roku.

W XVI i XVII stuleciu Portugalia wysyłała corocznie za morza dwadzieścia statków z 15.000 podróżnych (w tym zaledwie kilkadziesiąt kobiet). Umieralność podczas podróży do Indii była wysoka. Szkorbut, gorączka tropikalna i syfilis systematycznie zabierały jedną trzecią załóg. Jeden na dziesięć statków, które wyszły w morze, ulegał rozbiciu, tak że w trakcie dwuletniego rejsu regularnie umierało około 25 procent zaokrętowanych żeglarzy i kolonistów.

W drogę powrotną do Europy portugalscy żeglarze zabierali przede wszystkim przyprawy i tekstylia: pieprz z wybrzeża malabarskiego, cynamon z Cejlonu, kwiaty i orzechy muszkatołowca oraz goździki z Moluków. Z Arabii i Persji sprowadzano konie, ze wschodniego wybrzeża Indii cenne tkaniny drukowane, z Japonii i Chin jedwab, porcelanę i metale szlachetne. Na afrykańskim wybrzeży, w ramach ożywionego handlu wymiennego, przedmiotami transakcji były szklane paciorki, tekstylia i brandy oraz strzelby z metropolii.

W handlu afrykańskim – obok złota, kości słoniowej i skóry – Portugalia w ciągu XVI wieku coraz bardziej koncentrowała się na niewolnictwie. Początkowo czarnych Afrykanów przywożono do Portugalii jako niewolników używanych do posług domowych, później niewolnicy znaleźli zastosowanie na plantacjach trzciny cukrowej Madery, São Tomé i Wysp Zielonego Przylądka. Później, około 1530 r., w miarę portugalskiej kolonizacji Brazylii, coraz więcej niewolników przywożono do Ameryki Południowej. Dlatego plantacje trzciny cukrowej i problem niewolnictwa nazywane są również portugalskim prezentem dla Ameryki.

Na przełomie średniowiecza i czasów nowożytnych Portugalia, dzięki rejsom swych odkrywców, wnosiła decydujący wkład w eksplorację i kolonizację nowych ziem.

Wcześniej historiografia podkreślała przede wszystkim pionierskiego ducha i odwagę portugalskich odkrywców, ich wysokie umiejętności naukowe i nawigacyjne, a także impet, jaki wyprawom na nowe ziemie nadała idea krucjat. Dziś jako największe osiągnięcie Portugalczyków postrzega się fakt, iż jako niewielki naród byli w stanie w krótkim czasie założyć stabilne i rozległe imperium handlowe. Niezbędną do wyruszenia na nowe ziemie śmiałość łączyli oni z trzeźwą oceną własnych ograniczeń. Nie uprawiali polityki osiedleńczej, nie wikłali się w wyniszczające wojenki i nie pozwalali, by żądza złota popychała ich do fatalnych łupieżczych wypraw. Dzięki odwadze, sile przebicia i rozumowi udało im się pokryć olbrzymi obszar od Afryki po Azję faktoriami handlowymi (np. Goa i Macao), a z licznymi, zróżnicowanymi kulturami, jakie napotykali, nawiązać stosunki kulturalne satysfakcjonujące obie strony. Tak więc można Portugalię nazwać krajem, który zainicjował utrzymujący się po dziś dzień trend ku globalizacji.

Po tym, jak w roku 1581 północne prowincje holenderskie uzyskały niezależność od Hiszpanii, a kilka lat później Anglia rozbiła Wielką Armadę, Holendrzy zastąpili

Portugalię w przestrzeni afrykańsko-azjatyckiej i stali się wielką potęgą handlową. Skopiowali przy tym stworzony przez Portugalczyków system faktorii: pionierskie dokonania Portugalii zyskały rangę wzorca.

Schyłek portugalskiego imperializmu kolonialnego rozpoczął się w XVI wieku, a wzmógł w wieku XVII, gdy Holendrzy również zaczęli angażować się w Afryce, Ameryce i Azji i wydarli Portugalczykom większość ich azjatyckich kolonii, takich jak Malakka, Cejlon i Moluki. Dokładnie rzecz biorąc, istniały różne przyczyny utraty przez Portugalię pozycji światowego mocarstwa.

Przyczyny wojskowo-polityczne

Podczas wyprawy marokańskiej życie straciło 40.000 Portugalczyków oraz zaciężnych żołnierzy, co doprowadziło do długotrwałego osłabienia siły militarnej Portugalii. Kasę państwową trzeba było w większości przeznaczyć na uwolnienie portugalskich jeńców z marokańskiej niewoli. Większych rezerw i tak nie zgromadzono, tak że pod względem wojskowym Portugalia nie była już w stanie dotrzymać kroku innym państwom europejskim w konkurencyjnych zmaganiach.

Terytorialny regres portugalskiego imperium kolonialnego nabrał intensywności w XVII stuleciu, kiedy to Holendrzy też zaczęli angażować się w Afryce, Ameryce i Azji i odebrali Portugalczykom większość ich kolonii, takich jak Malakka, Cejlon i Wyspy Korzenne. Gdy Portugalia, w ramach unii personalnej, zaczęła być rządzona przez Hiszpanię, przeciwnika Anglii, Anglia zwróciła się przeciwko koloniom swego bliskiego dotąd sprzymierzeńca. Na wschodnim wybrzeżu Afryki Oman podbił większość portugalskich posiadłości.

Przyczyny społeczno-gospodarcze

Choć pomiędzy rokiem 1505 a 1515 handel korzenny odbywany przez Morze Śródziemne całkowicie zamarł, od 1516 r. towary z Indii znów zaczęły przybywać przez Aleksandrię do Europy. Portugalczycy nie zdołali również powstrzymać handlu prowadzonego trasą pielgrzymek do Mekki, ani też jedwabnym szlakiem czy poprzez porty Palestyny i Morza Czarnego.

W XV i XVI wieku zyski z handlu z Indiami i Afryką traktowano jako prywatną własność portugalskiego króla. Pod rządami Manuela I (1495-1521) nie wytwarzały one dochodu, lecz przeznaczano je na wystawne budowle i utrzymanie dworu. Kolejnymi beneficjentami były Kościół, szlachta i wyższa warstwa mieszczaństwa, która uczestniczyła finansowo w organizacji rejsów. Większość ludności nie miała z tego żadnych korzyści. Wśród urzędników kolonialnych szerzyła się korupcja. Pod rządami Jana III (1521-1557) zadłużenie zagraniczne wzrosło do niepomiernych rozmiarów. W 1549 r. trzeba było zamknąć portugalską placówkę handlową w Antwerpii. Sebastian I (1557-1578) zmuszony był ogłosić bankructwo państwa.

W 1578 r. król Sebastian I zginął w jednej z bitew podczas próby zdobycia całego Maroka. Jego następcą został Henryk I, który jako kardynał pozostał bezdzietny. Był on ostatnim męskim potomkiem dynastii Avis i po jego śmierci Portugalia weszła w unię personalną z Hiszpanią.

Hiszpania[16] ≈ 334 lata

Zawarte w roku 1469 małżeństwo Izabeli I, królowej Kastylii, z Ferdynandem II, królem Aragonii, doprowadziło do zespolenia królestw. Dziesięć lat później, w 1479 r., założone zostało hiszpańskie państwo narodowe. Zjednoczonej sile Kastylii i Aragonii ulegli Maurowie. W 1492 r. padła Granada. Oznaczało to koniec królestwa Granady, a tym samym również koniec epoki arabskiego, a zatem i islamskiego panowania na Półwyspie Iberyjskim. Zarazem dopełniła się też rekonkwista.

Królewska para dążyła do wzmocnienia młodego państwa narodowego w sferze polityki wewnętrznej i zagranicznej. Z tego też względu Hiszpania była gotowa wesprzeć w 1492 r. przedsięwzięcie Kolumba, które ostatecznie zaprowadziło go do Ameryki i miało umocnić pozycję Hiszpanii jako potęgi handlowej. Wyprawa ta stanowiła podwalinę późniejszego hiszpańskiego imperium światowego, które już w 1550 r. obejmowało znaczną część Ameryki Południowej i Środkowej. W traktacie z Tordesillas Hiszpania i Portugalia, która także miała tam posiadłości, uznały nawzajem swoje obszary zainteresowania. Gdy w połowie XVI w. do władzy w Hiszpanii, poprzez małżeństwo, doszli Habsburgowie w osobie Karola V, Hiszpania była już potężnym i wewnętrznie umocnionym państwem, do którego należały metropolia, kolonie w Ameryce, Holandia i znaczna część dzisiejszych Włoch. Hiszpania bezsprzecznie stała się mocarstwem światowym.

Schyłkowy okres XVI w. nazywany jest „złotą epoką", kiedy to Hiszpania jako mocarstwo światowe osiągnęła swój punkt kulminacyjny i przeżywała czas rozkwitu. Epoka ta oznaczała odwrót od społeczeństwa czysto rolniczego. Silny wzrost przeżywał przemysł, który w znacznej mierze zawdzięczał to hiszpańskiemu monopolowi w handlu kolonialnym. W całym kraju powstawały manufaktury i kopalnie będące oznaką wczesnego kapitalizmu. Mocno rozwijał się też handel. Ponadto nastąpił wzlot idei humanizmu, co doprowadziło do uruchomienia w kraju wielu uniwersytetów.

---

[16] *Geschichte Spaniens* [Historia Hiszpanii] w: Wikipedia 2013

Hiszpańskie kolonie miały status wicekrólestw, ale administracja kolonialna była silnie scentralizowana w metropolii. Każdą kolonią zarządzano na wzór hiszpański, najczęściej za pośrednictwem hiszpańskich urzędników. Na obszarach lądowych Hiszpania usiłowała umocnić swą władzę z pomocą misji katolickich. W 1542 r. wydano całkowity zakaz czynienia z Indian niewolników, których uznano za wolnych i równoprawnych poddanych hiszpańskiej korony. Jednak nie posiadali oni żadnych praw politycznych. Pod koniec XVIII w. w kilku hiszpańskich koloniach nastąpiły zamieszki. Żądanie nie dotyczyły wszakże niezależności, lecz tylko większej autonomii, którą im też przyznano.

Po złotej epoce następował niemal wyłącznie regres, w czym rolę odegrały rozmaite przyczyny.

Przyczyny wojskowo-polityczne

Nieudolni królowie i kilka wojen opróżniło państwową kasę i osłabiło siły zbrojne. W jednej z wojen z Wielką Brytanią Hiszpania straciła niemal całą flotę. Wojny te prowadzono często pod pozorem wojen religijnych. W rzeczywistości chodziło jednak o walkę o władzę.

Przyczyny społeczno-gospodarcze

Z jednej strony Hiszpanie uzyskiwali wprawdzie dochody z kopalń złota i srebra w Ameryce Środkowej i Południowej, z drugiej wszakże ich wydatki były wyższe od dochodów (same floty, które musiały być w gotowości do ochrony szlaków handlowych, pochłaniały większą część wartości dóbr przywożonych do Hiszpanii z Ameryki).

Zarazem srebro, które sprowadzano na europejski rynek, przede wszystkim obniżało rynkową cenę srebra, doszło zatem do inflacji. Gospodarkę hiszpańską rujnowały katastrofy naturalne, zła gospodarka i ogromne wydatki. Materialne, ludzkie i finansowe rezerwy Hiszpanii ucierpiały tak bardzo, że w połowie XVII w. utraciła ona pozycję wielkiego mocarstwa, choć początkowo utrzymała jeszcze liczne posiadłości zamorskie.

Zamiast inwestować w gospodarkę, chętniej inwestowano w pałace i obiekty prestiżowe. Jednocześnie z Półwyspu Iberyjskiego wypędzono Żydów (1492) i muzułmanów (1492-1499, 1570/1571, ostatecznie 1608/1609), eliminując tym samym z życia gospodarczego dwie ważne grupy. Żydzi mieli takie powiązania zarówno z obszarem arabsko-islamskim, jak i chrześcijańsko-europejskim, jakich nie mieli inni. Muzułmanie uprawiali rośliny użytkowe, które wraz z ich wypędzeniem zaniknęły z Półwyspu. Duża część Hiszpanów, zwłaszcza podniesieni do stanu szlacheckiego hidalgos, uważała się za „zbyt dobrych", by zajmować się pracą. Z kolei większość z tych, którzy byli gotowi pracować, wyemigrowała do Ameryki.

Wyłanianie się innych mocarstw

Przyczynami powolnego upadku światowego imperium hiszpańskiego, obok wojen niepodległościowych wznieconych przez Rewolucję Francuską i rewolucję haitańską, były także kolonialne dążenia Wielkiej Brytanii, Francji i Holandii, którym udało się dotkliwie nadwerężyć hiszpańską hegemonię.

Po tym, jak Ferdynand VII mocą konstytucji z 1812 r. przestał być władcą absolutnym, panującym z Bożej łaski, a stał się monarchą związanym konstytucją, również Amerykanom przyszło do głowy, że to, co zmuszeni są znosić ze strony hiszpańskiej korony, nie jest sprawiedliwe. Stąd też pomiędzy rokiem 1816 a 1824 większość państw południowoamerykańskich, częściowo w wyniku krwawych walk, uzyskała niezależność. Tylko Kuba i Puerto Rico do 1898 r. należały jeszcze do korony hiszpańskiej.

Wielka Brytania[17] ≈ 357 lat

Do końca XVI wieku Anglia była raczej mało znaczącym uczestnikiem wydarzeń światowych. To się jednak zmieniło wraz z objęciem tronu przez Elżbietę I. Brytania zaczęła piąć się ku pozycji światowego mocarstwa rozwijając energiczną ekspansję w handlu zagranicznym. W 1571 r. powstała londyńska giełda, a w 1600 r. założono Kompanię Wschodnioindyjską. Elżbieta odtworzyła Kościół państwowy i uczyniła Wielką Brytanię wiodącym mocarstwem protestanckim. Konflikt z Hiszpanią zakończył się korzystnie dla Wielkiej Brytanii. W 1588 r. flota brytyjska zwyciężyła hiszpańską armadę, a 19 lat później, w roku 1607, armada została doszczętnie pobita przez Holendrów.

Wielka Brytania stała się dominującym mocarstwem morskim i mogła rozpocząć pomyślną politykę kolonialną. Filarem angielskiej gospodarki (kosztem rolnictwa) stał się brytyjski przemysł sukienniczy. W wieku XVII, dzięki zwycięstwu Wielkiej Brytanii nad Hiszpanami i rosnącej liczbie kolonii, państwo uzyskało dominującą pozycję i wyrastało na największą światową potęgę handlową i kolonialną wszech czasów.

Rozwój Wielkiej Brytanii w mocarstwo światowe miał trzy najważniejsze źródła: była to po pierwsze budowa a zarazem początek jednolitej państwowości

---

[17] *Britisches Weltreich* [Brytyjskie imperium światowe], w: Wikipedia 2013

zorganizowanej podług nowoczesnych zasad, po drugie szybko rozkwitający przemysł i wreszcie handel zamorski wraz z chroniącą go marynarką.

Kolejnym istotnym krokiem Wielkiej Brytanii na drodze ku światowemu mocarstwu było proklamowanie „Commonwealth of England" (oficjalna nazwa państwa w latach 1649-1660) w roku 1649. Dzięki Aktowi Nawigacyjnemu (opracowana w 1651 r. przez Olivera Cromwella, a wkrótce potem uchwalona ustawa o wspieraniu i uprzywilejowaniu narodowej żeglugi), Wielka Brytania zagwarantowała swoim kupcom i armatorom pierwszeństwo w handlu z rosnącymi obecnie koloniami.

Kilka zwycięskich starć na morzu z holenderskim i hiszpańskim imperium kolonialnym przyspieszyło rozwój Wielkiej Brytanii w wiodącą potęgę morską. Wykorzystując konflikty europejskie, w wyniku kilku wojen kolonialnych Brytyjczycy zaanektowali francuskie i hiszpańskie kolonie w Ameryce. Ponadto, za pośrednictwem Kompanii Wschodnioindyjskiej, dalekowzrocznym politykom i finansistom brytyjskim udało się zdobyć w 1757 r. Bengal i umocnić swą dominującą pozycję w Indiach. Indie stały si najważniejszą kolonią na drodze Anglii ku światowemu mocarstwu.

W 1783 r. Wielka Brytania uznała niezawisłość swoich amerykańskich kolonii.

W Europie brytyjska polityka zagraniczna dążyła do zbudowania równowagi mocarstw (balance of power), pragnąc zapobiec dominacji jednego państwa na kontynencie. Mając tak osłonięte tyły, Wielka Brytania mogła dalej rozszerzać obszar swojego kolonialnego panowania. W 1819 r. zagarnęła Singapur, a w 1839 r. Aden. W rezultacie wojny opiumowej zdobyła Hongkong i zmusiła Chiny do otwarcia się na brytyjski handel.

W celu zabezpieczenia swego panowania na świecie, Wielka Brytania wywalczyła sobie ważne bazy wojskowe w rejonie niemal wszystkich cieśnin morskich – dość wspomnieć tu choćby o Gibraltarze, Wyspach Falklandzkich czy Malcie lub Cyprze. Kontrolę nad Kanałem Sueskim Wielka Brytania zapewniła sobie uzyskując większość akcji związanych z tą ważną drogą morską i uzależniając tym samym od siebie Egipt.

Wspomniane bazy posłużyły angielskiej flocie za ośrodki operacyjne do nadzorowania szlaków morskich (*Sea Lines of Communications, SLOCS*). Polityka zagraniczna Wielkiej Brytanii ukierunkowana była na utrzymanie pokoju na zewnątrz oraz wywieranie pośredniego wpływu na bieg zdarzeń w Ameryce, Azji i na Bliskim Wschodzie za pomocą środków gospodarczych i finansowych. Także w Afryce Wielka Brytania starała się zapewnić sobie pozycję czołowego mocarstwa wchodząc, poprzez użycie siły, w posiadanie kolonii.

Zatem pozycja i przyszłość Wielkiej Brytanii zależały od żeglugi, która miała i była w stanie przysparzać krajowi bogactwa i władzy. Patrząc wstecz należy stwierdzić, że dopomogła ona też Wielkiej Brytanii w zdobyciu nowej tożsamości. Znajduje to swój wyraz w nieoficjalnym hymnie narodowym zaczynającym się od słów: *Rule, Britannia! Britannia rule the waves!* Można to zinterpretować również w ten sposób, że to *Royal Navy* towarzyszyła „transportom złota” i ubezpieczała je w drodze z kolonii do metropolii.

Około 1860 r. Wielka Brytania, mając zaledwie dwa procent ludności świata, osiągnęła mniej więcej jedną piątą europejskiego dochodu narodowego brutto, produkowała połowę ilości żelaza i stali w skali globu, a wyroby jej produkcji opanowały 40 procent światowego handlu. „Union Jack” powiewał nad niemal jedną trzecią powierzchni ziemi, a ponadto dumny Albion panował na wszystkich morzach świata, co przed pierwszą wojną światową, w roku 1905, skłoniło Pierwszego Lorda Admiralicji Jego Królewskiej Mości, admirała Johna Fishera, do następującej wypowiedzi: „Trzymamy w rękach owe strategiczne klucze, którymi jesteśmy w stanie zaryglować świat – mianowicie wielkie bazy w Dover, Gibraltarze, Aleksandrii, na Przylądku Dobrej Nadziei i w Singapurze”.

Proces schyłkowy Wielkiej Brytanii jako mocarstwa światowego zaczął się wraz z końcem drugiej wojny światowej, a dalszemu stałemu przyspieszeniu ulegał w latach pięćdziesiątych XX wieku.

Przyczyny wojskowo-polityczne
W październiku 1951 r. konserwatyści pod przewodem Winstona Churchilla znów przejęli rządy na *Downing Street nr 10*. 3 października 1952 r. Wielka Brytania stała się mocarstwem atomowym. Konserwatyści byli przekonani, że status Wielkiej Brytanii jako mocarstwa światowego zależy od dalszego istnienia imperium. Rolę kluczową, pomimo utraty Indii, odgrywał przy tym Kanał Sueski. Gamal Abdel Naser, który w 1952 r. doszedł do władzy w Egipcie, wynegocjował układ egipsko-brytyjski przewidujący wycofanie do 1956 r. wojsk brytyjskich ze strefy Kanału. W 1956 r. Naser niespodziewanie upaństwowił Kanał Sueski. W reakcji na to nowy premier Wielkiej Brytanii, Anthony Eden, podjął rozmowy z rządami Francji i Izraela. Izraelski atak na Egipt miał Brytyjczykom i Francuzom posłużyć za pretekst do odzyskania strefy Kanału Sueskiego.

W plany te nie wtajemniczono prezydenta USA Dwighta D. Eisenhowera i odmówił on wszelkiego wsparcia. Ponadto Eisenhower obawiał się wojny ze Związkiem Radzieckim, ponieważ Nikita Chruszczow zagroził, iż pospieszy Egiptowi z pomocą. Amerykanie zaczęli wywierać naciski grożąc, że sprzedadzą swoje rezerwy funtów brytyjskich, co doprowadziłoby brytyjską walutę do załamania. Mimo iż pod względem wojskowym inwazja uzyskała powodzenie, Brytyjczycy, pod naciskiem Stanów Zjednoczonych, zostali zmuszenie do upokarzającego wycofania swoich wojsk. Na początku 1957 r. Eden ustąpił z funkcji premiera.

Kryzys sueski ukazał wyraźnie granice brytyjskiej potęgi i zainicjował ostateczny upadek imperium. Bez zgody czy wręcz wsparcia ze strony Stanów Zjednoczonych, sama Wielka Brytania nie była już więcej zdolna do działania. Po kryzysie brytyjska pozycja na Bliskim Wschodzie znacznie osłabła, aczkolwiek jeszcze się nie załamała. Już wkrótce Wielka Brytania znów wysłała wojska w ten region i interweniowała w Omanie (1957 r.), Jordanii (1958 r.) oraz Kuwejcie (1961 r,), choć z amerykańską aprobatą. Brytyjską obecność na Bliskim Wschodzie zakończył uporządkowany odwrót z Adenu (1967 r.) i Bahrajnu (1971 r.).

W lutym 1960 r. premier Harold Macmillan wygłosił w Kapsztadzie przemówienie, mówiąc w nim o *wind of change*, który ogarnia Afrykę. Chciał on uniknąć wojen niepodległościowych, jak na przykład wojna w Algierii, w którą uwikłana była Francja. Brytyjskie kolonie uzyskały niepodległość.

Na początku lat 80-tych proces dekolonizacji był już w dużej mierze zakończony. Wielka Brytania dysponowała już tylko kilkoma obszarami rozrzuconymi po całym świecie. Ponadto w 1982 r., mocą ustawy uchwalonej przez brytyjski parlament, Kanada, zgodnie z prawem konstytucyjnym, została w pełni oddzielona od metropolii. Stosowne ustawy odnoszące się do Australii i Nowej Zelandii wydano w 1986 r.

We wrześniu 1982 r. premier Thatcher prowadziła z rządem Chińskiej Republiki Ludowej rozmowy na temat przyszłości Hongkongu, ostatniej znaczącej i gęsto zaludnionej kolonii brytyjskiej. Zgodnie z postanowieniami układu nankińskiego z 1842 r., Chińczycy odstąpili *Hongkong Island* „na zawsze". Jednak przeważająca część kolonii składała się z *New Territories*, które wydzierżawiono na 99 lat; ten układ o dzierżawie wygasał w 1997 r. Thatcher pragnęła utrzymać Hongkong i zaproponowała brytyjski zarząd pod chińskim zwierzchnictwem, co Chińczycy jednak odrzucili. W 1984 r. oba rządy uzgodniły „Sino-British Joint Declaration", która przewidywała utworzenie Specjalnego Regionu Administracyjnego funkcjonującego zgodnie z zasadą „jeden kraj, dwa systemy".

Przyczyny społeczno-gospodarcze

Druga wojna światowa obnażyła brutalną prawdę, że imperium było zbyt wielkie jak na taki kraj i takie państwo jak Wielka Brytania. Wprawdzie dowiodła ona swojej siły w konfrontacji z nazistowskimi Niemcami i Włochami, a dominia na teatrach wojny pozostały wobec niej wierne, jednak w 1947 r. w Indiach Wielka Brytania musiała się zgodzić na utworzenie dwóch państw – Indii i Pakistanu – i przekazać w tym samym roku Palestynę Narodom Zjednoczonym. W następstwie tego narody skolonizowanych terytoriów – jeden po drugim – opuszczały *Union Jack'a* i podnosiły swoje własne flagi. Dzięki językowi angielskiemu przejęły one zasady i instytucje wolnościowej konstytucji oraz państwa prawa.

Co pozostało?

Inaczej niż niektóre z wcześniejszych imperiów światowych, Wielka Brytania nie upadła, musiała tylko przekazać rolę światowego mocarstwa USA. Kraj pozostał wszakże przy statusie wielkiego mocarstwa. Przyczyniają się do tego stałe miejsce w Radzie Bezpieczeństwa Organizacji Narodów Zjednoczonych, posiadanie (choć tylko bardzo ograniczona możliwość dysponowania) broni nuklearnej, pozostałe jeszcze „brytyjskie terytoria zamorskie" oraz *Commonwealth of Nations*.

„Brytyjskie terytoria zamorskie" to czternaście niewielkich obszarów na świecie, nad którymi Wielka Brytania sprawuje zwierzchnictwo. Niektóre, jeśli pominąć personel wojskowy lub naukowy, są niezamieszkałe. Pozostałe zarządzają sobą w różnej mierze same, a od Wielkiej Brytanii są zależne w sferze polityki zagranicznej i obronności. Każdemu terytorium rząd brytyjski obiecał wsparcie w wypadku starania się o niepodległość. Owych czternaście terytoriów zamorskich to[18]:

Terytorium	Mieszkańcy
Anguilla	12.800
Bermudy	64.482
Brytyjskie Terytorium Antarktyczne	200
Brytyjskie Wyspy Dziewicze	21.730
Brytyjskie Terytorium na Pacyfiku	3.700
Brytyjskie Terytorium Oceanu Indyjskiego	4.000
Falklandy	2.967
Gibraltar	27.776
Kajmany	41.934
Montserrat	6.409
Pitcairn	50
Wyspa Świętej Heleny, Wyspa Wniebowstąpienia i Tristan da Cunha	6.563
Niezależne bazy wojskowe Akrotiri i Dhekelia	15.500
Georgia Południowa i Sandwich Południowy	26
Turks i Caicos	33.302
Ogółem	217.439

---

[18] *Britische Überseegebiete* [Brytyjskie terytoria zamorskie] w: Wikipedia 2013

Commonwealth of Nations to dobrowolne, niepolityczne stowarzyszenie równoprawnych państw, w którym Wielkiej Brytanii nie przysługuje żaden uprzywilejowany status. Szesnaście państw Commonwealth'u, tak zwanych *Commonwealth Realms*, łączy z Wielką Brytanią osoba głowy państwa, czyli brytyjski monarcha. Owe państwa to:

Antigua i Barbuda	Jamajka	St. Lucia
Australia	Kanada	St. Vincent i Grenadyny
Bahamy	Nowa Zelandia	Tuvalu
Barbados	Papua-Nowa Gwinea	Zjednoczone Królestwo
Belize	Wyspy Salomona	
Grenada	St. Kitts i Nevis	

Reasumując można stwierdzić, że schyłek Wielkiej Brytanii jako światowego mocarstwa zaczął się w 1945 r., wraz z końcem II wojny światowej, a dobiegł końca w latach pięćdziesiątych i sześćdziesiątych XX wieku, z chwilą uzyskania niepodległości przez większość niegdysiejszych kolonii.

Związek Radziecki[19] ≈ 46 lat

Na Związek Radziecki przypadło największe obciążenie w walce z niemieckim Wehrmachtem. Państwo wyszło z drugiej wojny światowej spustoszone przez wojnę i osłabione, zarazem jednak jako mocarstwo zwycięskie, w związku z czym mogło utwierdzić się w roli mocarstwa światowego. Podczas konferencji poczdamskiej zwycięzcy usiłowali dojść do porozumienia w sprawie powojennego porządku w Europie, co jednak powiodło się tylko częściowo. Koalicja uległa rozbiciu wskutek wzajemnego braku zaufania. Za przyczyną różnych ustrojów społecznych rozpoczął się konflikt Wschód-Zachód, a tym samym zimna wojna.

Związek Radziecki zabezpieczył sobie zdobyty w wyniku drugiej wojny światowej terytorialny obszar władania. Zapisany w pakcie Ribbentrop-Mołotow radziecki obszar interesów obejmujący wschodnią Polskę oraz całą strefę bałtycką, ZSRR włączył na trwałe w obszar swojego państwa. Albania (1948-1961), Bułgaria, Polska, Rumunia, Węgry, Czechosłowacja i utworzona w 1949 r. NRD znalazły się w strefie

---

[19] *wikipedia.org/wiki/Soujetunion* [Związek Radziecki]

wpływów Związku Radzieckiego i – jako państwa satelickie – stały się „demokracjami ludowymi" z komunistycznymi rządami.

W 1953 r., po śmierci Stalina, pierwszym sekretarzem KPZR został Nikita Chruszczow. W 1956 r., na XX Zjeździe KPZR, w przemówieniu wygłoszonym podczas utajnionych obrad zwrócił się on przeciwko stalinizmowi. Próbował doprowadzić do zwrotu w radzieckiej polityce za pomocą ostrożnej liberalizacji. Jednak Węgierskie Powstanie Narodowe, krwawo stłumione w 1956 r. przez Armię Radziecką, wstrzymało liberalizacyjne tendencje w Moskwie.

Mimo intensywniejszych kontaktów dyplomatycznych z USA, zimna wojna trwała nadal. Państwa członkowskie NATO i Układu Warszawskiego z niezmniejszoną intensywnością zbroiły się przeciwko sobie. Kryzys kubański z 1962 r. sprowadził świat na skraj wojny atomowej. Pod naciskiem USA, Chruszczow wycofał przewidziane do stacjonowania na tej karaibskiej wyspie rakiety atomowe, powstrzymując eskalację zdarzeń, a tym samym zapewne wybuch trzeciej wojny światowej.

Jesienią 1957 r. zainicjowany został mający prestiżowe znaczenie „podbój kosmosu": Sputnik 1 stał się pierwszym sztucznym satelitą wprowadzonym na orbitę okołoziemską; jeszcze w tym samym roku radzieckim naukowcom udało się wysłać w kosmos pierwszą żywą istotę, którą był pies Łajka. W 1961 r. Jurij Gagarin odbył pomyślny lot w statku Wostok 1 – pierwszy lot człowieka w przestrzeni kosmicznej. Związek Radziecki objął prowadzenie w podboju kosmosu. Stał się – obok USA – drugim mocarstwem światowym.

W 1964 r. Chruszczow został zastąpiony na stanowisku pierwszego sekretarza KPZR (od 1966 r. sekretarza generalnego) przez konserwatywnego Leonida Breżniewa. Reżim ostro przeciwstawiał się próbom reform w innych państwach komunistycznych. Wprawdzie w roku 1975 w Helsinkach, podczas „Konferencji Bezpieczeństwa i Współpracy w Europie", Breżniew podpisał Akt końcowy KBWE, jednak jeszcze w 1968 r. wkroczenie czołgów państw Paktu Warszawskiego stłumiło w Czechosłowacji ruch wolnościowy zwany „Praską Wiosną". W 1981 r. Wojciech Jaruzelski, ówczesny pierwszy sekretarz Polskiej Zjednoczonej Partii Robotniczej i szef polskiego rządu, dzięki ogłoszeniu stanu wojennego w Polskiej Rzeczpospolitej Ludowej (stłumienie ruchu reformatorskiego związku zawodowego „Solidarność") zdołał zapobiec wkroczeniu wojsk Paktu Warszawskiego (w tym również wojsk niemieckich z NRD).

Wraz z wkroczeniem wojsk radzieckich (w liczbie do 100.000), w 1979 r. nastąpiła eskalacja wojny domowej w Afganistanie; powstała nowa strefa kryzysowa rzutująca na światową politykę. Kraj został spustoszony, a jego infrastruktura zniszczona. Walki pomiędzy wojskami rządowymi a mudżahedinami spowodowały olbrzymią falę uchodźców; skutkiem było ok. 1,2 miliona ofiar śmiertelnych po stronie afgańskiej i ok. pięciu milionów uchodźców. Prezydent Afganistanu Mohammad Nadżibullah postawił na kurs ku pojednaniu narodowemu. Michaił Gorbaczow, który w 1985 r. został sekretarzem generalnym, uznał radzieckie zaangażowanie w Afganistanie za zbyt kosztowne i powodujące zbyt wiele strat. W latach 1988/1989 wojska radzieckie zostały wycofane. Zwycięscy mudżahedini, wspierani organizacyjnie i wyposażeni przez amerykański i pakistański wywiad CIA i ISI, przejęli władzę, by ponownie uwikłać się w przypominające wojnę domową walki. W tej sytuacji talibom, islamskim radykałom operującym z Pakistanu, udało się szybkim uderzeniem opanować obszerne połacie kraju i w połowie lat 90-tych utworzyć w Afganistanie islamskie państwo teokratyczne.

Od początku lat osiemdziesiątych gospodarka Związku Radzieckiego wykazywała poważne niedobory wzrostu. Zaczął się regres. Od 1985 r. Michaił Gorbaczow rozpoczął wdrażanie pierwszych reform. Dzięki *pierestrojce* (przebudowa) i *głasności* (otwartość) realny socjalizm miał zostać zreformowany i odznaczać się nowym, krytycznym myśleniem. W polityce zagranicznej Michaił Gorbaczow zainicjował szeroki nurt odprężenia i rozbrojenia.

Wskutek *głasności* i *pierestrojki* ujawniły się problemy systemu, a ich publiczne dyskutowanie osłabiło pozycję centralnego rządu. Rozwój wydarzeń usamodzielnił się i coraz bardziej wymykał spod kontroli partii, która nie mogła reagować, ponieważ budzącemu się dzięki temu procesowi demokratyzacji brakowało instytucjonalnych ram. Jednak rozpoczęte przez Gorbaczowa reformy nie przyniosły wzrostu gospodarczego. Ani nie udało się wesprzeć dalszego rozwoju przemysłu w wielkich kombinatach, ani też rosnący udział sektora agrarnego w inwestycjach nie pociągnął za sobą lepszego zaopatrzenia ludności w żywność. Narastająca korupcja w sferze gospodarczej pozbawiała gospodarkę państwową ważnych zasobów.

Państwa zachodnioeuropejskie starały się jeszcze wspierać radziecką gospodarkę, będącą w fazie swobodnego spadku, i wdrożone przez Gorbaczowa w 1986 r. reformy. Udzielały Związkowi Radzieckiemu miliardowych kredytów i subwencji. Radzieckie zadłużenie zagraniczne wzrosło z 20 miliardów dolarów w roku 1986 do 103 miliardów dolarów pięć lat później, gdy Związek Radziecki ostatecznie się rozpadł. Zachodnioeuropejskie, w pierwszym rzędzie zachodnioniemieckie kredyty i subwencje były jedynie kroplą w morzu potrzeb. Nie były w stanie zatrzymać gospodarczego upadku, a w konsekwencji rozpadu radzieckiego imperium. Wskutek tego podporządkowane narody wschodniej i środkowej Europy, w tym wschodni

Niemcy, odzyskały nareszcie swą wolność. Droga do ponownego zjednoczenia Niemiec stanęła otworem.

Niepewność wynikająca z gwałtownych przemian politycznych i gospodarczych została dodatkowo pogłębiona w rezultacie katastrof naturalnych i o charakterze technogennym. W 1986 r. awaria reaktora w Czarnobylu na Ukrainie przeobraziła się w wielką katastrofę nuklearną. To pokazało, że technologie opracowane w danych warunkach socjo-gospodarczych później nie są już możliwe do opanowania w wystarczającym stopniu. Dochodziła do tego postępująca niepostrzeżenie degradacja środowiska, która przyczyniała się do destabilizacji: wysychanie Morza Aralskiego, skażenie znacznych połaci ziemi i roślinności przez wypływającą ropę w zachodniej Syberii oraz zanieczyszczenie powietrza we wszystkich wielkich miastach przemysłowych.

Również w narodowościowym tyglu Związku Radzieckiego tworzyły się czynniki destabilizujące. W grudniu 1986 r., po raz pierwszy po erze Breżniewa, doszło do poważnego konfliktu etnicznego, gdy kazachski szef partii Konajew, na skutek podejrzenia o poważne przestępstwo korupcyjne, został przez Moskwę wymieniony na Rosjanina Giennadija Kołbina, który stanął na czele Kazachstanu. Na początku 1988 r. rozpoczął się ormiańsko-azerski konflikt o Górski Karabach, z którego wynikła pierwsza wojna pomiędzy państwami powstałymi po rozpadzie Związku Radzieckiego. W krótkim okresie w obrębie Związku Radzieckiego powstało wiele nowych konfliktów narodowościowych.

Problem narodowościowy narastał w Związku Radzieckim przez dziesiątki lat. Winni temu byli sami przywódcy polityczni. Z wyjątkiem Stalina (pochodził z Gruzji), żadna z najważniejszych postaci na czele biura politycznego nie pochodziła z innych republik, a tylko nieliczni z tego przywódczego gremium byli innej narodowości niż rosyjska. Czołowi politycy niemal nigdy nie pełnili też funkcji przywódczych w innych republikach, a zatem nie znali ich zbyt dobrze. Wszystko to miało się teraz „wypłacić”.

Impuls inicjujący rozbrat peryferyjnych republik Związku Radzieckiego z moskiewskim centrum wyszedł nie tyle od ludności licznie powstałych, niewielkich ośrodków kryzysowych, ile od politycznych kierownictw republik związkowych. Pierwsze były powołujące się na swą narodową tożsamość trzy republiki bałtyckie.

Najpierw, 11 marca 1990 r., swą niezawisłość od ZSRR ogłosiła Litwa, 9 kwietnia 1991 r. Gruzja, a 20 i 21 sierpnia 1991 r. Estonia i Łotwa. Po nich, 24, 25, 27 i 31 sierpnia 1991 r., zrobiły to Białoruś, Ukraina, Mołdawia i Kirgistan, 1, 9, i 21 września 1991 r. Uzbekistan, Tadżykistan i Armenia, 18 i 27 października 1991 r. Azerbejdżan i

Turkmenistan oraz 16 grudnia 1991 r. Kazachstan. W grudniu 1991 r. „Rosyjska Federacyjna Socjalistyczna Republika Radziecka" ogłosiła formalnie swą suwerenność, lecz nie niezawisłość od Związku Radzieckiego, co ułatwiło przeniesienie stosunków zagranicznych dawnego Związku Radzieckiego na nowopowstałą Federację Rosyjską.

W 1991 r. w Związku Radzieckim gra toczyła się o zwykłe przetrwanie. Produkcja przemysłowa spadła, bezrobocie gwałtownie wzrosło, a wskutek inflacji obywatele stracili swoje oszczędności. Pomiędzy różnymi grupami etnicznymi Związku Radzieckiego wybuchły konflikty.

„Związek Radziecki można i trzeba było uratować", mówi dziś Gorbaczow. Wtedy dążył on do powstania nowej federacji, w której poszczególne republiki byłyby suwerenne i miały te same prawa. Jednak 19 sierpnia 1991 r., na dzień przed podpisaniem nowej umowy państwowej, doszło do puczu przeciwko Gorbaczowowi: komunistyczni spiskowcy zablokowali szefa ZSRR w miejscu, gdzie spędzał urlop, i odcięli wszelką łączność ze światem zewnętrznym. W Związku Radzieckim ogłoszono stan wyjątkowy, a na ulice Moskwy wyjechały czołgi.

Jednak zamach stanu się nie powiódł. Dziesiątki tysięcy ludzi demonstrowało w Moskwie przeciwko puczowi, a partii komunistycznej zakazano działalności. Trzy miesiące po puczu Borys Jelcyn, przeciwnik komunistów, jako nowy prezydent Rosji założył wraz z Ukrainą i Białorusią „Wspólnotę Niepodległych Państw" (WNP). 26 grudnia 1991 r. Związek Radziecki oficjalnie został rozwiązany[20]. Tym samym nastąpił koniec Związku Radzieckiego jako mocarstwa światowego.

Oba mocarstwa światowe, USA i Związek Radziecki, powstały w tym samym czasie w następstwie II wojny światowej. Ich narodziny miały wszakże różne przyczyny. Henry Kissinger definiuje je tak: "O osiągnięciu przez Stany Zjednoczone statusu supermocarstwa zadecydował rozwój ich potęgi przemysłowej. Korzenie sukcesów radzieckich tkwią w bezwzględnych manipulacjach i w przetargach Stalina."[21]

Ważną rolę w upadku ZSRR odegrała konkurencja między komunizmem a kapitalizmem, stwierdził dwadzieścia lat później Gerhard Simon, ekspert ds. Europy Wschodniej na uniwersytecie w Kolonii. Simon podkreśla, że poważnym błędem radzieckiej propagandy było to, że od samego początku zawsze porównywała się z

[20] Goncharenko, Roman, *Wie die Sowjetunion vor 20 Jahren unterging* [Jak 20 lat temu upadł Związek Radziecki], stacja Deutsche Welle, dn. 23. 08. 2011 r.
[21] Kissinger, Henry, *Dyplomacja*, Philip Wilson, Warszawa 2002, s. 378

Zachodem: "Związek Radziecki sam sobie założył pętlę na szyję."[22] A jakie były rzeczywiste powody upadku Związku Radzieckiego po 46 latach funkcjonowania w roli światowego mocarstwa?

Przyczyny wojskowo-polityczne

Państwa Europy Wschodniej, które już w 1952 r. John Foster Dulles nazwał „państwami zniewolonymi", są – jak stwierdził – „bliskie rozpaczy" [23]; pod tym względem do 1989 r. nic się nie zmieniło.

Państwa zachodnie pod przewodem USA i ich prezydenta Ronalda Reagana, w okresie zimnej wojny gwałtownie się dozbrajały. Miało to takie rozmiary, jakim Związek Radziecki nie był w stanie sprostać: Związek Radziecki został przez Zachód wręcz „zazbrojony na śmierć". W rzeczywistości ZSRR rok w rok inwestował w sferę wojskową 15 procent swego produktu krajowego brutto, natomiast w USA było to tylko sześć procent, w ówczesnej Republice Federalnej Niemiec trzy, a w Japonii jeden procent.

Przyczyny społeczno-gospodarcze

Spadająca produkcja przemysłowa, rosnące bezrobocie i inflacja, przez którą obywatele stracili swoje oszczędności były ważnymi powodami niepokojów w kraju.

Wysoki udział wydatków zbrojeniowych w dochodzie narodowym brutto miał następstwa gospodarcze i socjalne. Mimo iż uprzywilejowanie przemysłu ciężkiego sięgało lat dwudziestych i nie było zasadniczo związane z okresem zimnej wojny, od lat pięćdziesiątych radziecka gospodarka, w wyniku inwestycji zbrojeniowych, w coraz większej mierze przesuwała się ku równi pochyłej. Im dłużej trwała zimna wojna, tym więcej zasobów zabierano z sektora produkcji cywilnej oraz z państwowej sfery opieki społecznej i ochrony zdrowia. W końcu co dziesiąte miejsce pracy przypadało na przemysł zbrojeniowy – to proces, który w USA, jeśli porównać oba państwa, przebiegał według odwrotnych proporcji. Do tego dochodzą płatności transferowe na rzecz sojuszników z Europy Wschodniej. Tylko w latach 1975-1981 wzrosły one z 5,3 do 18,6 miliardów dolarów.

"Radziecki system centralnego planowania okazał się na dłuższą metę niewydolny nawet w ZSRR, a w krajach satelickich od samego początku był katastrofą. Przed II Wojną Światową poziom życia w Czechosłowacji był porównywalny z poziomem życia w Szwajcarii. Po wojnie został zdegradowany do monotonnej szarzyzny, którą

---

[22] Goncharenko, Roman, w: Deutsche Welle z 20. 12. 2011 r.
[23] Dulles, John Foster, w: *Life* z *19 .05. 1952* r.

charakteryzowała się cała strefa radzieckich wpływów. Polska miała bazę przemysłową tak dużą jak Włochy i zasobniejszą bazę surowcową, a została skazana na wegetowanie na poziomie wschodnioeuropejskiej instytucjonalnej nędzy. Niemcy Wschodnie w systemie komunistycznym widziały zasadniczą przeszkodę do tego, by dzielić dobrobyt z Republiką Federalną. Ludność każdego z krajów Europy Wschodniej była przekonana, że poświęca swój dobrobyt na rzecz komunistycznej ideologii i radzieckiej hegemonii."[24]

Wielu znanych naukowców odpowiedzialnością za niedostatki zaopatrzenia w dobra konsumpcyjne obarcza administracyjną gospodarkę nakazową. Śmiertelny cios zadał jej Gorbaczow. Chciał on wprawdzie zreformować zaledwie drobne fragmenty systemu ekonomicznego, jednak sięgnął w tym celu po środki, które w końcu zniszczyły system radziecki jako całość. Z tego punktu widzenia także do tych działań można odnieść stwierdzenie: „Ekonomia, głupcze"[25]

Przyczyny etniczne

Kierownictwo Związku Radzieckiego – podobnie jak wcześniej car – powiększało kraj o coraz to nowe ziemie, a tym samym również o inne narody. Etniczna różnorodność ludności była coraz większa. Zarazem jednak tylko niewielkiej liczbie polityków z grup etnicznych innych niż rosyjska udawało się dostać do najwyższego kręgu władzy. Swą rolę odegrała i ta okoliczność, że niewielu czołowych polityków zdołało posiąść dogłębną wiedzę o innych republikach radzieckich i miało dla nich zrozumienie uzyskane w wyniku pełnienia tam obowiązków służbowych.

Konflikty między różnymi grupami etnicznymi a władzą centralną, czyli z Rosjanami, nasiliły się w 1991 r. doprowadzając ostatecznie do oddzielenia się / ogłoszenia niepodległości przez republiki. W marcu 1990 r. Litwa zainicjowała efekt domina, który dobiegł końca w grudniu 1991 r. wraz z ogłoszeniem niezawisłości Kazachstanu i przypieczętował koniec radzieckiego mocarstwa światowego.

Niedoszłe mocarstwa światowe

W historii ludzkości co jakiś czas pojawiały się państwa, które wyraźnie dążyły do rozszerzenia obszaru swoich wpływów w skali globalnej i usiłowały sięgnąć po status mocarstwa światowego. Należałoby tu wymienić Cesarstwo Francuskie pod rządami Napoleona I, Cesarstwo Japonii w połowie XIX wieku oraz Rzeszę Wielkoniemiecką

---

[24] Kissinger, Henry, *Dyplomacja*, op. cit. s. 603
[25] Greiner, Bernd, Müller, Christian, Th., Weber, Claudia (wyd.): *Ökonomie im Kalten Krieg* [Ekonomia zimnej wojny].

Adolfa Hitlera. Tendencje do stania się mocarstwem światowym wykazywało też w średniowieczu „Święte Cesarstwo Rzymskie Narodu Niemieckiego". Wszystkim tym czterem imperiom nie udało się wszakże osiągnąć tej rangi. Albo ich dominacja trwała bardzo krótko (Francja, Japonia, Niemcy), albo też ich struktury nie odpowiadały temu, czego oczekuje się po światowym mocarstwie (Święte Cesarstwo Rzymskie).

„Święte Cesarstwo Rzymskie"[26] ≈ 1254 do 1806

„Święte Cesarstwo Rzymskie" było oficjalną nazwą obszaru panowania niemiecko-rzymskiego cesarza od czasów średniowiecza do 1806 r. Rzesza ukształtowała się w X wieku pod rządami dynastii Ottonów z byłego karolińskiego państwa wschodniofrankijskiego. Nazwa „Święte Cesarstwo Rzymskie" po raz pierwszy pojawiła się w dokumentach w 1254 r.

Rozmiary i granice „Świętego Cesarstwa Rzymskiego" zmieniały się znacznie w ciągu wieków. W okresie największej rozciągłości cesarstwo obejmowało niemal całość obszarów dzisiejszej Europy Środkowej i Południowej.

Ponieważ od połowy XVIII wieku państwo w coraz mniejszym stopniu było w stanie chronić się przed skutkami ekspansywnej polityki sił wewnętrznych i państw sąsiadujących, rozpoczął się jego upadek. Po skutecznym zmarginalizowaniu dawnego cesarstwa przez Napoleona, 6 sierpnia 1806 r. cesarz Franciszek II złożył koronę cesarza Cesarstwa Rzymskiego, pozbawionego już realnego znaczenia politycznego.

Cesarstwo Francuskie[27] ≈ 1804-1815

W tym krótkim okresie państwo francuskie było opartą na zasadach monarchistycznych, scentralizowaną monarchią konstytucyjną rządzoną autokratycznie przez cesarza Napoleona I.

Monarchia ta powstała po zamachu stanu dokonanym przez Napoleona 9 listopada 1799 r., który 18 maja 1804 r. ukoronował się na cesarza. Czas istnienia cesarstwa cechowały militarne zwycięstwa odniesione przez *Grande Armée* nad Austrią, Prusami, Rosją, Portugalią i ich sojusznikami, początki industrializacji oraz reformy socjalne. Pod względem gospodarczym kraj przekształcił się w młode państwo uprzemysłowione i na początku XIX wielu stał się drugą po Wielkiej Brytanii czołową potęgą gospodarczą Europy.

Wskutek agresywnej polityki zagranicznej i ponownego – ok. 1800 r. – wejścia na drogę imperializmu zamorskiego, Cesarstwo Francuskie stało się wielkim

---

[26] http://de.wikipedia.org/wiki/*Heiliges_Römisches_Reich* [Święte Cesarstwo Rzymskie]
[27] http://de.wikipedia.org/wiki/*Französisches_Kaiserreich* [Cesarstwo Francuskie]

mocarstwem. Z chwilą aneksji Katalonii w 1812 r. osiągnęło ono swe największe rozmiary. Dochodziły do tego kolonie. W tych latach Francja pod względem powierzchni była drugim, a pod względem liczby ludności pierwszym co do wielkości państwem Europy.

Dominacja Cesarstwa Francuskiego zakończyła się wraz z katastrofalną klęską w kampanii rosyjskiej. 11 kwietnia 1814 r. Napoleon zmuszony był abdykować jako cesarz i udał się na zesłanie na Elbę. Po zaskakującym powrocie z Elby 1 maja 1815 r., jego ponowne panowanie we Francji trwało tylko sto dni. Po „bitwie pod Waterloo" w 1815 r. Napoleon został ostatecznie obalony, a cesarstwo rozwiązane po raz drugi i ostatni.

Cesarstwo Japonii[28] ≈ 1931-1945

Cesarstwo japońskie, zgodnie z konstytucją, istniało w okresie od 30 listopada 1890 r. do 2 maja 1947 r. W 1889 r. po raz pierwszy oficjalnie użyty został tytuł tenno (cesarz Japonii).

Z powodu niedostatku bogactw naturalnych, cesarstwo włączyło do swego obszaru, jako kolonie, najpierw Formozę (1895 r.), a następnie Koreę (1910 r.). Kolejnym pierwszorzędnym celem przemysłu stały się olbrzymie zasoby Chin.

Podczas pierwszej wojny światowej Japonia, z uwagi na wcześniejsze zwycięstwo nad Rosją w latach 1904/05, awansowała do rangi wielkiego mocarstwa. Pod wpływem kryzysu gospodarczego cesarstwo zwróciło się ku faszyzmowi. Teraz Japonia stawiała przed sobą dwa cele: dalszego rozwoju gospodarki i zajęcia obfitujących w surowce krajów Azji.

W 1931 r., po słabym jedynie oporze, zdobyta została Mandżuria. W 1933 r. zajęte zostało Jehol, chińskie terytorium graniczące z Mandżurią. W 1937 r. Japonia rozpoczęła inwazję w Chinach, wywołując tym samym drugą wojnę japońsko-chińską. Przed inwazją, w 1936 r., Japonia zawarła z Niemcami układ antykomunistyczny, tak zwany „pakt antykominternowski", do którego w 1937 r. przystąpiły Włochy.

27 marca 1933 r. Japonia wystąpiła z Ligi Narodów. Z państwami Osi, Niemcami i Włochami, łączyło Japonię agresywne dążenie do ekspansji; rozpoczęła ona kampanię podbojów w Azji Wschodniej pod hasłem „Azja dla Azjatów". W ciągu kilku miesięcy załamały się azjatyckie części imperiów kolonialnych Holandii, Wielkiej Brytanii i USA. Atak na Pearl Harbour w końcu 1941 r. doprowadził do formalnego przystąpienia do drugiej wojny światowej. Po początkowych zwycięstwach, Japonii

---

[28] http://de.wikipedia.org/wiki/*Japanisches_Kaiserreich* [Cesarstwo Japońskie]

wpierw udało się rozszerzyć strefę wpływów na całą Azję Południowo-Wschodnią. Opanowała Indonezję, Filipiny, Nową Gwineę i Birmę oraz niezliczone archipelagi. Wraz z opanowaniem Indonezji, kolonią Cesarstwa stał się kraj zasobny w ropę naftową. Po kilku przegranych bitwach morskich (Midway, Guadalcanal, Iwo Jima, Okinawa) i kontrowersyjnym zrzuceniu bomb atomowych na Hiroszimę i Nagasaki, 6 względnie 9 sierpnia 1945 r. alianci zmusili Japonię do bezwarunkowej kapitulacji, którą formalnie podpisano 2 września 1945 r.

„Rzesza Wielkoniemiecka"[29] ≈ 1939-1945

Rzesza Niemiecka była istniejącą od 1933 r. do 1945 r. dyktaturą Narodowosocjalistycznej Niemieckiej Partii Robotników (NSDAP). W tym okresie, pod rządami Adolfa Hitlera, zbudowano dyktaturę wodzowską. Po anszlusie Austrii (kraju urodzenia Hitlera), „układzie monachijskim" i rozbiciu reszty Czechosłowacji, reżim nazistowski zwiększył do 1939 r. obszar panowania Rzeszy Niemieckiej. Drugą wojnę światową Hitler prowadził jako wojnę wyniszczająco-zdobywczą, by rozszerzyć obszar państwa, zwanego oficjalnie od marca 1938 r. „Rzeszą Wielkoniemiecką", aż po granice Azji Środkowej.

Pod hasłem „naród bez przestrzeni", reżim nazistowski jednostronnie i wbrew prawu międzynarodowemu zaanektował zdobyte później tereny jako „tereny Rzeszy Wielkoniemieckiej".

Dzięki bezwarunkowej kapitulacji niemieckich sił zbrojnych, 8 maja 1945 r. zakończyła się druga wojna światowa w Europie, a zarazem także „Rzesza Wielkoniemiecka".

Résumé

Każde mocarstwo światowe rodziło się i prędzej lub później przemijało. Najczęściej do upadku każdego z nich doprowadzały przyczyny wojskowo-polityczne i społeczno-gospodarcze. Właściwe pytanie nie brzmi zatem, czy USA spotka taki sam los, lecz jedynie kiedy to nastąpi. Tę tezę potwierdza Zbigniew Brzeziński w swojej książce „Wielka szachownica".

---

[29] http://de.wikipedia.org/wiki/ *Deutsches_Reich_1933_bis_1945* [Rzesza Niemiecka 1933 do 1945]

USA – rozwój historyczny

Rozdział 2

Eksterminacja Indian

Po odkryciu przez Kolumba Ameryki w roku 1492, kontynent stopniowo, krok po kroku, brany był w posiadanie przez państwa europejskie. W owym czasie około trzech czwartych pierwotnej ludności indiańskiej ogromnego kontynentu zamieszkiwało tereny podbite przez Hiszpanów i Portugalczyków, a jedna czwarta północ, czyli obszary wzięte w posiadanie przez Francuzów i Anglików.

„Liczebność Indian północnoamerykańskich w XVI stuleciu szacuje się dziś na podstawie źródeł archeologicznych, przy czym za rok odniesienia przyjmuje się najczęściej rok 1500. Ustalone w ten sposób wartości wykazują znaczne różnice oscylujące między 2,4 mln. a 18 mln. ludzi."[30] Amerykański *Smithsonian Institution* w Waszyngtonie określił liczbę pierwotnej ludności Ameryki Północnej na trzy miliony.

900.000 Indian stanęło na drodze białym osadnikom pożądającym nowych ziem i bogactw naturalnych i z chwilą przybycia pierwszego białego człowieka, na początku XVII wieku, rozpoczęło się też powolne wymieranie czerwonoskórych ludzi.

Thomas Jefferson, trzeci prezydent USA (1801-1809) stwierdził i zanotował: „Będziemy zmuszeni pędzić ich jak zwierzęta z lasów w Góry Skaliste. Nigdy nie przestanę ich ścigać." Tenże sam Jefferson przyrzekł wcześniej ludowi Czirokezów ochronę w związku z ich udanym dostosowaniem się do cywilizacji chrześcijańskiej.

Ważną rolę w upadku rdzennej ludności odegrały wojny, jednak to przesiedlenia i przymusowa praca zdziesiątkowały ją w ogromnej, trudnej do skwantyfikowania mierze. Ponadto katastrofalne szkody wyrządziły jej epidemie ospy, odry czy grypy – chorób, na które Indianie nie mieli żadnej odporności. Doszły do tego głód i alkohol.

---

[30] **Milner**, George R.; Chaplin, George: Eastern, *North American Population at ca. A.D. 1500.* w: American Antiquity, Volume 75, nr 4, październik 2010, s. 707–726

Punktem kulminacyjnym tego ludobójstwa były nagrody wypłacane za skalpy: ustanowiło je kilka kolonii, by przyspieszyć zabijanie Indian. Skalpy miały służyć za dowód śmierci Indianina. Oto przykłady:

- w 1700 r. kolonia *Massachusetts* wprowadziła nagrodę w wysokości 100 funtów sterlingów za każdy męski skalp indiański – była to czterokrotność ówczesnych przeciętnych rocznych zarobków;
- w 1706 r. *gubernator Pensylwanii* oferował 130 peso za skalp każdego Indianina płci męskiej w wieku powyżej dwunastu lat i 50 peso za każdy skalp kobiecy.

W Kalifornii po 1849 r. – po okresie „gorączki złota" – w ciągu zaledwie dwóch dziesięcioleci wymordowano kilka tysięcy Indian.

W trzydziestu wojnach przeciwko Indianom, toczonym na wschodzie i zachodzie kontynentu, uczestniczyli biali osadnicy z Anglii, Francji, Hiszpanii i Holandii.

Podsumowując można stwierdzić, że to wyzysk gospodarczy, fatalne warunki socjalne, starcia zbrojne, epidemie, polowania na niewolników i czystki etniczne doprowadziły do tej demograficznej katastrofy. Niejasne jest wszakże, jak wysoki był w niej udział każdej z tych przyczyn. Jej punkt krytyczny został przekroczony, ku pewnej poprawie, dopiero w pierwszych dekadach XX wieku.

Owi „dzicy" nie zostali przez purytańskich przybyszów uznani za ludzi, lecz zrównani ze zwierzyną łowną, stojącą pół stopnia niżej jeszcze niż czarni niewolnicy, których, tak jak zwierzęta domowe, można było zdaniem właścicieli źle traktować, lecz nie tak po prostu odstrzelić. Bardzo długo trwało, nim nastawienie to się zmieniło.

Pewne jest, że unicestwione zostały liczne ludy wraz z ich kulturą i językiem. Była to, mierząc liczbą ofiar, jedna z największych katastrof demograficznych i kulturowych w dziejach ludzkości.

Zmiany w sytuacji politycznej i prawnej

Samodzielna polityka Stanów Zjednoczonych wobec Indian zaczęła się od 1781 r. W tym właśnie roku Kongres otrzymał najwyższą władzę decyzyjną co do „regulowania handlu i wszystkich innych spraw z Indianami". Z wielu przyczyn polityka wobec Indian rozwinęła swą własną dynamikę. Szybko przyrastająca ludność, głównie przybyła z Europy, wywierała silny nacisk na możliwość osiedlania się. Wzmacniał go niemal niepodlegający kontroli sposób przywłaszczania sobie ziemi przez osadników oraz ich przekonanie o własnej religijnej i kulturalnej wyższości.

Choć początkowo zawierano z Indianami umowy, to już około 1830 r. niemal wszyscy czerwonoskórzy z obszaru na wschód od Missisipi zostali przymusowo przesiedleni („szlak łez"). Wprawdzie dominującym trendem polityki nigdy nie było wytępienie pierwotnych mieszkańców, ale nie mogli oni stanąć na drodze zasiedlaniu ziem i mieli się dostosować do religijnych, kulturalnych i gospodarczych wzorców białej społeczności; mieli więc stać się chrześcijanami, „Amerykanami", rolnikami i hodowcami bydła.

Ta polityka nie powiodła się jednak i tak powstała idea rezerwatów, w których Indianie mieli być przygotowywani do amerykańskiego stylu życia. Zniszczenie podstaw egzystencji zmusiło wiele grup Indian do poddania się temu, przy czym rząd częstokroć gromadził w wielkich rezerwatach po kilka plemion, także takich, które nie były w stanie się porozumieć. Wiele razy prowadziło to do wewnętrznych konfliktów, zwłaszcza że przydzielone tereny najczęściej nie nadawały się do nowego sposobu życia. Ponadto Indianie w coraz większym stopniu stawali się podopiecznymi zajmującego się nimi od 1824 r. „Biura do spraw Indian". Instytucja ta okazała się nadzwyczaj podatna na korupcję; istniała do 1849 r.

Początkowo teren rezerwatów uznawany był za „zarezerwowane dla Indian dobro wspólne", z którego mogli korzystać wszyscy tam żyjący. Od 1887 r. państwo zaczęło rozdawać ziemię jednostkom i rodzinom. Jednak ziemi przydzielonej do zagospodarowania Indianie nie mogli dziedziczyć, tak że po śmierci właściciela sprzedawano ją na publicznej licytacji.

Dopiero w 1924 r. większość Indian otrzymała powszechne prawa obywatelskie, dzięki czemu mogli oni uczestniczyć w wyborach. Jednak jeszcze w roku 1940 siedem stanów odmawiało Indianom praw wyborczych.[31] W 1934 r. Indianie zdecydowali w głosowaniu o powołaniu rodzaju samorządu złożonego z demokratycznie wybranych rad plemiennych i wodzów, a od 1953 r. instytucje państwowe w coraz większym stopniu zaczęły wycofywać się ze spraw indiańskich. Tym samym jednak ustało wsparcie dla często wiejskich regionów cechujących się słabą infrastrukturą. Wskutek tego nastąpił znaczny odpływ ludności do prosperujących miast, co prowadziło do dalszego ubożenia wielu opuszczonych obszarów.

Od końca lat 60. XX w. grupy indiańskie zdołały przeforsować większą samodzielność; niektóre plemiona odniosły znaczne sukcesy ekonomiczne. Liczne sądy przyznały źle traktowanym, wypędzonym i wywłaszczonym Indianom odszkodowania. Niektóre grupy podjęły próby odkupienia swych tradycyjnych obszarów plemiennych.

---

[31] von Matuschka, Marianne, w: „Die Zeit" z 28.05.1971 r.

Do 2009 r. rząd amerykański nie przeprosił publicznie za uprawianą przez ponad dwa stulecia politykę wobec Indian. W roku 2009 zawarte zostały porozumienia odszkodowawcze pomiędzy rządem a reprezentantami plemion. Wreszcie 19 grudnia 2009 r., bez godnego wzmianki zainteresowania ze strony mediów, prezydent Obama podpisał oświadczenie, w którym „w imieniu narodu Stanów Zjednoczonych" poprosił o wybaczenie „wszystkich pierwotnych mieszkańców za liczne przypadki gwałtów, złego traktowania i zaniedbań, jakich *Native peoples* doznali ze strony obywateli Stanów Zjednoczonych".[32]

W końcu 2010 r. 5.220.579 mieszkańców USA wyprowadzało swoje pochodzenie przynajmniej częściowo od indiańskich przodków. Wyłącznie za Indian względnie pierwotnych mieszkańców Alaski uważało się 2.932.248 mieszkających tam osób. Od czasu ostatniego spisu ludności w roku 2000 ogólna liczba osób uważających się za Indian wzrosła o 27 %. Największą grupę stanowili tu Czirokezi (819.000) i Nawahowie (287.000), a największymi grupami alaskańskimi byli Jugyci (34.000) i Inuici (33.000).

Résumé

Ludobójstwo wielu pierwotnych mieszkańców jest częścią amerykańskiej historii – nawet jeśli ustawicznie pomniejsza się jego znaczenie lub wypiera ze świadomości. USA wpisują się tym samym na długą listę narodów, które chciały eksterminować inne narody lub uczyniły to i które zostały zbiorczo wymienione w załączniku H.

---

[32] Rickert Levi, główny wydawca, w: Native Currents, dn. 20.12.2012 r.

Rozdział 3

Niepodległość i pierwszych trzynaście stanów

Stopniowemu osiąganiu przez USA po II wojnie światowej rangi mocarstwa światowego towarzyszył stopniowy schyłek światowego mocarstwa Wielkiej Brytanii. USA umacniały i rozbudowywały swoje polityczne znaczenie w świecie równolegle z redukcją politycznego znaczenia byłej metropolii, Wielkiej Brytanii. Jak zaczął się ów niespieszny proces narodzin światowego mocarstwa?

Europejska wojna siedmioletnia między Francją a Anglią (1756-1763) toczyła się również po drugiej stronie północnego Atlantyku; w Ameryce Północnej nazwano ją „wojną francusko-indiańską". Francja przegrała tę wojnę i w 1763 r., podpisując „pokój paryski", musiała zgodzić się na odstąpienie swoich posiadłości na kontynencie północnoamerykańskim. W akcie pokojowym ustalono, że terytorium Luizjany na zachód od Missisipi przypadnie Hiszpanii, a Kanada i reszta obszaru Luizjany Wielkiej Brytanii.

Wojna kosztowała Wielką Brytanię dużo pieniędzy i królestwo chciało, by również kolonie wzięły udział w poprawie stanu finansów państwa. Dwa akty prawne Londynu napotkały szczególny opór osadników w koloniach wschodniego wybrzeża Ameryki Północnej: *Quartering Act* zmuszał ich do kwaterowania brytyjskich żołnierzy, zaś *Stamp Act* do zakupu znaczków skarbowych, które obowiązywały w odniesieniu do wszelkich dokumentów – jak gazety, papiery prawnicze czy licencje. Do tego osadnicy nie mieli absolutnie żadnego przedstawicielstwa w stolicy, w Londynie. Skoro już musieli płacić, to chcieliby też mieć prawo współdecydowania: *„no taxation without representation"*.

W 1765 r. Brytyjczykom raz jeszcze udało się przełamać opór kolonistów wobec prawnego zobowiązania do przyjmowania pod dach żołnierzy. Ponadto wprowadzili oni cło na import herbaty. Ostatecznie jednak, w roku 1773, posunięcia te stały się impulsem do słynnej *herbatki bostońskiej* (The Boston Tea Party), kiedy to radykalni patrioci amerykańscy, przebrani za Indian, napadli na brytyjskie statki w porcie bostońskim i wrzucili do basenu portowego ponad trzysta skrzyń z herbatą.

Rząd brytyjski zareagował na ten „występek" nowymi ustawami: port w Bostonie został zamknięty, a handel wstrzymany. Reakcją na te kroki był pierwszy kongres kolonii, na którym wezwano wszystkich do przeciwstawienia się represjom Brytyjczyków. Ponadto postarano się o broń i wystawiono oddziały milicji.

19 kwietnia 1775 r. rozpoczęła się „amerykańska wojna o niepodległość" przeciwko Wielkiej Brytanii. W maju 1775 r. w Filadelfii zebrał się drugi kongres kolonii i koordynował działania rozmaitych ugrupowań kolonijnych. Na kongresie tym utworzono siły lądowe i morskie. Naczelnym dowódcą został George Washington, właściciel plantacji z Wirginii, który brał już udział w „wojnie francusko-indiańskiej".

Wydrukowano banknoty i nawiązano stosunki dyplomatyczne z różnymi krajami, między innymi z Francją. Thomas Jefferson z Wirginii, przy wsparciu innych, napisał *Declaration of Independence*. 2 lipca 1776 r. wniosek w sprawie Deklaracji Niepodległości zyskał większość, a dwa dni później jej tekst został formalnie uchwalony przez kongres i niezwłocznie podpisany przez przedstawicieli trzynastu niepodległych stanów.

Tych trzynaście stanów – Connecticut, Delaware, Georgia, Maryland, Massachusetts, New Hampshire, New Jersey, Nowy Jork, Karolina Północna, Pensylwania, Rhode Island, Karolina Południowa i Wirginia – tworzyło początkowo luźny związek, spajany przez artykuły konfederacji zawarte w *Declaration of Independence*.

Wieloletni Kongres Kontynentalny, który nadal obradował, powołał w roku 1787, w Filadelfii, Konwencję Konstytucyjną pod przewodem George'a Washingtona. Po gorących debatach, 17 września 1787 r. uchwalony został projekt konstytucji, który wzmacniał co prawda zdecydowanie uprawnienia rządu centralnego, zarazem jednak zastrzegał wysoki stopień autonomii dla poszczególnych stanów.

Konstytucja (Bill of Rights) nie była wszakże jeszcze prawomocna, ponieważ artykuł siódmy zawierał warunki jej skutecznego ratyfikowania. Projekt miał zyskać moc prawną dopiero wtedy, gdy zaakceptuje go co najmniej dziewięć stanów na specjalnych zgromadzeniach. Nastąpiło to 21 czerwca 1788 r., gdy New Hampshire jako dziewiąty stan wyraził zgodę na konstytucję. Gdy Kongres Kontynentalny dowiedział się o wyniku głosowania, opracowany został plan przejściowy, na podstawie którego 4 marca 1789 nowy rząd mógł podjąć pracę.

Tym samym jednak wspólne państwo federacyjne powstało, zgodnie z prawem, dopiero 4 marca 1789 r. Z końcem tego roku dwanaście stanów założycielskich podpisało i ratyfikowało konstytucję. Stan Rhode Island ratyfikował ją dopiero w 1790 r. Wraz z przyjęciem konstytucji, trzynaście stanów przekazało Unii podzielone uprzednio pomiędzy nie uzyski terytorialne między Appalachami a Missisipi, tak że mogły tam stopniowo powstawać nowe stany. Zrodziła się pierwsza demokracja ery nowożytnej, za którą cztery lata później, w roku 1791, podążyło państwo polsko-litewskie. Trzecią demokratyczną konstytucją nowożytności stała się nieco później konstytucja francuska z 3 września 1791 r.

Czymże było owych trzynaście pojedynczych stanów, które połączyły się w Unię?

1787 r. Delaware – stan numer 1[33]
O nazwie:
nazwa stanu wywodzi się od tytułu drugiego gubernatora kolonii Wirginia, Sir Thomasa Westa, lorda de la Warr, i rzeki nazwanej od jego imienia Delaware River.

Żartobliwe określenie: *The First State*

W 1664 r. kolonię tę zdobyli Anglicy i przyłączyli do własnej kolonii Nowy Jork. W 1681 r. król Karol II przekazał prowincję Pensylwania Williamowi Pennowi. Tenże wniósł do króla petycję o przeniesienie nań także własności gruntów leżących poniżej jego prowincji, po zachodniej stronie Delaware River i zatoki. Do petycji tej przychylono się w marcu 1682 r. Penn otrzymał ziemie obecnych powiatów ziemskich New Castle, St. Jones i Deale. Przekazanie przyznanych terenów nastąpiło po przybyciu Penna do New Castle w Ameryce 27 października 1682 r. Koloniści z tych dóbr złożyli mu przysięgę na wierność.

W 1683 r. owe trzy powiaty zostały przyłączone do Pensylwanii. W 1704 r. otrzymały one własny parlament, a w 1710 własną radę zarządzającą. W 1776 r., dwa miesiące po podpisaniu Deklaracji Niepodległości, złączyły się one ze stanem Delaware i całkowicie odłączyły od Pensylwanii. Delaware, jako jedna z trzynastu kolonii, wymówił posłuszeństwo brytyjskiej władzy i przyłączył się do amerykańskiego ruchu niepodległościowego.

W 1777 r. stolicą Delaware, w miejsce New Castle, zostało Dover. 7 grudnia 1787 r., podczas ceremonii w Dover, Delaware jako pierwsza z trzynastu kolonii ratyfikował nową amerykańską konstytucję, stając się tym samym pierwszym stanem USA.

Drugi z najmniejszych stanów USA ma powierzchnię 6.447 km². To nieco więcej niż dwukrotność powierzchni Luksemburga. Delaware ma około 900.000 mieszkańców, czyli trochę mniej niż leżąca nad Renem Kolonia.

---

[33] http://de.wikipedia.org/wiki/Delaware

Delaware już od lat jest stanem odnoszącym największe sukcesy gospodarcze. Jedną z przyczyn tej gospodarczej potęgi jest tamtejsze prawo spółek, uważane za najbardziej liberalne w USA. Powoduje to, że niemal wszystkie wielkie przedsiębiorstwa USA zarejestrowane są w Delaware. Poza tym istnieje tu rolnictwo, przemysł rybny, znaczący przemysł chemiczny oraz przedsiębiorstwa produkujące środki spożywcze i zakłady przerobu papieru.

Z Delaware pochodzi Joe Biden (* 1942), wiceprezydent w gabinecie Baracka Obamy.

1787 Pensylwania – stan numer 2[34]
O nazwie:
nazwa Pensylwania pochodzi od nazwiska Williama Penna i łacińskiego słowa silva „las" względnie Silvanus, bóstwo leśne (Penn-silvania – leśna kraina Penna).

Żartobliwe określenie: *The Keystone State*

Pierwotnie Pensylwania była obszarem osiedleńczym Irokezów oraz wytępionych przez europejskich kolonistów Indian Susquenaoock. W 1643 r. osiedlili się tu pierwsi osadnicy pochodzący ze Szwecji. Później obszar przeszedł pod kontrolę Anglików.

Od 1671 r. William Penn podróżował do wielu krajów europejskich ubiegając się o kolonię dla kwakrów w Nowym Świecie. Największa imigracja kwakrów zaczęła się w 1681 r., gdy król Anglii Karol II przekazał im duży obszar ziemi na ówczesnej zachodniej granicy zasiedlonych terenów i mianował Penna jego gubernatorem. Obszar ten nazwano później Pensylwanią. Ów „święty eksperyment", jak nazywał to Penn, był jedynym kiedykolwiek istniejącym państwem kwakierskim. Od samego początku panowała w nim pełna swoboda religijna.

W latach 1774 i 1775 w Filadelfii obradował Kongres Kontynentalny. Tam też 4 lipca 1776 r., w ówczesnym *Pennsylvannia State House*, podpisana została Deklaracja Niepodległości. W 1787 r., podczas Konwencji Konstytucyjnej, w Filadelfii została też ratyfikowana konstytucja Stanów Zjednoczonych. 12 grudnia 1787 r. Pensylwania, zaraz po Delaware, zaaprobowała konstytucję, przystępując tym samym do Unii jako drugi z kolei stan.

Pensylwania ma powierzchnię 119.283 km², co odpowiada połowie obszaru Wielkiej Brytanii. Stan zamieszkuje 12,7 milionów ludzi (tyle samo co Bawarię).

---

[34] http://de.wikipedia.org/wiki/Pennsylvania

Ważnymi gałęziami gospodarki są rolnictwo, produkcja żelaza i stali, górnictwo węgla, hodowla bydła oraz przemysł metalowy i chemiczny.

Jako pochodzących z Pensylwanii VIP-ów należy wymienić dwóch muzyków jazzowych, Jimmy'ego (1904-1957) i Tommy'ego (1905-1956) Dorseyów.

1787 New Jersey – stan nr 3[35]

O nazwie:
stan wziął swą nazwę od leżącej na Kanale La Manche brytyjskiej wyspy New Jersey.

Żartobliwe określenie: *The Garden State*

New Jersey był zasiedlany od 1609 r. i początkowo tworzył wraz z dzisiejszym stanem Nowy Jork holenderską kolonię „Nowe Niderlandy", która w 1664 r. została zdobyta przez Anglików. Podczas amerykańskiej wojny o niepodległość stan New Jersey był widownią blisko stu bitew.

Już w 1776 r. uchwalona została pierwsza konstytucja New Jersey, która gwarantowała prawa wyborcze wszystkim mieszkańcom od określonego stanu posiadania wzwyż. Tym samym w wyborach mogli uczestniczyć męscy przedstawiciele ludności białej i czarnej oraz wdowy, nie mogły natomiast kobiety zamężne, ponieważ nie wolno im było posiadać żadnej własności. Przez krótki czas New Jersey był siedzibą pierwszego, wyłonionego przez Kongres Kontynentalny rządu USA: w 1783 r. w Princeton i w 1784 r. w Trenton. 18 grudnia 1787 r. New Jersey przystąpił do Unii stając się jej trzecim stanem.

W 1804 r. w New Jersey, jako ostatnim z północnych stanów, zdecydowano o stopniowym znoszeniu niewolnictwa.

New Jersey, mając powierzchnię 22.588 km², jest mniej więcej wielkości Słowenii i ma 9 milionów mieszkańców, podobnie jak Austria. Jest jednym z wiodących stanów przemysłowych USA. Istotne znaczenie mają między innymi przemysł elektroniczny i odzieżowy, produkcja stali, jak również budownictwo okrętów i maszyn.

Z New Jersey pochodzi Frank Sinatra (1915-1998).

1788 Georgia – stan numer 4[36]

O nazwie:
stan nazwano Georgią na cześć brytyjskiego króla Jerzego (Georga) II.

Żartobliwe określenie: *The Peach State*

---

[35] http://de.wikipedia.org/wiki/New_Jersey
[36] http://de.wikipedia.org/wiki/Georgia

Pierwszymi Europejczykami byli tu Hiszpanie, którzy w 1526 r. założyli pierwszą kolonię w pobliżu wyspy St. Catherina's Island. Około 1670 r. wybuchł konflikt między Hiszpanią i Anglią, gdy posuwający się z północy, z Karoliny, Anglicy napotkali idących z południa, z Florydy, Hiszpanów.

17 listopada 1732 r. do Georgii przybył angielski awanturnik James Oglethorpe, by założyć tu pierwszą brytyjską osadę. 12 lutego 1733 r. dotarł on wraz ze 114 innymi kolonistami do Yamacraw Bluff, gdzie założyli miasto Savannah, a tym samym Georgię. Później do osiedla dołączyli kolejni ludzie, m.in. salzburczycy i Szkoci. Po krwawych walkach z Hiszpanami i tarciach wewnętrznych, w 1752 r. kolonia otrzymała królewskiego gubernatora. W 1776 r. Georgia uwolniła się od brytyjskiej zwierzchności i stała się autonomią.

Georgia przystąpiła do USA 2 stycznia 1788 r. jako czwarty z kolei stan. W 1798 r., jako ostatni stan USA, wprowadziła zakaz handlu niewolnikami, nie broniąc wszakże korzystania z pracy niewolników.

Georgia, będąca wielkości połowy Polski, rozciąga się na powierzchni 153.909 km^2 i ma około 10 milionów mieszkańców, tyle co Badenia-Wirtembergia.

W 1892 r. w Georgii utworzono siedzibę firmy Coca-Cola. Atlanta jest główną siedzibą Towarzystwa Lotniczego DELTA Airlines oraz stacji CNN. W końcu lat 90. XX w. oraz na początku nowego tysiąclecia, ze względu na niskie opodatkowanie, do Georgii przeniosło się wiele firm. W 1996 r. w Atlancie urządzono letnie igrzyska olimpijskie

W „brzoskwiniowym stanie" Georgia uprawiane jest rolnictwo. W miastach dominuje przemysł tekstylny, drzewny i spożywczy.

Z Georgii pochodzi Jimmy Carter (* 1924), 39. prezydent USA w latach 1977-1981, a także czarnoskóry bojownik o prawa obywatelskie Martin Luther King.

1788 Connecticut – stan nr 5[37]
O nazwie:
słowo to pochodzi z języka plemienia Moheganów i znaczy „długa rzeka".

Żartobliwe określenie: *Constitution State*

---

[37] https://de.wikipedia.org/wiki/Connecticut

Pierwszym Europejczykiem, który w 1614 r. przybył do Connecticut, był Holender Adriaen Block. W tym czasie żyło tam szesnaście plemion algonkińskich w liczbie 6.000 do 7.000 ludzi.

W 1633 r. na ziemie te dotarli pierwsi Anglicy z Massachusetts. W 1639 r. osady połączyły się w kolonię Connecticut. W tymże roku założona została kolonia New Haven. W 1662 r., za zgodą króla Karola II, Connecticut otrzymał autonomię, jak również własną konstytucję. W 1665 r. doszło do połączenia Connecticut i New Haven.

Plan połączenia z dominium Nowej Anglii pojawił się w 1685 r. Dwa lata później król Jakub II chciał unieważnić konstytucję z 1662 r. W 1688 r., po obaleniu króla, Connecticut zdołał odzyskać autonomię.

W lipcu 1776 r. Connecticut, jako jeden ze stanów założycielskich, ogłosił niezależność od Wielkiej Brytanii i 9 stycznia 1788 r. stał się piątym stanem Stanów Zjednoczonych. Niewolnictwo zostało zniesione w 1848 r.

Connecticut, mając 14.357 km² powierzchni, jest wielkości Szlezwiku-Holsztyna, a liczba jego mieszkańców – 3,5 miliona – odpowiada liczbie mieszkańców Berlina.

Tylko stan Delaware ma wyższy dochód na głowę mieszkańca niż Connecticut. W Connecticut uprawia się przeważnie zboże, ziemniaki, tytoń, kukurydzę i owies. Stan zajmuje się też hodowlą bydła. Connecticut jest stanem wysoko zindustrializowanym, wytwarza się tu między innymi silniki samolotowe, maszyny, tekstylia i okręty podwodne z napędem atomowym.

Jako VIP-a pochodzącego z tego stanu należy wymienić Marka Twaina (1835-1910).

1788 Massachusetts – stan numer 6[38]
O nazwie:
nazwa Massachusetts pochodzi od słowa w języku Indian [massadschu-s-et] i znaczy „przy dużym pagórku".

Żartobliwe określenie: *The Bay State*

Gdy w region ten przybyli pierwsi Europejczycy, w pasie wybrzeża i w głębi lądu żyły plemiona Wampanoagów, do których m.in. należeli Massachuseci, Nauseci,

---

[38] http://de.wikipedia.org/wiki/Massachusetts

Nantuckeci, Pennacookowie, Pokanokeci i Pocasseci. Na środkowym południu Massachusetts mieszkali Moheganowie, a na zachodzie Mohikanie.

W 1620 r. Anglicy założyli na południowym wschodzie przyszłego stanu Plymouth Colony, która istniała do 1691 r. Dziewięć lat później, w 1629 r., angielscy purytanie założyli Massachusetts Bay Colony. W 1691 r. obie kolonie zostały połączone. W 1630 r. kolejna grupa purytanów założyła miasto Boston.

Szczególną gorliwością misyjną wśród Indian wykazał się John Eliot (1604-1690): zostali oni zgromadzeni w oddzielnych wioskach, jednak wielu z nich padło ofiarą chorób przywleczonych przez Europejczyków.

W 1780 r. została uchwalona konstytucja Massachusetts, która do dziś posiada moc prawną i jest jedną z najstarszych nowoczesnych konstytucji na świecie. 6 lutego 1788 r. Massachusetts, jako szósty stan, przystąpił do USA.

Mając powierzchnię wynoszącą 27.330 km², Massachusetts wielkością dorównuje Albanii, a licząca 6,5 miliona osób ludność stanu dwukrotnie przewyższa liczbę mieszkańców kraju nad Adriatykiem.

Ważnymi gałęziami gospodarki są tu przemysł elektrotechniczny i elektroniczny, budowa maszyn, przemysł metalowy, spożywczy, rybołówstwo oraz przemysł tekstylny. Massachusetts należy do najbardziej majętnych stanów USA. Zajmuje trzecie miejsce pod względem realnego dochodu na głowę mieszkańca.

Z Massachusetts pochodzi John F. Kennedy (1917-1963) oraz cały klan Kennedych.

1788 Maryland – stan numer 7[39]
O nazwie:
kraina została nazwana Maryland, tzn. kraj Marii, w 1632 r. na cześć królowej Henrietty Marii, małżonki angielskiego króla Karola I.

Żartobliwe określenie: *Old Line State*

Pierwsi osadnicy osiedlili się na tym terenie 25 marca 1634 r. Maryland był jedyną katolicką kolonią wśród ściśle protestanckich kolonii brytyjskich w Ameryce Północnej.

---

[39] http://de.wikipedia.org/wiki/Maryland

Tu też powstało pierwsze katolickie biskupstwo oraz pierwsza katolicka katedra w USA. Marylandzka ustawa o tolerancji z była jednym z pierwszych aktów prawnych wyraźnie głoszących tolerancję innych (chrześcijańskich) wyznań.

Pierwotnie – z powodu zawierającej błędy mapy – Marylandowi przyznano terytorium na północ od rzeki Potomak do 40. stopnia szerokości geograficznej, wskutek czego Filadelfia, największe miasto Pensylwanii, miałaby przynależeć do Marylandu. W tej sytuacji najbardziej wpływowe rodziny Marylandu i Pensylwanii zleciły dwóm geometrom, Masonowi i Dixonowi, dokonanie pomiarów w celu wyznaczenia nowej, obowiązującej granicy. Ta linia graniczna, nazwana później ich imieniem, stała się również tradycyjną i chętnie wspominaną granicą między tak zwanymi stanami północnymi a południowymi. 6 lutego 1788 r. Maryland został siódmym stanem USA.

Stolica USA, Waszyngton D.C., powstała w wydzielonym w tym celu z Marylandu dystrykcie, a założono ją 16 lipca 1790 r.

Maryland, przy wynoszącej 6 milionów ludzi liczbie ludności, takiej samej jak Hesja, ma powierzchnię taką jak Belgia: 32.133 km^2. Sektor agrarny dostarcza na rynek głównie owoce morza, ryby, drób, produkty mleczarskie, bydło, zboże i tytoń. Produkcja przemysłowa skupia się na elektrotechnice i technice medycznej, jak również na biotechnologii i chemii. Dochodzą do tego drukarnie i wydawnictwa oraz sektor turystyczny. Przemysł skoncentrowany jest w największym mieście Marylandu, Baltimore.

Z stanu Maryland pochodzi pisarz Tom Clancy (1947-2013).

1788 Karolina Południowa– stan numer 8[40]
O nazwie:
stan został tak nazwany od imienia Carolus, łacińskiej wersji imienia angielskiego króla Karola I.

Żartobliwe określenie: *The Palmetto State*

Na tysiące lat przed przybyciem pierwszych Europejczyków region ten zaludniało ponad trzydzieści tubylczych plemion. Po napływie europejskich osadników ludność ta uległa dramatycznej redukcji pod wpływem chorób, lokalnych wojen i konfliktów. Kilka plemion przetrwało i ma dziś potomków, którzy nadal zorganizowani są w

---

[40] http://de.wikipedia.org/wiki/South_Carolina

związki plemienne. Należą do nich Catawbowie, Czirokezi, Indianie Pee Dee, Chicora, Edisto, Sante oraz Chicora-Waccamaw.

Pierwsza znana próba budowy europejskiego osiedla została podjęta w roku 1526 przez grupę Hiszpanów w pobliżu Georgtown. Kilkadziesiąt lat później w pobliżu Beaufort osiedliła się grupa francuskich hugenotów. Żadne z tych osiedli nie przetrwało zbyt długo. Pierwsze trwałe zasiedlanie terenów stanu zaczęło się w roku 1670 z chwilą wylądowania Anglików w pobliżu Charleston nad Ashley River.

Prowincja Karolina, nazwana tak przez Karola II angielskiego na cześć ojca, de facto już w latach 1710/1712, choć oficjalnie dopiero w 1729 r. została podzielona na Karolinę Północną i Południową. 5 lutego 1778 r. Karolina Południowa, jako pierwszy stan, ratyfikowała artykuły konfederacji, pierwszą konstytucję Stanów Zjednoczonych. 23 maja 1788 r., jako ósmy stan, została przyjęta w poczet Stanów Zjednoczonych Ameryki.

Pod względem terytorialnym Karolina Południowa jest porównywalna z Czechami, ma bowiem 82.832 km² powierzchni, natomiast co do liczby mieszkańców, wynoszącej 4,6 miliona, stan można porównać z Wolnym Krajem Saksonią. W gospodarce największe znaczenie mają przetwórstwo drewna i przemysł tekstylny, elektroniczny i chemiczny. Dochodzą do tego uprawa bawełny, tytoniu i owoców oraz hodowla bydła i turystyka na wybrzeżu Atlantyku.

Z Południowej Karoliny pochodzi czarnoskóry bojownik o prawa obywatelskie Jesse Jackson (* 1941).

1788 New Hampshire – stan numer 9[41]
O nazwie:
nazwa kolonii pochodzi od angielskiego hrabstwa Hampshire.

Żartobliwe określenie: *The Granite State*

Zdecydowana większość ludności jest pochodzenia europejskiego. Od lat 40. XVIII w. Indian już tu nie było. Kontakty z Europejczykami, które trwały od lat 30. XVII w., doprowadziły do znacznych strat wśród ludności tubylczej, przede wszystkim wskutek kilkakrotnych epidemii ospy. Wreszcie walki z Irokezami i Anglikami wygnały tych, co przeżyli, do Maine i Kanady.

---

[41] http://de.wikipedia.org/wiki/New_Hampshire

W roku 1776 New Hampshire, jako pierwsza kolonia, powołał rząd i uchwalił konstytucję. Jednak w przeciwieństwie do stanu Rhode Island, który jako pierwszy ogłosił swą niepodległość, New Hampshire wcale nie chciał pozbyć się zwierzchnictwa Londynu. Atak na dzisiejszy *Fort Constitution* pozwolił zdobyć amunicję do bitwy o *Bunker Hill*, która odbyła się nieco później na północ od Bostonu. New Hampshire wystawił trzy pułki do składu Armii Kontynentalnej. Także *New Hampshire Militia* walczyła pod Bunker Hill, jak również pod Bennington, w *Saratoga Campaign* i w bitwie przy Rhode Island. 21 czerwca 1788 r. New Hampshire, jako dziewiąty z 13 stanów założycielskich, został przyjęty do Unii Stanów Zjednoczonych..

New Hampshire, mając 24.216 km² powierzchni, jest wielkości Macedonii, a licząc sobie 1,3 miliona mieszkańców ma ich tylu, co Estonia.

Ważnymi miejscowymi wyrobami są obuwie i granit. Znaczenie ma też rolnictwo (mleczarstwo i hodowla drobiu), jak również przemysł elektryczny, papierniczy i celulozowy.

Z New Hampshire pochodzi pisarz John Irving (* 1942).

1788 Wirginia – stan numer 10[42]

O nazwie:

nazwę Wirginia (*łac.* dziewica) stan otrzymał na cześć angielskiej królowej Elżbiety I, ponieważ niezamężną królową obdarzano przydomkiem „królowej dziewicy", a jako że z punktu widzenia kolonistów chodziło o zasiedlenie i przygotowanie pod uprawę dziewiczej krainy, wybrano taką właśnie nazwę.

Żartobliwe określenie: *The Old Dominion State*

Spośród tubylczych mieszkańców Wirginii najbardziej znani są Powatanowie, którzy żyli w pobliżu wybrzeża. Innymi grupami byli należący do irokeskiej rodziny językowej Indianie Nottaway i Meherrin, należący do siouańskiej rodziny językowej ludy Monacan i Saponi, jak również Czirokezi zamieszkujący wysunięte najdalej na zachód tereny stanu.

Pierwsze próby osiedlenia się w Wirginii, podjęte przez Anglików, miały miejsce jeszcze przed przybyciem *Pilgrim Fathers* do Plymouth opodal Bostonu. Jednakże prób tych dokonano nie z inspiracji angielskiego rządu, lecz uczyniło je przedsiębiorstwo o

---

[42] http://de.wikipedia.org/wiki/Virginia

nazwie *Virginia Company*, które w 1607 r. założyło osiedle *Jamestown*. Rządowi angielskiemu brakowało w tym czasie pieniędzy na finansowanie takich drogich i niepewnych ekspedycji. Początkowo próby osiedlania się miały nader mizerne powodzenie. Spośród 144 mężczyzn, którzy w grudniu 1606 r. wyruszyli z Anglii, dziewięć miesięcy później zostało przy życiu jedynie 38; klęski głodu nie były tu rzadkością. Mimo to coraz więcej Anglików chwytało się okazji i emigrowało do Wirginii. Na skutek wojen Anglików z Powatanami kolonia popadła w poważne kłopoty.

Jako rodzinne strony wielu ojców założycieli, w tym zwłaszcza Patricka Henry'ego, Thomasa Jeffersona, Richarda Henry'ego Lee, Jamesa Madisona i George'a Washingtona, Wirginia odegrała wybitną rolę w amerykańskim ruchu niepodległościowym. 9 grudnia 1775 r. brytyjscy władcy kolonii zostali ostatecznie wyrzuceni z Wirginii. Obradująca w Williamsburgu Konwencja Wirginijska ogłosiła 15 maja 1776 r. niepodległość Wirginii. W ramach prac nad konstytucją, 12 czerwca 1776 r. uchwalono jednogłośnie sformułowaną odpowiednio przez George'a Masona deklarację praw podstawowych – *Virginia Declaration of Rights*.

Po ponad 150 latach istnienia jako kolonia angielska, Wirginia wraz z dwunastoma innymi koloniami uzyskała niepodległość. 25 czerwca 1788 r. została dziesiątym stanem, który ratyfikował Konstytucję USA.

Zarówno pod względem powierzchni (110.785 km²), jak i liczby mieszkańców (niecałe 9 milionów), Wirginia jest porównywalna z Bułgarią.

Wirginia należy do stanów USA o największych sukcesach gospodarczych. Dysponuje znacznymi terenami upraw tytoniu, bawełny, orzechów ziemnych, kukurydzy i pszenicy. Uzupełniają to hodowla bydła mlecznego, poławianie ostryg, a także bogate zasoby surowcowe i ich przetwórstwo (węgiel, kamień naturalny, żelazo, drewno, papier, szkło). Wirginia jest wiodącym stanem pod względem budowy okrętów wojennych. Ważnymi czynnikami gospodarczymi są władze cywilne i wojskowe ulokowane w Arlington (Pentagon) i Hampton. Znaczenie ma też turystyka.

Z Wirginii pochodzi słynna wokalistka jazzowa Ella Fitzgerald (1917-1996).

1788 Nowy Jork – stan numer 11[43]
O nazwie:
stan nazwano tak na cześć księcia Yorku, późniejszego króla Jakuba II, który otrzymał tę kolonię w podarunku od swego brata, króla Karola II.

---

[43] http://de.wikipedia.org/wiki/New_York

Żartobliwe określenie: *The Empire State*

Indianie w większości zostali wyparci z terenu dzisiejszego stanu. Wielu Lenni Lenape odeszło do Oklahomy, a plemiona Mohikanów i Munbee do Wisconsin. Do dziś w stanie Nowy Jork żyje większa część Irokezów.

Założona w 1621 r. holenderska kolonia Nieuw Nederland została w 1664 r. zaanektowana przez koronę angielską i podzielona na New Jersey i Nowy Jork. W 1667 r., w wyniku pokoju w Bredzie, Holandia odstąpiła Nieuw Nederland Anglii. Odstąpienie to, po czasowym zajęciu miasta Nowy Jork przez holenderską flotę, zostało potwierdzone w 1674 r. w traktacie pokojowym z Westminster. W 1685 r. Nowy Jork stał się kolonią korony, a trzy lata później, w 1688 r., częścią krótko istniejącego Dominium Nowej Anglii. Gdy w 1689 r. do kolonii dotarła wiadomość o rewolucji, wybuchły zamieszki, w których rolę przywódczą odegrał Amerykanin niemieckiego pochodzenia Jacob Leisler. Po przybyciu w 1691 r. nowego gubernatora, kolonialna konstytucja prowincji Nowy Jork ponownie nabrała mocy.

26 lipca 1788 r. Nowy Jork, będąc jedną z trzynastu kolonii założycielskich, przystąpił jako jedenasty stan do amerykańskiej Unii. Miasto New York City zostało w 1789 r. pierwszą stolicą USA, straciło wszakże tę funkcję już w 1790 r. na rzecz Filadelfii, a ta z kolei 11 czerwca 1800 r. została zmieniona przez Waszyngton D.C.

Stan Nowy Jork, mający 141.299 km², jest mniej więcej tak duży jak Węgry i Słowacja razem, a licząc sobie 19 milionów mieszkańców, ma ich nieco więcej niż Nadrenia Północna-Westfalia.

Przestrzeń ekonomiczną stanu Nowy Jork generalnie cechuje obecność drugo- (przemysł) i trzeciorzędnego (usługi) sektora gospodarczego. Rolnictwo oraz rybołówstwo odgrywają tu stosunkowo niewielką rolę. Do najważniejszych gałęzi przemysłu w regionie przyległym do New York City należą elektrotechnika i drukarstwo. Mimo to region ten zajmuje pozycję wyjątkową, gdyż usługi są tu absolutnie najważniejszą gałęzią gospodarki. W New York City swoje siedziby mają liczne przedsiębiorstwa przemysłu wysokiej technologii (IBM), instytucje bankowe i finansowe (Goldman Sachs, JP Morgan) oraz wpływowe gazety (New York Times, Wall Street Journal) i stacje telewizyjne (NBC, HBO), podobnie jak najważniejsza na świecie giełda NYSE (New York Stock Exchange). Poza tym w New York City, na niewielkim obszarze, znajdują się liczne znaczące placówki naukowe (New York University, Columbia University) i kulturalne (Metropolitan Opera, Museum of Modern Art).

W New York City urodził się kompozytor, pianista i dyrygent George Gershwin (1898-1937).

1789 Karolina Północna – stan numer 12[44]
O nazwie:
stan został tak nazwany od imienia Carolus, łacińskiej wersji imienia angielskiego króla Karola I.

Żartobliwe określenie: *The Tar Heel State*

Gdy w 1524 r. do regionu tego wkroczyli pierwsi Europejczycy szukający przejścia do Pacyfiku, kraj ten zamieszkiwały plemiona Czirokezów, Tuscarora, Muskogee, Cheraw, Tutelo, Catawba oraz kilka pomniejszych plemion spokrewnionych z Irokezami i Algonkinami.

W 1584 r. królowa Elżbieta I nadała Walterowi Raleigh'owi kartę uprawniającą do założenia angielskiej kolonii. Jednak pierwsza próba osiedleńcza była nieudana. Druga próba zaczęła się wiosną 1587 r. Grupa 110 osób zasiedliła wyspę Roanoke.

W 1701 r. właściciele kolonii dostrzegli, od dawna de facto istniejący, podział na Północną i Południową Karolinę; jednak dopiero od 1712 r. osoba odpowiedzialna za północne osiedla zaczęła posługiwać się tytułem gubernatora Karoliny Północnej. W 1729 r. obie Karoliny zostały przekształcone w kolonie koronne, a ich podział tym sposobem przypieczętowany.

Tak pod względem społecznym, jak i politycznym, Karolina Północna okresu kolonialnego bardziej przypominała swego północnego sąsiada Wirginię niż Karolinę Południową. Z chwilą ratyfikowania 21 listopada 1789 r. konstytucji USA, Karolina Północna stała się dwunastym stanem Unii.

Karolina Północna, o powierzchni wynoszącej 139.389 km², jest wielkości trzech niemieckich krajów związkowych: Bawarii, Badenii-Wirtembergii i Nadrenii Północnej-Westfalii razem wziętych. Natomiast liczba jej ludności, wynosząca 9,5 miliona osób, stanowi tylko około jednej trzeciej liczby ludności tych trzech krajów.

W swojej historii Karolina Północna była stanem o mocno rolniczym charakterze, na licznych plantacjach uprawiano ryż, bawełnę i tytoń. Znaczenie miała również gospodarka leśna. Podobnie jak w większości stanów południowych, po wojnie

---

[44] http://de.wikipedia.org/wiki/North_Carolina

secesyjnej, z początku bardzo powoli, rozpoczęła się tu restrukturyzacja w kierunku społeczeństwa uprzemysłowionego. Główny ciężar gospodarki do dziś spoczywa na rolnictwie i przetwórstwie produktów rolnych i leśnych. Najważniejszymi gałęziami przemysłu produkcyjnego są meblarstwo i produkcja tekstyliów. Ważnym czynnikiem gospodarczym stanu jest wojsko. Karolina Północna jest tradycyjnym obszarem bazowania wojsk oraz rejonem dyslokacji zakładów poddostawczych przemysłu zbrojeniowego i jest nader pozytywnie ustosunkowana do wojska i jego instytucji.

Z Karoliny Północnej pochodzą aktorka Ava Gardner (1922-1990), a także demaskator Edward Snowden (* 1983).

<u>1790 Rhode Island – stan numer 13</u>[45]
O nazwie:
Adriaen Block, badacz holenderski, nazwał tę krainę „Rhode Eylandt" z uwagi na czerwoną barwę jej ziemi. Z biegiem czasu nazwa ta przekształciła się w angielską Rhode Island.

Żartobliwe określenie: *The Ocean State*

W 1511 r. europejski odkrywca po raz pierwszy dostrzegł wybrzeża późniejszej Rhode Island. Portugalski żeglarz Miguel de Cortereal przepłynął w ich pobliżu, jednak tam nie lądując.

Kolonia, która później otrzymała nazwę *Rhode Island and Providence Plantation*, została założona w 1636 r. przez antropologa, filozofa państwa, polityka i teologa Rogera Williamsa, baptysty wypędzonego z purytańskiej Massachusetts Bay Colony. Zaprojektowana przez Williamsa konstytucja kolonii była demokratyczna i gwarantowała członkom wszystkich chrześcijańskich wspólnot religijnych pełną wolność wyznania i sumienia. Już w 1652 r. Rhode Island zakazała niewolnictwa.

29 maja 1790 r. Rhode Island stała się trzynastym stanem USA.

Najmniejszy stan USA ma równie wielu mieszkańców co Saara w Niemczech (1 milion) i powierzchnię dwukrotnie większą niż ten kraj związkowy (4.009 km[2]).

Gospodarka stanu opiera się na budowie narzędzi, przemyśle tekstylnym, przetwórstwie metali oraz budownictwie okrętów. Obraz ten dopełniają turystyka, badania medyczne, jak również oceanograficzne placówki badawcze.

---

[45] http://de.wikipedia.org/wiki/Rhode_Island

Założyciel nazwanej jego imieniem szkoły językowej, Maximilian Delphinus Berlitz (1852-1921), urodził się co prawda w Horb n. Neckarem, lecz wyemigrował do USA i mieszkał w Providence, RI. Znany niemiecki oficer marynarki Hartmut Spieker mieszkał wraz z żoną w Rhode Island przez blisko rok.

Résumé

Tworzenie USA i związana z tym historia powstania pierwszych trzynastu stanów pokazują, że pod koniec XVIII w. w Ameryce Północnej doszło do ukształtowania się tworu państwowego nie mającego sobie równych w świecie. Dzięki temu, że Stany Zjednoczone powstały na nowo odkrytym kontynencie i w opozycji do brytyjskiej metropolii, jej tradycji i jej historii, a także dzięki temu, że ich ludność składała się z obywateli różnych państw europejskich, do tego wywodzących się z rozmaitych warstw społecznych, można było tam stworzyć podwaliny nowoczesnej demokracji, w owym czasie jedynej chyba w swoim rodzaju i niemożliwej do zrealizowania w innych częściach świata. Tym samym położono pierwszy fundament przyszłego światowego mocarstwa, obejmujący wszystkie te wartości, które po części i dziś jeszcze są w cenie.

Ogłoszenie niepodległości pierwszych trzynastu brytyjskich kolonii stanowiło pierwszy krok stałego i imponującego wzrostu, który ostatecznie, po zakończeniu II wojny światowej w 1945 r., doprowadził do powstania największego światowego mocarstwa w historii.

Rozdział 4

Ekspansja na zachód

Nie upłynęło zbyt wiele czasu, gdy młode państwo zaczęło się dalej rozprzestrzeniać; szukano ziemi i zaczęła się ekspansja na zachód. Obszary, które w ten sposób zaanektowano, zostały podporządkowane bezpośrednio władzom rządowym w Waszyngtonie jako terytorium USA. Później łączono je w kolejny stan lub integrowano ze stanem już istniejącym.

Poszerzanie terytoriów następowało w toku historii na trzy rozmaite sposoby: poprzez zakup ziemi (jak np. Alaska), poprzez wojny (jak np. Arizona) i poprzez umowy o podziale (jak np. Oregon). Przy nabywaniu wszystkich tych terytoriów na kontynencie w niewielkim stopniu brano pod uwagę interesy i roszczenia tubylczej ludności indiańskiej.

Nowe terytoria stopniowo podnoszono do rangi stanów i przyjmowano do Unii. Ich granice nie zawsze pokrywały się z granicami utworzonych z nich stanów, stąd też często trzeba było dokonywać korekt granicznych. Parcie na zachód łatwo prześledzić w okresie od 1789 r. do 1912 r.[46]

od	do	Terytorium	Późniejszy stan
1789	1883	Terytorium Północno-Zachodnie	Ohio
1790	1796	Terytorium Południowo-Zachodnie	Tennessee
1798	1817	Terytorium Missisipi	Missisipi i Alabama
1800	1816	Terytorium Indiana	Indiana, Illinois, Wisconsin, Michigan, Minnesota
1804	1812	Terytorium Orleana	Luizjana
1805	1837	Terytorium Michigan	Michigan, Minnesota, Wisconsin, Iowa, Dakota Południowa, Dakota Północna
1809	1818	Terytorium Illinois	Illinois, Michigan, Minnesota, Wisconsin

---

[46] http://de.wikipedia.org/wiki/Historische_Territorien_auf_dem_Boden

1817	1819	Terytorium Alabama	Alabama
1819	1836	Terytorium Arkansas	Arkansas, Oklahoma
1822	1845	Terytorium Floryda	Floryda
1836	1848	Terytorium Wisconsin	Minnesota, Wisconsin, Iowa, Dakota Północna, Dakota Południowa
1838	1846	Terytorium Iowa	Iowa, Minnesota, Dakota Południowa, Dakota Północna
1848	1859	Terytorium Oregon	Oregon, Waszyngton, Idaho, Montana, Wyoming
1849	1858	Terytorium Minnesota	Minnesota, Wisconsin, Dakota Północna, Dakota Południowa
1850	1912	Terytorium Nowy Meksyk	Nowy Meksyk, Arizona, Nevada, Colorado
1850	1896	Terytorium Utah	Utah, Nevada, Colorado, Wyoming
1853	1889	Terytorium Waszyngton	Waszyngton, Idaho, Montana, Colorado
1854	1861	Terytorium Kansas	Kansas, Colorado
1854	1867	Terytorium Nebraska	Nebraska, Colorado, Montana, Dakota Południowa, Dakota Północna
1859	1861	Terytorium Jeffersona	Colorado, Wyoming
1861	1876	Terytorium Colorado	Colorado
1861	1864	Terytorium Nevada	Nevada
1861	1889	Terytorium Dakota	Dakota Północna, Dakota Południowa
1863	1912	Terytorium Arizona	Arizona, Nowy Meksyk
1863	1890	Terytorium Idaho	Idaho, Wyoming, Montana
1864	1889	Terytorium Montana	Montana
1868	1890	Terytorium Wyoming	Wyoming
1890	1907	Terytorium Oklahoma	Oklahoma
1898	1959	Terytorium Hawaje	Hawaje
1912	1959	Terytorium Alaska	Alaska

Już w 1791 r. powstał czternasty stan – Vermont. Sformowano go ze spornego obszaru leżącego uprzednio między stanami Nowy Jork, New Hampshire i Massachusetts.

W 1792 r. powstał stan Kentucky będący pierwszym stanem na zachód od Appalachów. Tym samym był to pierwszy stan leżący po drugiej stronie granicy zasiedlania ustalonej w okresie kolonialnym dla białych. Stany Tennessee, Ohio, Indiana, Missisipi, Illinois i Alabama powstały w okresie od 1796 do 1819 z obszarów zdobytych w 1783 r.

Problem niewolnictwa wywołał na szczeblu federalnym troskę polityków o równowagę w Senacie USA, w którym każdy stan reprezentowany był przez dwóch senatorów. Początkowo liczba stanów, które zezwalały na niewolnictwo oraz tych, które go nie tolerowały, była równa. Tak więc w Senacie było tyle samo stanów niewolniczych, co wolnych.

Ponieważ ludność w stanach wolnych przyrastała szybciej niż w stanach niewolniczych, doprowadziło to do tego, że stany wolne przejęły kontrolę nad Izbą Reprezentantów. Aby utrzymać istniejącą równowagę, stany niewolnicze i wolne często przyjmowane były odtąd do Unii parami.

Już w 1812 r. na terenach wokół miasta Nowy Orlean, zakupionego w 1803 r. od Francji, powstała Luizjana. Skutkiem tego oraz wskutek utworzeniu w 1821 r. stanu Missouri, pierwszego leżącego w całości na zachód od Missisipi, języczek u wagi przesunął się na korzyść stanów utrzymujących niewolnictwo. W ramach wyrównania, w 1820 r., z północno-wschodniej rezerwy terytorialnej stanu Massachusetts, utworzony został nowy stan Maine. Arkansas i Michigan, jako stany niewolniczy i wolny, zostały przyjęte przez centralny rząd w Waszyngtonie w krótkich odstępach czasu.

W wyniku umowy kupna, zawartej z Hiszpanią w 1819 r., w roku 1845 do USA jako kolejny stan przystąpiła Floryda. W ramach przeciwwagi wobec tego niewolniczego stanu, w latach 1846/48 przyjęto stany Iowa i Wisconsin.

Aneksja Teksasu w roku 1845 doprowadziła do bardzo napiętych stosunków z Meksykiem. Po odrzuceniu przez Meksyk oferty kupna złożonej przez Amerykanów w sprawie Kalifornii, już w styczniu 1846 r. na granicy stanęły wojska amerykańskie. W maju 1846 r. amerykańscy osadnicy ogłosili niepodległość Kalifornii i proklamowali swą własną republikę. Po upozorowanym przez Amerykanów ataku strony meksykańskiej, 13 maja 1846 r. nastąpiło wypowiedzenie wojny przez USA. W lipcu 1846 r. wojska amerykańskie zajęły Monterrey, w styczniu 1847 r. dotarły do Los Angeles i zdobyły Meksyk, który był zmuszony odstąpić cały swój obszar północny, czyli Kalifornię, Arizonę, Nowy Meksyk, Utah, Newadę, Teksas oraz część obszarów Colorado i Wyoming: USA dotarły do wybrzeża Pacyfiku, dla leżącej na przeciwległym wybrzeżu Japonii zagrożenie stało się realne.

Przyjmując Kalifornię do grona stanów, USA utworzyły w roku 1850 pierwszy stan pacyficzny. Wraz z Minnesotą i Oregonem do Unii przyjęte zostały dwa kolejne wolne stany, a w 1861 r., po krwawych walkach, przystąpił do niej stan Kansas; walki te były jedną z przyczyn wojny domowej.

W 1861 r. jedenaście stanów południowych wystąpiło z Unii. Ten krok prezydent Abraham Lincoln uznał za niedopuszczalny; doprowadziło to do wojny domowej lat 1861-1865. Pytanie, czy poszczególne stany mają prawo wystąpienia z Unii Stanów Zjednoczonych, faktycznie znalazło odpowiedź po wygraniu wojny przez wierne Unii stany północne: żaden ze stanów takiego prawa nie miał.

Jeszcze podczas wojny, w roku 1863, z leżącej w Appalachach części zbuntowanej Wirginii utworzono nowy stan: Wirginię Zachodnią. Rok później, na zachodzie, w poczet stanów przyjęto Newadę.

W latach od 1867 do 1890 niemal cały zachód otrzymał nową strukturę, ponadto w 1876 r. samodzielnym stanem stało się Colorado. Od 1907 r. terytorium Indian, jako Oklahoma, również było stanem, a jako ostatnie spośród obecnych 48 zwartych terytorialnie stanów przyjęte zostały do Unii w 1912 r. Arizona i Nowy Meksyk.

Wprawdzie ów napór ekspansyjny wynikał początkowo z inicjatywy poszczególnych obywateli, jednak młode państwo bardzo szybko dołączyło do tego procesu. Ekspansywne działania rządu w Waszyngtonie nie zakończyły się na opanowanym wybrzeżu Pacyfiku, lecz były kontynuowane z użyciem wszelkich możliwych, legalnych oraz nielegalnych środków. Z północnoamerykańskiego kontynentu ekspansja rozszerzyła się na Karaiby oraz olbrzymią przestrzeń morską Pacyfiku i na jego wyspy. W 1867 r., za kwotę 7,2 miliona dolarów (4,74 dolary za kilometr kwadratowy), USA odkupiły od Rosji będącą jej obszarem Alaskę wraz z archipelagiem Aleutów.

Rok 1898 przyniósł wyraźne zwiększenie stanu posiadania USA poza metropolią:

- w okresie od 12 czerwca 1898 r. do 4 lipca 1902 r. Filipiny – będące w stanie wojny z Hiszpanią – oddzieliły się z pomocą Stanów Zjednoczonych od Hiszpanii i ogłosiły swą niepodległość. Wbrew pierwotnym obietnicom, Stany Zjednoczone podporządkowały sobie Filipiny i same stworzyły tam reżim kolonialny. 21 grudnia 1898 r. prezydent William McKinley w swym przemówieniu na forum Kongresu w istocie potwierdził aneksję Filipin, nazywając ją publicznie „życzliwą asymilacją". Gdy w roku 1899 ukonstytuowała się pierwsza republika filipińska, USA nie uznały młodej republiki i zwalczały ją energicznie w ramach wojny filipińsko-amerykańskiej trwającej od 1899 r. do 1902 r. Od mniej więcej 1901 r. znaczne połacie wysp znalazły się pod administracją amerykańską. Jeszcze przez ponad dekadę w odosobnionych punktach stawiano opór, działający w południowych rejonach wysp tak zwani Moro nawet do 1916 r. W tymże roku USA przekazały wreszcie rządy Filipińczykom. Do 1946 r., z przerwą na japońską okupację w okresie drugiej wojny światowej, kraj pozostawał w praktyce amerykańską kolonią.

- 21 czerwca 1898 r. wojska amerykańskie zdobyły bez rozlewu krwi Guam. W 1899 r., po klęsce Hiszpanii w wojnie amerykańsko-hiszpańskiej, wyspa ostatecznie dostała się pod władzę USA.

- 7 lipca 1898 r. USA zaanektowały Królestwo Hawajów. Stało się tak z uwagi na wielkie strategiczne znaczenie archipelagu podczas wojny amerykańsko-hiszpańskiej, w wyniku wspólnej decyzji Senatu i Izby Reprezentantów. Akt formalny nastąpił 12 sierpnia 1898 r.

- w toku wojny amerykańsko-hiszpańskiej, 10 grudnia 1898 r. USA zajęły i zaanektowały wyspę Puerto Rico.

W XVIII i XIX stuleciu Japonia była dominującą potęgą rejonu pacyficznego, a Tokio urosło do największego regionu metropolitalnego świata. Stąd też jest rzeczą zrozumiałą, że w Tokio podejrzliwie śledzono owo parcie „nowego aktora" („newcomer") na zachód. Zachodnia ekspansja USA przedstawiała się w oczach Japonii jako zagrożenie, które należy brać jak najpoważniej. W konsekwencji rząd japoński opracował plany wojny przeciwko USA, co później pokazać miał atak japońskiej Cesarskiej Marynarki Wojennej na stacjonującą w Pearl Harbour amerykańską Flotę Pacyfiku. Atak ten nastąpił 7 grudnia 1941 r. i doprowadził do przystąpienia USA do wojny.

USA nadal brały w posiadanie niewielkie terytoria na całym świecie i do dziś roszczą sobie pełnię suwerennych praw do zajętych wysp.

Po poruszającej historii, w trakcie której Mariany Północne znajdowały się okresowo pod panowaniem Hiszpanii, Niemiec, Ligi Narodów, Japonii oraz ONZ, ostatecznie, w roku 1978, trafiły one pod władzę USA.

Archipelagi i wyspy będące w posiadaniu USA noszą oficjalną nazwę „Terytoria zewnętrzne pod władzą państwową Stanów Zjednoczonych Ameryki".

Leżą one zarówno na Karaibach, jak i na Pacyfiku.[47]

Archipelag lub wyspa	Mieszkańcy	Objęcie w posiadanie
Baker	0	1856
Howland	0	1856
Jarvis	0	1856
Navassa	0	1858
Atol Johnstona	0	1859
Kingman	0	1860
Midway	40	1867
Puerto Rico	3.994.259	1898
Guam	168.564	1898
Samoa Amerykańskie	57.881	1899
Atol Wake	0	1899
Atol Palmyra	0	1912
Wyspy Dziewicze Stanów Zjednoczonych	108.605	1917
Mariany Północne	44.582	1945

Mieszkańcy terytoriów zewnętrznych USA nie mają praw wyborczych na szczeblu federalnym, wybierają jednak część delegatów na prezydenckie prawybory, choć we właściwych wyborach uczestniczyć nie mogą.

Résumé

Dzięki znacznemu rozszerzeniu swego terytorium państwowego, USA zdołały uzyskać poważne zasoby i zdobyć przestrzeń życiową dla wielu imigrantów z innych części świata. Jedno i drugie miało stać się kolejnym umocnieniem na drodze ku światowemu mocarstwu.

---

[47] *Terytoria zewnętrzne Stanów Zjednoczonych,* w: „Wikipedia"

Rozdział 5

Kolejne stany USA

Nie minęło zbyt wiele czasu, gdy kolejne terytoria postanowiły przyłączyć się do Unii jako stany i zostały przyjęte przez Senat. Sprawą zrozumiałą jest, że wpierw przyjmowano terytoria, które pod względem geograficznym łączyły się z trzynastoma stanami założycielskimi. Powoli, lecz systematycznie młode państwo rozszerzało się na zachód. Do końca XIX wieku USA wzrosły do 44 stanów. Jako ostatni, pięćdziesiąty stan doszły dopiero w 1959 r. Hawaje.

1791 Vermont – stan numer 14[48]
O nazwie:
w 1609 r. francuski odkrywca de Champlain, w obliczu otaczających go gór, nazwał okolicę *Les Verts Monts.*

Żartobliwe określenie: *The Green Mountain State*

18 stycznia 1777 r. Vermont ogłosił się niezależną republiką. W ciągu pierwszych sześciu miesięcy została przedstawiona i ratyfikowana pierwsza konstytucja Vermontu, pierwsza sporządzona pisemnie konstytucja niepodległego państwa w Nowym Świecie w ogóle. Już wówczas zawierała ona daleko idące prawa wolnościowe. Vermont, jako pierwsze państwo Ameryki Północnej, zniósł niewolnictwo i gwarantował wszystkim mężczyznom jednakowe prawa wyborcze, niezależnie od ich stanu majątkowego. Konstytucja zawierała też zobowiązanie, że państwo umożliwi wszystkim swoim obywatelom zdobycie wykształcenia szkolnego. W 1791 r. Vermont przystąpił do Unii jako jej czternasty członek.

Vermont, mając 28.281 km² powierzchni (odpowiada to mniej więcej wielkości Brandenburgii) i 625.000 mieszkańców (porównywalnie z Bremą), jest jednym z najmniejszych stanów USA.

Pod względem gospodarczym stan żyje ze swych produktów mleczarskich, hodowli bydła i koni, produkcji cydru i wyrobów z syropu klonowego, jak również z przemysłowego wytwarzania artykułów elektrycznych, narzędzi, wyrobów drukarskich i produktów papierniczych.

---

[48] http://de.wikipedia.org/wiki/Vermont

Z Vermontu pochodzi przywódca mormonów Brigham Young (1801-1877).

1792 Kentucky – stan numer 15[49]
O nazwie:
nazwa stanu jest irokeskiego pochodzenia i znaczy tyle co łąka, błonie, niwa.

Żartobliwe określenie: *The Bluegrass State*

Przez wiele dziesiątków lat obszar na zachód od Appalachów służył amerykańskim osadnikom tylko jako obfitujące w zwierzynę tereny myśliwskie. To prowadzącemu handel z Indianami Johnowi Finlay'owi i zwiadowczym wyprawom Daniela Boones'a należy zawdzięczać, że założono tu pierwszy fort i wytyczono szlak pod pierwszą drogę zwaną *Wilderness Road*. Tym sposobem obszar Kentucky został udostępniony dla późniejszego osadnictwa.

Kentucky przystąpił do Unii 1 czerwca 1792 r. jako piętnasty stan.

Powierzchnia Kentucky, wynosząca 104.659 km^2, jest porównywalna z Islandią, podczas gdy liczba mieszkańców, sięgająca 4,3 mln, odpowiada liczbie ludności Chorwacji.

Gospodarka rolna w wielu regionach zdominowana jest przez hodowlę koni, większe znaczenie mają wszakże hodowla bydła, produkty mleczarskie, hodowla świń, uprawa soi i zbóż. Kentucky jest stanem o największym eksporcie bydła i produktów zeń otrzymywanych. Dlatego uważa się go za „mięsne zaplecze" Chicago. Przemysł produkuje części samochodowe, produkty chemiczne, artykuły elektryczne i maszyny. Dochodzi do tego górnictwo węgla kamiennego. Za najbardziej znany produkt uznaje się destylowaną tu whiskey. 90 procent konsumowanej w świecie whiskey marki Bourbon pochodzi z tego stanu.

Najsłynniejszym synem tego stanu jest Abraham Lincoln (1809-1865), który w latach 1861 do 1865 był 16. prezydentem USA.

1796 Tennessee – stan numer 16[50]
O nazwie:
nazwa Tennessee pochodzi od słowa Tanasi, które było nazwą osady indiańskiej nad rzeką *Little Tennessee River*.

---

[49] http://de.wikipedia.org/wiki/Kentucky
[50] http://de.wikipedia.org/wiki/Tennessee

Żartobliwe określenie: *The Volunteer State.*

W początkach osiedlania się europejskich kolonistów, większość tubylczych mieszkańców wypierana była na południe i zachód, zwłaszcza plemiona Muskogge i Yuchi. Do chwili założenia stanu obszar znajdował się pod administracją Karoliny Północnej i znany był jako Terytorium Południowo-Zachodnie. Terytorium to przez długi czas uznawane było za obszar bezprawia, ponieważ rząd Karoliny Północnej nie zdołał zorganizować wystarczającej administracji. W latach 1785 do 1788 podjęto pierwszą próbę stworzenia tu stanu USA. Na wschodzie dzisiejszego Tennessee założono miasto Franklin. Po pięciu latach sporów z rządem Karoliny Północnej i częstych napadach Indian, rząd w Greeneville upadł i obszar znów dostał się pod kontrolę Karoliny Północnej.

1 czerwca 1796 r. Tennessee, dzięki zgodzie Senatu na założenie stanu, przystąpiło do Stanów Zjednoczonych jako szesnasty stan. W latach 1838 do 1839 pozostali tu jeszcze Czirokezi, w liczbie ok. 17.000, zostali deportowani na zachód stanu Arkansas. Ten ogromny marsz, podczas którego śmierć znalazło około 4000 Indian, znany jest pod nazwą „szlaku łez".

Mając nieco ponad 6 milionów mieszkańców (2010 r.), Tennessee z powierzchnią wynoszącą 109.151 km² jest wielkości Bułgarii. Pod względem liczby mieszkańców mniej więcej odpowiada Danii.

Najważniejszymi gałęziami gospodarczymi są tu przemysł chemiczny, budowy maszyn i pojazdów mechanicznych oraz przemysł tekstylny, a także uprawa tytoniu, bawełny, fasoli sojowej i kukurydzy. Pewną rolę odgrywają gospodarka leśna i górnictwo (węgiel, ruda cynku, fosfaty). Do tego dochodzi turystyka (*Great Smoky Mountains*).

Johnny Cash (1932-2003), jeden z najsłynniejszych muzyków country, pochodzi właśnie z tego stanu.

1803 Ohio – stan numer 17[51]
O nazwie:
nazwa Ohio pochodzi z języka Irokezów i znaczy „piękna rzeka".

Żartobliwe określenie: *The Buckeye State*

Region między Ohio River a Wielkimi Jeziorami pierwotnie zamieszkany był

---

[51] http://de.wikipedia.org/wiki/Ohio

przez różne plemiona indiańskie, w tym Miami, Wyandot, Shawnee, Lenni, Lenape, Ottawa i Erie. Podczas kolonizowania Ameryki Północnej przez Europejczyków prawa do tego terenu rościli sobie Irokezi z dzisiejszego stanu Nowy Jork.

W XVIII stuleciu Francja zbudowała tu system placówek handlowych, chcąc kontrolować handel między Europejczykami a Indianami. W 1754 r. wybuchła wojna francusko-indiańska między Wielką Brytanią a Francją. W jej następstwie Francja zmuszona była w 1763 r. przekazać Brytyjczykom kontrolę nad dzisiejszym Ohio.

Królewska Proklamacja Jerzego III z roku 1763 rozdzielała nowo otrzymane tereny w Ameryce Północnej. Zakazywała ona zasiedlania świeżo uzyskanych ziem, jednak w wyniku amerykańskiej niepodległości straciła ważność. Wskutek tego, w roku 1787 udostępnione zostało Terytorium Północno-Zachodnie, które oprócz obszaru dzisiejszego Ohio obejmowało również tereny kolejnych stanów. Nowe Terytorium było pierwszym obszarem Stanów Zjednoczonych, na którym oficjalnie zakazane było niewolnictwo.

W „Rozporządzeniu Północno-Zachodnim" postanowiono, że część terenów Terytorium Północno-Zachodniego może zostać przekształcona w stany, o ile uda im się osiągnąć liczbę mieszkańców rzędu 60.000. Mimo iż przyszłe Ohio w 1801 r. miało dopiero 45.000 mieszkańców, Kongres USA, na podstawie niezwykle szybkiego przyrostu ludności, zdecydował o utworzeniu tu stanu. 19 lutego 1803 r. Ohio zostało przyjęte przez prezydenta Thomasa Jeffersona w skład USA jako ich siedemnasty stan.

Ohio, mając 116.096 km^2 powierzchni, jest trzykrotnie większe od Badenii-Wirtembergii i ma 11,5 miliona mieszkańców. Odpowiada to liczbie ludności Bawarii.

Jest to obecnie jeden z wiodących rejonów budowy maszyn w USA. Produkcja przemysłowa obejmuje poza tym środki spożywcze i urządzenia elektryczne. Od początku znaczną rolę odgrywała tu gospodarka rolna. Produkcja rolnicza obejmuje fasolę sojową, produkty mleczarskie, kukurydzę, pomidory, bydło rzeźne, drób i jaja.

Z Ohio pochodzi Thomas Edison (1847-1931), wynalazca żarówki i innych urządzeń elektrycznych.

<u>1812 Luizjana – stan numer 18</u>[52]
O nazwie:
nazwę tę nadano na cześć króla Francji Ludwika XIV.

Żartobliwe określenie: *The Perica State*

Pierwszymi Europejczykami, którzy zasiedlili ten teren, byli Hiszpanie, a zaraz po nich Francuzi. To oni nazwali go Luizjaną. Luizjana wcześnie została zbadana. Już w latach 1539 do 1542 Hiszpan Hernando de Soto penetrował obszar Missisipi, a w 1681 r. badania te kontynuował Francuz Robert Cavelier de La Salle, w związku z czym Francja uznała, że ma prawa do tych terenów i w 1699 r. po raz pierwszy trwale je zasiedliła.

Jesienią 1729 r. doszło do gwałtownej rebelii Indian z plemienia Naczezów, którzy sprzymierzyli się przeciwko francuskim władcom kolonialnym z niewolnikami afrykańskiego pochodzenia. W trakcie powstania życie stracili niemal wszyscy żyjący tam Francuzi. Powstanie było dla osadników tak ciężkim ciosem, że gospodarka regionu na okres niemal stulecia zapadła w stagnację. Dochodowa gospodarka plantacyjna, jaka już w XVIII wieku rozwinęła się w innych rejonach amerykańskiego południa, w Luizjanie rozkwitła dopiero w XIX stuleciu.

Z biegiem lat wielokrotnie zmieniały się stosunki własności: na mocy uzgodnień zawartych w Pokoju Paryskim, w 1762 r. zachodnia część Luizjany przeszła pod władzę Hiszpanii, a część wschodnia rok później pod władzę Wielkiej Brytanii, która w 1783 r. zmuszona była oddać ją Stanom Zjednoczonym. W 1800 r. część hiszpańską ponownie odkupił Napoleon I.

30 kwietnia 1803 r. prezydent Thomas Jefferson, w ramach tak zwanego *Louisiana Purchase*, kupił francuską kolonię Luizjana od Napoleona I za 15 milionów dolarów USA (dziś odpowiadałoby to mniej więcej 170 milionom euro). Tym samym Stany Zjednoczone jednym ruchem podwoiły swój obszar państwowy, gdyż ówczesna Luizjana obejmowała jeszcze rozległe tereny Środkowego Zachodu. Luizjana została przekazana 10 marca 1804 r. w trakcie uroczystej ceremonii. Mocą *Organic Act* z 26 marca 1804 r., ze skutkiem od 1 października, z obszaru leżącego na południe od 33 równoleżnika utworzone zostało Terytorium Orlean, które w istotnych zarysach odpowiada dzisiejszej Luizjanie. Znacznie większa część na północ od 33 równoleżnika przekształciła się w *District of Louisiana*, który w 1805 r. przemianowano na Terytorium Luizjana. 30 kwietnia 1812 r. Terytorium Orlean, pod nazwą Luizjana, zostało przyjęte do USA

---

[52] http://de.wikipedia.org/wiki/Louisiana

jako ich osiemnasty stan. Aby uniknąć pomyłek, w czerwcu tegoż roku Terytorium Luizjana zostało przemianowane na Terytorium Missouri.

Luizjana jest wielkości Grecji i liczy sobie 134.264 km² powierzchni, lecz ma tylko około 4,5 miliona mieszkańców – równie wielu, co Wolny Kraj Saksonia.

Stan ten ma rozwinięte rolnictwo z uprawami fasoli sojowej, ogórków, bawełny, trzciny cukrowej, słodkich ziemniaków i ryżu. Duże znaczenie mają hodowla bydła mięsnego i mlecznego, hodowla drobiu oraz rybołówstwo (krewetki, ostrygi), a także produkcja futer poprzez zastawianie paści (norki, wydry, piżmaki, oposy, nutrie). Lasy dostarczają drewna budowlanego i surowca do produkcji papieru. Bogate złoża ropy i gazu ziemnego (później doszło do tego także wydobycie z dna morskiego), jak również siarki i soli kamiennej są fundamentem przemysłu.

Najsłynniejszy chyba trębacz jazzowy na świecie, Louis Armstrong (1901-1971), pochodzi z Luizjany.

1812 Indiana – stan numer 19[53]
O nazwie:
nazwa Indiana oznacza krainę Indian.

Żartobliwe określenie: *The Hoosier State*

Zanim do Indiany przybyli pierwsi Europejczycy, żyli tu Indianie z plemion Delawarów, Potawatomi, Miami, Szaunisów i Wea.

W 1679 r. do krainy tej wkroczyli od północy francuscy badacze. W 1763 r. przypadła ona Brytyjczykom, którzy początkowo niemal w ogóle jej nie wykorzystywali. W 1787 r. Indiana stała się częścią Terytorium Północno-Zachodniego. W 1800 r. terytorium to zostało zmniejszone do wielkości przyszłego stanu Ohio, a reszta (łącznie z przyszłym stanem Indiana) stała się samodzielnym terytorium o nazwie Terytorium Indiana. Z chwilą utworzenia Terytorium Michigan w roku 1805 oraz Terytorium Illinois w 1809 r., Terytorium Indiana zostało zredukowane do powierzchni dzisiejszego stanu. Indiana przystąpiła do Unii 11 grudnia 1816 r. jako dziewiętnasty stan.

Mając 94.321 km² powierzchni, Indiana jest wielkości Portugalii i ma 6,5 miliona mieszkańców, co mniej więcej odpowiada łącznej liczbie mieszkańców

---

[53] http://de.wikipedia.org/wiki/Indiana

Berlina i Brandenburgii.

Najważniejszym czynnikiem gospodarczym Indiany od początku było rolnictwo. Z uwagi na ilość produkowanego rocznie zboża, stan zalicza się do tak zwanego pasa zbożowego (*Corn Belt*) USA. Produktami przemysłowymi są stal, elektronika, sprzęt logistyczny, wyroby chemiczne, olej rafinowany, wyroby węglowe i maszyny.

Z Indiany wywodzą się pionierzy lotnictwa, Wilbur (1867-1912) i Orville Wright (1871-1948).

1817 Missisipi – stan numer 20[54]
O nazwie:
stan otrzymał swą nazwę od rzeki Missisipi, której miano jest indiańskim słowem oznaczającym „wielką rzekę".

Żartobliwe określenie: *The Magnolia State*

Po wyruszeniu z Nowego Orleanu francuscy osadnicy posuwali się coraz dalej w głąb terytorium dzisiejszego stanu. Dochodziło przy tym regularnie do starć z Naczezami. Wreszcie w 1729 r. doszło do konfrontacji militarnej, skutkiem której Naczezi zostali niemal całkowicie wytępieni, jednak Francuzi również opuścili teren stanu.

W 1763 r. obszar na wschód od *Mississippi River* przeszedł we władanie Wielkiej Brytanii. Tereny południowe nadal odnosiły korzyści ekonomiczne z obecności Francuzów w Nowym Orleanie. Sprowadzili oni w te strony przemysł drzewny, jak i hodowlę bydła. Podobnie było z owocami, ryżem, tytoniem, indygo oraz cennym gatunkiem bawełny pochodzącym z Syjamu. Francuzi przenieśli tutaj ze swych karaibskich kolonii również system plantacyjny oparty na pracy niewolniczej.

Jednak większa liczba osiedleńców dotarła do Missisipi dopiero wraz z Brytyjczykami. Najpierw obiecano tam ziemię weteranom wojny francusko-indiańskiej. Od początku zatem chodziło o migrację z przyczyn gospodarczych ludzi w większości wywodzących się z warstwy średniej. Osadnicy założyli pierwsze miasto Natchez. Na skutek braku akceptacji ze strony większości z nich dla amerykańskiej wojny o niepodległość, teren ten przypadł Hiszpanii. Korona hiszpańska chciała utrwalić swoje wpływy i dlatego zapewniła tutejszym osadnikom liczne przywileje: zwolnienie z podatków, stałą wysoką cenę na

---

[54] http://de.wikipedia.org/wiki/Mississippi

uprawiany tytoń oraz szczodre przydziały ziemi dla nowych osadników. Osadnicy zareagowali na to nabywając po raz pierwszy warte wzmianki ilości niewolników, a jednocześnie zadłużając się w nadziei na wysoką cenę za tytoń.

Gdy w końcu wstrzymano subwencje na tytoń, większość osadników poczuła się zagrożona biedą. Dopiero po licznych eksperymentach postanowili oni uprawiać na dużą skalę bawełnę, która ostatecznie miała stać się główną podstawą dochodów gospodarki południowych stanów. Sukcesowi sprzyjało wynalezienie maszyny tekstylnej *cotton gin* (odziarniarka bawełny). Około 1800 r. większość plantacji w południowej części Missisipi przestawiła się na bawełnę.

Prezydent Andrew Jackson wyparł plemiona Muskogee, Czikasawów i Czoktawów, które żyły jeszcze w tym stanie. Także na północy i wschodzie Missisipi udostępniono w ten sposób znaczne połacie ziemi europejskim osadnikom. Niemal wszyscy osadnicy już wcześniej byli osiedleni w USA i mieli nadzieję, że w Missisipi uda im się zrobić kolejny gospodarczy krok naprzód poprzez nabycie dostępnej, bardzo żyznej ziemi i zbliżenie się do rzeki Missisipi, a przez to również do rynków europejskich.

Stan Missisipi został przyjęty do Unii 10 grudnia 1817 r. jako dwudziesty stan USA.

Missisipi, mając 125.445 km^2 powierzchni, jest podobnej wielkości co Łotwa i Litwa razem, a mając niecałe trzy miliony mieszkańców ma ich zaledwie tylu, co Litwa.

Pod względem gospodarczym Missisipi pozostaje „w ogonie" USA. Ważnymi gałęziami gospodarki są tu uprawa bawełny, kukurydzy, pszenicy, ryżu i fasoli sojowej, a także wydobycie ropy i gazu ziemnego oraz gospodarka drzewna.

Z Missisipi pochodził pisarz Tennessee Williams (1911-1983).

<u>1818 Illinois – stan numer 21</u>[55]
O nazwie:
nazwa pochodzi z języka algonkińskiego i oznacza indiańskie plemię Illiniweków bądź Illini, które wówczas zamieszkiwało te ziemie i którego nazwa znaczy „lud".

Żartobliwe określenie: *The Prairie State*

---

[55] http://de.wikipedia.org/wiki/Illinois

W XVII wieku istniała Konfederacja Illinois, która w 1651 r. przyjęła Tionontatów i Huronów uchodzących przed Irokezami. Członkowie konfederacji odmówili wydania uchodźców, w związku z czym Senekowie, jedno z plemion Irokezów, zmusili ich do ucieczki na zachodnią stronę Missisipi.

W 1673 r. na ziemie te dotarli Francuzi Louis Joliet (badacz) i Jacques Marquette (jezuita, misjonarz) będący tu chyba pierwszymi Europejczykami. W 1712 r. kraj dołączył do francuskiej kolonii Luizjany, jednak w 1763 r. Francja zmuszona była odstąpić Illinois Wielkiej Brytanii. Do 1765 r. francuska kolonia została rozwiązana. W 1783 r., w traktacie paryskim kończącym wojnę o niepodległość USA, obszar ten przypadł Stanom Zjednoczonym, które w 1787 r. włączyły go w skład Terytorium Północno-Zachodniego. Illinois, od 1800 r. część nowo utworzonego Terytorium Indiana, w 1809 r. stał się samodzielnym terytorium, które 3 grudnia 1818 r. jako dwudziesty pierwszy stan zostało przyjęte do USA.

Illinois z powierzchnią wynoszącą 149.998 km² jest wielkości połowy Polski. Ludność licząca 12,8 miliona jest porównywalna z ludnością Bawarii.

Illinois ma bardzo żyzne gleby wykorzystywane przeważnie pod uprawę soi, kukurydzy i pszenicy (*Corn Belt*). Poza rolnictwem znaczącą rolę odgrywa również przemysł. Głównym węzłem gospodarki przemysłowej stanu jest Chicago. Z uwagi na korzystną sytuację komunikacyjną – spotyka się tu wiele szlaków kolejowych – rozwinął się tu na wielką skalę przemysł rzeźniczy oraz przetwórstwa spożywczego. Trasy wodne łączące ten obszar z rzeką Missisipi oraz Drogą Wodną Świętego Wawrzyńca (*Sain Lawrence Seaway*) umacniają rolę stanu jako siedziby przedsiębiorstw handlowych oraz kilku koncernów handlu detalicznego. Sektor IT jest reprezentowany między innymi przez główną siedzibę firmy Motorola. Niepoślednią rolę odgrywają też budowa maszyn rolniczych oraz przemysł rolniczy.

Z Illinois pochodził Ronald Reagan (1911-2004), 40. prezydent USA.

<u>1819 Alabama – stan numer 22</u>[56]
O nazwie:
nazwa Alabama wiąże się z francuskim mianem nadanym plemieniu Indian używających języka z rodziny muskogejskiej, które dziś znane jest pod nazwą Alabama.

---

[56] http://de.wikipedia.org/wiki/Alabama

Żartobliwe określenie: *The Yellowhammer State*

W XVIII w. Czoktawowie, w liczbie około 15.000 osób, byli jednym z największych plemion indiańskich na południu. Bardzo wcześnie zapotrzebowanie europejskich plantacji trzciny cukrowej na niewolników stało się przyczyną wojen, jak choćby Krików i Czikasawów, którzy wyposażeni w europejską broń schwytali pewnego razu 2000 Czoktawów i sprzedali jako niewolników do Brytyjskich Indii Zachodnich. Gdy Francuzi umocnili się w Biloxi, Czoktawowie nabyli od nich strzelby, z których pomocą zaczęli się bronić i gdy w 1763 r. Francuzi byli zmuszeni opuścić Amerykę Północną, Czoktawowie zintensyfikowali swoje kontakty handlowe z Brytyjczykami, którzy jednak również zostali pokonani. W 1784 r. Indianie ci zawarli układ pokojowy z Hiszpanią, a w 1786 r. z USA.

W roku 1798 Alabama (z wyjątkiem wybrzeża z miastem Mobile, które należało jeszcze do hiszpańskiej Florydy) stanowiła część Terytorium Missisipi. W 1813 r. również Mobile stało się częścią tego terytorium.

Cztery lata później, w roku 1817, gdy stan Missisipi w swych dzisiejszych granicach przystąpił do Unii, pozostałe tereny zorganizowano w Terytorium Alabama. Wreszcie 14 grudnia 1819 r. Alabama została stanem USA.

Obszar o powierzchni 135.765 km² zamieszkuje 4,7 miliona ludzi. Odpowiada to liczbie ludności Irlandii. Powierzchnia zgodna jest z przestrzenią zajmowaną przez niemieckie landy Bawarię, Badenię-Wirtembergię i Hesję.

Głównie na nadrzecznych równinach rzeki Alabama uprawiane jest rolnictwo (bawełna, kukurydza, trzcina cukrowa, tytoń, ziemniaki). W rejonach hodowlanych trzyma się głównie bydło i trzodę chlewną. Alabama w 50 procentach składa się z lasów sosnowych i liściastych, w związku z czym ma rozwiniętą gospodarkę leśną i drzewną. Część przemysłową gospodarki stanu tworzą przemysł tekstylny, przetwórstwo żelaza i stali oraz przemysł samochodowy (Mercedes, Honda, Hyundai).

Z Alabamy pochodził Jesse Owens (1913-1980), światowej sławy lekkoatleta i wielokrotny złoty medalista Igrzysk Olimpijskich w 1936 r. w Berlinie.

1820 Maine – stan numer 23[57]
O nazwie:

---

[57] https://de.wikipedia.org/wiki/Maine

pochodzenie nazwy jest niejasne. Prawdopodobnie wywodzi się od francuskiej krainy Maine, lecz nie da się też wykluczyć, że jest to skrócona forma słowa *Mainland*.

Żartobliwe określenie: *The Pine Tree State*

Pierwszymi europejskimi osadnikami byli tu w 1604 r. Francuzi, którzy próbowali założyć kolonię na wyspie St. Croix. W 1607 r. osiedlili się pierwsi Anglicy wspierani przez Plymouth Company. Już w 1610 r. z kolonii Jamestown w leżącej dalej na południe Wirginii po raz pierwszy na wybrzeże Maine przybyli rybacy.

Angielskie i francuskie kolonie zwalczały się nawzajem. W 1614 r. do Maine przybył John Smith i opracował swą *Description of New England*, która skłoniła pewną liczbę Anglików do wywędrowania tamże.

Ze swej strony Francuzi nadal mieli na celu pozyskanie tego regionu dla Nowej Francji, swojej amerykańskiej kolonii. W 1640 r. pierwszy wódz Abenaków został przez francuskich misjonarzy przekonany do katolicyzmu i ochrzczony, przyjmując imię Jean Baptiste. W 1671 r. wschód Maine znów stał się francuski. Lecz nie tylko Anglicy i Francuzi zwalczali się nawzajem. W 1642 r. zachodnie obszary Maine napadli Mohawkowie, w 1661 r. Abenakowie zabili trzydziestu spośród atakujących Mohawków. Dopiero w 1671 r., gdy przeważająca część plemion padła ofiarą groźnych epidemii, doszło do zawarcia pokoju.

W 1652 r. obszar ten w swych ówczesnych granicach, czyli południowy zachód Maine, stał się częścią *Massachusetts Bay Colony*. Po klęsce Francuzów w latach 40. XVIII w. tereny na wschód od rzeki Penobscot znalazły się pod nominalnym zarządem prowincji Nova Scotia. Starcia między Brytyjczykami i Amerykanami trwały następnie od amerykańskiej wojny o nieodległość aż do wojny 1812 r. Wojska brytyjskie zajęły Maine.

Po uzyskaniu przez USA niepodległości, Maine do 1820 r. był częścią stanu Massachusetts, choć nie graniczył z nim bezpośrednio. Wskutek kompromisu Missouri, który postanawiał, że niewolniczy stan Missouri może zostać przyjęty do Unii, jeśli równocześnie zostałby przyjęty stan zakazujący trzymania niewolników, Maine został oddzielony od Massachusetts i 15 marca przyjęty do Unii jako kolejny stan. Dzięki temu posunięciu w Senacie Stanów Zjednoczonych została utrzymana równowaga głosów między stanami niewolniczymi a wolnymi.

Stan Maine, będąc wielkości Węgier (91.646 km^2), ma zaledwie 1,3 miliona ludności, tak jak Monachium.

Jest to stan USA o największym udziale terenów leśnych. Ponad 90 % obszaru porośnięte jest m.in. sosnami. Gospodarka opiera się głównie na rolnictwie i hodowli bydła, rybołówstwie oraz przemyśle drzewnym. Współcześnie doszły do tego przemysł stoczniowy i turystyka.

Z Maine pochodzi pisarz Stephen King (* 1947).

1821 Missouri – stan numer 24[58]
O nazwie:
swą nazwę stan zawdzięcza indiańskiemu plemieniu Missouri.

Żartobliwe określenie: The Show Me State

Obszar Missouri był częścią ziem odkupionych od Francji jako Luizjana. 10 sierpnia 1821 r. Missouri, stanowiąc część Kompromisu Missouri, stał się dwudziestym czwartym stanem USA. Stan ten nazywany jest również „bramą na zachód", ponieważ był obszarem przechodnim dla podążających na zachód osadników.

Mając powierzchnię wynoszącą 180.533 km², stan Missouri jest wielkości połowy Niemiec, a jego ludność, licząca 6 milionów osób, odpowiada liczbie ludności Hesji.

Najważniejszymi gałęziami przemysłu są technika lotnicza, logistyka, rolnictwo i produkcja środków spożywczych, ponadto przemysł chemiczny, drukarski i elektroniczny. Produktami rolniczymi są głównie wołowina, fasola, wieprzowina, siano, kukurydza, drób i jaja. Na południowym wschodzie Missouri, na żyznych równinach Missisipi, uprawiane są bawełna i kukurydza. Missouri ma też znaczne zasoby wapienia, ołowiu i węgla. Kolejnymi ważnymi dziedzinami uzyskiwania dochodów są turystyka i usługi.

Z Missouri pochodził Harry S. Truman (1884-1972), 33. prezydent USA.

1836 Arkansas – stan numer 25[59]

---

[58] http://de.wikipedia.org/wiki/Missouri
[59] http://de.wikipedia.org/wiki/Arkansa

O nazwie:
nazwa Arkansas ma źródło we francuskiej wymowie indiańskiego słowa Quapaw, które oznacza „ziemię ludzi żyjących w górze rzeki".

Żartobliwe określenie: *The Natural State*

Zanim europejscy zdobywcy dotarli na obszar dzisiejszego Arkansas, na ziemiach tych dominowali Indianie z plemion Quapawów, Cadd i Osage. Pierwszymi europejskimi przybyszami byli Hiszpan Hernando de Soto w roku 1541 i Francuzi Louis Joliet (1673) i Robert Cavelier de La Salle (1682). Pierwsze osiedle Francuzów zostało założone w 1686 r. pod Arkansas Post. W XVIII w. Arkansas należał do francuskiej kolonii Luizjana. W 1762 r. Francja odstąpiła te tereny Hiszpanii, lecz w 1800 r. otrzymała je z powrotem.

W 1803 r. Arkansas przeszedł we władanie USA jako część zakupionych ziem Luizjany i 15 czerwca 1836 r. został dwudziestym piątym stanem.

Stan ten należy do najbiedniejszych w USA. Najważniejszą gałęzią gospodarki jest tu rolnictwo. Pierwszoplanową rolę odgrywa uprawa fasoli sojowej, ryżu, owoców, pszenicy i bawełny. Do tego dochodzi hodowla drobiu, gospodarka leśna i przemysł przetwórstwa drzewnego. Z bogactw naturalnych Arkansas posiada boksyt, węgiel, ropę naftową i gaz ziemny.

Najbardziej znanym obywatelem stanu Arkansas jest chyba 42. prezydent USA Bill Clinton (* 1946). Urodził się on w Hope, a 3 listopada 1992 r. został wybrany prezydentem.

1837 Michigan – stan numer 26[60]
O nazwie:
nazwa stanu wywodzi się z języków indiańskich i znaczy „wielkie jezioro".

Żartobliwe określenie: *The Great Lakes State*

W 1622 r. francuscy odkrywcy, prawdopodobnie jako pierwsi biali ludzie, dotarli do Jeziora Górnego. Pierwsza stała osada Europejczyków została założona przez jezuitów w 1668 r. W 1701 r. Antoine de Cadillac założył w miejscu dzisiejszego Detroit placówkę zewnętrzną, którą nazwano Fort Pontchartrain du Détroit.

---

[60] http://de.wikipedia.org/wiki/Michigansee

Z Terytorium Indiana utworzono Terytorium Michigan z Detroit jako siedzibą władz. Po wybuchu wojny 1812 r. wojska brytyjskie zmusiły armię generała brygady Hulla do kapitulacji w Detroit i okupowały część obszaru Michigan, dopóki amerykańskie zwycięstwo jesienią 1813 r. nie zmusiło ich do odwrotu. W wyniku bitwy nad rzeką Thames złamany został także opór Indian. W roku 1835 miało miejsce pierwsze zgromadzenie konstytucyjne.

W latach 30. XIX w., na skutek przesiedlenia Indian, Michigan przeżył boom gospodarczy. Wzmogła go dodatkowo rozbudowa szlaków komunikacyjnych dokonywana metodą finansowania dłużnego. Stąd też w 1840 r. zadłużenie stanu Michigan wyraźnie wzrosło. W roku 1840, w następstwie kryzysu gospodarczego z 1837 r., Michigan ogłosił bankructwo i tylko częściowo kontynuował obsługę swych pożyczek państwowych. 26 stycznia 1837 r. został dwudziestym szóstym stanem USA.

Wielkość Michigan wynosi 250.494 km², stan ma zatem powierzchnię równą Wielkiej Brytanii. Liczba mieszkańców wynosząca 9,88 miliona osób jest bliska liczbie ludności Białorusi.

Michigan jest jednym z wiodących stanów przemysłowych USA i ma bardzo zróżnicowaną gospodarkę. Sektory pierwszorzędny (rolnictwo, górnictwo) i wtórny (przemysł) mają w przestrzeni gospodarczej największe znaczenie. Najważniejszymi wyrobami rolniczymi są produkty mleczarskie, kukurydza, fasola sojowa i bydło. Dochodzi do tego uprawa owoców. Rolę nośnika odgrywa w Michigan górnictwo. Stanowi ono ważne wsparcie dla przemysłu. Są tu bogate złoża rud, na środkowej północy i środkowym południu stanu wydobywa się też gaz ziemny i ropę naftową. Najważniejszymi surowcami są ruda żelaza, ropa naftowa, gaz ziemny, cement, sól i miedź. Michigan eksportuje żwir, torf, srebro i potaż. Detroit jest jednym z najważniejszych ośrodków przemysłu samochodowego. Znajdują się tu firmowe siedziby trzech największych producentów samochodów: Chryslera, Forda i General Motors. Innymi ważnymi wyrobami przemysłowymi są silniki i maszyny budowlane. Przemysł Michigan generuje 27 % dochodu narodowego brutto.

Największym obszarem usługowym jest turystyka. Ta gałąź gospodarki przynosi rocznie 6,3 miliarda dolarów. Wynika to przede wszystkim z krajobrazowej atrakcyjności stanu. Poza tym istnieją tu znaczne możliwości wypoczynkowe, jak sporty wodne czy letnie kąpieliska na wielu odcinkach wybrzeży Wielkich Jezior. W okresie chłodnych i stosunkowo śnieżnych zim turystów przyciąga możliwość uprawiania sportów zimowych.

Z Michigan pochodzi *King of Rock 'n Roll* Bill Haley (1925-1981).

1845 Floryda – stan numer 27[61]

O nazwie:

nazwa pochodzi od hiszpańskich odkrywców. Ziemie te odkryto w okresie wielkanocnym, a Wielkanoc po hiszpańsku to Pascua Florida.

Żartobliwe określenie: *The Sunshine State*

Po przybyciu pierwszych Hiszpanów pierwotni mieszkańcy Florydy umierali tysiącami, gdyż nie byli odporni na przywleczone przez przybyszów choroby. Całe narody zostały starte z powierzchni ziemi i uważa się, że po przejęciu Florydy przez Brytyjczyków garstka Indian, którzy przeżyli w hiszpańskich misjach katolickich, została przewieziona przez Hiszpanów w bezpieczne miejsce na Kubie. Jednak w XVIII wieku półwysep został ponownie zasiedlony przez Indian, gdy część plemion Muskogee, które poróżniły się między sobą, zaczęła napływać z północy. Wskutek wojny Yamasee na Florydę dotarli także liczni uchodźcy z plemion Yuchi i Yamasee. Mimo ich heterogenicznych korzeni, Indianie ci określani byli jednolicie jako Seminole.

Podczas amerykańskiej wojny o niepodległość Hiszpania, która walczyła z Brytyjczykami po stronie Francji, odzyskała w 1781 r. kontrolę nad większą częścią zachodniej Florydy. W Pokoju Paryskim (1783) ponownie przyznano Hiszpanii całą Florydę. Po tym porozumieniu nie doszło do wartego wzmianki osadnictwa po stronie hiszpańskiej, jednakże polityka osiedleńcza Hiszpanów przyciągała migrantów zwłaszcza ze Stanów Zjednoczonych. Floryda stała się też schronieniem dla zbiegłych z południowych stanów niewolników, gdyż Hiszpanie obiecali im wolność, o ile przejdą na wiarę katolicką.

W 1810 r. brytyjscy osadnicy zbuntowali się przeciwko hiszpańskiemu panowaniu i 23 września powołali do życia *Free and Independent Republic of West Florida*, która istniała jednak tylko nieco ponad dziesięć tygodni.

27 października tegoż roku z roszczeniami do części zachodniej Florydy wystąpiły Stany Zjednoczone, które ogłosiły, że region ten jest przedmiotem *Louisiana Purchase*, na mocy której USA w 1803 r. nabyły francuską kolonię Luizjana. Przekazanie odnośnych terenów nastąpiło w grudniu 1810 r. Po pierwszej wojnie seminolskiej (1817/1818), w trakcie której wojska amerykańskie

---

[61] http://de.wikipedia.org/wiki/Florida

ponownie wdarły się na teren hiszpański, USA kontrolowały już cały obszar zachodniej Florydy. Od czasów wojny brytyjsko-amerykańskiej (1812-1814) również część wschodniej Florydy znajdowała się pod amerykańską kontrolą.

Aneksja Florydy znalazła swój finał w zawartym w 1819 r. traktacie Adamsa-Onisa, w którym Stany Zjednoczone, odwzajemniając się, zrezygnowały roszczeń do ziem w Teksasie. 20 marca 1922 r. Floryda stała się *Organized Territory*. Wschodnia i zachodnia Floryda zostały zjednoczone. Nową stolicą terytorium została Tallahassee.

W latach 30. XIX w., w wyniku przesiedlenia Indian, Floryda przeżyła boom gospodarczy. Wzmogła go dodatkowo rozbudowa szlaków komunikacyjnych dokonywana metodą finansowania dłużnego. Stąd też w 1840 r. zadłużenie stanu Floryda poważnie wzrosło. Z zadłużeniem wynoszącym 77 % kwoty wyników gospodarczych znalazł się on na czele amerykańskich stanów i terytoriów. Wskutek kryzysu gospodarczego z 1837 r. trzy lata później, w 1840 r., Floryda zmuszona była ogłosić bankructwo i wstrzymała obsługę swych pożyczek państwowych.

3 marca 1845 r. Floryda został dwudziestym siódmym stanem USA.

Floryda jest wielkości połowy Niemiec i ma powierzchnię wynoszącą 170.304 km^2. Liczba ludności trochę przewyższa ludność Północnej Nadrenii-Westfalii i wynosi 19,8 miliona osób.

Klimat Florydy i jej liczne plaże czynią z niej atrakcyjne miejsce spędzania wolnego czasu przez urlopowiczów z całego świata, a także wybierany przez wielu Amerykanów rejon osiedlania się na starość. Szczyt sezonu przypada raczej na okres poza miesiącami letnimi, czyli poza czerwcem-sierpniem, z uwagi na nieznośnie wówczas duszną pogodę. Ważnymi atrakcjami przyciągającymi turystów są też rozmaite parki rozrywki. Poza tym gospodarka koncentruje się na uprawie owoców cytrusowych (50 % konsumpcji USA), włącznie z ich przetwórstwem. Leżący na Florydzie Cape Canaveral jest najważniejszym miejscem startów misji kosmicznych NASA i US Air Force.

Z Florydy pochodzi legendarna tenisistka Chris Evert (* 1954), która w swej karierze osiemnaście razy zdobyła tytuł mistrzyni turniejów wielkoszlemowych.

1845 Teksas – stan numer 28[62]

---

[62] http://de.wikipedia.org/wiki/Texas

O nazwie:

Słowo „teksas" jest szeroko rozpowszechnione wśród plemion indiańskich wschodniej części obecnego stanu Teksas i oznacza przyjaciół.

Żartobliwe określenie: *The Lone Star State*

W 1519 r. powstało pierwsze kartograficzne opracowanie teksańskiego wybrzeża sporządzone przez Hiszpanów. Był to też czas przyjęcia tego terytorium w posiadanie przez Hiszpanię. W dalszym okresie na obszarze dzisiejszego stanu Teksas założono wiele miejscowości, a przede wszystkim misji. W 1621 r. hiszpańscy przybysze założyli miasto Corpus Christi de la Isleta. W 1659 r. założono El Paso.

Do francuskiej próby kolonizacyjnej na terytorium Teksasu doszło w 1685 r. Awanturnik Robert de La Salle dotarł statkiem do Matagorda Bay i założył tam fort St. Louis. Kolonia ucierpiała jednak poważnie wskutek ataków Indian, chorób oraz utraty ważnych materiałów w wyniku rozbicia się zawijających tu statków z zaopatrzeniem. Dwa lata później La Salle został zamordowany przez swoich własnych ludzi, gdy próbował sprowadzić pomoc. W rezultacie St. Louis porzucono, a Teksas znów stał się hiszpański. Jednak w osiedlach w delcie Missisipi Francuzom udało się przetrwać.

W toku dalszych ekspedycji hiszpańskich założono kilka stacji misyjnych. W 1718 r. powstała misja San Antonio de Valero. Ponad sto lat później misja ta wejdzie do historii jako *The Alamo*. W 1821 r. Teksas stał się częścią uniezależnionego już od Hiszpanii Meksyku. Jeszcze podczas meksykańskiej wojny o niepodległość zgromadziło się tu wielu awanturników ze Stanów Zjednoczonych. Do Zatoki Meksykańskiej docierało też coraz więcej osadników z północy. Był to początek angloamerykańskiej kolonizacji; do 1835 r. w Teksasie osiedliło się około 45.000 ludzi z północy.

Napięcia między osadnikami amerykańskimi z jednej strony, a Meksykanami i rządem meksykańskim z drugiej stawały się coraz ostrzejsze, gdy Meksykanie zakazali niewolnictwa. Ponieważ Stany Zjednoczone chciały kupić cały stan Teksas, meksykańskie władze stanowe zakazały w 1830 r. dalszej imigracji z USA. Nie do pokonania wydawały się zwłaszcza problemy religijne, kulturowe i polityczne. Jednak nowe ustawy i zarządzenia gwarantowały osadnikom w Teksasie tyle swobód i wyjątków, że napięcia opadły i rok 1835 po raz pierwszy był rokiem stosunkowo spokojnym. Jednakże spekulanci ziemią pobudzali nieufność wobec Meksyku. Gdy podczas swej wizyty w mieście Meksyk aresztowany został Stephen F. Austin i powodowany osobistym rozczarowaniem wypowiedział się przeciwko pozostaniu w Meksyku, separatyści dostrzegli swoją szansę. Po powrocie Austina, na pospiesznie zwołanym zgromadzeniu ogłosili oni odłączenie się Teksasu od Meksyku. W tej sytuacji rząd meksykański wysłał wkrótce potem do Teksasu wojsko. 2 października 1835 r. zaczęła się wojna o niepodległość.

2 marca 1836 r. Teksańczycy powołali do życia Republikę Teksasu i mianowali generała Houstona naczelnym dowódcą wojskowym, któremu 21 kwietnia 1836 r. niespodziewanie udało się pobić wojska meksykańskie (około 1.600 żołnierzy). Teksas został uznany jako niezależna republika przez Francję i Zjednoczone Królestwo odpowiednio 23 listopada 1839 r. i 14 listopada 1841 r. Pierwszym prezydentem niepodległego narodu i Republiki Teksasu został generał Sam Houston. Był nim z przerwami do chwili krótko poprzedzającej zjednoczenie z USA.

Jednak w samym Teksasie większość domagała się przyłączenia do Stanów Zjednoczonych. W związku z tym 19 lutego 1845 r. kraj został anektowany przez USA, a Kongres zaaprobował to już po fakcie 1 marca 1845 r. Formalne przyjęcie do federacji stanów nastąpiło 29 grudnia 1845 r.

Pod względem powierzchni Teksas jest największym stanem USA; mając 696.241 km^2 jest dwukrotnie większy od Niemiec. Jego ludność, licząca niecałe 30 milionów, odpowiada łącznej liczbie ludności Bawarii i Północnej Nadrenii-Westfalii.

Najważniejszymi gałęziami gospodarki są tu górnictwo ropy naftowej i gazu ziemnego, a co za tym idzie, rafinerie ropy i petrochemia. W rolnictwie przeważają uprawy bawełny, pszenicy, owoców cytrusowych, ryżu, kukurydzy, owsa i warzyw. Hoduje się bydło i owce, mocno rozbudowany jest przemysł spożywczy. Teksas jest też obszarem koncentracji amerykańskiego przemysłu lotniczego i kosmicznego, a także elektronicznego. W Teksasie wydobywa się większość amerykańskiej ropy naftowej. Po Kalifornii jest to drugi pod względem ważności stan przemysłowo-handlowy USA.

Teksańczykiem był Dwight D. Eisenhower (1890-1969), generał okresu II wojny światowej i 34. prezydent USA (1953-1961).

1846 Iowa – stan numer 29[63]
O nazwie:
stan wziął swą nazwę od nazwy indiańskiego plemienia Iowa.

---

[63] http://de.wikipedia.org/wiki/Iowa

Żartobliwe określenie: *The Hawkeye State*

Na północnym wschodzie stanu, na brzegu Missisipi, znajduje się *Effigy Mounds National Monument*, pomnik kultury i stanowisko archeologiczne obejmujące sztuczne pagórki zwane mounds, które zostały usypane przez jedną z wcześniejszych kultur indiańskich Okresu Woodland, między 500 r. p.n.e. a mniej więcej rokiem 1200.

Dzięki swym żyznym preriom i dominującemu rolnictwu, Iowa uważana jest za typowy stan Środkowego Zachodu, gdyż 90 procent jego powierzchni użytkowane jest rolniczo. Ze względu na uprawy kukurydzy Iowa nazywana jest też *Corn State*. Poza tym znajdują się tu liczne parki o historycznym częstokroć znaczeniu.

Pierwszą stolicą Iowy było Iowa City. Gdy w wyniku coraz intensywniejszego osadnictwa główna masa ludności przesunęła się na zachód, postanowiono przenieść stolicę w pobliże geograficznego środka stanu. W 1857 r. na stolicę wyznaczono Des Moines.

18 grudnia 1846 r. Iowa stała się dwudziestym dziewiątym stanem USA.

Stan Iowa o powierzchni 145.743 km² jest wielkości połowy Włoch, mając wszakże niecałe trzy miliony ludności liczy sobie tylko tylu mieszkańców co Litwa.

Głównymi wytworami Iowy są bydło, trzoda chlewna, kukurydza, fasola sojowa, ziemniaki i produkty mleczne. Innymi wyrobami są surowce do produkcji żywności, maszyny, elektronika, produkty chemiczne, ponadto produkty drukarskie i przemysłu metalowego. Stan Iowa jest częścią *Corn Belt*.

Z Iowy pochodził William Frederic Cody (1846-1917) zwany „Buffalo Billem", jedna z najsłynniejszych postaci Dzikiego Zachodu.

1848 Wisconsin – stan numer 30[64]
O nazwie:
nazwa Wisconsin to angielska wersja francuskiej adaptacji słowa z języka Indian Miami-Illinois oznaczającego rzekę Wisconsin, a znaczącego „leży w czerwieni".

Żartobliwe określenie: *The Badger State*

Gdy na teren dzisiejszego Wisconsin wkroczyli pierwsi Europejczycy,

---

[64] http://de.wikipedia.org/wiki/Wisconsin

mieszkały tam indiańskie plemiona Winnebago, Chippewa, Menominee, Siuksów i Foxów. Owymi pierwszymi Europejczykami byli Francuzi, którzy na północne obszary dzisiejszych USA dostali się rzeką Świętego Wawrzyńca i przez Wielkie Jeziora. W roku 1634 francuski odkrywca Jean Nicolet, który poszukiwał drogi do Azji, natknął się w zatoce Green Bay na Indian Winnebago. Dominacja Francuzów zakończyła się w 1763 r. wraz z zawarciem „traktatu paryskiego". Angielska kontrola tego obszaru, która po nim nastąpiła, trwała do 1812 r. (wojna brytyjsko-amerykańska).

Przez długi czas najważniejszym źródłem dochodów osadników był handel futrami, jednak na początku XIX wieku eksploatacja kopalń ołowiu wywołała pierwszą falę osadnictwa. W kolejnych latach tegoż stulecia budowa linii kolejowych przyspieszyła eksploatację bogactw naturalnych tej krainy. Północ stanu zdominowała gospodarka drzewna, a później przemysł papierniczy. Obok obfitej fali imigrantów z Niemiec, w drugiej połowie XIX wieku przybyło tu też wielu osadników z krajów skandynawskich. Drogą do Milwaukee ruszyli również liczni przybysze z Europy Środkowej i Wschodniej, a wśród nich późniejsza premier Izraela Golda Meir. 10 % mieszkańców Wisconsin pochodzi z Polski bądź wywodzi się z rodzin polskich imigrantów.

Od 29 maja 1848 r. Wisconsin jest trzydziestym stanem USA.

Wisconsin, mając 169.639 km² powierzchni, jest wielkości połowy Finlandii, ma jednak taką samą liczbę ludności: 5,6 miliona.

Głównym obszarem zarobkowania jest tu rolnictwo. Z powodu intensywnie uprawianej gospodarki mleczarskiej stan nosi także przydomek „amerykańskiej krainy mleczarń". Wisconsin dysponuje jednak również silnie rozwiniętą przemysłową bazą gospodarczą. W okresie *New Deal* oraz podczas drugiej wojny światowej Milwaukee stało się „amerykańską skrzynką z narzędziami". Swoją siedzibę ma tu fabryka urządzeń sanitarnych Kohler, z Wisconsin pochodzą też motocykle marki Harley-Davidson oraz kosiarki do trawy firmy Briggs & Stratton.

Z tego stanu wywodzi się George Frost Kennan (1904-2005). Był on historykiem i dyplomatą, a jego nazwisko jest ściśle związane z Planem Marshalla, jak również z polityką powstrzymywania okresu zimnej wojny.

1850 Kalifornia – stan numer 31[65]

---

[65] http://de.wikipedia.org/wiki/Kalifornien

O nazwie:

zgodnie ze znaną hipotezą, nazwa ta funkcjonowała wśród europejskich zdobywców jeszcze przed odkryciem tej krainy. W 1510 r. Hiszpan Rodriguez Cabrillo opublikował powieść, w której mowa jest o pełnej złota wyspie o nazwie Kalifornia, zamieszkałej przez przepiękne Amazonki, którymi włada królowa Califa.

Żartobliwe określenie: *The Golden State*

Przed przybyciem Europejczyków można tu było napotkać ponad 70 różnych plemion indiańskich, dzięki czemu Kalifornia należała do regionów najbardziej zróżnicowanych pod względem kulturowym i lingwistycznym. Ogólną liczbę mieszkańców w tamtym okresie szacuje się na ponad 300.000.

Po przybyciu Cabrilla w roku 1542 i Drake'a w 1579, którzy ogłosili władzę Hiszpanii bądź Anglii nad tym obszarem, europejskie mocarstwa kolonialne na długi czas straciły zainteresowanie terenami Kalifornii. Dla Indian wszakże ekspedycja Cabrilla oznaczała poważny spadek liczby ludności wskutek ospy.

Kalifornia jako Górna Kalifornia, bo tak nazwano później najdalej na północ wysuniętą część wicekrólestwa Nowej Hiszpanii, kolonizowana była dopiero od 1769 r. pod kierownictwem franciszkanina Serry. Założył on pierwsze spośród ogółem 21 misji. Poza misjami wznoszono także umocnienia wojskowe i osady cywilne.

W 1812 r. w dzisiejszym hrabstwie Sonoma w północnej Kalifornii zbudowano Fort Ross, umocnioną osadę rosyjską, będącą kontynuacją i ukoronowaniem rosyjskich posiadłości na Alasce. Po uzyskaniu przez Meksyk niezawisłości w roku 1821, Kalifornia stała się prowincją meksykańską. Rząd znów powrócił do systemu misji, aż 17 marca 1833 r. partia demokratyczna, mocą dekretu, definitywnie zerwała z koncepcją misji i rozwiązała stacje. Równocześnie wspierano osadnictwo zachęcając do migracji na te tereny. Jednakże, po objęciu rządów przez Santa Anę, który chciał zachować stacje misyjne, pierwsi przybysze zostali wyeksmitowani. Wydarzenia te stały się źródłem wieloletniej wrogości Kalifornijczyków wobec meksykańskiego rządu. W 1836 r. wybuchło powstanie pod przewodem byłego inspektora celnego Alvarady, którego bezsilny rząd zmuszony był ostatecznie zatwierdzić jako gubernatora Kalifornii. W owym czasie mieszkańcami tej krainy było zaledwie około 150.000 Indian i 5.000 Europejczyków.

Wiosną 1846 r. mieszkańcy Górnej Kalifornii zbuntowali się i wybrali Don Joségo Castro, rodowitego Kalifornijczyka, komendantem generalnym.

W 1845 r. USA zaanektowały Teksas, co spowodowało bardzo napięte stosunki z Meksykiem, który odrzucił ofertę Amerykanów kupna Kalifornii. Już w styczniu 1846 r. na granicy stanęły wojska. Utworzona przez Joségo Castro junta z Monterrey próbowała uniknąć udziału w wojnie poprzez oddzielenie Górnej Kalifornii od Meksyku. Jednak w czasie, gdy junta się naradzała, czy korzystniejsza będzie niepodległość, czy też przyłączenie się do innego państwa, w maju 1846 r. amerykańscy osadnicy ogłosili niezawisłość i proklamowali swą własną Republikę Kalifornii. 13 maja 1846 r., po upozorowanym ataku Meksykanów, nastąpiło wypowiedzenie wojny przez USA. W lipcu 1846 r. wojska amerykańskie zajęły Monterrey, w styczniu 1847 r. dotarły do Los Angeles i zdobyły Meksyk, który w „traktacie z Guadelupe Hidalgo" zmuszony był odstąpić cały swój obszar północny, czyli Kalifornię, Arizonę, Nowy Meksyk, Utah, Newadę, Teksas oraz część obszarów Colorado i Wyoming.

Teraz licznych poszukiwaczy przygód przyciągało złoto, które zaczęto tam odnajdywać od stycznia 1848 r., co wywołało „kalifornijską gorączkę złota". Do Kalifornii napływali w dużej liczbie poszukiwacze złota i awanturnicy, co przyczyniło się do tego, że tamtejszy porządek publiczny w dużym stopniu się załamał. Ziemię przekopywały setki tysięcy ludzi, dolina rzeki Sacramento stała się „złotym zachodem". W końcu jednak rząd uznał ów nie całkiem zgodny z prawem stan, gdyż dzięki temu USA stały się jednym z ważnych eksporterów złota. Indian prześladowano i wypędzano. Spośród 150.000 Indian żyjących tu ok. 1850 r., około roku 1870 pozostało jedynie 30.000.

9 września 1850 r. Kalifornia została przyjęta w skład USA jako trzydziesty pierwszy stan.

Mając 423.970 km² powierzchni, Kalifornia jest nieco większa od Szwecji, a jej 37 milionów mieszkańców to trochę mniej niż liczba ludności Polski.

W roku 2010, wypracowując 1,9 biliona dolarów, sama tylko Kalifornia przysporzyła USA 13 procent rocznego produktu krajowego brutto. Jako samodzielne państwo, oddzielone od USA, Kalifornia byłaby ósmą światową potęgą gospodarczą po USA, Japonii, Chinach, Niemczech, Wielkiej Brytanii, Francji i Włochach.

W osiągnięciu takiego dobrobytu sprzyjają Kalifornii w znacznej mierze dobre warunki pogodowe południa oraz fakt, że na tamtejszym obszarze łatwo o tanich meksykańskich robotników rolnych. Znacznego wysiłku wymaga wszakże zaopatrzenie w wodę.

W Kalifornii intensywnie rozwijane jest rolnictwo z uprawami bawełny, jęczmienia, pszenicy, kukurydzy, ryżu, owsa, fasoli i buraków cukrowych. Znaczenie mają też uprawa owoców południowych i warzyw oraz hodowla bydła i drobiu, a także rybołówstwo. Istotna jest również uprawa winorośli. Około 90 procent całej produkcji winiarskiej USA pochodzi z Kalifornii.

Kalifornia ma znaczne zasoby bogactw naturalnych, takich jak ropa naftowa, gaz ziemny, sól borowa, rtęć, magnezyt i złoto, posiada też wysoko rozwinięty przemysł. Jego jądro stanowią lotnictwo, astronautyka, elektronika i technika komputerowa (Silicon Valley), do tego dochodzą budowa pojazdów, przemysł spożywczy i hutnictwo. W Hollywood znajduje się siedziba amerykańskiego przemysłu filmowego.

Jako jedną spośród wielu znanych postaci pochodzących z tego stanu należałoby wymienić Stevena P. Jobsa (1955-2011). Zaliczał się on do najważniejszych przedsiębiorców w dziedzinie przemysłu komputerowego i był założycielem „Apple'a".

1858 Minnesota – stan numer 32[66]
O nazwie:
nazwa wywodzi się z języka Siuksów Dakotów i przetłumaczona znaczy mniej więcej „woda zabarwiona niebem".

Żartobliwe określenie: *The North Star State*

Przed zasiedleniem przez Europejczyków Minnesotę zaludniali Anishinabe, jedno z plemion Siuksów, oraz inna rdzenna ludność. Pierwszymi europejskimi osadnikami byli francuscy handlarze futer, którzy przybyli tu na początku XVII wieku.

W 1679 r., po ekspedycji, Greysolon wzniósł nad brzegiem Jeziora Górnego fort i uznał to za nabycie od tej chwili przez Francję praw do ziem północnej Minnesoty. Jednakże w 1763 r., w wyniku wojny francusko-indiańskiej, Francja zmuszona była odstąpić te tereny Wielkiej Brytanii. Mocą „pokoju paryskiego" oraz Deklaracji Niepodległości, obszar między Wielkimi Jeziorami a Missisipi stał się częścią Terytorium Północno-Zachodniego i tym samym był po raz pierwszy

---

[66] https://de.wikipedia.org/wiki/Minnesota

przynależny do USA. Do mniej więcej 1816 roku region ten cechował się wszakże silnymi wpływami Wielkiej Brytanii. W ramach *Louisiana Purchase* USA uzyskały od Francji także południowe i zachodnie obszary dzisiejszej Minnesoty, Pomiędzy rokiem 1860 a 1870 dotarła tu pierwsza wielka fala imigrantów niemieckich, którzy do dziś kształtują kulturowy obraz Minnesoty.

W roku 1805 odkrywca i oficer Zebulon Pike nabył obszary u zbiegu rzek Minnesota i Missisipi. Jednakże minęło jeszcze kilka lat, nim w rejon ten przybyli pierwsi osadnicy. W następstwie tego w latach 1819 do 1825 wzniesiono Fort Snelling jako pierwszą trwałą osadę. Później, gdy rozrósł się przemysł, ukształtowało się tam miasto Minneapolis. Tymczasem w pobliżu fortu osiedliło się wielu ludzi. W 1839 r. armia zmusiła ich do przeniesienia się w dół rzeki. Osiedlili się oni w okolicy, w której później powstało miasto Saint Paul. Do 1858 r. do Minnesoty przybyły tysiące kolejnych osadników. W ciągu niecałych dziesięciu lat liczba ludności zwielokrotniła się z 6.000 do ponad 170.000 osób. 11 maja 1858 r. ze wschodniej części Minnesota Territory i zachodniej części Wisconsin Territory powstała Minnesota jako trzydziesty drugi stan Stanów Zjednoczonych Ameryki.

Ten duży pod względem powierzchni stan (225.171 km²) można przyrównać do Rumunii, a jego liczącą 5,3 miliona osób ludność do Słowacji.

W gospodarce Minnesoty w ciągu ostatnich 200 lat zaszły poważne zmiany. Przede wszystkim region na północnym zachodzie stanu, wokół Duluth, odniósł korzyści w związku ze złożami rudy żelaza. Podobnie jak we wszystkich krajach uprzemysłowionych, także w Minnesocie od lat 50. XX w. w produkcie krajowym brutto coraz bardziej rósł udział sektora usługowego. Dziś pracuje w nim ponad 80 procent wszystkich zatrudnionych, podczas gdy w sektorze pierwotnym zaledwie nieco mniej niż jeden procent. Jednakże w ramach USA stan ten w dalszym ciągu należy do największych producentów płodów rolnych, takich jak buraki cukrowe, kukurydza cukrowa i groch.

Z Minnesoty pochodziła Judy Garland, amerykańska aktorka, piosenkarka i laureatka Oscara. Sławę przyniósł jej musical filmowy „Czarnoksiężnik z krainy Oz" i „wpadająca w ucho" piosenka *Over the Rainbow*.

<u>1859 Oregon – stan numer 33</u>[67]
O nazwie:
pochodzenie i znaczenie nazwy Oregon nie zostało jednoznacznie wyjaśnione.

---

[67] https://de.wikipedia.org/wiki/Oregon

Żartobliwe określenie: *The Beaver State*

Pierwotnie Oregon zamieszkiwały liczne plemiona Indian, np. Banokowie, Chinookowie, Klamathowie i Nez Percé. Dziś spośród plemion uznawanych przez rząd w Waszyngtonie w Oregonie żyje dziewięć.

W 1778 r. wybrzeże Oregonu odkrył James Cook, który poszukiwał Przejścia Północno-Zachodniego. Na polecenie Thomasa Jeffersona obszar ten przebyła ekspedycja Lewisa i Clarka, by go zbadać w ramach przygotowań do zakupu Luizjany. Rozpoznanie przeprowadzone przez Lewisa i Clarka (1805-1806) oraz przez brytyjsko-kanadyjskiego kartografa Davida Thompsona (1811) pokazało, że na tym terenie nie znajdzie się żadnych cennych futer. W 1811 r. nowojorski inwestor Johann Jakob Astor, zakładając posterunek handlowy Pacific Fur Company, wzniósł u ujścia rzeki Columbia Fort Astoria. Był on pierwszą trwałą osadą białych w Oregonie. Podczas wojny brytyjsko-amerykańskiej 1812 r. Brytyjczycy weszli w posiadanie wszystkich posterunków handlowych.

W latach 20. i 30. XIX w. tereny te zostały opanowane przez brytyjską *Hudson's Bay Company*. Indianie tego regionu najwyraźniej dowiedzieli się o wypędzeniach Indian na wschodzie i od samego początku byli negatywnie nastawieni do napływu białych.

W latach 1842 do 1843 do Oregonu przybyło więcej osadników. Groziło to kolejną wojną między Stanami Zjednoczonymi a Wielką Brytanią do chwili, gdy spory uśmierzono poprzez traktat oregoński. W 1848 r. z części amerykańskiej utworzono Terytorium Oregonu, które z grubsza obejmowało dzisiejsze stany Waszyngton, Oregon, Idaho i Wyoming oraz zachodnią Montanę. Kilka lat później nastąpiła ponowna reforma terytorialna, w wyniku której 14 lutego 1859 r. Oregon został przyjęty do Unii jako jej trzydziesty trzeci stan.

Oregon ma powierzchnię wynoszącą 254.805 km^2 – to taka sama powierzchnia, jaką miała Jugosławia za czasów Tito. Ludność licząca sobie 3,8 miliona osób równa jest liczbie ludności dzisiejszej Bośni i Hercegowiny.

Ważnymi produktami Oregonu są daglezje, trawa (trawniki w rolkach, nasiona traw), pstrągi rzeczne, owoce i zboże. W latach 80. i 90. XX w. w tzw. *Silicon Forest* swoje siedziby założyły liczne przedsiębiorstwa technologiczne. Zaliczają się do nich producent półprzewodników Intel, jak również IBM, Hewlett-Packard, Xerox, Yahoo czy Mentor Graphics. Swoje ośrodki mają w Oregonie producenci artykułów sportowych Nike i Columbia, a Adidas ma tam jedną ze swych central. Innymi ważnymi gałęziami gospodarczymi są gospodarka drzewna, przemysł spożywczy i aluminiowy oraz turystyka.

Bardzo znanym człowiekiem pochodzącym z Oregonu był Carl Barks, autor komiksów i rysownik u Walta Disneya. Przede wszystkim stworzył on postać kaczora Donalda oraz takie charakterystyczne figury jak „Sknerus McKwacz", „Goguś Kwabotyn" czy „Bracia Be".

1861 Kansas – stan numer 34[68]

O nazwie:

nazwa stanu pochodzi od słowa Kansas, które w języku Siuksów znaczy „lud południowego wiatru".

Żartobliwe określenie: *The Sunflower State*

Hiszpańscy zdobywcy dotarli w te okolice jako pierwsi Europejczycy już w roku 1541. Sprowadzili oni konie, co spowodowało napływ Indian-nomadów, którzy wyparli osiadłe tu od dawna plemiona. Później w region ten przybyli również francuscy odkrywcy i amerykańscy osadnicy. W 1803 r., w ramach *Louisiana Purchase*, obszar ten stał się częścią USA. Wraz z tą zmianą rozpoczęły się też przesiedlenia Indian na ziemie leżące na zachód od Missisipi, dokonywane po części dobrowolnie, częściowo wszakże z użyciem nacisków i przemocy. Do 1854 r. Europejczykom nie zezwalano na osiedlanie się w Kansas.

Późniejsze czasy, do chwili stworzenia stanu, znane są jako *Bleeding Kansas*. Kansas, jak również Nebraska, zostały włączone do USA jako terytoria. Terytoria te należały wprawdzie do USA, nie były jednak jeszcze stanami mającymi odpowiednie prawa.

Życie na Terytorium Kansas było niepewne, gdyż zwolennicy i przeciwnicy niewolnictwa walczyli o uzyskanie większości w przyszłym stanie i stronnictwa uprawiały swój niecny proceder. 30 marca 1855 r. oddział bojówkarzy z Missouri napadł na Kansas i wymusił wybór rządu aprobującego niewolnictwo. Później, w roku 1856, regularnie dochodziło do siłowych starć i napadów na zwolenników niewolnictwa. W trakcie intensywnych sporów politycznych pomiędzy siłami popierającymi i sprzeciwiającymi się niewolnictwu głosowaniu poddano w sumie cztery projekty konstytucji przyszłego stanu. 29 stycznia 1861 r. Kansas został przyjęty do Unii jako trzydziesty czwarty stan z zapisanym w konstytucji zakazem niewolnictwa.

Kansas zajmuje powierzchnię wynoszącą 213.096 km², mając tym samym wielkość Szwajcarii, Austrii i Słowenii łącznie. Ludność licząca 2,8 miliona osób

---

[68] https://de.wikipedia.org/wiki/Kansas

odpowiada liczbie ludności Albanii.

Ważnymi gałęziami gospodarki są rolnictwo (przede wszystkim uprawa pszenicy i kukurydzy oraz hodowla bydła), budowa samolotów, górnictwo (ropa, gaz ziemny, sól, rudy ołowiu i cynku), jak również produkcja helu. Kansas jest największym producentem pszenicy w USA, „chlebnym zagłębiem" państwa, ma największe na świecie naturalne pole gazu ziemnego i jest drugim pod względem wielkości producentem wołowiny w USA.

Z Kansas pochodzi konstruktor samochodów Walter Chrysler (1875-1940). W roku 1925 założył on „Chrysler Motor Corporation".

1863 Zachodnia Wirginia – stan numer 35[69]
O nazwie:
jednoznacznie chodzi o zachodnią część Wirginii.

Żartobliwe określenie: *The Mountain State*

Historia powstania Zachodniej Wirginii jest jedyna w swoim rodzaju w dziejach USA. Do wojny secesyjnej należała ona do Wirginii. Jednak już od chwili zasiedlenia tej części kraju wyraźne były rozbieżności polityczne między raczej ubogimi drobnymi rolnikami regionu górskiego a właścicielami plantacji na równinach. Ci ostatni dominowali w polityce stanu. Po wybuchu amerykańskiej wojny domowej i odłączeniu się Wirginii od Unii, 27 kwietnia 1861 r. obszary zachodnie ze swej strony oderwały się od swojego macierzystego stanu. Przedstawiciele tych obwodów administracyjnych utworzyli nowy rząd, który za swą siedzibę obrał Alexandrię w Wirginii. Zostali oni upoważnieni do tego kroku notą Abrahama Lincolna z 31 grudnia 1862 r.

W owym czasie Wirginia miała dwa parlamenty: jeden, który postanowił o dołączeniu do konfederacji, oraz kontr-parlament, który pozostał wierny Unii, a tym samym stanom północnym. Zgodnie z konstytucją USA rzeczą niedozwoloną było przyjęcie do Unii części terytorium któregoś ze stanów, jeśli ów stan nie wyraził swej zgody w tej kwestii. Takiej zgody udzielił kontr-parlament Wirginii 13 maja 1862 r., tak że formalnie zadośćuczyniono wymogom konstytucji. Ponieważ jednak kontr-parlament składał się niemal wyłącznie z delegatów zachodniej części Wirginii, istniały poważne wątpliwości co do konstytucyjności przyjęcia Zachodniej Wirginii do Unii, także u Abrahama Lincolna. Te wątpliwości, z przyczyn strategicznych, zostały wszakże w toku wojny zignorowane. Podczas wojny

---

[69] https://de.wikipedia.org/wiki/West_Virginia

domowej Zachodnia Wirginia była widownią licznych bitew i potyczek. W 1870 r., kiedy to Wirginia z pełnią praw została z powrotem przyjęta do Unii, Sąd Najwyższy przyjął założenie o legalności oderwania się Zachodniej Wirginii w wyroku dotyczącym przynależności dwóch powiatów ziemskich do Zachodniej Wirginii.

Mieszkańcy Zachodniej Wirginii określają ironicznie swój stan jako Irlandię USA. Okolica ma tu bowiem wiejski charakter i cechuje się dość ubogimi warunkami życia. 20 czerwca 1863 r. Zachodnia Wirginia stała się członkiem Unii jako jej trzydziesty piąty stan.

Powierzchnia Zachodniej Wirginii, wynosząca 62.755 km², oraz jej ludność licząca 1,85 miliona osób, dokładnie odpowiadają takimż uwarunkowaniom Łotwy. Ludność Zachodniej Wirginii zalicza się do najuboższej spośród wszystkich stanów USA. Pod względem dochodu na głowę mieszkańca stan zajmuje przedostatnie miejsce, przed Missisipi.

Wspaniałe niegdyś lasy przez długi czas były wycinane. Zalesianie dopiero w ostatnich dekadach odnotowuje sukcesy. Nadal ważną rolę odgrywa tu górnictwo (węgiel kamienny, a także gaz ziemny i ropa), lecz już 50 procent dochodów stanu wygospodarowywanych jest przez turystykę.

Z Zachodniej Wirginii pochodzi pisarka i laureatka Nagrody Nobla w dziedzinie literatury z 1938 r., Pearl S. Buck (1892-1973).

1864 Newada – stan numer 36[70]
O nazwie:
Newada wywodzi swą nazwę od hiszpańskiego słowa *nieve* oznaczającego śnieg.

Żartobliwe określenie: *The Silver State*

Obszar ten, pierwotnie będący częścią Meksyku, został odstąpiony USA na mocy „traktatu z Guadelupe Hidalgo". W 1850 r. Kongres USA utworzył Terytorium Utah, które obejmowało dzisiejsze stany Utah, Colorado i Newadę. W 1859 r. odkryto tam bogate złoża srebra i złota i założono Virginia City. Od chwili tego odkrycia w ów region napływało coraz więcej ludzi: poszukiwaczy złota, handlarzy i innych szukających szczęścia osób.

2 marca 1862 r. Newada została oddzielona od Terytorium Utah i przyjęła swą

---

[70] https://de.wikipedia.org/wiki/Nevada

obecną nazwę. 31 października 1864 r. przystąpiła do USA jako trzydziesty szósty stan.

Powierzchnia pustynnego stanu Newady wynosi 286.351 km². Tym samym jest Newada niemal równie duża jak Włochy, ma jednak zaledwie 2,7 miliona mieszkańców – jak Litwa.

Najważniejszym czynnikiem gospodarczym Newady, wynikającym z liberalnych przepisów o grach hazardowych i znakomitych warunków uprawiania sportów zimowych, jest ruch turystyczny. Znaczenie mają też hodowla bydła i górnictwo (miedź, złoto rtęć).

Znaczne połacie Newady są zamkniętymi terenami wojskowymi, spośród których w pierwszym rzędzie należałoby wymienić leżące na południu *Nellis Range*, gdzie testowano większość amerykańskich bomb atomowych. Ponadto są tam instalacje służące próbom z tajnymi wojskowymi maszynami latającymi, takie jak owiana legendą Strefa 51 (*Groom Lake*).

Z Las Vegas w Newadzie pochodzi Andre Agassi, zwycięzca Wimbledonu z 1992 r. i mistrz olimpijski w tenisie z 1996 r. Jego żoną jest niemiecka :królowa tenisa" Steffi Graf.

1867 Nebraska – stan numer 37[71]
O nazwie:
nazwa Nebraska pochodzi od indiańskiego słowa znaczącego „płytka woda". Jej przyczyną jest przepływająca przez stan rzeka *Platte River*.

Żartobliwe określenie: *The Cumhusker State*

30 maja 1854 r. weszła w życie ustawa o Kansas i Nebrasce, skutkiem której obszar ten stał się terytorium Stanów Zjednoczonych, mianowicie stanami Nebraska i Kansas.

W latach 60. XIX w., w następstwie Ustawy o gospodarstwach rolnych, do Nebraski przybyła pierwsza fala osadników, by objąć w posiadanie ziemię udostępnioną przez rząd. 1 marca 1867 r., krótko po wojnie secesyjnej, Nebraska została przyjęta do Unii jako jej trzydziesty siódmy stan.

Nebraska ma 200.500 km² powierzchni. Odpowiada to mniej więcej wielkości

---

[71] https://de.wikipedia.org/wiki/Nebraska

Białorusi. Liczba 1,8 miliona mieszkańców jest identyczna z liczbą mieszkańców Kosowa.

Nebraska jest wytwórcą produktów rolniczych, zwłaszcza kukurydzy, pszenicy, prosa, fasoli sojowej i buraków cukrowych. Znaczenie ma też hodowla trzody chlewnej i bydła. Nadto Nebraska posiada złoża ropy i gazu ziemnego.

Z Nebraski pochodzi Fred Astaire (1899-1987), jeden z najznakomitszych tancerzy, piosenkarzy i aktorów.

1876 Colorado – stan numer 38[72]
O nazwie:
nazwa Colorado, pochodząc pierwotnie od łacińskiego *coloratus*, wywodzi się z języka hiszpańskiego i znaczy tyle co ufarbowany, czerwony.

Żartobliwe określenie: *The Centennial State*

W czasach historycznych w regionie tym żyli przeważnie Indianie z plemion Czejenów i Jutów. Na południowym zachodzie sięgały Colorado tereny Nawahów, a na południowym wschodzie również plemienia Kiowa.

Po raz pierwszy Colorado zostało zbadane przypuszczalnie przez Hiszpanów na początku XVII stulecia. Z pretensjami do południowo-wschodniej części dzisiejszego Colorado królestwo hiszpańskie wystąpiło wszakże dopiero w roku 1706. Te roszczenia terytorialne kolidowały z gospodarczymi interesami Francuzów, choć w pierwszym rzędzie kolonizowali oni tereny leżące nad Rzeką Świętego Wawrzyńca.

Po klęsce w wojnie francusko-indiańskiej (1754-1760), toczonej przeciwko Brytyjczykom, Francja była jednak zmuszona odstąpić wszystkie ziemie na zachód od Missisipi, z wyjątkiem Nowego Orleanu, Wielkiej Brytanii. Ta ze swej strony – jako rekompensatę za podbój Florydy – pozostawiła Hiszpanom centralną część Ameryki Północnej (ta część stała się później Terytorium Luizjany). Wywołało to napięcia pomiędzy Hiszpanią a Francją, które ustały dopiero 1 października 1800 r. w wyniku zawartego pod naciskiem Napoleona I traktatu z San Ildefonso i związanego z tym odzyskania przez Francję terenów środkowoamerykańskich. Już wkrótce, w roku 1803, terytorium to przypadło ostatecznie Stanom Zjednoczonym w wyniku tak zwanego *Louisiana Purchase*.

---

[72] https://de.wikipedia.org/wiki/Colorado

Mimo iż do dzisiejszego Colorado przybywało coraz więcej łowców futer, osadnictwo większych rozmiarów zaczęło się dopiero od lat 30. XIX w., wraz ze wzniesieniem Fort Bent's. Fort ten, zbudowany w 1833 r., szybko stał się znaczącym miejscem handlu między ludnością białą a endemiczną.

Tymczasem od 1850 r. rozpoczęła się polityczna strukturyzacja ziem uzyskanych na wschodzie w wyniku *Louisiana Purchase* oraz obszarów nowo zdobytych skutkiem wojny z Meksykiem (1846-1848), od Gór Skalistych po wybrzeże Pacyfiku. Ustawa o Kansas i Nebrasce ustaliła przebieg granicy między terytoriami Nebraski i Kansas. W górach przyłączono powstałe już w 1850 r. Terytorium Utah, natomiast pozostałe tereny dzisiejszego Colorado były częściami Nebraski (południowy wschód) i Nowego Meksyku (południe).

Choć do tej chwili – mimo początkowych oporów – stosunki między białymi a Indianami przeważnie były przyjazne, od wczesnych lat 50. XIX w. zaczęło się to zmieniać, gdy doniesienia o znalezieniu złota w Kalifornii powodowały napływ coraz większych rzesz osadników przybywających przez Wielkie Równiny i Góry Skaliste.

Gdy w czerwcu 1858 r. po raz pierwszy znaleziono złoto także w dzisiejszym Denver i poszukiwacze złota założyli pierwsze większe osiedla nad rzeką i w okolicznych górach, napięcia między białą i rdzenną ludnością przybrały na sile. W górach stale rosła liczba obozowisk górniczych i około roku 1860 region stał się centrum gorączki złota.

Największym wzrostem w należącym wówczas jeszcze do Kansas regionie wykazało się wszakże założone w 1858 r. Denver City, które dwa lata później wchłonęło sąsiednie miasto Aurarię i liczyło teraz równe 6.000 mieszkańców. Szybko rosnąca liczba ludności dodała bodźca planom, by przekształcić region w samodzielne terytorium. Nastąpiło to ostatecznie 28 lutego 1861 r. Młode Colorado dzieliło się na siedemnaście okręgów i w chwili swego powstania liczyło 25.000 mieszkańców. Stolicą było początkowo Colorado City. W tym czasie rozwijające się pod względem gospodarczym Colorado od dawna już osiągnęło niezależność. I choć początkowo przeszkodą dla chęci przystąpienia do Stanów Zjednoczonych były wątpliwości wielu osób związane z wyższymi podatkami i mocniejszym wtrącaniem się Waszyngtonu w sprawy wewnętrzne, to 1 sierpnia 1876 r. Terytorium Colorado, zachowując swe dotychczasowe granice, przyłączyło się do nich jako trzydziesty ósmy stan.

Powierzchnia Colorado odpowiada podwojonej powierzchni Grecji. Na tym wielkim obszarze żyje zaledwie 5 milionów mieszkańców – tyle samo co w Danii, która dysponuje jedynie 1/6 tej przestrzeni.

Colorado należy do tych stanów USA, które odnoszą największe sukcesy gospodarcze. W drugiej połowie XX wieku rozwijały się tu przede wszystkim przemysł i sfera usług. Gospodarka Colorado obejmuje cały wachlarz dziedzin. Godna uwagi jest przede wszystkim gęsta sieć firm z dziedziny badań naukowych i branży high-tech. W Colorado są liczne uniwersytety. Stan jest niezwykle zasobny w bogactwa naturalne. Należą do nich miedź, uran, węgiel, złoto, srebro, glina, wanad, ołów, cynk, żelazo, molibden, ropa naftowa i kamienie szlachetne. Colorado jest największym wytwórcą molibdenu na ziemi i posiada duże ilości nie wykorzystywanych jeszcze łupków bitumicznych.

Z Colorado pochodzi John Kerry (* 1943), sekretarz stanu w administracji B. Obamy.

1889 Dakota Północna – stan numer 39[73]

O nazwie:

nazwa bierze się od indiańskiego szczepu Dakotów, którzy żyli na tym obszarze przed opanowaniem go przez Amerykanów.

Żartobliwe określenie: *The Peace Garden State*

Od co najmniej kilku tysięcy lat Północną Dakotę zasiedlali Indianie. Pierwszym Europejczykiem, który dotarł na ten obszar, był Francuz La Vérendrye, który około 1738 r. przewodził ekspedycji do wiosek Indian z plemienia Mandanów. Handel między plemionami był tak zorganizowany, że te, które żyły w Północnej Dakocie, bardzo rzadko handlowały bezpośrednio z Europejczykami. Mimo to plemiona te utrzymywały wystarczające kontakty z Europejczykami, by mieć świadomość francuskich i hiszpańskich roszczeń do ich terenów.

Do końca XIX stulecia, kiedy to szybko rozbudowywano kolej i sprzedawano ziemię w znacznych ilościach, Terytorium Dakoty było nader skąpo zasiedlone. Drogę do przekształcenia się w stan otworzyła Północnej i Południowej Dakocie ustawa z 22 lutego 1889 r. Z chwilą podpisania jej przez prezydenta, 2 listopada 1889 r. nastąpiło przyjęcie do Unii. Problem stanowił spór pomiędzy obu nowymi stanami, który z nich ma zostać przyjęty jako pierwszy. Rozwiązanie znaleziono tasując dokumenty i tym sposobem maskując kolejność podpisywania. Ponieważ jednak Północna Dakota – po angielsku „North Dakota" – w porządku alfabetycznym występuje przed Południową Dakotą – po angielsku „South

---

[73] https://de.wikipedia.org/wiki/North_Dakota

Dakota", Północna Dakota została wpisana do dziennika ustaw jako pierwsza i tym samym stała się trzydziestym dziewiątym stanem, przed Południową Dakotą.

Północna Dakota obejmuje obszar 183.112 km², czyli połowę powierzchni Niemiec, lecz ma tylko tylu mieszkańców co Frankfurt n. M. (672.500). Nazwa stolicy, Bismarck (61.000 mieszkańców), została wprowadzona w 1873 r. przez *Northern Pacific Railway* i pochodzi od nazwiska ówczesnego kanclerza niemieckiej Rzeszy. Chciano w ten sposób uczcić niemieckiego kanclerza mając jednocześnie nadzieję, że tym sposobem przyciągnie się do miasta niemieckich imigrantów.

Mimo iż w rolnictwie zatrudnionych jest mniej niż 10 % mieszkańców stanu, nadal odgrywa ono znaczącą rolę. Ważnymi produktami są zboże, ziemniaki i len. Północna Dakota jest największym w Stanach Zjednoczonych producentem jęczmienia, pestek słonecznikowych, pszenicy i pszenicy durum. Ważne znaczenie mają hodowla bydła i indyków. Wydobycie ropy i gazu ziemnego zyskuje na znaczeniu od chwili, gdy w 1951 r. odkryto tu złoża ropy naftowej; zwiększa się też wydobycie węgla brunatnego. Postęp techniczny i wzrost cen ropy w ostatnich latach doprowadziły do naftowego „boomu" w regionie, który dysponuje wielkimi zasobami ropy łupkowej. Są one eksploatowane w coraz większym stopniu. W marcu 2012 r. w Północnej Dakocie wydobyto 17,9 milionów baryłek surowej ropy, tym samym Północna Dakota po raz pierwszy wyprzedziła Alaskę (17,5 mln baryłek) i była drugim po Teksasie największym producentem ropy w USA.

Z Północnej Dakoty pochodzi piosenkarka Peggy Lee (1920-2002).

1889 Dakota Południowa– stan numer 40[74]
O nazwie:
nazwa bierze się od indiańskiego szczepu Dakotów, którzy żyli na tym obszarze przed opanowaniem go przez Amerykanów.

Żartobliwe określenie: *The Mount Rushmore State*

Terytorium Dakoty było obszarem należącym do Stanów Zjednoczonych. W roku 1889 zostało ono podzielone na część północną i południową. Tereny te, Północna Dakota i Południowa Dakota, zostały przyjęte do USA 2 listopada 1889 r. jako trzydziesty dziewiąty (Północna Dakota) i czterdziesty stan (Południowa Dakota).

29 grudnia 1890 r. 7. Pułk Kawalerii USA zmasakrował nad *Wounded Knee*

---

[74] https://de.wikipedia.org/wiki/South_Dakota

grupę 300 mężczyzn, kobiet i dzieci z indiańskiego plemienia Siuksów, którym przewodził wódz Wielka Stopa. Masakra ta złamała ostatni opór Indian wobec białych ludzi.

Południowa Dakota ma powierzchnię wynoszącą 199.731 km², jest zatem dwa razy większa niż Islandia. Stan ma 831.000 mieszkańców, czyli równie wielu co Amsterdam.

Główną gałęzią gospodarki jest tu rolnictwo z uprawami zboża i hodowlą bydła. Pewne znaczenie ma ponadto górnictwo złota.

Z Południowej Dakoty pochodzi Siedzący Byk (1831-1890), wódz indiański i czarownik plemienia Siuksów Hunkpapa.

1889 Montana – stan numer 41[75]
O nazwie:
nazwa wywodzi się prawdopodobnie od hiszpańskiego słowa *montaña*, choć być może jednak od łacińskiego *montanus*.

Osiadłe dziś w Montanie plemiona Indian przywędrowały tu stosunkowo późno. Pierwotnie większość z nich żyła o wiele dalej na wschodzie. Kilka z nich odbyło bardzo skomplikowane wędrówki.

Jednym z pierwszych plemion, która wyruszyło na zachód, były Czarne Stopy; ich kulturę przypuszczalnie można prześledzić wstecz aż do VIII stulecia. Saliszowie albo Płaskogłowi przybyli raczej z zachodu. Żyjące na obrzeżach plemiona Saliszów musiały dostosować się do suchej okolicy także pod względem kulturowym i również stały się konnymi nomadami, tak jak ich sąsiedzi. Indianie Absarokee przybyli do Montany dopiero w XVIII wieku, również znad Wielkich Jezior, w których południowym rejonie mieszkali. Czejenowie zostali w XVIII wieku wyparci i przenieśli się do Dakoty i Colorado. Podobnie rzecz miała się z Siuksami, którzy chyba już od 1650 r. byli wypierani na zachód przez Irokezów.

Wyjąwszy wczesnych przybyszów, cechą wspólną wszystkich plemion jest to, że zostały one wyparte przez szczepy, które w ramach handlu wymiennego otrzymały za swoje futra od Europejczyków broń i potrafiły ją wykorzystać.

W 1743 r. jako pierwsi Europejczycy na teren dzisiejszej Montany dotarli francuscy handlarze. 30 kwietnia 1803 r. USA nabyły francuską Luizjanę, do której

---

[75] https://de.wikipedia.org/wiki/Montana

należała również późniejsza Montana. W 1846 r., w konsekwencji kompromisu Oregonu, Wielka Brytania odstąpiła USA także północno-zachodnie obszary Montany. W 1862 r. również tutaj zaczęła się gorączka złota, która zwabiła tysiące ludzi na ten rzadko zasiedlony teren; Indian zmuszono uprzednio do osiedlenia się w rezerwatach. Już w 1864 r. Montana stała się samodzielnym terytorium z Virginią City jako stolicą (do 1875 r.).

W okresie między 1864 a 1889 r. nadano Montanie organizacyjną formę terytorium. W 1875 r. przeniesiono stolicę do miasta Helena. Przyjęcie do USA jako stanu nastąpiło 8 listopada 1889 r. – tym samym Montana stała się 41. stanem.

Ze swą powierzchnią wynoszącą 380.838 km^2, Montana jest nieco większa od Niemiec. Gdyby przenieść Niemcy na obszar Montany, Meklemburgia znalazłaby na tych ziemiach dodatkowe drugie miejsce dla siebie. Licząca niecały milion ludność stanu przypomina liczbę mieszkańców Kolonii, czwartego pod względem wielkości miasta Niemiec.

Montana jest stanem obfitującym w bogactwa naturalne i inne zasoby. Do najważniejszych surowców zaliczają się miedź, złoto, srebro, kamienie szlachetne, talk, tlenek glinu, antymon, wapień, fosforany, gips piasek i żwir. Wiele kopalń zostało już wszakże wyczerpanych. Duże znaczenie mają dziś złoża ropy, gazu ziemnego i węgla. Stąd też większość produkcji przemysłowej opiera się na przetwórstwie wydobywanych surowców (produkty ropo- i węglopochodne, hutnictwo rud, wyroby chemiczne, produkty metalowe). Ważną gałęzią produkcji jest rolnictwo. Na północnym wschodzie i w centrum Montany uprawia się pszenicę, kukurydzę i jęczmień, podczas gdy na południu prosperuje hodowla bydła i nierogacizny. Gospodarka leśna kwitnie głównie na północnym zachodzie stanu.

Z Montany pochodził sławny aktor i laureat Oscarów Gary Cooper (1901-1961).

1889 Waszyngton – stan numer 42[76]
O nazwie:
stan przyjął nazwę od nazwiska pierwszego prezydenta USA, George'a Washingtona. W celu odróżniania stanu od miasta stołecznego, używa się określenia „stan Waszyngton".

Żartobliwe określenie: *The Evergreen State*

---

[76] https://de.wikipedia.org/wiki/Washington_(Bundesstaat)

W 1775 r. teren wybrzeża stanu Waszyngton został zbadany przez Hiszpanów pod wodzą Bruna de Hecety. W 1792 r. amerykański żeglarz Robert Gray, który opłynął glob, przepłynął rzekę Kolumbię. W 1810 r. kanadyjscy handlarze futer założyli Spokane House, pierwszą stałą osadę białych na obszarze dzisiejszego stanu Waszyngton. W 1811 r. Amerykanie pod przewodem Johanna Jakoba Astora założyli Fort Okanogan. W 1836 r., opodal Walla Walla, wzniesione zostało osiedle. W 1846 r. obszar stanu Waszyngton, wskutek podziału brytyjsko-amerykańskiego kondominium Oregonu, przeszedł w posiadanie USA. W 1853 r. powstało Terytorium Waszyngtonu – od 1863 r. w granicach dzisiejszego stanu. W 1855 r. na północnym wschodzie Terytorium znaleziono złoto. Po kilku wojnach z Indianami – znana jest wojna z plemieniem Nez Percé w roku 1877 – 11 listopada 1889 r. Waszyngton przystąpił do Unii jako jej czterdziesty drugi stan.

Stan Waszyngton, z powierzchnią wynoszącą 184.665 km², jest wielkości połowy Niemiec i ma tę samą liczbę ludności co Serbia: niecałe 7 milionów.

Najbardziej znaczącą gałęzią gospodarki jest tu przemysł lotniczy i kosmiczny. Najważniejszym pracodawcą stanu i największym przedsiębiorstwem eksportowym USA jest Boeing z zakładami w Seattle, Renton i Everett produkującymi cywilne samoloty. Duże znaczenie ma technologia komputerowa. Czołowy producent oprogramowania Microsoft ma swą siedzibę na jednym z przedmieść Seattle; z kolei internetowy dom wysyłkowy Amazon ulokował swoją siedzibę w samym Seattle. Kolejnym znaczącym przedsiębiorstwem z Seattle jest sieć kawiarni Starbucks. Innymi ważnymi gałęziami gospodarki są wydobycie aluminium i miedzi, uprawa zboża, ziemniaków, chmielu, roślin pastewnych i owoców, a także przemysł chemiczny oraz drzewny i papierniczy. Gospodarczą potęgę stanu dopełniają eksperymentalny ośrodek energii jądrowej, połów i hodowla łososi, budowa maszyn i okrętów oraz pozyskiwanie energii wód.

Z Seattle pochodzi Bill Gates (* 1955), twórca Microsoftu, który – według Forbes'a – w roku 2017 był drugim najbogatszym człowiekiem na świecie (90 miliardów dolarów).

1890 Idaho – stan numer 43[77]
O nazwie:
nazwa stanu ma swoje źródło w indiańskim słowie „Ee-dah-how", które znaczy mniej więcej tyle, co „światło na górach".

Żartobliwe określenie: *The Gem State*

---

[77] https://de.wikipedia.org/wiki/Idaho

4 marca 1863 r. prezydent Abraham Lincoln podpisał ustawę, mocą której utworzone zostało Terytorium Idaho. Idaho zostało zbadane przez Lewisa i Clarka już w 1805 r. W tym czasie na jego obszarze żyło około 8.000 Indian.

Początkowo Idaho było częścią terytoriów Oregonu i Waszyngtonu, a pierwszych osadników do udania się w ten region skłaniały handel futrami i działalność misjonarska. W czasie kalifornijskiej gorączki złota Idaho przemierzały tysiące ludzi, lecz tylko niewielu zdecydowało się tu osiąść. Gdy w 1863 przekształcono Idaho w Terytorium, cała ludność liczyła poniżej 17.000.

W 1865 r. stolicą Terytorium zostało Boise. Gdy w 1866 r. w Idaho odkryto złoto, a w 1869 r. dokończono budowę transkontynentalnej kolei, przybyła tu duża liczba ludzi, zwłaszcza chińscy imigranci, którzy szukali pracy w kopalniach. W 1877 r., w ramach kampanii przeciwko plemieniu Nez Percé, w Idaho doszło do kilku starć pomiędzy amerykańską armią a Indianami. Indianie prowadzili działania z dużym powodzeniem, ostatecznie jednak uszli oni do Wyoming i Montany, ścigani przez Amerykanów.

Prezydent William Harrison podpisał ustawę, na podstawie której 3 lipca 1890 r. Idaho przystąpiło do Stanów Zjednoczonych jako ich 43. stan. Ówczesna konstytucja, pochodząca z 1889 r., nadal ma moc obowiązującą.

Mając 216.446 km² powierzchni, Idaho jest nieco większe od Rumunii i ma 1,5 miliona mieszkańców, tyle co Estonia.

Rolniczymi produktami stanu są wołowina, ziemniaki, buraki cukrowe, wyroby mleczarskie, pszenica i jęczmień. Produktami przemysłowymi są wyroby drewniane, maszyny, sprzęt komputerowy, wyroby chemiczne i papiernicze, srebro oraz inne bogactwa naturalne. Ważną gałęzią gospodarki jest turystyka.

Z Idaho pochodził William Mark Felt (1913-2008). Był on wysokiej rangi tajnym agentem FBI, który jako ówczesny informator o pseudonimie *Głębokie Gardło* przyczynił się w latach 70. XX w. do ujawnienia kulis Afery Watergate.

1890 Wyoming – stan numer 44[78]
O nazwie:
nazwa pochodzi z języka Indian Algonkinów i znaczy „Wielkie Równiny"

Żartobliwe określenie: *The Equality of Cowboy State*

---

[78] https://de.wikipedia.org/wiki/Wyoming

Do końca XIX wieku Wyoming w większej części zamieszkany był przez liczne szczepy indiańskie. Ponieważ biali parli coraz dalej i dalej ze wschodu na zachód, Indianie z Wyoming znajdowali się pod coraz większym naciskiem.

Od końca XVII wieku Wyoming, z wyjątkiem południowo-zachodnich obszarów, należał do francuskiej kolonii Luizjana. W 1762 r. terytorium to przeszło pod władzę Hiszpanii, a w 1800 r. powróciło do Francji. Trzy lata później, w wyniku *Louisiana Purchase*, USA zakupiły kolonię Luizjana za 15 milionów dolarów. Część południowo-zachodnia początkowo należała do Utah.

W końcu XVIII wieku, jako pierwsi biali ludzie, na teren Wyoming od północy dotarli przypuszczalnie francuscy traperzy. W 1827 r. Jim Bridger spenetrował Przełęcz Południową przez Góry Skaliste. Od 1841 r. przejście to stało się częścią *Oregon Trail*, szlaku oregońskiego, którym wielu pionierów podążało na zachód. W krótkim czasie wzdłuż szlaku wyrosło wiele fortów. Po uruchomieniu kolei, w Wyoming powstały wkrótce pierwsze miasta. W XX wieku przez przełęcz Bridgera poprowadzono autostradę Interstate 80.

Na Terytorium Wyoming, jako pierwszym obszarze USA, wprowadzono w 1869 r. prawa wyborcze dla kobiet. W późniejszym czasie w Wyoming wybrano też pierwszą kobietę na deputowaną do parlamentu USA, pierwsza kobieta sprawowała tam funkcję sędziego pokoju, a w 1925 r. pierwsza w USA kobieta objęła urząd gubernatora stanu.

W roku 1872 rząd USA ustanowił pierwszy na świecie park narodowy, mianowicie Park Narodowy Yellowstone, który w 96 procentach leży na obszarze Wyoming. W XIX wieku wiele plemion indiańskich z Wyoming prowadziło rozpaczliwą wojnę obronną przeciwko napływającym białym ludziom. Wprawdzie sprzymierzone plemiona Dakotów, Arapaho i Czejenów zwyciężyły w kilku potyczkach i bitwach z wojskami USA, jednak pod koniec XIX wieku musiały skapitulować w obliczu przewagi białych. Istotny czynnik stanowił tu fakt, że biali systematycznie odstrzeliwali bizony, pozbawiając tym samym Indian podstaw życiowej egzystencji. Postacią, która szczególnie wybiła się na czoło w kwestii polowań na bizony, był William Cody, lepiej znany jako Buffalo Bill.

10 lipca 1890 r. Wyoming przyłączył się do USA jako ich 44. stan.

Mając powierzchnię liczącą 253.336 km^2, Wyoming jest rozmiaru Wielkiej Brytanii i ma tylu mieszkańców co Dortmund: 580.000.

Z historycznego punktu widzenia najważniejszymi gałęziami produkcji były w

Wyoming hodowla bydła oraz hodowla owiec i nadal są one istotnymi składnikami tutejszej kultury i stylu życia. Dziś jednak najważniejszą gałęzią gospodarki jest górnictwo (ropa naftowa, gaz ziemny, węgiel, sól, uran, ruda żelaza, metan). Turystyka odgrywa znaczącą rolę przede wszystkim w Górach Skalistych, obu parkach narodowych i narodowych pomnikach Stanów Zjednoczonych.

Z Wyoming pochodził Jackson Pollock (1912-1956). Był on wpływowym i uznanym amerykańskim malarzem, reprezentantem abstrakcyjnego ekspresjonizmu, który przede wszystkim znany jest z zainicjowanej przez siebie *Action Painting* i którego obraz „No. 5, 1948", po uzyskaniu w 2006 r. ceny sprzedażnej w wysokości 140 milionów $, uważany jest za najdroższe dzieło malarskie wszech czasów.

1896 Utah – stan numer 45[79]
O nazwie:
nazwa pochodzi od plemienia indiańskiego Ute, które do dziś zamieszkuje Utah obok kilku innych plemion.

Żartobliwe określenie: *The Beehive State*

Od 1847 r. Utah było zasiedlane, w sposób po części niezwykły, przez zwolenników mormonów.

By móc sprowadzić członków tego Kościoła do Utah, w 1850 r. powołano do życia „stały fundusz imigracyjny". Środki z tego funduszu, finansowanego ze składek, miały być wykorzystywane do ściągania do Salt Lake City mormonów mieszkających jeszcze na wschodzie USA, przede wszystkim jednak do sprowadzania nowo nawróconych członków Kościoła z Europy. W zależności od indywidualnych potrzeb, fundusz pokrywał część lub całość kosztów podróży do Utah, przy czym dany członek Kościoła zobowiązywał się umową do zwrotu tej kwoty po przybyciu na miejsce.

Pod koniec roku pieniędzy w funduszu zaczęło brakować, w związku z czym gubernator Bringham Young, zarazem prezydent Kościoła mormonów, przywrócił do życia dawny plan. Tenże przewidywał, że przybysze będą przybywać do kotliny Wielkiego Jeziora Słonego nie w ciągnionych przez konie lub woły wozach z plandeką, lecz z ręcznymi wózkami, co miało powodować oszczędność rzędu 6 funtów na osobę. Europejscy emigranci, pochodzący najczęściej z dzielnic biedoty w brytyjskich miastach, mieli dotrzeć statkiem na wschodnie wybrzeże, a stamtąd

---

[79] https://de.wikipedia.org/wiki/Utah

jechać dalej pociągiem do Iowa City, gdzie czekałyby na nich owe wózki. Na końcu emigranci musieli wędrować przez 90 dni do Salt Lake City ciągnąc wózki załadowane 50-kilogramowym bagażem.

Pierwsi „wózkowi" pionierzy, spośród ogółem ośmiuset, dotarli przy minimalnych stratach do Salt Lake City na początku października 1856 r. W ciągu kolejnych czterech lat w drogę wyruszyło jeszcze pięć kolumn ludzi z wózkami, które bez przeszkód pokonały trasę.

4 stycznia 1896 r. Utah stało się pełnoprawnym członkiem USA jako 45. stan. Kilka wcześniejszych podejść do uzyskania tego statusu nie powiodło się z powodu konfliktów Kościoła mormonów z amerykańskim rządem federalnym, przede wszystkim za przyczyną sporów o mormońską poligamię. Dopiero gdy w 1890 r. kierownictwo Kościoła oficjalnie ją zniosło, droga do zostania stanem stanęła otworem. Jednakże nawet w dzisiejszej konstytucji Utah nadal zawarte są liczne postanowienia, które przyjęto niegdyś z obawy przed zdominowaniem stanu przez mormonów. Wprawdzie w preambule do konstytucji jest inwokacja do Boga, lecz dalszy tekst dokumentu akcentuje prawo do swobody religijnej, rozdział państwa i kościoła, a zwłaszcza zakazuje zdominowania stanu przez jeden kościół. Również poligamia jest zakazana przez jedno z konstytucyjnych postanowień, przy czym postanowienie to może zostać zmienione jedynie za zgodą federalnych instancji USA.

Utah jest wielkości Białorusi (219.887 km²) i ma równie wielu mieszkańców co Litwa (2,7 miliona).

Z uwagi na przyrodę, w dużej mierze przypominającą warunki pustynne, rolnictwo w Utah możliwe jest jedynie w pobliżu gór i przy nawadnianiu (pszenica, buraki cukrowe, ziemniaki, owoce). Prowadzi się też hodowlę bydła (krowy, owce). Znaczenie ma górnictwo (miedź, ropa naftowa, ruda uranu, złoto, sól, srebro, ołów, żelazo, gaz ziemny, metale), jak również przemysł lotniczy i ruch turystyczny. Utah jest główną siedzibą Kościoła mormonów.

Z Utah pochodzi Gail Halvorsen (* 1920), były amerykański pilot wojskowy, który podczas blokady Berlina i mostu powietrznego w celu zaopatrywania miasta (1948/49) jako pierwszy pilotował „rodzynkowy bombowiec" i tuż przed lądowaniem na lotnisku Tempelhof zrzucał na małych spadochronach słodycze dla berlińskich dzieci.

<u>1907 Oklahoma – stan numer 46</u>[80]

O nazwie:

słowo Oklahoma pochodzi z języka Czoktawów: *okla* 'człowiek' i *humma* 'czerwony'; połączenie tych słów znaczy tyle co „kraj czerwonego człowieka".

Żartobliwe określenie: *The Sonner State*

Oklahoma zajmuje w USA szczególną pozycję. W wyniku *Louisiana Purchase* obszar ten przypadł w 1803 r. Stanom Zjednoczonym. Te nie dostrzegły w nim wszakże żadnej wartości i między rokiem 1817 a 1830 przydzieliły go indiańskim plemionom Muskogee, Seminolom, Czirokezom i Czoktawom, które zostały wyparte ze wschodnich stanów. Około 50 tysięcy ludzi wypędzono do Oklahomy, gdzie napotkali oni już osiadłe tam, inne plemiona indiańskie. Przesiedlenia te przeszły do historii jako *Trail of Tears* (szlak łez). W 1834 r. teren ten został ogłoszony Terytorium Indiańskim. Jeszcze dziś wiele indiańskich plemion ma w Oklahomie swoje główne siedziby polityczne.

Mimo iż w 1880 r. rząd oficjalnie zakazał zasiedlania tych ziem przez białych ludzi, ludność coraz to przekraczała wyznaczone granice. Wreszcie w roku 1885 podjęto negocjacje z Muskogee i Seminolami, w których wyniku 22 kwietnia 1889 r. udostępniono osadnikom *dwa miliony akrów* ziemi. Następstwem tego był *Oklahoma Land Run*, skutkiem którego na obszar ten w krótkim czasie napłynęli liczni osadnicy i, można by rzec, w ciągu jednej nocy powstało Oklahoma City.

W 1890 r. Terytorium Indiańskie przekształcono w „Terytorium Oklahomy". Do 1906 r. stale poszerzano teren pod zasiedlenia. Próba powołania do życia we wschodniej części obszaru stanu Sequoyah, o indiańskim charakterze, została udaremniona. Dzięki rozrastającemu się przemysłowi naftowemu Terytorium znalazło się w centrum uwagi. Po rozpoczęciu w 1901 r. eksploatacji pierwszego znaczniejszego źródła ropy w Teksasie, teraz również Oklahoma znalazła się na celowniku naftowego biznesu.

16 listopada 1907 r. Oklahoma przystąpiła do Unii jako jej 46. stan.

Ze swą powierzchnią wynoszącą 181.035 km², Oklahoma jest wielkości trzech państw bałtyckich Estonii, Łotwy i Litwy łącznie, a jej 3,8 miliona mieszkańców to tyle co liczba ludności Bośni & Hercegowiny.

Ważną gałęzią gospodarki jest tu górnictwo. Wydobywa się przede wszystkim

---

[80] https://de.wikipedia.org/wiki/Oklahoma

ropę naftową i gaz ziemny, a poza tym znaczącymi surowcami są gips i jod. Ponadto eksploatowane są złoża węgla, granitu i wapnia. W połowie 2011 r. w cywilnym sektorze rynku pracy Oklahomy odnotowano około 1,7 miliona zatrudnionych, z tego 1,5 miliona poza rolnictwem.

Z Oklahomy pochodzi aktor Brad Pitt (* 1963).

1912 Nowy Meksyk – stan numer 47[81]
O nazwie:
nazwa pochodzi od hiszpańskich zdobywców, którzy nazwali tak ziemie leżące na zachód i północ od Rio Grande.

Żartobliwe określenie: *The Land of Enchantment*

Na długo przed spenetrowaniem tego obszaru przez Europejczyków zamieszkiwały go plemiona Indian. Osiedlali się oni nad rzekami i w głębi terytorium.

Gdy w 1540 r. ziemie te przemierzali hiszpańscy zdobywcy, żyli tam Indianie Pueblo. Za zdobywcami postępowali hiszpańscy misjonarze i osadnicy. Wskutek tego pomiędzy Indianami i przybyszami wielokrotnie dochodziło do starć. W 1680 r., gdy Indianie Pueblo sprzymierzyli się z Apaczami, zaczęła się rewolta Pueblo skierowana przeciwko złym warunkom pracy Indian i eksploatowaniu ich ziemi. Mimo handlu między białymi i Indianami, wciąż dochodziło do zbrojnych potyczek i dopiero w 1780 r. zawarty został pierwszy układ pokojowy pomiędzy Indianami a Hiszpanami. Do 1821 r. Nowy Meksyk pozostawał pod panowaniem hiszpańskim, a następnie, do 1846 r., pod meksykańskim. W okresie meksykańskim rozwinął się handel z amerykańskimi centrami osiedleńczymi nad Missouri, który na tę peryferyjną dotąd część hiszpańskiego królestwa wpływał nie tylko pod względem gospodarczym, lecz przede wszystkim politycznym i kulturalnym. W początkach wojny meksykańsko-amerykańskiej (1846-1848) generał Stephen W. Kearny zdobył Santa Fe, a w 1848 r., w wyniku traktatu z Guadalupe Hidalgo, teren Nowego Meksyku przypadł Stanom Zjednoczonym.

W 1853 r. zakupiono od Meksyku najdalej na południe wysuniętą część stanu. W 1862 r. Nowy Meksyk na krótko znalazł się pod rządami Konfederatów, którzy jednak w tym samym roku zmuszeni byli oddać ten teren Unii. 23 lutego 1863 r., wskutek podziału według linii północ-południe w celu utworzenia Terytorium Arizony, Nowy Meksyk otrzymał swoje dzisiejsze granice. Budowa kolei do Santa

---

[81] https://de.wikipedia.org/wiki/New_Mexiko

Fe w latach 80. XIX w. i odkrycie ropy pod koniec XIX w. doprowadziły do szybkiego wzrostu regionu.

Wreszcie, 6 stycznia 1912 r., Nowy Meksyk został 47. stanem USA.

Nowy Meksyk jest równie duży jak Norwegia i ma 314.915 km^2 powierzchni. Liczba mieszkańców, wynosząca dwa miliony, odpowiada liczbie ludności Łotwy.

Rolnictwo (kukurydza, pszenica, proso, bawełna) jest tutaj możliwe tylko przy sztucznym nawadnianiu. Istotne znaczenie ma hodowla bydła. Nowy Meksyk jest najważniejszym w USA dostawcą uranu. Poza tym wydobywane są ropa naftowa, gaz ziemny i sole potasowe. Głównymi wyrobami przemysłowymi są między innymi produkty chemiczne, środki spożywcze, maszyny, towary metalowe i produkty drewniane.

Z Nowego Meksyku pochodzi przedsiębiorca hotelowy Conrad Hilton (1887-1879), twórca nazwanej jego imieniem sieci hoteli.

1912 Arizona – stan numer 48[82]
O nazwie:
nazwa ma pochodzić od wyrażenia *ali̧ ṣonak* (małe źródło) z języka *o'odham*, co przez czysty przypadek przypomina pod względem fonetycznym hiszpańskie *árida zona* oznaczające „suchy teren" i dlatego stało się nazwą tej krainy.

Żartobliwe określenie: *The Grand Canyon State*

Około 1535 r. Alvar Nunez de Vaca jako pierwszy Europejczyk odbył podróż po południowym zachodzie dzisiejszych Stanów Zjednoczonych. Właściwa koloniza-cja rozpoczęła się wszakże od działalności katolickich misjonarzy hiszpańskich. Zaczęli oni nawracać Indian na wiarę katolicką. Wkrótce potem Hiszpanie założyli pierwsze umocnione miasta, jak Tubac czy Tucson. W końcu, po uzyskaniu przez Meksyk niepodległości w 1821 r., Arizona zaczęła przynależeć do niego w całości.

W 1848 r., po klęsce w wojnie meksykańsko-amerykańskiej, Meksyk zmuszony był odstąpić USA wszystkie tereny na północ od Gila River w zamian za 15 milionów dolarów. Obszar ten obejmował dzisiejsze stany Arizonę, Nowy Meksyk, Kalifornię, Newadę, Utah, zachodnią część Colorado i południowo-zachodnią część Wyoming. W 1850 r. z obecnej Arizony, zachodniej części Nowego Meksyku

---

[82] https://de.wikipedia.org/wiki/Arizona

i południowych obszarów Newady utworzone zostało Terytorium Nowego Meksyku. W 1853 r. zakupiono od Meksyku za 10 milionów dolarów kolejny obszar, leżący na południe od Gila River, o powierzchni 77.700 km². Początkowo obszar ten przyłączono do Terytorium Nowego Meksyku. Po jego podziale na terytoria Arizony i Nowego Meksyku, co nastąpiło 24 lutego 1863 r., w większości przypadł on Arizonie.

14 lutego 1912 r. Arizona weszła w skład federacji Stanów Zjednoczonych jako 48. stan.

Mając powierzchnię liczącą 295.254 km², Arizona jest nieco mniejsza od Polski i liczy 6,4 miliona mieszkańców, tyle co Austria.

Głównym produktem tutejszego rolnictwa, obok owoców kultur nawadnianych (cytrusy, zboże, bawełna, warzywa zimowe), jest bydło. W Arizonie znajdują się największe pod względem powierzchni farmy w USA. Duże znaczenie mają wydobycie rudy miedzi, węgla, ropy naftowej oraz elektronika precyzyjna. Arizona odgrywa też istotną rolę jako kraina licznie odwiedzana przez turystów.

Z Arizony pochodził Jay Miner (1932-1994). Był on amerykańskim pionierem techniki komputerowej, który m.in. konstruował chipy multimedialne dla „Atari", a w początkach lat 80. XX w. opracował „Amigę", jeden z cieszących się największym powodzeniem i w owym czasie rewolucyjnych komputerów domowych.

1959 Alaska – stan numer 49[83]
O nazwie:
nazwa stanu pochodzi od słowa *Alyeska* używanego przez pradawnych mieszkańców Aleutów i znaczącego „Wielka Ziemia".

Żartobliwe określenie: *The Last Frontier*

Alaska była pierwszym fragmentem amerykańskiego kontynentu, który został zasiedlony przez ludzi. Przybyli z Syberii pierwsi nomadzi dotarli w te okolice przed mniej więcej 16.000-12.000 lat przez istniejącą jeszcze wtedy Beringię, pomost lądowy między Azją a Ameryką Północną. Dopiero wraz z końcem epoki lodowcowej poziom morza się podniósł i 10.000 lat temu oba kontynenty rozdzieliła obecna Cieśnina Beringa. Początkowo przeszkodą w dalszym posuwaniu się naprzód była bariera lodowa, dopiero po przejściowym ociepleniu

---

[83] https://de.wikipedia.org/wiki/Alaska

otworzył się korytarz i umożliwił zasiedlenie Ameryki.

Pierwszym Europejczykiem, który ujrzał Alaskę, był przypuszczalnie rosyjski odkrywca Siemion Dieżniow, który w 1648 r. opłynął Półwysep Czukocki i obalił w ten sposób tezę, że Ameryka i Azja są połączone. Dla aspirującej do statusu światowego mocarstwa Rosji Alaska była jedyną zamorską kolonią, mało jednak dochodową i trudną do zarządzania. Ponieważ rejsy przez Ocean Arktyczny były zbyt niebezpieczne, jedyna droga z ówczesnej rosyjskiej stolicy Sankt Petersburga prowadziła lądem na wschód, a potem przez Morze Czukockie i trwała ponad pół roku. Wskutek regularnych polowań zwierzęta futerkowe, zwłaszcza wydry morskie, stały się z czasem coraz rzadsze, a terytorium było dla Rosji coraz trudniejsze w utrzymaniu. Ponadto kłopoty Rosjanom sprawiali miejscowi Indianie, głównie plemię Tlingit. Aby zatem znów napełnić kasę państwową po przegranej wojnie krymskiej, car Aleksander II przystał na umowę, którą 30 marca 1867 r. podpisał w Waszyngtonie Eduard de Stoeckl, jego ambasador w USA, wraz z ministrem spraw zagranicznych USA. Zgodnie z umową, imperium carskie sprzedawało Alaskę Stanom Zjednoczonym (*Alaska Purchase*) za 7,2 miliona dolarów.

Zakup ten, przy cenie wynoszącej jedynie 4,74 dolara za kilometr kwadratowy, był jednym z najtańszych zakupów ziemi w historii. 18 października 1867 r. Alaska oficjalnie stała się amerykańską własnością.

W następnych latach Alaska była zarządzana kolejno przez armię, ministerstwo finansów i marynarkę. W okresie od 1884 r. do 1912 r., jako *District of Alaska*, miała własny rząd, a w latach 1912 do 1959, jako Terytorium Alaski, miejsce w Kongresie w Waszyngtonie D.C. 3 stycznia 1959 r. Alaska została 49. stanem USA.

Mając powierzchnię wynoszącą 1,7 miliona km^2, Alaska ma wielkość czterech dużych państw europejskich, mianowicie Francji, Hiszpanii, Szwecji i Niemiec łącznie. Jednak liczba jej mieszkańców, wynosząca 710.000 osób, to tylu ludzi, ilu mieszka we Frankfurcie n. M.

Pod względem gospodarczym Alaska należy do tych stanów USA, które wykazują największe sukcesy. Źródłem zamożności są tutejsze zasoby ropy naftowej generujące 85 procent stanowych dochodów. Ewenementem w skali USA jest *Alaska Permanent Fund*, który zarządza dochodami z naftowego biznesu i rozdziela roczny dochód w równych częściach pomiędzy mieszkańców stanu. Dzięki temu w 2016 r. każdy mieszkaniec Alaski uzyskał z funduszu dodatkowy dochód w wysokości 1.022 $. Z uwagi na rozległe obszary leśne, ważnym źródłem dochodów są przemysł drzewny i papierniczy. W górach wydobywa się złoto, miedź, srebro, ołów, cynę i rudę żelaza. Branża rybołówstwa eksportuje głównie łososie i dorsze. Rolnictwo może być prowadzone tylko w dolinach rzek, przy czym powierzchni uprawnych jest bardzo niewiele. Hoduje się przeważnie zwierzęta futerkowe.

Ray Mala (1906-1952) był amerykańskim aktorem, który jako pierwszy rdzenny Amerykanin i pierwszy Alaskanin awansował na pozycję gwiazdy filmowej swego kraju.

1959 Hawaje – stan numer 50[84]
O nazwie:
istnieje teoria, że nazwa stanu jest kombinacją słów „*Hawa*" oraz „*ii*", które oznaczają mały lub nowy kraj ojczysty.

Przypuszczalnie to Polinezyjczycy z Wysp Marqueza między drugim a szóstym wiekiem dotarli do Hawajów. Druga fala polinezyjskich osadników przybyła mniej więcej w XI stuleciu z Haiti. Na czele nowego hawajskiego społeczeństwa stali szlachetnie urodzeni, którzy swe mistyczne pochodzenie wywodzili od bogów.

20 stycznia 1778 r., w trakcie swego trzeciego rejsu po Pacyfiku, na południowo-zachodnim wybrzeżu wyspy Kauai wylądował James Cook. Właściwym celem jego wyprawy było znalezienie przejścia na Atlantyk pomiędzy Alaską a Syberią.

Wyspy Hawajskie zjednoczył król Kamehameha I. Od 1810 r. był on jedynym władcą i tym samym pierwszym królem Hawajów. Zapoczątkowana przez niego dynastia Kamehameha rządziła do 1872 r., po niej nastąpiło jeszcze trzech królów elekcyjnych.

Niepodległość Hawajów była wielokrotnie zagrożona. Po podjętej w latach 1815-1817 przez pozostającego w służbie rosyjskiej Niemca Georga Antona Schäffera daremnej próbie uzyskania kontroli nad północnymi wyspami, niepowodzeniem zakończyła się zarówno pięciomiesięczna aneksja Hawajów przez Brytyjczyków w roku 1843, jak i podobna akcja Francuzów w roku 1849.

Stosunki Hawajów ze Stanami Zjednoczonymi były początkowo bardzo dobre. Na przykład w 1820 r. w Honolulu osiedli amerykańscy misjonarze, a w 1842 r. nastąpiło uznanie niepodległości Hawajów przez Stany Zjednoczone. Jednak od mniej więcej 1850 r. ich wpływy były coraz większe, przede wszystkim na skutek

---

[84] https://de.wikipedia.org/wiki/Hawaii

umowy z 1875 r. o bezcłowym eksporcie cukru do USA oraz jej uzupełnienia z 1887 r. obejmującego przejęcie bazy marynarki wojennej w Pearl Harbour. W 1894 r., w wyniku puczu, utworzona została Republika Hawajów.

Gospodarcze stosunki Hawajów ze światem zewnętrznym rozpoczęły się od pełnienia przez nie roli stacji pośredniej dla statków handlowych zaopatrujących się tu w prowiant i części zamienne. Od połowy XIX wieku, w związku z uprawą trzciny cukrowej, wspierano napływ robotników kontraktowych z Chin, rozmaitych wysp mórz południowych, Japonii i Portugalii; w XX wieku wiązało się to z uprawą ananasów.

15 lutego 1894 r. utworzony został komitet, który w marcu otrzymał oficjalne zadanie opracowania konstytucji dla mającej powstać Republiki Hawajów, gdyż starania USA o szybką aneksję wysp nie uzyskały powodzenia. 3 lipca 1894 r. konstytucja została zatwierdzona przez konwent konstytucyjny i następnego dnia weszła w życie. Utworzona w ten sposób republika została wprawdzie wkrótce uznana przez USA, lecz przede wszystkim miała posłużyć celom aneksji. Była ona tworem o krótkiej trwałości. 7 lipca 1898 r., podczas wojny hiszpańsko-amerykańskiej, Hawaje z racji swego dużego znaczenia strategicznego zostały wspólną decyzją obu izb amerykańskiego parlamentu zaanektowane przez Stany Zjednoczone. Formalny akt przejęcia miał miejsce 12 sierpnia 1898 r. Amerykańskie Terytorium Hawajów otrzymało odpowiedni zarząd. Przejęcie władzy napotkało opór wielu krajowców, gdyż język hawajski, taniec hula i inne dziedziny hawajskiej kultury były wypierane pod silnym kulturowym wpływem USA.

Po pierwszej wojnie światowej Pearl Harbour został rozbudowany i przekształcony w najważniejszą bazę floty USA na Pacyfiku. Po ataku na Pearl Harbour, przeprowadzonym przez Japończyków 7 grudnia 1941 r., cywilny rząd został odsunięty i Hawaje na osiem lat zostały objęte prawem stanu wojennego. Oznaczało to unieważnienie podstawowych swobód obywatelskich. W owym czasie stacjonowało tu 500.000 żołnierzy USA. Liczba ta odpowiadała w przybliżeniu ówczesnej liczbie cywilnych mieszkańców Hawajów.

Napływ Azjatów i Amerykanów uczynił z Hawajczyków mniejszość we własnym kraju. Utrata językowej i kulturowej tożsamości ułatwiła rozpowszechnianie się zachodniego stylu życia. Pokazał to wynik plebiscytu, w którym większość głosowała za przystąpieniem do USA. 21 sierpnia 1959 r. Hawaje zostały ogłoszone 50. stanem USA.

Wyspy Hawajskie w sumie są tej samej wielkości co Albania i mają powierzchnię 28.311 km². Liczba mieszkańców, wynosząca 1,3 miliona, odpowiada liczbie mieszkańców Estonii. Główną gałęzią gospodarki stanu jest turystyka, a w następnej kolejności działalność gospodarcza oraz ekonomiczny wpływ obiektów i jednostek wojskowych. Znaczącymi gałęziami gospodarki były niegdyś uprawa i eksport trzciny cukrowej i ananasów, które i dziś jeszcze mają istotny wkład do dochodu. Zbierane są też kwiaty, orzechy makadamia, kawa, banany, tytoń, ryż, bawełna, papaja, gujawa, orzechy kokosowe oraz inne owoce tropikalne. Ponadto hoduje się orchidee, trzyma bydło i prowadzi połowy tuńczyków. W 1901 r. James Dole założył na Hawajach *Hawaiian Pineapple Company*.

Port w Honolulu ma rozległe instalacje przeładunkowe i leży pośrodku transpacyficznych pasażerskich i transportowych linii żeglugowych. Międzynarodowy port lotniczy Honolulu stanowi punkt węzłowy komunikacji lotniczej na Pacyfiku. Dziedzinami przemysłu są przetwórstwo żywności, w większości na potrzeby rynku amerykańskiego (ananasy w puszkach), rafinacja cukru, budowa maszyn, towary metalowe, materiały budowlane i przemysł odzieżowy. Obiekty wojskowe, jak baza marynarki Pearl Harbour czy Hickam Air Force Base, mają znaczenie dla lokalnej gospodarki.

Robby Naish z wyspy Oahu (* 1963) jest wielokrotnym mistrzem świata w surfingu.

Résumé
Bezkresna przestrzeń, jak również ogromne i zróżnicowane zasoby umożliwiły utworzenie bardzo różnych, choć w sumie zdecydowanie pomyślnie prosperujących stanów federalnych, a w konsekwencji awans do rangi wielkiego mocarstwa światowego.

Rozdział 6

Wojna secesyjna[85]

Wojna secesyjna lub amerykańska wojna domowa lat 1861-1865 umocniła i zjednoczyła trwale Stany Zjednoczone oraz utorowała im drogę ku pozycji wielkiego mocarstwa. Z uwagi na swój totalny charakter oraz liczne nowości techniczne zastosowane na polu walki jest ona uznawana za pierwsze nowoczesne i przeprowadzone podług norm przemysłowych starcie zbrojne w historii. Była to najbardziej obfitująca w straty i ostatnia batalia, jaką stoczono na terytorium USA; pochłonęła ona po stronie amerykańskiej więcej ofiar śmiertelnych niż którąkolwiek inna wojna, w jakiej kraj ten uczestniczył w toku swojej historii. I dziś jeszcze wojna domowa jest obecna w kolektywnej pamięci Amerykanów, zwłaszcza w stanach południowych, gdyż walki rozgrywały się niemal wyłącznie na ich terenie.

Przyczyn sprzeczności należy szukać w procesie tworzenia Stanów Zjednoczonych. Niewolnictwo było chronione konstytucyjnie tam, gdzie już istniało. Z powodu regulacji mówiącej, iż liczba deputowanych do Izby Reprezentantów z danego stanu zależna jest od liczby ludności – niewolników doliczano w trzech piątych do liczby ludności – wpływy mającej prawo głosu ludności stanów południowych były większe niż ludności stanów północnych.

Z trudem utrzymywana równowaga obu stron była zagrożona za każdym razem, gdy nowy stan przystępował do Unii. Gdy w 1820 r. do Unii miały zostać przyjęte stany Missouri i Maine, deputowani zgodzili się na „kompromis Missouri". Zgodnie z nim niewolnictwo miało być dozwolone we wszystkich nowych stanach na południe od tzw. linii Masona-Dixona, natomiast na północ od niej z zasady zabronione, z wyjątkiem Missouri.

Równowaga, jaką przywrócił „kompromis Missouri", znalazła się ponownie w niebezpieczeństwie wskutek znacznych zdobyczy terytorialnych USA w wojnie meksykańsko-amerykańskiej 1848 r. W 1850 r. do Unii przystąpiła Kalifornia jako stan wolny od niewolnictwa. Dało to stanom wolnym nie tylko większość głosów w Senacie, wynoszącą 32 do 30, lecz także zamknęło niewolnictwu drogę do rozszerzenia się aż do Pacyfiku.

---

[85] http://de.wikipedia.org/wiki/Sezessionskrieg

Konflikt się zaostrzył, gdy już widać było wyraźnie, że wprawdzie na południu do Unii przystąpi tylko Floryda, na północy wszakże trzy kolejne stany. Gdy w 1854 r. większość w Kongresie, poprzez uchwalenie ustawy o Kansas i Nebrasce, unieważniła „kompromis Missouri", konflikt się rozpalił. Coraz częściej dochodziło do wydarzeń, które polaryzowały naród dzieląc go na Północ i Południe. Należał do nich spektakularny wyrok Sądu Najwyższego USA z 1856 r., zgodnie z którym czarnoskórzy nie mają „żadnych praw, które musiałby respektować biały człowiek".

Jednakże, z punktu widzenia Południa, w konflikcie tym wcale nie chodziło głównie o niewolnictwo, lecz o prawa poszczególnych stanów. Zwolennicy secesji reprezentowali tezę, że pojedyncze stany, przystępując do Unii, nie rezygnują ze swej suwerenności, a zatem mogą Unię w każdej chwili znów opuścić. Poza tym Unia nie może pojedynczemu stanowi narzucać określonego ustroju społecznego. W związku z tym stan ma prawo anulować na swoim terytorium ustawę federalną, która jest sprzeczna z jego interesem. Jeśli federacja nie zaaprobowałaby tej doktryny, stanowi nie pozostaje nic innego, jak się odłączyć. Gdyby zasada ta nie obowiązywała już w trakcie tworzenia Unii, która w konstytucji z 1787 r. wyraźnie gwarantowała prawo własności w odniesieniu do niewolników, stany południowe nigdy by do niej nie przystąpiły. Tym samym, zdaniem stanów południowych, stany północne swymi atakami na niewolnictwo nieustannie uchybiają duchowi konstytucji, zagrażając w ten sposób istnieniu Unii.

W rzeczywistości w stanach północnych nie było większości opowiadającej się za zniesieniem niewolnictwa. Także Abraham Lincoln, kandydat na prezydenta z ramienia partii republikańskiej w wyborach 1860 r., nie postulował zniesienia niewolnictwa, lecz tylko ograniczenie go do stanów, w których już istniało. Jak daleko zaszła już wtedy polaryzacja wskazuje fakt, że w dziesięciu stanach południowych Lincoln nie figurował nawet na kartach wyborczych.

Obie strony zaprzeczały później, że powodem wybuchu wojny domowej był problem niewolnictwa. Ale to w związku z nim wciąż na nowo rozpalały się mające głębszą przyczynę, polityczne i gospodarcze spory między stanami północnymi i południowymi.

Podczas gdy w stanach północnych postępowała industrializacja, a wraz z nią szybki wzrost wydajności pracowników najemnych, gospodarka stanów południowych koncentrowała się na produkcji tanich surowców, gdzie nacisk cenowy przemawiał za utrzymaniem tańszych w porównaniu z pracownikami najemnymi niewolników. Północ oferowała zatem przybyszom lepsze warunki pracy, a powszechnie wówczas panujący niedobór siły roboczej występował na południu z wyjątkową ostrością. Wiązało się z tym jednocześnie uzależnienie Południa od niewolnictwa.

Istniejącym od długiego już czasu punktem spornym między Północą a Południem była polityka ceł ochronnych federacji. W kilku stanach Północy zapanowało przekonanie, że wyższe cła ochronne mogłyby dopomóc miejscowej gospodarce w przetrwaniu kryzysu gospodarczego. Cła te miały przede wszystkim spowodować podrożenie taniego importu zagranicznych towarów przemysłowych i tym samym zwiększyć zbyt artykułów przemysłowych produkowanych na Północy. Jednakże rolnicze południe nie wytwarzało niemal żadnych artykułów tego rodzaju, lecz musiało je importować albo z zagranicy, albo z Północy. Zatem wzrost cen wywołany przez cła ochronne byłby ciosem dla gospodarki Południa.

Na Północy i Południu rozwinęły się strukturalnie różne społeczeństwa: gros ludności stanów północnych składało się z drobnych rolników na zachodzie i pracowników najemnych na wschodzie. Ponadto istniała niewielka warstwa średnia i grupka od dawna osiadłych oraz nowobogackich przedstawicieli warstwy wyższej. System edukacji publicznej był dobrze rozbudowany, ponieważ w przemyśle potrzebowano wykwalifikowanych pracowników. Dostęp do szkół wyższych mieli wszakże najczęściej tylko uprzywilejowani.

Z kolei na Południu mieszkali zubożali biali robotnicy dniówkowi i rolnicy oraz skromna warstwa średnia złożona z rzemieślników i drobnych plantatorów z niewielką liczbą niewolników, obok których egzystowała nieduża, zasiedziała warstwa wyższa wielkich plantatorów. System edukacji publicznej pozostawał w stanie szczątkowym, jednak przedstawiciele warstwy wyższej byli dobrze wykształceni w szkołach prywatnych. Mimo ogromnych różnic majątkowych, w obrębie białej społeczności południa prawie nie dochodziło do napięć. Wzorzec arystokraty-plantatora i przeciwstawny mu wizerunek niewolnika, który z uwagi na kolor skóry – niezależnie od tego, jak głęboko w wypadku danej jednostki posunięte było niewolnictwo – zajmował pozycję znacznie niższą od białego człowieka, powodował, że południowcy stali murem za instytucją niewolnictwa.

W trakcie wyborów prezydenckich 1860 r. Partia Demokratyczna podzieliła się na dwa skrzydła: skrzydło umiarkowanie krytyczne wobec niewolnictwa i skrzydło jednoznacznie je popierające. Abraham Lincoln przystąpił do wyborów z ramienia Republikanów. W kwestii niewolnictwa wielokrotnie podkreślał, że decyzja w tej mierze jest sprawą poszczególnych stanów. Mimo to po jego wyborze doszło do secesji. W ciągu trzech miesięcy od wyboru Abrahama Lincolna, co nastąpiło w listopadzie 1860 r., sześć stanów wystąpiło z Unii: Karolina Południowa, Missisipi, Floryda, Alabama, Georgia i Luizjana. Owe sześć stanów, w których najważniejszym czynnikiem gospodarczym była gospodarka plantacyjna (orzeszki ziemne, trzcina cukrowa, tytoń i bawełna) oparta na pracy niewolników, utworzyło 4 lutego 1861 r. niezależny od USA związek stanów, mianowicie „Skonfederowane Stany Ameryki”

(CSA). 12 kwietnia, atakiem na Fort Sumter, konfederaci rozpoczęli wojnę i zajęli ten fort oraz inne bazy wojskowe USA na swoim terenie. W odpowiedzi Lincoln zmobilizował siły zbrojne, by bazy te odzyskać. W następstwie tego z Unii wystąpiły cztery kolejne stany (Wirginia, Tennessee, Arkansas i Karolina Północna); Teksas już w lutym wystąpił z Unii i w marcu przystąpił do konfederacji, dzięki czemu obejmowała ona ogółem jedenaście stanów.

W Unii pozostały cztery „stany niewolnicze": Missouri, Kentucky, Maryland i Delaware. W Wirginii północno-zachodnie powiaty ziemskie oddzieliły się od konfederacji i w 1863 r. zostały przyjęte do Unii jako odrębny stan (Zachodnia Wirginia).

Próby nakłonienia stanów północnych do pokojowego uznania zmian pozostały bez rezultatu. 9 lutego 1861 r. kongres konfederatów wybrał Jeffersona Davisa tymczasowym prezydentem i zezwolił na utworzenie ministerstwa wojny. Po przystąpieniu Wirginii do Konfederacji stolicą CSA został Richmond.

Pod względem liczby ludności oraz siły gospodarczej Północ znacznie przeważała nad Południem. Przeciwwagą dla 21 milionów mieszkańców Północy było tylko 9 milionów Południowców, z których jedynie 5 milionów należało do ludności białej, z której musiała rekrutować się armia Konfederacji. Produkcja przemysłowa samego tylko stanu Nowy Jork była w roku 1860 mniej więcej cztery razy większa niż wszystkich stanów południowych razem wziętych.

Jednakże Południe w konfrontacji z Północą miało kilka strategicznych atutów. Po pierwsze, z uwagi na swoje położenie geograficzne mogło wykorzystać do obrony „rubieże wewnętrzne". Poza tym w wyższej warstwie ludności stanów południowych tradycje wojskowe utrwalone były o wiele mocniej niż na Północy, wskutek czego Konfederacja miała do dyspozycji proporcjonalnie większą liczbę zdolnych oficerów. Stany południowe nie musiały też – inaczej niż Północ – prowadzić wojny zaborczej w celu realizacji swoich celów wojennych. Do uzyskania niepodległości nie było im potrzebne pełne zwycięstwo militarne. Wystarczyło tylko tak długo przeciągać konflikt, żeby Północ zmęczyła się wojną lub by wielkie mocarstwa europejskie, Anglia i Francja, których gospodarka ucierpiałaby w wyniku braku dostaw bawełny, interweniowały na rzecz Południa. Rząd Jeffersona Davisa starał się realizować obie te opcje.

Zmagania zbrojne zakończyły się w zasadzie wraz z kapitulacją *North-Virginia-Army* w *Appomattox Court House* 9 kwietnia 1865 r. Ostatnie oddziały konfederackie skapitulowały 23 czerwca 1965 r. w Teksasie.

Tym samym dobiegła końca ostatnia wojna stoczona na amerykańskiej ziemi. Kolejne 150 lat bez wojny na własnym terytorium doprowadziło w USA do całkiem innego nastawienia do wojny niż np. w Europie, gdzie w tym samym okresie państwa prowadziły właściwie permanentną wojnę na własnej ziemi. Starczy wymienić choćby następujące europejskie wojny:

1866	wojna prusko-austriacka
1870–1871	wojna niemiecko-francuska
1885–1886	wojna serbsko-bułgarska
1897	wojna turecko-grecka
1911–1912	wojna włosko-turecka
1912–1913	wojny bałkańskie
1914–1918	pierwsza wojna światowa
1917–1920	rosyjska wojna domowa
1918	fińska wojna domowa
1918–1919	wojna polsko-ukraińska
1919–1920	wojna węgiersko-rumuńska
1919–1921	irlandzka wojna o niepodległość
1919–1923	wojna grecko-turecka
1920	wojna polsko-litewska
1920–1921	wojna polsko-radziecka
1922–1923	irlandzka wojna domowa
1936–1939	hiszpańska wojna domowa
1939	wojna słowacko-węgierska
1939–1945	druga wojna światowa
1946–1949	grecka wojna domowa
1956	powstanie węgierskie
1968–1979	wojna domowa w Kraju Basków
1969–1997	wojna domowa w Irlandii Północnej
1989	rewolucja rumuńska
1991–2001	wojny w Jugosławii
2014	ustawiczna wojna we wschodniej Ukrainie

Résumé

Wojna secesyjna 1861-1865 odcisnęła się piętnem na dalszych dziejach USA i stworzyła ważkie przesłanki do osiągnięcia przez nie pozycji światowego mocarstwa. Zarazem jednak pozostawiła nierozwiązane problemy, które utrzymują się do chwili obecnej i wydają nie do przezwyciężenia (?).

Przede wszystkim wzmocniona została wyraźnie przeważająca Północ wraz ze swą rozpoczynającą się industrializacją. Po wojnie proces industrializacji nie tylko mógł być kontynuowany, lecz został wyraźnie zintensyfikowany. Stał się on podwaliną prosperującej gospodarki, która w toku dziesięcioleci stawała się coraz większa i coraz bardziej dominująca w świecie będąc tym samym najważniejszym gwarantem awansu do rangi światowego mocarstwa.

Ponadto wojna ta, jako ostatnia na własnym terytorium USA, wywarła decydujący wpływ na stosunek kolejnych generacji amerykańskich obywateli do zbrojnych konfliktów bądź wojen. Wraz z przemijaniem pokoleń wyblakła pamięć o okropnościach wojny i ofiarach we własnych rodzinach – ofiarach ludzkich, czy też materialnych. W późniejszym czasie ułatwiało to coraz bardziej waszyngtońskiej polityce angażowanie swoich żołnierzy na teatrach wojny całego świata i przejmowanie w ten sposób w coraz większym stopniu roli pierwszego światowego żandarma. Tylko gdy danina krwi stawała się zbyt wysoka (przykładem Wietnam lub II wojna w Iraku), po pewnym czasie rozlegało się wołanie *bring the Boys home* (sprowadźcie chłopców do domu). Zwłaszcza w Wietnamie było ono bardzo głośne. Dzięki tym tak bardzo różnym doświadczeniom – brak wojen na terytorium USA od 1865 r. i ponad 25 wojen na terytorium europejskim – w ciągu kolejnych 150 lat w Europie i w USA rozwinęła się wyraźnie zróżnicowana postawa wobec wojny.

Na koniec wreszcie wojna secesyjna zdołała jedynie przysłonić problem traktowania czarnych. Wprawdzie z biegiem czasu we wszystkich stanach USA zniesione zostało niewolnictwo, wprowadzono też we wszystkich 50 stanach prawo wyborcze dla czarnych jako prawo podstawowe, jednak problem roli Afroamerykanów (jak zaczęto ich tymczasem oficjalnie nazywać) istnieje nadal w niezmienionej postaci. Systematycznie i wszędzie dochodzi w Stanach Zjednoczonych do zamieszek rasowych i niezmiennie szeroko rozpowszechniony rasizm wydaje się być nie do wyrugowania (por. rozdział 20).

Rozdział 7

Droga ku światowemu mocarstwu

Wzrost roli Stanów Zjednoczonych Ameryki zaczął się już z chwilą zakończenia wojny domowej, jednak prawdziwego tempa nabrał w okresie, gdy Europa zmagała się między sobą w trakcie dwóch wojen światowych. Odległe pod względem geograficznym USA mogły interweniować jako decydująca siła w decydującym momencie, bez narażania własnego terytorium, i za każdym razem odgrywały na końcu znacznie większą rolę w polityce światowej niż było to na początku.

Podwaliny ku temu stworzyły następstwa wojny domowej i rozpoczęty po niej rozwój gospodarczy oraz rewolucja przemysłowa. Permanentnego wzrostu i coraz większej politycznej odpowiedzialności nie mogło zatrzymać nawet przejściowe popadanie w izolację. I wojna światowa, w tym zwłaszcza negocjacje w Wersalu, oraz skutki I wojny światowej stanowiły pierwszy wyraźny skok na drodze ku pozycji wielkiego mocarstwa. Wsparcie udzielone Wielkiej Brytanii podczas II wojny światowej i późniejsze przystąpienie do tej wojny było na tej drodze krokiem ostatnim. Zręczne działania w amerykańskim interesie w ciągu trzydziestu lat doprowadziły kraj do rangi mocarstwa światowego; odpowiedzialni za to byli zwłaszcza dwaj prezydenci: Woodrow Wilson podczas I wojny światowej i Franklin D. Roosevelt w czasie II wojny światowej.

Zarazem trzeba wszakże stwierdzić, że wskutek zbyt późnego dostrzeżenia prawdziwych celów swego koalicjanta Józefa Stalina, prezydent Roosevelt położył też podwaliny pod „zimną wojnę”.

Wiek XX miał stać się „amerykańskim stuleciem” – kroplę goryczy stanowi tu fakt, że równolegle również Związek Radziecki zdołał wspiąć się na pozycję światowego mocarstwa.

Przyjrzyjmy się bliżej poszczególnym krokom na tej drodze.

Po wojnie domowej

Ważnym następstwem wojny secesyjnej lat 1861 do 1865 było osiągnięcie niezbyt mocno do tej pory ukształtowanej jedności narodowej. Ponadto wojna domowa ukazała nowe wymiary nowoczesnej strategii wojskowej, wyraźnie widoczne później, podczas I wojny światowej.

Po zakończeniu wojny domowej w centrum uwagi rządzących i ludności znalazły się wpierw kwestie polityki wewnętrznej: trzeba było związać stany południowe z północnymi pod względem społecznym i lepiej scalić je ze sobą nawzajem; należało zintegrować olbrzymie fale imigrantów z wielu krajów Europy i zakończyć terytorialną ekspansję na zachód. Wszystkie trzy zamierzenia kryły w sobie element ryzyka, w ostateczności jednak wywarły pozytywny wpływ na budowę jedności narodu oraz na rozwój gospodarczy.

Polityka zagraniczna okrzepłego już, młodego i geograficznie rozległego państwa została w sposób miarodajny i na długi czas określona przez doktrynę Monroego. James Monroe, 5. prezydent Stanów Zjednoczonych, chciał wyłączyć tereny Ameryki Północnej i Południowej spod dalszych kolonialnych zakusów Europy. To jednostronne postanowienie ogłosił on w swym orędziu o stanie państwa wygłoszonym 2 grudnia 1823 r., w którym m.in. jasno oświadczył, że w swojej strefie wpływów w Północnej, Środkowej i Południowej Ameryce USA nie będą tolerować jakiejkolwiek ingerencji innych państw europejskich bądź państw z innych części świata. W zamian same USA także nie będą wtrącać się w politykę innych regionów. Dotyczyłoby to również Europy. Monroe podkreślił wyraźnie, że każdą próbę ekspansji którejś z europejskich potęg na którąkolwiek część tej półkuli Stany Zjednoczone potraktują jako zagrożenie pokoju i bezpieczeństwa. Nawzajem oznajmił w imieniu USA: „W wojnach między europejskimi państwami, w sprawach ich tylko dotyczących, nigdy nie braliśmy udziału i robienie tego nie godzi się z naszą polityką."[86]

Przyjmując tę doktrynę, rząd amerykański sam sobie wydał bilet wolnej jazdy uprawniający do dalszej ekspansji na całym kontynencie amerykańskim przy jednoczesnym trzymaniu z dala ewentualnych konkurentów. Konkretnie znaczyło to, że Waszyngton będzie mógł w przyszłości zwiększyć handel, zintensyfikować wpływy i zaanektować dalsze terytoria. Możliwości te wytyczyły drogę ku pozycji wielkiego mocarstwa czy wręcz mocarstwa światowego i pozwalały też trzymać na dystans dotychczasowe wielkie mocarstwa Europy. Co zadziwiające, owo dążenie do ekspansji nie daje się pogodzić z podniosłymi zasadami, którym w USA zawsze przecież hołdowano, lecz osób odpowiedzialnych za politykę w Waszyngtonie rozbieżność ta nie przyprawiała o ból głowy. Zyskanie przewagi nad Indianami czy aneksja części Meksyku – z amerykańskiego punktu widzenia wszystko to dało się uzasadnić „doktryną Monroego".

Owa „święta nauka" była z biegiem lat modyfikowana i nadal poszerzana: USA w coraz większym stopniu czuły się nadzorcą procesów zachodzących na całym

---

[86] Kissinger, Henry, *Dyplomacja*, op. cit. s. 36 i nast.

kontynencie amerykańskim, od Alaski po Ziemię Ognistą. Doktryna ta umożliwiała USA systematyczne ingerowanie w suwerenność innych państw.

Zajęcie i zagarnięcie Guam, Kuby, Puerto Rico oraz Filipin w wojnie z Hiszpanią w lecie 1898 r. uczyniło USA mocarstwem kolonialnym. Stały się one dokładnie tym, co dotąd krytykowano i zwalczano u mocarstw europejskich. Stąd też nie dziwi, że – raz nabrawszy apetytu – USA w dalszej kolejności anektowały również Hawaje (1898), atol Wake (1899) i atol Midway (1903). Alaskę zakupiono już w 1867 r. od cara.

Nie trzeba było długo czekać, żeby wielkie potęgi europejskie i azjatyckie poczuły się w coraz większym stopniu prowokowane przez tego nuworysza z drugiej strony oceanu – tak Pacyfiku, jak i Atlantyku. Wzrost gospodarczy i niemal nieograniczone zasoby nasilały powstającą rywalizację poszczególnych państw z USA. Pierwsze sukcesy w polityce zagranicznej pojawiły się, gdy w roku 1906, na „konferencji w Algeciras", z pomocą USA potwierdzona została niezawisłość Maroka; stało się to wbrew kolonialnym interesom kilku mocarstw europejskich, w tym również Niemiec. USA w swej polityce zagranicznej stawały się coraz bardziej ofensywne.

Industrializacja i rozwój gospodarczy

Patrząc z historyczne perspektywy, wojna domowa zainicjowała wpierw okres wzrostu USA do rangi wiodącej potęgi gospodarczej. Na początku nowego stulecia prezydent Theodore Roosevelt (1901-1909) kontynuował interwencjonistyczną politykę swych poprzedników i rościł sobie prawo do pozycji hegemonialnego mocarstwa wobec państw latynoamerykańskich. W oparciu o nią wyodrębniono z Kolumbii Panamę, która zmuszona była odstąpić USA swoje suwerenne prawa do Kanału Panamskiego. Budowa tego kanału łączącego Atlantyk z Pacyfikiem miała wyraźnie poprawić geostrategiczne położenie USA i przyspieszyć ich awans do rangi światowego mocarstwa. W tym wypadku geostrategiczne znaczenie było dwojakiej natury: dzięki przejęciu strefy kanału USA mogły, po pierwsze, nadzorować międzynarodową żeglugę oraz, po drugie, siły US Navy stawały się dzięki temu „zdolne do swingu", co oznacza, że w stosunkowo krótkim czasie jednostki z Pacyfiku mogły zostać przerzucone na Atlantyk bądź odwrotnie; dzięki temu znaczenie floty pacyficznej, jak i atlantyckiej, wyraźnie zyskiwało na ważności. Atmosfera owych czasów sprawiała, że w USA pokładano wiele ufności, więcej niż w wielkie mocarstwa europejskie. Już nawet Goethe wyraził przekonanie, że Amerykanom uda się budowa kanału przez Amerykę Środkową. Stwierdził on: „Chciałbym to przeżyć, ale nie przeżyję." Także w tym punkcie poeta miał rację: musiałby dożyć 164 lat, żeby przeżyć otwarcie Kanału Panamskiego.

Między rokiem 1865 a 1910 niezwykle potężne fale imigracji przyniosły do kraju ponad 18 milionów przybyszów, którzy zabrali ze sobą własne umiejętności i musieli je wykorzystać, aby przeżyć w nowym dla nich środowisku i w miarę możliwości odnieść sukces. Równocześnie zaczęła się industrializacja, która doprowadziła do powstania wielkich przedsięwzięć gospodarczych. Dzięki nowym technikom i innowacjom krajowi udało się błyskawicznie rozbudować własną gospodarkę i wyraźnie zwiększyć zarówno rynek wewnętrzny, jak i eksport.

Najważniejszą podwaliną gospodarki każdego kraju są w pierwszym rzędzie jego zasoby naturalne. Tu Stany Zjednoczone od samego początku były obficie obdarowane bogactwami naturalnymi oraz żyzną ziemią. Ponadto mają umiarkowany klimat. Dochodzi do tego, jako kolejna ważna podwalina, potencjał siły roboczej, która z owych bogactw naturalnych wytwarza towary. Już w roku 1885 USA prześcignęły światowe mocarstwo Wielką Brytanię pod względem produkcji przemysłowej. Około 1900 r. zużycie energii było tu wyższe niż w sześciu wielkich mocarstwach: Niemczech, Francji, Włoszech, Japonii, Austro-Węgrzech i Rosji razem wziętych. Między rokiem 1865 a 1900 wydobycie węgla wzrosło o 800 procent, produkcja stalowych szyn o 523 %, rozbudowa sieci szynowej o 567 %, a zbiory pszenicy o 267 %.

Do tego rozwoju w decydującej mierze przyczyniło się zwiększenie liczby ludności. W okresie pierwszych 50 lat XIX wieku liczba ta wzrosła pięciokrotnie, a do 1900 r. raz jeszcze się potroiła. W liczbach bezwzględnych wygląda to tak: o ile w roku 1800 w USA żyło tylko nieco ponad 5 milionów ludzi, o tyle w roku 1900 było ich już ponad 75 milionów.

Ów gwałtowny przyrost był możliwy dzięki różnym falom emigracji, których punkt kulminacyjny przypadł na lata 1892-1924. W schyłkowym okresie XIX wieku rząd stworzył specjalne centrum imigracyjne na wyspie Ellis Placówka ta funkcjonowała od 1892 r. do 1954 r. Między rokiem 1820 a 1879 Stany Zjednoczone wpuściły na swoją ziemię ponad 49 milionów przybyszów.

Stały przypływ imigrantów do USA wywarł znaczący wpływ na charakter amerykańskiego społeczeństwa. Potrzebna jest bowiem odwaga i umiejętności przystosowawcze, by opuścić swoją ojczyznę i zacząć nowe życie w innym kraju. Amerykanie z USA są znani ze swej gotowości ponoszenia ryzyka i próbowania nowych rzeczy, podobnie jak ze swej niezależności i optymizmu.

Imigranci wzbogacili też amerykańskie społeczeństwo wnosząc doń elementy swojej własnej kultury. Wielu czarnych Amerykanów świętuje Boże Narodzenie jak również Kwanzaa, święto oparte na rytuałach afrykańskich. Hispanoamerykanie pielęgnują swoje tradycje organizując uliczne festyny i inne imprezy z okazji *Cinco de Mayo* (5 maja). Stany Zjednoczone rozwinęły się w owych dekadach w społeczeństwo imigrantów, z których każdy zaczął życie na nowo w takich samych uwarunkowaniach. I to jest być może tajemnica USA i ich wzrostu: naród złożony z ludzi ze świeżą pamięcią dawnej tradycji, którzy odważyli się zbadać nowe rubieże.

Wszystkie te aspekty przyczyniły się do rozwoju społeczeństwa. Już w fazie jego tworzenia Angloamerykanie przynieśli do Nowego Świata ideę równych uwarunkowań. Nigdy nie było u nich mieszczan i szlachty. Uprzedzenia związane z urodzeniem były im równie nieznane co i uprzedzenia związane z zawodem. W 1835 r. Alexis de Tocqueville pisał w swojej słynnej książce „O demokracji w Ameryce": „Spośród wszystkich nowych zjawisk, jakie przyciągnęły moją uwagę podczas pobytu w Stanach Zjednoczonych, najbardziej uderzyła mnie panująca tam powszechna równość szans. Spostrzegłem nadzwyczajny wpływ, jaki wywiera ona na rozwój społeczeństwa, nadając kierunek powszechnemu sposobowi myślenia".[87]

Do przełomu wieków panowała jeszcze bezprzykładna rozbieżność między gospodarczą potęgą a brakiem zainteresowania sprawami zagranicznymi (wyjąwszy *The Americas*); w sferze polityki zagranicznej USA były państwem bez jakichkolwiek ambicji. Jednak izolacjonistyczny portret własny w widoczny sposób zaczął ustępować pola imperialistycznemu duchowi czasów, który ogarnął także USA.

Od 1899 r. do 1914 r. USA rozszerzały swoje wpływy nie z poczucia zagrożenia, lecz z uwagi na własne, rosnące interesy, co chętnie przesłaniano retoryką bezinteresowności: Theodore Roosevelt, jak ocenił Henry Kissinger patrząc wstecz z dzisiejszej perspektywy, był pierwszym chyba amerykańskim prezydentem, który dobitnie wskazał krajowi na obowiązek zaznaczenia swych wpływów w skali całego świata. I faktycznie Theodore Roosevelt – w oparciu o teorię Darwina, według której przeżywa tylko silniejszy – wprowadził USA na arenę światową i począł zamieniać dwudziesty wiek w amerykańskie stulecie, a USA w kraj, który winien mądrze i z umiarem używać swych olbrzymich sił służąc stabilności tak na własnej ziemi, jak i na całym świecie.

Izolacjonizm

Od czasu wspomnianej już „doktryny Monroego" z roku 1823, izolacjonizm był stałym elementem amerykańskiej polityki zagranicznej. W toku pierwszej wojny światowej coraz bardziej odchodzono wszakże od niego, a od zakończenia drugiej wojny światowej do roku 2017 był on w USA praktycznie bez znaczenia.

Teraz należałoby zadać pytanie, skąd bierze się owa skłonność do izolacjonizmu.

---

[87] Zawadzki, Mariusz, *Proroctwa mojej babci. Czy świat stanie na głowie?*, w: „Gazeta Wyborcza" z 27-28.12.2014, Magazyn Świąteczny

Jeśli wziąć pod uwagę wielkość kraju i jego oddalenie od innych państw, czy wręcz od Europy, można chyba zrozumieć, że rolnik z Montany w roku 1890 lub górnik z Zachodniej Wirginii w roku 1909 wykazywali niewielkie zainteresowanie problemem, czy Alzacja akurat jest niemiecka, czy też francuska. Brakowało po prostu zainteresowania tego rodzaju kwestiami. Chłopi i robotnicy mieli swoje problemy, które chcieli i musieli rozwiązywać. Dochodzi do tego wyraźnie skromniejszy w owym czasie, w porównaniu z rokiem 1940, nie mówiąc już o 2017, przepływ informacji.

Przeciętny Amerykanin, ze zrozumiałych przyczyn, chciał się troszczyć tylko o własne sprawy i był obojętny wobec wydarzeń w innych krajach, a być może był też wrogo nastawiony do zagranicy jako takiej.

Izolacjonizm często akcentowany był silniej w sferze gospodarczej niż politycznej. Zwracano się przeciwko obcym towarom i popierano politykę wysokich ceł zaporowych (postawy takie do dziś utrzymują się wśród amerykańskiej opinii publicznej, a wraz z Donaldem Trumpem nabrały świeżej aktualności). W zasadzie izolacjonizm panował od zakończenia wojny domowej, poprzez rok 1919 aż do Pearl Harbour, a jego rozkwit nastąpił w latach dwudziestych, za prezydentury Johna Calvina Coolidge'a. W tych czasach Amerykanom powodziło się pod względem gospodarczym tak dobrze, że sądzili, iż są w stanie żyć w szczęściu i zadowoleniu odseparowani od świata – aż do kryzysu roku 1929, który ukazał słabość takiego rozumowania.

Z chwilą wybuchu I wojny światowej prezydent Woodrow Wilson (1913-1921) wezwał do zachowania ścisłej neutralności. Choć jednak w początkowym okresie wojny gorąco się za nią opowiadał, stopniowo wprowadzał swój izolacjonistyczny kraj do wojny odchodząc tym samym od izolacjonizmu. Jego zdaniem, wyłom w tej wieloletniej, mocno zakotwiczonej w społeczeństwie postawie można było zrobić tylko poprzez apelowanie do wiary USA w nadzwyczajny charakter ich ideałów.

Przystąpienie do I wojny światowej
Jednak dopiero przystąpienie do pierwszej wojny światowej miało oznaczać dla USA zwrot. Kraj, który do tej pory w zasadzie nie wykazywał ambicji w dziedzinie polityki zagranicznej, od 1913 r., za prezydentury Woodrowa Wilsona, zaczął głosić ideę nowego porządku świata. Pierwsza wojna światowa stała się momentem inicjującym stulecie, które nazywane jest „stuleciem amerykańskim". Najbardziej pomyślna *Nationbuilding* współczesności została rozpoczęta pod koniec XIX wieku i teraz znajdowała się na nowej drodze.

Podczas pierwszej wojny światowej Stany Zjednoczone do 1917 r. formalnie pozostawały neutralne, aczkolwiek mocno wspierały państwa Ententy przede wszystkim dostawami zaopatrzenia. Zmianę nastrojów krajowej opinii publicznej w kwestii neutralności zapoczątkowało „zatopienie Lusitanii". Cóż takiego się stało?

W 1915 r. Henry Cabot Lodge senior (1850-1924) był niezaprzeczalnym przywódcą republikańskiej większości w Senacie USA i jednym z najbardziej nieprzejednanych przeciwników prezydenta Woodrowa Wilsona (1856-1924), przez długi czas w okresie pierwszej wojny światowej nastrojonego pokojowo. Lodge odczuwał głęboką niechęć wobec tego naczelnego dowódcy i bez ogródek nazywał go tchórzem, gdyż ten nie chciał ruszyć na wojnę przeciwko Niemcom.

W liście z 23 lutego 1915 r., skierowanym do swego przyjaciela Henry'ego Lee Higginsona, Lodge pisał, że opinia publiczna w Stanach Zjednoczonych z pewnością zmieniłaby się na korzystną wobec przystąpienia do wojny, gdyby statek z amerykańskimi pasażerami na pokładzie został zatopiony przez niemiecki okręt podwodny. Wymienił też możliwy cel ataku: właśnie „Lusitanię".

Trzy miesiące później, 7 maja 1915 r., tenże statek pasażerski brytyjskiej linii Cunard, jeden z największych i najszybszych w owych czasach, zatonął w ciągu 18 minut u irlandzkich wybrzeży z 1959 osobami na pokładzie w wyniku niemieckiego ataku torpedowego. Zginęło 1198 cywilów, wśród nich 128 Amerykanów.

Tak jak to przepowiedział Lodge, nastroje w kraju się zmieniły. Odczuła to przede wszystkim mniejszość niemiecka. Do chwili zatopienia „Lusitanii" Amerykanie niemieckiego pochodzenia maszerowali dumnie ulicami miast takich jak Milwaukee i St. Louis, wiwatując czarno-biało-czerwonymi flagami na cześć swego cesarza. Po 7 maja gniew narodu w coraz większym stopniu kierował się przeciwko nim.

Zareagował także Woodrow Wilson. Zdymisjonował swego ugodowego nastawionego ministra spraw zagranicznych Williama Jenningsa Bryana, jednak nadal pozostał niezdecydowany. Gdy Niemcy podjęli ogłoszoną 1 lutego 1917 r. „nieograniczoną wojnę podwodną" i zatopili kolejny brytyjski statek pasażerski z Amerykanami na pokładzie, mianowicie „Laconię", która 25 lutego 1917 r. została zatopiona przez niemiecki okręt podwodny, USA wypowiedziały Rzeszy Niemieckiej wojnę[88]. Stało się to 6 kwietnia 1917 r. Cztery dni wcześniej prezydent Wilson wezwał Kongres USA do udziału w krucjacie „miłujących pokój" demokracji Ziemi przeciwko „militarno-agresywnym" autokracjom. Obie izby Kongresu ogromną większością przegłosowały wypowiedzenie wojny.

Głębszych przyczyn takiego rozwoju wydarzeń należy upatrywać przede

---

[88] Schmitt, Peter Philipp, *Peter Pin*, w: „Frankfurter Allgemeine Zeitung" z 07. 05. 2015 r.

wszystkim w przekonaniu, że funkcjonujące w owym czasie wyobrażenia o globalnym porządku powojennym wzajemnie się wykluczają, a niemieckie kontynentalno-europejskie, hegemonialne plany i światowe ambicje polityczne nie dadzą się pogodzić z interesami Ameryki. Już przed wojną w Stanach Zjednoczonych coraz więcej zwolenników zdobywał pogląd, że związana z planem Tirpitza strategia polityczna w dłuższej perspektywie byłaby sprzeczna z amerykańskimi interesami – między innymi z *doktryną Monroego*. Ponadto na początku XX wieku czołowych amerykańskich uczonych i polityków cechowała głęboka nieufność wobec rzekomych niemieckich pretensji do kulturowej wyższości i niemieckiej idei państwowości. Rosnące od początku wojny powiązania gospodarcze z Ententą, doniesienia o faktycznych bądź rzekomych niemieckich okrucieństwach wojennych oraz amerykańskie ofiary z zatopionych statków wzmagały antyniemieckie nastroje.

Francja nie była w stanie decydować o przyszłej sytuacji międzynarodowej. „Decyzja o rezultatach wojny zależała po części od zaangażowania Wielkiej Brytanii, a w większym jeszcze stopniu od USA. Oba anglosaskie mocarstwa wcieliły się w rolę rozjemców, którzy mieli decydować o przyszłym podziale władzy na kontynencie europejskim"[89]. Przy tym Wielka Brytania była tu tylko „młodszym wspólnikiem" USA.

Przybyłe do Francji wojska amerykańskie ostatecznie ukształtowały stosunek sił na korzyść aliantów; tym samym wytyczona została droga do zwycięstwa Ententy nad państwami centralnymi. 11 listopada 1918 nastąpiło zawieszenie broni, po którym w 1919 r. zacząć się miały rokowania w Wersalu.

Wersal

18 stycznia 1919 r., bez włączania w negocjacje pokonanych Niemiec, podjęto decyzję o zawarciu wersalskiego traktatu pokojowego. USA, Francja, Anglia i Włochy winę za pierwszą wojnę światową przypisały wyłącznie Niemcom. Pokonane Niemcy zmuszone były wziąć na siebie odpowiedzialność za wszelkie szkody i zrzec się swoich kolonii. Granice zostały wytyczone na nowo i Niemcy straciły 70.000 kilometrów kwadratowych swojego terytorium na rzecz Francji i Belgii.

Jednak USA były gotowe w znacznym stopniu utrzymać Rzeszę Niemiecką na jej mocarstwowej pozycji. Francja natomiast dążyła do trwałego zabezpieczenia własnej pozycji jako mocarstwa, stąd też uważała ustępstwa terytorialne i gospodarcze osłabienie potencjalnie nadal mającej przewagę Rzeszy za konieczne. Dla Wielkiej Brytanii ważne było w pierwszym rzędzie wyeliminowanie niemieckiej konkurencji do roli światowego mocarstwa (kolonie, flota).

---

[89] Loth, Wilfried, *Geschichte Frankreichs im 20. Jahrhundert* [Historia Francji XX wieku], s. 33

USA zaoferowały Francji i Wielkiej Brytanii pakt wzajemnej pomocy. Ponieważ jednak cały pokojowy porządek został przez amerykański Senat odrzucony z uwagi na zbyt daleko idące zobowiązania USA, paktu tego nie można było implementować.

Podstawowe cechy pokojowego porządku wstrząśniętej pierwszą wojną światową Europy zostały nakreślone przez USA w czternastu punktach, które prezydent Woodrow Wilson przedstawił 8 stycznia 1918 r. w swym przemówieniu programowym na forum obu izb Kongresu i za których pośrednictwem USA miały przejąć wiodącą rolę w kształtowaniu pokojowego porządku w Europie.

Liga Narodów

Wraz z traktatem wersalskim opracowano też projekt powołania Ligi Narodów, której statut stanowił część składową traktatu. Jak doszło do powstania Ligi Narodów? Niemiecki filozof z Królewca, Immanuel Kant, już w 1795 r. w swej książce „Do wiecznego pokoju" domagał się stworzenia prawa międzynarodowego, przy czym po raz pierwszy opisał wyczerpująco ideę „powszechnej pokojowej wspólnoty narodów". Program realizacji owych postulatów Kanta podjął, inspirowany okropnościami pierwszej wojny światowej, prezydent USA Woodrow Wilson we wspomnianym Programie Czternastu Punktów, gdzie w punkcie 14. zapisano:

„Winno być utworzone powszechne zrzeszenie narodów na podstawie szczegółowych umów celem udzielenia wszystkim państwom, zarówno wielkim, jak i małym, wzajemnych gwarancji niezawisłości politycznej i całości terytorialnej."

„20 marca 1920 r. Senat USA odrzucił ratyfikację traktatu wersalskiego, ponieważ był przeciwny trwałemu związaniu się z wielostronnym systemem sojuszy. Tym samym w Lidze Narodów zabrakło wielkiego mocarstwa rozstrzygającego o losach wojny; to wręcz niewiarygodna decyzja Senatu, jako że propozycja utworzenia Ligi Narodów nadeszła ze strony USA."[90] 19 listopada 1919 r. Senat odrzucił też przystąpienie do traktatu między innymi z tej przyczyny, że Wilson nie zadbał o uprzednie stosowne zaangażowanie partii senackich w tę sprawę. Odrzucenie to doprowadziło do czasowego izolacjonizmu USA, który wraz z coraz silniejszym protekcjonizmem Stanów Zjednoczonych po wojnie przyczynił się też do ultranacjonalistycznej reakcji w Niemczech.

W roku 1921 USA zawarły z Rzeszą Niemiecką odrębny pokój.

Następstwa Wersalu dla Europy

Podczas gdy traktat wersalski wszędzie, z wyjątkiem Niemiec, witany był z

---

[90] Loth, Wilfried, *op. cit.*, s. 64

radością jako zwrot ku trwałemu pokojowi, w rzeczywistości zapowiadał on już koniec wersalskiego porządku świata. Od tej pory z coraz większym trudem miano odróżniać zwycięzców od zwyciężonych: sytuacja ze wszech miar godna poparcia, gdyby zwycięzca zyskiwał dzięki temu większe poczucie bezpieczeństwa lub zwyciężony zdołał się pogodzić z egzystowaniem w odmienionych warunkach. Niestety, nie nastąpiło ani jedno, ani drugie. Francuskie poczucie niemocy z każdym rokiem nabierało siły. W równym stopniu zyskiwały na znaczeniu ruchy nacjonalistyczne w Niemczech. Jednocześnie byli sojusznicy wojenni wyzbywali się wszelkiej swojej odpowiedzialności. Stany Zjednoczone, uchylając się od roli czynnika kształtującego pokój, uciekły w czasową izolację, Wielka Brytania zrezygnowała z funkcji czynnika równowagi, a Francja oddała swą pozycję strażnika traktatu wersalskiego. Jedynie stojący na czele zwyciężonej Rzeszy Niemieckiej Stresemann kontynuował długofalową politykę. Z bezwzględną konsekwencją prowadził swój kraj z powrotem ku międzynarodowej społeczności państw i centrum wydarzeń międzynarodowych.

Wilson i wersalscy piewcy pokoju doszukiwali się przyczyn pierwszej wojny światowej w złej woli jako takiej. A zła wola wymagała ukarania. Gdy jednak nienawiść się ulotniła, uważni obserwatorzy zaczęli dostrzegać, że przyczyny tej wojny były znacznie bardziej skomplikowane. Bez wątpienia duża część odpowiedzialności spadała na Niemcy. Lecz mimo to: czy nakładanie sankcji karnych jedynie na Niemcy było usprawiedliwione? Gdy tylko pytanie to się pojawiło, wola stosowania z całą ostrością sankcji nałożonych na Niemcy osłabła. Twórcy pokoju zadawali sobie pytanie, czy ich dzieło faktycznie było sprawiedliwe. W końcu stało się jasne, że tradycyjna równowaga sił w Europie nie da się zastąpić równowagą moralną.

A jakie były następstwa? Zwycięzcy chcieli osłabić Niemcy fizycznie; zamiast tego wzmocnili je w sensie geopolitycznym. Co się tyczy opanowania Europy, to po Wersalu kraj znalazł się w dalece korzystniejszym położeniu niż przed wojną: gdyby tylko udało mu się zrzucić więzy postanowień rozbrojeniowych – a było to tylko kwestią czasu – musiałby odgrywać w polityce europejskiej silniejszą rolę niż kiedykolwiek dotąd. Brytyjski dyplomata Harold Nicholson, który uczestniczył w wersalskich rokowaniach, zrezygnowany skonstatował: "Zebraliśmy się w Paryżu pewni, że ustanowimy nowy porządek świata. Wyjechaliśmy przekonani, że nowy porządek zepsuł jedynie stary".[91]

Po zakończeniu pierwszej wojny światowej wydawało się, że tradycyjna debata o roli moralności i interesów w sprawach międzynarodowych osiągnęła ostateczny wynik. Odnosiło się wrażenie, że „prawo" i „moralność" zyskały sobie rangę

---

[91] Kissinger, Henry, *Dyplomacja*, op. cit., s. 262

wiodących pojęć polityki międzynarodowej. Pod wpływem szoku wywołanego katastrofą wielu miało nadzieję na lepszy świat, który w miarę możliwości byłby wolny od tego rodzaju „Realpolitik", która pochłonęła młodzież całego pokolenia. Stany Zjednoczone wspomagały ów proces. Nie zmieniło tego także ich wycofanie się w izolacjonizm. Europa bowiem, nawet bez USA, wybrała drogę, którą wskazał Wilson, i nie próbowała już osiągnąć stabilności tradycyjną europejską metodą, z pomocą systemu sojuszy i równowagi, lecz za pośrednictwem kolektywnego bezpieczeństwa. A taki był testament Wilsona.

W ciągu następnych pięciu lat Niemcy dokonały spłat reparacyjnych na kwotę ponad miliarda dolarów, w zamian natomiast otrzymały pożyczki w wysokości dwóch miliardów dolarów, w większości amerykańskiej proweniencji. W gruncie rzeczy więc to Stany Zjednoczone spłacały reparacje, podczas gdy resztę sumy pożyczek Niemcy przeznaczały na modernizację swego przemysłu. Francja obstawała przy płatnościach reparacyjnych, aby trwale osłabić Niemcy; kiedy jednak musiała wybierać między słabymi i silnymi Niemcami, a więc krajem, który były w stanie spłacać reparacje, opowiedziała się za tymi ostatnimi. Skutek był taki, że odtąd musiała się przyglądać, jak reparacje przyczyniają się do odbudowy niemieckiej gospodarki, a wreszcie do ponownych zbrojeń.

Następstwa Wersalu dla USA

Przystąpienie neutralnych Amerykanów do pierwszej wojny światowej w roku 1917 miało w decydującym stopniu wpłynąć na europejską historię w dalszym toku stulecia wzmacniając przy tym polityczne znaczenie USA.

Wskutek kosztownej wojny i następującej po niej odbudowy Europejczycy stali się dłużnikami Stanów Zjednoczonych. Niezwykle ważna gospodarcza rola tego państwa ujawniła się z wyjątkową wyrazistością, gdy po krachu giełdowym w październiku 1929 r. – zwanym też „czarnym czwartkiem" – nastąpił światowy kryzys gospodarczy. Doprowadziło to w Stanach Zjednoczonych do wieloletniego kryzysu wewnętrznego skutkującego blisko 15 milionami bezrobotnych w roku 1932. Za kadencji prezydenta Franklina D. Roosevelta dokonano w ramach *New Deal* głębokich reform gospodarczych i socjalnych. Między innymi przeprowadzono regulację rynków finansowych, by zapobiec tam dalszym turbulencjom, a wraz z *Social Security Act* z 1935 r. położono kamień węgielny pod budowę amerykańskiej wersji państwa socjalnego. Ponadto realizowano liczne budowlane projekty publiczne, takie jak drogi, mosty, porty lotnicze i zapory wodne.

„Podróż Ameryki poprzez politykę międzynarodową to triumf wiary nad doświadczeniem. Od chwili wkroczenia na arenę polityki światowej, w 1917 r., Ameryka była na tyle potężna i przekonana o słuszności swoich ideałów, że wszystkie najważniejsze międzynarodowe porozumienia XX w. – od Ligi Narodów i Paktu Kellogga-Brianda do Kart Organizacji Narodów Zjednoczonych i Helsińskiego Aktu Końcowego – były ucieleśnieniem amerykańskich wartości."[92]

Rozwój Marynarki Wojennej USA

Dla USA z zapleczem w postaci rosnącej potęgi gospodarczej przekucie jej na silniejszą pozycję polityczną było jedynie kwestią czasu. Częścią tego procesu stała się marynarka wojenna. Początkowo zaniedbywano ją, gdyż nie była zapewne niezbędna do realizacji dotychczasowych zadań i ambicji. Teraz przystąpiono do rozwoju i powiększania sił morskich. Odnośną koncepcję wypracował Alfred Thayer Mahan, oficer marynarki i historyk. W swej książce zatytułowanej „Wpływ potęgi morskiej na historię" ugruntował on przyjętą przez nowoczesną *US Navy* doktrynę morskiej przewagi. Książka Mahana stała się standardowym podręcznikiem szkoleniowym oficerów marynarki na całym świecie. Mahanowi przyniosła miano „Clausewitza wojny morskiej".

Nic więc dziwnego, że inne kraje podejrzliwie spoglądały na rozrastającą się marynarkę wojenną USA. Na konferencji waszyngtońskiej 1922 r. ustalona została górna granica rozmiarów flot. USA przyznano prawo rozbudowy floty do wielkości brytyjskiej *Royal Navy*. Rozmiar marynarki wojennej Japonii określono na trzy piąte wielkości sił morskich USA.

W celu kontrolowania wyścigu zbrojeń w dziedzinie krążowników i uzyskania jasności co do dalszego toku zbrojeń morskich po upływie uzgodnionej w Waszyngtonie, dziesięcioletniej przerwy w budowie okrętów, 22 stycznia 1930 r. spotkały się w Londynie delegacje z Wielkiej Brytanii, USA i Japonii. Francja i Włochy uczestniczyły w spotkaniu jedynie jako obserwatorzy. Oba państwa – podobnie jak podczas konferencji w roku 1922 – czuły się niesprawiedliwie odsunięte na boczny tor. Nowy traktat w sprawie zbrojeń morskich z 22 kwietnia 1930 r. ustalał m.in., że przyjęta w roku 1922 przerwa zostaje przedłużona do 1936 r. Francja i Włochy zgodziły się na budowę każdy po dwie jednostki zastępujące stare okręty, do czego przyznano im prawo jeszcze w 1927 r. Najistotniejszym wynikiem konferencji było ustalenie ilościowego stosunku nowo budowanych okrętów liniowych między USA, Wielką Brytanią i Japonią na 15 : 15 : 9. Ewentualne ponadlimitowe jednostki miały zostać zezłomowane.

Ustalenia obu konferencji, waszyngtońskiej z 1922 r. i londyńskiej z 1930 r., przeszkodziły w rozwoju planów wojennych Japońskiej Cesarskiej Marynarki Wojennej, która tworzyła je w okresie między rokiem 1922 a 1940 i które zostały

---

[92] Kissinger, Henry, *Dyplomacja*, op. cit. s. 19

ujawnione z chwilą ataku na Pearl Harbour 7 grudnia 1941 r. Dzięki nowemu traktatowi USA stały się wiodącą potęgą morską początkowo na Pacyfiku, a po 1945 r. także na Atlantyku. W konsekwencji *US Navy* stała się wyraźnie dominującą marynarką wojenną w skali całego świata – i jest nią do dziś.

Postawa w okresie międzywojennym

W czasach międzywojnia polityka zagraniczna USA balansowała pomiędzy izolacjonizmem a polityką otwartych drzwi. USA nie chciały dać się więcej wciągać w międzynarodowe konflikty. W celu uniknięcia zaangażowania w potencjalne sytuacje kryzysowe w Europie i Azji postanowiły one m.in.:

- nie podpisywać traktatu wersalskiego,
- odmówić przejęcia mandatu nad Armenią,
- zrezygnować z defensywnego sojuszu z Wielką Brytanią i Francją,
- nie przystępować do Stałego Trybunału Sprawiedliwości Międzynarodowej.

Równocześnie zasługą USA pozostaje uchronienie dwóch wielkich zachodnioeuropejskich demokracji przed militarną klęską w pierwszej wojnie światowej. Wprawdzie pod względem ekonomicznym i dyplomatycznym USA nadal odgrywały pewną rolę w międzywojennej Europie, lecz militarnie i politycznie się wycofały. Tym samym pozwoliły Europie poddać się fatalnemu procesowi samorozszarpywania, który swój punkt kulminacyjny osiągnął w 1945 r.

Zatem po rozczarowujących doświadczeniach z europejskimi rządami nastąpił kolejny odwrót na własny kontynent z zalążkami ponownego izolacjonizmu. Na ten czas przypada *Neutrality Act* z 1935 r. obejmujący zakaz sprzedaży i dostarczania broni stronom prowadzącym wojnę. Zmiana kierunku uwidoczniła się dopiero, gdy w styczniu 1941 r. prezydent Roosevelt ogłosił „cztery wolności":

- wolność słowa;
- wolność wyrażania opinii;
- wolność wyznania oraz
- wolność od niedostatku i lęku.

W styczniu 1938 r. prezydent Franklin D. Roosevelt niespodziewanie stanął w obliczu ponownego wybuchu izolacjonistycznych nastrojów. Izba Reprezentantów zamierzała uchwalić zmianę konstytucji, zgodnie z którą każde wypowiedzenie wojny poprzedzać miało referendum. Wyjątkiem był przypadek inwazji na Stany Zjednoczone. Roosevelt zdołał zapobiec takiemu wnioskowi do parlamentu jedynie dzięki swemu osobistemu apelowi do deputowanych.

Wydaje się, że dla prezydenta Franklina D. Roosevelta punktem zwrotnym w jego stosunku do izolacjonizmu stał się Układ Monachijski z 30 września 1938 r. Od tej pory Stany Zjednoczone nie mogły już trzymać się na uboczu, ani pod względem politycznym, ani w kwestii wsparcia materiałowego. Roosevelt zarzucił swą wstrzemięźliwą postawę i z całej siły zaangażował się w zwalczanie dyktatorów w Europie. Stał na czele Stanów Zjednoczonych, gdy wydarzenia międzynarodowe wciągnęły wahający się naród w swój wir i pojął, że odtąd już USA będą zmuszone odgrywać centralną rolę na arenie światowej.[93] "Trzy lata później jego wysiłki osiągnęły swój punkt kulminacyjny w postaci przystąpienia USA do drugiej wojny światowej."[94]

Zasadniczo Roosevelt reprezentował politykę noszącą cechy internacjonalistyczne, a jej celem było sprzymierzenie się z europejskimi mocarstwami zachodnimi i Rosją, by państwa faszystowskie, takie jak Niemcy, Włochy i Japonia, postawić poza wspólnotą międzynarodową. Jeszcze przed swym wyborem na prezydenta powiedział on francuskiemu ambasadorowi w Waszyngtonie: „Hitler to wariat". Roosevelt przeczytał też „Mein Kampf" w języku angielskim i uznał książkę za okropną. Jako ambasadora USA wysłał on w 1933 r. do Berlina Williama Dodda, liberalnego historyka, i uzasadnił to mówiąc, że chce mieć w Niemczech amerykańskiego liberała jako stały przykład ostrzegawczy. W 1933 r. Roosevelt oceniał stan rzeczy na świecie przyjmując, że mniej więcej 8 % ludności świata (Niemcy i Japonia), z uwagi na swą imperialistyczną postawę, jest w stanie przeszkodzić gwarancjom pokojowym i działaniom rozbrojeniowym, których pragnie pozostałe 92 %. Uważał on Niemcy za niebezpieczne i nie wykluczał wojny.

Z różnych jednak względów prezydent nie mógł interweniować:

- USA nie podpisały traktatu wersalskiego, ani nie były członkiem Ligi Narodów,
- silna opozycja w kraju trwała w tradycyjnych, izolacjonistycznych poglądach,
- w następstwie udziału w I wojnie światowej siły zbrojne były w złym stanie,
- wewnętrzny kryzys gospodarczy po I wojnie światowej wymagał innego rozłożenia akcentów.

Ponadto w polityce zagranicznej troszczono się bardziej o stosunki z Ameryką Łacińską oraz o rynki, które uprzednio opanowane były przez Europejczyków. W

---

[93] *por.* Kissinger, Henry, op. cit. s. 401
[94] Kissinger, Henry, op. cit. s. 414

związku z tym dla rządu USA ważniejszy od wszystkich innych państw był rynek latynoamerykański, ponieważ ten właśnie rynek, przed I wojną światową opanowany przez Anglików, chciał on zdobyć bądź też poszerzyć.

Pomiędzy rokiem 1935 a 1937 Kongres uchwalił kilka ustaw o neutralności, które m.in. zawierały postanowienia:

- o niewchodzeniu w sojusze lub alianse z innymi państwami,
- o nie mieszaniu się w konflikty wojenne między innymi państwami, a zatem także o nieudzielaniu pomocy zaatakowanym państwom,
- o neutralności w wypadku wojny,
- o niezaopatrywaniu w broń zaatakowanych państw.

W przemówieniu wygłoszonym w Chicago 5 października 1937 r. Roosevelt wyraźnie skrytykował ustawy o neutralności i domagał się poddania kwarantannie tych państw, które naruszały międzynarodowe prawo i porządek.

Potajemnie Roosevelt odważył się na znacznie bardziej zdecydowane posunięcie. W końcu października 1938 r., w indywidualnej rozmowie z brytyjskim ministrem lotnictwa, przyjacielem premiera, przedstawił on plan, z którego pomocą dałoby się obejść ustawy o neutralności. Zaproponował mianowicie, aby w Kanadzie, w pobliżu amerykańskiej granicy, zbudować brytyjskie i francuskie zakłady montażu samolotów. Stany Zjednoczone dostarczałyby części montażowych – zadeklarowanych jako fabrykaty cywilne – a montaż końcowy pozostawiono by Brytyjczykom i Francuzom, w związku z czym z czysto formalnego punktu widzenia zadośćuczyniono by ustawom o neutralności. Roosevelt oznajmił posłowi Chamberlain'a, że „gdyby doszło do wojny z dyktatorem, miałby on za sobą potencjał przemysłowy amerykańskiego państwa".

Plan Roosevelta, przewidujący wspomożenie Wielkiej Brytanii i Francji w budowaniu sił lotniczych, musiał upaść choćby tylko z uwagi na fakt, że z czysto logistycznego punktu widzenia nie było możliwości przeprowadzenia tak szeroko zakrojonego przedsięwzięcia bez wiedzy opinii publicznej. Od tego wszakże momentu jego wsparcie dla aliantów pozostawało w wyznaczonych granicach tylko wtedy, gdy nie był on w stanie obejść bądź przekonać Kongresu i opinii publicznej.

W 1938 r., w liście otwartym skierowanym do zainteresowanych państw, prezydent domagał się, aby kryzys sudecki został rozwiązany metodami pokojowymi i był rozgniewany treścią układu monachijskiego. W listopadzie 1938 r., w proteście przeciwko „nocy kryształowej" i niemieckiej polityce, z Berlina odwołany został ambasador USA jako pierwszy ambasador mocarstw zachodnich. 4 stycznia 1939 r. Roosevelt ponownie skrytykował ustawy o neutralności i zapowiedział podwyższenie wydatków na obronność. Tym samym w latach 1938/1939 doprowadził on do stopniowej rezygnacji z polityki neutralności i zwiększenia wydatków obronnych. Anglii i Francji zaczęto dostarczać broń.

Już w 1935 r., w przemówieniu wygłoszonym w Albert Hall, premier Stanley Baldwin stwierdził: „Zawsze wierzyłem w to, że wojnie, gdziekolwiek by miała wybuchnąć, w Europie czy na Wschodzie, najlepiej zapobiegałaby bliska współpraca Wielkiej Brytanii ze Stanami Zjednoczonymi."[95]

W kwietniu 1939 r. Roosevelt zażądał od Niemiec i Włoch gwarancji nieagresji w odniesieniu do 31 niezawisłych państw. W zamian zaoferował konferencję rozbrojeniową i nieograniczony dostęp wszystkich krajów do światowych źródeł surowców, czyli zniesienie embargo na surowce nałożone na Niemcy i Włochy. W listopadzie 1939 r. przez Kongres przeszła ustawa tzw. *Cash and Carry*: zezwalała ona na dostawy militarnie ważnych towarów amerykańskich do Wielkiej Brytanii i Francji pod dwoma warunkami: towary te musiały zostać odebrane z amerykańskich portów przez nieamerykańskie statki i należało za nie zapłacić w gotówce.

Rezygnacja z neutralności

W dniu wypowiedzenia wojny przez Wielką Brytanię Roosevelt zwołał na 21 września 1939 r. specjalne posiedzenie Kongresu. Tym razem udało mu się przeforsować swoje zdanie. Tak zwana czwarta ustawa o neutralności z 4 listopada 1939 r. zezwalała na sprzedaż państwom toczącym wojnę broni i amunicji ze Stanów Zjednoczonych pod warunkiem, że państwa te zapłacą gotówką, a transport nastąpi ich własnymi bądź neutralnymi statkami. Ponieważ dokonać tego były w stanie jedynie Wielka Brytania i Francja, „neutralność" w gruncie rzeczy istniała już tylko na papierze. Krótko mówiąc: ustawy o neutralności wytrzymały dokładnie tak długo, jak długo neutralność nie była wymagana.

Podczas gdy Francja i Wielka Brytania trwały w defensywie czekając na dalszy przebieg wojny, Waszyngton był przekonany, że oczekuje się od niego jedynie pomocy materialnej. Według rozpowszechnionej opinii, armia francuska, która za Linią Maginota korzystała z osłony zaplecza przez Royal Navy, miała wziąć Niemcy w kleszcze dzięki kombinacji lądowych działań obronnych i morskiej blokady.

10 czerwca 1940 r., w dniu upadku Francji, Roosevelt oficjalnie zrezygnował z neutralności. Z elokwencją opowiedział się po stronie Brytyjczyków. W porywającym

---

[95] Kissinger, Henry, op. cit., s. 655

przemówieniu wygłoszonym w Charlottesville w Wirginii powiązał on miażdżącą krytykę Mussoliniego, którego armia tego dnia zaatakowała Francję, z zobowiązaniem się Stanów Zjednoczonych do bezkompromisowego odtąd objęcia pomocą każdego kraju, który stawi opór Niemcom i Włochom.

Dopiero jednak we wrześniu 1940 r. Roosevelt opracował projekt finezyjnego porozumienia. Zaproponował Londynowi wymianę: pięćdziesiąt rzekomo przestarzałych amerykańskich niszczycieli w zamian za prawo do utworzenia baz wojskowych USA w ośmiu brytyjskich posiadłościach, od Nowej Fundlandii po kontynent południowoamerykański. Później Winston Churchill przyznał, że był to „akt zdecydowanie nieneutralny", gdyż Brytyjczycy znacznie bardziej potrzebowali tych niszczycieli niż USA baz. Większość z nich leżała z dala od potencjalnych teatrów wojny, a kilka założono nawet w bezpośredniej, bliskości już istniejących baz USA. Ów handel niszczycielami był w pierwszym rzędzie pretekstem, by dostarczyć Brytyjczykom sprzęt wojskowy.

Roosevelt nie wnioskował w tej sprawie ani o zgodę Kongresu, ani też o dostosowanie ustaw o neutralności. Nie został także, co niepojęte z dzisiejszego punktu widzenia, przez nikogo do tego wezwany. Fakt, że podjął tak ryzykowny krok, choć kampania prezydencka stała już u drzwi, wskazuje, jak głęboko niepokoiły go militarne postępy narodowego socjalizmu. Czuł się zobowiązany do wspierania za wszelką cenę wojennego morale Brytyjczyków, nawet jeśli musiał przy tym balansować na granicy legalności.

W kwietniu 1941 r. Roosevelt uczynił kolejny krok w kierunku wojny. Wraz z przedstawicielem Danii w Waszyngtonie uzgodnił on porozumienie, które zezwalało amerykańskim siłom zbrojnym na zajęcie Grenlandii. Ponieważ Dania została zdobyta przez Niemców, a duński rząd emigracyjny nie istniał, to doniosłe bądź co bądź zezwolenie, pozwalające tworzyć amerykańskie bazy na duńskiej ziemi, „autoryzował" na własną odpowiedzialność ów dyplomata bez kraju. Roosevelt natychmiast osobiście poinformował Churchilla, że odtąd okręty USA będą patrolować północny Atlantyk na zachód od Islandii i „natychmiast podawać do wiadomości pozycje okrętów kaperskich i samolotów w obrębie amerykańskiej strefy patrolowej". Zatem USA obserwowały dwie trzecie całego Oceanu Atlantyckiego. Trzy miesiące później, na zaproszenie regionalnego rządu, na Islandii, która również należała do Danii, wylądowały wojska USA jako zaopatrzenie dla brytyjskich sił zbrojnych. W związku z tym Roosevelt – bez zgody Kongresu – ogłosił całe terytorium pomiędzy obu posiadłościami duńskimi a Ameryką Północną częścią składową obszaru, do którego obrony zobligowana była półkula zachodnia.

14 sierpnia 1941 r. u wybrzeży Nowej Fundlandii spotkali się na pokładzie krążownika Roosevelt, prezydent wtedy jeszcze neutralnego, przynajmniej w słowach, kraju oraz Churchill, gwarant udziału Wielkiej Brytanii w wojnie. Wspólna deklaracja obu szefów rządów – tak zwana „Karta Atlantycka" – nie proklamowała celów wojny w tradycyjnym sensie, lecz zawierała projekt całkowicie na nowo ukształtowanego świata odznaczającego się wartościami, za którymi Stany Zjednoczone opowiadały się z dawien dawna. Wymienione wcześniej cztery wolności znalazły się teraz w owej „Karcie Atlantyckiej" w rozszerzonej postaci.

Prezydent nie ograniczył się tylko do wspomnianego uprzednio, półlegalnego porozumienia. Równolegle z wymianą niszczycieli starał się on przeforsować kilka inicjatyw ustawodawczych. Podwyższył więc amerykański budżet obronny i naciskał na Kongres w celu wprowadzenia obowiązkowej służby wojskowej także w czasie pokoju. Jaką jednak wagę miały nadal izolacjonistyczne uprzedzenia, okazało się latem 1941 r., gdy na niecałe sześć miesięcy przed przystąpieniem Amerykanów do wojny obowiązkowa służba wojskowa została przedłużona przez Izbę Reprezentantów mikroskopijną większością jednego zaledwie głosu.

Przystąpienie do wojny

We wrześniu 1941 r. Stany Zjednoczone przekroczyły próg wojny. Wydany w kwietniu rozkaz Roosevelta, nakazujący przekazywanie Brytyjczykom pozycji niemieckich okrętów podwodnych, musiał w którymś momencie doprowadzić do starcia. 4 września 1941 r. storpedowany został amerykański niszczyciel *Greer* w chwili, gdy podawał przez radio brytyjskim samolotom koordynaty niemieckiego u-boota. 11 września 1941 r. Roosevelt obwinił Niemcy o „piractwo" nie wyjaśniając bliżej okoliczności zdarzenia. Porównał niemieckie okręty podwodne do grzechotników, które tylko czekają okazji, żeby ukąsić ofiarę, i rozkazał *US Navy*, by natychmiast zatapiała wszystkie niemieckie lub włoskie okręty podwodne, które zostaną wykryte w określonej uprzednio, sięgającej Islandii amerykańskiej strefie obronnej. W praktyce nie było to niczym innym, jak tylko przystąpieniem Stanów Zjednoczonych do wojny morskiej z państwami Osi – bez formalnego jej wypowiedzenia.

7 grudnia 1941 r. Japonia przeprowadziła zaskakujący atak na Pearl Harbor, podczas którego zniszczona została znaczna część amerykańskiej Floty Pacyfiku. 11 grudnia Hitler wypowiedział Stanom Zjednoczonym wojnę.

Tym samym czas nieangażowania się dobiegł końca. To była długa droga, jaką odbyły USA od uwikłania się w pierwszą wojnę światową do aktywnego udziału w drugiej wojnie światowej. W międzyczasie amerykańska polityka ponownie wróciła na kurs izolacjonizmu. Głęboka awersja opinii publicznej USA wobec spraw międzynarodowych tym bardziej podnosi wartość dokonań Roosevelta. Dla czołowych polityków naszych czasów, rządzących w oparciu o badania opinii publicznej, rola, jaką odegrał Roosevelt nakłaniając izolacjonistycznie nastawiony naród do udziału w wojnie, mogłaby posłużyć za lekcję przywództwa w ramach demokracji.

Rzecz jasna, w obliczu zagrożonej równowagi europejskiej Stany Zjednoczone Ameryki bez wątpienia poczułyby się zmuszone do wystąpienia przeciwko Niemcom, by przeciwstawić się ich sięganiu po władzę nad światem. Już choćby z powodu swej stale rosnącej potęgi Stany Zjednoczone wcześniej czy później musiały znaleźć się w centrum międzynarodowych wydarzeń. Za to jednak, że nastąpiło to tak szybko i tak zdecydowanie, wdzięczność należy się Franklinowi Delano Rooseveltowi. Powiódł on izolacjonistycznie nastawioną społeczność na wojnę między państwami, których wzajemne konflikty jeszcze kilka lat wcześniej uznano by za w dużej mierze nie do pogodzenia z wartościami uznawanymi przez USA, a nade wszystko za nie mające znaczenia dla bezpieczeństwa Stanów Zjednoczonych.

Po 1940 r. 32. prezydentowi USA udało się pozyskać przychylność Kongresu, który kilka lat wcześniej przygniatającą większością głosów uchwalił szereg ustaw o neutralności, dla intensywnego wspierania Wielkiej Brytanii. Wsparcie to wykluczało wprawdzie bezpośrednie działania wojenne, jednak niekiedy – w odniesieniu do Niemiec – wychodziło poza tę granicę. Wreszcie atak Japonii na Pearl Harbor rozwiał ostatnie wątpliwości w kwestii przystąpienia do wojny. Tym sposobem Rooseveltowi udało się przekonać społeczność, która od dwustu lat cieszyła się niemal niezakłóconym bezpieczeństwem, o poważnym zagrożeniu w razie zwycięstwa państw Osi; co więcej, postarał się on, by tym razem ingerencja w sprawy europejskie jednocześnie stała się pierwszym i decydującym krokiem w kierunku stałego międzynarodowego zaangażowania.

„W latach wojny jego przywództwo sprawiło, że sojusz był spójny i przyczyniło się do sformowania międzynarodowych instytucji, które po dziś dzień służą światowej społeczności."[96]

Przebieg wojny

Do połowy 1941 r. konflikt w Europie toczony był przez niemiecki Wehrmacht głównie jako wojna zdobywcza. Po Polsce, w wyniku krótkich i skoncentrowanych kampanii, zdobyte i zajęte zostały Dania, Norwegia, Belgia, Holandia, Luksemburg, większa część Francji, Jugosławia i Grecja. Obszary te po części zostały wcielone do Rzeszy Niemieckiej, po części zaś ustanowiono tam zależne od Rzeszy rządy i eksploatowano je pod względem gospodarczym. Od czasu kapitulacji Francji

---

[96] Kissinger, Henry, op. cit., s. 401

22 czerwca 1940 r. do chwili niemieckiego ataku na Związek Radziecki 22 czerwca 1941 r. jedynym przeciwnikiem Niemiec, jaki pozostał w Europie, była Wielka Brytania. Do tego momentu państwa Osi bezspornie postępowały szlakiem zwycięstw, nawet jeśli Brytyjczycy pod przewodem Winstona Churchilla, wytrwałego w oporze przeciwko Adolfowi Hitlerowi, wytrzymywali napór. Ta wytrwałość brytyjskiego premiera stała się znaczącym czynnikiem, współdecydującym o przebiegu drugiej wojny światowej.

W następstwie ataku Hitlera na Związek Radziecki 22 czerwca 1941 r., ataku Japonii na Pearl Harbor 7 grudnia 1941 r. oraz wypowiedzenia przez Hitlera wojny Stanom Zjednoczonym kilka dni później, karta miała odwrócić się na korzyść aliantów. Wielka Brytania miała jednak stanąć w końcu po zwycięskiej stronie. Dopiero od tej chwili Churchill mógł naprawdę zająć się rozważaniem celów wojny, jednakże w okolicznościach, w których nie dało się już zastosować tradycyjnych koncepcji brytyjskich. Mianowicie w toku wojny widać było coraz wyraźniej, że, po pierwsze, system *Balance of power* ma coraz mniejsze szanse w Europie, oraz że, po drugie, po możliwej już do przewidzenia kapitulacji Niemiec to Związek Radziecki zajmie pozycję dominującego mocarstwa kontynentu – zwłaszcza, jeśli Stany Zjednoczone wycofają swoje siły.

Dyplomatyczne wysiłki Churchilla koncentrowały się podczas wojny na lawirowaniu pomiędzy dwoma niebezpieczeństwami, które w równej mierze zagrażały pozycji Wielkiej Brytanii, aczkolwiek z przeciwstawnych kierunków. Opowiadanie się Roosevelta za samostanowieniem w skali całego świata było wyzwaniem dla brytyjskiego imperium; z kolei wysiłki Stalina w celu wdarcia się Związku Radzieckiego do centrum Europy groziły podminowaniem bezpieczeństwa Wielkiej Brytanii.

„Ściśnięty pomiędzy wilsonowskim idealizmem a rosyjskim ekspansjonizmem, Churchill robił, co mógł, by – znajdując się na pozycji słabszego – realizować tradycyjną politykę swego kraju, a więc jeśli świat nie miał pozostać na łasce najsilniejszego i najbardziej bezwzględnego, pokój musiał zostać oparty na jakiejś równowadze. Rozumiał również wyraźnie, że po zakończeniu wojny Wielka Brytania nie będzie w stanie sama bronić swoich interesów, a w jeszcze mniejszym stopniu decydować o równowadze sił. Pozornie pewny siebie, Churchill wiedział – lepiej, niż jego amerykańscy przyjaciele, którzy nadal wierzyli, iż Wielka Brytania sama będzie w stanie utrzymać równowagę w Europie – że rola, jaką w okresie wojny odgrywał jego naród, była ostatnim występem Wielkiej Brytanii w charakterze rzeczywiście niezależnego mocarstwa światowego. Dlatego dla Churchilla żaden aspekt sojuszniczej dyplomacji nie był ważniejszy od tego, by stworzyć solidne podstawy przyjaźni z Ameryką, dające pewność, że Wielka Brytania nie stanie wobec powojennego świata samotnie. Dlatego też z reguły godził się w końcu na amerykańskie priorytety, choć często udawało mu się przekonać amerykańskich partnerów, że strategiczne interesy Waszyngtonu są zbieżne z interesami Londynu."[97]

Roosevelt i Churchill

W następstwie niemieckiej agresji na Związek Radziecki, w dniach od 9 do 12 sierpnia 1941 r., Roosevelt i Churchill spotkali się w ścisłej tajemnicy na pokładzie brytyjskiego pancernika *HMS Prince of Wales* w Zatoce Placentia u wybrzeży Nowej Fundlandii. Uzgodnili tu Kartę Atlantycką, która została opublikowana 14 sierpnia 1941 r. i miała być podstawą utworzenia Organizacji Narodów Zjednoczonych, co nastąpiło 26 czerwca 1946 r.

Ponadto podczas tejże konferencji uzgodniono zwiększenie dostaw amerykańskiej broni do Wielkiej Brytanii i ZSRR, jak również rozszerzenie w związku z tymi dostawami amerykańskiej strefy bezpieczeństwa aż do Islandii. Rozmowy, które koncentrowały się przede wszystkim wokół sytuacji w Chinach i Hiszpanii, nie doprowadziły do żadnych decyzji w sferze wojskowo-strategicznej.

Podczas tego pierwszego spotkania z Churchillem Roosevelt chciał od razu ustalić podstawowe zasady amerykańskiej polityki. Domagał się usilnie, by Karta została zastosowana nie tylko w odniesieniu do Europy, lecz wszędzie, także na obszarach kolonialnych. Był dogłębnie przekonany, że trwały pokój da się osiągnąć jedynie wtedy, jeśli uwzględni się także rozwój zapóźnionych krajów. Jego zdaniem wykluczone było, by prowadzić wojnę przeciwko państwom faszystowskim, a jednocześnie nie przedsiębrać niczego, by narody na całym świecie uwolnić od anachronicznej polityki kolonialnej. Dla Brytyjczyków taki pogląd był oczywiście nie do przyjęcia. Stąd też brytyjski gabinet wojenny zdecydowanie go odrzucił.

Nie zakończyło to jednak debaty na temat kolonializmu. "W oświadczeniu z okazji Dnia Pamięci w 1942 r. zaufany przyjaciel Roosevelta, podsekretarz stanu, Summer Welles, ponownie podkreślił historyczny sprzeciw Ameryki wobec kolonializmu: «Jeśli ta wojna ma być rzeczywiście wojną o wyzwolenie narodów, należy wszystkim narodom świata zapewnić równe prawa do suwerenności, co dotyczy również kontynentów obu Ameryk. Nasze zwycięstwo musi przynieść ze sobą wyzwolenie dla wszystkich ludzi … Wiek imperializmu dobiegł końca.»"[98]

Choć w owej chwili wypowiedź ta była raczej tylko pobożnym życzeniem administracji USA, to jednak w następstwie II wojny światowej kolonializm faktycznie miał dobiec końca spychając przy tym do drugiego szeregu Wielką Brytanię,

---

[97] Kissinger, Henry, op. cit., s. 434 i nast.
[98] Kissinger, Henry, op. cit., s. 437

dotychczas mocarstwo światowe, oraz inne państwa odgrywające znaczącą rolę w świecie, jak Francja, Belgia, Portugalia czy Holandia. Ten proces przyczynił się również do wybicia się USA po II wojnie światowej na pozycję światowego mocarstwa.

Roosevelt i Stalin

Fakt, iż nazywając „wujkiem Joe" radzieckiego szefa partii Stalina, który przecież zarządzał masowe mordy polityczne i jeszcze niedawno kolaborował z Hitlerem, amerykański prezydent stylizował go tym samym na prawdziwy wzorzec umiarkowania, był chyba ostatnim aktem triumfu nadziei nad doświadczeniem. To, że Roosevelt tak bardzo podkreślał dobrą wolę Stalina, nie wynikało z jego osobistej sympatii, lecz raczej wychodziło naprzeciw oczekiwaniom narodu, w którym wiara w dobroć człowieka przeważała nad zaufaniem do geopolitycznych analiz. Chciano po prostu widzieć w Stalinie raczej przyjaznego wujaszka niż totalitarnego dyktatora.

"I dlatego też Amerykanie nie dostrzegali nic szczególnego w tym, że pod koniec Konferencji w Teheranie ich prezydent relacjonował jej osiągnięcia przez pryzmat osobistej oceny radzieckiego dyktatora: «Mogę powiedzieć, że «zgadzaliśmy się doskonale» z marszałkiem Stalinem. Jest to człowiek, który stalową, nieugiętą wolę łączy ze zdecydowanym poczuciem humoru. Uważam, że jest rzeczywistym przedstawicielem serca i duszy Rosji i wierzę, że będzie się nam z nim i ze społeczeństwem rosyjskim układało jak najlepiej – naprawdę doskonale.»"[99]

Tuż po Jałcie Roosevelt scharakteryzował Stalina na forum gabinetu jako kogoś, „w kim obok sprawy rewolucyjno-bolszewickiej egzystuje także coś innego". Tę szczególną właściwość przypisywał on wcześniejszemu kształceniu się Stalina na duchownego: „Sądzę, że do jego usposobienia wniknęła cząstka wiedzy o tym, jak powinien postępować porządny chrześcijanin."

Stalin był wszakże mistrzem *Realpolitik*, a nie porządnym chrześcijaninem. Wykorzystywał on postępy armii radzieckiej do realizacji zamierzeń, z których zwierzył się był Milovanowi Dżilasowi, wówczas czołowemu jugosłowiańskiemu komuniście, mówiąc mu: „Ta wojna nie jest taka jak poprzednie; każdy, kto zajmuje jakiś teren, obejmuje go też swym własnym systemem społecznym. Każdy wprowadza swój własny system tak daleko, jak daleko może sięgnąć jego armia. Inaczej być nie może."

Roosevelt, który ufał Stalinowi, musi wydawać się łatwowierny. Gdyby był przekonany o prawdziwych zamiarach Stalina, bez wątpienia przeciwstawiłby się

---

[99] Kissinger, Henry, op. cit., s. 449

zdecydowanie radzieckiemu ekspansjonizmowi i zawczasu podjął niezbędne kroki. Mało co jednak wskazuje, że doszedł on do takiej oceny lub że analizował swoje wojskowe możliwości pod kątem ewentualnej konfrontacji ze Związkiem Radzieckim.

Dopiero na krótko przed końcem wojny Roosevelt wyraził zaskoczenie taktyką Stalina. Podczas wojny jednak z godną uwagi, czy wręcz wymowną konsekwencją opowiadał się za radziecko-amerykańską współpracą i niczego nie uważał za równie ważne zadanie, jak rozwiewanie nieufności Stalina. Roosevelt w o wiele większym stopniu polegał na swych osobistych stosunkach ze Stalinem, niż kiedykolwiek uczynił to Churchill.

Wkrótce po przystąpieniu Ameryki do wojny Roosevelt próbował zaaranżować spotkanie ze Stalinem w rejonie Cieśniny Beringa – bez Churchilla. Miało to być „nieoficjalne, całkiem zwykłe kilkudniowe spotkanie między Panem i mną", w celu osiągnięcia "pełnego porozumienia". Roosevelt chciał na nie zabrać jedynie swego najbardziej zaufanego powiernika Harry'ego Hopkinsa, tłumacza oraz stenografa. Spotkanie w Cieśninie Beringa nie doszło jednak do skutku.

Podczas obu spotkań na szczycie, w Teheranie i Jałcie, Stalin czynił wszystko, by unaocznić Rooseveltowi i Churchillowi, że są oni w o wiele większym stopniu zdani na rezultaty tych spotkań niż on sam; już same miejsca owych konferencji miały tłumić ich nadzieje, że uda im się zmusić Stalina do ustępstw. Teheran leżał w odległości zaledwie kilkuset kilometrów od radzieckiej granicy, a Jałta przynależała do radzieckiego obszaru państwowego. W obu wypadkach zachodni przywódcy musieli zmierzyć się z liczącą kilka tysięcy kilometrów podróżą, która dla Roosevelta, z uwagi na jego inwalidztwo, już w okresie teherańskiego spotkania stanowiła ogromny wysiłek. Na konferencji jałtańskiej prezydent USA był już bliski śmierci.

Patrząc retrospektywnie, należy stwierdzić, że Roosevelt zbyt słabo znał historyczne i geograficzne uwarunkowania i wyraźnie ich nie doceniał. Podczas gdy Stalin miał jasne wizje i sprecyzowane plany, amerykański prezydent był chyba nieco zbyt łatwowierny, czy wręcz naiwny, i źle przygotowany do rozmów ze Stalinem. Miało się to z całą wyrazistością okazać na konferencji w Jałcie, w dniach od 4 do 22 lutego 1945 r.

Teheran

Konferencja ta odbyła się w dniach od 28 listopada do 1 grudnia 1943 r. jako pierwsza konferencja szefów rządów trzech głównych aliantów antyhitlerowskiej koalicji. Jej uczestnikami byli prezydent USA Franklin D. Roosevelt, brytyjski premier Winston Churchill i radziecki szef państwa Józef Stalin, każdy wraz ze swymi doradcami wojskowymi.

Planowanym przedmiotem konferencji było w pierwszym rzędzie omówienie dalszego toku postępowania na europejskim teatrze wojny w 1944 r. oraz w okresie po zwycięstwie aliantów nad Niemcami.

Ostatniego dnia konferencji, 1 grudnia 1943 r., Roosevelt wyraził zgodę na plan Stalina przesunięcia granicy Polski na zachód i dał też do zrozumienia, że nie będzie na niego naciskał w związku ze sprawą państw bałtyckich. Jeśli armie radzieckie zajmą państwa bałtyckie – stwierdził, ani Stany Zjednoczone ani też Wielka Brytania nie będą ich „wypędzać', choć równocześnie zalecał przeprowadzenia plebiscytu. Jest rzeczą bezdyskusyjną, że prezydent nie był zainteresowany szerokimi rozważaniami powojennych kwestii. Stąd też swoje komentarze do powojennych planów Stalina w Europie Wschodniej wygłaszał z taką ostrożnością, że brzmiały one nieomal jak usprawiedliwienia. Zwrócił uwagę Stalina na fakt, „że sześć milionów amerykańskich wyborców polskiego pochodzenia z pewnością wpłynie na jego ponowny wybór w przyszłym roku. I choć on osobiście zgadza się z poglądami marszałka Stalina i też widzi potrzebę odtworzenia państwa polskiego, wolałby, żeby wschodnią granicę przesunąć dalej na zachód, a granicę zachodnią nawet aż do Odry. Mimo to ma nadzieję, że marszałek zrozumie, że z wyżej wspomnianych politycznych przyczyn nie może on uczestniczyć w podejmowaniu decyzji na ten temat ani tu, w Teheranie, ani podczas najbliższej zimy, i obecnie nie będzie w stanie publicznie brać udziału w takich uzgodnieniach." W żadnym razie nie mogło to znaczyć, że Stalin, działając samowolnie, podejmuje ogromne ryzyko. Przeciwnie: Roosevelt sugerował, że po wyborach zgoda Stanów Zjednoczonych będzie czystą formalnością.

Stalin wrócił z Teheranu do Moskwy jako wyraźny zwycięzca mając głębokie przeświadczenie, że dano mu wolną rękę co do dalszego postępowania na wschodzie Europy.

Jałta

Konferencja jałtańska, znana również pod nazwą konferencji krymskiej, była spotkaniem tych samych trzech szefów państw alianckich co i w Teheranie. Tym razem spotkano się w leżącym na Krymie kąpielisku Jałta w dniach od 4 do 11 lutego 1945 r. Był to drugi spośród ogółem trzech alianckich szczytów „Wielkiej Trójki" odbytych podczas drugiej wojny światowej bądź tuż po niej. Tematami tej konferencji były przede wszystkim podział Niemiec, przyszły podział wpływów w Europie po zakończeniu wojny oraz wojna przeciwko Cesarstwu Japonii.

Po konferencji teherańskiej z listopada 1943 r. sytuacja wojskowa i polityczna uległa zmianie. Choć dzięki postępom wojsk amerykańskich, brytyjskich i francuskich na zachodzie oraz Armii Czerwonej na wschodzie wojna w Europie praktycznie była już wygrana, ludzie odpowiedzialni za bieg wydarzeń sądzili, że wojskowe starcie z

Japonią potrwa jeszcze długo. Dlatego też Churchill i Roosevelt okazali się skłonni do kompromisu wobec żądań Stalina.

W postanowieniach konferencji znalazły odbicie także radzieckie interesy w Azji (Mongolia, Wyspy Kurylskie, Sachalin) mające odniesienie do Japonii i Chin.

Niemcy zostały podzielone początkowo na trzy, a później na cztery strefy okupacyjne. Podobnie na cztery strefy podzielona została stolica – Berlin.

Stalin domagał się dla Związku Radzieckiego dodatkowych środków bezpieczeństwa. Zajęte kraje, od Włoch poprzez Czechosłowację aż po państwa bałtyckie oraz całe Bałkany, miały utworzyć wokół Związku Radzieckiego pierścień bezpieczeństwa złożony z państw satelickich. Churchill i Roosevelt zgodzili się na to tylko częściowo. Włochy zostały przydzielone do zachodniej strefy wpływów, podczas gdy Czechosłowację i państwa bałtyckie pozostawiono Stalinowi. W sprawie rządu w Polsce nie uzyskano porozumienia, niejasny pozostał także przebieg granic. Strefy wpływów w południowowschodniej Europie Stalin i Churchill podzielili bilateralnie już w październiku 1944 r., czyniąc to w sposób nieformalny na małej kartce. Churchill napisał tam:

Rumunia	Rosja 90 % – pozostali 10 %
Grecja	Wielka Brytania 90 % – Rosja 10 %
Jugosławia	50 % – 50 %
Węgry	50 % – 50 %
Bułgaria	Rosja 75 % – pozostali 25 %

Stalin zatwierdził publicznie propozycję Churchilla stawiając na kartce „ptaszka"!

W tajnym porozumieniu Związek Radziecki zobowiązał się do rozpoczęcia wojny z Japonią w dwa do trzech miesięcy po kapitulacji Niemiec oraz do zawarcia sojuszu z Chinami. W zamian za to uzyskał ustępstwa terytorialne dotyczące Wysp Kurylskich i południowego Sachalinu oraz polityczne prawo pierwszeństwa w Mandżurii, jak również prawa okupacyjne wobec Korei i autonomię Mongolii Zewnętrznej.

Podobnie jak poprzednia konferencja w Teheranie, tak i konferencja jałtańska pozostawiła szerokie pole do interpretacji. Z góry porozumiano się jedynie co do bezwarunkowej kapitulacji, denazyfikacji i demilitaryzacji Niemiec.

Nie poczyniono definitywnych ustaleń i nie sprecyzowano szczegółów odstąpienia niemieckich terenów wschodnich czy też przyszłej polskiej granicy zachodniej.

Uzgodniono jedynie, że Polska ma otrzymać niemieckie tereny na północy i zachodzie, jednak według poglądu USA i Wielkiej Brytanii żadnych terenów na zachód od Odry. Porozumienia na temat wypędzenia milionów ludzi miały nastąpić dopiero później, na konferencji poczdamskiej w 1945 r. Jako wschodnią granicę Polski przyjęto „linię Curzona".

Na tej konferencji trzej politycy porozumieli się także w kwestii ostatnich spornych jeszcze punktów projektu Karty Narodów Zjednoczonych. Chodziło zwłaszcza o tryb głosowania w najpotężniejszym gremium przyszłej organizacji, Radzie Bezpieczeństwa. Stałym członkom Rady – ZSRR, USA, Wielkiej Brytanii, Francji i Chinom – przyznano z inicjatywy ZSRR prawo weta we wszystkich ważnych kwestiach. Bez tego ustępstwa porozumienie nie byłyby możliwe.

W Jałcie stworzono podstawy formowania powojennego świata. W tym czasie Armia Czerwona przekroczyła już radzieckie granice lądowe z 1941 r.: teraz była w stanie własnymi siłami poddać resztę Europy Wschodniej politycznej władzy Związku Radzieckiego. Gdyby podczas któregokolwiek ze spotkań na szczycie zaszła konieczność negocjowania kwestii uregulowań powojennych, to najlepsza okazja po temu istniała piętnaście miesięcy wcześniej, w Teheranie. Przed Teheranem bowiem Związek Radziecki musiał jeszcze toczyć twardą walkę, by odwrócić widmo klęski; jednak podczas konferencji jałtańskiej bitwa stalingradzka była już wygrana, zwycięstwo pewne, a odrębne porozumienie między stroną radziecką a kierownictwem niemieckim w najwyższym stopniu nieprawdopodobne. Prowadząc przemyślane negocjacje w Teheranie, USA mogły były wywalczyć pozycję jedynego światowego przywódcy, a prawdopodobnie także zapobiec 45 latom zimnej wojny i uciskowi krajów wschodniej i południowowschodniej Europy.

Poczdam
Po kapitulacji niemieckiego Wehrmachtu 8 maja 1945 r., w dniach od 17 lipca do 2 sierpnia 1945 r. odbyła się konferencja w Poczdamie. Po zakończeniu działań zbrojnych na europejskim teatrze wojny trzej główni alianci spotkali się w poczdamskim pałacu Cecilienhof, by naradzić się na najwyższym szczeblu co do dalszych posunięć w Europie.

Wyniki narady zostały zapisane w Układzie Poczdamskim. Do najważniejszych postanowień zalicza się usankcjonowanie „zorganizowanego i humanitarnego przesiedlenia niemieckiej części ludności" z Czechosłowacji i Węgier oraz z niemieckich terenów na wschód od linii Odry-Nysy. Przebieg granicy pomiędzy Polską a Niemcami został zastrzeżony do uregulowania w przyszłym traktacie pokojowym z Niemcami. Podczas tej konferencji zmienił się skład osobowy: ze strony USA przybył Harry S. Truman jako następca zmarłego prezydenta Roosevelta, a

Clement Atlee zastąpił podczas konferencji Winstona Churchilla, ponieważ to Atlee wygrał wybory do Izby Gmin. Związek Radziecki reprezentował nieodmiennie Józef Stalin.

Churchill i Truman uznali tym samym radzieckie granice z 1941 r. Dla brytyjskiego premiera, którego kraj, jakby nie było, ruszył na wojnę, żeby chronić terytorialną integralność Polski, był to wyjątkowo bolesny krok. Uzgodnienie, by zachodnią granicę Polski przesunąć w kierunku Odry i Nysy, pozostało na razie kwestią sporną, ponieważ istnieją dwie rzeki o nazwie Nysa. Nysa Kłodzka, na wschodzie, pozostawiałaby Wrocław i część Dolnego Śląska przy Niemczech; Nysa Łużycka przyznawałaby tę część Polsce. Delegacje z Waszyngtonu i Londynu miały rzekomo nie wiedzieć o istnieniu dwóch Nys. Inaczej niż delegacja radziecka, która ostatecznie wpisała do układu Nysę Łużycką.

Konferencja poczdamska była znacznikiem końca drugiej wojny światowej w Europie, a zarazem, w pewnym sensie, także początku zimnej wojny. Niepowodzenie wspólnej polityki okupacyjnej doprowadziło w rezultacie do trwającego ponad czterdzieści lat podziału Niemiec.

Porządek po 1945 r.
Wojna skończyła się geopolityczną próżnią. Równowaga sił była zniszczona, a wypracowanie całościowego traktatu pokojowego odroczono. I długo do tego nie wracano, ponieważ świat zaczął się dzielić na dwa ideologiczne obozy.

Stalin był chłodnym umysłem i wiedział, że sama Wielka Brytania, po wojnie i bez swoich kolonii, nie będzie w stanie tworzyć przeciwwagi dla Związku Radzieckiego. Dlatego – sądził – po wojnie zaistnieją dwie możliwości: jeśli USA znów wycofają się z Europy, tuż u wrót radzieckiego obszaru powstanie ogromna próżnia, w którą będzie mógł się wbić. Gdyby jednak Stany Zjednoczone zechciały pozostać wraz ze swymi wojskami w Europie, byłby to wstęp do długotrwałej konfrontacji z USA. Tak więc kurs Stalina od samego początku był oczywisty: rozszerzyć władzę swego kraju możliwie jak najdalej na zachód, żeby albo zgarnąć zyski, albo też zdobyć sobie korzystne pozycje przetargowe z punktu widzenia przyszłej próby sił.

Po udowodnieniu przez Amerykanów ich przemysłowej i wojskowej dominacji w trakcie wojny, po 1945 r. jako najważniejszy zysk dodatkowy mogli oni odnotować swój protektorat nad zachodnimi Niemcami i Japonią. Oba państwa dysponowały w zasadzie bardzo znaczną siłą gospodarczą i Stany Zjednoczone, dzięki swej potędze militarnej, rozciągnęły władzę nad obu tymi partnerami, tak ważnymi z punktu widzenia kontroli nad gospodarką światową.

Niezwykły przyrost siły wojskowej i politycznej został dodatkowo podbudowany zrzuceniem dwóch bomb atomowych na Hiroszimę 6 sierpnia i Nagasaki 9 sierpnia 1945 r. USA dowiodły tym samym, iż posiadają zdolność budowania broni atomowej, a także wolę i gotowość jej użycia w razie potrzeby. W 1945 r. były one jedynym mocarstwem mającym taką zdolność.

Przystępując do wojny, USA były w pełni zdecydowane pożegnać się z Europą po zakończeniu działań wojennych. Jednakże, wskutek wyraźnego zwiększenia zasięgu władzy Związku Radzieckiego, nastawienie to zaczęło się powoli zmieniać. Istniała groźba, że Moskwa w oparciu o już pozyskane państwa wasalne wedrze się jeszcze dalej na zachód zgarniając wpierw pod swoją kontrolę zachodnią resztę obszaru Niemiec. Tej nowej sytuacji geopolitycznej nie można było ignorować. Dlatego w Waszyngtonie szukano możliwości przeciwstawienia się radzieckiemu naporowi. Stany Zjednoczone zostały głębiej wciągnięte w sprawy Europy.

Plan Marshalla

Ostatnim bodźcem dla decyzji o wsparciu krajów europejskich, włącznie z Niemcami, była rozpoczynająca się „zimna wojna". Reagując na sytuację wynikającą z wojny domowej w Grecji (1946-1949), prezydent Harry S. Truman ogłosił 12 marca 1947 r. *Doktrynę Trumana* mówiącą, że USA będą wspierać wszystkie „wolne narody" w walce przeciwko totalitarnym formom rządów. Zgodnie z postanowieniami wojennych konferencji, Grecja była obszarem wpływów brytyjskich (por. s. 167), mimo to Związek Radziecki wspierał tamtejszych komunistów w wojnie domowej. Ponieważ Wielka Brytania uznała, iż nie jest w stanie poradzić sobie z tamtejszą sytuacją, poprosiła o wsparcie USA.

Z inicjatywy ministra spraw zagranicznych George'a C. Marshalla, w maju 1947 r. szef sztabu planowania tegoż ministerstwa, George F. Kennan, przystąpił w Waszyngtonie do opracowywania programu pomocy dla wszystkich państw europejskich. Program ten wszedł do historii jako Plan Marshalla. Punktem wyjścia koncepcji Marshalla była konkluzja, że tylko zjednoczona, zdrowa ekonomicznie Europa będzie odporna na wszelkie rodzaje totalitaryzmu. Jednak, co oczywiste, również własne zamysły gospodarcze USA odgrywały rolę przy tworzeniu Planu Marshalla, który miał dotyczyć całej Europy i objąć także Niemcy.

Dlaczego także Niemcy? Odbudowa Niemiec w coraz większym stopniu leżała również w interesie USA i państw powojennej Europy. Zarówno dla rynku zachodnioeuropejskiego, jak i amerykańskiego Niemcy jako centralna potęga gospodarcza były niezbywalnym odbiorcą surowców i dostawcą gotowych produktów. Dochodziła do tego kluczowa, z punktu widzenia USA, rola Niemiec w rozpoczynającej się zimnej wojnie. Oba nowe bloki państw, pod przewodem USA i

Związku Radzieckiego, oraz ich odmienne interesy ścierały się ze sobą na granicy „bizonii" (połączone w 1948 r. amerykańska i brytyjska strefa okupacyjna) i radzieckiej strefy okupacyjnej. Niestabilne pod względem gospodarczym i politycznym Niemcy Zachodnie mogły wywołać trudne do przewidzenia następstwa – nie tylko dla Niemiec, lecz i dla całej Europy Zachodniej.

Plan Marshalla stał się wielkim amerykańskim programem odbudowy gospodarczej złożonym z kredytów, surowców, żywności i towarów. Program został uchwalony przez Kongres 3 kwietnia 1948 r. Tego samego dnia został podpisany przez prezydenta Harrego S. Trumana i wszedł w życie; miał funkcjonować przez cztery lata. W całym tym okresie (1948-1952) USA udzieliły potrzebującym wsparcia państwom Europy pomocy o wartości ogółem 13 miliardów dolarów (odpowiada to 130 miliardom dolarów w 2017 r.).

Pierwotnie planowano wsparcie wszystkich krajów uczestniczących w wojnie. Jednak Związek Radziecki zmusił część z nich, w swojej strefie wpływów, do rezygnacji z tych środków. Także demokratyczna wówczas jeszcze Czechosłowacja musiała zrezygnować pod naciskiem Moskwy. Tak więc korzyści z planu odniosły jedynie kraje zachodnie. Pomoc finansową otrzymały również państwa neutralne, jak Szwajcaria i Szwecja.

Szczegóły Planu Marshalla były omawiane na kilku konferencjach. W celu koordynacji pomocy finansowej, 16 kwietnia 1948 r. szesnaście początkowo krajów europejskich utworzyło „Organizację Europejskiej Współpracy Gospodarczej" (OEEC), poprzednika dzisiejszej OECD. USA gwarantowały tym krajom, w ramach „Europejskiego Programu Odbudowy" (ERP), wsparcie finansowe do roku 1952. Programowi towarzyszyła kampania informacyjna skierowana do ludności uczestniczących w nim krajów, którą z dzisiejszego punktu widzenia należy uznać za coś pośredniego między poradami praktycznymi, szkoleniem politycznym a propagandą. Mowa była także o indoktrynacji. 30 października 1949 r. do OEEC przystąpiła także Republika Federalna Niemiec. Kraje członkowskie musiały wszakże podjąć również zobowiązania. Miały ustabilizować swoje własne finanse państwowe drogą reform walutowych.

Osiemnastu państwom przydzielono środki w następującym wymiarze (dane w milionach dolarów USA)[100]:

| Wielka Brytania | 3.442,8 $ |
| Francja | 2.806,3 $ |

---

[100] Statista - das Statistik-Portal

Włochy	1.515,0 $
Republika Federalna Niemiec	1.412,8 $
Holandia	977,3 $
Austria	711,8 $
Grecja	693,8 $
Belgia-Luksemburg	555,5 $
Dania	275,9 $
Norwegia	253,5 $
Turcja	242,5 $
Jugosławia	159,3 $
Irlandia	146,2 $
Szwecja	107,1 $
Indonezja	101,4 $
Portugalia	50,5 $
Triest	32,6 $
Islandia	29,8 $

Résumé

Wiek XX powszechnie nazywany jest „amerykańskim stuleciem". I chyba słusznie. Za bezpośrednią tego przyczynę można uznać włączenie się USA do działań zbrojnych I wojny światowej. W rzeczywistości jednak źródła błyskawicznej kariery Stanów Zjednoczonych sięgają amerykańskiej wojny domowej, w której następstwie powstały pierwsze podwaliny wzrostu pozycji państwa.

Gdy młode państwo „nabrało kształtów", a następnie dzięki doktrynie Monroego wytyczyło własny obszar wpływów, wydawało się tym „zaspokojone". W takiej opinii, przyjmowanej nie tylko za granicą, ale i na własnej ziemi, utwierdzał szeroko rozpowszechniony izolacjonizm.

Przystąpienie do I wojny światowej otworzyło daleko większe perspektywy, sięgające mocarstwowości czy nawet dalej. Perspektywy te przybliżyła następnie II wojna światowa, która zasadniczo odmieniła polityczne i społeczne struktury świata. Wielka Brytania, europejska potęga kolonialna, straciła swą pozycję światowego mocarstwa, potęga kolonialna Francja pozycję wielkiego mocarstwa, a większość afrykańskich i azjatyckich kolonii uzyskała niepodległość.

Powstała Organizacja Narodów Zjednoczonych, gdzie stałymi członkami Rady Bezpieczeństwa zostały główne mocarstwa zwycięskie drugiej wojny światowej: USA, Związek Radziecki, Chiny, Wielka Brytania, a także Francja. USA rozszerzyły swoje wpływy na cały świat i zastąpiły Wielką Brytanię na pozycji światowego mocarstwa.

Musiały jednak dzielić ów status ze Związkiem Radzieckim, który również zdołał wyraźnie rozszerzyć swoją strefę wpływów i w krótkim czasie z sojusznika-partnera stał się najzaciętszym przeciwnikiem. Rywalizacja USA ze Związkiem Radzieckim doprowadziła do zimnej wojny, która trwała 45 lat, aż w końcu na pozycji jedynego mocarstwa światowego znalazły się USA.

Rozdział 8

Narody Zjednoczone

Po ostatecznym upadku Ligi Narodów z chwilą wybuchu II wojny światowej należało poszukać nowych dróg do międzynarodowego porządku pokojowego.

Historia

W obliczu bezwzględnych i wątpliwych z punktu widzenia prawa międzynarodowego działań wojennych Rzeszy Niemieckiej nastąpiło zbliżenie pomiędzy USA a Związkiem Radzieckim. Już w styczniu 1941 r. prezydent Roosevelt w przemówieniu na forum Kongresu objaśnił swą „koncepcję wolności", gdzie postępowanie Hitlera wobec międzynarodowej demokracji nazwał „tyranią', której trzeba zdecydowanie przeciwdziałać.

W trakcie opisanego już w rozdziale 7. spotkania na pokładzie *HMS Prince of Wales* u wybrzeży Nowej Fundlandii, Roosevelt porozumiał się z Churchillem w sprawie projektu „Karty Atlantyckiej". Tę inicjatywę USA można uznać za podwalinę Narodów Zjednoczonych.

Podczas waszyngtońskiej „konferencji Arkadia", kontynuacji dwustronnej, amerykańsko-brytyjskiej konferencji w Zatoce Placentia w 1941 r., 1 stycznia 1942 r. 26 państw koalicji antyhitlerowskiej podpisało „Deklarację Narodów Zjednoczonych" (*Declaration by the United Nations*). Służyła ona sformalizowaniu i potwierdzeniu uzgodnionej uprzednio na płaszczyźnie bilateralnej, amerykańsko-brytyjskiej Karty Atlantyckiej i była następnym krokiem na drodze ku powstaniu Organizacji Narodów Zjednoczonych. Ponieważ podczas narady w Waszyngtonie Związek Radziecki nie był obecny, doszło do kolejnego spotkania aliantów w Moskwie, z udziałem Chin. Na moskiewskiej konferencji ministrów spraw zagranicznych w 1943 r. przyszłe mocarstwa zwycięskie opowiedziały się za założeniem „międzynarodowej organizacji w celu zapewnienia pokoju". Był to trzeci krok na drodze ku ONZ. 1 grudnia 1943 r., na konferencji w Teheranie, cel ten został raz jeszcze potwierdzony przez Roosevelta, Stalina i Churchilla.

Po ustaleniu już w lipcu 1944 r., na konferencji w Bretton Woods, podstawowych zarysów światowego systemu walutowego i gospodarczego oraz jego przyszłych instytucji (MFW i Bank Światowy), alianci naradzali się jeszcze na konferencji w

Dumbarton Oakes, do 7 października 1944 r., nad statutem i strukturą przyszłej światowej organizacji: był to czwarty krok w kierunku Narodów Zjednoczonych. Konferencja jałtańska w lutym 1945 r. przyniosła ostateczne porozumienie trzech wielkich mocarstw w sprawie powołania ONZ. 11 lutego 1945 r. prezydent Roosevelt, premier Churchill oraz prezydent, premier i marszałek Stalin oznajmili w Jałcie swoją decyzję o utworzeniu „powszechnej międzynarodowej organizacji w celu utrzymania pokoju i bezpieczeństwa". Mężowie stanu uzyskali jednomyślność co do ostatniej, otwartej jeszcze kwestii związanej z nową organizacją, czyli procedury głosowania w Radzie Bezpieczeństwa. Ustalili skład pięciu stałych członków Rady i przyznali im tak zwane „prawo weta". Na owych pięciu stałych członków powołano Chiny, Francję, Wielką Brytanię, Związek Radziecki oraz Stany Zjednoczone Ameryki. Mimo drastycznych zmian na świecie, tychże pięciu stałych członków pozostaje w strukturze ONZ od chwili założenia organizacji aż po dzień dzisiejszy, zachowując prawo weta, którym dysponują wyłącznie oni.

25 czerwca 1945 r., w budynku opery w San Francisco, obejmująca 111 artykułów Karta została jednogłośnie przyjęta i zaraz następnego dnia także podpisana. Wszystkie bez wyjątku państwa-sygnatariusze uczestniczyły w drugiej wojny światowej po stronie alianckiej. Po złożeniu również przez Polskę, jako 51. państwo, dokumentu ratyfikacyjnego, 24 października 1945 r. Karta Narodów Zjednoczonych ostatecznie weszła w życie. Datę tę uznaje się za „Dzień Narodów Zjednoczonych".

Tę wielką i potrzebną inicjatywę pokojową USA, zainicjowaną pod rządami Roosevelta, zdołano tym samym sfinalizować jeszcze przed zakończeniem drugiej wojny światowej; w tym samym roku utworzono FAO (Organizacja Narodów Zjednoczonych do spraw Wyżywienia i Rolnictwa), UNESCO (Organizacja Narodów Zjednoczonych do spraw Oświaty, Nauki i Kultury), MFW (Międzynarodowy Fundusz Walutowy) oraz Bank Światowy jako organizacje wyspecjalizowane ONZ.

Wpływ USA na ONZ oraz jej organizacje wyspecjalizowane od samego początku był bardzo silny. Staje się to wyraźnie widoczne, jeśli przyjrzeć się siedzibom poszczególnych organizacji. Wszystkie najważniejsze organizacje wyspecjalizowane – podobnie jak sama ONZ – mają swoje urzędowe siedziby w USA: ONZ w Nowym Jorku, MFW w Waszyngtonie, Bank Światowy również w Waszyngtonie. W tych trzech instytucjach wpływa się na światową politykę, a wpływ goszczącego je państwa jest, co oczywiste, wyjątkowo silny. Na przeniesienie siedziby FAO z Waszyngtonu do Rzymu, a siedziby UNESCO do Paryża, USA przystały bez żadnych oporów.

10 stycznia 1946 r. w Londynie zainaugurowano pierwsze Zgromadzenie Ogólne, na którym reprezentowanych było 51 państw; 17 stycznia 1946 r. zebrała się po raz pierwszy Rada Bezpieczeństwa i przyjęła swój porządek działania, a 1 lutego 1946 r.

Norweg Trygve Lie wybrany został w Nowym Jorku pierwszym Sekretarzem Generalnym ONZ.

24 października 1949 r. położono kamień węgielny pod obecną siedzibę Organizacji Narodów Zjednoczonych w Nowym Jorku, a w 1952 r. ONZ przeniosła się ze swego czasowego miejsca pobytu w Londynie do nowej kwatery głównej na wschodnim brzegu Manhattanu. Parcelę – 7-hektarowy teren po byłej rzeźni – ufundował Amerykanin John D. Rockefeller.

Struktura i organizacja

W ciągu ponad siedemdziesięciu lat swego istnienia Organizacja Narodów Zjednoczonych znacznie poszerzyła swój skład i obszary działania. Z pierwotnie 51 państw założycielskich, liczba członków ONZ wzrosła obecnie do 193 państw. Niezależnie od tego organizacja zachowała swą pierwotną strukturę wraz z Kartą Narodów Zjednoczonych jako podstawą oraz sekretarzem generalnym i światową Radą Bezpieczeństwa jako najważniejszym organem decyzyjnym. Od 1945 r. Organizacja Narodów Zjednoczonych powołała siedemnaście organizacji wyspecjalizowanych.[101]

Skrót	Nazwa	Siedziba	Rok założenia
FAO	Organizacja NZ do spraw Wyżywienia i Rolnictwa	Rzym	1945
MFW	Międzynarodowy Fundusz Walutowy	Waszyngton	1945
WB	Bank Światowy	Waszyngton	1945
ILO	Międzynarodowa Organizacja Pracy	Genewa	1946
UNESCO	Organizacja NZ do spraw Oświaty, Nauki i Kultury	Paryż	1946
ICAO	Organizacja Międzynarodowego Lotnictwa Cywilnego	Montreal	1947
ITU	Międzynarodowy Związek Telekomunikacyjny	Genewa	1947
UPU	Światowy Związek Pocztowy	Berno	1947
IMO	Międzynarodowa Organizacja Morska	Londyn	1948
WHO	Światowa Organizacja Zdrowia	Genewa	1948
WMO	Światowa Organizacja Meteorologiczna	Genewa	1950
MAEA	Międzynarodowa Agencja Energii Atomowej	Wiedeń	1957

---

[101] Bundeszentrale für politische Bildung [Federalna Centrala Kształcenia Politycznego], informacja z 02.02.2011 r.

UNIDO	Organizacja NZ do spraw Rozwoju Przemysłowego	Wiedeń	1966
WIPO	Światowa Organizacja Własności Intelektualnej	Genewa	1967
UNWTO	Światowa Organizacja Turystyki	Madryt	1975
IFAD	Międzynarodowy Fundusz Rozwoju Rolnictwa	Rzym	1977
MTK*	Międzynarodowy Trybunał Karny	Haga	1998

* MTK jest instytucją międzynarodową, której związek z Organizacją Narodów Zjednoczonych reguluje porozumienie kooperacyjne. Członkami MTK są 123 państwa, które ratyfikowały stosowne umowy. 31 państw ich nie ratyfikowało, a trzy spośród nich poinformowały Sekretarza Generalnego ONZ, że nie chcą ich ratyfikować i nie uczynią tego. Owe trzy państwa to Izrael, Sudan i USA. USA nie chcą przede wszystkim dopuścić do tego, by organy oskarżycielskie mogły na własną rękę prowadzić dochodzenie w razie przypuszczenia, że mają do czynienia z aktem agresji. Stanowisko takie należy postrzegać w kontekście niejednej z amerykańskich wojen, kiedy to wobec jakiegoś państwa użyto siły wojskowej z wyraźnym pogwałceniem Karty ONZ. Należy je zatem oceniać jako ochronę samego siebie. W tle sporu o to, czy zaistniało przestępstwo wojny agresywnej, toczy się wszakże nieustannie debata na temat „równości wobec prawa międzynarodowego" oraz wokół kwestii, czy politycznie wpływowe państwa mogą trwale unikać osądu trybunału. Wobec wysokiej liczby wojen (86), jakie prowadziły USA od czasu swego powstania, przyczyny ich negatywnego stanowiska są jednoznaczne. Chciałoby się wprawdzie sądzić inne państwa, lecz inne państwa nie powinny sądzić USA lub ich obywateli.

W obliczu całkowicie odmiennej, w porównaniu z rokiem 1945, sytuacji na świecie, wśród obserwatorów i praktyków polityki międzynarodowej istnieje konsensus co do tego, że ONZ wymaga pilnego zreformowana. Struktury i procedury nie odpowiadają już realiom światowej polityki XXI wieku. Patrząc z tego punktu widzenia, starania takich krajów jak Brazylia, Niemcy, Indie czy Japonia, które dążą do uzyskania stałego miejsca w światowej Radzie Bezpieczeństwa, są zrozumiałe. Zarazem jednak pięciu stałych członków Rady Bezpieczeństwa wydaje się być mało skłonnych do tego, by owe dążenia wziąć pod uwagę i w ramach reorganizacji ONZ przyjąć do ekskluzywnego kręgu „piątki" inne ważne państwa o wysokiej liczbie ludności i / lub wysokim znaczeniu polityczno-gospodarczym. Zwłaszcza Wielka Brytania i Francja niechętnie pogodziłyby się z „rozwodnieniem" swego znaczenia i swoich wpływów wskutek przyjęcia kolejnych członków. Lecz i USA nadal wzbraniają się przed zwiększeniem liczby stałych członków Rady i przed związanym z tym „rozmiękczeniem" przysługującego stałym członkom prawa weta. Przy niezmienionej strukturze i roli Rady Bezpieczeństwa, USA są w stanie zablokować każdą decyzję, które nie jest po ich myśli. To samo tyczy się oczywiście także Rosji i Chin, jak również Wielkiej Brytanii i Francji.

System finansowania Organizacji Narodów Zjednoczonych wspiera się na trzech istotnych filarach: obowiązujących składkach członkowskich wnoszonych do budżetu regularnego, składkach na misje pokojowe, wnoszonych obowiązkowo zgodnie z podziałem między uczestników danej misji, oraz na dobrowolnych składkach państw członkowskich. Zasada obowiązująca przy ustalaniu wymiaru składek brzmi: kraje bogatsze płacą więcej, kraje uboższe płacą mniej. Czterema największymi płatnikami składek na ONZ są USA (22 %), Japonia (9,7 %), Chiny (7,9 %) i Niemcy (6,4 %). Kraje te wnoszą razem równo 46 procent całkowitej kwoty budżetu Narodów Zjednoczonych. Mimo to Japonia i Niemcy nie są stałymi członkami Rady Bezpieczeństwa. Regularny budżet Organizacji Narodów Zjednoczonych w roku 2014/2015 wyniósł 5,8 miliarda dolarów USA. Fundusze i organizacje wyspecjalizowane mają swój własny budżet.

Niekiedy państwa członkowskie odmawiają płacenia składek. Dzieje się tak zawsze wtedy, gdy dane państwo nie zgadza się z jakąś decyzją ONZ. Również USA sięgnęły kilkakrotnie po ten środek. W taki właśnie sposób w listopadzie 2013 r. USA oraz Izrael utraciły prawo głosu w UNESCO. Ponieważ UNESCO przyjęło jako pełnoprawnego członka Palestynę, oba kraje na znak protestu przez dwa lata nie opłacały swoich składek członkowskich.

Wojna w Iraku 2003 r.

W centrum zainteresowania polityki międzynarodowej światowa organizacja NZ znalazła się kolejny raz wiosną 2003 r., w kontekście sporu wokół interwencji wojskowej w Iraku. Po napaści Iraku na Kuwejt w sierpniu 1990 r., kiedy to po bezskutecznym ultimatum Narodów Zjednoczonych ze stycznia 1991 r. szeroka koalicja 28 państw pod przewodem USA odpowiedziała interwencją wojskową i oswobodziła Kuwejt (*operacja „Pustynna Burza”*), ONZ jednogłośnie podyktowała Irakowi szereg warunków. Zaliczała się do nich zwłaszcza kontrola irackiego programu budowy środków masowego rażenia. Narody Zjednoczone chciały mieć gwarancję, że Irak nie będzie konstruować, wytwarzać ani nabywać broni atomowej, biologicznej i chemicznej.

Ocena powodzenia tej międzynarodowej polityki powstrzymywania, stosowanej dotąd wobec Iraku, była także decydującym kryterium legalności kolejnej wojny przeciwko Irakowi. Choć wiosną 2003 r. szczególnie Francja, Rosja i Chiny jako stali członkowie Rady Bezpieczeństwa oraz Niemcy jako wówczas niestały jej członek widzieli postęp we współpracy oraz skuteczność inspekcji ONZ, a zatem brak dostatecznych powodów do interwencji wojskowej, USA, Wielka Brytania, Hiszpania i

Bułgaria oświadczyły, że Irak nie kooperuje w wystarczającej mierze. Wskutek tego konflikt nie może zostać rozwiązany na forum światowej Rady Bezpieczeństwa. W konsekwencji USA, nie uzyskując uprzednio upoważnienia Rady Bezpieczeństwa, dokonały 20 marca 2003 r. militarnego ataku na Irak.

Później okazało się, że Irak faktycznie nie dysponował bronią masowego rażenia. 5 lutego 2003 r. Colin Powell, pierwszy kolorowy minister spraw zagranicznych USA, uzasadniał na forum ONZ tę dawno już postanowioną wojnę rządu Busha przeciwko Irakowi. CIA wysłała go na posiedzenie Rady Bezpieczeństwa ONZ ze sfałszowaną dokumentacją. Colin Powell nie czuł się podobno dobrze z powodu tego wystąpienia, wkrótce potem ustąpił z urzędu ministra spraw zagranicznych USA i prosił publicznie o wybaczenie.

Global Governance i Międzynarodowy Trybunał Karny[102]

Narody Zjednoczone stanowią na szczeblu globalnym forum kształtowania polityki światowego porządku (*Global Governance*). Polityczna koncepcja *Global Governance* polega na tym, aby zachowaniom państw, jak również innych organizacji, przedsiębiorstw i jednostek nadać granice poprzez nałożenie pewnych ramowych reguł. Celem jest w tym wypadku stworzenie i utrzymanie prawnych, etycznych i moralnych podstaw stosunków międzynarodowych skłaniających rozmaitych aktorów politycznych konfliktów do poprawnych zachowań. Za przykład może tu posłużyć utworzenie Międzynarodowego Trybunału Karnego (MTK) służącego ściganiu i ewent. karaniu sprawców drastycznych naruszeń praw człowieka.

Pomysł utworzenia międzynarodowego sądu karnego dyskutowany był w kręgu Narodów Zjednoczonych zaraz po drugiej wojnie światowej, pod wpływem działalności Międzynarodowego Trybunału Wojskowego w Norymberdze i Tokio. Jego idea skonkretyzowała się jednak dopiero w następstwie powołania przez ONZ ad hoc dwóch trybunałów karnych: dla byłej Jugosławii (1993) oraz dla Rwandy (1994). Uchwalony 17 lipca 1998 r. w Rzymie statut Międzynarodowego Trybunału Karnego ogranicza jego jurysdykcję do czterech wyjątkowo ciężkich przestępstw, które dotykają międzynarodowej wspólnoty jako całości, a mianowicie do ludobójstwa, zbrodni przeciwko ludzkości, zbrodni wojennych i agresji. Międzynarodowy Trybunał Karny uzupełnia tu jurysdykcje wewnątrzpaństwowe, których pierwszeństwo zapisane jest w statucie. Zgodnie z zasadą komplementarności, Międzynarodowy Trybunał Karny uaktywnia się, gdy krajowe instytucje powołane do ścigania przestępstw okazują się niezdolne lub nieskłonne do przeprowadzenia poważnego dochodzenia bądź ukarania przestępstwa.

---

[102] Politik & Unterricht - zeszyt 4 – 2006 r.

Przyjęcie tych reguł („Statut Rzymski") poprzedziły poważne spory wśród delegatów, które w istocie rzeczy można podsumować jako kontrowersje dwóch grup państw o rozbieżnych wyobrażeniach co do konkretnego kształtu Trybunału. Jedna z grup, której przewodziły USA, w pierwszym rzędzie podkreślała wagę narodowej suwerenności i chciała zezwolić Międzynarodowemu Trybunałowi Karnemu na podejmowanie śledztwa najchętniej dopiero po uzyskaniu w każdym pojedynczym przypadku zgody zainteresowanego państwa. Sprzeciwiała się temu druga grupa „państw o jednakowych poglądach", w tym wszystkie ówczesne państwa członkowskie UE, a także rozmaite organizacje ochrony praw człowieka, jak *Amnesty International*, opowiadając się za możliwie jak najefektywniejszym i niezależnym Międzynarodowym Trybunałem Karnym – było to stanowisko, które ostatecznie zdołano przeforsować także w końcowym głosowaniu nad Statutem Rzymskim.

W kwietniu 2002 r. 60 państw – w tym wszystkie ówczesne państwa unijne w liczbie 15 – złożyło w końcu w siedzibie Narodów Zjednoczonych dokumenty ratyfikacyjne dotyczące utworzenia Międzynarodowego Trybunału Karnego, tak że 1 lipca 2002 r. Statut mógł wejść w życie i można było utworzyć Międzynarodowy Trybunał Karny jako stałą instytucję z siedzibą w Hadze. W marcu 2003 r. zaprzysiężono pierwszych 18 sędziów Trybunału. Do chwili obecnej Statut Rzymski ratyfikowało 121 państw. USA nadal odrzucają instytucję Trybunału, lecz również takie państwa jak Chiny, Indie, Rosja, Irak, Iran, Korea Północna i Turcja albo nie podpisały Statutu, albo go nie ratyfikowały.

W marcu 2006 r. przed Międzynarodowym Trybunałem Karnym postawiono pierwszego oskarżonego. Chodziło o Thomasa Lubangę, członka ludu Hema i przywódcę „Unii Kongijskich Patriotów" oraz wchodzącej w jej skład milicji we wschodnim Kongu. Lubandze zarzucono, że był jedną z głównych postaci długotrwałej wojny między Hema a Lendu. Wojna ta, tak jak wszystkie konflikty w Kongu, została rozpętana przez kraje sąsiednie oraz z powodu zmagań o surowce. Według szacunków ONZ, od 1999 r. ofiarami tej wojny padło około 60.000 ludzi. 10 lipca 2012 r. Lubanga został skazany na 14 lat pozbawienia wolności.

Résumé

Po upadku Ligi Narodów, utworzenie Organizacji Narodów Zjednoczonych stanowiło podejmowaną po raz drugi na płaszczyźnie praktyczno-politycznej próbę uporządkowania względnie ujęcia w ramy prawne bezładu międzynarodowej polityki i powierzenia ochrony światowego pokoju zgromadzeniu o globalnym zasięgu.

Inicjatorem były tu USA. Zasługa powołania do życia tej od ponad 70 lat w sumie z powodzeniem działającej organizacji przypada Rooseveltowi. USA, jako inicjator, miały oczywiście najlepszą sposobność ukształtowania obejmującej cały świat instytucji podług własnych życzeń i wyobrażeń. Umiejscowienie jej w Nowym Jorku, a organizacji wyspecjalizowanych w Waszyngtonie wzmacniało dodatkowo możliwości wywierania wpływu w interesie USA. Przyczynia się do tego także fakt, że to USA są największym płatnikiem składki na ONZ. Zarazem jednak, jeśli narodowe interesy USA stoją w sprzeczności z fundamentalnymi regułami ONZ, USA nie trzymają się ich w najmniejszym stopniu, lecz forsują to, co służy ich własnej korzyści.

Struktura ONZ odpowiada dziś, niezmiennie, sytuacji w chwili zakończenia II wojny światowej w roku 1945. Historyczne zmiany, jakie zaszły od tamtej pory, wymagają kompletnej reorganizacji Narodów Zjednoczonych. Taka potrzeba jest wszakże od dawna odrzucana przez pięciu stałych członków Rady Bezpieczeństwa. Będąc członkiem tego ekskluzywnego kręgu można wywierać wyraźny wpływ na inne państwa i regiony i wpływ ten, co oczywiste, pragnęłoby się zachować.

Zasadniczo jednak trzeba stwierdzić, że utworzenie Organizacji Narodów Zjednoczonych stanowi jednoznaczny sukces, który na koncie Stanów Zjednoczonych Ameryki należy zapisać po stronie dodatniej.

Rozdział 9

NATO

Od chwili, gdy podczas II wojny światowej zachodnio-wschodni sojusz rozpoczął walkę przeciwko hitlerowskim Niemcom jako wspólnemu wrogowi, sprzeczności pomiędzy demokratycznymi państwami zachodnimi z jednej strony, a komunistycznym Związkiem Radzieckim i opanowanymi przezeń państwami Europy Środkowo-Wschodniej z drugiej ujawniały się coraz silniej. Mnożyły się różnice zdań i wynikające z nich konflikty. Między USA i Związkiem Radzieckim dochodziło do napięć. Na przełomie lat 1946/47 Rosja i Ameryka miały sprzeczne interesy w Turcji, Iranie i Grecji. Zarówno ZSRR, jak i USA miały wobec nich cele i plany przeczące tymże po drugiej stronie. Owe cele i plany dotyczyły zarówno bogactw naturalnych, jak i politycznego ukierunkowania wspomnianych państw. Był to jednoznacznie konflikt interesów w wymiarze geopolitycznym.

Pierwsze podejście w celu utworzenia NATO nie powiodło się z uwagi na opór USA. Daremnie socjalistyczny brytyjski minister spraw zagranicznych Ernest Bevin naciskał w grudniu 1947 r. na swego amerykańskiego kolegę George'a Marshalla, by wymóc „wsparcie Europy Zachodniej przez USA". W Europie zaczęła się właśnie zimna wojna i Bevin obawiał się, że radziecki dyktator Józef Stalin mógłby rozszerzyć swoje imperium aż do Atlantyku. Jednak Marshall odmówił. Dwa lata po zakończeniu II wojny światowej większość amerykańskich żołnierzy już znów była w domu. Wysyłanie ich na powrót do Europy nie spodobałoby się wyborcom.

Dopiero gdy w lutym 1948 r. Stalin zastąpił demokratyczny rząd w Pradze reżimem komunistycznym, nastroje się odwróciły. 11 czerwca 1948 r. rezolucja amerykańskiego Senatu zezwoliła rządowi na udział w przymierzu obronnym. Przez dziesięć miesięcy przyszli partnerzy Sojuszu spierali się nad sformułowaniem traktatu NATO. Francuski minister spraw zagranicznych Robert Schuman domagał się amerykańskiej broni i natychmiastowego stacjonowania jednostek USA w swoim kraju. Jego holenderski kolega Dirk Stikker zamierzał podpisać traktat tylko wtedy, jeśli obejmie on także indonezyjskie kolonie Holandii.

3 kwietnia 1949 r. prezydent Harry Truman zgromadził ministrów spraw zagranicznych nowych sojuszników w Białym Domu i ostrzegł, że wspólnie mają tylko kilkuletnią chwilę wytchnienia, którą należy wykorzystać na wypracowanie

wspólnej polityki. Dzień później, 4 kwietnia 1949 r., dwanaście państw, mianowicie Belgia, Dania, Francja, Wielka Brytania, Islandia, Włochy, Kanada, Luksemburg, Holandia, Norwegia, Portugalia oraz USA, podpisało Pakt Północnoatlantycki. Jako nazwę dla nowej organizacji wybrano *North Atlantic Treaty Organisation*, czyli „Pakt Północnoatlantycki", ponieważ pomiędzy państwami założycielskimi leżał północny Atlantyk. Siedzibą Kwatery Głównej NATO stał się najpierw Waszyngton, a od 1952 r. był nią Paryż. Miało się to zmienić w latach 60.

Intencją owych dwunastu państw było przygotowanie się na ewentualne przeniknięcie komunizmu do Europy Zachodniej poprzez wspólne gwarantowanie wolności, demokracji, praw człowieka, pokoju i gospodarki rynkowej.

Dopiero w art. 5 Traktatu tematem uczyniono kolektywną samoobronę. W tym najważniejszym chyba artykule państwa członkowskie NATO zobowiązują się do wzajemnej pomocy. Jak wszakże owa pomoc miałaby konkretnie wyglądać, o tym każde z państw mogło i nadal może zdecydować podług własnego poglądu. Ów „obowiązek udzielenia pomocy" w równym stopniu oznacza użycie wojsk, co i niemilitarne działania pomocowe, takie jak pomoc żywnościowa lub zaopatrzenie medyczne. NATO, zgodnie z własnym rozumieniem swej roli, jest więc w pierwszym rzędzie przymierzem politycznym, wspólnotą wartości, a dopiero po wtóre wojskowym sojuszem obronnym. W publikowanych opiniach fakt ten często bywa przedstawiany inaczej.

NATO dążyło i dąży do osiągnięcia trwałego bezpieczeństwa międzynarodowego i opowiada się za dalszym rozwojem demokracji. Traktat obejmuje obszar krajów członkowskich, a także bazy, okręty i lotniska na Morzu Śródziemnym i Atlantyku. Oprócz wsparcia wojskowego, państwa członkowskie miały też na uwadze intensywniejszą współpracę na płaszczyźnie gospodarczej.

Początkowo przedmiotem tarć było ustalenie „obszaru terytorialnego" NATO. Kilka europejskich rządów, na przykład Wielkiej Brytanii, Francji, Belgii i Holandii, optowało za rozciągnięciem strefy NATO na cały świat. USA broniły się przed tym i przeforsowały swoje stanowisko. Nie chciały być zamieszane w ewentualne spory europejskich państw kolonialnych z ich zamorskimi koloniami. Stąd też za południową granicę NATO uznano zwrotnik Raka. Co ciekawe, kilka dekad później to właśnie USA były tym państwem, które chętnie widziałoby wojska NATO zaangażowane w wymiarze globalnym, Europejczycy natomiast odrzucali takie rozszerzenie granic Sojuszu. Pojęcie *Out-of-area* (poza obszarem traktatowym) zawsze zajmowało polityków i wojskowych. Miało się to zmienić dopiero w następstwie szczytu NATO w Rzymie. Od tej pory obowiązuje uzgodniona gotowość NATO do akcji *Out-of-area*. Teraz, po uzyskaniu upoważnienia Rady Bezpieczeństwa ONZ bądź

OBWE, możliwe są również działania poza terytorium NATO.

W trakcie wzmagania się konfliktu ideologicznego między USA a Związkiem Radzieckim i zbrojeń atomowych w trzech państwach NATO, USA, Wielkiej Brytanii i Francji, oraz w Związku Radzieckim, ustawicznie postępowało wzmacnianie komponentu wojskowego Sojuszu. Sprzyjały temu wybuchy regionalnych i lokalnych konfliktów, takich jak wojna w Korei i kryzys kubański.

Lata 60. i 70. ubiegłego stulecia cechowały się wyścigiem zbrojeń między obu supermocarstwami, którego finałem była przyjęta przez jedną ze stron strategia wzajemnego nuklearnego odstraszania, nie zważająca na zwrócone przeciwko niej protesty zwłaszcza w Europie Zachodniej, a tu przede wszystkim w Republice Federalnej Niemiec. Prezydent USA Ronald Reagan (1980-1988) wykorzystał wyścig zbrojeń jako instrument wojny gospodarczej, która zrujnowała Związek Radziecki pod względem finansowym i w znacznej mierze przyczyniła się do jego rozpadu w końcu lat 80. minionego wieku.

Do głębokich zmian doszło z chwilą, gdy w wyborach prezydenckich we Francji w 1965 r. ponownie zwyciężył Charles de Gaulle, który swą drugą kadencję rozpoczął od istotnej zmiany dotychczasowej francuskiej polityki obronnej. 21 lutego 1966 r. ogłosił on wystąpienie Francji z wojskowej struktury NATO. Wraz z eksplozją pierwszej francuskiej bomby atomowej, co nastąpiło 13 lutego 1966 r. na Saharze, kraj wstąpił do kręgu potęg nuklearnych i tworząc *Force de Frappe* (siły odstraszania) zaczął budowę własnych (niewielkich) sił atomowych. Zyskawszy większą pewność siebie, Francja przypomniała sobie upokarzające niekiedy traktowanie ze strony aliantów podczas drugiej wojny światowej. De Gaulle odrzucił trwałą dominację USA w NATO i zażądał podporządkowania stacjonujących we Francji amerykańskich i kanadyjskich jednostek francuskiemu dowództwu. Gdy USA odmówiły na to zgody, w lutym 1966 r. francuski prezydent zażądał wycofania wszystkich wojsk sojuszniczych i wszystkich dowództw NATO z uzasadnieniem, że Francja chce teraz korzystać ze swej pełnej suwerenności, czego nie gwarantowało dotąd stacjonowanie obcych sił zbrojnych na jej ziemi. 1 lipca 1966 r. przedstawiciele Francji opuścili wojskowe organy NATO, a wojska francuskie zostały wyłączone z natowskich struktur wojskowych. Francję musiało opuścić 30.000 żołnierzy NATO, wojskowa kwatera główna SHAPE została przeniesiona do Mons w Belgii, narodowe europejskie dowództwo sił zbrojnych USA (US-EUCOM) do Stuttgartu, a Naczelne Dowództwo NATO Europy Środkowej (AFCENT) do Brunssum w Holandii. 16 października 1966 r., pod naciskiem USA, członkowie Rady NATO uchwalili jednogłośnie przeniesienie do Brukseli również swego najwyższego organu politycznego. Tego wszakże de Gaulle już się nie domagał i chętnie zatrzymałby Radę Północnoatlantycką w Paryżu.

USA, które wyraźnie zdominowały Sojusz, zdołały wbrew upartemu generałowi z Paryża postawić na swoim i coraz bardziej umacniały swoją rolę. Ich obecność w Europie była nadal rozbudowywana. Tym sposobem, w wyniku członkostwa w NATO, doszło do wyraźnej zmiany polityki zagranicznej USA. Polityka nieingerencji w sprawy innych państw, którą USA uprawiały przez wiele dziesięcioleci, teraz ostatecznie chyba przeszła do historii.

Nikt w początkowych latach NATO nie przedstawił koncepcji Sojuszu równie prosto i trafnie co brytyjski generał Hastings Ismay: celem utworzonego w 1949 r. Sojuszu Atlantyckiego, powiedział jego pierwszy Sekretarz Generalny, jest „trzymanie Amerykanów przy sobie, Rosjan z daleka, a Niemców pod kontrolą" (*keep the Americans in, the Russians out and the Germans down*). Dwie pierwsze zasady obowiązywały przez 50 lat, do zakończenia zimnej wojny. Trzecia w krótkim czasie straciła rację bytu.

18 lutego 1952 r. do NATO zostały przyjęte Grecja i Turcja jako członkowie numer 13 i 14. Było to posunięcie, które miało również dopomóc w ustabilizowaniu demokracji w obu tych państwach. Ponadto, wraz z ich członkostwem NATO zyskało kontrolę nad połączeniem Morza Czarnego z Morzem Śródziemnym. Efektem ubocznym, którego nie można tu zlekceważyć, był fakt, że od tej pory jedyna radziecka flota dysponująca niezamarzającymi portami miała dostęp do światowych mórz poprzez cieśniny kontrolowane przez NATO.

6 maja 1955 r., po zaledwie sześciu latach od utworzenia NATO, do Sojuszu została przyjęta Republika Federalna Niemiec jako 15. pełnoprawny jego członek. Decyzję tę spowodował wybuch wojny koreańskiej w 1950 r. Ówczesny kanclerz Konrad Adenauer (CDU) wielokrotnie powtarzał opinię, że państwo bez armii nie jest prawdziwym państwem. Podpisanie traktatu poprzedziły w Niemczech gwałtowne kontrowersje związane z remilitaryzacją własnego kraju.

To USA optowały za przystąpieniem Niemiec do NATO; Francuzi byli temu przeciwni i zainicjowali utworzenie Unii Zachodnioeuropejskiej (UZE), paktu o pomocy wzajemnej obejmującego siedem krajów europejskich włącznie z Niemcami. UZE, pozostając w cieniu NATO, była wszakże politycznie bez znaczenia i w 2010 r. została rozwiązana.

Tydzień po przystąpieniu RFN do NATO Związek Radziecki utworzył Układ Warszawski, do którego należała również NRD. Tym samym podział Europy na dwa bloki został przypieczętowany.[103]

Hiszpania została przyjęta do Sojuszu jako 16. państwo 30 maja 1982 r. Do zakończenia zimnej wojny liczba państw członkowskich NATO miała pozostać niezmieniona.

Strategie NATO

Od chwili, gdy Stany Zjednoczone Ameryki uświadomiły sobie, że w ich żywotnym interesie leży przymierze z demokracjami Europy, by wspólnie przeciwstawiać się ekspansywnemu naporowi Związku Radzieckiego, Europejczycy i Amerykanie ustawicznie musieli starać się o wyważenie interesów każdej ze stron w dziedzinie polityki bezpieczeństwa. Nie obyło się przy tym bez napięć pomiędzy strategią sojuszniczą a narodową strategią USA.

„Od czasu utworzenia Sojuszu Atlantyckiego, pierwsze miejsce w amerykańskich rozważaniach na temat sojuszniczej strategii zajmowała odstraszająca i obronna rola broni nuklearnej. W związku z różną odległością geograficzną od groźnego potencjału Układu Warszawskiego, od chwili powstania Sojuszu ryzyko dla NATO w Europie i w Ameryce Północnej było odmienne. Europejskie państwa NATO były skonfrontowane z bezpośrednim zagrożeniem ze strony przeważającego potencjału konwencjonalnego Układu Warszawskiego, będąc dodatkowo zagrożone przez kontynentalne i międzykontynentalne środki nuklearne Związku Radzieckiego. W odniesieniu do USA i Kanady takie spotęgowane zagrożenie nie istniało. Z punktu widzenia bezpieczeństwa północnoamerykańskiego kontynentu, Stany Zjednoczone musiały brać pod uwagę wyłącznie wrażliwość na radziecką międzykontynentalną broń strategiczno-nuklearną, aczkolwiek zarazem musiały też uwzględniać globalne skutki radzieckich zdolności interwencyjnych.

Z amerykańskiego punktu widzenia poważne ryzyko polegało na tym, że wskutek nierównowagi konwencjonalnej w Europie USA zostaną przymuszone do nuklearnego starcia ze Związkiem Radzieckim, co w wypadku konfliktu nie oznaczałoby niczego innego, jak tylko konieczności rzucenia własnej egzystencji na szalę wspólnego bezpieczeństwa.

Tym samym w stosunkach sojuszniczych pojawiła się pierwsza zasadnicza kwestia, mianowicie jak w zmieniających się strategicznych uwarunkowaniach, przy uwzględnieniu istniejącego w danej chwili stosunku sił wojskowych, zachować wspólnotę ryzyka pomiędzy USA/Kanadą a NATO w Europie, tak by mniej więcej równoważyło to interesy bezpieczeństwa po tej i tamtej stronie Atlantyku. Innymi

---

[103] Fischer, Michael, „Wilhelmshavener Zeitung" z 06. 05. 2015 r.

słowy chodziło o to, jak utrzymać polityczno-strategiczną jedność sojuszniczego obszaru Ameryka Północna – północny Atlantyk – europejskie NATO?

Druga zasadnicza kwestia dotyczyła problematyki zróżnicowanych interesów w skali świata, a tym samym napięć pomiędzy strategią Sojuszu, zawężoną do granic traktatowego obszaru NATO, a mającą globalny zasięg strategią USA."[104]

9 grudnia 1952 r. przyjęta została pierwsza strategia NATO, mianowicie „strategia wysuniętej obrony" (*Forward Strategy, MC 14/1*). 16 marca 1955 r. prezydent USA Dwight D. Eisenhower zapowiedział użycie w wypadku wojny taktycznej broni nuklearnej przeciwko celom wojskowym.

Decyzją Rady Północnoatlantyckiej, 23 maja 1957 r. koncepcja MC 14/1 została zastąpiona przez „strategię zmasowanego odwetu" (*Massive Retaliation, MC 14/2*) jako obowiązującą odtąd strategię NATO.

W oparciu o opublikowany w 1967 r. „raport Harmela", 14 grudnia 1967 r. w Brukseli, podczas obrad rady ministrów NATO, Rada Północnoatlantycka zatwierdziła i wprowadziła w NATO „strategię elastycznego reagowania" (*Flexible Response, MC 14/3*). Można ją postrzegać jako przykład „gry na przetrzymanie" (*brinkmanship*): igrając z ogniem, jakim jest strategiczna groźba, jest się gotowym w razie potrzeby pójść na skrajne ryzyka. Ta natowska strategia miała obowiązywać do końca zimnej wojny.

Strategia zmasowanego odwetu przestała obowiązywać także w celu ograniczenia ryzyka nuklearnego, NATO bowiem, przyjmując „doktrynę dwóch filarów", skupiło uwagę z jednej strony na bezpieczeństwie wojskowym zapewnianym przez konwencjonalne siły zbrojne i nowoskonstruowane taktyczne bronie nuklearne, z drugiej zaś na polityce odprężenia. W kolejnych latach NATO zbudowało swą nową tożsamość, czyli triadę złożoną z potencjałów konwencjonalnego, taktyczno-nuklearnego i strategiczno-nuklearnego jako narzędzi swojej strategii. Triada ta miała spowodować, że żaden agresor nie będzie w stanie skalkulować rodzaju, rozmiaru i momentu określonej reakcji NATO. Wysokie ryzyko niemożliwych do skalkulowania strat własnych, nie do przyjęcia w żadnej sytuacji, miało skłonić potencjalnego przeciwnika w jego oscylującym między pokojem a wojną procesie decyzyjnym do zachowania pokoju. Tym samym stało się wyraźnie widoczne, że odstraszanie jako zasada utrzymania pokoju jest nie tylko rozsądnym rozwiązaniem politycznym i wojskowym, lecz także do przyjęcia z moralnego punktu widzenia.

---

[104] Weisser, Ulrich, *Strategie im Umbruch* [Strategia na przełomie], s. 31-32 [tłumaczenie własne]

Spiritus movens wszystkich tych strategicznych rozważań były zawsze USA, których olbrzymie siły zbrojne dominowały w Sojuszu.

Głębokie przeobrażenia w Europie Środkowej i Wschodniej, strategiczny odwrót Związku Radzieckiego z tej strefy i jego rozpad w grudniu 1991 r., sukcesy procesu rozbrojenia oraz początek nowej epoki w Europie – wszystko to zdezaktualizowało obowiązującą do 1990 r. strategię NATO i doprowadziło do poważnych zmian. 7 i 8 listopada 1991 r., na szczycie 16 szefów natowskich państw i rządów w Rzymie uchwalona została „nowa koncepcja strategiczna Sojuszu". W obliczu dalekosiężnych przemian w europejskiej architekturze bezpieczeństwa, jak i w samym NATO, w toku lat 90. XX w. stało się jasne, że koncepcję tę należy ostatecznie uwolnić od balastu konfliktu Wschód-Zachód. Tym samym strategia „Sojuszu w okresie przejściowym" dokumentowała zakończenie zimnej wojny. Strategia z roku 1991, którą wypracowano bezpośrednio po 1989 r. – roku przemian, musiała być skierowana w politycznie niepewną jeszcze przyszłość. W tym samym roku rozpadły się Związek Radziecki i Układ Warszawski, a groźba destabilizacji, nowych (także militarnych) konfliktów i indywidualnych kursów narodowych w byłym bloku wschodnim była jak najbardziej realna.

Latem 1997 r. szefowie państw i rządów 16 wówczas krajów członkowskich zlecili sformułowanie nowej koncepcji, która po intensywnych dysputach została przyjęta na szczycie NATO zwołanym na 24 i 25 kwietnia w Waszyngtonie z okazji 50-lecia istnienia Sojuszu. Koncepcja strategiczna z 25 kwietnia 1999 r. – w tym czasie NATO prowadziło wojnę w Jugosławii – stała się w końcu dokumentem uzgodnień, w którym w ogólnej formie opisano nowe zadania i instrumenty Sojuszu, przez co cechowała się ona wysokim stopniem elastyczności i możliwości interpretacyjnych. Zgodnie z ową koncepcją „Nowe NATO" miało stać się większe, bardziej elastyczne i mieć większą siłę bojową. Niezależnie od dostrzeganych przez NATO, generalnie pozytywnych procesów w jego otoczeniu oraz zerowego – jak zakładano – prawdopodobieństwa ataku na Sojusz, nadal dopuszczano jednak możliwość, że „w dalszej perspektywie rozwinie się zagrożenie". W koncepcji z 1999 r. w punkcie 20 stwierdzono: „Bezpieczeństwo Sojuszu podlega szerokiemu spektrum militarnych i niemilitarnych ryzyk, które pochodzą z wielu kierunków i często są trudne do przewidzenia. Do ryzyk tych należą niepewność i niestabilność w obrębie oraz wokół przestrzeni euroatlantyckiej, jak również możliwość powstawania regionalnych kryzysów na peryferiach Sojuszu, które mogą szybko się rozwijać."

W tym kontekście NATO wskazało między innymi na rozpowszechnianie broni masowego rażenia, fale uchodźców wywołane konfliktami zbrojnymi, a także na ryzyka ogólniejszej natury, jak akty terroryzmu, sabotaż, zorganizowana przestępczość lub przerwy w dostawie ważnych dla życia zasobów. Tym samym do klasycznej funkcji podstawowej, jaką jest obrona Sojuszu, doszło pokonywanie kryzysów w przestrzeni euroatlantyckiej. Ponadto, we współpracy z innymi międzynarodowymi organizacjami, NATO zamierzało „zapobiegać konfliktom lub też, w razie wystąpienia kryzysu, przyczyniać się, zgodnie z prawem międzynarodowym, do jego skutecznego pokonania, w tym również poprzez możliwość przeprowadzania operacji antykryzysowych nie objętych artykułem 5", jak stwierdzono w punkcie 31 koncepcji z 1999 r.

Mimo iż liczne podstawowe założenia tej koncepcji nadal zachowują ważność, ramowe uwarunkowania strategiczne znacznie się od tamtej pory dla NATO zmieniły. Zagrożenie ze strony międzynarodowego terroryzmu oraz wskutek niestabilności państw, operacje w skali całego świata, jak w Afganistanie i na Rogu Afryki, przesuwanie się środka ciężkości pomiędzy państwami, bezpieczeństwo energetyczne, zagrożenie szlaków handlowych i ryzyko cyberataków, a także zwiększenie do 28 liczby państw członkowskich – wszystko to postawiło Sojusz przed koniecznością ponownego dostosowania strategii.

Przemiana NATO w przymierze nieustannie angażujące się w akcje wymierzone przeciwko ryzykom i zagrożeniom, które nie wszyscy alianci uznają w równej mierze za egzystencjalnie ważne, nierzadko sprawiała, że w ubiegłych latach Sojusz bywał igraszką coraz bardziej różnicujących się interesów państw członkowskich. Sojusz zauważalnie podzielił się na frakcje o bardzo, po części, różnorodnych wyobrażeniach o roli i zadaniach organizacji. Można było zidentyfikować obóz chcący gruntownie zreformować NATO w kierunku operującego w wymiarze globalnym czynnika porządkowego. Tym reformatorom przewodziły USA. Przeciwne stanowisko zajmowała grupa państw zorientowana na utrzymanie status quo i odrzucająca istotne zmiany, jak m.in. Niemcy i Francja. Wreszcie państwa wschodnioeuropejskie, zwłaszcza po rosyjsko-gruzińskim konflikcie z późnego lata 2008 r., życzyły sobie powrotu Sojuszu do klasycznej funkcji obrony terytorium zgodnie z Artykułem 5 Traktatu Północnoatlantyckiego.

Te mocno zróżnicowane podejścia i priorytety państw członkowskich już na wczesnym etapie sygnalizowały potrzebę szukania kompromisów między odmiennymi stanowiskami. Przy tym kwestią otwartą było i nadal pozostaje to, czy Sojusz zdecyduje się raczej na przykrycie konfliktów niezobowiązującymi, kwiecistymi formułkami kompromisowymi, czy też zechce sprawę rozstrzygnąć. Ten wybór między przykryciem a decyzją także nie jest niczym nowym, tradycyjnie bowiem we wszystkich dokumentach dotyczących strategii NATO znajdują się kompromisowe sformułowania, które dają szerokie pole do interpretacji. W niektórych przypadkach wypełnianie owych formuł treścią znów będzie prowadzić do konfliktów między państwami członkowskimi.

W listopadzie 2006 r., na spotkaniu na szczycie odbytym w Rydze, NATO przyjęło kluczowy dokument pomyślany jako polityczne zalecenia w sprawie kierunków transformacji Sojuszu w nadchodzących latach. Te tak zwane kompleksowe wytyczne polityczne (Comprehensive Political Guidance) wyznaczały priorytety we wszystkich dziedzinach planowania, kwestiach dotyczących zdolności Sojuszu oraz w sprawach wywiadowczych. Dokument ustalał ważne ramy wojskowej transformacji NATO. Odnosiły się one wszakże – co nie powinno dziwić w wypadku przymierza wojskowego – głównie do jego zdolności militarnych. Jednak koncepcja strategiczna winna być czymś więcej: musi stwarzać wizję takiego przymierza.

Stąd też podczas spotkania na szczycie w 2009 r. szefowie państw i rządów NATO postanowili wypracować najpóźniej do końca 2010 r. nową koncepcję. Decyzja ta nie była bezdyskusyjna, gdyż kilka państw członkowskich, jak i obserwatorów, obawiało się, że Sojuszowi zbraknie siły do nowego koncepcyjnego samookreślenia się, a poszukiwanie nowego konsensusu mogłoby co najwyżej odsłonić słabości.

Punkty sporne między państwami członkowskimi dotyczyły zwłaszcza kwestii postępowania z Rosją, wyważenia roli obrony terytorialnej i działań operacyjnych, znaczenia broni nuklearnej i systemów antyrakietowych, zasięgu działań Sojuszu, ważności nowych zagadnień, jak np. cyberataki, znaczenia i form partnerstwa z innymi organizacjami międzynarodowymi, takimi jak Narody Zjednoczone (ONZ) i Unia Europejska (UE), oraz z państwami spoza NATO, jak Chiny, Korea Południowa czy Australia. Dochodziło do tego pytanie, czy NATO powinno dysponować własnymi mechanizmami i instrumentami pozwalającymi mu kształtować „kompleksowe bezpieczeństwo".

Strategiczna Koncepcja NATO 2010 została zaaprobowana przez reprezentantów 28 państw członkowskich na szczycie NATO w Lizbonie w dniach 19 i 20 listopada 2010 r., a następnie przedstawiona opinii publicznej. Zastąpiła ona Strategiczną Koncepcję Sojuszu z 1999 r. i ma obowiązywać (wg. stanu na 2016 r.) do roku 2020. Jej istotne punkty są następujące:

- Sojusz nadal uważa treść artykułu 5 dotyczącego obrony kraju (obrona kolektywna) za swoje główne zadanie;
- NATO zasadniczo opowiada się za koncepcją rozbrojenia, lecz dopóki istnieje broń atomowa, zamierza praktykować odstraszanie nuklearne;
- Należy zintensyfikować kooperację z Rosją;
- Należy zbudować wspólną tarczę antyrakietową. Tarcza ta powinna chronić cały europejski obszar NATO przed atakami rakiet kierowanych. Rosja

powinna zostać włączona w planowanie i realizację tego projektu.

- Obszernie odniesiono się do możliwości ataków na elektroniczną infrastrukturę komunikacyjną bądź za pośrednictwem tejże. Zgodnie z dokumentem, w wypadku tego rodzaju ataku nie będzie się ogłaszać przypadku obrony kolektywnej, lecz winny nastąpić konsultacje zgodnie z artykułem 4;
- Poprzez ściślejszą współpracę z UE, ONZ oraz organizacjami pozarządowymi NATO pragnie wspierać założenia kompleksowego bezpieczeństwa (*comprehensive approach*), które uznaje za nieodzowne w pokonywaniu nowych wyzwań.

Deklaracja londyńska 1990[105]

Upadek muru berlińskiego 9 listopada 1989 r., szybka erozja Układu Warszawskiego, powrót Polaków, Czechów, Słowaków i Węgrów do Europy – krótko mówiąc, pokojowa rewolucja europejska przełomu lat 1989/90 unieważniła wszystkie strategiczne porozumienia: Związek Radziecki ogłosił gotowość pozwolenia Niemcom na jedność i wycofania swoich sił zbrojnych z zachodniego przedpola na własne terytorium. Droga do tego przełomowego procesu została utorowana przez szereg spotkań na szczycie.

6 lipca 1990 r. uczestniczący w posiedzeniu Rady Północnoatlantyckiej szefowie państw i rządów ogłosili deklarację londyńską „Sojusz Północnoatlantycki w trakcie przemian".

Zanim do tego doszło, 25 lutego 1990 r. amerykański prezydent George Bush I i kanclerz federalny Kohl spotkali się na szczycie w Camp David. Prezydent Bush przyrzekł rządowi niemieckiemu pełne poparcie dla procesu zjednoczenia i wspólnie z niemieckim kanclerzem przedstawił pakiet dziewięciu propozycji, które Związkowi Radzieckiemu miały ułatwić wyrażenie na to zgody. W istocie rzeczy propozycje te stwierdzały, że:

- Niemcy potwierdzą swą rezygnację z broni A, B i C;
- NATO zrewiduje swoją strategię i dostosuje rolę nuklearnych i konwencjonalnych sił zbrojnych do zmienionych uwarunkowań;
- W okresie przejściowym zintegrowane siły NATO nie będą stacjonować na terytorium byłej NRD;
- Niemcy zgadzają się na zapewnienie radzieckim siłom zbrojnym w Niemczech Wschodnich okresu przejściowego na ich wycofanie;

---

[105] *por.* Weisser, Ulrich, *NATO ohne Feindbild* [NATO bez wizerunku wroga], s. 58-61

- Niemcy uregulują w politycznie jednoznaczny sposób otwarte kwestie graniczne jasno oświadczając zarazem, że zjednoczone Niemcy będą się składać z RFN, NRD i Berlina;
- Niemcy dopomogą Związkowi Radzieckiemu w rozwiązaniu problemów gospodarczych, aby wesprzeć *pierestrojkę*;
- Proces KBWE zostanie wzmocniony.

Te dziewięć propozycji stało się później bazą dla deklaracji londyńskiej. Dzięki niej było jasne, że NATO nie nastawia się już na potężny atak ze wschodu, lecz na opanowywanie kryzysów i konfliktów nowego typu. Akcenty w strategii zostały przesunięte z przygotowań do wystarczająco silnej obrony jako istoty wiarygodnego odstraszania na kształtowanie pokoju, zapobieganie kryzysom i opanowywanie ich.

Rozszerzenie NATO na wschód

Na początku lat 90. sytuacja geopolityczna w Europie zmieniła się w sposób dramatyczny. 24 sierpnia 1989 r., wraz z wyborem pierwszego po 1945 r. niekomunistycznego premiera, Polska ogłosiła czas zmian. 9 listopada 1989 r. nastąpił upadek muru berlińskiego. 11 marca 1990 r. Litwa jako pierwsza republika radziecka proklamowała swą niepodległość, 4 maja 1990 r. w jej ślady poszła Łotwa, a cztery dni później Estonia. 3 października doszło do ponownego zjednoczenia Niemiec. 1 lipca 1991 r. Układ Warszawski dokonał samorozwiązania. Wojska radzieckie stacjonujące w Polsce, Czechosłowacji i na Węgrzech zostały wycofane; w Niemczech, na obszarze byłej NRD, do końca października 1994 r. stacjonowała jeszcze radziecka/rosyjska Zachodnia Grupa Wojsk (ZGW).

Jak NATO zareagowało na te geopolityczne i geostrategiczne przemiany?

20/21 października 1993 r., na zaproszenie niemieckiego ministra obrony Volkera Rühe, w Travemünde spotkało się szesnastu ministrów obrony NATO w celu nieformalnej wymiany poglądów, bez harmonogramu i końcowego komunikatu. Podczas tego spotkania miały miejsce decydujące rozmowy w sprawie programu Partnerstwa dla Pokoju (PfP). Już w fazie poprzedzającej spotkanie pojawiła się wiadomość, że w trakcie niemiecko-amerykańskich konsultacji osiągnięto zgodę co do tego, by podczas styczniowego szczytu NATO wysłać wyraźny sygnał o woli otwarcia się na wschód. Minister obrony Volker Rühe wystosował zaproszenie do Travemünde z zamiarem doprowadzenia do decydującego kroku skutkującego otwarciem się NATO na nowych członków i zastanowienia się nad kryteriami przystąpienia państw EŚW do Sojuszu. Wraz z Belgią, Norwegią i Holandią zaproponował on bezpośrednie przyjęcie państw EŚW, co jednak nie spotkało się z aprobatą. Brytyjski minister obrony Malcolm Rifkind odniósł się do propozycji sceptycznie wskazując, że NATO nie jest klubem, lecz organizacją bezpieczeństwa. Amerykański minister obrony Les Aspin przedstawił opracowany przez Pentagon plan przewidujący zaoferowanie wspomnianym krajom „Partnerstwa dla Pokoju", to znaczy indywidualnego programu ściślejszej współpracy podczas wojskowych akcji w celu zachowania pokoju. Propozycja ta była na tyle dobra, by usunąć różnice zdań.[106]

Formalnie program „*Partnerstwo dla Pokoju*" (*Partnership for Peace*; PfP) został uchwalony na szczycie NATO w Brukseli 10/11 stycznia 1994 r.

PfP jest programem współpracy wojskowej pomiędzy NATO a 22 państwami europejskimi i azjatyckimi, które nie są członkami NATO. Rozmiar współpracy jest samodzielnie określany przez każde z uczestniczących w nim państw. Zwykle w grę wchodzą tu wspólne manewry i stosowanie standardów NATO przy zakupach nowego sprzętu wojskowego. Za pośrednictwem PfP możliwy jest również udział w misjach NATO w celu zachowania bądź przywrócenia pokoju. Przewidziane są też konsultacje z NATO w wypadku zagrożenia któregoś z państw-sygnatariuszy z zewnątrz. PFP nie jest jednak w ścisłym sensie sojuszem obronnym; obowiązek udzielenia pomocy jest zastrzeżony dla członków NATO.

Od 1997 r. współpraca między NATO a państwami partnerskimi jest koordynowana przez Radę Partnerstwa Euroatlantyckiego (EAPC), poprzednio było to zadaniem Rady Paktu Północnoatlantyckiego (NACC).

Dokument ramowy PfP podpisało następujących 21 państw: Armenia, Austria, Azerbejdżan, Białoruś, Bośnia i Hercegowina, Finlandia, Gruzja, Irlandia, Kazachstan, Kirgistan, Malta, Macedonia, Mołdawia, Rosja, Serbia, Szwajcaria, Szwecja, Tadżykistan, Turkmenistan, Ukraina, Uzbekistan.[107] Trzynaście wcześniejszych państw-sygnatariuszy zostało tymczasem członkami NATO: Albania, Bułgaria, Chorwacja, Czarnogóra, Czechy, Estonia, Litwa, Łotwa, Polska, Rumunia, Słowacja, Słowenia i Węgry.

Pierwotnie pierwsze wspólne manewry z udziałem wojsk z kilku tych państw oraz krajów NATO miały odbyć się jesienią 1994 r. w Holandii. Jednak polski rząd pod kierownictwem Waldemara Pawlaka (PSL), z ministrem obrony (wiceadmirałem w st. spocz.) Piotrem Kołodziejczykiem, podejmował wszelkie wysiłki, by pierwsze manewry w tych ramach przeprowadzić na polskim terytorium. Ostatecznie pierwsze

---

[106] *por.* Broer, Michael, *Ostmitteleuropa, Rußland und die Osterweiterung der Nato: Perzeptionen und Strategien Im Spannungsfeld Nationaler und Europäischer Sicherheit* [Europa Środkowo-Wschodnia, Rosja i rozszerzenie NATO na wschód: percepcje i strategie w polu napięć narodowego i europejskiego bezpieczeństwa], s. 305

[107] http://de.wikipedia.org/wiki/Partnerschaft_für_den_Frieden

manewry w ramach PfP, pod kryptonimem *Cooperative Bridge*, odbyły się w dniach 12-16 września 1994 r. na poligonie Biedrusko i były wydarzeniem politycznym wyjątkowej rangi. Odbiły się też szerokim echem w prasie całego świata. Żartobliwie stwierdzano, że w tych krótkich manewrach uczestniczyło więcej dziennikarzy niż żołnierzy.

Choć początkowo większość krajów NATO postrzegała PfP tylko jako drobny gest polityczny wobec wszystkich tych państw, które uzyskały wolność, kilka rządów bardzo szybko dostrzegło możliwość uczynienia PfP wehikułem pomocnym w dążeniu do pełnego członkostwa w NATO. Polski sekretarz stanu, dr Andrzej Karkoszka, który w 1994 r. określił początkowo PfP jako wielką kuglarską sztuczkę, która wpadła NATO do głowy, stał się przodownikiem walki o członkostwo Polski w Sojuszu. Dla trzech krajów, Polski, Czech i Węgier, dążenie to szybko przekształciło się w stan rzeczywisty: na odbytym 8-9 czerwca 1997 r. szczycie NATO w Madrycie zostały one zaproszone do negocjacji akcesyjnych, a 12 marca 1999 stały się wreszcie pełnoprawnymi członkami Sojuszu. Tym samym spełniło się marzenie tych trzech krajów. 21 marca 1991 r., w przemówieniu wygłoszonym na forum Rady NATO, czeski prezydent Vaclav Havel powiedział:

> *„Od młodości ze wszystkich mediów w moim kraju słyszałem na temat NATO zawsze tylko jedno: że to bastion imperializmu, diabeł we własnej osobie, który zagraża pokojowi i chce nas zniszczyć. Cieszę się, że mam dziś okazję powiedzieć tutaj tę prawdę: Sojusz Północnoatlantycki, zgodnie z wolą demokratycznie wybranych rządów swoich państw członkowskich, jest i pozostanie w pełni demokratyczną wspólnotą obronną, która w istotny sposób przyczyniła się do tego, że ten kontynent od niemal pół wieku nie zaznał wojny, a znaczną część Europy uchroniła przed totalitaryzmem.“*[108]

Rząd USA, który początkowo nie zajmował stanowiska w tej sprawie, teraz stał się gorącym orędownikiem przystąpienia tych krajów do NATO. Na tę chwilę odrzucił jednak jeszcze postulowane przez Francję przyjęcie Rumunów, Słoweńców i Słowaków.

W 2002 r., na szczycie NATO w Pradze, Sojusz zdecydował się na największe rozszerzenie w swojej historii: 29 marca 2004 r. przyjęto ostatecznie siedem krajów. Obok Bułgarii, Rumunii, Słowacji i Słowenii, po raz pierwszy członkami NATO

---

[108] Weisser, Ulrich, *NATO ohne Feindbild*, op. cit. s. 31

zostały także byłe republiki radzieckie Estonia, Łotwa i Litwa. 1 kwietnia 2009 r. państwami członkowskimi numer 27 i 28 zostały Albania i Chorwacja. Wreszcie, 5 czerwca 2017 r., jako 29. państwo członkiem Sojuszu została mała Czarnogóra.

NATO i Rosja

Wraz z podpisaniem 21 listopada 1990 r. Paryskiej Karty Nowej Europy, konflikt Wschód-Zachód został oficjalnie uznany za zakończony. Konsekwencją tego była decyzja o powołaniu Rady NATO-Rosja oraz wdrożenie transformacji NATO. Z chwilą opadnięcia żelaznej kurtyny Sojuszowi przypadły w udziale nowe zadania, takie jak uczestnictwo w misjach ONZ (od 1992 r.), interwencje wojskowe w byłej Jugosławii (1995, 1996) oraz, od 2001 r., walka z międzynarodowym terroryzmem. Dochodziły wszakże do tego również takie przedsięwzięcia, których przedmiotem była transformacja stosunku wobec państw powstałych w wyniku rozpadu Związku Radzieckiego oraz byłych państw satelickich ZSRR w Europie Wschodniej. Nastąpiło to w formie włączenia do Sojuszu, bądź też nadania statusu partnera kooperującego.

Zgodnie z oficjalnym komunikatem NATO, sens Rady NATO-Rosja polega na włączeniu Rosji w całej rozciągłości w kwestie zarządzania sytuacjami kryzysowymi, kontroli zbrojeń i nierozprzestrzeniania broni masowego rażenia.

Pierwsza sesja „Stałej Wspólnej Rady NATO-Rosja" na szczeblu ministrów odbyła się 26 września 1997 r. w Nowym Jorku. Miała ona prominentną obsadę i od razu musiała zająć się groźnymi ogniskami konfliktów. W obecności i przy aktywnym udziale Sekretarza Generalnego NATO Javiera Solany, rosyjskiego ministra spraw zagranicznych Jewgienija Primakowa i ówczesnego belgijskiego przewodniczącego Rady Północnoatlantyckiej Erika Derycke omawiano środki w celu utrzymania pokoju oraz podejmowane w związku z aktualnymi kryzysami w Kosowie oraz Bośni i Hercegowinie. Nastąpiła szybka instytucjonalizacja współpracy w tym sensie, że już w końcu roku zdołano otworzyć w Moskwie wojskową misję łącznikową NATO (*NATO Military Liaison Mission*). Także Rosja uruchomiła przedstawicielstwo przy NATO.

Stworzenie „Stałej Wspólnej Rady NATO-Rosja" poprzedziło podpisanie 27 maja 1997 r. Aktu Podstawowego NATO-Rosja. Akt ten wyznaczał nowe perspektywy stosunków i początkowo nosił cechy konstruktywności i dążności do utrzymania pokoju. Jego sygnatariusze oświadczyli, że „nie traktują się już jako przeciwników", a zamiast tego pragną przyczynić się „do budowy stabilnej, pokojowej i niepodzielonej, zjednoczonej i wolnej Europy".

Pięć lat później, 28.05.2002 r., „Stała Wspólna Rada NATO-Rosja" została przemianowana na znaną dziś „Radę NATO-Rosja". Jej podstawami prawnymi i celami pozostały te, które zapisano w Akcje Podstawowym. Czytając wspólne oświadczenie państw członkowskich NATO i Federacji Rosyjskiej można się przekonać, że pod nową nazwą przede wszystkim dano ponownie wyraz woli tworzenia pokojowej i bezpiecznej Europy: *We are convinced that a qualitatively new relationship between NATO and the Russian Federation will constitute an essential contribution in achieving this goal* (Jesteśmy przekonani, że jakościowo nowe stosunki pomiędzy NATO i Federacją Rosyjską będą stanowiły zasadniczy wkład w osiągnięcie tego celu).

Bodźcem do nowego aktu założycielskiego stała się w niemałej mierze globalna sytuacja bezpieczeństwa, zmieniona wskutek zamachów z 11 września 2001 r., które uznano za przypadek uruchamiający sojuszniczą obronę kolektywną. Taki wniosek można wysnuć również z rozszerzenia wspólnej agendy o punkt „Terroryzm". „*NATO member states and Russia*", stwierdzono w tekście, „*will continue to intensify their cooperation in areas including the struggle against terrorism, crisis management, non-proliferation, arms control and confidence-building measures, theatre missile defence, search and rescue at sea, military-to-military cooperation, and civil emergencies.*" (Państwa członkowskie NATO i Rosja będą kontynuować współpracę w obszarach takich jak walka z terroryzmem, zarządzanie kryzysowe, nieproliferacja, kontrola zbrojeń i środki budowy zaufania, obrona przeciwrakietowa teatru działań, poszukiwanie i ratownictwo na morzu, współpraca między siłami zbrojnymi i zarządzanie w cywilnych sytuacjach kryzysowych).

W chwili zamachów z 11 września 2001 r., relacje między NATO a Rosją miały już za sobą kilka turbulencji, a kilka dalszych miało nastąpić; odbiły się one wyraźnie na traktowaniu zarówno Stałej Wspólnej Rady, jak i jej następczyni. Rosja, wspólnie z Chińską Republiką Ludową, nie tylko nie dopuściła wiosną 1999 r. do legitymizacji przez Radę Bezpieczeństwa ONZ humanitarnej interwencji NATO w Kosowie, lecz wycofała też swego przedstawiciela z Rady NATO-Rosja i wstrzymała stosunki dyplomatyczne na tym szczeblu do wiosny 2000 r.

W okresie po zamachach odnotowano początkowo pewne zbliżenie, które poprzedziły nawet rozważania ówczesnej minister spraw zagranicznych USA, Condolezzy Rice, dotyczące ewentualnego przyjęcia Rosji do NATO, o czym zrobiło się głośno. Potem jednak, w 2004 r., na Ukrainie drogę utorowała sobie tak zwana „pomarańczowa rewolucja", którą w Rosji uznano za intrygę USA, a gdy w roku 2008, w trakcie konfliktu gruzińskiego, Rosja wkroczyła do Gruzji z terytorium Osetii Południowej, zbuntowanej republiki kaukaskiej, tym razem właśnie NATO zamroziło prace „Rady NATO-Rosja" i podjęło je dopiero wiosną 2009 r. W każdym bądź razie odnosiło się to do konsultacji i kilku projektów kooperacji wojskowej; współpraca w takich dziedzinach, jak terroryzm i zwalczanie przestępczości narkotykowej, jak również współpraca w Afganistanie miały być, według NATO, kontynuowane.

Mimo to niemiecki politolog Johannes Varwick podsumowuje trzeźwo: „Partnerstwo jest niestabilne i co i raz staje w obliczu nowych wyzwań." Odnosi się to w szczególnej mierze do roku 2015, gdyż od lutego 2014 r. Rosja wspiera separatystów we wschodniej Ukrainie, a 18 marca 2014 r. zaanektowała Krym. Akcje te bardzo poważnie obciążają strategiczne partnerstwo między NATO a Rosją. Współpraca w „Radzie NATO-Rosja", podjęta z myślą o czasach kryzysów i napięć, nie funkcjonuje: skutkiem konfliktu na Ukrainie praktyczna współpraca między NATO a Rosją w latach 2014 do 2016 została zatrzymana.

Praktyczna współpraca została więc po raz kolejny zawieszona. Stworzono wszakże „czerwony telefon", żeby przynajmniej wojskowi mogli ze sobą rozmawiać. To ważny środek, który może przyczynić się do zapobieżenia dalszemu rozszerzaniu konfliktu.

USA i Europa

Od czasu powstania Sojuszu Atlantyckiego stosunki sojusznicze pomiędzy Stanami Zjednoczonymi Ameryki a europejskimi aliantami widziały już sporo najróżniejszych kryzysów i kontrowersji. Jednak wiele spośród tych rozbieżności miało najczęściej krótki żywot i dlatego nawet w wypadku ostrych dysonansów w transatlantyckim koncercie można je było szybko usunąć.

Przy tym wielokrotnie okazywało się, że istotnej przyczyny niesnasek i nieporozumień należało i nadal należy się doszukiwać w zaskakującej wzajemnej ignorancji Amerykanów i Europejczyków w kwestii motywów, postaw i stanowisk drugiej strony. Przykładem tego jest amerykańska niewiedza co do różnorodności i rozmiarów europejskich wysiłków obronnych. Aspekt ten może zilustrować rozmowa między oficerami marynarki duńskiej i amerykańskiej, która miała miejsce w Kwaterze Głównej NATO w Norfolk (Wirginia) w roku 1992:

> oficer amerykański: „The Danish contribution to NATO is rather meagre, isn't it?" (Czy duński wkład do NATO nie jest aby zbyt mały?)
> oficer duński: „You are absolutely right. However, what would be the contribution of the City of Chicago, if Chicago would be member of NATO?" (Ma pan absolutną rację. Jednakże, jaki byłby wkład miasta Chicago, gdyby było ono członkiem NATO?)

To samo tyczy się europejskiej niewiedzy na temat całej palety amerykańskich zobowiązań dotyczących ochrony interesów gospodarczych i bezpieczeństwa państw zachodnich w wymiarze globalnym. Poza dyskusją jest rozziew pomiędzy militarnymi możliwościami USA a takimiż możliwościami ich europejskich sojuszników. 70 %

wydatków wojskowych NATO przypada na USA. Wszystkich 28 pozostałych członków NATO razem wziętych pokrywa jedynie 30 % świadczeń obronnych ciążących na 29 państwach członkowskich Sojuszu. Szczegóły przedstawia załącznik J.

Często spotykany po stronie amerykańskiej brak zrozumienia tego, jakie znaczenie dla sytuacji ludzi w Europie, doświadczonych w XX wieku przez dwie wojny światowe, ma odprężenie na linii Wschód-Zachód, może być w tym kontekście przykładem równie dobrym, co i obserwowana w kilku krajach europejskich niezdolność do postrzegania stosunków amerykańsko-radzieckich jako globalnej walki o władzę.

Powszechnie wiadomo, że w kwestiach polityczno-obronnych USA zachowują w NATO monopol decyzyjny i wolą pod własnym przywództwem szukać konsensusu w ramach koncertu członków Sojuszu niż urzeczywistnić swój własny wieloletni postulat, iż Sojuszowi potrzebny jest silny europejski filar. I tu w pełni uwidacznia się cała sprzeczność amerykańskiej polityki europejskiej: z jednej strony USA oczekują od Europejczyków odciążenia na gruncie globalnego zaangażowania obronnego, przynajmniej w odniesieniu do starego kontynentu, z drugiej wszakże obawiają się nieznośnego, zda się, naruszenia swojej przywódczej roli, gdyby w niedługim czasie mieli zostać skonfrontowani w obrębie Sojuszu z europejskim blokiem, który wspólnie, a co za tym idzie skutecznie, próbowałby przeforsować swoją wolę.

USA domagają się od Europejczyków większego zaangażowania. Od kiedy same są boleśnie dotknięte kryzysem finansowym, nie chcą dłużej akceptować niewielkich składek Europejczyków na wspólną obronę. USA muszą zredukować swoje wydatki na obronność, wymagają tego sytuacja gospodarcza i wysoki deficyt budżetowy oraz ogromne zadłużenie. Dochodzi do tego przeniesienie priorytetów w ich interesach w obrębie polityki bezpieczeństwa na Azję.

Mimo to zdolność NATO do działań wojskowych także w przyszłości musi być zagwarantowana i tu właśnie pod adresem Europejczyków kierowane są silniejsze oczekiwania. Jedną z odpowiedzi na ten dylemat ma być *Smart Defence*: państwa (europejskie) mają ustanowić priorytety i swoje kurczące się wydatki na obronność skoncentrować na niezbędnych zdolnościach; mają lepiej współpracować, by zaoszczędzić koszty, oraz, pokładając ufność w ponadpaństwowym podziale pracy, specjalizować się w określonych dziedzinach.

Pomysł brzmi przekonywająco: jeśli państwa pozbędą się swego przestarzałego wyposażenia, połączą swoje ośrodki szkoleniowe i zaczną wspólnie nabywać, obsługiwać i wykorzystywać systemy broni następnej generacji, wtedy zdołają mniejszym kosztem mimo wszystko pozostać zdolne do działania. Już istnieje kilka świadczących o tym drobnych przykładów, choćby tak zwana *Air Policing* w przestrzeni powietrznej trzech państw bałtyckich. Jednak dzięki dotąd znanym propozycjom problemów wojskowych Sojuszu nie da się rozwiązać. Większy potencjał oszczędnościowy uda się zmobilizować państwom tylko wtedy, gdy w swej polityce bezpieczeństwa świadomie i w sposób zorganizowany postawią na zależność od swoich partnerów.

Jak dotąd, większość państw europejskich lęka się takiego oddania części suwerenności, a dla USA w żadnym razie nie wchodziłoby to w grę. Ich rządy i parlamenty obawiają się, że w wypadku zbyt ścisłej współpracy utracą kontrolę nad tym, gdzie i jak zostaną użyte ich armie. Poza tym najczęściej z wielkim trudem są w stanie zgodzić się na jeden wspólny produkt, ponieważ każdemu z państw najbliższy jest własny, narodowy przemysł zbrojeniowy i w razie zamknięcia np. stoczni nie da się wytłumaczyć wyborcom, dlaczego nowe korwety budowane są w kraju sąsiada, a nie w tej właśnie stoczni.

Dochodzą do tego obawy wielu państw, że w razie groźby konfliktu intensywniejszy podział pracy mógłby stworzyć problemy, ponieważ nie można by było zdać się na partnerów. Jak bowiem można zagwarantować, że zostaną podjęte działania, gdy partner nie będzie chciał w nich uczestniczyć, natomiast będzie potrzebny jego potencjał wojskowy, np. samoloty? Jak można zagwarantować, że biorący udział w akcji kraj nie zostanie pozostawiony sam sobie, gdy inny nagle wycofa swoje wojska? Jak można zagwarantować, że jakiś kraj nie będzie się relaksował kosztem innych? Akurat Niemcy nie okazały się pod tym względem partnerem, na którym można szczególnie polegać.

Choć obawy te są usprawiedliwione, państwa nie mają wyboru, o ile chcą powstrzymać zjawisko militarnego podupadania NATO. Jeśli Sojusz nadal ma odgrywać jakąś rolę, jego członkowie muszą po pierwsze dostosować wojskowe ambicje NATO do nowych realiów: jeżeli wojskowa siła uderzeniowa NATO się zmniejszy, Sojusz nie będzie już w stanie wiele zdziałać. Po drugie, chcąc sprostać choćby tylko tym skromnym ambicjom, potrzeba jest więcej współpracy."[109]

Operacje NATO[110]
Od chwili swego powstania do czasu pokojowej rewolucji w Europie przełomu lat 1989/1990, silnie uzbrojone NATO pozostawało na granicy niemiecko-niemieckiej w gotowości do wojny i zapobiegło jej, podobnie jak Układ Warszawski dzięki równie

---

[109] Major, Claudia, *NATO - Die USA und ihre europäischen Zwerge* [NATO – USA i ich europejskie karły; tłumaczenie własne], w: SWP z dn. 15. 05. 2012 r.

[110] http://www.nato.diplo.de/Vertretung/nato/de

silnemu uzbrojeniu. Udało się zachować pokój i po zmianach w Europie wydarzenia nadal miały toczyć się w sposób pokojowy. Wszystkie państwa w Europie, a także USA i Kanada, wyraźnie zredukowały swoje budżety obronne oraz swoje siły zbrojne: zażądano pokojowej dywidendy i została ona wypłacona.

Nieprzyjemne przebudzenie nastąpiło, gdy Jugosłowiańska Armia Ludowa „interweniowała" najpierw w 1991 r. w Słowenii, a następnie w Chorwacji. W następstwie tego Jugosławia rozpadła się na sześć cząstkowych republik. W Europie znów pojawiła się wojna i to u samych bram NATO i UE. Wydarzenia te wywarły wpływ na planowanie i działania NATO. Podobne konsekwencje miał zamach na *World Trade Center* w Nowym Jorku 11 września 2001 r. Tym razem NATO ogłosiło nawet przypadek obrony kolektywnej zgodnie z Artykułem 5 Traktatu Północnoatlantyckiego: USA uznały, że zostały zaatakowane przez międzynarodowy terroryzm. Na skutek obu tych wydarzeń – w Jugosławii i w Nowym Jorku – NATO coraz częściej zaczęło interweniować w wypadku konfliktów, niezależnie – z mandatem ONZ, czy też bez jego zgody. Dowództwo pozostawało oczywiście przy USA. Należy tu wymienić:

- 1992 do 1996, *Operation Sharp Guard (OSG)*, w trakcie której jednostki marynarki wojennej NATO pilnowały na Adriatyku przestrzegania embarga nałożonego na byłą Jugosławię;
- 1992 do 1996, *Operation Deny Flight (ODF)*, w trakcie której, podczas wojny w Bośni, nadzorowano strefę zakazu lotów nad Bośnią i Hercegowiną;
- od 1995 r. operacja *Stabilisation Force in Bosnia and Herzegovina (SFOR)* z zadaniem zapobiegania starciom, stabilizowania pokoju i normalizowania stosunków w kraju po wojnie w Bośni. W 2004 r. operacja została przemianowana na EUFOR i przejęta przez Unię Europejską;
- 1999 r., *Operation Allied Force (OAF)* wymierzona przeciwko Federacyjnej Republice Jugosławii podczas konfliktu w Kosowie w celu doprowadzenia do zakończenia operacji Belgradu w Kosowie oraz położenia kresu akcjom przemocy i uciskowi ludności albańskiej;
- 1999 r., operacja *Kosovo Force (KFOR)* z zadaniem wprowadzenia w życie, po zakończeniu wojny w Kosowie, rezolucji nr 1244 Rady Bezpieczeństwa ONZ z 10 czerwca 1999 r. oraz zapewnienia uchodźcom bezpiecznych warunków powrotu;
- 2001 r., *Operation Essential Harvest (OEH)* w celu zebrania broni rebeliantów albańskich w Macedonii, by wesprzeć w ten sposób proces pokojowy w tym bałkańskim państwie;
- 2001-2014, *International Security Assistance Force (ISAF)*. Była to misja

wsparcia bezpieczeństwa i odbudowy w Afganistanie, prowadzona pod auspicjami NATO. Sformowanie sił nastąpiło na wyrażoną pod adresem wspólnoty międzynarodowej prośbę uczestników pierwszej konferencji afgańskiej z 2001 r. i za zezwoleniem Rady Bezpieczeństwa ONZ udzielonym w rezolucji 1386 z 20 grudnia 2001 r. Operacja nie była zabezpieczającą pokój misją „błękitnych hełmów", lecz tak zwanym działaniem wymuszającym pokój realizowanym pod nadzorem uczestniczących państw;

- od 2003 r. *Operation Active Endeavour (OAE)*, operacja wojskowa na obszarze Morza Śródziemnego prowadzona pod dowództwem NATO. Celem operacji jest zademonstrowanie solidarności i zdecydowania NATO oraz wspomaganie wykrywania i powstrzymywania działań terrorystycznych w rejonie śródziemnomorskim;

- od 2009 r. *Operation Ocean Shield (OOS)*, morska operacja NATO w celu zwalczania piractwa w Zatoce Adeńskiej;

- od 2012 r. *Operation Active Fence (OAF)*, operacja w celu ochrony członka NATO Turcji przed atakami z obszaru sąsiedniej, będącej w stanie wojny domowej Syrii;

- od 2015 r. *Resolute Support Mission (RSM)*, misja w Afganistanie będąca kontynuacją misji ISAF. Centralnym punktem RSM są szkolenie, doradztwo oraz wspieranie narodowych afgańskich sił bezpieczeństwa.

Résumé

Sojusz Atlantycki był częstokroć sojuszem pełnym problemów, w którym Amerykanie i Europejczycy spierali się o zadania i o kierownictwo.

Nawet jeśli inicjatywa utworzenia NATO wyszła z Europy, to rząd USA bardzo szybko spostrzegł, że budując tego rodzaju przymierze nie tylko przyjmuje na siebie obowiązki w Europie, lecz także stwarza długofalową możliwość wpływu na stary kontynent. Po stronie zysków USA mogły odnotować:

- długotrwałe stacjonowanie wojsk USA w różnych krajach europejskich,

- decydujący wpływ na polityczne i wojskowe porozumienia oraz strategie krajów Sojuszu,

- związanie ważnych krajów europejskich z USA,

- obszerną, wewnętrzną amerykańską sieć, którą stworzono i/lub rozwinięto w oparciu o dowództwa NATO różnego szczebla w Belgii, Danii, Francji (początkowo), Holandii, Niemczech, Norwegii, Portugalii, Turcji, Wielkiej Brytanii i Włoszech,

- wpływ na przedsięwzięcia zbrojeniowe w obrębie Sojuszu, a tym samym wzmocnienie własnego przemysłu zbrojeniowego, wreszcie

- umocnienie własnej pozycji światowego mocarstwa.

NATO, stanowiąc również obszar wyścigu zbrojeń, któremu strona wschodnia – a tu głownie Związek Radziecki – nie była w stanie dotrzymać kroku, w przeważającej mierze przyczyniło się do tego, że z pojedynku Wschód-Zachód to Zachód wyszedł jako zwycięzca, a USA jako jedyne mocarstwo światowe.

Bez dominującej roli USA i ich wojskowo-gospodarczej potęgi NATO bez wątpienia nie miałoby takiej siły przebicia i takiej skuteczności w okresie zimnej wojny; 14 ówczesnych państw NATO własnymi siłami nigdy by tego nie osiągnęło.

USA mogły jednak także i mogą nadal wykorzystywać NATO jako bazę do niezbędnych interwencji podczas kryzysów i zwiększać dzięki temu swoją wiarygodność i zdolność do realizacji zamierzeń.

Utworzenie NATO, członkostwo USA i ich przywódcza rola w Sojuszu – wszystko to składało się na sytuację, w której wszyscy byli wygrani – tak Europa, jak i USA.

Rozdział 10

Zimna wojna 1945 – 1991

Po konferencji Jałtańskiej wszystkich ogarnął entuzjazm. W raporcie dla Kongresu Roosevelt podkreślał porozumienie, jakie osiągnięto w sprawie Organizacji Narodów Zjednoczonych: „Konferencja Jałtańska winna oznaczać koniec systemu jednostronnie podejmowanych działań, ekskluzywnych sojuszy, stref wpływów, równowagi sił i tych wszystkich środków, do których się uciekano od wieków, a które zawsze zawodziły. To wszystko proponujemy zastąpić uniwersalną organizacją, do której wstąpić mogą wszystkie miłujące pokój narody."[111]

Jednak na dwa miesiące przed swoją śmiercią Roosevelt nie wypowiedział się na temat decyzji w sprawie politycznej przyszłości Azji i Europy. Po wojnie sojusz wojenny między obu supermocarstwami szybko pękł. Wyznawane wartości były zbyt zróżnicowane: po jednej stronie znalazły się państwa zachodnie, których główną cechą były demokratyczne społeczeństwa obywatelskie i liberalna gospodarka rynkowa; po drugiej stał Związek Radziecki ze swą autorytarnie kierowaną strukturą socjalistyczno-komunistycznego państwa. Obie strony miały własne plany wobec pokonanych Niemiec i nie były w stanie uzgodnić wspólnej drogi pośredniej.

Powodem tego była również panująca po wojnie, wzajemna nieufność. W początkowym okresie II wojny światowej ZSRR poniósł poważne klęski i musiał zapłacić wysoką daninę krwi. Natomiast USA wyszły z II wojny światowej wzmocnione. Wprawdzie Amerykanie też ponieśli straty, te jednak, patrząc na całość ofiar wojny, były bardzo umiarkowane. Do tego pod względem wojskowym USA, jako posiadacz bomby atomowej oraz dowodów na jej „wydajność", były teraz mocarstwem nie do zaatakowania, a wreszcie wojna niezwykle ożywiła siłę gospodarczą USA.

Krytyki, zawsze pod adresem drugiej strony, było aż za dosyć. Stalin na przykład wytykał, że rząd USA odrzucił postulat poddania amerykańskiej broni atomowej międzynarodowej kontroli, albo ganił brak dostaw reparacyjnych z amerykańskiej strefy okupacyjnej. Natomiast po stronie amerykańskiej przykładowo skarżono się na zwłokę w opuszczaniu przez Rosjan obszarów roponośnych w północnej Persji, czy też wysuwano zarzut rzekomego mieszania się ZSRR w komunistyczne powstanie w

[111] Kissinger, Henry, op. cit., s. 453

Grecji.

Panowała w coraz większym stopniu zatruta atmosfera i oba fronty się usztywniały. Wraz z „doktryną Trumana" z marca 1947 r. USA obrały nowy kierunek w swojej polityce zagranicznej: zamierzały w przyszłości „wspierać takie wolne narody, które przeciwstawiają się próbom ujarzmienia przez uzbrojone mniejszości, bądź też wskutek nacisków zewnętrznych". Bezpośrednim celem Trumana było uzyskanie zgody Kongresu na pomoc wojskową i gospodarczą dla Turcji oraz antykomunistycznych sił w wojnie domowej w Grecji.

„Doktryna Trumana" oznaczała koniec amerykańskiej wojennej koalicji ze Związkiem Radzieckim i wyznaczą początek zimnej wojny. Wkrótce potem doktryna ta została uzupełniona/poszerzona przez koncepcję powstrzymywania (*containment*) George'a Kennana.

W lipcu 1947 r. George Kennan, były poseł amerykańskiej ambasady w Moskwie, przedstawił w czasopiśmie *Foreign Affairs* politykę containmentu „w celu powstrzymywania radzieckiego imperializmu" szerszej publiczności. W artykule tym wskazał na właściwe radzieckiemu systemowi słabości i wyraził pogląd, że USA, o ile przypomną sobie o swojej sile i zaakceptują swą przywódczą rolę, są w stanie dać ekspansjonistycznym tendencjom rosyjskim wystarczająco mocny odpór.

Oba te środki – doktryna Trumana i *containment* – miały powstrzymać ofensywę komunizmu. Ponadto, z obawy przed radziecką ekspansją, USA zareagowały zbrojeniami wojskowymi i pomocą gospodarczą dla „zagrożonych państw". Jednym z rodzajów tej pomocy był Plan Marshalla, który zwłaszcza państwom zachodnioeuropejskim przyznawał pomoc finansową na odbudowę w miliardowej wysokości (patrz str. 161/162).

W sferze wojskowej utworzone zostało NATO, które miało bardziej jeszcze umacniać więź USA z państwami zachodnioeuropejskimi. Podczas gdy państwa te obiecywały sobie po Sojuszu ochronę dzięki amerykańskiej broni atomowej, USA odnosiły korzyści dzięki bazom wojskowym i wsparciu ze strony nieamerykańskich wojsk.

Wschód musiał oczywiście zareagować. W odpowiedzi na plan Marshalla utworzono Kominform (Biuro Informacyjne Partii Komunistycznych i Robotniczych). Poza tym Związek Radziecki zabronił udziału w planie Marshalla wszystkim tym państwom wschodnioeuropejskim, które zostały objęte stalinowskim systemem panowania. W 1955 r. powołano do życia Układ Warszawski jako przeciwwagę dla NATO.

W tym czasie wyścig zbrojeń wojskowych niepohamowanie toczył się dalej. W wypadku wojny każda ze stron miała być w stanie niezwłocznie i z równą siłą oddać cios stronie przeciwnej. Dzięki „zdolności do drugiego uderzenia" przeciwnikowi nie miało w ogóle przyjść do głowy, by rozpocząć atak. Tak powstała „równowaga strachu".

W poprzek Europy zapadła „żelazna kurtyna". Stworzenie tego pojęcia przypisuje się Winstonowi Churchillowi. W rzeczywistości jednak użyto go już podczas II wojny światowej, zanim wykorzystał je Churchill. Niemiecki narodowosocjalistyczny korespondent w Lizbonie, Max Walter Clauss (1901-1988), posłużył się tym wyrażeniem w artykule na stronie tytułowej narodowosocjalistycznego tygodnika „Das Reich". Tydzień później Joseph Goebbels użył go w tym samym czasopiśmie w reakcji na wyniki konferencji jałtańskiej stwierdzając, że w wypadku niemieckiej kapitulacji nad zajętym przez ZSRR terytorium „natychmiast opadnie żelazna kurtyna, za którą zacznie się masowe trzebienie narodów".

Brytyjska gazeta *The Times* podchwyciła to sformułowanie, którego następnie użył Winston Churchill – jako określenia na izolowanie się bloku wschodniego od Zachodu – pierwszy raz 12 maja 1945 r., kilka dni po bezwarunkowej kapitulacji Wehrmachtu, w telegramie do prezydenta Trumana. W lipcu 1945 r. Churchill przegrał wybory i jako przywódca opozycji, w przemówieniu wygłoszonym 5 marca 1946 r. w Fulton (Missouri), również w obecności Trumana, powiedział: „Od Szczecina nad Bałtykiem do Triestu nad Adriatykiem zapadła żelazna kurtyna dzieląc nasz kontynent. Poza tą linią pozostały stolice tego, co dawniej było Europą Środkową i Wschodnią. Warszawa, Berlin, Praga, Wiedeń, Budapeszt, Belgrad, Bukareszt i Sofia, wszystkie te miasta i wszyscy ich mieszkańcy leżą w czymś, co trzeba nazwać strefą sowiecką, są one wszystkie poddane, w takiej czy innej formie, wpływowi sowieckiemu, ale także – w wysokiej i rosnącej mierze – kontroli ze strony Moskwy." Przemówienie to uważa się – w dużej mierze z uwagi na słowa o żelaznej kurtynie – za „fanfary ogłaszające zimną wojnę".[112]

To właśnie Churchill w Fulton, w stanie Missouri, uderzył na alarm, ostrzegając przed radzieckim ekspansjonizmem. Rosjanie – mówił – w każdym z krajów, które zostały zajęte przez Armię Czerwoną, zainstalowali prokomunistyczne rządy. „Pokornym Niemcom [dawało to] możliwość wystawienia się na licytację albo Moskwie, albo demokracjom zachodnim." Do stawienia czoła bezpośredniemu zagrożeniu niezbędny jest sojusz Stanów Zjednoczonych z Brytyjską Wspólnotą.

---

[112] http://de.wikipedia.org/wiki/Eiserner_Vorhang

Rozwiązaniem na dłuższą metę może jednak stać się tylko jedność europejska, z której nie wolno wykluczyć na trwałe żadnego narodu.[113]

Kryzys berliński 1958 r. oznaczał koniec procesu konsolidacji dwóch stref wpływów. Wzdłuż linii dzielącej kontynent europejski co i raz dochodziło do tarć. W pierwszym etapie tego procesu, w latach 1945-1948, Stalin przeobraził kraje Europy Wschodniej w państwa satelickie, stwarzając tym samym potencjalne zagrożenie dla wolności Europy. W drugim etapie, w latach 1950 do 1955, demokracje Zachodu reagowały powołując NATO, łącząc swoje strefy okupacyjne w Republikę Federalną Niemiec i inicjując proces integracji zachodnioeuropejskiej.

W okresie konsolidacji każda ze stron podejmowała regularne próby rozbicia strefy wpływów strony przeciwnej. Wszystkie skończyły się niepowodzeniem. Nota pokojowa Stalina z 1952 r., której celem było wywabienie Niemiec z obozu zachodniego, nie wywołała skutku, częściowo dlatego, że tymczasem Stalin zmarł. Propagowana przez Johna Fostera Dullesa strategia «wyzwolenia» Europy Wschodniej okazała się pustosłowiem w obliczu wydarzeń na Węgrzech w 1956 r. Berlińskie ultimatum Chruszczowa z 1958 r. było kolejną próbą oddzielenia Republiki Federalnej Niemiec od Zachodu, choć ostatecznie Rosjanie musieli poprzestać na umocnieniu swojej dominującej pozycji wobec wschodnioniemieckiego satelity. Po kubańskim kryzysie rakietowym Moskwa skoncentrowała się na penetracji rozwijających się państw. Rezultatem tego wszystkiego była stabilizacja, której paradoks tak opisał w 1958 r. wielki francuski filozof i politolog, Raymond Aron: „Obecna sytuacja w Europie jest nienormalna lub absurdalna. Jest jednak jasno określona, wiadomo gdzie przebiega linia demarkacyjna i nikt się specjalnie nie obawia o to, co może nastąpić. Jeśli nawet coś się wydarzy po jednej stronie Żelaznej Kurtyny [...] nic się nie stanie po drugiej stronie. Dlatego też, słusznie lub niesłusznie, uważa się, że ten klarowny podział Europy jest mniej niebezpieczny niż innego rodzaju rozwiązanie.»"[114]

Rozwój wydarzeń z perspektywy USA
Po zakończeniu II wojny światowej obaj nowi rywale znajdowali się w zupełnie odmiennej sytuacji.

USA stały się w wyniku wojny militarnym supermocarstwem. Także pod względem gospodarczym ich wiodąca pozycja się umocniła. Kraj nie doznał żadnych zniszczeń, obfitował w bogactwa naturalne i zajmował czołowe miejsce w sferze techniki i nauki. Znajdowały się tu najnowocześniejsze zakłady produkcyjne, w kraju były też znaczne ilości kapitału. Dolar stał się główną walutą zachodniego świata, a

---

[113] *por.* Kissinger, Henry, op. cit., s. 482
[114] Kissinger, Henry, op. cit. s. 652 i nast.

amerykańskie firmy mogły dobrze i zyskownie lokować swoje pieniądze w kraju, jak i za granicą.

Wszystko to powodowało, że na całym świecie sprzedawano coraz więcej amerykańskich produktów, więcej niż kiedykolwiek wcześniej. Zwłaszcza w Europie coraz silniejsze stawało się poczucie „amerykanizacji". Dotyczyło to nie tylko gospodarki, lecz także wielu dziedzin życia codziennego, takich jak ubiór, zwyczaje żywieniowe, muzyka rozrywkowa czy nawet słownictwo. Anglicyzmy były wchłaniane przez języki zachodniej Europy.

Nadal zwiększała się liczba ludności USA: ze 123 milionów w roku 1930 wzrosła do 140 milionów w roku 1945. W okresie od zakończenia wojny do końca lat pięćdziesiątych kolejny raz nastąpił silny napływ imigrantów z Europy. I liczba ludności w dalszym ciągu miała przyrastać: do 180 milionów w 1960 r., następnie do 239 milionów w 1985 r. aż do 326 milionów w roku 2017.

Wkrótce po zakończeniu wojny Waszyngton zdecydował się na opcję jedności Zachodu. USA nie miały chyba innego wyboru nie chcąc pójść na ryzyko zawierzenia aluzjom Stalina tylko po to, by później stwierdzić, że wykorzystał on negocjacje do podminowania właśnie tego nowego porządku świata, którego budowę Stany Zjednoczone postawiły sobie za cel. W ten sposób polityka powstrzymywania stała się wiodącą zasadą zachodniej polityki i pozostała nią przez ponad czterdzieści lat.

"W ściśle tajnym opracowaniu noszącym datę 24 września 1946 r. Clifford [*Clark Clifford, doradca prezydenta, a następnie sekretarz obrony USA – tłum.*] przyznaje rację poglądom, zgodnie z którymi politykę Kremla będzie można popchnąć na inne tory jedynie wtedy, kiedy radziecka potęga znajdzie rzeczywistą przeciwwagę: «Głównym elementem odstraszenia ZSRR od ataku na Stany Zjednoczone, lub na jakiś rejon świata posiadający istotne znaczenie dla naszego bezpieczeństwa, będzie siła militarna naszej strony.»"[115]

W memorandum waszyngtońskiego ministerstwa spraw zagranicznych z 1 kwietnia 1946 r. wykonkludowano w oparciu o historię Rosji, że cele radzieckich dążeń biorą się z niepewności i obawy przed wpływem wydajniejszych, potężniejszych i lepiej zorganizowanych społeczeństw. Cele i sposób myślenia Stanów

---

[115] Kissinger, Henry, op. cit. s. 491

Zjednoczonych – stwierdzono – nie dadzą się pogodzić z tymi, które występują po stronie Związku Radzieckiego.[116]

Po raz pierwszy w amerykańskim memoriale na temat polityki zagranicznej potraktowano konfrontację ze Związkiem Radzieckim jako fenomen immanentny radzieckiemu systemowi. Moskwa – stwierdzono – musi zostać przekonana „w pierwszym rzędzie środkami dyplomatycznymi, lecz w ostateczności, jeśli zajdzie potrzeba, także siłą militarną", że „obecny kurs jej polityki zagranicznej może doprowadzić Związek Radziecki jedynie do katastrofy".

Te śmiałe wypowiedzi, sformułowane w niespełna rok od zakończenia drugiej wojny światowej, można było rozumieć w ten sposób, że Stany Zjednoczone będą broniły każdego obszaru leżącego na peryferiach olbrzymiego Związku Radzieckiego. Jednak Stany Zjednoczone dominowały w powietrzu i na morzu, natomiast Związek Radziecki miał przewagę na lądzie. Stąd też memorandum podkreślało „niewielką skuteczność militarną [sił zbrojnych USA – tłum.] na kontynencie euroazjatyckim" i ograniczało użycie siły do rejonów, w których potędze „sowieckich armii będzie można z powodzeniem przeciwstawić w celach defensywnych siły morskie i powietrzne USA i ich potencjalnych sojuszników." Kolejne zastrzeżenie dotyczyło podejmowania akcji jednostronnych: „Karta Narodów Zjednoczonych dostarcza najlepszych i najbardziej bezspornych środków, poprzez które USA mogą realizować swój sprzeciw wobec sowieckiej ekspansji."[117]

Wraz z wojną w Korei obóz zachodni pod przewodem USA, mówiąc obrazowo, zostawił za sobą etap bólów porodowych. Teraz przystąpiono do budowy ogromnego potencjału wojskowego. Natomiast moskiewski sekretarz generalny najwyraźniej pojął, że próba wbicia klina pomiędzy mocarstwa zachodnie się nie powiodła. Jego twarde postępowanie oraz skrajnie nieustępliwa polityka w Europie Wschodniej doprowadziły jedynie do umocnienia zwartości zachodniego przymierza oraz pojawienia się, i to na wyciągnięcie ręki, zremilitaryzowanych Niemiec.

Harmonijny porządek świata, za którym USA tak bardzo tęskniły podczas wojny, rozpadł się na dwa wrogie sobie i uzbrojone po zęby obozy. Obie strony nękane były obawami, które okazały się bezpodstawne. Czołowi politycy amerykańscy uważali wojnę w Korei za element radzieckiej strategii, z którego pomocą USA miały zostać uwikłane w konflikty w odległych rejonach Azji, co z kolei miałoby rzekomo ułatwić radziecki atak na sojusznicze pozycje w Europie. Była to zaskakująco błędna ocena tak

---

[116] Kennan, George F., *The Charge in the Soviet Union*, w: Foreign Relations of the US, 1946 r., Washington DC, 1969 r., t. VI, s. 666-709

[117] *por.* Kissinger, Henry, op. cit. s. 490 i nast.

potęgi radzieckiego potencjału, jak i metod Stalina, bowiem w całej swej karierze ów przebiegły analityk nigdy nie stawiał wszystkiego na jedną kartę. Równocześnie w oczach Stalina przyrost siły Zachodu nie wyglądał na wyraz potrzeb obronnych, którym był w istocie, lecz na uwerturę do decydującego starcia, którego zawsze się obawiał i konsekwentnie próbował unikać. Tak więc każdy z obozów szykował się na coś, czego druga strona wcale nie planowała – na bezpośrednią, totalną rozprawę.

Rozwój wydarzeń z perspektywy ZSRR

Wraz z końcem II wojny światowej Związek Radziecki, poprzez kolejne aneksje, wyraźnie rozszerzył swoje granice: radzieckie stały się część Karelii, północne Prusy Wschodnie z Królewcem, Estonia, Łotwa, Litwa, zachodnia Białoruś, zachodnia Ukraina z Lwowem, Ukraina Zakarpacka, Besarabia, Sachalin i Wyspy Kurylskie.

Koniec II wojny światowej nie zmienił porządku politycznego w Związku Radzieckim, panowanie Stalina pozostało nienaruszone. Mimo to doszło do nowych czystek. Stalin z jednej strony chciał zniszczyć nowych domniemanych spiskowców, z drugiej zaś ukarać narody, które podczas wojny rzekomo wspierały niemieckich agresorów. Około miliona ludzi deportowano na Syberię lub do centralnej Azji. Wielu z nich znalazło śmierć w łagrach GUŁAG-u.

W pierwszych powojennych latach radziecka polityka zagraniczna zdeterminowana była chęcią skonsolidowania względnie dalszego rozszerzenia radzieckiej strefy wpływów. W Niemczech strategia ta doprowadziła w 1949 r. do utworzenia Niemieckiej Republiki Demokratycznej (NRD). Państwa Europy środkowowschodniej i południowowschodniej: Polska, Czechosłowacja, Węgry, Rumunia, Bułgaria i Albania, stały się państwami satelickimi ZSRR.

Podobnie jak w Europie środkowowschodniej, również w Azji Związek Radziecki stworzył sobie państwa satelickie: Mongolską Republikę Ludową i Koreańską Republikę Ludowo-Demokratyczną. Oba utworzono pod przemożnym wpływem Związku Radzieckiego.

W kwietniu 1947 r. ... Stalin zaprosił sekretarza stanu Marshalla na dłuższe spotkanie, w trakcie którego podkreślał, że przywiązuje znaczną wagę do generalnego porozumienia ze Stanami Zjednoczonymi. Impasy i konfrontacje, mówił Stalin, «to wstępne utarczki i potyczki sił zwiadu». Stalin twierdził, że kompromis był możliwy «we wszystkich głównych sprawach», podkreślając, że «trzeba tylko mieć dość cierpliwości i nie popadać w pesymizm». Jeśli Stalin mówił poważnie, to jego kalkulacja była błędna. Kiedy raz ufność Amerykanów w jego dobre intencje została nadszarpnięta, odzyskanie tego zaufania nie było sprawą łatwą. Stalin poszedł zbyt daleko, gdyż nigdy tak naprawdę nie rozumiał psychologii demokracji, a zwłaszcza –

amerykańskiej. Rezultatem tego były Plan Marshalla, Sojusz Atlantycki i zbrojenia Zachodu, a więc wydarzenia, które nie mogły leżeć w jego planach gry.[118]

Układ Warszawski tylko z nazwy był sojuszem, ponieważ stworzono go i utrzymywano wyłącznie z pomocą środków przymusu.

Dialog Wschód-Zachód

Mimo zaostrzających się sprzeczności pomiędzy USA i ZSRR, przez cały okres zimnej wojny systematycznie dochodziło do dialogu między ich przywódcami podczas rozmaitych spotkań na szczycie. W trakcie trwającej 46 lat zimnej wojny odbyły się 23 takie spotkania[119]:

Rok	Miejsce	USA	ZSRR	Uwagi
1955	Genewa	Eisenhower	Chruszczow	Z udziałem Edena (WB) i Faure'a (FRA)
1959	Camp David	Eisenhower	Chruszczow	Pierwsza wizyta radzieckiego przywódcy w USA
1960	Paryż	Eisenhower	Chruszczow	Z udziałem Macmillana (WB) i de Gaulle'a (FRA)
1961	Wiedeń	Kennedy	Chruszczow	Stosunki dwustronne
1967	Glassboro	Johnson	Kosygin	Stosunki dwustronne
1972	Moskwa	Nixon	Breżniew	Podpisanie traktatów SALT i ABM
1973	Waszyngton	Nixon	Breżniew	Porozumienie w sprawie zapobiegania wojnie jądrowej
1974	Moskwa	Nixon	Breżniew	Układ o ograniczeniu prób z bronią jądrową
1974	Władywostok	Ford	Breżniew	Temat: kontrola zbrojeń
1975	Helsinki	Ford	Breżniew	Podpisanie Aktu Końcowego KBWE
1979	Wiedeń	Carter	Breżniew	Podpisanie SALT II
1985	Genewa	Reagan	Gorbaczow	Konferencja rozbrojeniowa
1986	Reykjavik	Reagan	Gorbaczow	Szczyt dwustronny
1987	Waszyngton	Reagan	Gorbaczow	Negocjacje w sprawie

[118] *por.* Kissinger, Henry, op. cit. s. 484 i nast.
[119] https://en.wikipedia.org/wiki/List_of_Soviet_Union–United_States_summits

				układu INF
1988	Moskwa	Reagan	Gorbaczow	Podpisanie układu INF
1988	Nowy Jork	Reagan	Gorbaczow	Szczyt dwustronny
1989	Malta	Bush I	Gorbaczow	Szczyt dwustronny
1990	Waszyngton	Bush I	Gorbaczow	Podpisanie traktatu o broni chemicznej
1990	Helsinki	Bush I	Gorbaczow	Rozmowy nt. Kuwejtu
1990	Paryż	Bush I	Gorbaczow	Podpisanie traktatu CFE
1991	Londyn	Bush I	Gorbaczow	W ramach szczytu G7
1991	Moskwa	Bush I	Gorbaczow	Podpisanie układu START
1991	Madryt	Bush I	Gorbaczow	Konferencja pokojowa ws. Bliskiego Wschodu

W czerwcu 1955 r. odbyła się genewska konferencja na najwyższym szczeblu, w której udział wzięły USA, ZSRR, Wielka Brytania i Francja. Było to pierwsze spotkanie szefów państw i rządów czterech zwycięskich mocarstw po II wojnie światowej (na konferencji poczdamskiej Francja nie była reprezentowana). Szefowie rządów Eisenhower, Chruszczow, Eden i Faure uzgodnili rychłe spotkanie swoich szefów dyplomacji, pierwszą genewską konferencję ministrów spraw zagranicznych, w której udział wzięli Dulles, Mołotow, Macmillan i Pinay.

W trakcie rozmów na szczycie mówiono wprawdzie wiele o pokojowym współistnieniu, lecz nie mogło to przesłonić rzeczywistości. Stany Zjednoczone i Związek Radziecki, najsilniejsze z dotychczasowych mocarstw światowych, znalazły się nieodwołalnie w stanie geopolitycznej rywalizacji i sukces jednej strony w większości wypadków postrzegany był jako przegrana drugiej strony. W połowie lat pięćdziesiątych amerykańska strefa wpływów w Europie Zachodniej rozwijała się coraz lepiej, a wyraźna gotowość USA do obrony tego regionu z użyciem siły militarnej działała odstraszająco na radziecką skłonność do zwady.

27 listopada 1958 r. zaczął się drugi kryzys berliński: w nocie skierowanej do trzech zachodnich mocarstw okupacyjnych Chruszczow zakomunikował, że Związek Radziecki powierzy NRD kontrolę nad drogami łączącymi Niemcy Zachodnie z Berlinem Zachodnim, jeśli w ciągu półrocza w gronie aliantów nie dojdzie do zawarcia porozumienia przekształcającego Berlin w „wolne miasto". Nota ta nazywana jest ultimatum Chruszczowa.

Niezależnie od swego nadal będącego w mocy ultimatum, w okresie między 15 a 27 września 1959 r. Chruszczow objechał szereg regionów USA wywołując wśród amerykańskiej społeczności podobnie euforyczne reakcje, jak miało to już miejsce cztery lata wcześniej podczas szczytu w Genewie. Była to pierwsza wizyta szefa radzieckiego rządu w USA. Po raz kolejny spotkanie obu przywódców cechowała raczej atmosfera niż uchwytne treści, a „duch z Camp David" był na ustach wszystkich. Magazyn *Newsweek* opublikował listę ocen z której wynikało, że dobre wyniki wizyty miały jakoby znacznie górować nad niepowodzeniami. Niepowodzenia te, jakie by one nie były – stwierdzono – dotyczyły przede wszystkim niezdolności obu szefów państw do osiągnięcia postępów w kwestii Berlina – jak gdyby była to sprawa bez większego znaczenia. Lista postępów obejmowała rozszerzenie handlu, wymianę kulturalną i większą współpracę naukową – czyli tematy, które absolutnie nie wymagałyby spotkania szefów rządów. Prawdziwy profit tej podróży, zdaniem wielu, polegał na tym, że radziecki przywódca przypuszczalnie nauczył się czegoś o swoich gospodarzach. Takie poglądy odzwierciedlały powszechną w USA opinię, że konflikty między narodami wywoływane są raczej przez nieporozumienia, niż przez kolidujące z sobą interesy, a co za tym idzie, nikt, kto odwiedził i przyjrzał się USA, w chwili swego odjazdu nie może już być wrogo ustosunkowany do tego kraju.

15 czerwca 1960 r. Chruszczow zażądał, by jeszcze w tym roku zawarty został traktat pokojowy w Europie. Domaganie się regulacji pokojowych nie było w gruncie rzeczy niczym nowym: Churchill naciskał na to już w 1943 r.; Stalin uczynił odpowiednią propozycję w swej nocie pokojowej z 1952 r., a w połowie lat pięćdziesiątych George Kennan starał się o porozumienie w kwestii niemieckiej. Jednak w przeciwieństwie do innych wojen, po drugiej wojnie światowej nie stworzono formalnego porządku powojennego. Strefy wpływów amerykańska i radziecka ugruntowywały krok po kroku swoje istnienie raczej wskutek uznania *faits accomplis* niż w wyniku formalnych uzgodnień.

Gdy prezydenturę objął John F. Kennedy, minęły już blisko dwa lata, od kiedy Chruszczow po raz pierwszy ogłosił ultimatum. W obliczu tak długiego okresu osłabła nie tylko wiarygodność jego groźby, ale także wszechobecne poczucie zagrożenia. W chwili, gdy kryzys berliński zdawał się właśnie wygasać, podjęta przez administrację Kennedy'ego nieudana próba obalenia Fidela Castro poprzez awanturę w Zatoce Świń oraz niezdecydowanie amerykańskiego prezydenta w kwestii Laosu zrobiły na Chruszczowie wrażenie, że Kennedy to niedołęga. Dlatego na spotkaniu na szczycie z Kennedym, odbytym na początku czerwca 1961 r. w Wiedniu, Chruszczow ponowił ultimatum, po raz kolejny wyznaczył sześciomiesięczny termin i tym samym zainicjował najostrzejszą fazę konfrontacji w całym okresie zimnej wojny.

13 sierpnia 1961 r., we wczesnych godzinach rannych, ustalanie stref wpływów w Europie weszło w swą ostateczną fazę. Tego dnia mieszkańcy Berlina Zachodniego obudzili się dosłownie w więzieniu. W ciągu nocy wschodni Niemcy wznieśli między sektorem radzieckim a sektorami zajmowanymi przez mocarstwa zachodnie barykady z drutu kolczastego i ogrodzili Berlin Zachodni ze wszystkich stron. Rodziny, których członkowie mieszkali po obu stronach tego muru, zostały rozdzielone. W ciągu kolejnych dni mur wzmocniono i odtąd symbolami podzielonego miasta oraz radzieckiego braku ludzkich uczuć stały się beton, miny naciskowe i psy wartownicze. Bankructwo komunistycznego reżimu, który nie potrafił zatrzymać swoich obywateli we własnym kraju, było widoczne jak na dłoni. Tym niemniej komuniści zdołali zatkać dziurę w otaczającej blok wschodni tamie, choć tylko przejściowo.

Wzniesienie muru odsłoniło jednak także sprzeczności i rozterki w podejściu USA i innych demokracji Zachodu do berlińskiego dylematu. „Były one gotowe bronić Berlina przed jawną agresją, ale nie były zdecydowane, jak odpowiadać na coś, co nie zasługiwało na takie miano, a na dodatek nie wiedziały, jak w ogóle definiować agresję. Niemal natychmiast Kennedy postanowił, że wzniesienie muru nie odpowiada amerykańskiemu pojęciu agresji i postanowił nie sprzeciwiać się temu przy użyciu środków militarnych. Próby pomniejszenia problemu muru znalazły wyraz w tym, że w dniu, w którym podjęto budowę, Kennedy udał się na wycieczkę jachtem, a sekretarz stanu Rusk poszedł na mecz baseballu. W Waszyngtonie nie było atmosfery kryzysu."[120]

Gdy Chruszczow spostrzegł, że nie pozostało mu już żadne wyjście, ogłosił w styczniu 1963 r., że „sukces" muru berlińskiego powoduje, iż inne regulacje dotyczące Berlina są zbędne. Wreszcie, po pięciu latach, kryzys berliński był zakończony. Aliantom – wbrew wszelkim wahaniom – podczas całego kryzysu udało się utrzymać swoją pozycję. Chruszczow natomiast nie osiągnął niczego więcej poza zbudowaniem muru, by niechętnie nastawionym poddanym w Niemczech Wschodnich przeszkodzić w położeniu kresu komunistycznej utopii.

„Kryzys berliński – łącznie z punktem kulminacyjnym, jakim był kubański kryzys rakietowy – oznaczał punkt zwrotny w Zimnej Wojnie, chociaż jako taki nie był w owym czasie postrzegany. Gdyby zachodnie demokracje nie były tak bardzo pogrążone we wzajemnych sporach, być może mogłyby właściwie zinterpretować kryzys berliński – a więc dostrzec w nim zapowiedź radzieckich słabości"[121]. Kolejnego ich dowodu miało dostarczyć stłumienie w 1968 r. narodowego buntu w ramach „Praskiej Wiosny".

---

[120] Kissinger, Henry, op. cit. s. 640
[121] Kissinger, Henry, op. cit. s. 650

W 1969 r., za czasów Nixona i Breżniewa, rozpoczęła się polityka odprężenia, w ramach której obie strony starały się na płaszczyźnie stosunków Wschód-Zachód o poprawę politycznej atmosfery, większą racjonalność i przejrzystość w dziedzinie zbrojeń, wzmożoną współpracę w obszarze gospodarki, nauki i kultury oraz o ułatwienia w sferze humanitarnej, a także o większą swobodę przepływu ludzi, informacji i opinii. Poprzez stworzenie wzajemnych zależności i splot interesów dojść miało do powstania sieci powiązań, która obu stronom przynosiłaby korzyści, w związku z czym obie strony byłyby zainteresowane jej utrzymaniem, a żadna z nich nie mogłaby przystąpić do jej niszczenia bez naruszenia własnych ważnych interesów.

Polityka odprężenia stanowiła próbę redukcji napięcia w konflikcie Wschód-Zachód i przejścia do współpracy na bazie istniejącego status quo. Czynniki militarne stopniowo miały mieć coraz mniejsze znaczenie, a rywalizację wojskową krok po kroku miano zastępować innymi, bardziej pokojowymi formami współzawodnictwa. Wyjątkowo ważna rola przypadała tu KBWE z chwilą podpisania w Helsinkach, w 1975 r., jej Aktu Końcowego. W równej mierze, w końcowym rozrachunku, posłużyło odprężeniu powstanie „Solidarności" w Polsce i następujące po nim ogłoszenie stanu wojennego w grudniu 1981 r.

Wyraźna i decydująca zmiana w dialogu między USA a Związkiem Radzieckim nastąpiła wraz z objęciem urzędu w Waszyngtonie przez Ronalda Reagana (1981) i w Moskwie przez Michaiła Gorbaczowa (1985). Jednak w początkach prezydentury Regana wyglądało to zupełnie inaczej.

Na swojej pierwszej konferencji prasowej Reagan określił Związek Radziecki mianem przestępczego imperium światowego, gotowego „popełnić każde przestępstwo, kłamać i oszukiwać", by osiągnąć swoje cele. W 1983 r. ta charakterystyka osiągnęła kulminację w zrównaniu Związku Radzieckiego z „imperium zła" – było to bezpośrednie wyzwanie moralne, do którego z pewnością nie posunęliby się poprzednicy Reagana. Ten jednak zwyczajnie nie dbał o przyjęte konwenanse dyplomatyczne i rozdął silnie amerykańskie cnoty, aby w ramach narzuconej sobie samemu misji przekonać rodaków, że konflikt ideologiczny między Wschodem a Zachodem ma znaczenie i że w międzynarodowych zmaganiach chodzi o zwycięstwo lub porażkę, a nie o wytrwałość czy dyplomację.

Sposób wypowiadania się Reagana, jaki przyjął on podczas swej pierwszej kadencji, oznaczał przede wszystkim oficjalny koniec okresu odprężenia. Celem Waszyngtonu nie była już praca na rzecz odprężenia we wzajemnych stosunkach, lecz podjęcie krucjaty w celu nawrócenia wroga. Reagan został wybrany z powodu swej obietnicy kontynuowania wojującego antykomunizmu i słowa dotrzymał.

Okazało się jednak, że ważne negocjacje, wbrew przepowiedniom krytyków, nie zostały zablokowane za przyczyną retoryki Reagana. Wręcz przeciwnie: podczas jego drugiej kadencji na linii Wschód-Zachód rozwinął się obszerny i intensywny dialog, jakiego nie było od czasów polityki odprężenia Nixona. Powodem tego była zmiana w radzieckim kierownictwie w Moskwie. W listopadzie 1982 r. następcą Breżniewa został Jurij Andropow. Po zaledwie trzynastu miesiącach pełnienia funkcji zmarł on i został zastąpiony przez Konstantina Czernienkę. Także on zmarł po upływie trzynastu miesięcy. Jego następcą został Michaił Gorbaczow, mający w chwili obejmowania przywództwa Związku Radzieckiego zaledwie 54 lata. Jego polityka *głasnosti* i *pierestrojki* zdecydowanie wsparła i przyspieszyła dialog Wschód-Zachód.

Na swój wewnętrzny użytek USA zawsze głosiły, że porozumienie między narodami jest stanem normalnym, gdy tymczasem napięcia to objaw zaburzeń, a zaufanie można budować okazując gorliwie dobrą wolę. Jedynie tym można wyjaśnić, dlaczego Reagan, arcywróg komunizmu, w noc poprzedzającą jego pierwsze spotkanie z Gorbaczowem w Genewie, 19 listopada 1985 r, dał się porwać radosnej nadziei, że spotkanie to będzie w stanie usunąć konflikty ze świata.[122]

A jednak: niezależnie od tego, jak bardzo optymistyczne czy wręcz „liberalne" były przeświadczenia Reagana na temat ostatecznego rezultatu, to zamierzał on osiągnąć swoje cele drogą bezlitosnej konfrontacji. Jego zdaniem, do końca zimnej wojny nie można było doprowadzić poprzez dążenie do „pomyślnej" atmosfery czy też jednostronnych gestów, tak wychwalanych przez rzeczników ciągłych negocjacji. Reagan był pierwszym powojennym prezydentem, który konflikt Wschód-Zachód postrzegał jako konfrontację ideologiczną, a zarazem również geostrategiczną.

"Administracja Reagana wspierała nie tylko autentycznych demokratów (jak w Polsce), ale także islamskich fundamentalistów (współdziałających z Irańczykami) w Afganistanie, zwolenników prawicy w Ameryce Środkowej i plemiennych kacyków w Afryce."[123]

Równowaga nuklearna

22 grudnia 1938 r. Otto Hahn i Fritz Strassmann odkryli w Berlinie rozszczepienie jądra atomu. Szybko stało się jasne, że na bazie niekontrolowanej reakcji łańcuchowej da się zbudować bombę atomową o niewiarygodnej sile niszczącej. Istniała też nadzieja na wykorzystanie drzemiącej w jądrze atomu energii w reaktorach.

---

[122] *por.* Kissinger, Henry, op. cit. s.848
[123] Kissinger, Henry, op. cit. s. 852

13 sierpnia 1942 r. USA przystąpiły do utrzymywanego w ścisłej tajemnicy, wielkiego projektu badawczego nazwanego „Projektem Manhattan". 16 lipca 1945 r. grupa zgromadzona wokół Roberta Oppenheimera i generała Groves'a przeprowadziła pod Alamogordo (Nowy Meksyk) eksplozję pierwszej bomby plutonowej. Rozpoczęła się era atomu, która wraz ze zrzuceniem dwóch bomb atomowych na japońskie miasta Hiroszimę i Nagasaki 6 i 9 sierpnia 1945 r. osiągnęła swój pierwszy straszliwy punkt kulminacyjny.

Monopol atomowy USA trwał do 1949 r. 3 września 1949 r. amerykański prezydent Harry S. Truman poinformował światową opinię publiczną, że w końcu sierpnia w Związku Radzieckim odbyła się próba bomby atomowej. Amerykańska koncepcja bezpieczeństwa, zakładająca monopol w dziedzinie broni atomowej co najmniej do 1953 r., zaczęła się chwiać. Pojawiły się kolejne kraje, które dążyły do posiadania tej broni i dążenie to zrealizowały: Wielka Brytania w 1952 r., Francja w 1960 r. i Chiny w 1964 r.

Francuskie wysiłki w celu rozwoju i budowy własnych sił atomowych nie spotkały się po drugiej stronie Atlantyku z wielkim entuzjazmem. Zabiegi Eisenhowera polegały na tym, by „upartego" prezydenta Charlesa de Gaulle'a przekonać o tym, że niezależne francuskie siły atomowe są niepotrzebne, a budowa takowych stanowi akt braku zaufania. Z typowo amerykańską mieszaniną legalizmu i idealizmu Eisenhower starał się zapobiec pojawiającej się w jego kraju przerażającej wizji, owemu koszmarowi, że mogłoby dojść do wojny atomowej rozpętanej przez sojuszników. Podczas wizyty w Paryżu w 1959 r. spytał on generała, w jaki sposób różne siły atomowe w obrębie Sojuszu Atlantyckiego można by ująć w jednolity plan wojskowy. W tym bowiem czasie Francja ogłosiła już swój własny program atomowy, lecz nie rozpoczęła jeszcze testów z tą bronią. Na swoje pytanie Eisenhower otrzymał odpowiedź, jakiej nie chciał przyjąć.

Dla de Gaulle'a integracja sił nuklearnych nie była problemem technicznym, lecz politycznym. Symptomem różnicy obu koncepcji, z czego Eisenhower wydawał sobie nie zdawać sprawy, było to, że de Gaulle w rzeczywistości na pytanie prezydenta odpowiedział już przed rokiem, proponując utworzenie Dyrektoriatu. Eisenhower szukał rozwiązania strategicznego, de Gaulle – politycznego. Eisenhowera interesowała przede wszystkim sprawa możliwie najlepszej struktury dowodzenia na wypadek wojny. De Gaulle był mniej zainteresowany prowadzeniem wojny powszechnej (uważał, że gdyby do tego doszło, wszystko byłoby i tak już stracone) niż powiększaniem pola działania swojej dyplomacji, której celem było zapewnienie Francji swobody działania przed ewentualnym wybuchem jakiegokolwiek konfliktu.

Siedemnastego września 1958 r. de Gaulle przedłożył Eisenhowerowi i Macmillanowi memorandum, w którym prezentował swoje stanowisko wobec struktury NATO. Wysuwał propozycję utworzenia w Sojuszu Atlantyckim politycznego Dyrektoriatu, w skład którego wchodziliby szefowie rządów Stanów Zjednoczonych, Wielkiej Brytanii i Francji. Dyrektoriat odbywałby okresowe spotkania, powoływał wspólny sztab i wyznaczał wspólną strategię, w szczególności w odniesieniu do kryzysów poza rejonami działania NATO. Polityczne i strategiczne problemy o wadze światowej – pisał – winny być powierzone nowemu gremium składającemu się z przedstawicieli Stanów Zjednoczonych, Wielkiej Brytanii i Francji. Gremium to winno podejmować wspólne decyzje we wszystkich sprawach dotyczących bezpieczeństwa świata oraz tworzyć i w razie potrzeby wprowadzać w życie plany strategiczne, zwłaszcza takie, gdzie w grę wchodziłoby użycie broni nuklearnej. Winno ono być również odpowiedzialne za organizację obrony takich obszarów operacyjnych, jak Arktyka, Atlantyk, Pacyfik czy Ocean Indyjski. Obszary te w razie potrzeby mogłyby zostać podzielone na mniejsze terytoria operacyjne.

Dla podkreślenia, jak poważne są te propozycje, de Gaulle powiązał je z groźbą wycofania się Francji z NATO. Pisał on: „Rząd Francji tego rodzaju organizację uważa za niezbędną. Stąd też obecny udział Francji w NATO jest uzależniony od spełnienia tych postulatów."[124]

Przekonawszy się, że jego propozycje nie padają na żyzną glebę, de Gaulle dowiódł swoim partnerom, że jak najbardziej dysponuje alternatywą. Nakazał zabranie amerykańskiej broni jądrowej z francuskiej ziemi, następnie wycofał ze zintegrowanych struktur wojskowych NATO początkowo tylko francuską flotę, a wreszcie całość francuskich sił zbrojnych.[125] Zarazem jednak pozostał w strukturach politycznych integracji, poprzez które zachował wpływy w Sojuszu.

„Wyglądało na to, że monopol atomowy w pierwszej powojennej dekadzie spełnił amerykańską wizję wszechpotęgi. Jednak pod koniec lat pięćdziesiątych oczywistym się stało, że każde z nuklearnych supermocarstw będzie wkrótce w stanie spowodować u siebie nawzajem tak ogromne zniszczenia, jakich uprzednio żaden kraj nie mógł sobie wyobrażać, a które nawet przetrwanie naszej cywilizacji stawiały pod znakiem zapytania.

Zrozumienie tego spowodowało rewolucję, która miała wkrótce zmienić samą naturę stosunków międzynarodowych. Do końca II Wojny Światowej rodzaje broni podówczas stosowanej stawały się wprawdzie coraz bardziej nowoczesne i

---

[124] *por.* Kissinger, Henry, op. cit. s. 670 i nast.
[125] *por.* Kissinger, Henry, op. cit. s. 672

udoskonalone, ale ich niszczycielska siła była nadal względnie ograniczona. Wojny wymagały mobilizacji środków i zasobów ludzkich, na co potrzebny był czas. Liczba ofiar i rozmiary zniszczeń rosły względnie powoli. Teoretycznie wojnę można było zatrzymać, zanim wymknęła się spod kontroli.

Ponieważ przyrost sił był relatywnie powolny, założenie, że jakiś kraj może dysponować nazbyt wielką potęgą dla osiągnięcia racjonalnych celów politycznych, wydawało się niedorzeczne. A jednak to właśnie stało się cechą Wieku Nuklearnego. Podstawowym dylematem strategicznym supermocarstw stała się nie sprawa zgromadzenia dodatkowych sił, lecz problem ograniczenia olbrzymiego arsenału, jaki stał do ich dyspozycji. Żadnej ze stron problemu tego nie udało się rozwiązać. Napięcia polityczne, które uprzednio z całą pewnością prowadziłyby do wojny, obecnie były hamowane strachem przed nuklearną zagładą, a ryzyko nuklearnej katastrofy zadecydowało o utrzymaniu pokoju przez ponad pół wieku. Taki stan rzeczy rodził jednak polityczną frustrację, a wyzwania nienuklearne czynił łatwiejszymi do uzasadnienia i częstszymi."[126]

Problemem było to, że obie strony stanęły w obliczu dylematu charakterystycznego dla epoki nuklearnej. Mogły wprawdzie dzięki swej broni atomowej przeciwstawić się naciskowi, ale sama ta broń nie była w stanie dokonać jakichś pozytywnych przemian. Jakakolwiek teoretyczna przewaga w tej dziedzinie traciła sens w obliczu ryzyka wojny nuklearnej, całkowicie nieproporcjonalnego wobec wszelkich celów, jakie chciano by osiągnąć. Nawet pięcioprocentowe ryzyko wojny jest nie do zaakceptowania, jeśli jej ceną byłaby zagłada własnego społeczeństwa, a nawet – całej cywilizacji. Dlatego też, w ostatecznym rachunku, każda ze stron wzdragała się przed ryzykiem wojny.[127]

Chcąc zwiększyć skuteczność nuklearnego odstraszania, USA oraz ich sojusznicy musieli podkreślać zarówno nieuchronność, jak i twardość swej odpowiedzi na atak. W celu podwyższenia wiarygodności odstraszania i ograniczenia rozmiarów katastrofy, w razie gdyby koncepcja ta zawiodła, USA szukały środków i sposobów, które pozwoliłyby uczynić wojnę atomową zarazem bardziej obliczalną i mniej przerażającą w skutkach. Ograniczony wybór celów, centralne stanowisko dowodzenia, system sterowania oraz strategia elastycznego reagowania – wszystko to stało się credo intelektualistów w amerykańskim ministerstwie obrony. Jednak sojusznicy Stanów Zjednoczonych sprzeciwiali się takim zamysłom. Obawiali się, że im bardziej obliczalna i akceptowalna stanie się wojna atomowa, tym prawdopodobniejsza będzie

---

[126] Kissinger, Henry, op. cit. s. 667
[127] *por.* Kissinger, Henry, op. cit. s. 642 i nast.

atomowa agresja, do której dojdzie raczej na europejskim a nie północnoamerykańskim terytorium.

Z drugiej strony mogłoby się zdarzyć i tak, że USA w ostatniej chwili odstąpią od użycia swej broni jądrowej, aczkolwiek taka opcja była ograniczona, i Europie pozostaną w końcu jedynie szkodliwe następstwa: nieskuteczne odstraszanie i strategia, która zawiodła.[128]

Mocarstwa nuklearne, w pierwszym rzędzie USA i Związek Radziecki, urządziły sobie najpierw wyścig zbrojeń. Z chwilą skonstruowania bomby wodorowej 1953/54 r. potencjał niszczący został tysiąckrotnie zwiększony. Podczas tak zwanego kryzysu kubańskiego w 1962 r., kiedy to Związek Radziecki zamierzał ulokować na Kubie taktyczną broń nuklearną, zaistniała groźba, że eskalacja sytuacji doprowadzi do wojny jądrowej między obu światowymi mocarstwami.

W okresie do 1963 r. USA i Związek Radziecki przeprowadziły ponad 200 powietrznych testów nuklearnych, do chwili, gdy w tymże roku, w związku z masowymi protestami przeciwko skażeniu radioaktywnemu, USA, Wielka Brytania i Związek Radziecki podpisały układ o ograniczeniu prób z bronią jądrową (LTBT), który zakazywał ich dokonywania w atmosferze, przestrzeni kosmicznej oraz pod wodą. Przeprowadzano jednak próby podziemne w celu doskonalenia i rozwoju nowych głowic bojowych.

Największa odpowiedzialność ciążyła początkowo na amerykańskim prezydencie Dwightcie D. Eisenhowerze: decyzja, czy pójść na ryzyko wojny atomowej, czy też nie, w ostatecznym rachunku spoczywała na jego barkach. Z kryzysu berlińskiego USA wyciągnęły naukę, że w czasie, kiedy USA były jedynym bądź niemal jedynym krajem posiadającym broń atomową, broń ta była być może jeszcze szybkim w użyciu i stosunkowo tanim narzędziem zachowania bezpieczeństwa; natomiast w dobie rozpoczynającej się równowagi nuklearnej wyznaczała ona wyraźne granice własnej gotowości ponoszenia ryzyka, zawężając tym samym również dyplomatyczną swobodę działania kraju.

Dopóki Ameryka była w znacznym stopniu odporna na nuklearne ataki, broń atomowa dawała jej przewagę, jakiej uprzednio nie miał żaden kraj. Jak to często bywa, przewaga ta została najdobitniej wyrażona w momencie, w którym zbliżała się ku końcowi. Właśnie pod koniec epoki amerykańskiego monopolu (czy prawie monopolu) atomowego sekretarz stanu John Foster Dulles rozwinął koncepcję „zmasowanego odwetu", by z jednej strony odstraszać radziecką agresję, a z drugiej

---

[128] *por.* Kissinger, Henry, op. cit. s. 668 i nast.

uniknąć w przyszłości przeciągających się patów dyplomatycznych, takich jak w Korei. Dulles uważał, że USA nie tyle powinny przeciwstawiać się agresji tam, gdzie miała ona miejsce, lecz raczej atakować prawdziwe przyczyny napięć w terminie i przy użyciu broni, które same by wybrały. Doktrynę tę dyskutowano jednak w okresie, w którym Związek Radziecki zaczął już pracować nad własną bronią termonuklearną i strategicznymi rakietami międzykontynentalnymi. W związku z tym strategia zmasowanego odwetu szybko zaczęła tracić na wiarygodności, szybciej nawet w wyobrażeniach niż w rzeczywistości. Powszechna wojna nuklearna stawała się rozwiązaniem nieproporcjonalnym wobec wszelkich przewidywanych kryzysów, łącznie z kryzysem berlińskim. Przywódcy demokracji zachodnich niezwykle przesadzone oświadczenia Chruszczowa o sile radzieckich rakiet przyjmowali poważnie, być może zbyt poważnie. Jednak już w 1958 r. nie ulegało wątpliwości, że powszechna wojna nuklearna w ciągu kilku dni pociągnęłaby za sobą taką liczbę ofiar śmiertelnych, która wielokrotnie przewyższyłaby straty poniesione podczas obu wojen światowych.[129]

W połowie lat siedemdziesiątych Związek Radziecki zastąpił swoją broń atomową średniego zasięgu, wymierzoną w Europę Zachodnią, nowoczesnymi rakietami SS-20. Równowaga sił w Europie została zagrożona. 28 października 1977 r., na forum londyńskiego *International Institute for Strategic Studies*, niemiecki kanclerz Helmut Schmidt wygłosił bardzo emocjonalną mowę i ostrzegł wyraźnie przed niekontrolowanymi zbrojeniami w pociski średniego zasięgu, nie wymieniając przy tym SS-20 z nazwy. Jeżeli ten rodzaj broni – powiedział kanclerz – nie zostanie włączony do rozmów na temat kontroli zbrojeń, wtedy Związek Radziecki będzie mógł z jego pomocą podciąć dotychczasową równowagę strategiczną. Dopóki środkiem odstraszającym przed radzieckim atakiem na Europę Zachodnią jest w ostatecznym rachunku jedynie międzykontynentalny, globalny odwet atomowy USA, dopóty Europa Zachodnia będzie podatna na szantaż. Dlatego Schmidt wezwał NATO do zastosowania własnych kontrśrodków, wśród których pierwszeństwo miało należeć do propozycji negocjacyjnych. Przemówienie to uważane jest za impuls inicjujący rozważania, które doprowadziły do tzw. podwójnej decyzji NATO. Za żądaniami Schmidta kryły się zasadnicze wątpliwości, czy na atak Związku Radzieckiego na Europę Zachodnią USA zareagują użyciem międzykontynentalnych rakiet atomowych, ryzykując tym samym narażenie się na równoważne uderzenia odwetowe i własne zniszczenie. Z uwagi na to ryzyko USA uznały za niezbędną również „taktyczną" równowagę atomową w Europie.

Podwójna decyzja NATO została uchwalona 12 grudnia 1979 r. w Brukseli przez ministrów spraw zagranicznych i obrony Paktu Północnoatlantyckiego. Przewidywała

---

[129] *por.* Kissinger, Henry, op. cit. s. 628 i nast.

ona negocjacje rozbrojeniowe ze Związkiem Radzieckim, ale i zastosowanie groźby: jeśli nie uda się dojść do porozumienia, za cztery lata – czyli w końcu 1983 r. – USA również ulokują w Europie atomowe rakiety średniego zasięgu typu *Pershing II*. Było to zgodne z logiką odstraszania, która miała się okazać skuteczna.

Najważniejsza zmiana w wojskowym stosunku sił pomiędzy obu mocarstwami światowymi, a zarazem między obu sojuszami, NATO i Układem Warszawskim, polegała na parytecie strategiczno-jądrowym, który Związek Radziecki osiągnął w latach siedemdziesiątych.

W latach siedemdziesiątych Związek Radziecki tak dalece rozbudował swój strategiczny arsenał pod względem ilościowym i jakościowym, że zrównał go z posiadanym przez USA. Radzieckie zbrojenia nuklearne doprowadziły do strategicznego pata z USA. Dla Związku Radzieckiego nuklearno-strategiczny remis z drugim mocarstwem światowym był decydującym atrybutem politycznym własnej pozycji światowego mocarstwa. Odtąd okazanie się słabszym pod względem nuklearno-strategicznym było dla USA i Związku Radzieckiego równoznaczne z utratą pozycji światowego mocarstwa.[130]

Do połowy lat 80. USA i Związek Radziecki wyprodukowały łącznie około 50 do 70 tysięcy głowic nuklearnych i większą ich część umieściły w rakietach, na pokładach bombowców i okrętów podwodnych. Globalna wojna jądrowa, która byłaby w stanie zniszczyć całą Ziemię, stała się możliwa. NATO i Układ Warszawski coraz liczniej rozmieszczały w Europie lat 80. taktyczną broń jądrową, lokując ją na środkach przenoszenia różnego zasięgu.

Pod rządami Michaiła Gorbaczowa doszło wreszcie do rozmów rozbrojeniowych, które zostały sfinalizowane w 1987 r. w formie układu o likwidacji rakiet nuklearnych średniego zasięgu (*Treaty on Intermediate-Range Nuclear Forces*, układ INF) i zainicjowały koniec konfliktu Wschód-Zachód. Po zakończeniu zimnej wojny w Europie możliwe stały się kolejne porozumienia w kwestii kontroli zbrojeń. Układ o nierozprzestrzenianiu broni jądrowej (NPT), który wszedł w życie w 1970 r., w roku 1995 został przedłużony, przy czym zapisano w nim dwuklasową strukturę posiadaczy broni jądrowej.

W 1998 r. dwa kraje niebędące sygnatariuszami NPT, Indie i Pakistan, przeprowadziły próby z bronią jądrową i ustawicznie rozbudowywały swoje arsenały. Korea Północna, jako państwo nieposiadające broni nuklearnej, ogłosiła wystąpienie z NPT. W związku z zarzutami wobec Iranu, że swój cywilny program nuklearny

---

[130] Weisser, Ulrich, *NATO ohne Feindbild*, op. cit., s. 45

wykorzystuje także jako opcję budowy broni jądrowej, w lipcu 2015 r. zawarte zostało porozumienie atomowe między Iranem a pięcioma stałymi członkami Rady Bezpieczeństwa ONZ oraz Niemcami. Porozumienie to ma umożliwić Teheranowi korzystanie z energii atomowej, lecz zapobiec budowie bomby atomowej.

Konwencjonalne siły zbrojne

Koncepcja wysuniętej obrony była w okresie od 1963 r. do 1991 r. obowiązującą strategią NATO w Europie Środkowej i przewidywała konwencjonalną obronę tuż przy linii demarkacyjnej oddzielającej NRD; koncepcja ta była elementem odstraszania oraz strategii elastycznego reagowanie (*Flexible Response*). Przestała ona obowiązywać z chwilą uchwalenia w Rzymie jesienią 1991 r. nowej strategii NATO, której elementami są zdolność do obrony, dialog i kooperacja. Wraz z „wysuniętą obroną" nastąpiła koncentracja potencjału militarnego wzdłuż granicy wewnątrzniemieckiej, czyli żelaznej kurtyny. W okresie zimnej wojny na terytorium obu tych krajów w Europie stało naprzeciw siebie 3.068.000 żołnierzy NATO i 3.115.000 żołnierzy Układu Warszawskiego.

Po stronie natowskiej przyjęto zasadę „tortu warstwowego", czyli przemieszania pasów działania korpusów sił lądowych możliwie wielu różnych państw NATO. Kwestią decydującą było tu zwłaszcza odstraszające oddziaływanie wynikające z udziału sił amerykańskich. Na granicy, z północy na południe, rozlokowanych było dziewięć korpusów sił lądowych w następującym porządku:

- Dania / Niemcy
- Holandia
- Wielka Brytania
- Niemcy
- Belgia
- Niemcy
- USA
- USA
- Niemcy

W razie niepowodzenia obrony, NATO zastrzegło sobie opcję użycia środków nuklearnych. Nie oznaczało to strategicznego, ofensywnego „pierwszego uderzenia", lecz należało to rozumieć jako odstraszanie i potencjalną, eskalacyjną odpowiedź na trwający już atak konwencjonalny.

Sytuacja strategiczna w Europie Środkowej stała się dramatyczna w roku 1966 wskutek wyjścia Francji ze struktury wojskowej NATO. „Wysuniętej obronie" zabrakło tym samym zaplecza, co próbowano w pewnej mierze zrekompensować z pomocą koncepcji sprowadzania zamorskich sił wzmocnienia (*Reinforcements*).

W początkach pokojowej rewolucji w Europie, czyli w okresie 1990/1991, na niemieckim terytorium stacjonowały następujące wojska innych państw:

Związek Radziecki	380.000 żołnierzy
USA	282.000 żołnierzy
Wielka Brytania	68.000 żołnierzy
Francja	44.000 żołnierzy
Belgia	26.500 żołnierzy
Kanada	7.900 żołnierzy
Holandia	7.500 żołnierzy
OGÓŁEM	815.900 żołnierzy

Dochodziło do tego 495.000 niemieckich żołnierzy w Republice Federalnej Niemiec, po zachodniej stronie żelaznej kurtyny, i 160.000 niemieckich żołnierzy Niemieckiej Republiki Demokratycznej po stronie wschodniej. Ogółem na granicy wewnątrzniemieckiej stało zatem naprzeciw siebie blisko 1,5 miliona żołnierzy NATO i Układu Warszawskiego.

Po stronie NATO należy jeszcze dodać serię manewrów *Return of Forces to Germany*, zwanych w skrócie *Reforger*, przeprowadzanych raz lub kilka razy do roku. Manewry te odbywały się od 1969 r. do chwili tuż po zakończeniu zimnej wojny i za każdym razem w ich ramach przerzucano do Europy znaczną liczbę amerykańskich żołnierzy.

Celami ćwiczeń były weryfikacja i doskonalenie planowanych działań, trening uczestniczących w nich wojsk oraz demonstracja siły wobec potencjalnego przeciwnika, Układu Warszawskiego. Ponieważ ani USA, ani Republika Federalna Niemiec nie chciały stałego stacjonowania w Niemczech amerykańskich sił konwencjonalnych niezbędnych w wypadku wojny w Europie, stąd właśnie wynikała potrzeba tych ćwiczeń. Sprzęt dla kilku wielkich jednostek amerykańskich sił zbrojnych (pojazdy bojowe i transportowe, broń, materiały zaopatrzeniowe itd.) składowany był w Niemczech. Dzięki szybkiemu przerzutowi personelu zza oceanu, który musiał tylko przejąć i uruchomić sprzęt, możliwe było szybkie i stosunkowo mało kosztowne wzmocnienie konwencjonalnych sił zbrojnych w Europie.

Taki akurat sposób wzmocnienia sił Stany Zjednoczone uważały za niezbędny także z tego powodu, że wojska radzieckie w NRD mogły stosunkowo szybko i bez kłopotu zostać wzmocnione siłami z azjatyckich republik Związku Radzieckiego.

Takiej możliwości brakowało USA z uwagi na przeszkodę, jaką stanowił Ocean Atlantycki.

Liczebność wojsk USA w Republice Federalnej Niemiec wynosiła w 1990 r. 282.400 żołnierzy, w tym 242.800 z sił lądowych i 40.000 z lotnictwa. Wojska te zajmowały w sumie 663 obiekty koszarowe. W siłach zbrojnych USA w Niemczech zatrudnionych było 32.446 Niemców w charakterze pracowników cywilnych. Integracja amerykańskich rodzin z ludnością niemiecką była niezbyt udana, jako że rodziny żołnierzy mieszkały niemal wyłącznie w osiedlach zwanych *Little America*.

W tym okresie „Grupa Wojsk Radzieckich w Niemczech" (GWRN) zajmowała w NRD 777 obiektów koszarowych w 276 miejscowościach. Liczba ta obejmowała 47 lotnisk i 116 poligonów. 380.000 żołnierzy podzielonych było na 24 dywizje, pięć armii sił lądowych i jedną armię lotniczą. Do tego dochodziło jeszcze 208.400 członków rodzin oficerów i pracowników cywilnych; było wśród nich około 90.000 dzieci. Integracji żołnierzy i ich rodzin z ludnością niemiecką strona radziecka nie chciała. Jakiekolwiek przejawy tego rodzaju faktycznie były powstrzymywane.

USA i Europa

O ile pod koniec wojny zakładano jeszcze w Waszyngtonie, że po zakończeniu działań w Europie znów będzie można się wycofać i będzie po temu wola, przekonanie to zmieniło się najpóźniej z chwilą komunistycznego zamachu stanu w Czechosłowacji w lutym 1948 r. Co takiego się stało? Po ogłoszeniu amerykańskiego pomocowego Planu Marshalla Stalin przyspieszył rozciąganie komunistycznej kontroli nad Europą Wschodnią. Przy tym w kwestii wasalnej wierności państw wschodnioeuropejskich reagował nadzwyczaj twardo, by nie powiedzieć paranoicznie. Polityków, którzy przez całe swoje życie byli oddani sprawie komunizmu, eliminowano w razie podejrzenia, że mogą żywić choćby najsłabsze uczucia narodowe. W Czechosłowacji komuniści wyszli z wolnych wyborów jako najsilniejsza partia i kontrolowali rząd; co jednak Stalinowi najwyraźniej nie wystarczyło. Wybrany rząd został obalony, a niekomunistyczny minister spraw zagranicznych Jan Masaryk, syn założyciela Republiki Czechosłowackiej, stracił życie wypadając z okna swojego gabinetu, za co według wszelkiego prawdopodobieństwa odpowiedzialni byli komunistyczni oprawcy. W Pradze ustanowiono komunistyczną dyktaturę.

Brutalność, z jaką dokonano przewrotu w Czechosłowacji, budziła obawy, że Kreml może poprzeć inne, podobne przewroty. Metoda polegała na podsycaniu komunistycznego zamachu stanu poprzez uznanie nowego rządu i użycie siły militarnej do podtrzymania go. Z tej przyczyny w 1948 r, kilka krajów zachodnioeuropejskich powołało do życia Pakt Brukselski – przymierze obronne zawiązane w celu przeciwstawienia się każdej podejmowanej siłą próbie obalenia demokratycznych rządów. Wszystkie analizy układu sił wskazywały jednak na to, że Europa Zachodnia po prostu była niezdolna do odparcia radzieckiego ataku. Stany Zjednoczone musiały zatem zostać w jakiejś formie powiązane ze sprawą obrony Europy Zachodniej, a instytucjonalnych ram do tego dostarczył Północnoatlantycki Sojusz Obronny.

NATO powstało w reakcji na postępowanie Moskwy. Był to pierwszy w historii Stanów Zjednoczonych sojusz wojskowy zawarty w okresie pokoju. NATO stało się przyczyną nieoczekiwanego zwrotu w amerykańskiej polityce zagranicznej: pod międzynarodowym dowództwem NATO wojska amerykańskie połączyły się z kanadyjskimi i zachodnioeuropejskimi siłami zbrojnymi. Teraz po obu stronach linii rozgraniczenia biegnącej w poprzek Europy Środkowej stanęły naprzeciw siebie dwie strefy wpływów i dwa sojusze wojskowe.[131]

W październiku 1951 r. na urząd premiera w Londynie powrócił Churchill. Musiał jednak przyjąć do wiadomości, że wobec uzależnienia jego kraju od Stanów Zjednoczonych nie może sobie pozwolić na luksus samodzielnej inicjatywy, a już z pewnością nie w kwestiach, które Waszyngtonowi leżą na sercu.

Stosunek Churchilla do Trumana względnie Eisenhowera pokazuje wyraźnie, jak po zakończeniu II wojny światowej rola światowego mocarstwa przechodziła z Wielkiej Brytanii na USA. Za dobry przykład może tu posłużyć propozycja Malenkowa z 17 marca 1953 r., kiedy to Churchill próbował naciskać na Eisenhowera za jej przyjęciem, by nie rezygnować z żadnej okazji „przekonania się, jak daleko reżim Malenkowa gotów jest się posunąć w celu odprężenia ogólnej sytuacji”. Eisenhower okazał się jednak nie bardziej podatny na dyplomatyczną inicjatywę Churchilla niż jego poprzednik Truman. Poprosił tylko Churchilla, by ten poczekał na jego polityczne oświadczenie, które zamierzał złożyć 16 kwietnia 1953 r. i w którym de facto sprzeciwił się Churchillowi. Eisenhower stwierdził, że przyczyny napięć są równie oczywiste, jak i środki zaradcze: zawieszenie broni w Korei, austriacki traktat państwowy oraz zakończenie bezpośrednich i pośrednich ataków na bezpieczeństwo Indochin i Malajów gruntownie odmieniłyby sytuację w sensie pozytywnym. Negocjacje nie są tu potrzebne, oświadczył Eisenhower. Nadszedł czas na czyny, nie na słowa.

Churchill był innego zdania. Jedenastego maja 1953 r. określił, jak dalece różni się w kwestii oceny położenia od Eisenhowera i Dullesa. Podczas gdy kierownictwo amerykańskie obawiało się zagrożenia zwartości Sojuszu Atlantyckiego, Churchill przede wszystkim nie chciał zagrozić obiecującemu procesowi wewnętrznych

---

[131] *por.* Kissinger, Henry, op. cit. s. 499 i nast.

przemian w Związku Radzieckim: „Źle by się stało", wywodził, „gdyby naturalne chęci osiągnięcia porozumienia w sprawach polityki międzynarodowej przeszkodziły spontanicznej ewolucji, która może zachodzić w Rosji. Niektóre wewnętrzne wydarzenia i wyraźną zmianę nastrojów uważam za o wiele ważniejsze niż to, co zachodzi na zewnątrz. Bardzo mi zależy na tym, by w polityce zagranicznej państw NATO nie znalazło się cokolwiek, co by wypierało to, co wydaje się być ważką przemianą w nastawieniu Rosji lub nie doceniło tego."[132]

W styczniu 1954 r. odbyło się spotkanie ministrów spraw zagranicznych w sprawie polityki wobec Niemiec. Rozmowy bardzo szybko utknęły w martwym punkcie. Sekretarz stanu John Foster Dulles wykorzystał ten zastój do osiągnięcia swego celu – integracji Niemiec z NATO. Kwestia, jak włączyć Republikę Federalną Niemiec w zachodnie struktury wojskowe, stała się trudnym problemem. Francuzi niezbyt byli zachwyceni perspektywą, że u ich boku staną w pełni zremilitaryzowane Niemcy; z równą niechęcią odnosili się wszakże również do poświęcenia swego narodowego potencjału obronnego na rzecz zachodniego zintegrowanego systemu obrony obejmującego Niemcy. Nie byłoby to przecież nic innego, jak tylko oddanie części francuskiego bezpieczeństwa w ręce kraju, który ledwie przed dekadą dokonał tu ogromnych spustoszeń. Poza tym zostałaby ograniczona swoboda Paryża w rozwiązywaniu konfliktów kolonialnych środkami militarnymi.[133]

De Gaulle współpracę między Francją i Niemcami uczynił osią swojej polityki zagranicznej. Lecz choć znajdował w Bonn wsparcie dla swego stanowiska w kwestii Berlina i zrozumienie dla poglądów dotyczących kontroli nuklearnej, istniała jednak granica, której nie mógł i nie chciałby przekroczyć żaden zachodnioniemiecki mąż stanu, a dotyczyła ona dystansowania się od Stanów Zjednoczonych. Bez względu na wątpliwości wobec takich czy innych posunięć amerykańskiej polityki, przywódcy niemieccy wcale nie mieli ochoty na to, by jedynie z poparciem Francji znaleźć się w konfrontacji ze Związkiem Radzieckim. I niezależnie od tego, jak oceniliby anglo-amerykańskie stanowisko w sprawie kontroli atomowej i europejskiej integracji, żaden z nich nie mógł i nie chciał przedkładać oparcia się na niewielkich siłach francuskich nad ochronę, jakiej udzielał olbrzymi arsenał nuklearny Stanów Zjednoczonych, czy też politycznego wsparcia Francji nad wsparcie ze strony USA. Była więc wyraźnie określona granica tego, co mógł osiągnąć de Gaulle ze swą antyamerykańską postawą.[134]

---

[132] Kissinger, Henry, op. cit. s. 557 i nast.
[133] *por.* Kissinger, Henry, op. cit. s. 562 i nast.
[134] *por.* Kissinger, Henry, op. cit. s. 678 i nast.

Stosunki między Stanami Zjednoczonymi a Wielką Brytanią cechowały się szczególnym rodzajem współpracy. Były to (i są nadal) specyficzne relacje, które od zawsze podtrzymywane były przez wspólne wartości. Stąd też dla polityki w USA i Wielkiej Brytanii *Special Relationship* miały możliwie najwyższe znaczenie. Ma to z jednej strony historyczne uzasadnienie, z drugiej zaś podstawę stanowi wspólny język angielski.

Istotną rolę w utrzymaniu więzi między obu państwami po wojnie odegrała niepowszednia umiejętność Wielkiej Brytanii dostosowywania się do zmienionych uwarunkowań. Było jak najbardziej możliwe, że – jak zauważył Dean Acheson – Londyn zbyt długo obstawał przy iluzji imperium i nie zadbał o wyszukanie sobie stosownej roli w Europie. Z drugiej wszakże strony, w swoich stosunkach z Waszyngtonem Londyn niemal dzień w dzień demonstrował, że jako kraj o długiej historii nie będzie się uciekał do samooszukiwania się w podstawowych kwestiach. Gdy tylko, trafnie, uznano, że nie ma co dłużej liczyć na współkształtowanie amerykańskiej polityki tradycyjnymi metodami kompromisu między korzyścią a ryzykiem, w Londynie – zwłaszcza po kryzysie sueskim – postanowiono zachować przynajmniej pewną określoną miarę wpływów. I z czasem brytyjskim przywódcom udało się zająć pozycję tak dalece niezbędną dla amerykańskich decydentów, że prezydenci USA i ich doradcy zaczęli traktować konsultacje z Londynem nie jako szczególną życzliwość okazywaną słabszemu partnerowi w sojuszu, lecz jako niezbędny składnik polityki swego własnego rządu.

Wielka Brytania nie zawsze i nie we wszystkich punktach zgadzała się z posunięciami USA w polityce zagranicznej. Ostatecznie, w przeciwieństwie do USA, Brytyjczycy nigdy nie sądzili, że człowieka da się przekształcić w istotę doskonałą i niezwykle rzadko czynili zasady moralne drogowskazem swych działań politycznych. Kreując swój obraz świata i człowieka, najczęściej kierowali się poglądami Thomasa Hobbesa: jako że zawsze spodziewali się po człowieku najgorszego, rzadko kiedy przeżywali rozczarowanie. Także w sferze polityki zagranicznej skłaniano się w Londynie ku wygodnej formie etycznego egoizmu, a mówiąc prościej ku zasadzie, że co dobre dla Wielkiej Brytanii, także dla reszty świata jest jak najlepsze.[135] Zasada ta dotyczy chyba w szczególnie dużej mierze także USA.

Podczas kryzysu sueskiego jesienią 1956 r. Francja i Wielka Brytania przekonały się doświadczalnie, jak ograniczona jest swoboda działania w ramach konfliktu Wschód-Zachód. Odpowiedzialne osobistości w Londynie i Paryżu przeceniły chyba początkowo swobodę, z jakiej mogły korzystać pod znakiem odprężenia w relacjach Wschód-Zachód. W każdym bądź razie rządy w Londynie i Paryżu dały się nakłonić

---

[135] *por.* Kissinger, Henry, op. cit. s. 656

do wystąpienia przeciwko znacjonalizowaniu przez Egipt Kanału Sueskiego – co z teatralnym zadęciem ogłosił generał Naser w lipcu 1956 r. – z użyciem środków militarnych. 30 października 1956 r., za potajemną zgodą obu wielkich mocarstw europejskich, armia izraelska zaatakowała półwysep Synaj; dzień później rozpoczęły się brytyjskie naloty bombowe na strefę Kanału Sueskiego, a 5 listopada 1956 r. wylądowały tam brytyjskie i francuskie jednostki spadochronowe. Na krótko przed osiągnięciem zwycięstwa zostały zatrzymane: rząd radziecki zagroził Wielkiej Brytanii i Francji użyciem straszliwej, niszczycielskiej broni, jeśli natychmiast nie wstrzymają ognia, a rząd amerykański wsparł swoje żądanie przerwania akcji w ten sposób, że rozpalił silnie kryzys brytyjskiego funta. Stare mocarstwa kolonialne musiały przyjąć do wiadomości, że polityka odprężenia może również nabrać cech kondominium obu światowych mocarstw i że w związku z tym samodzielne operacje Europejczyków nie są już tak po prostu możliwe.[136]

We Francji prezydent Charles de Gaulle przywiązywał wyjątkową wagę do niezależności *la Grande Nation*. Stąd też regularnie występował z opiniami i żądaniami z zamiarem osłabienie roli Ameryki w Europie. Wielokrotnie podkreślał, że Europejczycy nie mogą polegać na tym, iż Stany Zjednoczone będą trzymać swoje siły zbrojne w Europie przez nieograniczony czas. Dlatego kontynent – pod przewodem Francji – winien, jego zdaniem, przygotować się na samodzielne radzenie sobie w przyszłości. Generał-prezydent nie twierdził, że preferuje taki rozwój sytuacji, wydawał się wszakże być ślepy na możliwość, że swą polityką może spowodować właśnie to, czego – jak sam twierdził – się obawiał.

Podczas wizyty w Paryżu w 1959 r. Eisenhower zapytał francuskiego prezydenta: „Dlaczego wątpi pan w to, że Ameryka swój los będzie identyfikować z losem Europy?" Biorąc pod uwagę, jak zachował się Eisenhower w przypadku kryzysu sueskiego, jak postępował od czasu berlińskiego ultimatum Chruszczowa, było to pytanie nieco faryzejskie. W odpowiedzi de Gaulle przypomniał Eisenhowerowi o tym, że w wątpliwościach Europy dochodzą do głosu nauki wyciągnięte z historii. Podczas pierwszej wojny światowej – mówił – USA dopiero po trzech latach przyszły Francji z pomocą, trzech latach, podczas których kraj narażony był na śmiertelne niebezpieczeństwo, a i w czasie drugiej wojny światowej pomoc nastąpiła dopiero w chwili, gdy Francja była już pokonana i zajęta. W erze atomowej obie te interwencje nastąpiłyby zbyt późno. De Gaulle nie przepuścił żadnej okazji, by wykazać, że w określonych przypadkach oceny USA były mniej „europejskie" od ocen dokonywanych przez Francję i wykorzystywał przy tym bezwzględnie ultimatum Chruszczowa w sprawie Berlina. W Bonn Paryż chciał być postrzegany jako niezawodny partner, bardziej niezawodny od Amerykanów: Francja pragnęła krok po

[136] *por.* Loth, Wilfried, *Geschichte Frankreichs im 20. Jahrhundert* [Historia Francji w XX wieku], s. 156

kroku zająć miejsce Stanów Zjednoczonych w przewodzeniu Europie. Toteż gdy po kilku jednostronnych inicjatywach USA na porządku dyskusji znalazło się kilka dotąd nienaruszalnych zasad zachodniej polityki wobec Berlina, rosnący niepokój Adenauera przyniósł Francuzom zagrożenie, ale i szansę. Zagrożenie polegało na tym, że „gdyby Niemcy przeszli na stronę przeciwną, europejska równowaga uległaby naruszeniu, co mogłoby być sygnałem nadchodzącej wojny". Z kolei szansa leżała w umocnieniu francuskich wpływów.[137]

Od czasów II wojny światowej Stany Zjednoczone determinowały politykę światową w sposób nieosiągalny poprzednio dla żadnego innego kraju. Choć zamieszkiwał je nikły procent ludności globu, produkowały bez mała jedną trzecią wszystkich towarów i usług na świecie, stały się numerem jeden światowej gospodarki. Dysponująca niebywałą przewagą w technologii nuklearnej, Ameryka utrzymywała olbrzymi margines przewagi w dziedzinie wojskowej – nad każdym możliwym rywalem, pojedynczym państwem czy też ich grupą.

Dzięki takiej pomyślności politycy amerykańscy zapomnieli na kilkadziesiąt lat, jak bardzo nietypowa była uległa postawa zniszczonej, czasowo bezsilnej, a tym samym łatwej do zdominowania Europy – kontynentu, który przez ponad dwieście lat wpływał decydująco na losy świata. Zapomnieli o dynamizmie Europy, który zainicjował rewolucję przemysłową, o filozofii polityki, która zrodziła koncepcję suwerenności narodowej czy też o stylu europejskiej dyplomacji, która przez trzy wieki potrafiła utrzymywać skomplikowany system równowagi sił. Gdy Europa, przy nieodzownej pomocy Ameryki, podniosła się z upadku, ponowne dojście do głosu niektórych z tradycyjnych elementów europejskiej dyplomacji nie było niczym nadzwyczajnym, zwłaszcza we Francji, gdzie w czasach Richelieu narodziła się nowoczesna doktryna kierowania państwem.

Zwłaszcza Charles de Gaulle czuł potrzebę powrotu na dawne tory. W latach sześćdziesiątych, w szczytowym okresie jego kontrowersji ze Stanami Zjednoczonymi, często słyszało się zarzut, że francuski prezydent cierpi na manię wielkości. W rzeczywistości problem był dokładnie odwrotny: jak przywrócić poczucie tożsamości krajowi przepełnionemu poczuciem porażki i słabości. W przeciwieństwie do Ameryki, Francja nie była potęgą.[138]

Francja wspominała drugą wojnę światową jak senny koszmar, który stał się rzeczywistością, zwłaszcza że klęskę 1940 r. odbierano jako cios zarazem psychologiczny i militarny. I choć w oficjalnej dokumentacji Francja wyszła z wojny

---

[137] *por.* Kissinger, Henry, op. cit. s. 665 i nast.
[138] *por.* Kissinger, Henry, op. cit. s. 661

jako jedno z mocarstw zwycięskich, jej polityczni przywódcy bardzo dobrze wiedzieli, że swój ratunek zawdzięczają w dużej mierze wysiłkom innych – w sferze militarnej USA, a w politycznej stosunkom de Gaulle'a z Churchillem, który zadbał o to, by do faktycznych trzech zwycięskich mocarstw dołączyła Francja jako czwarte.

W rzeczywistości pokój nie przyniósł Francuzom ulgi w kwestii postrzegania samych siebie. Upokorzona w 1940 r. armia francuska, którą po wojnie dopiero trzeba było odbudować na nowo, przez blisko dwadzieścia lat zmuszona była toczyć wyniszczające wojny kolonialne, które bez wyjątku kończyły się porażką – najpierw w Indochinach, potem w Algierii.

Natomiast Stany Zjednoczone, korzystające z błogosławieństwa stabilnych rządów i pewności siebie umocnionej jeszcze dzięki zwycięstwu, mogły zająć się konsekwentną realizacją każdego zadania, jakie wynikało z ich wizji wartości. W tej sytuacji de Gaulle, odpowiedzialny za kraj uwikłany w długotrwałe konflikty i od dekad zmuszony do znoszenia upokorzeń, oceniał koncepcje polityczne w mniejszym stopniu z pragmatycznego punktu widzenia, a bardziej podług tego, jak dalece będą się one mogły przyczynić do odtworzenia francuskiego poczucia własnej wartości.

Konflikt, który brał się stąd właśnie pomiędzy Francją a Stanami Zjednoczonymi, wkrótce uległ dodatkowemu zaostrzeniu, ponieważ obie strony, kompletnie się nie rozumiejąc, jedynie w rzadkich wypadkach zdawały się mówić o tych samych sprawach. Choć polityczni przywódcy Stanów Zjednoczonych pod względem osobistym sprawiali zwykle wrażenie bezpretensjonalnych, to gdy w grę wchodziła słuszność ich praktycznych recept, skłonni byli do pewnej arogancji. Z kolei de Gaulle, który miał do czynienia z ludnością o generalnie sceptycznym nastawieniu, której entuzjazm doznał rozczarowania, a marzenia prysły, uważał niekiedy za konieczne równoważenie głęboko zakorzenionej niepewności Francuzów okazywaną na zewnątrz wyniosłością. Połączenie osobistej bezpretensjonalności i politycznej arogancji wśród przywódców USA znajdowało przeciwstawne odbicie w postępowaniu de Gaulle'a, który osobistą arogancję łączył z historyczną skromnością. To między innymi stwarzało psychologiczną przepaść między USA a Francją.

Ponieważ Waszyngton wychodził z założenia, że jedność interesów państw członkowskich zachodniego sojuszu jest sprawą oczywistą, traktował rozmowy konsultacyjne jako rodzaj panaceum na występujące różnice zdań.[139]

[139] *por.* Kissinger, Henry, op. cit. s. 662

Rejon Pacyfiku

Wojna na Pacyfiku, a tym samym II wojna światowa w obszarze pacyficznym, zakończyła się podpisaniem kapitulacji przez Japonię 2 września 1945 r. w Zatoce Sagami, na pokładzie pancernika USA „Missouri". Japonia została zajęta przez wojska amerykańskie. O ile jednak na europejskim teatrze działań wojennych, po zakończeniu wojny pod przewodem USA, starcia zbrojne zostały wstrzymane i powrócił trwały pokój, sytuacja na Pacyfiku rozwinęła się całkiem inaczej – zarówno w odniesieniu do regionu, jak i do USA.

Korea, jako kraj podbity przez Japonię, została podzielona na dwie strefy okupacyjne. Granicę między okupowanym przez USA obszarem na południu a strefą radziecką na północy stanowił 38. równoleżnik. Za przyczyną tego podziału w obu strefach okupacyjnych rozwijały się odmienne ideologie. Związek Radziecki proklamował w Korei Północnej republikę socjalistyczną, a USA, jako przeciwwagę dla radzieckich wpływów, upowszechniały na południu demokrację. Gdy w 1950 r. północnokoreańska Armia Ludowa przekroczyła granicę Korei Południowej i zaatakowała amerykańskie bazy lotnicze, Rada Bezpieczeństwa ONZ zareagowała interwencją wojskową Narodów Zjednoczonych.

Gdy południowi Koreańczycy, dzięki wsparciu Narodów Zjednoczonych, również przekroczyli granice z Północą, do działań wojennych, jako sojusz komunistyczny, włączyli się także Rosjanie i Chińczycy wykorzystując samoloty bombowe i żołnierzy. Wiosną 1951 r. Korea Północna zwiększyła z pomocą Chin nacisk na Południe, zmuszając ostatecznie wojska ONZ i USA do odwrotu. Jesienią 1951 r. po obu stronach wzmogły się bombardowania, co spowodowało wysoką liczbę ofiar i zmęczenie wojną. Rozwój sytuacji doprowadził do wojny pozycyjnej, która skłoniła Narody Zjednoczone i Koreę Północną do zakończenia wojny w lipcu 1953 r. traktatem o zawieszeniu broni. Żadna ze stron nie była w stanie uzyskać przewagi, nie było zwycięzców ani pokonanych. 38. równoleżnik pozostał granicą między obu częściami kraju, tak jak poprzednio zostało to postanowione między USA i Związkiem Radzieckim. Stan ten trwa do dzisiejszego dnia.

Dla USA wojna koreańska, rozpoczęta tuż po wspięciu się przez to państwo na pozycję światowego mocarstwa, była pierwszym sprawdzianem w tej nowej dla niego roli. Jeszcze kilka miesięcy wcześniej rejon pacyficzny nazywany był mało istotnym teatrem z punktu widzenia amerykańskich interesów bezpieczeństwa. Teraz, z tej samej perspektywy, stał się on elementem polityki *containmentu* (powstrzymywania): USA wspierały Koreę Południową w wojnie przeciwko komunistycznej Północy, ponieważ spostrzegły, że dla ich pozycji w Azji byłoby niekorzystne, gdyby pogodziły się z zajęciem Korei przez komunistów.

Mocarstwo światowe USA zdało swój pierwszy egzamin, aczkolwiek z pewnym trudem. Jednakże niewinność USA była tu tylko odwrotnością ich niezwykłego zdecydowania. To właśnie ono była przyczyną, że ludność uznała tę wojnę, która ostatecznie została zakończona mało przekonującym wynikiem i pociągnęła za sobą blisko 150.000 zabitych i rannych we własnych szeregach. Kryzys koreański doprowadził do wzrostu siły USA w Europie i do utworzenia Sojuszu Północnoatlantyckiego. Na takim fundamencie USA były w stanie wyjść zwycięsko z długiej próby wytrzymałości, w jaką musiała się teraz przekształcić zimna wojna.

Po zakończeniu wojny w Korei USA dążyły do utworzenia w Azji Południowo-Wschodniej odpowiednika NATO. We wrześniu 1954 r. zawarto Pakt Azji Południowo-Wschodniej (SEATO), do którego obok USA weszły jeszcze Pakistan, Singapur, Filipiny, Tajlandia, Nowa Zelandia, Wielka Brytania i Francja. SEATO brakowało wszakże wspólnego celu oraz środków wzajemnego wsparcia. W rzeczywistości grupa krajów, które odmówiły przystąpienia do sojuszu, była o wiele ważniejsza od grona członkowskiego. Tak znaczące nacje południowo-wschodnioazjatyckie jak Indie, Indonezja, Malaje oraz Birma wolały szukać swego bezpieczeństwa w neutralności. Co do europejskich sojuszników Stanów Zjednoczonych, to Francja i Wielka Brytania okazały małą skłonność do ponoszenia ryzyka z powodu regionu, z którego nie tak dawno zostały wyparte. Przypuszczalnie Francja i – w mniejszym stopniu – Wielka Brytania przystąpiły do SEATO dlatego, żeby zapewnić sobie prawo weta w odniesieniu do pochopnych akcji amerykańskich.[140]

O ile z wojny w Korei USA zdołały jeszcze wyjść bez większych szkód, o tyle w wypadku wojny wietnamskiej sprawy potoczyły się inaczej. W Wietnamie młode mocarstwo światowe zostało po raz pierwszy upokorzone. Wietnam przypieczętował pierwszą wojenną porażkę Stanów Zjednoczonych. Wtedy wyglądało to tak, jak gdyby Związek Radziecki mógł zostać zwycięzcą zimnej wojny.

Rok 1975 był dobrym rokiem dla Związku Radzieckiego. Jego kierownictwo pod przewodem Leonida Breżniewa cieszyło się jeszcze dobrym zdrowiem i zdolnością do działania, a USA objawiały wyraźne słabości. Rok 1975 był dla wielkiego przeciwnika Moskwy w polityce światowej rokiem katastrof. Rok wcześniej, skutkiem afery Watergate, upadł prezydent Richard Nixon. A teraz pewien kraj szykował się do zadania światowemu mocarstwu pierwszej klęski w wojnie, kraj, który Henry Kissinger nazwał kiedyś „trzeciorzędnym komunistycznym państwem rolniczym", mianowicie Wietnam.

---

[140] *por.* Kissinger, Henry, op. cit. s. 700

Kissinger był też tym politykiem, który uprzednio głosił tezę, że Stany Zjednoczone muszą za wszelką cenę zapobiec zdobyciu Wietnamu (Południowego) przez komunistyczną Północ. W innym wypadku – twierdził – wszystkie sąsiednie państwa padną jak klocki domina ofiarą komunistycznej ekspansji. Takie przekonanie było szeroko rozpowszechnione w Waszyngtonie.

Już za czasów prezydenta Johna F. Kennedy'ego USA w coraz większej mierze angażowały się w Azji Południowo-Wschodniej, śląc tam doradców wojskowych. Pod rządami jego następcy, Lyndona B. Johnsona, Waszyngton interweniował w Indochinach w wielkim stylu. Jednak w czasie prezydentury Johnsona eskalował również protest przeciwko tej wojnie zarówno w USA, jak i w innych krajach, w tym w niemałym stopniu w Europie.

Pod względem wojskowym już wkrótce okazało się, że mimo znacznej przewagi ogniowej wojska amerykańskie nie mogą wiele zdziałać przeciwko partyzanckiej taktyce północnych Wietnamczyków. Do delegitymizacji działań wśród szerokich kręgów opinii publicznej przyczyniły się czyny zbrodnicze, takie jak masakra w wiosce *My Lai*, których – jak zwykle bywa w demokracji – nie dało się ukryć.

Im trudniejsze było położenie w Wietnamie i im większy opór amerykańskiej opinii publicznej tym więcej wojsk wysyłanych było przez rząd. W końcu, w 1969 r., w Wietnamie przebywało ponad 540.000 amerykańskich żołnierzy, zanim gorzka rzeczywistość wymusiła w końcu zmianę kursu.

Po objęciu urzędu w roku 1969 prezydent Richard Nixon forsował ideę „wietnamizacji" konfliktu. Chciał wprawdzie nadal wspierać prozachodni rząd Wietnamu Południowego, lecz stopniowo wycofywać z tego kraju amerykańskie siły bojowe. Równolegle toczyły się rozmowy pomiędzy Kissingerem, doradcą Nixona ds. bezpieczeństwa, a przedstawicielami Wietnamu Północnego. Partnerem Kissingera w tych rozmowach był członek północnowietnamskiego biura politycznego Le Duc Tho. Wprawdzie prowadził on negocjacje z pozycji silniejszego, w końcu jednak przystał na zawarcie porozumienia o zawieszeniu broni, które zostało podpisane w Paryżu 27 stycznia 1973 r. Układ ten przyniósł wprawdzie głównym negocjatorom Pokojową Nagrodę Nobla, nie doprowadził jednak do pokoju w Wietnamie.

To raczej siłom zbrojnym Hanoi udało się dokonać rozstrzygającego przełomu, którego symbolicznym punktem kulminacyjnym i zwieńczeniem stało się zdobycie 30 kwietnia 1975 r. południowowietnamskiej stolicy Sajgonu. Na koniec amerykańscy dyplomaci musieli być ewakuowani śmigłowcem z dachu ambasady USA w Sajgonie i tym sposobem uratowani. Zdjęcia tych scen pokazały całemu światu upokorzone mocarstwo światowe, które, jak się okazało, mimo wszelkich wysiłków nie dorównało «trzeciorzędnemu państwu rolniczemu». Wybór Jimmy'ego Cartera w rok po wycofaniu się z Azji Południowo-Wschodniej symbolizował także w sferze wewnątrzpolitycznej odejście USA od dawnej polityki.

Wizerunek USA bardzo ucierpiał na całym świecie skutkiem tej wojennej operacji. Związek Radziecki i jego sojusznicy potrafili wykorzystać pomyślność chwili. Tuż po zakończeniu wojny wietnamskiej sojusznik Moskwy, Kuba, rozpoczął «internacjonalistyczne» wspieranie ruchu wyzwoleńczego MPLA w Angoli. Wraz z Etiopią i Mozambikiem padły kolejne kostki domina na afrykańskim kontynencie. W Azji Południowo-Wschodniej nie skończyło się na utracie Wietnamu. Już w trakcie długiej wojny do walk wciągnięci zostali sąsiedzi, Kambodża i Laos. W obu dokonała się zmiana władzy, która przede wszystkim dla Kambodży miała katastrofalne skutki. Czerwoni Khmerzy zmasakrowali ponad milion Kambodżan. Także niegdysiejsze Królestwo Laosu pod rządami partii *Pathet Lao* dostało się pod wpływy Moskwy.[141]

W wojnie wietnamskiej poległo 1,1 miliona północnowietnamskich oraz 225.000 południowowietnamskich żołnierzy. Dochodzi do tego 2,5 miliona wietnamskiej ludności cywilnej. Straty sojuszników Wietnamu wyniosły około 63.500 zabitych, z czego 58.220 stanowili Amerykanie.

Światowe mocarstwo USA straciło Indochiny.

Starania o pokój

Po śmierci Stalina w roku 1953 oba światowe mocarstwa z wolna zaczęły znów nawiązywać kontakty. Już „gorąca linia" założona bezpośrednio po kryzysie kubańskim (1962) poprawiła kontakty między USA i Związkiem Radzieckim. Umożliwiła ona prowadzenie rozmów w chwilach kryzysów za pośrednictwem światowej sieci telefonicznej. W rozpoczynającej się fazie odprężenia doszło do pierwszych rokowań rozbrojeniowych.

W 1957 r. polski minister spraw zagranicznych Adam Rapacki zaproponował utworzenie strefy bezatomowej. Miała ona obejmować Niemcy, Polskę i Czechosłowację. Wprawdzie propozycja ta została poparta przez George'a F. Kennana z Departamentu Stanu USA, jednak prezydent Eisenhower odrzucił ją przy silnym wsparciu ze strony kanclerza RFN Adenauera. Wadą planu było to, że za wycofanie się Amerykanów o ponad cztery i pół tysiąca kilometrów (za Atlantyk) wyhandlowano by cofnięcie się sił radzieckich o zaledwie kilkaset kilometrów (przestrzeni lądowej). Do tego dochodziła i ta okoliczność, że strategia nuklearna

---

[141] *por.* Sturm, Peter, *Die Demütigung einer Supermacht* [Upokorzenie supermocarstwa], w: „Frankfurter Allgemeine Zeitung" z 30. 04. 2015 r.

zostałaby oddzielona od konwencjonalnej, a to oznaczałoby uprzywilejowanie wszystkich tych rodzajów broni, w których strona radziecka i tak miała przewagę. Zarazem broń nuklearna zostałaby wyeksmitowana. Wiązałoby się to wszakże – najłagodniej mówiąc – z nieobliczalnym ryzykiem agresji.[142]

27 listopada 1958 r. Nikita Chruszczow wystosował swe pierwsze ultimatum w sprawie Berlina do mocarstw zachodnich, które w ciągu sześciu miesięcy miały wziąć udział w traktacie pokojowym z obu państwami niemieckimi. Zgodnie z ultimatum, państwa zachodnie miały zrezygnować z Berlina Zachodniego, który wprawdzie jako „wolne miasto" zachowałby system kapitalistyczny, jednak pod względem kontaktów ze światem zewnętrznym oraz z uwagi na zobowiązania okresu przejściowego znalazłby się całkowicie pod pieczą NRD. W razie gdyby mocarstwa zachodnie odrzuciły taką regulację, Kreml zamierzał jednostronnie zawrzeć układ pokojowy z NRD, by później, bez zgody Zachodu, przekazać jej kontrolę nad drogami tranzytowymi do Berlina Zachodniego, czyniąc tym samym zachodnie pozycje w mieście nie do utrzymania. Gdyby państwa zachodnie próbowały otworzyć sobie dostęp z pomocą zbrojnych konwojów lub innych akcji wojskowych, Związek Radziecki miał uznać to za agresję na swego wschodnioniemieckiego sojusznika i postąpić zgodnie z zobowiązaniem do udzielenia pomocy.[143]

Następstwem tego, jak stwierdzono, byłaby wojna nuklearna. Ukazując taką perspektywę, radziecki szef państwa i partii zamierzał skłonić USA, od których postawy zależała zachodnia reakcja, do zajęcia bardziej pojednawczego stanowiska. Przecież utrzymanie bezwartościowej placówki zewnętrznej, czyli Berlina Zachodniego, nie wyrównałoby kosztów katastrofy spowodowanej przez broń jądrową, która całkowicie zniszczyłaby Europę Zachodnią i zadała ciężki cios Ameryce Północnej.

Radzieckiemu przywódcy nie chodziło tu o miasto jako takie, ani też o uznanie NRD oraz niemieckiej dwupaństwowości. Chciał on zapewnić Związkowi Radzieckiemu przewagę w konflikcie Wschód-Zachód poprzez storpedowanie NATO, które by się następnie rozproszyło. Wiedział on, że od czasu blokady lat 1948/49 obrona Berlina Zachodniego jest dla zachodnich Europejczyków symbolem amerykańskiego zaangażowania na ich kontynencie. Gdyby USA wycofały się z Berlina, nie okazano by im już więcej zaufania. Sojusz atlantycki straciłby swą polityczną bazę.

---

[142] *por.* Kissinger, Henry, op. cit. s. 560

[143] Dokumente zur Deutschlandpolitik [Dokumemnty nt. polityki w sprawie Niemiec], wyd. przez Federalne Ministerstwo Stosunków Wewnątrzniemieckich, IV. seria, t. 1/1, Frankfurt n. M. 1971, s. 151-177

Chruszczow tylko groził wojną, wcale nie chciał jej prowadzić. Był też świadom globalno-strategicznej przewagi USA. Jego argumenty pozostały bez oczekiwanego skutku. Genewskie spotkanie na szczycie w 1959 r. zakończyło się bez wyniku. Chruszczow trzymał się jednak swego celu i miał nadzieję, że prezydent Dwight D. Eisenhower, który zaprosił go do USA, okaże się bardziej dostępny niż minister spraw zagranicznych John Foster Dulles. Było to złudzenie, już choćby dlatego, że Amerykanie nie negocjowali bez sojuszników i dlatego dopuszczali jedynie wymianę myśli. Paryska konferencja na szczycie w połowie maja 1960 r. zmusiła Chruszczowa do rezygnacji z planów, gdy Eisenhower odmówił żądanego od niego, upokarzającego usprawiedliwienia dla szpiegowskiego lotu nad Związkiem Radzieckim (U-2 z Garym Powersem, 01. 05. 1960 r.). Z takim człowiekiem, stwierdził Chruszczow, nie może on już zasiadać przy jednym stole. Tym samym negocjacje w sprawie Berlina zostały odroczone do wyborów nowego prezydenta USA w połowie listopada.

W końcu 1960 r. Chruszczow dostrzegł potrzebę dokonania nowej oceny położenia. Był przekonany, że wybrany na prezydenta USA John F. Kennedy reprezentuje polityczną wagę lekką i że stosunkowo łatwo da sobie z nim radę. Spotkał się z Kennedym 3./4. czerwca 1961 r. w Wiedniu i powtórzył swoje ultimatum. Budowa berlińskiego muru 13. 08. 1961 r. oraz kryzys kubański w październiku 1962 r. nie sprzyjały specjalnie odprężeniu. Kryzys kubański zakończył się tajną wymianą listów między Chruszczowem i Kennedym, z których wynikało, że obaj nie chcą eskalacji. Moskwa ogłosiła wycofanie swoich rakiet, podczas gdy Kennedy złożył oświadczenie o rezygnacji z inwazji na Kubę. Ponadto Kennedy obiecał wycofać rakiety atomowe z Turcji, ponieważ dla Moskwy stanowiły one zagrożenie. Kontynuacja dialogu między obu światowymi mocarstwami znów stała się możliwa.

5 sierpnia 1963 r. USA, Związek Radziecki i Wielka Brytania podpisały pierwsze ważne porozumienie w postaci układu o zaprzestaniu prób atomowych. Zgodnie z tym układem, testy z bronią jądrową w powietrzu i pod wodą zostały zabronione. Dzięki temu miało zostać zahamowane rosnące skażenie radioaktywne atmosfery i mórz. W przeciwieństwie do testów podziemnych, takie próby były łatwe do udowodnienia. Większość państw, także Republika Federalna Niemiec, podpisała ten układ. Odmówiły tego jedynie mocarstwa atomowe Francja i Chiny.

Od 1963 r., mimo pewnych wahań, między zwaśnionymi blokami dominowała polityka odprężenia, którą strona radziecka firmowała pod hasłem „pokojowej koegzystencji", podczas gdy po stronie zachodniej – zwłaszcza z uwagi na podział Niemiec – propagowano przezwyciężenie status quo w oparciu o „zmianę przez zbliżenie". Zakładano, że ostatecznie rozstrzygająca będzie tu atrakcyjność zachodniego modelu społeczeństwa.

Tematem w coraz większe mierze międzynarodowym stawało się nierozprzestrzenianie broni atomowej, nad czym w 1964 r. obradowała w Genewie, pod egidą Narodów Zjednoczonych, konferencja rozbrojeniowa 18 państw. W obrębie bloku wschodniego Związek Radziecki miał monopol na broń atomową; od 1964 r. bronią tą dysponowały także Chiny. W ramach wspomnianej genewskiej konferencji rozbrojeniowej zdołano ostatecznie, w 1968 r., podpisać układ o nierozprzestrzenianiu broni jądrowej, międzynarodowe porozumienie, którego przedmiotem był (i nadal jest) zakaz rozpowszechniania broni jądrowej oraz zobowiązanie do atomowego rozbrojenia.

Stłumienie tak zwanej Praskiej Wiosny przez radzieckie czołgi w roku 1968 zostało przez Zachód potępione, nie nastąpiły jednak po tym żadne praktyczne kroki ze strony USA czy NATO.

W 1969 r. rozpoczęły się bilateralne rozmowy między Związkiem Radzieckim i USA w sprawie kontroli i ograniczenia broni atomowej. Zakończyły się one podpisaniem traktatów SALT i ABM. Równolegle niemiecki rząd federalny swą polityką wschodnią zapoczątkował odprężenie w Europie Środkowo-Wschodniej. Celem rządu RFN było wprowadzenie humanitarnych ułatwień w podzielonych Niemczech, zwłaszcza w odniesieniu do Berlina, i dlatego szukał on porozumienia tak ze wschodnimi sąsiadami, jak i z dominującym tu Związkiem Radzieckim. W rezultacie 7 grudnia 1970 r. podpisany został w Warszawie układ, dzięki któremu w ramach nowej polityki wschodniej możliwa była politykę odprężenia. Pełna nazwa tego zawartego w Warszawie porozumienia brzmi: „Układ między Polską Rzecząpospolitą Ludową a Republiką Federalną Niemiec o podstawach normalizacji ich wzajemnych stosunków". Republika Federalna Niemiec uznawała w nim linię Odry-Nysy, uzgodnioną między zwycięskimi mocarstwami na konferencji poczdamskiej, za faktyczną zachodnią granicę Polski podkreślając wraz z partnerem, że ich granice są nienaruszalne. Oba kraje zobowiązały się do niewnoszenia roszczeń terytorialnych i opowiedziały się za niestosowaniem przemocy w duchu Narodów Zjednoczonych, których Karta stanowiła podstawę zawartego porozumienia.

W wypadku rozpoczętej w Europie wojny Związek Radziecki nie mógł wykluczyć, że eskalacja nuklearna, która by tam nastąpiła, nie osiągnie swego najwyższego stopnia; wtedy amerykańska przewaga nuklearno-strategiczna w pełni doszłaby do głosu. Innymi słowy: jako że Związek Radziecki nie byłby w stanie przewidzieć z góry rezultatu wojny, nie odważyłby się jej rozpocząć.[144]

---

[144] *por.* Weisser, Ulrich, *NATO ohne Feindbild*, op. cit. s. 42

W lutym 1972 r., w wyniku wizyty państwowej w Chińskiej Republice Ludowej, prezydent Richard Nixon okazał gotowość do odprężenia także w stosunkach z drugim wiodącym mocarstwem komunistycznym, poprawiając tym samym szanse zakończenia wojny wietnamskiej na warunkach możliwych do przyjęcia przez administrację USA.

Kolejnym krokiem w kierunku odprężenia była zainaugurowana w 1973 r. pierwsza Konferencja Bezpieczeństwa i Współpracy w Europie (KBWE), która w 1975 r. doprowadziła do Aktu Końcowego z Helsinek. KBWE została zwołana jako forum negocjacyjne państw wschodnio- i zachodnioeuropejskich, Kanady oraz USA w celu realizacji wspólnych projektów w dziedzinie kultury, nauki, gospodarki, ochrony środowiska i rozbrojenia, a także przyczynienia się do bezpieczeństwa i wdrożenia praw człowieka w Europie. Rozliczne formy współpracy i odniesień, jakie nastąpiły w oparciu o Akt Końcowy z Helsinek, wpłynęły w sposób istotny na budowę zaufania między polityczno-ideologicznymi blokami i zakończyły ostatecznie konflikt Wschód-Zachód. Po politycznym przełomie w stosunkach Wschód-Zachód, KBWE otrzymała wraz z Kartą Paryską (1990) własne instytucje, a w dalszej kolejności status organizacji międzynarodowej, OBWE, z siedzibą w Wiedniu.

Ten potężny proces dyplomatyczny, w którym uczestniczyło trzydzieści pięć państw, wyrósł na głęboko zakorzenionym poczuciu niepewności Moskwy i jej niezaspokojonym pragnieniu legitymizacji. Choć Kreml, z jednej strony, zbudował gigantyczną machinę wojskową i podporządkował sobie liczne narody, z drugiej wszakże zachowywał się tak, jak gdyby wymagał ciągłego uspokajania. Mimo swego olbrzymiego i stale rosnącego arsenału broni atomowej, Moskwa domagała się właśnie od tych krajów, którym od dziesiątków lat zagrażała, jakiejś formuły traktatowej, z pomocą której dałoby się potwierdzić jej zdobycze. W tym sensie europejska Konferencja Bezpieczeństwa stała się dla Breżniewa substytutem traktatu pokojowego z Niemcami, którego Chruszczow, mimo swego berlińskiego ultimatum, nie uzyskał – oraz jednoznacznym potwierdzeniem powojennego status quo.

Nie można się było od razu zorientować, czego właściwie strona radziecka po tym wszystkim sobie obiecywała. Upór, z jakim kolebka ideologicznej rewolucji życzyła sobie potwierdzenia legalności swego panowania, był oznaką niezwykłego zwątpienia w odniesieniu do samej siebie. Przypuszczalnie łudzono się, że w wyniku konferencji powstanie kilku instytucji, które pozwolą rozwodnić NATO lub pozbawić je znaczenia. W tym punkcie mylono się oczywiście. Żadne państwo członkowskie NATO nie chciało wymienić wojskowej realności Sojuszu i obecności sił zbrojnych USA na kontynencie europejskim na prawne lub biurokratyczne postanowienia Europejskiej Konferencji Bezpieczeństwa. Tak więc miało się okazać, że na konferencji, która na końcu przyznała wszystkim państwom-uczestnikom prawo głosu w kwestii politycznego kształtowania Europy Wschodniej, Moskwa miała daleko więcej do stracenia niż demokracje zachodnie.[145]

W czerwcu 1974 r. w USA wzmogły się głosy krytyczne wobec polityki odprężenia. Kampanii przewodzili senatorowie i przywódcy związkowi. Nixon i jego współpracownicy zareagowali wszakże na tę krytykę rozdrażnieniem, bo nigdy przecież nie wątpili, że polityka odprężenia przynosi pożytek także Kremlowi – w innym wypadku raczej by w niej chyba nie uczestniczył. Oczywiście, decydujące pytanie brzmiało, czy odprężenie służy także celom Stanów Zjednoczonych. W tym względzie Nixon i jego doradcy byli przekonani, że czas pracuje na rzecz demokracji, ponieważ okres pokoju bez ekspansji niechybnie wzmocni siły odśrodkowe w obrębie bloku radzieckiego.[146] W marcu 1976 r. Kissinger stwierdził w odniesieniu do polityki odprężenie: "Siła Moskwy nie jest równa, słabości i frustracje system komunistycznego są wyraźne i jasno udokumentowane. Mimo wzrostu potęgi Związek Radziecki pozostaje daleko w tyle za nami i naszymi sojusznikami, jeśli odnieść to do całości potencjału wojskowego, gospodarczego, technicznego. Byłoby krańcowym szaleństwem, gdyby Związek Radziecki chciał wystąpić przeciwko uprzemysłowionym państwom demokratycznym. Społeczeństwo radzieckie przestało żyć w izolacji od wpływów i pokus świata zewnętrznego i czuje potrzebę kontaktów ze światem."[147]

12 grudnia 1979 r. ministrowie spraw zagranicznych i obrony państw NATO przyjęli w Brukseli tzw. podwójną decyzję NATO. Jej celem było wyrównanie jakościowej i ilościowej przewagi Związku Radzieckiego w dziedzinie rakiet średniego zasięgu. Decyzja przewidywała rokowania ze Związkiem Radzieckim na temat redukcji tychże rakiet. Jednakże w razie niepowodzenia rozmów USA zamierzały za cztery lata – czyli w końcu 1983 r. – również rozlokować w Europie atomowe rakiety średniego zasięgu. Podwójna decyzja NATO doprowadziła w wielu krajach zachodnioeuropejskich do wzmocnienia „ruchów pokojowych", które zajęły stanowisko przeciwne dozbrojeniu. Jednak decyzja odniosła sukces, gdyż 30 listopada 1981 r. w Genewie rozpoczęły się negocjacje rozbrojeniowe między USA i ZSRR. Ponieważ do listopada 1983 r. nie dały one wyników, 22 listopada 1983 r. Niemiecki Bundestag zagłosował za stacjonowaniem nowych amerykańskich rakiet średniego zasięgu w Republice Federalnej Niemiec. Dzień po tym postanowieniu Bundestagu Związek Radziecki przerwał genewskie rozmowy i od grudnia 1983 r. nowe rakiety zaczęły być rozmieszczane. Jednak w roku 1985 między USA i Związkiem Radzieckim rozpoczęły się rozmowy na temat daleko idącego rozbrojenia atomowego. W 1987 r.

---

[145] *por.* Kissinger, Henry, op. cit. s. 834 i nast.
[146] *por.* Kissinger, Henry, op. cit. s. 821
[147] Kissinger, Henry, op. cit. s. 822

oba światowe mocarstwa uzgodniły w układzie INF wycofanie, zniszczenie oraz zakaz produkcji wszystkich posiadanych pocisków z głowicami atomowymi o zasięgu od 500 do 5.500 km, a także systemów ich przenoszenia. Do maja 1991 r. zrealizowały to porozumienie. Świat stał się bezpieczniejszy.

Koniec zimnej wojny

Przez ponad 40 lat zimna wojna wpływała decydująco na wydarzenia na świecie. Jej kres nadszedł wraz z prezydentem Ronaldem Reaganem w USA oraz sekretarzem generalnym Michaiłem Gorbaczowem w Związku Radzieckim. Kres ten nadszedł właściwie niespodziewanie, a jego ojcami są obaj wymienieni prezydenci: wielki ojciec z większym udziałem (Michaił Gorbaczow) oraz mały ojciec z udziałem skromniejszym (Ronald Reagan).

Ronald Reagan, jako symboliczna postać amerykańskiego konserwatyzmu, kształtował po stronie zachodniej końcową fazę zimnej wojny. Do jego sukcesów w polityce zagranicznej zalicza się wspomniane wcześniej zawarcie ze Związkiem Radzieckim układu o likwidacji rakiet atomowych średniego zasięgu w wersji lądowej (INF). Dzięki temu układowi po raz pierwszy udało się usunąć całą kategorię broni atomowej. Równocześnie zakończony został wieloletni spór o nowe natowskie rakiety średniego zasięgu. Układ został podpisany przez Reagana i Gorbaczowa w grudniu 1987 r. w Waszyngtonie. Był to wyraz radykalnej poprawy stosunków między obu supermocarstwami i – jak się miało później okazać – pierwszy krok w kierunku zakończenia zimnej wojny.

Swoim zbliżeniem ze Związkiem Radzieckim Reagan zaskoczył w równej mierze zwolenników, co i krytyków. W pierwszych latach jego kadencji Związek Radziecki był dla niego jeszcze „imperium zła”. Pod jej koniec spacerował wraz z Gorbaczowem po Placu Czerwonym w Moskwie. Cztery razy spotykał się z szefem Kremla, który objął władzę w 1985 r. i w ciągu niewielu lat zmienił oblicze świata. W 1987 r. Reagan odwiedził podzielony wówczas jeszcze Berlin. 12 czerwca, w przemówieniu wygłoszonym przy Bramie Brandenburskiej w Berlinie Zachodnim wykrzyknął: „Panie Gorbaczow, niech pan zburzy ten mur!” – dwa i pół roku później mur upadł.

Reagan od początku stawiał na ponowne umocnienie się USA na pozycji wiodącego mocarstwa na świecie. Jego zadeklarowanym celem było negocjowanie z Moskwą z pozycji siły militarnej. W tym celu zainicjował on w USA najpotężniejsze zbrojenia okresu pokoju. Krążyła opinia, że pragnie „zazbroić Związek Radziecki na śmierć”. Zdaniem niektórych historyków, rozpad radzieckiego imperium jest co najmniej w części rezultatem polityki Reagana.

Jednak wszystko to raczej nie byłoby możliwe w aż takim zakresie, gdyby po drugiej stronie – w Moskwie – w marcu 1985 r. nie doszedł do władzy człowiek pokroju Michaiła Gorbaczowa. Gorbaczow dostrzegał potrzebę demokratycznych reform w Związku Radzieckim; jak stwierdził „Potrzebujemy demokracji jak powietrza do oddychania. Jeśli tego nie dojrzymy, nasza polityka się udusi, przemiana się udusi, towarzysze." Gdy w 1987 r. Gorbaczow przedstawiał swój punkt widzenia na plenum KC, od dwóch lat był już na samej górze, na czele Związku Radzieckiego.

Jego postępowanie charakteryzują terminy *pierestrojka* (przebudowa) i *głasnost* (jawność). Gorbaczowowi nie chodziło przy tym o pospieszne i powierzchowne działania, bo dobrze wiedział, że tylko rzeczywiste, głębokie reformy mogą wyprowadzić Związek Radziecki z gospodarczej, socjalnej, a także ekologicznej zapaści. Czas wydawał się aż nadto dojrzały do zmian. Gorbaczow znalazł się we właściwym czasie na właściwym miejscu i nie dawał się zbić z tropu. Uwolnił społeczeństwo od więzów, które służyły przede wszystkim po to, by karmić rozdęty radziecki aparat władzy. A jednak i on wykorzystywał swą władzę. Dzięki zręcznym, strategicznym posunięciom Michaił Gorbaczow z rozmysłem zdołał pozbyć się kilku swoich adwersarzy. Tylko w pierwszych miesiącach jego urzędowania ofiarą czystki padło 35 ministrów.

Sekretarz generalny walczył zawzięcie z samowolą, nadużyciami urzędu i korupcją, występował przeciwko nieporządkom w samym sercu władzy – w państwie, partii i armii. Ponadto jego walka skierowana była przede wszystkim przeciwko niegospodarności i ekonomicznemu podupadaniu Związku Radzieckiego.

W rezultacie Gorbaczow doprowadził do końca zimnej wojny, gdyż przemiany, tak zdecydowanie wprawione przezeń w ruch, zyskały własną dynamikę i nie można ich już było powstrzymać. 11 listopada 1989 r. upadł mur berliński. W marcu 1990 r. Gorbaczow został wybrany na pierwszego radzieckiego prezydenta, a miesiąc później Związek Radziecki ogłosił przejście na system gospodarki rynkowej. W październiku 1990 r. Gorbaczow otrzymał Pokojową Nagrodę Nobla. Dał też innym państwom członkowskim Układu Warszawskiego swobodę w przeprowadzaniu demokratycznych reform. Zimna wojna odeszła w przeszłość, zapowiedziano rozbrojenie zamiast zbrojeń, a Układ Warszawski stał się organizacją anachroniczną – w lutym 1991 r. Gorbaczow ogłosił jego rozwiązanie. Wreszcie dynamika zmian zaprowadziła je tak daleko, że dążące do samodzielności poszczególne republiki zakwestionowały istnienie Związku Radzieckiego i ostatecznie, 25 grudnia1991 r., Związek Radziecki zakończył swą egzystencję, a Gorbaczow ustąpił z funkcji prezydenta państwa.

W 1991 r. demokracje wygrały wreszcie zimną wojnę. Teraz debata w Stanach Zjednoczonych nabrała pełnego tempa. Rozległ się dawny syreni śpiew amerykańskiego izolacjonizmu: to nie USA wygrały zimną wojnę, lecz to Związek Radziecki ją przegrał; stąd też – twierdzono – wysiłki ostatnich czterdziestu lat były niepotrzebne, gdyż i bez udziału USA sprawy potoczyłyby się równie dobrze, a może nawet jeszcze lepiej. Równowaga sił przesunęła się na korzyść USA.

Zimna wojna była jakby stworzona dla z góry przyjętych opinii Amerykanów. Istniało dominujące wyzwanie ideologiczne, które powszechnie obowiązujące maksymy pozwalało stosować do większości problemów świata. Ponadto panowało niewątpliwe i wszechobecne zagrożenie militarne, którego sprawca był jednoznacznie rozpoznawalny.

Wraz z załamaniem się komunizmu zniknęło także zagrożenie, które jednoczyło obóz zachodnich sojuszników. Gdy Związek Radziecki implodował, okazało się, że świat w nowej postaci wygląda całkiem inaczej, niż wyobrażały to sobie na przykład Francja czy Stany Zjednoczone. Komunizm był pokonany, tak jak to przepowiadali Kennan, Acheson i Dulles. Jednak na końcu tego procesu czekał we wręcz zaraźliwej formie ów nacjonalizm, który Wilson i jego uczniowie nazwali niegdyś „staromodnym".

W tym właśnie momencie, gdy międzynarodowa pozycja Stanów Zjednoczonych zdawała się zbliżać do punktu zerowego, zaczął się rozpad świata komunizmu. Jeszcze na początku lat osiemdziesiątych wyglądało na to, że ruchy komunistyczne wszędzie są w ofensywie; wkrótce potem komunizm zniszczył sam siebie. W ciągu jednej dekady wschodnioeuropejski system satelicki rozwiązał się, a światowe mocarstwo radzieckie rozpadło, przy czym Związek Radziecki utracił niemal wszystkie te tereny, które Rosja wcieliła od czasów Piotra Wielkiego. Nigdy w historii żadne mocarstwo światowe nie upadło tak radykalnie i tak szybko nie przegrawszy wojny.[148]

Résumé
Podczas II wojny światowej Związek Radziecki, mając ogółem 25 milionów zabitych (żołnierzy i ludności cywilnej), musiał złożyć nieporównanie wyższą daninę krwi niż USA, które straciły 259.000 poległych żołnierzy. Mimo to oba państwa wyszły z wojny jako mocarstwa światowe wypierając z tej pozycji Wielką Brytanię. O ile jednak USA osiągnęły pozycję mocarstwa światowego de facto już w wyniku użycia dwóch bomb atomowych przeciwko Japonii, o tyle w wypadku Związku Radzieckiego nastąpiło to w rezultacie konferencji w Jałcie i Poczdamie.

---

[148] *por.* Kissinger, Henry, op. cit. s. 840

Oba państwa, USA i Związek Radziecki, spełniały wszystkie warunki światowego mocarstwa: z racji swej siły politycznej, wojskowej, jak również gospodarczej wywierały one decydujący wpływ na wydarzenia w skali globalnej. Siłę gospodarczą USA należało oczywiście zaklasyfikować dużo wyżej niż ekonomiczne możliwości Związku Radzieckiego. Jeden wszakże aspekt różnił oba światowe mocarstwa: USA były w stanie trwale zapewnić swojej ludności odpowiednie warunki życiowe, generując tym samym siłę przyciągającą innych ludzi i inne narody. Związek Radziecki w ciągu całego okresu swego istnienia nigdy nie był w stanie tego zaoferować.

Dla USA miał to być decydujący krok w kierunku „amerykańskiego stulecia". Co zaskakujące – a także pewne novum w historii: choć po obu stronach przystąpiono do intensywnych zbrojeń, to nigdy dotąd dwa tak silnie uzbrojone, wrogie sobie bloki państw nie stały przez tak długi czas tak blisko naprzeciw siebie nie wszczynając wojny. Zaskakujące jest i to, że mimo wrogości i niewiarygodnie potężnych arsenałów po obu stronach, polityczni przywódcy krajów NATO i członkowie Układu Warszawskiego systematycznie spotykali się przy stole rozmów. Być może było to jednym z powodów, że zimna wojna nie przekształciła się w gorącą. Najwyraźniej zadziałała tu sentencja mówiąca, że „jeśli się z kimś rozmawia, to się do niego nie strzela".

Decydującą rolę odegrała tu broń nuklearna po obu stronach, której starczyłoby do wielokrotnego zniszczenia naszej planety. Zagrożenie, jakie stwarzała, nie pozwoliło zarówno Waszyngtonowi, jak i Moskwie, na poważne rozważanie jej użycia. Straszliwe obrazy z Hiroszimy i Nagasaki, spowodowane przecież tylko przez dwie „bardzo małe" bomby atomowe, najwyraźniej nie dopuściły do o wiele większej katastrofy w wyniku użycia „nowoczesnej" broni atomowej.

Po ponad 40 latach zimnej wojny, pokojowa rewolucja we wszystkich niemal krajach obszaru komunistycznego doprowadziła do rozpadu najpierw Układu Warszawskiego, a w końcu także Związku Radzieckiego. Nie było już światowego mocarstwa Związku Radzieckiego. Największemu z jego państw-następców, Rosji, pozostała ranga wielkiego mocarstwa – a nie, jak prowokująco i mało dyplomatycznie wyraził się w marcu 2014 r. w Hadze prezydent Obama, mówiąc że Rosja jest „regionalnym mocarstwem, zagrażającym kilku ze swych bezpośrednich sąsiadów".

W każdym bądź razie USA wyszły z zimnej wojny jako jedyne istniejące mocarstwo światowe. W roku 1991 znalazły się w zenicie swojej historii i chciały cieszyć się respektem należnym światowemu mocarstwu. Konkurenci, jak Rosja czy Chiny, nie mieli być nawet dopuszczani w ich pobliże. Takiego sposoby myślenia dowodzi wspomniana wyżej wypowiedź Obamy o Rosji jako mocarstwie regionalnym. Najwyraźniej jednak prezydent Obama przeoczył fakt, że każde mocarstwo dysponujące rakietami i bronią nuklearną jest wprawdzie w stanie zniszczyć każde inne, ale przy tej okazji także samego siebie.

Jednak na zakończenie zimnej wojny USA były bezspornie dominującym mocarstwem światowym, za którym dopiero postępowały dwa wielkie mocarstwa: Chiny (zyskujące na znaczeniu) i Rosja (tracąca znaczenie).

Rozdział 11

Trzy wojny w Zatoce Perskiej

W dniu 22 września 1980 r. Irak zaatakował swego sąsiada, Iran, siłami liczącymi 100.000 żołnierzy. Głównym powodem wojny był spór z Iranem o prawa żeglugi w Zatoce Perskiej. Głębszymi przyczynami zbrojnego konfliktu były między innymi obawy Saddama Husajna, że przywódca irańskiej rewolucji, ajatollah Chomejni, mógłby podjąć próbę „wyeksportowania" do Iraku islamskiego reżimu, jaki nastał w Iranie na początku 1979 r.

Ówczesny prezydent Iraku, Saddam Husajn, dążył do uzyskania dla swego kraju pozycji silnego mocarstwa regionalnego. Uwieńczone sukcesem wkroczenie do Iranu uczyniłoby Irak dominującym mocarstwem rejonu Zatoki Perskiej i kontrolerem lukratywnego rynku ropy naftowej. Ten ambitny cel nie był poza zasięgiem. Irak, w przeciwieństwie do objętego rewolucją Iranu, korzystał ze znacznego dyplomatycznego, wojskowego, gospodarczego i finansowego wsparcia zagranicy. Na przykład USA dostarczyły Saddamowi Husajnowi (w owym czasie był on jeszcze *good guy*) 117 śmigłowców.

31	śmigłowców	Bell 214ST	1987–1988
30	śmigłowców	Hughes-300/TH-55	1984
30	śmigłowców	MD-500MD Defender	1983
26	śmigłowców	MD-530F	1985–1986

W tym samym okresie USA, wspólnie z Izraelem, dostarczyły Iranowi 2.773 rakiety.

2.515	przeciwpancernych pocisków kierowanych	BGM-71 TOW	1985–1986
258	rakiet przeciwlotniczych	MIM-23 HAWK	1985–1986

Wojna przebiegała inaczej, niż się spodziewał Saddam Husajn. Dlatego już w 1980 r. i powtórnie w 1982 r. proponował on Iranowi zawieszenie broni, co Iran jednak odrzucił. Po początkowych zdobyczach terytorialnych, w 1982 r. armia iracka została wyparta na własne terytorium. Ukształtowało się coś w rodzaju wojny pozycyjnej według wzorca z pierwszej wojny światowej. Choć w swych działaniach wojennych Irak wspierany był przez cały świat zachodni, Związek Radziecki i Chiny oraz liczne państwa arabskie, wojna przeciągała się i zakończyła dopiero 20 sierpnia 1988 r., z chwilą wejścia w życie porozumienia o zawieszeniu broni.

Porozumienie to Saddam Husajn przedstawiał jako zwycięstwo. Jednak cena za to „zwycięstwo" była wysoka: po stronie irackiej zginęło 200.000 żołnierzy, a po irańskiej trzy do czterech razy więcej ludzi. Dla Iraku, który przed wojną był już u progu stania się państwem przemysłowym, wojna stała się prawdziwą katastrofą gospodarczą i finansową. O ile w 1980 r. Irak dysponował rezerwami finansowymi rzędu 35 mld. dolarów, o tyle w końcu 1988 r. irackie zadłużenie zagraniczne opiewało na kwotę ponad 80 mld. dolarów.

Natomiast armia i Saddam Husajn skorzystali na tej wojnie. Armia była znakomicie wyposażona w zachodnią broń i wzrosła z 200.000 żołnierzy w latach 70. do 1 miliona w 1988 r. – w tym czasie uważana była za czwartą pod względem wielkości armię świata. Saddam Husajn zdołał wykorzystać permanentny stan wojenny do brutalnego wyeliminowania wszelkiej opozycji wewnętrznej, bez obawy przed protestami ze strony zagranicy.

Militarny kolos Irak, który Zachód, a zwłaszcza USA, zaczął później postrzegać jako zagrożenie, został stworzony w latach osiemdziesiątych przez te właśnie państwa, a także przez Związek Radziecki. Na swoją wojnę Saddam Husajn uzyskał obfitą pomoc zagraniczną. USA, Niemcy, Wielka Brytania, Francja, Związek Radziecki, Japonia i Chiny zapewniły wsparcie zbrojeniowe. Irak otrzymał z zagranicy niemal kompletną paletę dostępnych wówczas, konwencjonalnych systemów broni. Poza tym firmy zagraniczne dostarczały Irakowi elementy konstrukcyjne, materiały podstawowe i technologie służące do produkcji broni chemicznej, biologicznej, a także atomowej oraz rakiet balistycznych.

W toku wojny Irak wspierany był m. in. przez USA pakietami danych o celach. Wsparcia tego nie zmieniło ani trochę także stosowanie potępionej na forum międzynarodowym broni chemicznej: od 1983 r. przeciwko Iranowi, a później (1988) przeciwko Kurdom we własnym kraju. Również państwa arabskie należące do Rady Współpracy Zatoki Perskiej (GCC) wspierały Irak środkami finansowymi miliardowej wysokości. Nawet Kuwejt, późniejsza ofiara, udzielał Irakowi pomocy finansowej.

Druga wojna w Zatoce Perskiej (1990-1991)

Druga wojna w Zatoce Perskiej – zwana też „pierwszą wojną iracką" – zaczęła się 2 sierpnia 1990 r. od zbrojnego podboju Kuwejtu przez Irak. 28 sierpnia 1990 r. Irak zaanektował Kuwejt.

Dwanaście razy Rada Bezpieczeństwa ONZ wzywała Irak do wycofania się z Kuwejtu, po raz pierwszy 3 sierpnia 1990 r. w Rezolucji nr 660. 15 stycznia 1991 r. Waszyngton postawił ostateczne ultimatum. Jednak Saddam Husajn wezwał do „matki wszystkich bitew". Od 16 stycznia 1991 r. koalicja pod wodzą Stanów Zjednoczonych kierowanych przez prezydenta George'a Busha I, legitymizowana mocą Rezolucji nr 678 Rady Bezpieczeństwa ONZ, rozpoczęła działania bojowe (*Operacja Pustynna Burza*) w celu wyzwolenia Kuwejtu. Bombardowano irackie pozycje w Kuwejcie.

Wojna szybko dobiegła końca; słabo zmotywowana i przeciążona armia iracka przystąpiła do odwrotu. 25 lutego 1991 r. Kuwejt był wolny. Okupowano go przez siedem miesięcy. Zabito setki Kuwejtczyków, a kraj został splądrowany. Do dziś widoczne są blizny po tej okupacji.

Operacja Pustynna Burza (*Operation Desert Storm*) była jedną z niewielu zakończonych powodzeniem, dwudziestowiecznych zachodnich interwencji na Bliskim Wschodzie. Odparła agresora i utrzymała w mocy prawo międzynarodowe. Na początku marca prezydent George Bush I zastopował amerykańskich żołnierzy, którzy byli już w drodze na Bagdad. Arabia Saudyjska ostrzegła go, że upadek znienawidzonego Saddama Husajna jedynie wzmocni Iran, kraj, którego obawiano się jeszcze bardziej. Teraz Saddam Husajn zyskał wolną rękę, by krwawo stłumić powstania szyitów na południu i Kurdów na północy kraju.

Pod względem wykorzystanego sprzętu zbrojeniowego i stopnia mobilizacji uczestników wojny, druga wojna w Zatoce była najpoważniejszym konfliktem od zakończenia drugiej wojny światowej, nawet w porównaniu z wojną w Korei. Ponadto odznaczała się ona niezwykle asymetrycznym rozłożeniem ofiar wojennych, jednostronną decyzją o jej zakończeniu i wysokim stopniem pośrednich szkód środowiskowych.

Druga wojna w Zatoce Perskiej cechowała się też osobliwościami dotyczącymi stosunków na Bliskim Wschodzie, gdyż był to pierwszy konflikt, w którym państwa arabskie prowadziły aktywne działania wojenne przeciwko sobie. Poza tym trzy niearabskie państwa tego regionu – Izrael, Iran i Turcja – ponosiły bezpośrednie skutki wydarzeń w obrębie wewnątrzarabskiej polityki i uczestniczyły w nich. Po trzecie, druga wojna w Zatoce była pierwszą dużą operacją militarną Stanów Zjednoczonych na Bliskim Wschodzie, jeśli pominąć dwie akcje o ograniczonym zasięgu w Libanie (kryzys libański w 1958 r. i w latach 1982-1984).

Poza szkodami spowodowanymi przez działania wojenne, druga wojna w Zatoce wpłynęła na liczne aspekty polityki międzynarodowej oraz irakijskiej, a przede wszystkim na sposób prowadzenia wojny i polityczną rolę mediów w uczestniczących w niej państwach zachodnich. Wojna ta pochłonęła życie co najmniej 120.000 irackich żołnierzy i 25.000 osób cywilnych. Po stronie aliantów zginęło zaledwie 148 amerykańskich żołnierzy. Kuwejt został wyzwolony, Saddam Husajn pozostał wszakże przy władzy. Musiał jednak poczynić znaczne ustępstwa w ramach porozumienia o zawieszeniu broni oraz w uznanej przez siebie Rezolucji ONZ nr 687.

Sojusz wojenny w celu wyzwolenia Kuwejtu cieszył się wielkim poparciem na arenie międzynarodowej, nawet państwa arabskie, jak Egipt i Syria, przekazały mu do dyspozycji swoich żołnierzy. Prezydent George Bush I od samego początku zamierzał prowadzić jedynie bardzo ograniczoną wojnę. Pierwszorzędnym celem było wyzwolenie zajętego Kuwejtu. Na konieczną w tym celu, ograniczoną wojnę postarał się on w Waszyngtonie o mandat Kongresu. Gdy cel wojny został osiągnięty, zawarł porozumienie o zawieszeniu broni.

Mimo to krytykowano, że wojenny sojusz wstrzymał swój marsz na Bagdad i podpisał z Saddamem Husajnem zawieszenie broni, które pozwoliło mu pozostać przy władzy. Wymierzone przeciwko Saddamowi powstania na południu Iraku, do których alianci uprzednio wzywali, później nie zostały przez nich wsparte. Dzięki temu Saddam Husajn mógł bez przeszkód stłumić militarnie opór przeciwko sobie i na powrót – przynajmniej w sercu kraju, wokół Bagdadu – umocnić swoją władzę.

Trzecia wojna w Zatoce Perskiej (2003)

Trzecia wojna w Zatoce była sprzeczną z prawem międzynarodowym inwazją na Irak sił zbrojnych USA oraz Zjednoczonego Królestwa, wspartą przez tak zwaną „koalicję chętnych". Rozpoczęła się ona 20 marca 2003 r. od bombardowań wybranych celów w Bagdadzie, a 1 maja 2003 r., po zdobyciu Bagdadu i upadku irakijskiego dyktatora Saddama Husajna, została formalnie ogłoszona przez prezydenta USA George'a Busha II za zakończoną.

Wojnę tę poprzedził długi konflikt między reżimem Saddama Husajna a Radą Bezpieczeństwa ONZ. Kierowany przez George'a Busha II rząd USA przystąpił do planowania wojny z Irakiem jeszcze przed zamachami terrorystycznymi z 11 września 2001 r., a następnie wykorzystał zamachy do przeforsowania tychże planów w USA. Operację przedstawiano jako wojnę prewencyjną, mającą zapobiec grożącemu rzekomo bezpośrednio atakowi Iraku na USA przy pomocy broni masowego rażenia. USA nie uzyskały na nią mandatu Rady Bezpieczeństwa ONZ i złamały tym samym zawarty w Karcie NZ zakaz prowadzenia wojen napastniczych. Dzięki swemu prawu weta, USA i Wielka Brytania zapobiegły potępieniu tej wojny przez Radę Bezpieczeństwa ONZ.

Wspomniane uzasadnienie wojny z Irakiem zostało historycznie odrzucone; często ocenia się je jako celowe wprowadzenie w błąd światowej opinii publicznej, gdyż w Iraku nie znaleziono ani środków masowego rażenia, ani też dowodów na bezpośrednie zamiary ataku. Zamiast tego jako rzeczywiste przyczyny wojny przytacza się często geopolityczne i gospodarcze interesy USA.

Po zadeklarowanym zakończeniu wojny nastąpił stan przypominający wojnę domową; dochodziło do tysięcy zamachów terrorystycznych, starć zbrojnych i kryminalnych aktów przemocy zarówno pomiędzy różnymi ugrupowaniami irackimi, jak i wymierzonych przeciwko zachodnim wojskom okupacyjnym. Czyny te spowodowały nieznaną liczbę rannych i ofiar śmiertelnych przede wszystkim wśród irackich cywili. Także po wycofaniu cudzoziemskich wojsk w 2011 r. w kraju nie nastąpiło uspokojenie. Przeciwnie, powołanie i ekspansja „państwa islamskiego" doprowadziły w 2014 r. do kryzysu irackiego, któremu towarzyszyły ataki lotnicze koalicji pod przewodem USA oraz wzmożone dostawy broni przede wszystkim dla irackiego rządu centralnego oraz sił zbrojnych Autonomicznego Regionu Kurdystanu.

Jeśli chodzi o szczegóły, to 5 lutego 2003 r. Colin Powell, pierwszy kolorowy minister spraw zagranicznych USA, uzasadniał na forum ONZ tę z dawna zaplanowaną wojnę rządu George'a Busha II przeciwko Irakowi przy pomocy fałszywych dowodów. Kilka lat później usprawiedliwiał się i stwierdził, że owo wystąpienie przed Narodami Zjednoczonymi „jest hańbiącą plamą na mojej karierze".[149]

Do tej pory Colin Powell w decydujący sposób przyczynił się do przeprowadzenia Stanów Zjednoczonych przez wstrząsy, jakie nastąpiły po grozie 11 września 2001 r. Poparł wojnę w Afganistanie przeciwko Al-Kaidzie, Osamie bin Ladenowi i talibom. Jednak mowa, jaką wygłosił w Nowym Jorku przed Radą Bezpieczeństwa ONZ, stała się jego fatum, moralnym brzemieniem, a wreszcie – oraz przede wszystkim – tragedią USA, gdyż po potrzebnej wojnie w Afganistanie usprawiedliwiał on (nie)potrzebną wojnę przeciwko Irakowi Saddama Husajna.

W ministerstwie spraw zagranicznych USA długo nad tym pracowano, biorąc pod uwagę informacje różnych tajnych służb. USA, i nie tylko one, przypisywały wówczas silnemu człowiekowi z Bagdadu, Saddamowi Husajnowi, wszelkie zło, także stosowanie broni masowego rażenia: biologicznej, chemicznej, czy też nuklearnej.

---

[149] Bähr, Henning, *Schandfleck meiner Karriere* [Hańbiąca plama na mojej karierze], w: Frankfurter Allgemeine Zeitung z 09. 09. 2005 r.

Międzynarodowe sankcje właściwie nie skutkowały, a utrzymywanie strefy zakazu lotów przez Brytyjczyków i Amerykanów nie mogło trwać wiecznie.

Posiadanie przez Irak broni masowego rażenia uznawane było w USA (oraz w Wielkiej Brytanii) za zagrożenie i dlatego podawano je za powód wojny numer jeden. Z Białego Domu wychodziły silne naciski, by dostarczyć solidnego uzasadnienia dla tej wojny, która przez neokonserwatywne jądro w rządzie Busha II (Cheney, Perle, Wolfowitz, Rumsfeld) już w zasadzie była postanowiona.

Jako drugi powód wojny USA i ich sojusznicy podawali rzekome wspieranie przez Irak organizacji terrorystycznej Al-Kaida. Faktem jest, że Saddam Husajn należał do bardzo niewielkiego grona szefów państw, którzy po zamachach z 11 września 2001 r. nie przekazali USA wyrazów swego głębokiego współczucia; przeciwnie: dał wyraz swojej nieskrywanej radości z powodu zamachów. Jednak aktywne wspieranie Al-Kaidy przez Irak wydaje się wielu ekspertom nad wyraz wątpliwe: przez osiem lat Saddam Husajn skrajnymi metodami zwalczał w Iraku islamizm, szyici – potencjalni sojusznicy radykalnego Iranu, bardzo ucierpieli pod jego rządami. Saddam musiał więc raczej liczyć się z tym, że sam padnie ofiarą Al-Kaidy, niż wykorzystywać tę organizację jako instrument do własnych celów.

Gdy w pewnej ankiecie z września 2001 r. 70 procent Amerykanów stwierdziło, iż wierzą, że Saddam Husajn był osobiście zamieszany w zamachy z 11 września 2001 r., amerykański prezydent George Bush II wyjaśnił, że nie ma potwierdzających to dowodów. Nadal jednak obstawał przy tezie, że Saddam „miał powiązania z Al-Kaidą".

Do swego wystąpienia przed Narodami Zjednoczonymi Colin Powell przygotowywał się w kwaterze głównej CIA w Langley. CIA zaopatrzyła go wtedy w sfałszowane dokumenty, dowodzące posiadania przez Irak broni masowego rażenia. Z pomocą tych rzekomych dowodów, przedstawionych światu przez Colina Powella na forum ONZ, chciano nie tylko własnej ludności dostarczyć uzasadnienia dla *ultima ratio*, lecz także wywrzeć nacisk na sojuszników. W każdym bądź razie przemówienie to utorowało drogę od zakazu lotów do wojny i od wojny do obalenia reżimu Saddama Husajna.

Po inwazji amerykańscy inspektorzy zbrojeniowi nie znaleźli w Iraku żadnych dowodów na istnienie tam zasobów broni atomowej, biologicznej czy chemicznej. Temat irackiej broni masowego rażenia zostanie szerzej omówiony w rozdziale 24.

Przemówienie Colina Powella w ONZ stało się uwerturą do trzeciej wojny w Zatoce Perskiej. Realizację planów wojennych USA i ich koalicjanci rozpoczęli 20 marca 2003 r. punktowym nalotem na Saddama Husajna i jego dowództwo wojskowe. Tuż po nim nastąpiły kolejne ataki z użyciem pocisków manewrujących, rakiet i bomb. Wkrótce potem wojska amerykańskie i brytyjskie przystąpiły do ofensywy lądowej z obszaru Kuwejtu i szybko posuwały się w kierunku Bagdadu. Amerykańscy spadochroniarze wylądowali na północy Iraku i wraz z bojownikami kurdyjskimi otworzyli front północny, zajęte zostało również ważne lotnisko wojskowe na zachodzie kraju. Po trzech tygodniach od rozpoczęcia wojny Bagdad był w rękach wojsk USA, a polityczne i wojskowe kierownictwo państwa rozbite. 14 kwietnia 2003 r. amerykańscy żołnierze zdobyli miasto Tikrit, bastion Saddama. W nocy z 1 na 2 maja 2003 r., sześć tygodni od początku wojny, prezydent USA Bush II ogłosił zakończenie walk w Iraku.

W przeciwieństwie do obu wcześniejszych wojen w Zatoce, tym razem wojenna inicjatywa nie wyszła od Saddama Husajna. Zwrotnice na trzecią wojnę zostały ustawione raczej w USA. W ramach wojny z międzynarodowym terroryzmem, a zwłaszcza z islamską organizacją terrorystyczną Al-Kaida, wojny ogłoszonej przez prezydenta George'a W. Busha po atakach z 11 września 2001 r., Irak także znalazł się na celowniku. Nie był jednak na pierwszym miejscu listy celów walki z terrorem. Najpierw USA zwróciły się przeciwko reżimowi talibów w Afganistanie, który otwarcie wspierał Al-Kaidę. Po oficjalnym zakończeniu wojny w Afganistanie, od początku 2002 r. zaostrzył się ton wobec Iraku. Kraj został zaliczony przez USA do „państw łajdackich" (*rogue states*) i włączony do „osi zła". W roku 2002 amerykański prezydent kilkakrotnie wzywał do rozbrojenia Iraku, zwłaszcza w kontekście jego broni masowego rażenia, która – jak mówił – w innym wypadku, z uwagi na kontakty Iraku z Al-Kaidą, mogłaby dostać się w ręce bezwzględnych terrorystów. Pod amerykańskim i brytyjskim naciskiem, 8 listopada 2002 r. Rada Bezpieczeństwa ONZ uchwaliła Rezolucję nr 1441. Przewidywała ona rozbrojenie Iraku i powoływała nową misję inspektorów zbrojeniowych ONZ w Iraku: UNMOVIC („United Nations Monitoring, Verification and Inspection Commission"). Oenzetowscy kontrolerzy z UNMOVIC oraz z Międzynarodowej Agencji Energii Atomowej MAEA podjęli swą pracę 27 listopada 2002 r. 8 grudnia 2002 r., zgodnie z wymogiem Rezolucji nr 1441, Bagdad przekazał ONZ wyczerpujący raport zbrojeniowy. Mimo iż inspektorzy ONZ nie zdołali potwierdzić amerykańskich i brytyjskich danych o irackiej broni masowego rażenia i znaleźli jedynie skąpe wskazania na ten temat, USA postawiły Irakowi ultimatum. 20 marca 2003 r. o świcie, mniej niż dwie godziny po upływie terminu tego ultimatum skierowanego do irackiego władcy Saddama Husajna, USA rozpoczęły wojnę z Irakiem od nalotów na Bagdad. Celem pierwszego ataku byli wysocy rangą Irakijczycy, m. in. Saddam Husajn.

Po rozpoczęciu wojny amerykański Senat stanął murem za prezydentem George'm Bushem II. Senatorzy głosami 99 do jednego poparli rezolucję, w której opowiedziano się za operacją żołnierzy USA.

Wprawdzie trzecia wojna w Zatoce oficjalnie zaczęła się 20 marca 2003 r., lecz z uzasadnionych powodów za jej początek można uznać termin wcześniejszy. Mianowicie już wiele miesięcy przed oficjalnym wszczęciem działań USA i Wielka Brytania codziennie bombardowały cele w Iraku, a zatem Irak był osłabiany pod względem wojskowym jeszcze przed rozpoczęciem wojny. Kilku analityków argumentuje, że druga wojna w Zatoce tak naprawdę wcale nie została zakończona w 1991 r., lecz przez całe lata prowadzono ją dalej z pomocą sankcji i bombardowań, dopóki 20 marca 2003 r. znów nie wybuchła w „gorącej" postaci. Jako uzasadnienie tej tezy wymienia się zwłaszcza ustanowienie stref zakazu lotów, które USA i Wielka Brytania proklamowały w kwietniu 1991 r. na północ od 36 bądź na południe od 33 równoleżnika w celu ochrony Kurdów czy też szyitów. Regularne naloty wzmogły się jeszcze po wycofaniu kontrolerów ONZ w 1998 r. W roku 1998 przeprowadzono też operację *Desert Fox*. W jej trakcie przez cztery dni prowadzono ciężkie bombardowania stu celów w Iraku. Jak poinformował w swoim raporcie, skierowanym do sekretarza generalnego i Rady Bezpieczeństwa ONZ, były szef programu pomocowego ONZ w Bagdadzie, niemiecki dyplomata oenzetowski Hans von Sponeck, w samym tylko roku 1999 odnotowano 132 dni, w których miały miejsce naloty na Irak.

Co było powodem trzeciej wojny w Zatoce? Skoro domniemane istnienie broni masowego rażenia i rzekome wspieranie międzynarodowego terroryzmu raczej nie mogły zdecydować o tak ryzykownej politycznie i wojskowo wojnie przeciwko Irakowi – gdzie zatem leżą przyczyny i motywy skłaniające do niej administrację USA? Domysły prezentowane przez dziennikarzy, polityków i badaczy są różnorodne. Sięgają od wojny o ropę poprzez chęć ustanowienia nowego porządku na Bliskim Wschodzie, sprawdzenie się USA w nowej roli hipermocarstwa czy realizację imperialnej „zachcianki na władzę", aż po okazaną przez syna, Busha II, chęć doprowadzenia do końca wojny irackiej swego ojca, Busha I. Herfried Münkler, profesor nauk politycznych na berlińskim Uniwersytecie Humboldta, dostrzega trzy główne motywy polityki USA skłaniające do obalenia Saddama Husajna:

- obawę przed nadmiernym rozciągnięciem sił wskutek trwałego zaangażowania militarnego w rejonie Zatoki Perskiej,
- niemożliwy dłużej do zaakceptowania impas wynikający z asymetrycznego pokoju, z którego wyjście nie skutkowałoby przyrostem władzy w odniesieniu do Saddama Husajna i utratą twarzy w odniesieniu do USA,

- troska o polityczną i gospodarczą stabilizację całego regionu Zatoki Perskiej, z której wynikała konieczność zainstalowania w Iraku, możliwie niewielkim kosztem, „reżimu dobrobytu".[150]

Richard Perle, jeden z najważniejszych doradców prezydenta George'a Busha II, uważany jest za centralnego architekta 3. wojny w Zatoce Perskiej. Po ataku terrorystycznym z 11 września 2001 r. na *World Trade Center* miał on tak poinstruować George'a Teneta, dyrektora CIA: „IRAK musi zapłacić cenę za 9/11, a pan dostarczy na to dowodów"[151] Tu przydała się CIA pewna informacja niemieckiej agencji wywiadowczej BND. BND poinformowała mianowicie o niejakim Rafidzie Ahmedzie Alwanie, obywatelu irackim, który w 1999 r. ubiegał się w Niemczech o azyl. Twierdził on, iż był pracownikiem pewnego zakładu w Iraku, w którym wytwarzano środki bojowe. Wywiad niemiecki przekazał jego zeznania administracji USA z zastrzeżeniem, że są wątpliwości co do ich wiarygodności. CIA i rząd Busha II wykorzystały następnie te zeznania jako dowód istnienia niedozwolonych programów zbrojeniowych Bagdadu. Tym samym pojawił się powód do wkroczenia „koalicji chętnych" do Iraku. Później okazało się, że Alwan, kryptonim *„curveball"*, wymyślił treść swoich zeznań, aby dostać azyl w Niemczech. Światowe mocarstwo USA było skompromitowane, jednak w owej chwili Irak dawno już był zdobyty, a Saddam Husajn obalony. Broni masowego rażenia nie znaleziono.[152]

Choć prezydent George Bush II pośpiesznie ogłosił światowej opinii publicznej realizację misji (*mission accomplished*), dla USA i ich współtowarzyszy wojna w Iraku potrwała jeszcze ponad osiem lat. Nie tylko krytycy szybko zaczęli mówić o „nowym Wietnamie" – wojnie, którą USA mogły tylko przegrać. W toku tego konfliktu życie straciło blisko 5.000 żołnierzy zachodniej „koalicji chętnych".

Natomiast to, ilu Irakijczyków straciło życie w czasie okupacji USA, jest po dziś dzień kwestią sporną. Oceny sięgają od 100.000 zabitych aż do ponad miliona ofiar w okresie między rokiem 2003 a 2011, kiedy to wojska USA zostały wycofane. Nowy materiał studyjny precyzuje ten obraz. W studium „Wojna iracka 2003 r. i ofiary w ludziach, których można było uniknąć", badacze z USA za właściwą uznają liczbę 500.000 ludzi, którzy stracili życie w wyniku następstw tej wojny. „Szacujemy, że wojna ta kosztowała życie mniej więcej pół miliona ludzi. I jest to ocena ostrożna", powiedziała kierowniczka zespołu studyjnego z University of Washington w Seattle.[153]

---

[150] Münkler, Herfried, *Der neue Golfkrieg* [Nowa wojna w Zatoce]
[151] Stacja telewizyjna „Phönix", 03. 11. 2013 r., godz. 23.15
[152] Tümena, Isabella i Ulferts, Frédéric, w: ZDF-info z 19. 03. 2013 r.
[153] „Süddeutsche Zeitung" z 16 października 2013 r.

Na całym świecie krytykę i oburzenie wzbudziły powtarzające się w tej wojnie naruszenia praw człowieka przez siły zbrojne USA. Jako sztandarowy przykład należy tu wymienić więzienie Abu Ghraib, w którym personel strażniczy maltretował, gwałcił i torturował irackich osadzonych, często aż do ich śmierci. Większość z nich, powiedział później pewien amerykański generał, byli to ludzie „niewinni, którzy w niewłaściwym czasie znaleźli się w niewłaściwym miejscu".[154] Skandal został ujawniony dzięki opublikowaniu przez media zdjęć i filmów wideo będących dowodami w tej sprawie. Część z nich została opublikowana w maju 2004 r., a kolejna w lutym i marcu 2006 r.

Résumé

Podczas 1. wojny w Zatoce Perskiej Saddam Husajn postrzegany był jeszcze przez USA jako *good guy* i wspierany w walce z Iranem. Można to zaklasyfikować jako typowe działanie światowego mocarstwa USA konkurującego w ważnym dla siebie regionie o wpływy z innym światowym mocarstwem ze stolicą w Moskwie, które ponadto dostarczyło Saddamowi niemal cały jego sprzęt pancerny. Wojna zakończyła się bez zwycięzcy, zawieszeniem broni oraz wysokimi stratami ludzkimi i gospodarczymi po obu stronach. I jak to często bywało w historii USA, *good guy* (Saddam Husajn) stał się następnie szybko *bad guy*.

Podczas 2. wojny w Zatoce prezydent George Bush I prowadził jedynie wojnę ograniczoną. Gdy cel, czyli wyzwolenie Kuwejtu, został osiągnięty, nakazał on wycofanie amerykańskich wojsk, które były już w drodze do Bagdadu. George Bush I działał jako prezydent jedynego już w owym czasie światowego mocarstwa: rozważnie i odpowiedzialnie, w interesie ofiar agresji i z mandatem ONZ. W działaniu George'a Busha I można dostrzec analogię do wojny Prus przeciwko Austrii w roku 1866, kiedy to Bismarck zabronił swemu szefowi sztabu generalnego, Helmuthowi von Moltke'mu, wkroczenia do Wiednia, gdy cel wojny – zwycięstwo nad Austrią – został osiągnięty. Obaj politycy, tak Bismarck, jak i Bush I, dowiedli tym samym, że ich przywództwo jest suwerenne i świadome odpowiedzialności.

Wraz z 3. wojną w Zatoce, na Bliskim Wschodzie zaczął się proces rozpadu. George Bush II przystąpił do wojny przeciwko despocie Saddamowi Husajnowi najwyraźniej w reakcji na 11 września 2001 r., czyniąc Saddama za to odpowiedzialnym. Bush chciał ponadto dać wyraźny znak, że USA potrafią skutecznie zwalczać międzynarodowy terroryzm.

---

[154] Cadenbach, Christoph, *Spuren der Gewalt* [Ślady przemocy], w: „Süddeutsche Zeitung" z 4 kwietnia 2014 r.

Rezultat był wszakże zupełnie inny. Skutkiem spektakularnych i długotrwałych naruszeń praw człowieka przez to właśnie mocarstwo światowe, które ustawicznie rościło sobie pretensje do roli wysokiego wzorca moralnego, Stany Zjednoczone na całym świecie znacznie straciły na zaufaniu, tak u przeciwników, jak i u przyjaciół. Szczególnie obciążający jest jednak fakt, że humanitarne, polityczne i gospodarcze następstwa tej wojny są straszliwe. USA, które wojny tej nie wygrały, lecz ją wyraźnie przegrały, pozostawiły po sobie niestabilny rząd szyicki. Kraj jest rozbity.[155] Skutkami są umocnienie się sunnitów w „państwie islamskim" oraz konflikt między Syryjczykami, szyitami, sunnitami, Kurdami i Turkami, a teraz także znów z udziałem USA.

George Bush II zaczął tę wojnę rzekomo w interesie swego kraju, bez mandatu ONZ i na podstawie sfałszowanych dowodów. W końcu stało się to plamą na honorze prezydenta oraz USA, a Irak został rzucony w chaos. Natomiast konsekwencje rozpadu regionu, rozpadu będącego skutkiem trzeciej wojny w Zatoce, i wynikającej zeń wędrówki ludów z udziałem milionów uchodźców, muszą ponosić państwa europejskie, a nie ich sprawca – USA.

---

[155] por. Todenhöfer, Jürgen, *Inside IS - 10 Tage im Islamischen Staat* [Wewnątrz IS – 10 dni w państwie islamskim], s. 101

Rozdział 12

Nowy porządek świata

Pojęcie „nowy porządek świata" jest modnym terminem politycznym, którym określa się koncepcje budowy międzynarodowego porządku pokojowego i prawnego w oparciu o system kolektywnego bezpieczeństwa. Zwłaszcza w dwudziestowiecznej polityce zagranicznej Stanów Zjednoczonych pojęcie to było powracającym frazesem.

Po raz pierwszy użyto go po zakończeniu pierwszej wojny światowej, określając tak nieudane ostatecznie próby amerykańskiego prezydenta Woodrowa Wilsona zmierzające do powołania Ligi Narodów jako organizacji międzynarodowej ze skodyfikowanym prawem międzynarodowym.

Przez wiele dziesięcioleci pojęcie to było rzadziej używane. Ponownie o „nowym porządku świata" usłyszano dzięki prezydentowi USA George'owi Bushowi I w latach 90., po upadku komunistycznych dyktatur w Europie Wschodniej, czemu towarzyszyła krótkotrwała nadzieja na powstanie nowej, bardziej pokojowej epoki dla ludzkości pod amerykańskim przywództwem.

Miniony „stary porządek światowy" – istnienie dwóch przeciwstawnych, antagonistycznych systemów społecznych i ich bloków wojskowych NATO/UW w okresie zimnej wojny po zakończeniu drugiej wojny światowej – przeszedł do historii wraz z załamaniem się socjalistycznych społeczeństw w Europie Wschodniej, jeśli spojrzeć na to z tej właśnie perspektywy. 11 września 1990 r., w przemówieniu wygłoszonym na forum obu izb Kongresu, prezydent George Bush I mówił o „nowym porządku świata" (*New World Order*), który jest potrzebny i pożądany po zakończeniu zimnej wojny. Między innymi powiedział:

> *„Przeżywamy dziś chwile wyjątkowe i nadzwyczajne. Choć kryzys w Zatoce Perskiej jest bardzo poważny, to zarazem daje on okazję przejścia do okresu współpracy. Z tych trudnych czasów może wyrosnąć nasz piąty cel – nowy porządek świata: nowa era, wolna od zagrożeń terrorem, silniejsza w dążeniu do sprawiedliwości i bardziej zdecydowana w poszukiwaniu pokoju. Era, w której narody świata, Wschód i Zachód, Północ i Południe, potrafią prosperować i żyć w harmonii. Setki pokoleń szukały tej trudnej do podjęcia drogi do pokoju, podczas gdy w tymże okresie ludzkich wysiłków szalało*

tysiąc wojen. Dzisiaj ów nowy świat walczy o swoje narodziny, świat, który jest inny od tego, jaki dotąd znaliśmy. Świat, w którym panowanie prawa zastępuje panowanie dżungli. Świat, w którym narody rozumieją wspólną odpowiedzialność za wolność i sprawiedliwość. Świat, w którym silny respektuje prawa słabego. To wizja, którą podzielałem w Helsinkach z prezydentem Gorbaczowem. I on, i inni przywódcy Europy, nad Zatoką i na całym świecie rozumieją, że sposób, w jaki dziś rozwiązujemy ten kryzys, może ukształtować przyszłość nadchodzących pokoleń."

Światowy porządek, jaki powstał po zakończeniu II wojny światowej, był porządkiem dwubiegunowości, z USA i ich sojusznikami na jednym biegunie oraz Związkiem Radzieckim i jego sojusznikami na drugim. Tak naprawdę oba imperia, jedno powstałe drogą przymusu, drugie poprzez wzięcie pod kuratelę, były nieporównywalne zważywszy na brutalność, z jaką sprawowana była władza radziecka. Zarazem jednak stosunki między światowymi mocarstwami a ich wybrańcami po obu stronach „żelaznej kurtyny" determinowała strategiczna zależność. Nawet jeśli sojusznicy Ameryki mogli w zasadzie postępować wedle własnego uznania, to jednak pozostawali użytkownikami bezpłatnego bezpieczeństwa *made in USA*. A to zawężało mocno ich możliwości – także na gruncie gospodarczym, jako że Europa Zachodnia i Japonia wkrótce osiągnęły pozycję równorzędnych partnerów USA. Jako konsumenci bezpieczeństwa, musieli brać wzgląd na sytuację. Europejczycy na Wschodzie nawet teoretycznie nie mieli takiego wyboru. Jeśli mimo to próbowali się sprzeciwiać, szybko byli „przywoływani do porządku" radziecką interwencją. Wniosek: czy podopieczni, jak w Europie Zachodniej, czy też wasale, jak na Wschodzie, „państwa blokowe" trzymane były na bardzo krótkiej smyczy, na której wielkimi literami wybito „dwubiegunowość".

Ponieważ supermocarstwa tylko się wzajemnie odstraszają, ale nie mogą nawzajem się pokonać, skazane były na życie na podobieństwo dwóch skorpionów w jednej butelce. Nie było szans ucieczki, tylko wspólna śmierć.[156]

W dwudziestym stuleciu USA dwukrotnie podejmowały próbę stworzenia światowego porządku opartego niemal wyłącznie na ich własnej wizji wartości: po I wojnie światowej w Wersalu i po II wojnie światowej w Poczdamie. Obie próby były niezbyt udane: Wersal, poprzez Hitlera, doprowadził do II wojny światowej, a Poczdam niemal bezpośrednio do zimnej wojny. W 1990 r. Stany Zjednoczone po raz trzeci przystąpiły w XX wieku do budowy nowego porządku świata. Jak do tego doszło?

---

[156] *por.* Joffe, Josef, *Die Hypermacht* [Hipermocarstwo], s. 19 (tłumaczenie własne)

Przyczyny tkwią, po pierwsze, w różnorodnych i zróżnicowanych buntach wybuchających w strefie wpływów Związku Radzieckiego: w 1953 r. w NRD, w 1956 r. na Węgrzech i po części w Polsce, w 1968 r. w Czechosłowacji i w 1970 r. oraz 1980 r. znów w Polsce. Wprawdzie wszystkie te zrywy udawało się początkowo stłumić, ale nie można było tym sposobem zdusić na trwałe wolnościowych dążeń w krajach „Układu Warszawskiego”. W latach 1989/1990 ciśnienie pary w kotle wolności było już tak wielkie, że pokrywa wyleciała w powietrze. I tu zadziałała druga ważna przyczyna: zmiana na szczycie władzy w Związku Radzieckim. W 1985 r., w osobie Michaiła Gorbaczowa, władzę w Moskwie przejął młody polityk, który z pomocą swego programu *głasnost* & *pierestrojka* wdrożył istotne reformy – początkowo w Związku Radzieckim. Potem jednak musiały one nastąpić także w państwach satelickich, gdyż hasło „uczyć się od Związku Radzieckiego znaczy uczyć się zwyciężać” zawsze przecież było wypisane na sztandarach państw Układu Warszawskiego!

Głasnost oznacza jawność. Chodziło tu o jawność działania kierownictwa państwa w odniesieniu do ludności. *Głasnost* przyczyniła się do wolności prasy i końca cenzury. Gazety po raz pierwszy znów mogły, nieocenzurowane, publikować swoje wiadomości. *Głasnost* oznaczała też swobodę wypowiedzi i wyrażania opinii dla narodu, dla wszystkich. Po raz pierwszy opinia publiczna dowiedziała się o prawdziwej, katastrofalnej sytuacji gospodarczej kraju. Trzymani w więzieniach krytycy reżimu zostali zwolnieni. Skończyło się gnębienie kościołów, zezwolono na demonstracje.

Pierestrojka, w zależności od tłumaczenia, oznacza przebudowę lub przekształcenie. Przebudowywano system społeczny, polityczny i gospodarczy. Związek Radziecki miał stać się państwem demokratycznym. Miał się uwolnić od swych niewydolnych struktur, by wreszcie znów pchnąć do przodu także gospodarkę kraju. W pierwszym rzędzie poluzowano gospodarkę planową, przyznając zakładom pracy więcej praw do współdecydowania. W styczniu 1987 r. ogłoszony został kompleksowy program *pierestrojki*.

Także w polityce zagranicznej nastąpiło odprężenie i rozbrojenie. W 1988 r. zarzucona została doktryna Breżniewa z 1968 r. To w niej była zapisana dominacja Związku Radzieckiego wśród państw bloku wschodniego, podobnie jak możliwość jego ingerencji, jeśli w którymś z tych państw zagrożony byłby socjalizm. Zniesienie tej zasady umożliwiło każdemu z państw swobodną decyzję co do tego, jaką ideologię chce wybrać. Doprowadziło to do pokojowych rewolucji w Europie Środkowej i Wschodniej.

Po pierwszych od pięciu dekad wolnych wyborach, które odbyły się w Polsce, i utworzeniu pierwszego niekomunistycznego rządu, to spektakularne wydarzenie stało się sygnałem startowym dla znacznej liczby pokojowych rewolucji w Europie Środkowo-Wschodniej, które ostatecznie doprowadziły do omawianego tu, nowego porządku świata: „To był czwartek, 9 listopada 1989 r., a zwrot nadszedł, jak gdyby chyłkiem na aksamitnych łapkach. To było tylko drobne przejęzyczenie jednego z enerdowskich działaczy, ale przełamało coś, co dosłownie odlano z betonu: mur berliński. Na konferencji prasowej, około godz. 19.00, członek biura politycznego Günter Schabowski oznajmił dość niejasno, że otwarta została granica na prywatne wyjazdy na Zachód. W ciągu godziny masy wschodnich berlińczyków zgromadziły się pod murem i przedzierały przez punkt kontrolny, gdzie żołnierze-pogranicznicy robotniczo-chłopskiego państwa wycofali się w bezradnym zamęcie, pozwalając wydarzeniom toczyć się swobodnie."[157]

Także dla USA stanowiło to wyzwanie. Jako jedno z dwóch światowych mocarstw musiały one wypośrodkować pomiędzy dwoma pokusami, na które z racji swej wyjątkowości co jakiś czas były wystawiane: między przekonaniem, że Stany Zjednoczone winny usuwać każdą nieprawidłowość i przeciwdziałać każdemu najdrobniejszemu wstrząsowi, oraz podświadomą potrzebą skoncentrowania się na sobie. Bezładne interwencje we wszystkie niepokoje etniczne i wojny domowe postzimnowojennego świata szybko pozbawiłyby amerykańskich krzyżowców sił. Z kolei Stany Zjednoczone, które ograniczyłyby się jedynie do pielęgnowania swoich wewnętrznych wartości, w końcowym efekcie powierzyłyby własne bezpieczeństwo i wzrost decyzjom podejmowanym przez inne narody w zupełnie innych miejscach i w coraz większej mierze traciłyby kontrolę nad tymi decyzjami.[158]

Nie da się opisać w sposób czysto abstrakcyjny, jak dokładnie powinny wyglądać relacje między czynnikiem moralnym i strategicznym w amerykańskiej polityce zagranicznej. Jednak pierwszy krok w kierunku polityki nacechowanej mądrością polega na uznaniu faktu, iż elementy te winny pozostawać w równowadze. Bez względu na to, jak potężne są USA, żaden kraj nie jest w stanie narzucić reszcie ludzkości swoich preferencji; dlatego rzecz polega na tym, by ustalić priorytety. Nawet bowiem, gdyby istniała po temu odpowiednia baza, „wilsonizm" straciłby poparcie, gdy tylko społeczność amerykańska zorientowałaby się, jakie wynikają stąd dla niej oczywiste zobowiązania. Groziłoby to powstaniem w amerykańskiej polityce rysy między deklaracjami a faktyczną gotowością do działania, a niemal nieuniknione

---

[157] Joffe, Josef, *Die Hypermacht*, op. cit. s. 11
[158] *por.* Kissinger, Henry, *Dyplomacja*, op. cit. s. 916

otrzeźwienie, jakie czekałoby Amerykanów, mogłoby się aż nazbyt łatwo przekształcić w usprawiedliwienie całkowitego wycofania się ze spraw międzynarodowych.[159]

Żadne państwo naszego globu nie zdoła uniknąć następstw skokowo rosnącej dynamiki światowej gospodarki – takiej, jaka rozwinęła się w ciągu ostatnich dekad. W sytuacji globalnych współzależności gospodarczych, konflikty związane z handlem i podziałem dóbr znalazły się na pierwszym planie wszelkich wydarzeń i pozostaną tam w możliwej do przewidzenia przyszłości, podczas gdy wojny jako narzędzie polityki w coraz większym stopniu schodzą na plan dalszy. Dlatego potęgi gospodarcze, nawet bez znaczącego potencjału militarnego, zyskują coraz więcej władzy i wpływów. Natomiast potęgi militarne, które swego potencjału zbrojnego nie potrafią wesprzeć adekwatnym potencjałem ekonomicznym, muszą liczyć się ze spadkiem swej ważności w koncercie mocarstw.[160]

Koniec zimnej wojny stanowił dla USA ogromną pokusę ukształtowania krajobrazu międzynarodowego na nowo, podług amerykańskich wyobrażeń. Patrząc wstecz trzeba stwierdzić, że Wilson miał związane ręce przez izolacjonizm we własnym kraju; Truman z kolei musiał brać się za bary ze stalinowskim ekspansjonizmem. Natomiast po zimnej wojnie Stany Zjednoczone były w stanie interweniować w każdej części świata. Jednak władza i siła były teraz rozłożone na szerszy zespół graczy, a liczba zatargów, w których znaczenie miała siła militarna, początkowo się zmniejszyła. Wygrana w zimnej wojnie przeniosła USA w świat, który pod wieloma względami przypominał osiemnasto- i dziewiętnastowieczny europejski system państw: USA czuły się przymuszone do takich działań, które amerykańscy mężowie stanu i myśliciele do tej pory regularnie kwestionowali. Bez nadrzędnych zagrożeń ideologicznych czy strategicznych państwa mogą bowiem uprawiać taką politykę zagraniczną, która w coraz większej mierze jest podporządkowana ich bezpośrednim interesom narodowym. W międzynarodowym systemie, który składa się, dajmy na to, z pięciu czy sześciu wielkich mocarstw i dużej liczby mniejszych państw, porządek – podobnie jak w ubiegłym stuleciu – musi wyrastać z godzenia i wyważania sprzecznych interesów narodowych.

Zarówno George Bush I, jak i Bill Clinton mówili o nowym porządku świata tak, jak gdyby był on już na wyciągnięcie ręki. Jednak w rzeczywistości musiał on jeszcze dojrzeć, a swój ostateczny kształt miał przyjąć dopiero w XXI stuleciu. Ów nowy porządek świata, złożony tak z obowiązujących dotąd, jak i całkiem nowych elementów, musiał – nie inaczej niż stary – wynikać z odpowiedzi na trzy pytania:
- jakie są podstawowe składniki tego międzynarodowego porządku?

---

[159] *por.* Kissinger, Henry, op. cit. s. 893
[160] *por.* Weisser, Ulrich, *NATO ohne Feindbild*, op. cit. s. 12

- z pomocą jakich środków będą one wpływać na siebie nawzajem?
- i w imię jakich celów?

Żywot systemów międzynarodowych jest mało stabilny. Każdy światowy porządek rości sobie pretensje do długotrwałości, jednak komponenty składające się na taki porządek podlegają ciągłym pływom. I faktycznie, trwałość międzynarodowych systemów zmniejszała się ze stulecia na stulecie. Porządek powstały w wyniku Pokoju Westfalskiego przetrwał sto pięćdziesiąt lat; system międzynarodowy powołany do życia przez Kongres Wiedeński zdołał się utrzymać przez lat sto. Porządek, który uformowała zimna wojna, skończył się po czterdziestu latach.[161]

Résumé

Michaił Gorbaczow i jego reformy *głasnost* & *pierestrojka*, jak również pokojowe rewolucje w Europie Środkowej i Wschodniej doprowadziły do nowego, pokojowego i krótkotrwałego porządku świata. Rozprzestrzenił się ogromny optymizm – po obu stronach Atlantyku, a ponadto w innych częściach świata. Świat miał stać się lepszy i bezpieczniejszy. Mogły nastąpić zmiany uważane za w zasadzie niemożliwe. Niemcy Zachodnie, prymus i wzorcowy przykład amerykańskiej polityki po II wojnie światowej, wraz ze zjednoczeniem zdały swój egzamin dojrzałości: USA zostały utwierdzone w przekonaniu, że ich system jest tym lepszym, który w końcu zwyciężył.

Jednak ów nowy porządek świata, z dwoma pokojowymi mocarstwami światowymi: USA pod rządami George'a Busha I i Związkiem Radzieckim pod władzą Michaiła Gorbaczowa, nie miał przetrwać zbyt długo. Już zarysowywała się jego ponowna zmiana.

---

[161] *por.* Kissinger, Henry, *Dyplomacha*, op. cit. s. 886

Rozdział 13

Jedyne mocarstwo światowe

The End of History, koniec historii – tak amerykański politolog Francis Fukuyama zatytułował swój esej[162], który w sierpniu 1989 r. został opublikowany w czasopiśmie The National Interest. Ogłoszono w nim zwycięstwo USA w zimnej wojnie i powiązano z triumfem gospodarki rynkowej i demokracji jako miarą oceny wszystkich okresów minionej i przyszłej historii.

W swym eseju Fukuyama przedstawił ponadto amerykańskiemu imperium perspektywę wycofania się z nadmiernego rozciągnięcia w Azji i Europie. Świat – mówił – został przestawiony na autopilota, USA stały się miarą wszystkich rzeczy. Mniejsze konflikty powinny dać się wyciszać dzięki wspólnocie światowych mocarstw i z pomocą kilku milionów dolarów, a w razie potrzeby poprzez drobną, chirurgiczną interwencję special forces. Gdy po pierwszej wojnie w Iraku lat 1990/91 prezydent Bush I postulował „nowy porządek światowy", który opierałby się na wolnym handlu, demokracji i prawie międzynarodowym, tęsknota za owym końcem historii ogarnęła także niemieckiego ministra spraw zagranicznych Genschera. Snuł on rojenia o interlocking institutions, o zazębiającym się systemie negocjacyjno-asekuracyjnym, obejmującym świat od Vancouver po Władywostok. Cóż takiego się stało?

Od zakończenia II wojny światowej dwa najpotężniejsze bloki wojskowe w historii – NATO i Układ Warszawski – stały przeciwko sobie, potężnie uzbrojone, po obu stronach „żelaznej kurtyny". Naprzeciw 115 dywizji „Układu Warszawskiego" stało tylko 88 dywizji Sojuszu Atlantyckiego – co jednak z uwagi na większą liczebność dywizji NATO oznaczało, że oba bloki, po półtora miliona żołnierzy każdy, były dokładnie tak samo silne. Po stronie zachodniej stacjonowały siły USA liczące 240.000 żołnierzy, a po wschodniej, na terytorium niemieckim, siły Związku Radzieckiego w liczbie 380.000 żołnierzy. Liczebność wojsk niemieckich wynosiła około 495.000 (Zachód) bądź 160.000 (Wschód). Przez okres ponad 40 lat „równowaga strachu" zapewniała pokój w Europie.

W końcu lat osiemdziesiątych, 9 listopada 1989 r., bipolarny system światowy w ciągu dosłownie jednej nocy utracił swą ważność. Wielkie mocarstwo Związek Radziecki pożegnało się z westchnieniem, zamiast z hukiem, i Stanom Zjednoczonym

---

[162] Stürmer, Michael, Welt ohne Weltordnung [Świat bez światowego porządku], s. 19

Ameryki, jako mocarstwu światowemu wszech wag, niespodziewanie pozostawiono do zajęcia światową arenę. Jak to mogło się stać?

Koniec Związku Radzieckiego miał wielorakie przyczyny. Zalicza się do nich na pierwszym miejscu całkowite wyczerpanie zasobów gospodarczych, brak elastyczności państwowotwórczej ideologii, wstrząs wojskowo-strategicznej świadomości wywołany nieudaną kampanią w Afganistanie w latach osiemdziesiątych, bezwzględne nadwerężanie imperialnych sił i z całą pewnością także tłumienie i niedocenianie narodowej różnorodności i samodzielności. Nie przypadkiem rozpad Związku Radzieckiego i jego imperium poprzedził wieloletni proces erozyjny.[163]

Bezpośrednią przyczyną zmierzchu Związku Radzieckiego był upadek muru berlińskiego 9 listopada 1989 r. Wkrótce potem, 11 marca 1990 r., najpierw Litwa, a następnie Łotwa 4 maja 1990 r. i Estonia 8 maja 1990 r. ogłosiły swą niezależność od ZSRR. W ich ślady poszły Gruzja 9 kwietnia 1991 r. oraz, 24, 25, 27 i 31 sierpnia 1991 r., Białoruś, Ukraina, Mołdawia i Kirgistan. 1, 9 i 21 września 1991 r. niepodległe stały się Uzbekistan, Tadżykistan i Armenia oraz, 18 i 27 października 1991 r., Azerbejdżan i Turkmenistan. Na koniec, 16 grudnia 1991 r., niezawisłość ogłosiła Republika Kazachstanu. Rosyjska FSRR, która już w czerwcu 1990 r. proklamowała swą suwerenność, choć nie niepodległość, 26 grudnia 1991 r. ogłosiła formalne rozwiązanie Związku Radzieckiego, co ułatwiło przeniesienie stosunków zagranicznych dawnego ZSRR na nowo powstałą Federację Rosyjską.

W święta Bożego Narodzenia 1991 roku, czyli ponad dwa lata po upadku muru berlińskiego, najrozleglejsze imperium, jakie kiedykolwiek widział świat, było w strzępach. Wówczas mało kto rozumiał historyczne znacznie tej chwili, bo przecież samobójstwo Związku Radzieckiego pociągnęło za sobą daleko większe skutki niż tylko kolejne zwłoki na cmentarzu minionych imperiów. Samorozwiązanie się ZSRR wyznaczyło nadzwyczaj rzadki moment w historii systemów państwowych. Załamało się nie tylko pojedyncze państwo, lecz cała scena, na której przez pięćdziesiąt lat rozgrywana była światowa polityka. Konsekwencje tego były nader doniosłe dla polityki zagranicznej wielu państw, a echo tego wielkiego globalno-politycznego wydarzenia bez wątpienia będzie słyszalne w ciągu całego XXI stulecia.

Powstała zatem nowa sytuacja: Związek Radziecki zniknął za horyzontem dziejów; tym samym rzeczywistością stał się koniec wieloletniego systemu

---

[163] *por.* Schöllgen, Gregor, *Der Auftritt* [Występ], s. 67

międzynarodowego, a zarazem narodziny nowego systemu, który można określić jako „unipolarność"[164].

W związku z tym procesem odpowiedzi wymagają pytania istotne dla przyszłej areny międzynarodowej:

- jakie skutki pociąga za sobą rewolucyjne przejście globalnej polityki od bipolarności do unipolarności, od *dominance à deux* do supremacji jednego jedynego światowego mocarstwa?
- jaką rolę na ukształtowanej na nowo scenie wezmą na siebie USA w sytuacji, gdy wraz z bipolarnym porządkiem zniknęły również proste, lecz sztywne reguły zimnej wojny?

Owych reguł, które przez pół wieku wyznaczały bądź dyktowały wielką strategię USA, nikt nie współkształtował w równie decydującej mierze co wielki historyk i dyplomata George F. Kennan. Dość wymienić choćby Plan Marshalla, doktrynę Trumana, *containment*, rozszerzenie NATO na wschód.[165]

Jeszcze w początkach lat dziewięćdziesiątych pewna hipoteza uchodziła za prawdopodobną, mianowicie taka, że Rosja zachowa swą strategiczną wagę w świecie, który przezwyciężył ideologiczną polaryzację, mimo iż nadal istnieją w nim dwa supermocarstwa. Początkowo realne wydawały się nawet mrzonki o świecie narodów opartym na równouprawnieniu i równowadze, w którym wszyscy przestrzegają wreszcie tych samych reguł gry. Bazując na takim gruncie, USA stawiały na powrót do równowagi sił. Podejmowały spektakularne wysiłki w celu rozbrojenia. Nic nie wskazywało wówczas, przynajmniej na początku, na imperialną opcję USA. Później jednak, pomiędzy rokiem 1990 a 1995, polityczny rozpad byłej radzieckiej strefy wpływów stał się oczywisty, a zarazem osiągi gospodarcze w niegdysiejszych republikach ZSRR spadały w sposób dramatyczny. Rosyjska produkcja skurczyła się w tym okresie o 50 procent. Wielkość inwestycji dramatycznie się obniżyła, a gospodarka pieniężna straciła na znaczeniu. W pewnych regionach radzieckiego imperium znów zaczęła powracać wymiana naturalna. W wyniku niezawisłości Ukrainy, Białorusi i Kazachstanu, który w połowie zaludniali Rosjanie, „słowiańskie" centrum tej struktury straciło 75 milionów obywateli. Rosja utraciła swą pozycję jako państwo równorzędne z USA pod względem demograficznym. O ile w 1981 r. Związek Radziecki miał 268, a USA 230 milionów mieszkańców, o tyle w 2001 r. w Rosji były ich już tylko 144 miliony, podczas gdy ludność USA wzrosła do 285 milionów.

---

[164] Amerykanie nazywają to pyszałkowato „Full Spectrum Dominance".
[165] *por.* Joffe, Josef, *Die Hypermacht*, op. cit. s. 7

Jeszcze gorszy efekt wywołały żądania związane z narodową i etniczną odrębnością, które stały się głośne nie tylko w dawnych republikach radzieckich, lecz także w autonomicznych regionach Federacji Rosyjskiej, od Kaukazu po Tatarstan. Zaistniała groźba, że centralnej administracji wymknie się z rąk kontrola nad odległymi regionami Syberii. Już zaczęto spekulować o zerwaniu stosunków z regionami czysto rosyjskimi, o pewnym rodzaju feudalnego rozdrobnienia rosyjskiego państwa. Totalny rozpad Federacji Rosyjskiej wydawał się jak najbardziej możliwy. Około 1996 r. wyglądało to tak, jak gdyby dawny strategiczny przeciwnik USA po prostu zniknął. W tym właśnie czasie w USA uwidoczniła się opcja imperialna. Objęcie w posiadanie świata, który stracił równowagę, który pod względem wojskowym byłby całkowicie zdominowany przez USA, stało się w pewien sposób możliwe. USA musiałyby tylko troszeczkę temu dopomóc, rozbudzić na peryferiach Federacji Rosyjskiej, na Kaukazie i w Azji Środkowej, w obu tych słabych punktach, wolę niezawisłości i zainicjować prowokacje, a partia już byłaby wygrana. Nie zrobiły tego jednak. Pod ich przewodnictwem obradujący 7 i 8 listopada 1991 r. w Rzymie Sojusz Północnoatlantycki uchwalił „Nową koncepcję strategiczną NATO", a wspólnie z Rosją i jej dawnymi państwami satelickimi, jak również z niepodległymi już, byłymi republikami radzieckimi, USA zdecydowały 1 stycznia 1995 r. o przekształceniu „Konferencji Bezpieczeństwa i Współpracy w Europie" (KBWE) w „Organizację Bezpieczeństwa i Współpracy w Europie" (OBWE).

Teraz świat był zdominowany przez jedno jedyne, górujące nad wszystkimi mocarstwo: USA[166] – dopóki świat nie był zmuszony nauczyć się, że nowi aktorzy nie dostają instrukcji ani z Moskwy, ani też z Waszyngtonu, lecz z jaskiń w Hindukuszu, z meczetów w centralnej Azji i z siedzib klasy średniej w Hamburgu, Leeds czy Madrycie.[167]

Żadna potęga tego świata nie przewyższała kiedykolwiek wszystkich innych mocarstw tak dalece, jak Stany Zjednoczone na początku XXI stulecia. Jeśli przyrównać światową politykę do gry w karty, a rozmaite mocarstwowe atrybuty do żetonów, to przed miejscem Ameryki przy karcianym stoliku piętrzą się najliczniejsze i najwyższe stosiki. Żaden rywal nie może mieć dziś nadziei na dorównanie w przewidywalnej przyszłości USA pod względem wojskowym – czy to w dziedzinie sprzętu, czy zdolności działania; to stosik pierwszy. Drugi symbolizuje potęgę gospodarczą. Amerykańska gospodarka przewyższa drugą w kolejności, japońską, dwuipółkrotnie. Trzeci stosik zawiera żetony dyplomacji. Także ten góruje nad posiadanymi przez inne wielkie mocarstwa; w każdym bądź razie jakakolwiek

---

[166] Joffe, Josef, *Die Hypermacht*, op. cit. s. 7
[167] *por.* Stürmer; Michael, *Welt ohne Weltordnung*, op. cit. s. 26

rozgrywka, w której gra toczy się o większe stawki, bez Waszyngtonu jest nie do pomyślenia.[168]

Krótko mówiąc, gospodarcze osiągi USA nadal są niebagatelne, a potęga wojskowa nieosiągalna, niedościgniona. Żadna inna nacja nie dysponuje taką siłą, zdolnościami dyplomatycznymi czy dostateczną siłą przebicia, by pośredniczych w spornych kwestiach, nakłonić skłócone strony do podjęcia negocjacji bądź dopomóc w przeforsowaniu porozumienia.[169]

<u>Aspekty polityczne i gospodarcze</u>
Kurs USA ku opcji imperialnej nie powinien, rzecz jasna, skłaniać do wniosku, że amerykańskie kręgi przywódcze dzięki wyjątkowej przenikliwości i genialnej kalkulacji zdecydowały się we właściwym momencie na pewną strategię, którą następnie konsekwentnie realizowały. Wręcz przeciwnie, sięgnęły one po imperialną opcję, gdyż dzięki temu mogły pozostawić sprawy swemu biegowi i konsekwentnie postępować drogą najmniejszego oporu. Amerykańskiej klasie przywódczej brakowało siły woli i gotowości do planowania jeszcze bardziej niż tejże klasie w krajach ich europejskich partnerów, których tak często krytykowano za ich słabość. Budowa europejskiego domu wymagała bądź co bądź starań o porozumienie i tworzenia organizacji, do czego amerykańska administracja, niezależnie od swego profilu politycznego, w żadnym wypadku nie byłaby zdolna.[170]

System bipolarny, wynikający ze sprzeczności między Wschodem a Zachodem, rozpadł się, podobnie jak jedyny rzeczywiście groźny przeciwnik USA. Teraz świat był zdominowany przez jedno jedyne, górujące nad wszystkimi mocarstwo, mianowicie mocarstwo amerykańskie, a droga do świata multipolarnego, w którym Europa, Ameryka Północna, Japonia, Chiny i Indie stałyby się istotnymi czynnikami determinującymi światową politykę, była niezwykle wyboista i zapewne bardzo długotrwała.

Wciąż jeszcze tylko USA dysponowały wszystkimi atrybutami światowego mocarstwa, będąc światową potęgą nuklearną, morską i gospodarczą. Co prawda, w okresie opartego na odstraszaniu i gwarantowanego środkami nuklearnymi pokoju Związek Radziecki był równorzędnym supermocarstwem nuklearnym, nigdy jednak nie zdołał osiągnąć pozycji światowej potęgi morskiej o jakości porównywalnej z amerykańską, nie mówiąc już o dystansie dzielącym go od rangi światowego

---

[168] *por.* Joffe, Josef, *Die Hypermacht*, op. cit. s. 123

[169] *por.* Berger, Samuel, *The Price of American Leadership* [Cena amerykańskiego przywództwa], Washington 1998

[170] *por.* Todd, Emmanuel, *Schyłek imperium* ..., op. cit. s. 145

mocarstwa gospodarczego. Europa już od wielu lat jest potęgą ekonomiczną, która odciska swój stempel na gospodarce światowej, a jako unia gospodarcza i walutowa mogłaby wznieść się, jako unia właśnie, na pozycję światowej potęgi gospodarczej, lecz unii tej brakuje militarnych atrybutów światowego mocarstwa. Europie potrzebne jest strategiczne zabezpieczenie własnego rozwoju w postaci możliwości wojskowych o zasięgu globalnym – zabezpieczenie, którym na razie jest tylko przymierze transatlantyckie, a tym samym stanowią je USA.[171]

Na przełomie tysiącleci zdziwienie budził fakt, że w debatach akademickich lat osiemdziesiątych można było postrzegać USA jako mocarstwo w fazie schyłkowej (Paul Kennedy, *Mocarstwa świata. Narodziny – rozkwit - upadek*, 1987 r.). W oparciu o wskaźniki polityczno-ekonomiczne przekonywano wówczas, że słabnąca konkurencyjność, rozdęty ponad miarę budżet wojskowy, a także horrendalne zadłużenie państwa to zły omen dla przyszłości amerykańskiej dominacji. Dla zwolenników tej teorii do pewnego stopnia zaskoczeniem był więc przełom w polityce światowej, jaki nastąpił zaledwie kilka lat później, w którego wyniku rozpadowi uległ nie światowy hegemon, lecz jego już od dekady coraz bardziej słabnący rywal, Związek Radziecki.

Nagle swą wagę odzyskały te interpretacje, które przewidywały nadejście *unipolar moment* i określały USA jako jedyne supermocarstwo pozostające w grze, czy po prostu jako *lonely superpower*. Oczywiście, ów relatywny przyrost mocy nie był początkowo, w latach dziewięćdziesiątych, zbyt demonstracyjnie okazywany, choć funkcjonująca pod liberalnym sztandarem administracja Billa Clintona wykorzystała okazję, stwarzaną przez osłabioną Rosję, aby rozszerzyć NATO na wschód. Także w trakcie wojen bałkańskich rząd USA był gotów preferować politykę stabilizacyjną zorientowaną podług własnych interesów, nie dbając o rosyjskie, jak również chińskie zastrzeżenia, czy wręcz lekceważąc je, jak w wypadku Kosowa.

Równocześnie jednak dziesięciolecie to charakteryzowało się raczej wahaniem pomiędzy opcją wielostronności a powtórnym wejściem w koleiny jednostronnego działania, czego domagał się zwłaszcza zdominowany przez republikanów Kongres. Fazie tej towarzyszył okres rozkwitu gospodarczego w USA i redukcja zadłużenia państwa, co w latach osiemdziesiątych uważano za niezbyt możliwe.

Z chwilą przejęcia rządów w 2001 r. przez administrację George'a Busha II amerykańska wizja porządku światowego znów fundamentalnie się zmieniła. Na plan pierwszy wysunęło się jednostronne kształtowanie globalnych stosunków, niekiedy podbudowywane wręcz misjonarską retoryką. Przy tym, w obliczu szoku wywołanego

---

[171] *por.* Weisser, Ulrich, *NATO ohne Feindbild*, op. cit. s. 193

zamachami terrorystycznymi z 11 września 2001 r., powrót do twardego kursu potęgi militarnej nie był początkowo przedmiotem głębszej dysputy. W związku z koncentrowaniem się na sprawach wojskowych koncepcje porządkowania ekonomiki światowej pozostawały towarem deficytowym. Także rząd pod przewodem Baracka Obamy nie był w stanie sprostać nadmiernym oczekiwaniom i powrócić do kształtowania światowego porządku metodami cechującymi się kulturalną i komunikatywną siłą przekonywania.[172]

A Europa, czy USA potrzebują państw europejskich? Tak, gdyż bez Europy USA przekształciłyby się pod względem psychologicznym i geograficznym w wyspę leżącą z dala od wybrzeży Eurazji. Międzynarodowy porządek pozimnowojenny postawił obronny Sojusz Północnoatlantycki, a tym samym w pierwszym rzędzie USA, przed trzema głównymi problemami:

- stosunki wewnętrzne w obrębie tradycyjnej struktury Sojuszu,
- stosunki państw wspólnoty północnoatlantyckiej z byłymi państwami satelickimi Związku Radzieckiego w Europie Wschodniej i wreszcie
- stosunki państw powstałych po rozpadzie Związku Radzieckiego, zwłaszcza Federacji Rosyjskiej, z państwami wspólnoty północnoatlantyckiej oraz państwami Europy Wschodniej.

Równocześnie przyspieszył proces globalizacji rynków finansowych: w latach 1990 do 1997 nadwyżka finansowa w sferze przepływu kapitału pomiędzy USA a resztą świata wzrosła z 60 do 271 miliardów dolarów. Amerykanie mogli sobie pozwolić na wzrost konsumpcji, którego nie pokrywała ich własna produkcja.

Aspekty wojskowe
Upadek Związku Radzieckiego uczynił z USA jedyne supermocarstwo militarne.

„Stany Zjednoczone są najbardziej militarystyczną nacją na Ziemi. Gazety, telewizja, uniwersytety, a nawet kościoły aprobują wojnę, a każdy głos opowiadający się przeciw niej zmuszany jest do zamilknięcia. Orędownicy opcji antywojennej nazywani są w gazetach *Peaceniks* – „pokojowcami". Karykaturzyści przedstawiają ich jako ludzi obłąkanych. Komentatorzy telewizyjni zwą ich agitatorami i szumowinami, które należałoby przepędzać z ulicy. Większość narodu jest zdania, że „pokojowców" trzeba niszczyć, ponieważ większość ta wie, że USA potrzebują wojny, by kraj zdolny był funkcjonować, i to nie tylko z przyczyn gospodarczych, lecz także

---

[172] *por.* Nuschelker, Franz oraz Messner, Dirk, Globale Trends 2010 [Trendy globalne 2010]

światopoglądowych."[173] Nic więc dziwnego, że prezydent, który nie prowadzi wojen, określany jest jako *wimp* (fajtłapa).

W ciągu ośmiu lat swoich rządów Clinton co prawda nie zawsze sięgał po środki przemocy, ale czynił to coraz częściej. Częściej w każdym bądź razie niż jego poprzednik Ronald Reagan w latach osiemdziesiątych. Clinton ruszył na wojnę nawet przeciwko Belgradowi, historycznemu sojusznikowi Rosjan, który niegdyś ściśle współpracował z Układem Warszawskim.

Nie grało już żadnej roli, że Rosja sprzeciwiła się USA na forum Rady Bezpieczeństwa ONZ. NATO pod przewodem USA i tak wyruszyło na wojnę bałkańską nie troszcząc się o rezolucję ONZ. Natomiast w świecie bipolarnym Serbia byłaby w takim samym stopniu tabu, co i Irak. Rząd Clintona nie ważyłby się nawet pomarzyć o włączeniu do NATO Polski, Węgier i Czech. A jednak w 1999 r. kraje te, na ich prośbę, zostały przyjęte do Sojuszu pod egidą George'a Busha I, przez co obszar amerykańskich wpływów poszerzył się, i to o teren należący niegdyś do radzieckiego stanu posiadania. Lecz nie dość na tym; w ramach projektu „Partnerstwo dla Pokoju" do amerykańskiej strefy wpływów przystąpiły nawet byłe republiki radzieckie – a w końcu także sama Rosja. Wyglądało to mniej więcej tak, jak gdyby Francja, po ostatecznej klęsce Napoleona w 1815 r., starała się o przyjęcie do brytyjskiego imperium.[174]

By potwierdzić tezę, że USA są najbardziej militarystycznym krajem świata, wystarczy tylko przyjrzeć się ich wydatkom wojskowym. Gdy po zamachu terrorystycznym na *World Trade Center* z 11 września 2001 r. Kongres USA uchwalił dodatkową kwotę na wydatki z budżetu na obronę, podwyżka ta, wynosząca 48 miliardów dolarów, odpowiadała dwukrotnemu rocznemu budżetowi obronnemu Niemiec. Sprawą decydującą nie są tu wszakże gołe liczby. Żaden inny kraj nie może mierzyć się z USA pod względem gotowości sił zbrojnych do działania, czyli ich mobilności i technicznego zaawansowania. Żaden inny kraj nie jest w stanie wysłać swoich wojsk na drugi koniec świata, do Afganistanu czy Iraku, i to, jeśli zajdzie potrzeba, także nie mając w tym regionie własnych baz. Ale też żaden inny kraj nie dysponuje tak licznymi bazami na całym świecie, co USA. Potęga tych rozmiarów wspiera się na gospodarce narodowej, która jest dwuipółkrotnie większa od japońskiej, zajmującej po USA drugie miejsce na świecie. Wspiera się na największych na świecie inwestycjach w badania i postęp oraz na uniwersytetach i ośrodkach badawczych, które nadal przyciągają najlepsze i najtęższe głowy z całego świata. *Soft power* Ameryki

[173] *por.* Michener, James, *Die Kinder von Torremolinos* [oryg. *The Drifters*, tłumaczenie własne], s. 17/18
[174] *por.* Joffe, Josef, *Die Hypermacht*, op. cit. s. 28/29

promieniuje na cały glob z intensywnością, jakiej imperium rzymskiemu czy brytyjskiemu nigdy nie udało się osiągnąć.

„Francuski minister spraw zagranicznych Hubert Védrine przyznał kiedyś niechętnie: Stany Zjednoczone Ameryki dominują we wszystkich dziedzinach: gospodarczej, technologicznej, wojskowej, finansowej, językowej i kulturalnej. Czegoś podobnego nigdy jeszcze nie było. Innymi słowy, USA są hipermocarstwem."[175]

Wielka potęga wojskowa, by zachować swoje możliwości, potrzebuje systemów broni, najlepszych systemów, jakie są dostępne, czy wręcz do pomyślenia. Na takie systemy potrzeba pieniędzy, dużo pieniędzy. Żeby otrzymać je z budżetu państwa, konieczne jest zdefiniowanie zagrożenia. A tu pojawił się dylemat związany z „odpadnięciem z gry" odwiecznego wroga, Związku Radzieckiego, jako zagrożenia. Konieczne było nowe zagrożenie. Szczęśliwy traf sprawił, że wraz z „9/11"pojawiło się nowe zagrożenie, „zagrożenie terrorystyczne". Czy może tylko szybko je stworzono? Ten aspekt omawiany jest w rozdziale 14.

„Gdy w 1993 r. do Białego Domu wprowadził się Bill Clinton, potęga USA nie była już ograniczona przez Związek Radziecki, który rok wcześniej popełnił samobójstwo. Zamiast tego wzniosła się ona do historycznego punktu kulminacyjnego. Ówczesny przewodniczący Kolegium Połączonych Szefów Sztabów, John Shalikashvili, wcale nie uważał, że USA są jedynie *unum inter pares*, stwierdzając: dziś różnica, czy też delta pomiędzy naszymi możliwościami wojskowymi a siłami zbrojnymi tych, którzy chcą naszej szkody, jest większa niż kiedykolwiek wcześniej podczas 39 lat mojej służby. Naszym wyzwaniem na przyszłość będzie utrzymanie tej delty, tak by przyszły przewodniczący mógł stanąć przed wami i z równym przekonaniem powiedzieć: nasze siły zbrojne, bez żadnych wątpliwości, są najlepsze na tym świecie."[176]

Formułując taką ocenę, generał niewątpliwie miał rację. USA nie muszą np. obawiać się wzmocnienia poczucia europejskiej tożsamości w ramach NATO, gdyż jakakolwiek akcja wojskowa Europy – obojętnie jakich rozmiarów i na jakim terenie – jest mało wyobrażalna bez politycznego i logistycznego wsparcia Stanów Zjednoczonych.

Amerykańska hybris

Nadmierna pewność siebie Amerykanów wynika ze szczególnych doświadczeń USA. Henry Kissinger przedstawia dokładniej tę sprawę zaraz na początku swej

---

[175] Joffe, Josef, *Die Hypermacht*, op. cit. s. 22
[176] Joffe, Josef, *Die Hypermacht*, op. cit. s. 29

książki „Dyplomacja": „Istniały oczywiście inne republiki, ale żadna nie została stworzona świadomie po to, by bronić ideału wolności. Nie było takiego kraju, którego mieszkańcy stawialiby sobie za cel opanowanie i ucywilizowanie nowego kontynentu w imię wolności i dobrobytu dla wszystkich. Te dwa podejścia zatem, izolacjonisty i misjonarza, tak pozornie sprzeczne, odzwierciedlały jedno wspólne przekonanie: że Stany Zjednoczone mają najlepszy system rządów i że reszta ludzkości może osiągnąć pokój oraz dobrobyt, odcinając się od tradycyjnej dyplomacji i przyjmując w zamian amerykańskie poszanowanie prawa międzynarodowego i demokracji."[177]

Poczucie posłannictwa USA, ich idea misji, hybris, bycie miarą wszechrzeczy – wszystko to pojawiło się w inauguracyjnym przemówieniu Billa Clintona jako prezydenta w styczniu 1993 r.: „Dzisiaj święcimy tajemnicę amerykańskiej odnowy. Ta uroczystość odbywa się w środku zimy, ale wypowiadając te słowa i pokazując światu nasze twarze, zmuszamy wiosnę do powrotu. Wiosna odradza się w najstarszej demokracji świata, przynosi wizję i odwagę, by na nowo wymyślić Amerykę. Gdy Ojcowie-Założyciele śmiało zadeklarowali światu naszą niezależność i przedstawili Wszechmogącemu nasze cele, wiedzieli, że Ameryka, by trwać, musi się zmieniać. Ale zmieniać nie w imię zmian dla nich samych, lecz w celu strzeżenia amerykańskich ideałów: życia, wolności i dążenia do szczęścia. Choć poddajemy się rytmowi naszych czasów – nasza misja jest ponadczasowa. [...] Każde pokolenie Amerykanów musi na nowo definiować, co to znaczy być Amerykaninem [...] Dziś pokolenie wychowane w cieniu zimnej wojny przejmuje nowe obowiązki w świecie ogrzanym słońcem wolności, w którym jednak wciąż grożą ludziom stare nienawiści i plagi. Wychowani w niezwykłym dobrobycie, odziedziczyliśmy najpotężniejszą gospodarkę świata, która jednak jest osłabiona [...] Potężne siły wstrząsają naszym światem. Musimy pilnie odpowiedzieć na pytanie, czy potrafimy sprawić, by zmiana była naszym przyjacielem, a nie wrogiem. Nasza demokracja nie tylko winna być z zazdrością podziwiana na całym świecie, lecz musi być motorem naszej własnej odnowy. Nie ma takiego zła w Ameryce, którego nie moglibyśmy wyleczyć, korzystając z tego, co w niej dobre."[178]

Pełniącą rolę drogowskazu „Deklarację w sprawie stosunków między Wspólnotą Europejską a Stanami Zjednoczonymi Ameryki", którą uchwalono 23 listopada 1990 r. w bezpośrednim kontekście paryskiego spotkania na szczycie OBWE, należy uznać za pierwszą próbę zdefiniowania stosunków między USA a ówczesną Wspólnotą Europejską w duchu równoprawnego partnerstwa. Deklaracja wyraża wspólną wolę nadania nowej jakości ścisłym historycznym, politycznym, gospodarczym i kulturalnym więzom między obu stronami Atlantyku, która

---

[177] Kissinger, Henry, *Dyplomacja*, op. cit. s. 18 i nast.
[178] Clinton, Bill, *Moje życie*, Świat Książki, Warszawa 2004, s. 442

odpowiadałaby zmienionym uwarunkowaniom. Obie strony zobowiązują się do respektowania tych samych wartości i celów, a mianowicie:

- do wspierania demokracji, wolności i prawa w równej mierze co i dobrobytu oraz globalnego postępu społecznego,
- do zapewniania pokoju i troszczenia się o międzynarodowe bezpieczeństwo,
- do prowadzenia polityki sprzyjającej zdrowej gospodarce światowej i wspierania w jej ramach zasad gospodarki rynkowej, przy jednoczesnym sprzeciwie wobec protekcjonizmu,
- do pomocy krajom rozwijającym się,
- do wspomagania państw Europy Środkowej i Wschodniej we wprowadzaniu reform.

W porozumieniu tym po raz pierwszy uzgodniono przeprowadzanie ścisłych partnerskich konsultacji w dziedzinie współpracy gospodarczej, naukowej i kulturalnej oraz w razie pojawienia się nowych, ponadpaństwowych wyzwań i stworzono konieczne do tego mechanizmy – przynajmniej w teorii.

Początkowo bowiem te polityczne i instytucjonalne założenia nie wywołały zbyt daleko idących skutków w Waszyngtonie, a już na pewno nie zmieniły amerykańskiej postawy, nacechowanej sprzecznością. Z jednej strony bowiem USA werbalnie zawsze wspierały europejską integrację, zachęcając równocześnie Europejczyków do wzięcia własnej obrony w dużej mierze w swoje ręce, z drugiej wszakże Waszyngton stale okazywał zaniepokojenie i irytację, gdy tylko pojawiały się sukcesy lub choćby tylko konkretne posunięcia w kierunku europejskiej polityki bezpieczeństwa. Rząd amerykański podejrzliwie obserwował wysiłki, by tchnąć życie w „Unię Zachodnioeuropejską" i wyznaczyć jej rolę w europejskiej koncepcji bezpieczeństwa. Brytyjskiej idei, by uczynić z UZE europejskie uzupełnienie amerykańskiej strategii poza obszarem NATO, okazano jeszcze w USA pewną sympatię. Gdy jednak w lutym 1991 r., w ramach inicjatywy dwóch ministrów spraw zagranicznych, Genschera i Dumasa, Niemcy i Francuzi ogłosili zamiar aktywowania UZE z jednoczesnym sprzęgnięciem jej ze Wspólnotą Europejską, w Waszyngtonie zrobiło się nerwowo. 22 lutego 1991r. miało się odbyć spotkanie Rady UZE pod francuskim przewodnictwem. Spotkanie to, jak sądzili Brytyjczycy, posunęłoby naprzód francusko-niemiecką inicjatywę. Brytyjczycy zalecili więc swym amerykańskim kuzynom, by ci raczej wyraźnie wyartykułowali przyczyny swego zaniepokojenia, gdyż w innym wypadku europejska polityka obronna zyska zbyt wiele własnej dynamiki.

Rząd amerykański zareagował niezwłocznie – i to z taką ostrością, która zaskoczyła nawet Brytyjczyków. USA poleciły złożyć demarche w stolicach wszystkich państw członkowskich UZE i wyraziły swoje zaskoczenie europejską próbą wydrążenia NATO od wewnątrz (*A European security identity would duplicate NATO's functions; developing a European security component solely within the EC could lead to NATO's marginalization*). Europejska reakcja na owo demarche, wystosowane tuż przed spotkaniem Rady Ministerialnej UZE i odebrane jako niezręczne, nietaktowne, a gdzieniegdzie wręcz jako bezwstydne ingerowanie w sprawy europejskie, jasno pokazała rządowi USA: ta próba przeszkodzenia europejskiej integracji ze strony Waszyngtonu nie miała żadnych szans. Później zresztą nikt nie chciał się przyznać do odpowiedzialności za owo demarche. Dokument zyskał sobie miano „widmowego demarche", gdyż uczestniczący w jego formułowaniu urzędnicy nagle oświadczyli, że nigdy nie widzieli jego ostatecznej wersji, zawsze mieli wątpliwości i w gruncie rzeczy pragnęli innej, nowoczesnej polityki europejskiej USA.

Jest zasługą także niemieckiej polityki zagranicznej, że w trakcie dialogu z prezydentem Bushem I oraz ministrem spraw zagranicznych Bakerem w Waszyngtonie zaczęło wreszcie narastać zrozumienie: tak, USA muszą się pogodzić z rosnącą europejską samodzielnością, muszą postrzegać NATO poprzez pryzmat jego funkcji komplementarnej. 10 maja 1991 r. ministrowie spraw zagranicznych Baker i Genscher naszkicowali we wspólnym oświadczeniu wzajemne korelacje pomiędzy NATO, integracją europejską i procesem KBWE. Tym samym stało się rzeczą jasną: administracja Busha przyjęła nowy kurs, korzystny dla procesów europejskich. Gdy w dniach 6-7 czerwca 1991 r. ministrowie spraw zagranicznych państw Przymierza Północnoatlantyckiego zebrali się na rutynowym spotkaniu w Kopenhadze, nowa europejska orientacja polityki zagranicznej USA stała się podstawą nowego konsensusu, który najważniejszy cel NATO definiował jako wolę stworzenia sprawiedliwego i trwałego porządku pokojowego w całej Europie, przy czym Sojusz, WE, UZE, KBWE i Rada Europy zostały wymienione jako kluczowe instytucje w dążeniu do osiągnięcia tego właśnie celu. Po raz pierwszy ministrowie spraw zagranicznych wydzielili po jednej stronie te zadania NATO, które wynikają z jego funkcji komplementarnej wobec instytucji europejskich i zdefiniowali niezbędne mechanizmy łącznościowe i konsultacyjne. Odtąd wspólny pogląd północnych Amerykanów i Europejczyków stwierdzał, że wprawdzie

- „Sojusz jest głównym forum konsultacji pomiędzy aliantami oraz uzgadniania działań politycznych, które zgodnie z Traktatem Północnoatlantyckim wpływają na zobowiązania jego państw członkowskich w sferze bezpieczeństwa i obronności ...", zarazem jednak
- „jest rzeczą europejskich aliantów decydowanie o tym, jakie działania są niezbędne w celu formułowania wspólnej europejskiej polityki zagranicznej i bezpieczeństwa oraz określania ich roli w dziedzinie obrony."[179]

---

[179] Weisser, Ulrich, *NATO ohne Feindbild*, op. cit. s. 72-74

Prezydent Bill Clinton po objęciu urzędu w 1993 r. ogłosił na forum Zgromadzenia Ogólnego ONZ cele USA w dobie nowego porządku świata: „W nowej epoce zagrożeń i szans naszym głównym celem powinno być rozszerzenie i umocnienie wspólnoty demokratycznych państw o gospodarce rynkowej. W czasie Zimnej Wojny staraliśmy się nie dopuścić do zagrożenia wolnych instytucji. Dziś zaś chcemy powiększyć krąg narodów, które z tych instytucji korzystają, gdyż marzymy o dniu, gdy poglądy i energia każdego mieszkańca naszej planety znajdą pełny wyraz w świecie kwitnących, demokratycznych państw, które współpracując ze sobą żyją w pokoju.”[180]

John F. Kennedy powiedział niegdyś, że USA są najwybitniejszym państwem w historii, ponieważ naród amerykański zawsze pokładał wiarę w dwie wielkie idee: że jutro może być lepsze niż dzisiaj i że każdy Amerykanin ponosi osobistą i moralną odpowiedzialność za to, by tak właśnie się stało. Tym samym 35. prezydent USA krótko i zwięźle opisał poczucie tożsamości swojego kraju, które w równej mierze przenika politykę, co i przekonania pojedynczego Amerykanina. Henry Kissinger tak rozwinął tę myśl w oparciu o swoją wizję USA:

„Krajem, który w XX w. wpłynął na stosunki międzynarodowe w sposób zdecydowany a jednocześnie niejednoznaczny, były Stany Zjednoczone. Nie było społeczeństwa, które by równie stanowczo obstawało przy niedopuszczalności interwencji w sprawy wewnętrzne innych państw i równie gorąco utrzymywało, że jego ideały nadają się do uniwersalnego zastosowania. Nie było narodu, który by bardziej pragmatycznie rozwijał kontakty dyplomatyczne na co dzień i był równie ideologicznie zaangażowany w realizację swoich historycznych przekonań moralnych. Żaden kraj nie był tak niechętny angażowaniu się za granicą przy jednoczesnym wchodzeniu w przymierza i zobowiązania o niespotykanym zasięgu i skali.

Niezwykłość, jaką Ameryka przypisywała sobie od początku swojego istnienia, doprowadziła do dwóch sprzecznych postaw w stosunku do polityki zagranicznej. Z jednej strony panowało przekonanie, że Ameryka najlepiej służy swoim ideałom doskonaląc demokrację u siebie, przez co wskazuje drogę reszcie ludzkości. Z drugiej strony uważano, że amerykańskie ideały nakładają na państwo obowiązek prowadzenia krucjaty o realizowanie ich na całym świecie. Rozdarta między nostalgią za krystalicznie czystą przeszłością i pragnieniem doskonałego jutra, myśl amerykańska oscylowała między izolacjonizmem a zaangażowaniem, choć trzeba przyznać, że w latach po II Wojnie Światowej dominowały realia współzależności.”[181]

---

[180] Kissinger, Henry, *Dyplomacja*, op. cit. s. 885
[181] Kissinger, Henry, *Dyplomacja*, op. cit. s. 17 i nast.

Zdaniem Kissingera, władze USA uznają amerykańskie ideały za tak oczywiste, że w ogóle na myśl im nie przychodzi, iż innym mogą się one wydać rewolucyjne bądź budzące zaniepokojenie. Nigdy wcześniej żaden naród nie twierdził, że reguły etycznego postępowania można z równie dobrym skutkiem stosować do zachowań tak w sferze międzynarodowej, jak i indywidualnych – myśl absolutnie sprzeczna z wyznawaną przez Richelieu zasadą „*raison d'etat*". W Stanach Zjednoczonych uważano, że zapobieganie wojnie jest w takim samym stopniu powinnością prawa, co i dyplomacji; chciano się przeciwstawiać nie tyle zmianie jako takiej, ile metodzie dokonywania zmian, zwłaszcza stosowaniu przemocy. Na hipotezę, że polityka zagraniczna to rzecz raczej metod niż treści, taki Bismarck czy Disraeli zareagowałby drwiną – przy założeniu, że w ogóle by ją zrozumiał. Nigdy wcześniej żadne państwo nie nakładało na siebie takich moralnych wymogów, jakie stawiały sobie USA. I żadna społeczność nie cierpiała takiej udręki w obliczu rozbieżności między swoimi – z definicji absolutnymi – wartościami moralnymi a niedoskonałościami, które brały się z konkretnych sytuacji stosowania tychże wartości. W okresie zimnej wojny takie podejście Waszyngtonu do polityki zagranicznej okazało się zaskakująco skuteczne w obliczu istniejących wyzwań. Trwał głęboki konflikt ideologiczny i tylko jeden kraj, Stany Zjednoczone, miały w ręce pełną gamę środków politycznych, gospodarczych i militarnych, by przystąpić do obrony niekomunistycznego świata. Państwo z taką pozycją z pewnością może trwać przy swoich poglądach i nierzadko unikać problemów, z jakimi konfrontowani są mężowie stanu krajów nie aż tak obdarzonych. Te kraje, wskutek ograniczoności posiadanych środków, muszą stawiać sobie mniej ambitne cele, niżby chciały, i – z uwagi na okoliczności zewnętrzne – zmierzać do nich jedynie krok po kroku.[182]

Zbigniew Brzeziński (urodzony w Warszawie) postawił centralną tezę, iż Stany Zjednoczone są pierwszym prawdziwie globalnym supermocarstwem, które na dodatek, z uwagi na swój pluralizm, różni się od wszystkich dawniejszych wielkich imperiów. W przeciwieństwie do wcześniejszych mocarstw światowych, które swoje wpływy realizowały w sposób autorytarny i absolutystyczny, amerykańska dominacja opiera się na intelektualnym powiązaniu, oddziaływaniu na niezależne elity zagraniczne oraz na kulturalnej atrakcyjności kraju. Brzeziński zastanawia się, w jaki sposób USA mogłyby utrzymać swą hegemonialną pozycję, obawia się jednak, że uda się to tylko na przestrzeni jednego pokolenia.

Sprawą kluczową są dla niego procesy rozwojowe zachodzące w Eurazji, co obejmuje Europę, Rosję, Bliski Wschód oraz południową i wschodnią Azję. Ponieważ ów „megakontynent" nawet dla USA jest zbyt wielki i zbyt różnorodny, by go opanować, a ponadto demokracja nie może występować na zewnątrz w sposób

---

[182] *por.* Kissinger, Henry, *Dyplomacja*, op. cit. s. 23

autokratyczny, Brzeziński zaleca wywieranie wpływu na najważniejsze państwa tego podwójnego, euroazjatyckiego kontynentu. W aktualnym kontekście jego wywody na temat Rosji i Ukrainy zyskują na znaczeniu. Gdy ukazała się jego książka, UE i NATO nie rozszerzyły się jeszcze na wschód, lecz proces ten już się zarysowywał. Brzeziński słusznie przewidział, że Rosja pogodzi się z przystąpieniem do NATO państw środkowoeuropejskich, takich jak Polska czy Węgry, lecz Ukrainy w NATO nie będzie chciała widzieć.

Z jego punktu widzenia Ukraina jest testem na strategiczne ukierunkowanie Rosji. Jeśli Rosja zaakceptuje związek Ukrainy z UE i NATO, wówczas sama stanie się częścią transatlantycko ukierunkowanej Europy. Jeśli zaś tak się nie stanie, wtedy odwróci się do Europy plecami wybierając „eurazjatycką tożsamość i egzystencję". Brzeziński uważa to za kwestię na miarę przetrwania, gdyż tylko porzucając swoje wielkomocarstwowe fantazje, modernizując się i demokratyzując, Rosja zdoła wydobyć się z „czarnej dziury", jaką pozostawił po sobie upadek Związku Radzieckiego.

Brzeziński pisze o „imperialnej potędze" USA, ich „geopolitycznych interesach", o „wasalach" i „państwach hołdowniczych", o „eurazjatyckiej szachownicy" oraz o Europie jako „demokratycznym przyczółku". Brzmi to jak ciemne machinacje, w rzeczywistości jednak książka jest konserwatywnym traktatem o podstawowych problemach amerykańskiej polityki zagranicznej po zimnej wojnie.[183]

W listopadzie został zburzony mur berliński, symbol zimnej wojny. Symptomatyczna dla nastroju panującego w USA w związku z upadkiem muru jest reakcja Billa Clintona: oto wzorowy uczeń USA (Niemcy Zachodnie) zdał z sukcesem swój mistrzowski egzamin. Clinton pisze: „Jak wszyscy Amerykanie cieszyłem się z widoku młodych Niemców rozwalających mur i biorących kawałki na pamiątkę. Nasze długotrwałe wysiłki, których celem było powstrzymanie komunistycznej ekspansji w Europie, zakończyły się zwycięstwem wolności – dzięki zjednoczonemu frontowi wszystkich członków NATO i zgodnej, stałej polityce amerykańskich przywódców, od Harry'ego Trumana do George'a Busha."[184]

Arogancja władzy

Władza korumpuje, a po zwycięstwie George'a Busha II w wyborach prezydenckich w 2000 roku stało się to szczególnie wyraźne. Bez wzbierającej od lat fali oburzenia na sprawiającą wrażenie arogancji postawę USA wobec partnerów, a także wobec międzynarodowych organizacji i porozumień, gwałtowność protestów

---

[183] Busse, Nikolaus, w: „Frankfurter Allgemeine Zeitung" z 24. 02. 2015 r.
[184] Clinton, Bill, *Moje życie*, op. cit., s. 329

przeciwko trzeciej wojnie w Iraku nie byłaby zrozumiała. Nawet jeśli prezydent czy też Senat mieliby w tym przypadku dobre argumenty na uzasadnienie swojej decyzji, to sztywne i prostackie stanowisko prezentowane od chwili objęcia przez Busha urzędu w styczniu 2000 r. było dla większości Europejczyków trudne do przyjęcia.

Odnosi się to także do całego szeregu traktatów czy umów, jak choćby wypowiedzenia dwustronnego traktatu ABM z 1972 r. w sprawie obrony przeciwrakietowej, zawartego między USA i ZSRR, nieratyfikowania kompleksowego traktatu CTBT z 1996 r. o zakazie prób nuklearnych, wycofania amerykańskiego podpisu pod statutem Międzynarodowego Trybunały Karnego z 1998 r. oraz oczywiście permanentnego lekceważenia Organizacji Narodów Zjednoczonych.

W 1994 r. USA wraz z Izraelem utraciły prawo głosu w oenzetowskiej organizacji ds. kultury UNESCO, gdyż z powodu sporu o status Palestyńczyków od dwóch lat nie opłacały składek. Bez prawa głosu oba państwa nie mają żadnego wpływu na programy UNESCO. Oficjalna lista krajów bez prawa głosu została głośno odczytana na forum Zgromadzenia Ogólnego ONZ. Z powodu bojkotowania opłat, w budżecie na kolejne dwa lata zabrakło 146 milionów dolarów.

Pewien rodzaj arogancji władzy objawia się w tzw. buszyźmie, którego korzenie sięgają czasów jego poprzednika. Np. rząd Clintona podpisał wprawdzie w 1997 r. protokół z Kioto dotyczący ochrony klimatu, ale nie zatroszczył się o przedłożenie tego traktatu Senatowi w celu ratyfikacji. Clinton nie przystąpił do konwencji o zakazie min przeciwpiechotnych, ponieważ uznał, całkiem trzeźwo, że miny lądowe będą mu potrzebne do ochrony własnych, rozrzuconych po całym świecie wojsk, a przede wszystkim wzdłuż strefy zdemilitaryzowanej pomiędzy Koreą Północną i Południową. Po długim okresie zwłoki, w ostatnich dniach swoich rządów Clinton zgodził się wprawdzie na Międzynarodowy Trybunał Karny, nie skierował jednak dokumentu do ratyfikacji przez niechętny mu Senat. Także w tym wypadku chłodna kalkulacja władzy stanowiła odwrotną stronę wybujałego idealizmu. W końcu kraj, który bardziej niż jakikolwiek inny musi liczyć się z koniecznością użycia swoich wojsk, naraża się też w największym stopniu na niebezpieczeństwo, że później zostanie pociągnięty do odpowiedzialności przed prawem.[185]

Od jesieni 2002 r. przedstawiciele waszyngtońskiej administracji niedwuznacznie przyznawali, że w razie potrzeby wojnę z Irakiem będą prowadzić samodzielnie z kilkoma najbliższymi sojusznikami, to znaczy bez stosownego mandatu ONZ. W tym czasie planowanie wojskowe trwało już na pełnych obrotach, niezależnie od kształtowania się opinii w Radzie Bezpieczeństwa ONZ czy w szeregach własnych

---

[185] por. Joffe, Josef, Die Hypermacht, op. cit. s. 34

sojuszników. 10 października 2001 r. obie izby Kongresu upoważniły prezydenta, pod określonymi warunkami, do użycia sił zbrojnych przeciwko Irakowi, a 24 grudnia 2002 r. *GIs* otrzymali rozkaz wymarszu na kolejną, trzecią już wojnę w Zatoce. W tym czasie Amerykanie i Brytyjczycy zaczęli też systematycznie atakować i eliminować iracką obronę powietrzną w tzw. strefie zakazu lotów nad Irakiem.

Nie dość na tym: politycy, naukowcy i publicyści USA dawali do zrozumienia, że polityka ich kraju wobec Iraku jest częścią globalnej strategii, która w gruncie rzeczy realizowana jest już od czasu drugiej kadencji administracji Clintona. I faktycznie, już 26 stycznia 1998 r. konserwatywni politycy, tacy jak „jastrzębie" Donald Rumsfeld czy Paul Wolfowitz, prosili usilnie prezydenta o skierowanie uwagi rządu na rozwój strategii mającej na celu usunięcie reżimu Saddama; «uważamy, że na podstawie już istniejących rezolucji ONZ USA mają prawo do podjęcia kroków militarnych, by zabezpieczyć nasze żywotne interesy z rejonie Zatoki.» I rzeczywiście, już w połowie grudnia 1998 r. Clinton przeszedł do czynów i podjął próbę – przy brytyjskim wsparciu – skłonienia krnąbrnego Saddama Husajna, z pomocą pocisków samosterujących i laserowo naprowadzanych bomb, do uzmysłowienia sobie amerykańskiego rozumienia rezolucji ONZ. Tym samym administracja Clintona sprzeciwiła się znaczącej większości w Radzie Bezpieczeństwa Organizacji Narodów Zjednoczonych, która uprzednio dwukrotnie, w lutym i listopadzie, odrzuciła użycie przemocy.[186]

Podsumowanie

Mimo nieporównywalnej z niczym pełni władzy, jaką dysponują USA, kraj ten znajduje się w podobnej sytuacji co Wielka Brytania, czy też – przy pewnych różnicach – Niemcy za czasów Bismarcka. Są bezdyskusyjnym numerem jeden, lecz nie są panem wszelkich zdarzeń. Są wprawdzie w stanie odstraszyć każdą możliwą koalicję przeciwników, lecz nie mogą wszystkich sobie podporządkować. Podobnie jak w wypadku Wielkiej Brytanii i cesarskich Niemiec, dziś w wypadku USA można mówić co najwyżej o dominacji, nie zaś o hegemonii, w związku z czym pojęcie imperium w ścisłym tego słowa znaczeniu do USA (już) się nie odnosi.[187]

Koniec zimnej wojny przyniósł więc świat jednobiegunowy. Zarazem jednak Stany Zjednoczone absolutnie nie są w stanie wpływać obecnie na międzynarodowy porządek zdarzeń w większym stopniu niż w początkach zimnej wojny. Prawda, USA zwiększyły w minionych latach swą przewagę, jednak potęga ta jest też dziś mocniej

[186] *por.* Schöllgen, Gregor, *Der Auftritt*, op. cit. s. 120-122
[187] *por.* Joffe, Josef, *Die Hypermacht*, op. cit. s. 127

rozproszona. Stąd też możliwości USA wykorzystywania owej potęgi, by formować resztę świata podług swoich życzeń, faktycznie się zmniejszyły.[188]

W przyszłości wpływy Waszyngtonu zależeć będą od jego bilateralnych stosunków z najważniejszymi krajami. I to jest również przyczyną, że polityce USA wobec Japonii i Chin nadaje się tak wysoką rangę. W staraniach o stymulowanie koegzystencji Japonii i Chin, mimo głębokiej nieufności między obu krajami, rola USA ma centralne znaczenie.

Paul Kennedy pisze, że USA zagrożone są *imperial overstretch*, imperialnym rozdęciem. Zagrożenie to wynika z dyplomatycznego i militarnego przeciążenia, które występuje w klasycznej postaci, podczas gdy relatywna siła ekonomiczna się zmniejsza. A wizja Samuela Huntingtona, przedstawiona w jego książce „Zderzenie cywilizacji" z 1996 r., jest jednoznacznie pesymistyczna.

Historyk Fritz Stern, który urodził się w 1926 r. we Wrocławiu, a w 1938 r. wyemigrował do USA, patrzy dziś na swą nową ojczyznę nader krytycznie, mówiąc: „Pierwszym z czternastu punktów prezydenta Wilsona były „jawne porozumienia pokojowe", które mają być negocjowane „jawnie i publicznie". Było to oczywiście naiwne, lecz pokazywało, jaka porcja idealizmu tkwi w amerykańskiej polityce zagranicznej. Z czasem bardzo niewiele z tego zostało. Oczekiwania wszakże istnieją nadal. Wielu Amerykanów sądzi, że nadal stanowią wzorzec i nie żywią żadnych ukrytych zamiarów w stylu zaczerpniętym ze sztuki kierowania państwem starej Europy. Chcemy być inni. Ale często mówiłem i, niestety, muszę powiedzieć raz jeszcze: kraj, który mnie uratował, napawa mnie głęboką troską."[189]

Czas imperialnego panowania USA najwyraźniej minął. Świat jest zbyt wielki, zbyt wielokształtny, zbyt dynamiczny, nie godzi się już na prymat jednego jedynego mocarstwa. A i celem USA nie jest już szerzenie demokracji, choć prezydent George Bush II niestrudzenie to właśnie twierdził. W rzeczywistości chodzi o zapewnienie politycznej kontroli nad światowymi zasobami. Tymczasem bowiem USA stały się o wiele bardziej zależne od „reszty świata" niż ma to miejsce odwrotnie. USA próbują maskować swój zmierzch teatralnym akcjonizmem militarnym, kierowanym przeciwko relatywnie mało znaczącym państwom. Walka z terroryzmem, Irakiem i «osią zła» to tylko pretekst. Najważniejszymi strategicznymi aktorami są dziś Europa i Rosja,

---

[188] *por.* Kissinger, Henry, *Dyplomacja*, op. cit. s. 889
[189] Wywiad z Fritzem Sternem w: „Frankfurter Allgemeine Zeitung" z 16.11.2013 r.

Japonia i Chiny. USA nie mają już siły, by ich kontrolować, i stracą jeszcze ostatni obszar swego globalnego panowania, jaki im został.[190]

Zachodni system bezpieczeństwa i jego instytucje stworzono w takich okolicznościach i do takich celów, które z dzisiejszymi uwarunkowaniami mają niewiele wspólnego: rozpad Układu Warszawskiego, a także Związku Radzieckiego, odrodzenie się Rosji, demokratyczne ozdrowienie i ekonomiczna rehabilitacja wschodniej części Europy Środkowej, strategiczne zabezpieczenie islamskiego łuku kryzysowego, reakcja na nowe globalne wyzwania, takie jak eksplozja demograficzna w najbiedniejszych krajach świata oraz niszczenie naszego środowiska i warunków do życia, ale także rozpalanie się w Europie i na Bliskim Wschodzie konfliktów, które do tej pory tłumiła zimna wojna – wszystko to są procesy, na które instrumentarium zimnowojennej polityki bezpieczeństwa nie ma w zanadrzu adekwatnych odpowiedzi.[191]

Henry Kissinger powiedział kiedyś, że globalizacja to tylko inne słowo na zastąpienie pojęcia „panowanie USA". A działania każdego waszyngtońskiego rządu od zakończenia zimnej wojny dowodzą, że wypowiedź ta jest programem amerykańskich władz. Jak słusznie zauważył Zbigniew Brzeziński, USA muszą robić wszystko, by w miarę możliwości jak najdłużej odwlekać koniec swego „panowania nad światem". I każdy środek służący temu celowi jest dobry. USA są wyspą odległą od olbrzymiej masy lądowej Eurazji, której zasoby i liczba ludności znacznie przewyższają te, jakimi dysponują Stany Zjednoczone. Nadal też opanowanie jednej z dwóch głównych przestrzeni Eurazji – a więc Europy lub Azji – przez jedną jedyną potęgę stanowi dobrą definicję strategicznego zagrożenia, przed którym mogłyby kiedyś stanąć Stany Zjednoczone, niezależnie: w warunkach zimnej wojny, czy też nie. Tego rodzaju twór integracyjny byłby bowiem w stanie wyprzedzić USA pod względem gospodarczym, a ostatecznie także wojskowym – to zagrożenie, któremu należałoby przeciwdziałać nawet jeśli dominująca potęga w oczywisty sposób byłaby nastawiona przyjaźnie. Gdyby bowiem to nastawienie kiedykolwiek się zmieniło, skonfrontowałoby się z amerykańskim państwem, którego zdolność do skutecznego odporu byłaby wydatnie mniejsza i które w związku z tym coraz mniej byłoby w stanie wpływać na rozwój wydarzeń. Takiemu scenariuszowi – z perspektywy USA – należy przeszkodzić.

„Związanie jest lepsze od równoważenia", a do tego jeszcze „sytuacja ogólna, w której wszystkie mocarstwa, poza Francją, nas potrzebują" – oto dwie główne reguły

---

[190] *por.* Todd, Emmanuel, *Schyłek imperium ...* , op. cit., tekst na okładce wydania niemieckiego [tłumaczenie własne]
[191] *por.* Weisser, Ulrich, *NATO ohne Feindbild*, op. cit. s. 31

wielkiej strategii z czasów Bismarcka. Jeśli zaledwie jedno słowo, mianowicie słowo „Francja", zastąpić tu pojęciem „Związek Radziecki", otrzyma się równie zwięzły opis wielkiej strategii USA po drugiej wojnie światowej. Także ona w okresie zimnej wojny ulegała paktomanii. Dość wspomnieć „literową sałatkę" skrótów obrazujących sieć sojuszy USA:

- NATO na obszarze północnoatlantyckim,
- CENTO na Bliskim Wschodzie,
- SEATO w Azji Południowo-Wschodniej,
- ANZUS obejmujący Oceanię,

a ponadto szereg sojuszy bilateralnych, z których najważniejszym po dziś dzień jest amerykańsko-japoński traktat o bezpieczeństwie z 1960 r.

W te formalne pakty wpisany był system cichych przymierzy, na mocy których USA gwarantowały bezpieczeństwo takich krajów jak Izrael, Arabia Saudyjska, Jordania, Pakistan czy Tajwan.

Dochodziła do tego znaczna liczba instytucji międzynarodowych, które powstały po drugiej wojnie światowej z inicjatywy Stanów Zjednoczonych:

- Organizacja Narodów Zjednoczonych (ONZ) pod wodzą pięciu mocarstw;
- Międzynarodowy Fundusz Walutowy (MFW);
- Organizacja Współpracy Gospodarczej i Rozwoju (OECD);
- Światowa Organizacja Handlu (WTO).

Po zmianach w Europie dołączyła do tego kolejna organizacja: PdP jest programem natowskim mającym na celu budowę zaufania między NATO i innymi państwami w Europie oraz niegdysiejszym Związku Radzieckim. Temat ten pojawił się na posiedzeniu ministrów obrony NATO w Travemünde odbytym 20-21 października 1993 r. Była to propozycja niemieckiego ministra obrony Volkera Rühe, wkrótce jednak sprzedano ją światu jako inicjatywę USA, którą oficjalnie zaprezentował prezydent Clinton na szczycie NATO w Brukseli w styczniu 1994 r. NATO zapraszało wszystkie państwa powstałe po rozpadzie Związku Radzieckiego oraz wszystkie byłe wschodnioeuropejskie państwa satelickie Moskwy do współdziałania w ramach nieco mgliście zarysowanego systemu kolektywnego bezpieczeństwa. PdP stosuje zasady kolektywnego bezpieczeństwa, a traktując w ten sam sposób ofiary i realizatorów polityki radzieckiego i rosyjskiego ekspansjonizmu, przyznawało środkowoazjatyckim republikom na granicy z Afganistanem ten sam status co Polsce, ofierze czterech rozbiorów przy udziale Rosji.

„Partnerstwa dla Pokoju" nie zaplanowano, jak często błędnie się sądzi, jako stacji pośredniej na drodze ku NATO, lecz jako alternatywę, tak jak traktat z Locarno był alternatywą wobec sojuszu z Wielką Brytanią, o który starała się Francja w latach dwudziestych. Mimo to niektóre państwa – zwłaszcza Polska, Republika Czeska i Węgry – postrzegały PdP jako pomost wiodący do wejścia do NATO, i to z pomyślnym skutkiem.

Tymczasem program „Partnerstwa dla Pokoju" osiągnął swój cel, a odmienne uwarunkowania w sferze polityki bezpieczeństwa praktycznie go zdezaktualizowały.

<u>Résumé</u>
Na początku lat dziewięćdziesiątych USA – bez własnego udziału – stały się samotnym mocarstwem światowym. Ich jedyny wielki konkurent z ostatnich 45 lat, mianowicie Związek Radziecki, przestał istnieć. Strefa wpływów USA rozszerzyła się na znaczną część dawnego obszaru wpływów ZSRR.

USA dotarły do punktu kulminacyjnego swej ważności w światowej polityce. Mało kto potrafiłby wtedy wyobrazić sobie, że stan ten już wkrótce może się zmienić.

Rozdział 14

11 września 2001

Od chwili zakończenia zimnej wojny analizy ustrojów światowych cechują się zadziwiająco niewielką trwałością. Po samorozwiązaniu się Związku Radzieckiego w roku 1991 i rozpadzie Układu Warszawskiego, przeważająca liczba polityków, historyków, dziennikarzy, wojskowych oraz analityków spodziewała się, że opisane w poprzednim rozdziale, jedyne istniejące mocarstwo światowe będzie teraz przez długi czas i w sposób niekwestionowany przewodzić światu – czy też, być może, nad nim panować.

I wtedy nadszedł 11 września 2001 r.

Nikt nie zdoła zapomnieć tych apokaliptycznych obrazów, transmitowanych 11 września 2001 r. przez stacje telewizyjne na cały glob. Świat w oszołomieniu spoglądał w ekrany. Boeing 767 jak pocisk wbił się w północną, wysoką na 411 metrów wieżę nowojorskiego *World Trade Center*. Zaledwie kilka minut później kolejny Boeing 767 uderzył w południową wieżę *WTC*. Tego dnia życie straciło blisko 3.000 ludzi. Nie był to jeszcze koniec tego poranka grozy. Nieco później następny uprowadzony samolot spadł na samo centrum amerykańskiej narodowej obronności, na waszyngtoński *Pentagon*. Śmierć w gruzach znalazło kolejnych niemal 200 osób. Czwarty z uprowadzonych samolotów, którego przypuszczalnym celem był Biały Dom, spadł pod Pittsburghiem. Tu liczba ofiar wyniosła blisko 40.

Sprawcami byli islamscy terroryści. Dokładnie wiedzieli, co robią: realizowali swoje plany z absolutną perfekcją, profesjonalnie i bardzo medialnie. Symbole, które zniszczyli, wybrano precyzyjnie: Biały Dom jako symbol władzy politycznej, *Pentagon* jako symbol potęgi militarnej i *World Trade Center* jako symbol kapitału i gospodarki.

11 września 2001 r., po raz pierwszy od czasów walk o niezawisłość od Anglii, które toczono w końcu XVIII i na początku XIX stulecia, USA okazały się krajem podatnym na ciosy na własnym terenie i znalazły się w stanie szoku. Zamachy miały spowodować doniosłe następstwa polityczne i militarne w skali światowej.

Kim byli wykonawcy tych apokaliptycznych zamachów? Na podstawie list pasażerów uprowadzonych samolotów już wkrótce okazało się, że rzecz musiała dotyczyć radykalnych islamistów. Bardzo szybko podejrzenie padło na saudyjskiego radykalistę islamskiego Osamę bin Ladena, który przebywał w Afganistanie chroniony przez talibów. Kierownictwo USA uznało, że tylko on był w stanie utrzymać w ręku wszystkie nici tak kompleksowej akcji terrorystycznej, zarówno jeśli chodzi o finanse, jak i o logistykę. 19 porywaczy czterech samolotów wjechało do USA z legalnymi dokumentami – w większości na kilka miesięcy przed zamachami. Niektórzy wzięli jeszcze w tym kraju kilka lekcji pilotażu, w sumie jednak wszyscy zachowywali się w sposób nie zwracający uwagi.

USA poczuły się rozdrażnione, odebrały to jako wyzwanie i prezydent George Bush II, zajmujący ten urząd od pół roku, w jednym z pierwszych wystąpień telewizyjnych od razu wypowiedział się w tej kwestii bez ogródek: „Proszę nie mieć żadnych wątpliwości. Będziemy ścigać tych ludzi aż do skutku i ukarzemy ich."

Już niecałe cztery tygodnie później w ślad za zapowiedzią prezydenta poszły czyny. 7 października 2001 r. USA wspólnie z Wielką Brytanią rozpoczęły wojnę z reżimem talibów w Afganistanie. Miał to być zaledwie początek. Na forum Kongresu prezydent George Bush II wywodził: „Nasza wojna z terroryzmem zaczyna się od Al-Kaidy, ale na tym się nie skończy. I nie będzie zakończona dopóty, dopóki każda działająca na świecie grupa terrorystyczna nie zostanie odszukana, powstrzymana od dalszych działań i pokonana."

Także tę zapowiedź prezydent George Bush II wkrótce wcielił w życie, gdyż 20 marca 2003 r. USA i ich „koalicja chętnych" wkroczyły do Iraku, by obalić Saddama Husajna i jego reżim. Ta wojna zostawiła po sobie chaos, w 2004 r. tysiące przyłączyły się do organizacji terrorystycznej zwanej Państwem Islamskim (IS), które w 2016 r. nadal panowało nad znacznymi obszarami Bliskiego Wschodu. Próba przejścia od obalenia dyktatora do demokracji i wolności dla ludzi poniosła fiasko i przyniosła tylko biedę i ubóstwo. Miliony ludzi uchodziły przed terrorem we własnych miastach i krajach.

„Wojna z terrorem" trwa do dziś. Piętnaście lat po 11 września 2001 r. w Afganistanie nadal znajdują się siły międzynarodowe. Wpływy islamistów znów rosną, a demokratyzacja cofa się hen w dal. Ludzie nadal umierają w powodu późnych następstw zamachów. Irak, a jeszcze bardziej granicząca z nim Syria pogrążone są w chaosie; rozmaite grupy interesów – różne państwa i różne ugrupowania terrorystyczne – utrzymują wojnę w stanie wrzenia. W wydarzenia ingerują USA, Rosja, Turcja i inne państwa – w tym także Niemcy.

Sojusz Atlantycki, NATO

Po zakończeniu zimnej wojny także NATO, by zapobiec swemu własnemu rozwiązaniu, przestawiło swój tradycyjny wizerunek wroga ze Związku Radzieckiego względnie komunistycznej Rosji (po raz pierwszy!) na przeciwnika amorficznego, tzn. mającego postać sieci powiązań. Organizacja powołana pierwotnie do życia jako sojusz obronny (rozumiano pod tym obronę przed zbrojnymi atakami nieprzyjaznych państw), po zamachach z 11 września 2001 r. ogłosiła zaistnienie przypadku obrony kolektywnej, zgodnego z Artykułem 5 Traktatu Północnoatlantyckiego, mimo iż zamachów tych, co oczywiste, nie dokonało jakiekolwiek państwo. W dokumencie strategicznym NATO z 2008 r. o szumnym tytule *Towards a Grand Strategy for an Uncertain World*, pięciu byłych natowskich generałów (w tym niemiecki generał w st. spocz. Klaus Naumann) uzasadnia asymetrycznymi zagrożeniami prawo NATO do istnienia.[192] Dokument ten jest częścią odpowiedzi w sprawie zwalczania terroryzmu po 11 września 2001 r.

George Bush II i jego team

George Bush II urodził się 6 lipca 1946 r. w New Haven (Connecticut) jako członek zamożnej i wpływowej rodziny. Podczas wyborów z 7 listopada 2000 r. uzyskał wprawdzie pół miliona głosów mniej niż jego demokratyczny kontrkandydat Al. Gore, lecz po wielotygodniowych sporach sądowych pozyskał mocą 537 głosów z Florydy – gdzie gubernatorem był jego brat Jeb Bush – większość elektorów dla siebie. To rozstrzygnęło sprawę. 20 stycznia 2001 r. George Bush II został zaprzysiężony jako 43. prezydent USA.

W przeciwieństwie do swego ojca, 41. prezydenta USA, nie miał on w chwili objęcia urzędu jakiegokolwiek doświadczenia w dziedzinie polityki zagranicznej. Do tej pory tylko jeden raz był za granicą – w Meksyku.

Swych najbliższych doradców wybrał on z grona tzw. jastrzębi. Wiceprezydentem został Dick Cheney, a Donald Rumsfeld ministrem obrony. Ministrem spraw zagranicznych mianowano byłego szefa sztabu generalnego Colina Powella, a George'a Teneta dyrektorem CIA; Karl Rove nadal należał do najważniejszych doradców George'a Busha II, a jego doradcą ds. bezpieczeństwa została Condoleezza Rice. Najbardziej wpływowy think tank kierowany był przez Richarda Perle'a, Richarda Armitage'a i Paula Wolfowitza. Ludzie ci już wkrótce mieli stać się odpowiedzialni za tok światowych wydarzeń w dziedzinie polityki bezpieczeństwa. George Bush II i osoby, którymi się otoczył, reprezentowali w sposób naturalny i uprawniony interesy USA, reprezentowali wszakże również w szczególnej mierze swoje partykularne interesy, co widać wyraźnie na przykładzie Dicka Cheneya, który

---

[192] *por.* Trojanow, Ilija oraz Zeh, Jul,: *Angriff auf die Freiheit* [Atak na wolność], s. 122

wyszedłszy z przemysłu zbrojeniowego, poprzez funkcję ministra obrony doszedł do urzędu wiceprezydenta: wojna z terroryzmem nadała amerykańskiemu przemysłowi zbrojeniowemu potężny napęd, a dawne przedsiębiorstwa Cheneya, w których miał udziały, stały się wielkimi „wygranymi" tej wojny.

Wkroczenie USA i „koalicji chętnych" do Iraku w 2003 r. przygotowano świadomie posiłkując się kłamstwem. Od października 2001 r. USA, a wraz z nimi Wielka Brytania, jako uzasadnienie podawały przede wszystkim coraz ostrzejsze zagrożenie iracką bronią masowego rażenia oraz kontakty Iraku z terrorystyczną siecią Al-Kaidy, która dokonała zamachów z 11 września 2001 r. Od 2002 r. większość ludności USA wierzyła tym informacjom i dlatego poparła inwazję na Irak. W rzeczywistości kierowana przez Teneta CIA wysłała amerykańskiego ministra spraw zagranicznych, Colina Powella, na obrady Zgromadzenia Ogólnego ONZ ze świadomie sfałszowanymi dokumentami; 5 lutego 2003 r. pierwszy ciemnoskóry sekretarz stanu USA uzasadniał tę dawno już postanowioną wojnę rządu Busha II z Irakiem – posługując się fałszywymi dowodami. Później przez wiele lat za to przepraszał: przemówienie, które w ów pochmurny, lutowy dzień wygłosił na forum Rady Bezpieczeństwa ONZ w Nowym Jorku, stało się jego fatum, moralnym obciążeniem, a wreszcie i przede wszystkim tragedią dla USA, a następnie dla całego świata. Usprawiedliwiało ono bowiem tę niepotrzebną wojnę z Irakiem Saddama Husajna.

Nie tylko kłamstwa głoszone na forum ONZ ujawniają prawdziwe zamiary George'a Busha II i jego doradców. Zaraz po zamachach z 11 września 2001 r. amerykański wiceprezydent Cheney zlecił całym drużynom prawników, w warunkach pełnej tajności, przygotowanie prawnego uzasadnienia rozszerzenia zakresu władzy rządowej. W rezultacie po raz pierwszy w historii USA więźniów wolno było torturować psychicznie i fizycznie. Uprowadzano także «podejrzanych o terroryzm» i bez wnoszenia oskarżenia osadzano na nieograniczony czas w więzieniach (nie tylko w Guantanamo), bez kontaktu z rodzinami, adwokatami czy organizacjami międzynarodowymi, takimi jak Czerwony Krzyż. Gdy 20 stycznia 2009 r. swój urząd obejmował Barack Obama, następca George'a Busha II, jako nowy prezydent obiecał światowej opinii publicznej, że najpóźniej za rok obóz więzienny Guantanamo stanie się historią. Zespół ekspertów miał zdecydować o tym, jak postąpić z osadzonymi. Zamiar Obamy, by zamknąć nielegalny obóz, spełzł na niczym. W marcu 2009 r. adwokaci Baracka Obamy bronili przed sądem autorytetu prezydenta, który potwierdził uprawnienia władz do «zatrzymywania osób wspierających talibów bądź Al-Kaidę». Postawa ta, pisze New York Times, niewiele różni się od przyjętej przez rząd George'a Busha II.[193] W sierpniu 2017 r. obóz więzienny istniał nadal; plan

---

[193] *por.* Trojanow, Ilija oraz Zeh, Juli, *Angriff auf die Freiheit*, op. cit. s.107-108

zamknięcia więzienia Guantanamo na Kubie Obama przedłożył Kongresowi pod koniec swej drugiej kadencji.

Nie jest więc zaskoczeniem, co niemiecka opinia publiczna, i tak bardzo wówczas już krytyczna, sądzi na temat 11 września 2001 r. i kroków podejmowanych w następstwie tego przez rząd USA: „Czy uważa Pan/Pani, że rząd USA mówi światowej opinii publicznej całą prawdę o zamachach?" zapytano obywateli RFN w ankiecie Instytutu Emnid z końca 2010 r. 89,5 procent odpowiedziało „nie".

Mit światowego terroryzmu

Al-Kaida, banda chorych, a zarazem genialnych terrorystów, powstała w określonym, wyodrębnionym regionie naszej planety, mianowicie w Arabii Saudyjskiej, nawet jeśli bin Ladenowi i jego oficerom udało się zwerbować kilku uchodźców w Egipcie i garstkę zagubionych dusz na zachodnioeuropejskich przedmieściach. Mimo to USA starają się przedstawiać Al-Kaidę jako organizację równie stabilną co złowrogą, jako ucieleśnienie wszechobecnego terroryzmu – od Bośni po Filipiny, od Czeczenii po Pakistan, od Libanu aż po Jemen. Wskazując na Al-Kaidę, usprawiedliwiają każdą karną ekspedycję, przeprowadzaną w dowolnym zakątku Ziemi w dowolnie wybranej chwili. Nadanie terroryzmowi statusu uniwersalnej siły instytucjonalizuje permanentny stan wojny na całej planecie: „Mamy do czynienia z czwartą wojną światową", napisało kilku amerykańskich komentatorów, którzy nie przelękli się ośmieszenia skutkiem uznania zimnej wojny za trzecią wojnę światową. Wszystko zdaje się wskazywać na to, że Stanom Zjednoczonym zależy na utrzymaniu określonego poziomu międzynarodowego napięcia, na utrzymaniu pozostającego w ryzach, lecz trwałego stanu wojny.

W rzeczywistości zamachy z 11 września 2001 r. nastąpiły w chwili, gdy ogień islamizmu płonął nieco słabiej. Kluczem do opisania i wyjaśnienia tego ideologicznego procesu są postęp alfabetyzacji oraz kontroli urodzeń. Tego rodzaju analiza umożliwia twierdzenie, że Stany Zjednoczone i ci spośród ich sojuszników, którzy pójdą w ich ślady, są dopiero na początku swoich konfliktów z Arabią Saudyjską i Pakistanem, gdyż oba te kraje dopiero przygotowują się do skoku w nowoczesność i nieuniknione w tej sytuacji wstrząsy mają jeszcze przed sobą. Mówienie o światowym terroryzmie pozwala Stanom Zjednoczonym zdefiniować się na nowo jako państwo stojące na czele uniwersalnej „krucjaty", interweniujące wszędzie wedle własnej woli, punktowo i tylko powierzchownie, tak jak na Filipinach i w Jemenie, lub tworzące bazy, jak w Uzbekistanie i Afganistanie, i dokonujące wypadów do Gruzji lub na granicę z Czeczenią. Jeśli jednak przyjrzeć się faktycznemu stanowi świata, nie dostrzeże się żadnego socjologicznego ani historycznego usprawiedliwienia tezy o światowym terroryzmie. Z punktu widzenia świata islamu taka wizja jest absurdalna. Swój przejściowy kryzys pokona on bez interwencji z zewnątrz i automatycznie wróci do równowagi. Teza o światowym terroryzmie służy jedynie Stanom Zjednoczonym, gdyż to im potrzebny jest Stary Świat utrzymywany w ciągłym napięciu poprzez permanentny stan wojny.

Wyjątkowa groza terroryzmu polega na tym, że posługuje się on, w najszerszym tego słowa znaczeniu, politycznie motywowaną przemocą. Znaczy to, że w terrorystycznej zbrodni tkwi przesłanie. Zamach eksponuje swą symboliczną treść. Atak na *World Trade Center* był nie tylko masowym mordem popełnionym na 3.000 ludzi, lecz metaforą wyrażającą pragnienie upadku USA, czy wręcz całego „zachodniego świata". W tym punkcie kryje się też fatalne nieporozumienie. Przesłanie tego rodzaju zamachów nie brzmi bowiem: „zniszczymy was". Ono mówi: „wzywamy was do samozniszczenia". Dlaczego tak jest? Ponieważ sam terroryzm nie jest w stanie przysporzyć nam trwałej szkody. Żaden kraj na świecie nie został nigdy przywiedziony do upadku wskutek takich zamachów, jak te dokonane przez „islamistyczny terror"; żaden rząd nie został w ten sposób pozbawiony władzy. Terroryści nie są w mocy zniszczyć naszego państwa prawa, unieważnić naszych wartości i zmienić kształtu naszego społeczeństwa czy sposobu życia. Mogą nas tylko prowokować do tego, byśmy sami to uczynili. Potrzebują naszego współdziałania. Grożą nam następstwami, które wywołać możemy tylko my sami.[194]

Z pragmatycznego punktu widzenia terroryści nie są wojownikami *Zderzenia cywilizacji*. Są zbrodniarzami, których należy pochwycić i ukarać. Polowanie na nich i ich mocodawców nazywa się ściganiem przestępstwa lub międzynarodową obławą, a nie samoobroną. Zamachy są ciężkimi przestępstwami i tragicznymi katastrofami dla tych, których dotyczą; nawet jeśli przekazują jakieś polityczne przesłanie – w żadnym razie nie są „wypowiedzeniem wojny", które stanowiłoby powód do zbrojnego konfliktu między państwami. Terroryzm jest zjawiskiem ponadpaństwowym, nie czymś, co odkryto dopiero 11 września 2001 r. Traktowanie zamachowców jako „krzyżowców islamu" nadaje im religijną godność, na jaką nie zasługują. Takie ich klasyfikowanie musi być obraźliwe dla przeważającej liczby muzułmanów. Prawa obowiązujące po wszystkich stronach tego „starcia kultur" uznają terrorystów za przestępców. Wszelkie wysiłki polityczne od samego początku powinny były koncentrować się na globalnie jednolitej ocenie tego zjawiska. Wtedy byłoby jasne, że terroryzm zagraża nam w taki sam sposób, jak i inne ciężkie przestępstwa. Zagrożone są określone dobra publiczne, w najgorszym wypadku zdrowie i życie ofiar. Nie są wszakże zagrożone nasze „wartości", nasza tożsamość.[195]

---

[194] *por.* Trojanow, Ilija oraz Zeh, Juli, *Angriff auf die Freiheit*, op. cit. s. 37
[195] *por.* tamże, s. 39-40

Tymczasem cały świat ma już na ustach określenie „zagrożenie terrorystyczne" traktując je jako całkiem oczywiste. Jeśli ktoś chciałby publicznie dociekać jego znaczenia, grozi mu, że zostanie uznany za osobę zupełnie naiwną, albo wręcz podejrzaną. Gdyby jednak wziąć „zagrożenie terrorystyczne" pod lupę, okaże się, że pod pojęciem „zagrożenie" prawnicy rozumieją „zapowiedź" przyszłego zła. Złem, jakie bezpośrednio zapowiada terroryzm, są ofiary ewentualnych zamachów. Jednakże, mimo okropności, jaką w konkretnych przypadkach są następstwa ataków dla osób, których dotyczą – jeśli porówna się liczby ich ofiar z innymi danymi statystycznymi z USA, zaczyna to wyglądać nieco inaczej:

- ofiary śmiertelne wypadków drogowych 35.612 (2013 r.),
- ofiary śmiertelne użycia broni palnej 33.636 (2013 r.),
- ofiary śmiertelne udaru cieplnego 9.000 (2013 r.),
- zmarli z powodu grypy 36.000 (rocznie).

Porównanie tych liczb z 3.000 zabitych z „9/11" nie prowadzi do wniosku, że to terroryzm stanowi największe zagrożenie bezpieczeństwa w USA.

Jednobiegunowość

Oczekiwano też powszechnie, że okaleczenia powstałe za przyczyną 11 września 2001 r. zostaną zrelatywizowane, gdy weźmie się pod uwagę, jakie rany spowodowały same tylko dwudziestowieczne wojny w Europie, Rosji, Japonii, Chinach, czy też w Palestynie. Świat miał wizję: wszystkie lub niemal wszystkie kraje uznają amerykańskie panowanie za uprawnione i na tym gruncie powstanie prawdziwe imperium dobra. Podwładni tej ziemi uznają centralną władzę, zaś panujące USA będą powolne idei sprawiedliwości.

Jednak postępowanie Stanów Zjednoczonych na arenie międzynarodowej co i raz zaburzało tę wizję. Przez cały rok 2002 przeżywaliśmy renesans jednostronności, która ujawniła się już w drugiej połowie lat dziewięćdziesiątych, kiedy to w grudniu 1997 r. Ameryka nie podpisała traktatu ottawskiego o zakazie min przeciwpiechotnych, a w lipcu 1998 r. nie zaakceptowała porozumienia o utworzeniu Międzynarodowego Trybunału Karnego. Historia najwyraźniej toczyła się starymi koleinami; całkowicie w dawnym duchu Stany Zjednoczone odmówiły podpisania Protokołu z Kioto w sprawie redukcji gazów cieplarnianych.

Wysuwając argument o „wojnie z terrorem", USA znalazły instrument pozwalający usilnie forsować ich domniemane czy też faktyczne interesy. Tak więc USA nadal utrzymują w Niemczech blisko 40 baz wojskowych z 43.000 żołnierzy; w bazie lotniczej Bundeswehry w Büchel, w Nadrenii-Palatynacie, składowana jest amerykańska broń atomowa. W samym tylko roku budżetowym 2012 rząd USA wydał w Niemczech trzy miliardy dolarów. Więcej potrzeba mu było w tymże roku jedynie na wojnę w Afganistanie. Z Niemiec, w których podczas zimnej wojny armia USA i ich tajne służby przede wszystkim strzegły Zachodu, Amerykanie prowadzą dziś tajną wojnę o światowym zasięgu, która w ogromnej mierze jest sprzeczna z prawem międzynarodowym. Z Niemiec – głównie z Ramstein i Stuttgartu – amerykańscy żołnierze kierują krwawą wojną dronów w Afryce; koniecznych informacji o ewentualnych celach i przypuszczalnych terrorystach dostarczają pracownicy wywiadu USA, którzy też znajdują się w Niemczech.

Jeśli odłożyć na bok kwestie etyczne, pozostaje konkluzja, że bez bazy, jaką stanowią Niemcy, amerykańska wojna z terrorem nie byłaby tak łatwa do prowadzenia, w każdym razie nie w swej dotychczasowej formie. Niemcy stanowią centralę tajnej wojny w Afryce, ośrodek węzłowy europejskich operacji CIA oraz poligon działań dronów na świecie. Jak się wydaje, z Niemiec jako miejsca dyslokacji USA nie mogą zrezygnować.

Centrum wywiadowczym Amerykanów jest region Renu-Menu. To stąd operują agenci USA pracujący dla CIA, NSA, *Secret Service*, Departamentu Bezpieczeństwa Krajowego oraz innych władz i służb. Lecz nie jest to już tylko dawny, dobrze znany zestaw podejrzanych figur, które rozgrywają swoje brudne gierki także w Niemczech. Już dawno na plan weszli nowi aktorzy, dużo bardziej niesamowici niż starzy wywiadowcy. Ci nowi to matematycy, znawcy teorii gier, statystycy, eksperci w dziedzinie przetwarzania wszelkiego rodzaju danych. Nie muszą już instalować pluskiew w mieszkaniach czy ukrywać mikrofonów w biurach – oni po prostu wszystko odsłuchują. Pracują dla koncernów, które dostają zlecenia od tajnych służb, i wykonują brudną robotę: szpiegują i analizują, ale też uprowadzają czy nawet torturują. Co piąty pracownik monstrualnego aparatu wywiadowczego USA przestał być tymczasem urzędnikiem państwowym i pracuje dla *private contractors*, czyli przedsiębiorstw prywatnych. Jednym z takich pracowników był do niedawna *whistleblower* (informator) Edward Snowden.

Ta niesamowita armia cieni rośnie z roku na rok, także – czy może zwłaszcza – w Niemczech. Rząd niemiecki udzielił w sumie 207 amerykańskim firmom specjalnych zezwoleń, umożliwiając im wykonywanie na niemieckiej ziemi delikatnych zadań dla rządu USA. Większość kontraktów trafia do w dużej mierze nieznanego opinii publicznej przedsiębiorstwa SOS International. Ta amerykańska firma, założona niegdyś przez ormiańską imigrantkę jako niewielkie biuro tłumaczeń, od lat wykazuje wielomilionowe obroty dzięki niemieckim operacjom pokojowym. Jej pracownicy, jak odnotowano w oficjalnym banku danych zamówień państwowych USA, wykonują zadania dla swoich zleceniodawców przykładowo jako *intelligence analyst, signal intelligence analyst* czy też *counter intelligence operations planer.* Pracują zatem dla rozmaitych służb wywiadowczych USA – jako okresowi agenci.

Nasuwają się w związku z tym dwa pytania: kto w Niemczech mógłby kontrolować prywatnych agentów? I kto zechce ich kontrolować, gdy tak naprawdę traci się z pola widzenia nawet państwowych, oficjalnie zgłoszonych szpiegów? Rząd federalny dawno już stracił tu orientację. Punkt nasłuchowy w ambasadzie USA w samym środku Berlina, skąd przypuszczalnie podsłuchiwano także telefon komórkowy kanclerz federalnej, to już bardzo poważna prowokacja.[196]

Na frankfurckim lotnisku funkcjonuje nie tylko niemiecki urząd celny. W niemieckich portach lotniczych i morskich aktywne są także *Secret Service* i Departament Bezpieczeństwa Krajowego USA. Amerykańscy urzędnicy najczęściej pojawiają się bez zapowiedzi. Nagle stają obok stewardes i wskazują kogoś: lepiej, żeby ten pasażer nie wchodził na pokład – mówią. Oficjalnie ludzie z amerykańskiej straży granicznej w niemieckich portach lotniczych wskazują tylko, kto jest niebezpieczny. Natomiast faktycznie decydują oni, kto może lecieć do USA, a kto nie. Są częścią armii agentów i funkcjonariuszy bezpieczeństwa, która na stałe stacjonuje w Niemczech. Obok CIA i NSA w kraju operuje ponad 50 pracowników *Secret Service*, Departamentu Bezpieczeństwa Krajowego USA oraz władz imigracyjnych i transportowych. Korzystają oni z immunitetu dyplomatycznego i mają uprawnienia zbliżone do posiadanych przez niemieckich policjantów i celników. To oni decydują, kto może wsiąść do samolotu i który kontener zostanie załadowany na który statek – a w razie wątpliwości jawnie zatrzymują nawet ludzi. By choć podobne uprawnienia mogły przysługiwać niemieckim urzędnikom w USA, jest rzeczą całkowicie nie do pomyślenia.

Amerykańskim organom ścigania nie wolno działać na niemieckiej ziemi. „Autonomiczne działania urzędników USA w Niemczech są niedopuszczalne", zakomunikował rząd federalny. Stosunki z USA są „pod względem prawnym nierównoważne", mówią prokuratorzy. „Władzom cudzoziemskim nie wolno dokonywać w Niemczech zatrzymań. *Secret Service* wie o tym, lecz się tym nie przejmuje", mówi nowojorski adwokat hakera Jonny'ego Hella. Amerykanie często działają w Niemczech w szarej pod względem prawnym strefie. Ich akcje uzasadnia się obroną przed terrorystami. Jednak co dokładnie robią ci agenci, tego najwyraźniej nawet rząd federalny zbyt dobrze nie wie. „Szczegółowym opisem zadań" nie dysponujemy, odpowiedziały władze rządowe na zapytanie jednego z deputowanych,

---

[196] „Süddeutsche Zeitung" z 15 listopada 2013 r.

w każdym bądź razie – stwierdzono – organy bezpieczeństwa krajowego USA prowadzą działania w portach Hamburga i Bremerhaven.[197]

War on Terror

War on Terror (wojna z terroryzmem) była przez USA niezmiennie kontynuowana także w 2016 r.. Po formalnym zakończeniu wojny w Iraku w maju 2003 r. oraz w Afganistanie w marcu 2013 r., USA nie tylko nie zdołały spacyfikować tych krajów, lecz zdestabilizowały je, a wraz z nimi cały Środkowy Wschód.

Bez zmian zatem toczą wojnę z terroryzmem w Afganistanie, Iraku, Syrii czy Libii. Wiosną 2016 r. żołnierze USA brali bezpośredni udział w walkach lub prowadzili „operacje pomocowe" ogółem w 74 krajach na pięciu kontynentach. Przy tym operacji wojskowych USA nie da się zawęzić do poszczególnych teatrów działań wojennych, takich jak Afganistan czy Irak; wiele innych akcji przeprowadza się bez wiedzy opinii publicznej. Pół świata jest polem bitwy i niemal wszędzie w bitwach tych w jakiś sposób uczestniczą USA. *War on Terror* daje taką możliwość, to czek in blanco.

Świeżym przykładem jest Kamerun. 14 października 2015 r. Barack Obama ogłosił rozszerzenie wojny z terroryzmem o nowy front. Następnie skierował do Garoua w Kamerunie 300 żołnierzy, by, po pierwsze, wesprzeć Kamerun w zwalczaniu terrorystów, a po drugie – nie całkiem bezinteresownie – aby utworzyć w tym afrykańskim państwie, we własnym interesie, bazę dronów, przy czym na razie miano się ograniczyć do wykorzystywania dronów rozpoznawczych. „Te siły pozostaną w Kamerunie, aż nie będą tam już potrzebne", odrzekł Barack Obama na pytanie o czas trwania akcji. Garoua na północy Kamerunu jest trzecim pod względem wielkości miastem kraju i z punktu widzenia „wojny z terroryzmem" stało się najważniejszym miejscem w Afryce. To „komando Afryka" oraz siły morskie USA na wodach Afryki szkolą też elitarne wojska państw sąsiednich, czyli Nigerii, Czadu, Nigru i Beninu, walczące ze zmilitaryzowaną organizacją terrorystyczną Boko Haram.

Wcześniej terror był praktyką państwową uznawaną przez takich myślicieli, jak Thomas Hobbes, za zgodną z prawem. Służyła on utrzymywaniu ludu w bojaźni i trwodze, by w ten sposób czynić go uległym. Od 1793 r., w kontekście rewolucji francuskiej, „terror Konwentu", czyli egzekucje i aresztowania, stosowano przeciwko „kontrrewolucjonistom". Później terminu tego używano przede wszystkim w konotacji krytycznej, na przykład w odniesieniu do terroru stalinowskiego lub terroru narodowosocjalistycznej SS. Zawsze chodziło przy tym o występowanie państwa przeciwko jednostce.

---

[197] „Süddeutsche Zeitung" z 18 listopada 2013 r.

Uległo to odwróceniu. Ostatnio zaczęto traktować „terror/terroryzm" jako fenomen pochodzący od jednostki i zagrażający państwu, co oznacza nowe zdefiniowanie tego pojęcia. Państwo, które zwalcza terror, nie może więc się samo o terror obwiniać. Działa ono w pewnej mierze w obronie koniecznej, nawet jeśli ma na sumieniu pół miliona Irakijczyków. Tym sposobem „wojna z terroryzmem" służy za kompozycję ramową w odniesieniu do konfliktów na całym świecie i usprawiedliwia niemal każde działanie. Czy zwalcza się somalijskich piratów, czy też wspiera środkowoazjatyckie dyktatury – wszystko, co w danej sytuacji wydaje się korzystne, można tą wojną uzasadnić.

Nie widać tu końca; wręcz przeciwnie: ta wojna jest na wieczność. Kto uważa, że to przesada, niechaj przeczyta to, co już 20 września 2001 r. powiedział Donald Rumsfeld, były amerykański minister obrony:

> *„Co byłoby zwycięstwem? Uważam, że zwycięstwem byłoby przekonanie narodu amerykańskiego o tym, że nie jest to sprawa do szybkiego rozwiązania, którą dałoby się załatwić w miesiąc, rok, czy też w ciągu pięciu lat. To coś, co w świecie potężnych broni i ludzi gotowych użyć tych broni musimy czynić ustawicznie ".*[198]

Bill Clinton w posłowiu do swoich wspomnień uderza w ton wyraźnie bardziej wyważony:

> *"Jedenastego września mieliśmy wrażenie, że świat znów zaczyna się walić. Al.-Kaida wykorzystała elementy nowego świata – otwarte granice, łatwą imigrację i podróże, dostęp do informacji i technologii – by zamordować w Nowym Jorku, Waszyngtonie i Pensylwanii prawie trzy tysiące osób ponad siedemdziesięciu narodowości. Świat wraz z nami opłakiwał nasze straty i wspierał naród amerykański w determinacji zwalczenia terroryzmu. W kolejnych latach wojna z terrorem przybrała na sile, mimo jakże zrozumiałych, uczciwie wyrażanych wątpliwości w kraju i za granicą, dotyczących sposobów jej prowadzenia.*
>
> *Świat, w którym dziś żyjemy, pozostaje wewnętrznie niestabilny, pełen ogromnych szans, ale także sił dążących ku zniszczeniu. Pozostanie taki, póki nie zastąpimy sieci wzajemnych powiązań zintegrowaną społecznością ogólnoświatową, wspólnie dzielącą się odpowiedzialnością, zyskami i wartościami. Budowa takiego świata i pokonanie terroryzmu to nie zadania na parę lat. Pozostaną wielkim wyzwaniem pierwszej połowy XXI wieku. Wierzę, że Stany*

---

[198] Trojanow, Ilija oraz Zeh, Juli, *Angriff auf die Freiheit*, op. cit. s. 37/38

Zjednoczone, by poprowadzić innych tą drogą, powinny realizować pięć misji:

- *walczyć z terroryzmem i rozpowszechnianiem broni masowego rażenia oraz wzmacniać naszą ochronę przed tą bronią,*

- *z potencjalnych terrorystów czynić przyjaciół, pomagając połowie świata, która nie czerpie zysków z globalizacji; zwalczać ubóstwo, analfabetyzm, choroby i złe rządy;*

- *wzmacniać instytucje współpracy międzynarodowej i za ich pośrednictwem promować bezpieczeństwo, rozwój i walkę ze wspólnymi problemami – od terroru po AIDS i globalne ocieplenie;*

- *nadal przekształcać Amerykę, czyniąc z niej wzór dla reszty świata, oraz*

- *usilnie starać się pokonać odwieczne przekonanie, iż dzielące nas różnice są ważniejsze niż to, co nas łączy.*

[...] Terror nie zdoła pokonać naszego narodu, zwalczymy go, musimy jednak uważać, abyśmy przy okazji nie narazili na szwank charakteru naszego kraju i przyszłości naszych dzieci. Nasza misja, nakazująca nam tworzyć wciąż doskonalszą unię, obejmuje teraz cały świat."[199]

Résumé

11 września 2001 r. trafił USA w niezmiernie czuły punkt. Zmienił całą politykę kraju. Ponieważ na krótko przedtem urząd objął prezydent o nader konserwatywnym, nacjonalistycznym nastawieniu, akty terroru dokonane w Nowym Jorku i Waszyngtonie wywołały reakcję łańcuchową złożoną z kryzysów, starć i wojen, które odmieniły świat – i zmiany te miały okazać się trwałe.

George Bush II przeoczył wszystkie znaki ostrzegawcze, jakie stoją zwykle przy drodze idealizmu – respekt dla prawa międzynarodowego, szacunek wobec Narodów Zjednoczonych, współpracę z sojusznikami i przestrzeganie zasad sprawiedliwej wojny.

9/11 można też uznać za Wielki Wybuch inicjujący schyłek USA jako mocarstwa światowego. Prawa autorskie w tym względzie przysługują George'owi Bushowi II.[200]

---

[199] Clinton, Bill, *Moje życie*, op. cit., s. 872 i nast.
[200] *por.* Albright, Madeleine, *Amerika du kannst es besser* [Ameryko, potrafisz lepiej], s. 51

Dzisiejsze USA

Rozdział 15

Uniwersalna idea misyjna USA

> *My, Amerykanie, chętnie postrzegamy się jako ucieleśnienie wielkoduszności*
> *i cnotliwości, ale wielu ludzi w innych krajach odbiera nas*
> *jako samolubnych, apodyktycznych i gwałtownych.*[201]

USA są dogłębnie przekonane o tym, że ich własny system polityczny jest najlepszym systemem na świecie i że świat – gdy już wszystkie państwa przejmą wreszcie ów system – będzie żył w pokoju, wolności i dobrobycie. Ta demokratyczna idea misyjna od wielu dziesięcioleci panuje w polityce zagranicznej i wewnętrznej kraju, jest jej dominującym elementem. Przy tym niewiele zważa się na to, że inne kultury i inne religie całkiem inaczej rozkładają priorytety, całkiem inaczej się rozwijały i świadomie pragną to kontynuować także w przyszłości.

Ideę tę, mocno ją akcentując, obwieszcza się wszystkim zagranicznym oficerom marynarki w trakcie 14-dniowego zapoznawania się z *US Naval War College*, zanim jeszcze rozpoczną oni wspólne studia wraz ze 185 oficerami amerykańskimi. Dzieje się tak co roku w Newport RI, podobnie jak i we wszystkich innych krajowych placówkach o porównywalnym charakterze (*National Defence University, Army War College, Air War College*). Historyk Klaus Schwabe uznał ową ideę misyjną za imperialistyczną wyniosłość należącą do pięciu elementów składowych polityki zagranicznej USA, którymi są:

- element imperialno-ekspansjonistyczny,
- izolacjonizm,
- tradycja rewolucyjno-antykolonialno-emancypacyjna,

---

[201] Albright, Madeleine, *Amerika du kannst es besser*, op. cit. s. 21

- impuls humanitarny oraz
- demokratyczno-misjonarska tradycja.[202]

Wszystkie amerykańskie rządy za swój cel najwyższy uznają bezpieczeństwo narodowe kraju. Z tego wynika, że USA są ważniejsze niż reszta świata. Przyjęcie takiego celu umacnia nieograniczone aspiracje USA do władzy.[203] A zdecydowanie przeważająca większość mieszkańców, niezależnie: czy republikanów, czy też demokratów, wspiera w tym punkcie swój rząd. Żadne inne społeczeństwo na świecie nie jest tak przepojone świadomością posłannictwa jak społeczeństwo USA.

W kształtowaniu stosunków międzynarodowych USA od wielu lat rolę nośną odgrywają nieodmiennie wartości moralne. Woodrow Wilson był pierwszym prezydentem, który potęgę USA wprzęgnął w służbę liberalnego pokoju światowego. Jego koncepcja liberalnego porządku świata, w którym USA objęłyby wiodącą rolę, do dziś pozostaje dla każdego prezydenta ideą o pierwszorzędnym znaczeniu. Od tamtej pory żaden z następców Wilsona nie zaniedbał okazji, by przywołać jego idealizm jako legitymizującą cnotę. Zwłaszcza wilsonowskie przekonanie, że wojna wtedy jest sprawiedliwa, gdy prowadzi się ją jako krucjatę na rzecz praw człowieka i dóbr wolnościowych, stanowiło w XX wieku główną cechę polityki zagranicznej USA.

Wkrótce po zakończeniu II wojny światowej utworzona została Rada Bezpieczeństwa Narodowego Stanów Zjednoczonych (*United States National Security Council – NSC*). Jest to najwyższe gremium doradzające prezydentowi w kwestiach bezpieczeństwa narodowego. Zaraz po utworzeniu Rady, jedna z pierwszych jej analiz sytuacji światowej wywołała skutek o doniosłym znaczeniu: 14 kwietnia 1950 r., w Memorandum nr 68 (znanym jako NSC 68), Rada Bezpieczeństwa Narodowego zaleciła prezydentowi poważne zwiększenie wydatków na wojsko, by powstrzymywać wpływy komunizmu w skali światowej (*containment*). Po dłuższej zwłoce i po rozpoczęciu wojny koreańskiej Truman ostatecznie zgodził się z tymi zaleceniami. NSC 68 jest jedną z niewielu rekomendacji Rady Bezpieczeństwa Narodowego podanych dotąd do publicznej wiadomości.

Gdy oparcie się na zasadach moralnych raz już uznano za leżące w żywotnym interesie USA, także strategiczne cele państwa formułowano w tym kluczowym dokumencie bardziej podług ich wymiaru moralnego niż zgodnie z potrzebą mocarstwowej polityki. Chodzi o to, napisano, „by okazywać siłę zarówno w

---

[202] Watz, Ludwig, *Universeller Missionsgedanke* [Uniwersalna idea misyjna], w: „Das Parlament" z 03 lipca 2006 r.

[203] Alexander, Keith Brian, dyrektor NSA (2005 do 2014) podczas przesłuchania w Kongresie 29 października 2013 r.

afirmowaniu naszych wartości w procesie kształtowania życia narodu, jak i pod względem politycznym i gospodarczym." Przepojeni ideałami Ojców Założycieli, iż naród amerykański winien służyć całej ludzkości za światło przewodnie, autorzy NSC 68 odrzucili nacechowane izolacjonizmem ostrzeżenia.[204] Dokument NSC 68 zaczyna się apoteozą demokracji, a kończy tezą, że w ostatecznym rozrachunku historia rozstrzygnie na korzyść Stanów Zjednoczonych. Jego wyjątkowość polega na połączeniu globalnych roszczeń z odrzuceniem użycia siły, stwierdza Henry Kissinger.[205]

Dla Johna F. Kennedy'ego USA były najwspanialszym krajem w historii, gdyż zawsze wierzono tu jakoby w dwie wielkie idee, mianowicie że jutro może być lepsze niż dzień dzisiejszy i że każdy obywatel tego kraju ponosi osobistą moralną odpowiedzialność za to, by tak się stało.[206] Już w swoim przemówieniu inauguracyjnym w roku 1961 Kennedy rozwinął temat amerykańskiej bezinteresowności i obowiązków wobec całego świata. Ogłaszając, że jego pokolenie czerpie bezpośrednio z dorobku ojców pierwszej demokratycznej rewolucji na świecie, zapowiedział w podniosłych słowach, że pod jego rządami nie będzie już zgody na to, żeby „odbierano ludziom prawa, na których rzecz Ameryka zawsze działała i działa ..."[207]

Tak jak kilka innych narodów – na przykład Polacy – Amerykanie czują się ludem szczególnym, wybranym przez Boga. To przekonanie podkreśla powszechnie praktykowana, choć powierzchowna religijność. Także w Polsce wygląda to podobnie, tyle że tam nie jest to aż tak powierzchowne. Dlatego nie może budzić zdziwienia, że Bill Clinton w przemówieniu inaugurującym jego pierwszą kadencję mówił o amerykańskiej odnowie, o wiośnie w najstarszej demokracji świata i o woli Amerykanów, by ich sprawę polecić Wszechmogącemu. Zmiana – mówił – jest konieczna nie tylko dla samej zmiany, lecz służy zachowaniu amerykańskich ideałów: życia, wolności i dążenia do szczęścia. Nawet jeśli postępuje się w rytm czasów – misja USA jest ponadczasowa.[208] Bill Clinton zdefiniował pięć zasad, którymi kieruje się amerykańska polityka:

- wszyscy mają szanse i nikt nie ma specjalnych przywilejów (zasada Andrew Jacksona);

---

[204] US Department of State – Office of the Historian – Milestones 1845-952 – NSC 68, 1950

[205] *por.* Kissinger, Henry, *Dyplomacja*, op. cit. s. 506

[206] *por.* Clinton, Bill, *Moje życie*, op. cit., s. 390 i nast.

[207] *por.* Kissinger, Henry, *Dyplomacja*, op. cit. s. 683 i nast.

[208] *por.* Clinton, Bill, *Moje życie*, op. cit., s. 442

- tradycyjne amerykańskie wartości, jak praca, rodzina, wolność, odpowiedzialność, wiara, tolerancja i niezgoda na wykluczenie kogokolwiek, zostają zachowane;
- postępuje się zgodnie z etyką wzajemnych zobowiązań: obywatele winni służyć swemu krajowi (zasada Johna F. Kennedy'ego);
- na całym świecie należy upowszechniać wartości demokratyczne i humanitarne, a we własnym kraju zapewniać dobrobyt i postęp;
- ludzie są zobowiązani do działań innowacyjnych – jak się tego niegdyś domagał Franklin D. Roosevelt – i winno się ich do tego inspirować dając im do rąk narzędzia, których potrzebują, by uczynić swoje życie jak najlepszym.[209]

Także Barack Obama, pierwszy kolorowy prezydent Stanów Zjednoczonych, dołączył do pocztu prezydentów powołujących się na wyjątkową misję USA mówiąc: „Nas, Amerykanów, łączy narodowy konsens co do tego, że światowe przywództwo USA jest rzeczą konieczną. W czasie, gdy nasz wyjątkowy wkład i nasze zdolności potrzebne są bardziej niż kiedykolwiek, przyjmujemy tę nadzwyczajną rolę i odpowiedzialność."[210]

Mimo powtarzających się apeli prezydentów, mediów oraz czołowych osobistości amerykańskiego życia publicznego, USA i tak nadal ulegają swoim własnym iluzjom. Zalicza się do nich przekonanie, że ruchy niepodległościowe w krajach rozwijających się cechuje podobieństwo do procesów znanych z historii Stanów Zjednoczonych. Nowopowstałe narody, sądzono, z radością poprą amerykańską politykę zagraniczną, gdy tylko pojmą, że stosunek Stanów Zjednoczonych do kolonializmu różni się wyraźnie od podejścia dawnych potęg europejskich. Jednak przywódcy ruchów niepodległościowych byli postaciami innego kalibru niż amerykańscy Ojcowie-Założyciele. Stosowali, co prawda, demokratyczną retorykę, brakowało im wszakże owego oddania sprawie, jakim wykazali się twórcy amerykańskiej konstytucji, faktycznie wierzący w system *checks and balances*.[211] Zza tych słów znów jednoznacznie wyłania się hybris, która jak wątek osnowy ciągnie się przez całą historię USA. *America first* – i to pod każdym względem: politycznym, gospodarczym, militarnym … i moralnym! Jak dalece jednak tego rodzaju życzeniowe myślenie odpowiada rzeczywistości?

Mimo wszelkich tych podniosłych zasad i intencji trzeba wiedzieć, a przynajmniej domniemywać, że w wypadku wielu kultur i krajów demokracja typu zachodniego jest

---

[209] *por.* Clinton, Bill, *Moje życie*, op. cit., s. 354
[210] „Frankfurter Allgemeine Zeitung" z 12 lutego 2015 r.
[211] *por.* Kissinger, Henry, *Dyplomacja*, op. cit. s. 573

nieprzydatna. Bardzo mało jest też krajów, które zachodnią demokrację praktykują w sposób, jaki podoba się USA. Tylko niewiele krajów poza Europą rządzonych jest w sposób demokratyczny. A i w samej Europie jest to od czasu do czasu problematyczne. Wiele krajów, których rządy odnoszą sukcesy, rządzonych jest autokratycznie lub przez jedną partię. Znaczące sukcesy gospodarcze przychodzą często nie z powodu demokracji, lecz dzięki mądremu, autorytarnemu kierowaniu krajem.[212] Za przykłady mogą tu posłużyć choćby Tajwan, Singapur i Chiny.

Niezależnie od wszelkich reakcyjnych zwrotów – jak w Bośni i Hercegowinie, Afganistanie czy Iraku – idea misyjna mimo wszystko pozostaje głęboko zakorzeniona w społeczeństwie USA. Otrzymała ona nowy impuls, zyskała potwierdzenie, gdy w roku 1990 nastąpiło ponowne zjednoczenie Niemiec. USA poczuły się utwierdzone w swoich przekonaniach: oto „wzorowy uczeń Niemcy" zdał swój egzamin dojrzałości zwyciężając komunizm. Amerykańskie wartości były górą.

Dlaczego nie mogłoby tak być również w wypadku innych państw? Otóż większość obywateli Stanów Zjednoczonych nie dostrzega, że Niemcy należą do tego samego kręgu kulturowego, co i USA, a narody Korei, Wietnamu, Ameryki Łacińskiej, Iraku czy Afganistanu jednak nie. Z chwilą zjednoczenia, w którym rząd George'a Busha I miał decydujący udział i któremu Niemcy są równie wdzięczne, co i Michaiłowi Gorbaczowowi, USA natychmiast uczyniły wszystko, aby wzmocnić ów „wirus", ową „wiosnę" w niegdysiejszym komunistycznym „imperium zła". Jako przykład takiego misyjnego czynnika polityki USA można tu wymienić utworzenie *George C. Marshall European Center for Security Studies – GMC* (Europejskie Centrum Studiów Bezpieczeństwa im. George'a C. Marshalla) oraz zakres jego zadań. Centrum Marshalla otwarto w 1993 r. w Garmisch jako przedsięwzięcie amerykańsko (85 %) – niemieckie (15 %); jest ono renomowaną instytucją w dziedzinie polityki obronnej i bezpieczeństwa. Organizując kursy i konferencje, Centrum wspiera oficjalnie dialog i porozumienie między państwami Ameryki Północnej, Europy i Eurazji oraz z innych części świata.[213]

Działalność GMC można wszakże zdefiniować i tak, że instytucja ta chce indoktrynować obecne i przyszłe elity z obszaru dawnego Układu Warszawskiego i RWPG w duchu wymienionych tu amerykańskich wartości, i to elity ze wszystkich dziedzin – polityki, gospodarki, wojska, z kręgu dziennikarzy oraz administracji.

---

[212] *por.* Scholl-Latour, Peter, *Die Welt aus den Fugen* [Zbuntowany świat], s. 190
[213] http://www.marshallcenter.org

Résumé

Idea misyjna jest głęboko zakotwiczona w społeczeństwie USA i odbija się piętnem na postawach obywateli Stanów Zjednoczonych w relacjach ze światem. Tego rodzaju postawa postrzegana jest przez ludzi z innych krajów i innych kręgów kulturowych częściej jako arogancka wyniosłość, z rzadka tylko jako coś pozytywnego, i wzmacnia powszechne na całym świecie antyamerykańskie nastawienia i nastroje.

Rozdział 16

Nacjonalizm i patriotyzm

Nacjonalizm jest ideologią odnoszącą się do pojęcia narodu (nacji) i suwerennego państwa narodowego jako wartości naczelnych. Jest to światopogląd wymagający świadomego identyfikowania się i solidaryzowania wszystkich jego wyznawców z własnym narodem.[214]

Patriotyzm jest miłością ojczyzny oznaczającą uwielbienie, oddanie i uczuciowy związek z dziełem, tradycjami i wspólnotą własnego ludu względnie narodu. Patriotyzm uwidacznia emocjonalną więź z własnym narodem.[215] Patriotyzm to po prostu miłość do ojczyzny.

Nacjonalizm i patriotyzm są kategoriami, które ludziom i społecznościom służą do porozumiewania się co do form ich współżycia. Zarazem demonstrują one potrzebę uczynienia stosunków faktycznie istniejących pomiędzy różnymi ludźmi w mieście, wiosce i państwie obszarem identyfikującym ich współprzynależność i powiązanie, a tym samym odróżniającym od innych grup i społeczności. Kto się definiuje pod względem narodowym lub patriotycznym, należy do zdefiniowanej grupy ludzi, lecz zarazem okazuje też, że chce należeć tylko do tej, a nie jakiejkolwiek innej wspólnoty. Obie kategorie, nacjonalizm i patriotyzm, mają swoją stronę wewnętrzną i zewnętrzną. Od wewnątrz mogą integrować, pobudzać solidarność i symbolizować więź. Na zewnątrz natomiast odgraniczają, definiują innych jako nie przynależnych do danej wspólnoty. To włączające i wyłączające działanie nacjonalizmu i patriotyzmu ma zatem również konsekwencje, które ujawniają się zwłaszcza tam, gdzie nacjonalizm bądź patriotyzm występują w formach skrajnie agresywnych, stygmatyzując innych jako wrogów.

Obie postawy, zarówno nacjonalizm, jak i patriotyzm, są wyjątkowo silnie rozpowszechnione w USA – silniej niż w jakimkolwiek innym kraju świata. Przy tym trzy symbole państwowe, jakie istnieją w USA, nie różnią się wiele od funkcjonujących w prawie wszystkich innych krajach. Takim symbolem jest po pierwsze flaga, która jako *Old Glory* odgrywa wielką rolę w umacnianiu patriotyzmu w USA i która przykładowo nigdy nie może dotknąć ziemi. Po drugie, jest nim hymn narodowy, *The*

---

[214] *por.* Brockhaus w 15 tomach, tom 10, s. 11
[215] *por.* Brockhaus w 15 tomach, tom 10, s. 414

Star-Spangled Banner (Gwiaździsty sztandar): pieśń ta jest hymnem narodowym od 1931 r., a jej melodię zapożyczono z brytyjskiej pieśni biesiadnej. Wreszcie trzecim symbolem jest godło państwowe z *American Eagle*, białogłowym orłem. Godło zdobi również monety, pieczęcie i odznaki honorowe. Często pojawia się na nich także łacińskie motto E PLURIBUS UNUM, co znaczy „Z wielu, jeden". Sentencja ta nawiązuje do zjednoczenia pierwotnie trzynastu kolonii, które połączyły się w jedno państwo.

Obok tych trzech oficjalnych symboli państwowych istnieje wszakże jeszcze szereg innych symboli, świętych dla Amerykanów. Odnosi się to zwłaszcza do patriotycznej pieśni *America the Beautiful*, przysięgi wierności *Pledge of Allegiance*, czy też Statui Wolności, *Statue of Liberty*. Do symboli tych można zaliczyć również konstytucję, jak i prezydenta.

Ludność USA składa się co prawda z wielu rozmaitych ras i grup imigrantów, przez co należy rozumieć także cały bagaż problemów związanych z mniejszościami. Pomimo to wszyscy czują się w pierwszym rzędzie członkami jednego narodu i demonstrują swą dumę z Ameryki. Wyjątek stanowią tu być może tylko Indianie. Tego uczucia doświadcza się każdego dnia i przy powszednich okazjach, czy to słuchając prognozy pogody (*Hi there, America*), czy podczas wiadomości (*Good morning, America*), a także w trakcie przemówień polityków wszystkich partii, zawsze wspominających o *greatest country in the world*, przy podnoszeniu flagi na maszt, składaniu przysięgi wierności, podczas publicznych parad bądź corocznych uroczystości związanych z obchodami święta narodowego 4 lipca.

Skąd to się bierze? Obywatel Stanów Zjednoczonych Ameryki już od przedszkola wychowywany jest w duchu mocnej świadomości narodowej. Zaczyna się to od codziennej porannej *Pledge of Allegiance*, przysięgi wierności składanej na flagę Stanów Zjednoczonych, którą dzieci, uczniowie w szkołach lub członkowie zrzeszeń w swoich zrzeszeniach (także organizacjach społecznych takich jak kluby rotariańskie, kluby Lions itp.), patrząc na gwiaździsty sztandar, potwierdzają swoje zobowiązanie wobec kraju, w którym żyją. Prawą dłoń kładzie się przy tym na sercu – na znak wierności. Wielu osobom rytuał ten jest znany, gdyż towarzyszy wykonywaniu hymnu narodowego w telewizji podczas imprez sportowych lub wydarzeń państwowych. Co oczywiste, gwiaździstego sztandaru nie może zabraknąć w żadnej klasie w szkołach całego kraju. W roku 1954 przysięgę wierności podniesiono do rangi ustawowej. Brzmi ona:

> *"I pledge allegiance to the flag of the United States of America, and to the republic for which it stands, one Nation under God, indivisible, with liberty and justice for all"*

Co znaczy: "Ślubuję wierność fladze Stanów Zjednoczonych Ameryki i republice, którą ona reprezentuje. Jeden naród, a nad nim Bóg, naród niepodzielny, ofiarujący wolność i sprawiedliwość wszystkim."

Przyzwyczajając się do symboli państwa, które należy szanować i respektować, młody Amerykanin od samego początku wychowywany jest w poczuciu wyjątkowej dumy narodowej. Nie jest mu wtedy daleko do znanego *we are the greatest* (jesteśmy najlepsi). Choć takie wychowanie samo w sobie nie jest niczym złym, to jednak w wypadku wielu ludzi w tym kraju prowadzi ono do przerostu świadomości narodowej, czy wręcz do szowinizmu. Ten szowinizm daje o sobie znać zawsze wtedy, gdy USA szczególnie eksponują się na arenie światowej. Można to było obserwować np. w czasie obu wojen w Zatoce; dla wielu osób z zewnątrz było to trudne do wytrzymania.

Przerost świadomości narodowej wynika być może także z tego, że w USA wszystko jest bardzo szybko i bardzo mocno uogólniane, a świat postrzegany jest w czerni i bieli: są tylko *bad guys* (źli faceci) i *good guys* (dobrzy faceci). Amerykanie są oczywiście zawsze tymi dobrymi. Uskrzydleni opisaną już, niewiarygodną ideą misyjną, czują przewagę nad innymi narodami i pragną upowszechniać istotę Ameryki. USA czują się bowiem także kolebką demokracji; przy tym bardzo niewielu Amerykanów wie, że demokracja rozwinęła się w Grecji już blisko 2000 lat przed „erą amerykańską" – czyli przed powstaniem USA.

Oglądając polityczne show w Ameryce, owe partyjne mityngi na ogromnych arenach na krótko przed wyborami, kiedy to wyłaniani są kandydaci na prezydenta i które co cztery lata kosztują ponad 100 milionów dolarów z pieniędzy podatników, te olbrzymie sceny, gigantyczne ekrany wideo, przesadne gesty, patetyczne mowy, morze flag, nieboskłon z baloników, a wszystko czerwono-biało-niebieskie, i do tego ta ogłuszająca, bezsensowna wrzawa, wtedy łatwo jest pojąć, dlaczego u reszty świata obrazy te nierzadko powodują niepokój i oszołomienie. Całość przebiega pod hasłem „patriotyzmu", który można przyrównać do niemal religijnego fanatyzmu. Tego rodzaju imprezy są tak naładowane emocjami jak nabożeństwa. To porównanie wcale nie jest błędne, Amerykanie bowiem wierzą równie mocno w konstytucję, co i w Biblię, a wprowadzanie na urząd ich prezydenta w niczym nie ustępuje intronizacji papieża. Ma to też zresztą swoją nazwę: „religia cywilna". Tym samym uważa się, że swą głęboko zakorzenioną religijność Amerykanie przenoszą na swój kraj. Wierzą w swoje państwo i to w taki sposób, jak żaden chyba inny naród na świecie.

Naród amerykański bardziej niż inne trwa w przekonaniu, że ten kraj należy do niego, a nie na przykład do jakiegoś namaszczonego przez Boga księcia. Amerykańska konstytucja rozpoczyna się słowami *We the people* (My, naród). W ten sposób wyrażono coś dokładnie przeciwnego niż ówczesne europejskie wyobrażenia o państwie. Tam, w

Europie ówczesnej epoki, decyzje spływały z wierzchołka na dół i ta zwierzchność troszczyła się o lud. W USA lud miał i chciał ponosić odpowiedzialność za państwo.

Nie tylko amerykańscy Ojcowie-Założyciele mieli poczucie, że ten kraj do nich należy (niezależnie od tego, co na ten temat sądzili Indianie), to samo tyczyło się również milionów imigrantów, którzy zjawili się tu po nich. USA nie były dla nich po prostu obszarem bez szlachty; ten kraj był też młodym, nie zagrożonym jeszcze państwem, nad którym każdy mógł popracować. Trudno natomiast byłoby sobie wyobrazić, by jakiś niemiecki autor napisał pieśń o swoim kraju, której słowa brzmiałyby *This land is your land, this land is my land* (Ten kraj jest twój, ten kraj jest mój), tak jak w 1940 r. w swoim popularnym protest songu śpiewał Woody Guthrie.[216]

Jak wiele innych narodów, również Amerykanie uważają dumę z własnej ojczyzny za zdrową, ludzką potrzebę. Podobną do potrzeby żywienia uczuć religijnych. Otwarcie demonstrowany patriotyzm pełni w USA ważną funkcję: działa jak społeczna masa spajająca. USA są krajem w najwyższym stopniu zróżnicowanym. Między wybrzeżem Atlantyku a wybrzeżem Pacyfiku jest 5.000 kilometrów lądu. 2.500 kilometrów jest od północnej granicy z Kanadą do południowego cypla Teksasu. 321 milionów żyjących tu obywateli ma skórę różnej barwy, sami, bądź ich przodkowie, przywędrowali tu z różnych kontynentów i pochodzą z najrozmaitszych środowisk etnicznych. Obywatele stanów Nowej Anglii myślą zazwyczaj całkiem inaczej niż mieszkający w Teksasie bądź na Alasce.

Jak wiadomo, 4 lipca każdego roku Amerykanie w nadzwyczaj patriotyczny sposób świętują swoją niepodległość – z niemieckiego punktu widzenia nieco przesadnie. Po przegranej wojnie i reedukacji po 1945 r., po „wielkim wybuchu" demokracji w roku 1949, Niemcy są w kwestii patriotyzmu i nacjonalizmu trochę nieufni. Nieco mniej jednego i drugiego w USA i nieco więcej w Niemczech mogłoby obu narodom wyjść na dobre.

Europa – przy wszelkich narodowych swoistościach – w kwestii patriotyzmu i nacjonalizmu idzie inną drogą: od rozpoczęcia tworzenia WE w kwietniu 1951 r. europejski dom jest rozbudowywany; państwa coraz więcej narodowych zadań przekazują „Brukseli", w coraz większej mierze rezygnują z narodowych kompetencji i podporządkowują je całości.

W USA jest inaczej. Dobre jest to, co przynosi pożytek USA. Ta pronarodowa, czy często nacjonalistyczna postawa jest szeroko rozpowszechniona. Jest powszechna

---

[216] *por.* Hansen, Eric T., *Die ängstliche Supermacht: Warum Deutschland endlich erwachsen werden muss* [Lękliwe supermocarstwo: dlaczego Niemcy w końcu muszą dorosnąć], s. 86-87

w całej waszyngtońskiej administracji, bez względu na to, czy prezydent wywodzi się spośród republikanów, czy demokratów i która z tych partii dysponuje większością w Izbie Reprezentantów lub Senacie. Jest też silnie reprezentowana w amerykańskim sądownictwie. Sądy w USA wcale nie interesują się tylko sprawami, które zdarzyły się w ich własnym kraju. Jeśli akcje jakiegoś przedsiębiorstwa sprzedawane są na nowojorskiej giełdzie lub jakiś koncern prowadzi duże interesy w USA, często wystarcza to amerykańskim sędziom, by uznać się tu za właściwy organ.

Długie ramię amerykańskiej sprawiedliwości dotyka zwłaszcza banków, w Szwajcarii UBS i Credit Suisse, we Francji BNP-Paribas, a w Niemczech Commerzbank i Deutsche Bank; wszystkie one są na celowniku wymiaru sprawiedliwości USA. Gdy jakaś europejska firma raz już dostanie się w jego tryby, najczęściej jedna przykra niespodzianka zaczyna gonić drugą. Przedsiębiorstwo pozwane o odszkodowanie musi dostarczyć stronie przeciwnej praktycznie wszystkich wewnętrznych informacji, które mogłyby stać się przedmiotem zainteresowania. Powoływanie się na niemieckie prawo o ochronie danych na nic się tu nie zda. Ciąg dalszy następuje przy przesłuchaniu świadków. Formalnie amerykańskie sądownictwo może badać sprawę tylko we własnym kraju, wszędzie indziej winno zwracać się o udzielenie pomocy prawnej. W praktyce jednak niewiele się o to dba. Sądy USA regularnie zmuszają niemieckie koncerny do przysyłania pracowników lub do zgody na przesłuchanie tychże przez amerykańskich prawników w Europie. Jeśli przedsiębiorstwo się przed tym wzbrania, ma niewielkie szanse podczas procesu. Orzekane są odszkodowania lub grzywny niewyobrażalne w Europie. Bank Credit Suisse musiał w pewnej sprawie podatkowej sam uznać się za winnego i zapłacić 2,6 miliarda dolarów kary. Prywatny bank szwajcarski Wegelin upadł nawet pod wpływem ataków z Waszyngtonu. Także prawne konsekwencje ostatniego kryzysu finansowego kosztowały europejskie banki w USA znacznie drożej niż w Europie. Deutsche Bank zapłacił 1,4 miliarda dolarów, by pozbyć się, poprzez ugodę, najpoważniejszych zarzutów w sporze o handel kredytami na nieruchomości o niskiej wiarygodności. Co zagranicznym przedsiębiorstwo szkodzi, służy gospodarce USA.

Bank BNP-Paribas zmuszony był zapłacić karę dziewięciu miliardów dolarów za naruszenie amerykańskich sankcji gospodarczych, przede wszystkim w handlu z Sudanem. Czy jednak francuski bank u siebie w domu, we Francji, musi przestrzegać praw USA? Tak, powiedzieli amerykańscy prawnicy i rzucili do boju zdumiewającą logikę: *Deals* zawierane były w dolarach, a tym samym podlegały prawu USA. BNP-Paribas się podporządkował.[217]

---

[217] „Welt am Sonntag" z 13 lipca 2014 r.

Innym, aktualnym przykładem jest skandal związany z układem wydechowym samochodów Volkswagena. Koncernowi zarzucono korzystanie z fałszywych wyników testów i naruszanie przepisów o ochronie klimatu. VW przyznał tymczasem, że jest to zgodne ze stanem faktycznym i spodziewa się kar w miliardowej wysokości. Można tu też wspomnieć o śledztwie ministerstwa sprawiedliwości USA wdrożonym w Szwajcarii przeciwko FIFA.

Résumé

Nacjonalizm i patriotyzm przyczyniły się do bezpieczeństwa i dobrobytu Amerykanów. Lecz nacjonalizm i patriotyzm są też celowo wpajane obywatelom od kołyski po grób, w związku z czym są postrzegane jako coś całkiem naturalnego. Takie nastawienie siłą rzeczy wzmacnia poczucie własnej wartości i górowania nad innymi.

Patriotyzm i nacjonalizm w amerykańskiej wersji mają unaoczniać przyjaciołom, sojusznikom i przeciwnikom USA, jaką państwo to ma nad nimi przewagę; uświadamiają one innym narodom przewodnią rolę USA jako mocarstwa światowego. Jednak demonstracyjny nacjonalizm i wyrazisty patriotyzm niekoniecznie budzą sympatię światowej opinii publicznej wobec USA i ich obywateli i przyczyniają się tym samym do szeroko rozpowszechnionego antyamerykanizmu.

Rozdział 17

Demokracja w USA

Dosłowne tłumaczenie dwóch greckich słów *demos* i *kratos*, czyli pojęcia demokracja, brzmi „rządy ludu". Demokracja jest polityczną zasadą, zgodnie z którą naród, poprzez wolne wybory, uczestniczy w sprawowaniu władzy w państwie; to system rządów, w którym wybrani przez naród przedstawiciele sprawują panowanie.

Za najwcześniejszy w historii przykład demokracji uznaje się antyczną demokrację attycką, którą stworzono po gwałtownych zmaganiach szlachty i bogaczy z prostym ludem.

Najstarszy rękopiśmienny kodeks, najstarsza konstytucja na świecie pochodzi z roku 1295 i została spisana w San Marino.[218]

Stany Zjednoczone Ameryki słusznie zgłaszają pretensje do posiadania najstarszej konstytucji czasów współczesnych, która została uchwalona 17 września 1787 r. i która ustanawia polityczny i prawny ustrój USA.

Rozwój ludnościowy w obrębie owej pierwszej demokracji ery nowożytnej jest imponujący. Podane liczby oznaczają miliony mieszkańców:

1800	1850	1900	1950	2000	2004	2006	2008	2010	2012	2014	2016
5	23	74	150	281	293	298	304	309	314	319	323

Najstarszą konstytucją ery nowożytnej w Europie jest polska konstytucja, która została uchwalona 3 maja 1791 r. przez Sejm i Senat w Warszawie jako ustawa rządowa.

Konstytucja

Konstytucja Stanów Zjednoczonych Ameryki i dziś jeszcze uważana jest przez wiele krajów świata za dokument bazowy, zwłaszcza dzięki swojej Karcie Praw (*Bill of Rights*). Jest ona najwyższą ustawą kraju interpretowaną przez Sąd Najwyższy (*Supreme Court*). Sąd ten może odrzucać ustawy uchwalane przez parlament (*Congress*) jako

---

[218] https://de.wikipedia.org/wiki/San_Marino

niezgodne z konstytucją. Jądro konstytucji stanowiło pierwotnie jedynie siedem artykułów:

- Artykuł 1   Władza ustawodawcza (legislatywa)
- Artykuł 2   Władza wykonawcza (egzekutywa)
- Artykuł 3   Władza sądownicza (judykatywa)
- Artykuł 4   Struktura federalna
- Artykuł 5   Zmiany konstytucji
- Artykuł 6   Struktura systemu prawnego
- Artykuł 7   Ratyfikacja

Od czasu ratyfikacji w 1787 r., do konstytucji tej w ciągu ponad 200 lat wprowadzono zaledwie osiemnaście poprawek. Z ich powodu została ona jednak poszerzona o 27 nowych artykułów, a dzięki orzeczeniom podstawowym Sądu Najwyższego dostosowano ją pod względem znaczenia i interpretacji do zmieniających się uwarunkowań historycznych (załącznik B).

Postanowienia odnoszące się do praw poszczególnych stanów długo były kwestią sporną; pierwotna wersja konstytucji została zmieniona na korzyść silniejszej władzy centralnej. Wskutek tego, w związku z prawem poszczególnych stanów do odłączenia się od Unii, w 1860 r. doszło do wojny domowej; poza tym nie wspomniano tu o partiach, a Indianie świadomie zostali wykluczeni. Problem niewolnictwa pominięto, choć przy wyborach czarnoskórzy byli pośrednio wliczani do ogółu wyborców.

Prawa podstawowe doszły dopiero w roku 1791 jako uzupełnienie (*amendments*). Ich interpretacja jest publicznie dyskutowana zwłaszcza od lat 60. XX wieku; od tamtej pory ciągle dotyczy to osobistych praw jednostki: prawa oskarżonego do uczciwego procesu, oddzielenia sfery intymnej, praw obywatelskich mniejszości i osób upośledzonych. Chodzi o wolność prasy i swobodę wypowiedzi, rozdział państwa i religii. Hasła te obejmują aktualne, gorące dyskusje toczące się w ostatnich latach np. w kwestii aborcji, eutanazji, możliwości zakupu i posiadania broni palnej czy małżeństw homoseksualnych.

W sumie jednak amerykańska konstytucja została elastycznie przystosowana do nowych czasów dzięki kolejnym poprawkom, takim jak w sprawie praw wyborczych dla czarnych, kobiet, czy osiemnastolatków. Konstytucja jest bardzo popularna w kraju, każdy zna swoje prawa i często ją cytuje ze szczerym uwielbieniem.

Interesujący jest fakt, że konstytucja ta nie przyznaje stolicy państwa, Waszyngtonowi (*District of Columbia*), statusu stanu federalnego. Prowadzi to do osobliwej sytuacji, w której każdy obywatel USA jest reprezentowany w Senacie przez swego senatora, nie dotyczy to wszakże mieszkańców stolicy.

Capitol Hill

Wzgórze w Waszyngtonie, na którym znajduje się Kapitol, czyli *Capitol Hill*, często służy za skrót myślowy oznaczający legislatywę, parlament. W budynku tym obradują obie izby amerykańskiego parlamentu: Izba Reprezentantów (*house of representatives*) i Senat (*senat*).

House jest pierwszą izbą Kongresu i składa się z 435 przedstawicieli narodu wybieranych każdorazowo na dwa lata. Określa ich się mianem *congressman/congresswomen* (kongresmen/kongresmenka) i należą oni albo do Partii Demokratycznej, albo Republikańskiej. Z tej izby wychodzi większość przedłożeń ustawowych. Tu też należy wnosić ustawy podatkowe. Obowiązują tu „angielskie" reguły uprzejmości nakazujące zwracania się do deputowanych wyłącznie w trzeciej osobie. Przewodnictwo Izby Reprezentantów sprawuje *speaker*.

Drugą izbą ustawodawczą amerykańskiego systemu parlamentarnego jest Senat. Składa się on z przedstawicieli 50 stanów federalnych, po dwóch z każdego stanu. Senatorowie wybierani są w swoich stanach zgodnie z zasadą większościową na okres sześciu lat, a co dwa lata jedna trzecia składu Senatu jest odnawiana w wyborach. Członkowie izby nie są związani wskazaniami pochodzącymi z ich stanów. Ustawy muszą zostać zaaprobowane zarówno przez Senat, jak i przez Izbę Reprezentantów, bądź też przez obie izby w drodze kompromisu, zanim oficjalnie zostaną przekazane przez Kongres prezydentowi. Senat odgrywa ważną rolę przede wszystkim w polityce zagranicznej, gdyż prezydent może zawierać umowy międzynarodowe jedynie za zgodą Senatu.

Partie

Amerykańska konstytucja nie wspomina o partiach; pojawiły się one dopiero podczas drugiej kadencji George'a Waszyngtona. Dziś istnieją dwie wielkie partie polityczne: Partia Demokratyczna (symbol: osioł) i Partia Republikańska (GOP = *The Grand Old Party*; symbol: słoń). Inne partie, z uwagi na czysto większościową ordynację wyborczą, nie mają w wyborach większych szans, mimo iż niezależni kandydaci ustawicznie podejmują takie próby. Ponieważ podczas wyborów na pierwszym miejscu są osoby i aktualne tematy, niezależni kandydaci nie dysponują wiążącymi programami partyjnymi. Poszczególni kandydaci opierają się raczej na lokalnych grupach interesu i ich wsparciu finansowym niż na funduszach partyjnych. Na przykład 3 listopada 1992 r. niezależny kandydat Ross Perot dzięki zaangażowaniu własnych pieniędzy i spektakularnym telewizyjnym spotom wyborczym uzyskał 19 %

głosów – z marszu! Te 19 % głosów zaszkodziło zwłaszcza George'owi Bushowi I umożliwiając w dużej mierze zwycięstwo Billa Clintona.

W parlamencie frakcja rzadko trzyma się razem, ponieważ różne terminy wyborów i lokalne interesy są ważniejsze od zgadzania się z własną partią. Tradycją jest, że ustawy przechodzą wskutek ustępstw i kompromisów, a nie w wyniku frakcyjnego przymusu. Partie służą głównie do wystawiania kandydatów na wybory.

Fakty te uzasadniają, być może, również inne pojmowanie demokracji przez parlamentarzystów USA w porównaniu z niemieckimi. Dwa przykłady pozwolą to unaocznić.

Przykład pierwszy: gdy na początku roku 1991 prezydent George Bush I zamierzał nakazać użycie silnych jednostek wojsk lądowych przeciwko Saddamowi Husajnowi, obie izby parlamentu debatowały w dniach 10-12 stycznia 1991 r. nad kwestią, czy prezydenta należy do tego upoważnić. W toczonej na wysokim poziomie, trzydniowej debacie *senat* (52 do 47) i *house* (250 do 183) zaaprobowały tę operację. Dyskusja była niezwykle kontrowersyjna, bardzo emocjonalna i prowadzono ją z dużą znajomością rzeczy. Dotyczyło to obu stron, przeciwników jak i zwolenników. Gdy wynik był już znany, wszyscy parlamentarzyści stanęli zwarcie za swoim prezydentem i wspierali go w realizowaniu uchwalonej przez większość parlamentarną operacji lądowej amerykańskich żołnierzy przeciwko Irakowi. To jest rozumienie demokracji!

Przykład drugi: 20 czerwca 1991 r., po długiej, emocjonalnej debacie, Niemiecki Bundestag zagłosował za przeniesieniem siedziby rządu z Bonn do Berlina (338 do 320). Początkowo jednak wynik ten nie został zaakceptowany przez tych wszystkich, którzy argumentowali i głosowali na korzyść Bonn; dopiero teraz walka zaczęła się naprawdę. „Przegrani" zmobilizowali wszelkie możliwe siły, aby już po fakcie cofnąć demokratycznie podjętą decyzję parlamentu. Rezultatem jest „ustawa Bonn-Berlin", zgodnie z którą i dziś jeszcze połowa federalnych ministerstw ma swoją główną siedzibę w Bonn, a tylko dodatkową w Berlinie. W przypadku drugiej połowy ministerstw jest odwrotnie. To jest rozumienie demokracji?

Rząd

Na szczeblu federalnym, podobnie jak w pojedynczym stanie, rząd składa się z jednej osoby: prezydenta względnie gubernatora. Konstytucja nie przewiduje istnienia gabinetu rządowego. Ministrowie, których w USA nazywa się *secretary*, są współpracownikami prezydenta i tworzą jądro *administracji*. Stąd też mówi się o *administracji Reagana* czy *administracji Obamy*. Ministrowie są podwładnymi prezydenta i osobiście przed nim odpowiedzialni. By mianować ministrów, prezydent potrzebuje co prawda w każdym wypadku zatwierdzenia przez Senat, może jednak w każdej chwili osadzić ich na funkcji kierownika któregoś z ministerstw.

Senat, zanim wyrazi zgodę, przepytuje każdego kandydata na ministra – podobnie jak każdego kandydata do Sądu Najwyższego – w trakcie publicznego przesłuchania (*hearing*). Podczas przesłuchania senatorowie wnikają, niekiedy bardzo głęboko, w sferę osobistą każdej takiej osoby. Ponieważ przesłuchania te odbywają się publicznie, niebagatelną rolę w kwestii wyboru ministra czy sędziego Sądu Najwyższego odgrywają w USA mass media. Na przykład w czasach administracji Clintona pierwszy kandydat na urząd ministra obrony, demokratyczny polityk Les Aspin, przepadł na takim przesłuchaniu. W 1992 r. przedmiotem zainteresowania mass mediów przez wiele miesięcy było *hearing* nowego sędziego Sądu Najwyższego Clarence'a Thomasa, jedynego czarnoskórego w tymże sądzie. Miesiącami musiał on dokonywać „osobistego i duchowego striptizu", podczas którego jego była sekretarka oskarżała go o rzekome molestowanie seksualne. Publiczne traktowanie tego mężczyzny była nad wyraz poniżające i miało wyłącznie negatywne skutki dla autorytetu tego konstytucjonalisty, ostatecznie jednak wybranego sędzią Sądu Najwyższego.

Innym problemem jest wymiana administracji wskutek zmiany prezydenta. Gdy taka zmiana dodatkowo łączy się z przekazaniem władzy z jednej partii do drugiej, wtedy w Waszyngtonie tysiące dotychczasowych członków zatrudnionych w aparacie rządowym traci swoją pracę. Przychodzą nowi ludzie. Niemal bez wyjątku pochodzą oni ze stanu, a przynajmniej z otoczenia nowego najpotężniejszego człowieka na świecie. Ta wymian sięga w dół aż do szczebla referentów i sekretarek. Stąd zrozumiałe jest, że tego rodzaju nowa administracja potrzebuje na początku dłuższej fazy inicjalnej niż taka, która może oprzeć się na ekspertyzach osób z kompetencjami, jakie posiadają zawodowi urzędnicy stanowiący fundament ministerstw.

Wymiana nowych „władców" obejmuje często także zmianę ambasadorów. Przy tym nowy ambasador niekoniecznie musi być dyplomatą, równie dobrze może być biznesmenem bądź przyjacielem czy sponsorem nowego prezydenta. Po zmianie w *Oval Office* (Gabinet Owalny) ambasadorowie są regularnie odwoływani, a ich stanowiska często nie są obsadzane przez kilka miesięcy. Na przykład w czerwcu 2017 r. nieobsadzone były ogółem 73 stanowiska ambasadorów USA na całym świecie, w Berlinie od stycznia do września tegoż roku.

Dla każdego prezydenta ważni są jego doradcy. Jeśli dobierze sobie właściwych, dobrych doradców, będzie przypuszczalnie silnym prezydentem. To właśnie przypisuje się prezydentowi Ronaldowi Reaganowi. Najwyraźniej zgromadził on wokół siebie dobrych ludzi. Natomiast Jimmy Carter – zdaniem np. byłego niemieckiego kanclerza federalnego Helmuta Schmidta, które wyraził w swojej książce

„Menschen und Mächte" [Ludzie i państwa] – otoczył się ludźmi absolutnie nieprzydatnymi, co dotyczyło zwłaszcza jego doradcy ds. bezpieczeństwa Zbigniewa Brzezińskiego.

Prezydent

W systemie rządów USA prezydent jest jedyną osobistością wybieraną przez cały naród; jest on zarazem jedyną instancją wyznaczającą ogólnopaństwowe cele. Inne instytucje mogą wprawdzie składać deklaracje odnoszące się do polityki zagranicznej, lecz tylko prezydent może ją w dłuższym okresie realizować. Kongres jako ciało ustawodawcze skłonny jest rozkładać kompleksowe problemy na szereg pojedynczych kwestii, które następnie próbuje rozwiązywać drogą kompromisów. Media mogą wprawdzie zalecać wybór linii politycznej, jednak nie są w stanie uwzględniać niuansów decyzji, które z dnia na dzień trzeba podejmować na nowo, a przecież istota polityki zagranicznej polega właśnie na tym, że takie niuanse bierze się pod uwagę i włącza do długoterminowych zamierzeń.[219]

Prezydent Stanów Zjednoczonych Ameryki ma zupełnie inną pozycję niż np. prezydent Niemiec. Jest głową państwa i szefem rządu w jednym. Jest poza tym naczelnym dowódcą sił zbrojnych, *Commander in-Chief*, jak zwą to Amerykanie. Jako takiemu przysługuje mu wyłączne dowództwo sił zbrojnych. Uwidoczniło się to wyraźnie w 1991 r., podczas pierwszej wojny w Zatoce, na bezpośredniej linii dowodzenia pomiędzy prezydentem George'em Bushem I a naczelnym dowódcą polowym, w tym wypadku generałem Normanem Schwarzkopfem. Wyłącznie prezydent decyduje też o użyciu broni atomowej. We wszystkim tym tkwi niezwykły ogrom władzy i chyba słusznie amerykańskiego prezydenta nazywa się często najpotężniejszym człowiekiem na świecie.

Prezydent może dwukrotnie zostać wybrany na czteroletnią kadencję. Trzecia kadencja jest wykluczona. Jest on jedyną osobą w obszarze władzy wykonawczej, która jest wybierana – w ramach pewnego rodzaju wyborów niebezpośrednich, poprzez Kolegium Elektorów (*electoral college*), choć wybory te traktowane są przez Amerykanów jako wybory narodowe. Warunkami, jakie musi spełniać kandydat na prezydenta, są urodzenie w USA, wiek co najmniej 35 lat i konieczność zamieszkiwania w USA przynajmniej od 14 lat. Prezydent nie jest odpowiedzialny przed Kongresem, nie może więc zostać odwołany przez parlament. Jest to możliwe wyłącznie na skutek oskarżenia o nadużycie urzędu (*impeachment*). Prezydent, za zgodą Senatu, mianuje ministrów, sędziów federalnych oraz przewodniczących federalnych organów władzy. Może on, działając w interesie narodowym, zawieszać strajki, kieruje polityką zagraniczną i reprezentuje kraj w kontaktach zewnętrznych.

---

[219] Clinton, Bill, *Moje życie*, op. cit, s. 519

Prezydent USA nie może wprawdzie rozpocząć wojny, może natomiast mocą *executive order* (rozporządzenie wykonawcze) użyć armii w „akcjach wojskowych" na całym świecie. I rzeczywiście, niemal wszystkie wojny prowadzone przez USA po II wojnie światowej były oficjalnie jedynie akcjami wojskowymi: w Korei (1950), Wietnamie (1964), Libanie (1958 i 1983), Republice Dominikańskiej (1965), na Grenadzie (1983), w Iraku (1990/91), Libii (2011) czy Syrii (2015).

Wpływ na ustawodawstwo prezydent może wywierać poprzez strukturę budżetu oraz, jako przewodniczący partii, za pośrednictwem deputowanych. Dodatkowe możliwości oddziaływania daje mu prawo weta.

Urząd prezydencki mocno ucierpiał wskutek licznych afer i skandali w latach 70. i 80. (Nixon, Carter, Reagan), skutkiem czego na pożądanym przez obywateli USA wizerunku uczciwego i potężnego prezydenta pozostało kilka szram. Clinton z Monicą Lewinski, Bush II z kłamstwami na forum ONZ oraz Trump z demonstrowaną przez siebie postawą odpowiadają temu wizerunkowi w równie małym stopniu.

Spoglądając na powojenną historię USA można odnieść wrażenie, że każdy prezydent, nie chcąc przejść do historii jako słabeusz czy też tchórz, wkrótce po objęciu urzędu zgadzał się na podjęcie akcji wojskowej. Jako przykłady można tu wymienić Johnsona i Wietnam, Reagana i Grenadę, Busha I i Irak, Clintona i Jugosławię, Busha II i Afganistan, czy też Obamę i Libię, jak również Syrię.

Prawo wyborcze

Amerykanie często chodzą na wybory. Wybierają lokalnych urzędników, sędziów, prokuratorów, władze szkolne i deputowanych, ponadto głosują w referendach w sprawie lokalnych podatków, treści podręczników szkolnych itd. Frekwencja wyborcza – być może wskutek wielości wyborów, które do tego odbywają się w dni robocze – jest, przynajmniej z niemieckiego punktu widzenia, bardzo niska. Niewiele przewyższa 50 %.

Do 1965 r. Afroamerykanie nie mogli uczestniczyć w wyborach nie zdając wcześniej testu z umiejętności czytania i poprawnego pisania. Istniały już wprawdzie ustawy zezwalające im na udział w wyborach, lecz udział ten, inaczej niż w wypadku białych, wiązał się ze spełnieniem warunków. Dopiero w wyniku marszu zorganizowanego przez Martina Luthera Kinga nacisk na sferę polityki stał się tak wielki, że konstytucja USA została poszerzona i również Afroamerykanie mogli wybierać bez żadnych warunków.

Wiek wyborczy został w roku 1972 obniżony do 18 lat. Powszechnie obowiązuje większościowe prawo wyborcze, co jest korzystne dla obu wielkich partii i co pokrywa się ze skrywaną w najgłębszych zakamarkach duszy amerykańską wiarą, że zawsze przebija się tylko najsilniejszy.

Ustawa o prawie wyborczym z 1965 r. ma gwarantować jednakowy udział mniejszości, zwłaszcza Afroamerykanów, w amerykańskich wyborach. Ustawa ta, podpisana 6 sierpnia 1965 r. przez ówczesnego prezydenta Lyndona B. Johnsona, znosi wspomniane tu, dyskryminujące testy z zakresu alfabetyzacji dla potencjalnych wyborców. Zakazuje też manipulacji polegających na przesuwaniu granic okręgów wyborczych, jeśli byłoby to z krzywdą dla mniejszości, centralizuje na szczeblu federalnym rejestry wyborców w rejonach zamieszkałych przez zarejestrowanych wyborców w liczbie mniejszej niż 50 % liczby mieszkańców oraz daje ministerstwu sprawiedliwości USA rozmaite uprawnienia kontrolne dotyczące przepisów wyborczych w rejonach, w których Afroamerykanie stanowią ponad pięć procent ludności.

Prawo wyborcze dla sprawców czynów karalnych
Duża liczba obywateli USA z zasady ma zakaz oddawania głosów w wyborach. Podczas ostatnich wyborów prezydenckich dotyczyło to blisko sześciu milionów więźniów oraz osób zwolnionych z więzień. We wszystkich stanach, poza Maine i Vermontem, więźniom nie wolno brać udziału w wyborach.

W Wirginii, a także na Florydzie i w Iowa, po upływie określonej liczby lat eks-więźniowie mogą składać do gubernatora wnioski o przywrócenie im praw. Mimo to niektórzy nawet po 30 latach od skazania nie mogą głosować. W stanie Floryda podczas wyborów prezydenckich w roku 2010 było około półtora miliona więźniów i byłych więźniów, a w Wirginii 451.000.

Bill Clinton, pisząc o swym okresie na stanowisku gubernatora stanu Arkansas, stwierdza: „Osiągnąłem coś jeszcze, szczególnie dla mnie istotnego. Przekonałem wymagane trzy czwarte członków obu izb Kongresu stanowego do wprowadzenia poprawki do stanowego prawa wyborczego, przywracającej prawa wyborcze skazanym przestępcom po zakończeniu odsiadywania wyroku. Twierdziłem, że jeśli przestępca w pełni spłacił swój dług, powinien odzyskać wszystkie prawa obywatelskie... Niestety, ponad dwadzieścia pięć lat później ani rząd federalny, ani większość stanów nie poszła w nasze ślady.”[220]

Wszystko to są głosy, które – zdaniem ekspertów – mogłyby w istotny sposób wpłynąć na wynik wyborów.

---

[220] Clinton, Bill, *Moje życie*, op. cit., s. 242

Wybory prezydenckie

Wybór prezydenta odbywa się nie wprost, lecz za pośrednictwem kolegium elektorskiego, jednak przez ponad rok przed właściwym dniem wyborów angażuje on ludność, która podczas zgromadzeń (*caucus*) wybiera kandydatów, a także uczestniczy w prawyborach (*primary*). Zawiadomienie o terminie i miejscu wyborów nie następuje automatycznie; wybierać może tylko ten, kto przed wyborami zapisał się jako demokrata, republikanin bądź jako niezależny wyborca. Sam akt wyborczy jest tajny.

Taki proces wyborczy, wymagający wcześniejszego wpisu do rejestru wyborców i odbywający się przy niewielkiej frekwencji, u wielu demokratów z innych krajów wywołuje zdziwienie. Za przykład problematyczności tego systemu mogą posłużyć wybory prezydenckie z roku 1992.

W trakcie tych wyborów frekwencja wyniosła około 56 %. Bill Clinton uzyskał 43 %, George Bush I 38 %, a niezależny kandydat Ross Perot 19 % głosów oddanych przez obywateli, którzy wcześniej wpisali się do rejestru wyborców. Jeśli dokona się przeliczeń, wyniknie z nich następujący bilans:

Liczba ludności USA w 1992 r.	253.000.000	100%
Uprawnionych do głosowania	209.000.000	83%
Wpisanych do rejestru wyborców	158.000.000	75% uprawnionych do głosowania
Frekwencja wyborcza	88.000.000	56% wpisanych do rejestru
Bill Clinton	38.000.000	43% uczestników wyborów
George Bush	33.500.000	38% uczestników wyborów
Ross Perot	16.750.000	19% uczestników wyborów
Wyborcy Billa Clintona	38.000.000	15,01% ludności USA

Kwoty te dają zaskakujący obraz liczby Amerykanów, którzy wybrali na urząd swego 42. prezydenta. Jeśli przyjrzeć się ponadto prowadzącym do tych wyborów wydarzeniom z roku 1991, wynik okaże się jeszcze bardziej zaskakujący. Spójrzmy zatem w przeszłość. W roku 1991 popularność prezydenta George'a Busha I wśród Amerykanów wynosiła ponad 85 %. Był on w zenicie swojej kadencji i cieszył się popularnością, jakiej nigdy dotąd nie osiągnięto. Powodem była wojna w Iraku. Bush pokazał Amerykanom, że Stany Zjednoczone jako jedyne istniejące mocarstwo światowe są w stanie pomóc *dobrym facetom* w potrzebie, a *złym facetom* pokazać, co potrafią USA. Dzięki zwycięstwu nad rzekomo czwartą najpotężniejszą armią świata (to opinia CIA o armii Saddama Husajna) udało się wyraźnie osłabić syndrom Wietnamu.

W tej właśnie fazie rozpoczęły się prawybory i wybór kandydatów. Po stronie politycznych przeciwników, czyli Demokratów, uznano wyścig roku 1992 za z góry przegrany. Pokrywało się to z oczekiwaniami Republikanów. Pierwszy garnitur demokratycznych polityków nie chciał zużywać swoich szans, występując przeciwko przepotężnemu prezydentowi jako „kandydaci, żeby zaistnieć i się policzyć", i wolał odczekać jedną kadencję, by stanąć do walki wyborczej mając lepsze perspektywy. Można tu wymienić dwa nazwiska spośród ówczesnych czołowych polityków Demokratów: to gubernator Andrew Cuomo z Nowego Jorku oraz Dick Gebhardt, przewodniczący frakcji w parlamencie. Tak więc do boju przeciwko George'owi Bushowi I ruszyli kandydaci zaledwie drugo- i trzeciorzędni: Paul Tsongas, nader bezbarwny, niepozorny polityk, Bill Wilder, czarnoskóry gubernator Wirginii, i właśnie Bill Clinton, od 12 lat gubernator stanu Arkansas – stanu, który we wszystkich statystykach plasował się pośród trzech ostatnich, najsłabszych stanów.

Wynik jest znany: przed Amerykanami, którym doskwierały recesja i bezrobocie, nagle na pierwszym planie pojawiły się nie dominujące zazwyczaj kwestie polityki zagranicznej, lecz tematy wewnątrzpolityczne. A te George Bush I całkowicie zaniedbał i przegrał.

38 spośród 253 wówczas milionów Amerykanów powiedziało prezydentowi „tak"; tym samym Bill Clinton otrzymał swój mandat z rąk zaledwie 15 % amerykańskiej ludności. Głosy tylko 38 milionów Amerykanów wystarczyły, by w wyborach na najwyższy urząd jedynego istniejącego mocarstwa światowego wynieść słabego „polityka drugiej klasy".

Jednak wynik wyborów z 1992 r. pokazuje również, jak bardzo podatny na wpływy jest amerykański wyborca. Znakomici spece od PR-u, mający „nosa" do tematyki, która zdoła poruszyć przysłowiowego „Joe'go Sześciopaka", rozstrzygnęli o wyborze. Dzieje się to bardzo szybko i wcale nie musi się wiązać z problemem obiektywnie ważnym dla kraju. Ważne jest jedynie, by powierzchownie myślący, podatny na telewizyjną manipulację przeciętny obywatel USA „zaskoczył". Najlepszym tego dowodem jest klęska George'a Busha I: od 85 % popularności do utraty władzy w ciągu mniej niż jednego roku! Amerykański obywatel, gdy ma wybierać, potrafi być bardzo kapryśny.[221]

Po raz kolejny potwierdziły to wybory prezydenckie 2016 r.: Donald Trump został wybrany głosami 62,8 miliona obywateli. Hillary Clinton, która poniosła porażkę, uzyskała 65,4 miliona głosów. Wybór Donalda Trumpa, mimo iż zgromadził

---

[221] *por.* Spieker, Hartmut i Spieker, Ursula, *4 Jahre USA, eine persönliche Bewertung* [4 lata USA, osobiste spojrzenie], s. 48-50

dla siebie mniej głosów, umożliwiło jedynie większościowe prawo wyborcze. W ostatecznym rachunku tego prezydenta wybrało tylko 19,4 % spośród 323 milionów Amerykanów.

Każdy rząd USA co i raz bardzo wyraźnie i głośno potępia manipulacje wyborcze w innych krajach. Lecz i USA nie są od nich wolne. Przykład stanowią tu wybory prezydenckie 2000 r.

Oficjalnie George Bush II uzyskał w stanie Floryda 537 głosów więcej niż kandydat Demokratów Al. Gore. Jednak wedle wszelkiego prawdopodobieństwa tysiące czarnych i latynoskich wyborców, którym nie pozwolono pójść do urn, spowodowałoby inne rozstrzygnięcie. Czy gdyby mogli oni wybierać, kosztowałoby to George'a Busha II przegraną? Bez wątpienia. Świat wyglądałby dziś inaczej.

Wieczorem, po zamknięciu lokali wyborczych, na Florydzie zapanowało zamieszanie: jak postąpić z liczeniem kart wyborczych? Kto właściwie zwyciężył? W końcu John Ellis, odpowiedzialny za relację z wyborów na kanale *Fox News*, „podjął decyzję". Polecił ogłosić w wiadomościach, że Bush II wygrał na Florydzie, a tym samym w całych wyborach. Tak się też stało. Kanał *Fox News* oficjalnie ogłosił Busha II zwycięzcą. Jednak w Tallahassee, stolicy Florydy, nie zakończono jeszcze liczenia; Associated Press (AP) obstawała przy tym, że wynik nie jest jeszcze jednoznaczny i odmawiała powtórzenia wiadomości za *Fox News*. Inne rozgłośnie miały mniej skrupułów. Ledwie *Fox News* obwołał prezydenta, poszły jak leminigi w jego ślady obawiając się, że w innym razie zostałyby uznane za wolno reagujące lub źle poinformowane, chociaż ich właśni pracujący na miejscu reporterzy utrzymywali, że definitywny wynik nie jest jeszcze ustalony.

John Ellis z kanału *Fox News* jest kuzynem pierwszego stopnia George'a Busha II i jego brata Jeba Busha, w tym czasie gubernatora Florydy.[222]

Wymiar sprawiedliwości
Sądownictwo sprawowane jest w podwójnej strukturze. Szczebel federalny i stanowy mają swoje pierwsze instancje, w których toczy się zwyczajne postępowanie sądowe. Instancje odwoławcze (na szczeblu federacyjnym oraz stanowym), jak również najwyższe (*Supreme Court* na poziomie federacji, *State Supreme Court* w stanach), zajmują się jedynie kwestiami proceduralnymi i o znaczeniu zasadniczym, które wynikają z konkretnych spraw, a nie powtarzaniem procesu. Jeśli sprawa dotyczy konstytucji, w takim przypadku rewizja wniesiona do *State Trial Court* może być

---

[222] *por.* Moore, Michael, *Stupid White Men* [Głupi biały człowiek], s. 26-27

rozpatrywana bezpośrednio przez *U.S. Supreme Court*, nie musi zatem przechodzić przez instancje stanowe. Sądy szczebla federalnego rozpatrują sprawy federalne. Na szczeblu lokalnym, poniżej *Trial Courts*, funkcjonuje jeszcze jurysdykcja dobrowolna, np. w postaci sędziów pokoju. Są oni organem właściwym w przypadkach drobnych deliktów, jak np. nieprzepisowe parkowanie.

Około $^2/_3$ spośród wszystkich 50 stanów wprowadziło karę śmierci, aczkolwiek podlegającą rozmaitym uregulowaniom. W miejsce krzesła elektrycznego bądź komory gazowej coraz częściej stosowany jest zastrzyk trucizny. Niektóre stany wybór pozostawiają skazańcom osadzonym w tzw. *death row*, czyli celach śmierci w więzieniach. W obszarze międzynarodowym praktyka kary śmierci w USA jest krytykowana, w tym zwłaszcza wysoka liczba czarnoskórych w celach śmierci. Ta wysoka liczba czarnoskórych i wiążące się z tym najprawdopodobniej nierówne traktowanie przez prawo zostały jednak w 1987 r., kiedy to użyto ich jako argumentów przeciwko karze śmierci, odrzucone przez Sąd Najwyższy. Sąd ten uznał wprawdzie w 1972 r. karę śmierci za sprzeczną z konstytucją, lecz w 1976 r. dopuścił ją ponownie jako nie będącą „okrutną ani niezwykłą". Wprowadzono przy tym ograniczenie mówiące, że w przypadku określonych przestępstw nie wolno jej wymierzać automatycznie.

O tym, jak bardzo sądownictwo w USA jest podatne na wpływy lub manipulacje, światowa opinia publiczna mogła się przekonać w roku 1991 przy okazji procesu *Rodneya Kinga* w Los Angeles. Sąd przysięgłych został przeniesiony do białej dzielnicy miasta, tak by podczas wyboru ławy obrazującej przekrój społeczny uzyskać większość złożoną z białych sędziów. Jest to symptomatyczne także dla wielu innych przypadków. Jeśli czarnoskóry zgwałci białe dziecko, w większości stanów kara śmierci jest nieunikniona. Jeśli rzecz ma się odwrotnie, czyli biały dopuści się gwałtu na czarnoskórej dziewczynce, wówczas sprawca może się spodziewać, że dobór sędziów przysięgłych będzie taki, iż spotka go niezbyt wysoka kara pozbawienia wolności. Problematykę tę opisuje znakomicie i bez żadnej przesady John Grisham w swoich powieściach „Czas zabijania" i „Zeznanie".

Grupy interesu

W amerykańskim parlamencie – tak jak w parlamentach wielu innych demokracji – grupy interesu (*pressure groups*) posiadają znaczące wpływy. Jak to wygląda w USA? W USA grupy takie mogą się tworzyć w oparciu o pochodzenie ze wspólnej „małej ojczyzny", z przyczyn religijnych czy też biznesowych. Po wyborze prezydenta amerykański deputowany raczej nie widzi siebie jako „żołnierza" jednej z dwóch wielkich partii, lecz czuje się bardziej lojalny wobec ludzi swojego zaplecza i wobec swoich interesów. Co prowadzi do tego, że przymus frakcyjny występuje tu rzadziej, natomiast dużo większe znaczenie ma reprezentowanie interesów rodzinnego miasta bądź stanu, czy też przynależność religijna. Na przykład, o czym była już mowa, podczas robiącej duże wrażenie debaty w związku z rozpoczęciem wojny z Irakiem różnice w argumentacji i głosowaniu przebiegały w poprzek frakcji. Z drugiej strony deputowani są przecież głównie reprezentantami interesów. Za dowód niechaj posłuży tu uchwalona przez parlament *Brown-Simon-Amendment* [poprawka Browna-Simona]. W tym przypadku dwóch deputowanych, którzy czuli się szczególnie zobowiązani wobec polskiego elektoratu w swoich okręgach wyborczych, doprowadziło do poprawy warunków przysługujących Polsce w kwestii dostępu do amerykańskiego rynku i amerykańskiej technologii.

Wyjątkowo aktywną i skuteczną *pressure group*, choć nie reprezentowaną aż tak licznie w parlamencie, tworzą Żydzi, spośród których bardzo duża część należy do warstwy wyższej, osiadłej zwłaszcza na wschodnim wybrzeżu. Są oni ogromnie wpływowym środowiskiem, oddziałującym poprzez świat finansjery z Wallstreet, poprzez media, a także poprzez światowe organizacje żydowskie.

Wpływami dysponują wreszcie wszystkie znaczące kluby, jakie się potworzyły, często jako „kluby starszych panów" elitarnych uniwersytetów, takich jak MIT, Harvard, Yale, Stanford itd. Świadczą o tym nowojorskie budynki klubowe przy 5th Avenue bądź w jej pobliżu.

USA a sądownictwo międzynarodowe

W roku 1946, na podstawie statutu Narodów Zjednoczonych, został powołany do życia Międzynarodowy Trybunał Sprawiedliwości. W oparciu o statut ONZ przyjął on procedury postępowania. Na jego siedzibę wybrano Hagę w Holandii. Trybunał składa się z piętnastu sędziów wybieranych na pięć lat przez Zgromadzenie Ogólne i Radę Bezpieczeństwa ONZ. Orzeka on w sprawach spornych pomiędzy suwerennymi państwami, wnoszonych poprzez zażalenie, oraz w postępowaniach rzeczoznawczych na wniosek różnych organów Organizacji Narodów Zjednoczonych lub jej organizacji wyspecjalizowanych.

Przystępując do ONZ, dane państwo automatycznie akceptuje również statut Międzynarodowego Trybunału Sprawiedliwości. Wynika stąd, że owo państwo ma otwarty dostęp do Trybunału. Jednak warunkiem poddania się pod jego jurysdykcję jest specjalne porozumienie lub obopólnie zadeklarowana zgoda na poddanie się postępowaniu, generalna lub odnosząca się do poszczególnych przypadków, która może też zostać ograniczona poprzez zastrzeżenie. Rozstrzygnięcia Międzynarodowego Trybunału są wiążące dla toczących spór stron.

USA nie podpisały takiej deklaracji zgody.

Społeczeństwo w USA jest podzielone w kwestii poszanowania prawa międzynarodowego. Była minister spraw zagranicznych Madeleine Albright z jednej strony wyraża opinię, że żadne państwo nie skorzystałoby bardziej na silnym systemie prawa międzynarodowego niż USA, gdyż żadne nie ma do obrony tak wielu interesów co USA. Z drugiej strony ta sama polityk stwierdza: „nie wolno nam dopuścić, by inni sprawowali nad nami sądy. Wielkie mocarstwo okazuje swą wielkość czyniąc to, co leży w jego interesie, dlaczego zatem mielibyśmy się wiązać czy pozwolić się ograniczać?"[223]

Résumé

Stany Zjednoczone Ameryki nadal bardzo skutecznie roszczą sobie prawo do bycia wzorcem w stosowaniu takich demokratycznych kategorii jak wolność i równość. Oczywiście, demokratyzacji wszystkich państw tego świata daleko jeszcze do zakończenia. I chyba pozostanie ona celem, który nigdy nie zostanie w pełni osiągnięty. Lecz osłabienie demokracji obserwujemy właśnie tam, gdzie powstała w czasach nowożytnych.

Jeśli chodzi o demokrację, w USA roszczenia i rzeczywistość coraz bardziej odstają od siebie. A ta niezgodność wysoce osłabia USA w ich roli światowego mocarstwa; cierpi na tym ich wiarygodność – nie tylko u politycznych przeciwników, lecz w coraz większej mierze także u narodów zaprzyjaźnionych. Ta sprzeczność jest też odpowiedzialna za wzmagający się na świecie antyamerykanizm.

---

[223] Albright, Madeleine, *Amerika du kannst es besser*, op. cit. s. 96

Rozdział 18

Społeczeństwo

Po odkryciu Ameryki w roku 1492 zasiedlanie północnoamerykańskiego kontynentu, początkowo przez Europejczyków, następowało z trzech głównych kierunków: z Hiszpanii, Francji i Anglii.

Imigracja do Stanów Zjednoczonych wpłynęła w decydujący sposób na demografię i kulturę, a tym samym na społeczeństwo tego kraju. Od chwili utworzenia państwa osiedlali się tu w wielkiej liczbie ludzie migrujący z motywów religijnych, politycznych lub gospodarczych, bądź też osiedlano ich przymusowo jako niewolników.

W tym tyglu przez stulecia powstawało społeczeństwo USA. Dziś zamieszkuje tu więcej legalnych imigrantów niż w którymkolwiek innym kraju świata. Wpływ rdzennej, autochtonicznej ludności na rozwój społeczeństwa można tu pominąć.

Stały napływ imigrantów do USA miał poważny wpływ na charakter Ameryki, a tym samym na rozwój społeczeństwa. Trzeba odwagi i umiejętności dostosowawczych, by opuścić ojczyznę i zacząć nowe życie w innym kraju. Amerykanie są znani ze swej gotowości ponoszenia ryzyka i próbowania czegoś nowego, są znani ze swej niezależności i swego optymizmu. Gdy Amerykanom, których rodziny już dłużej przebywają w USA, grozi że uznają ekonomiczny komfort i wolność polityczną za sprawy oczywiste, zawsze pojawią się nowi przybysze, by im przypomnieć, jak ważne są te przywileje.

Imigranci nadal i niezmiennie wzbogacają amerykańskie społeczeństwo wnosząc doń aspekty swej własnej kultury. Wielu czarnoskórych Amerykanów obchodzi Boże Narodzenie tak jak i Kwanzaa, święto oparte na afrykańskich rytuałach. Latynoamerykanie czczą swoje tradycje organizując festyny uliczne i inne imprezy na *Cinco de Mayo* (5 maja). W większości miast USA jest też mnóstwo etnicznych restauracji. Prezydent John F. Kennedy, sam będąc wnukiem irlandzkich imigrantów, podsumował tę mieszankę starego i nowego nazywając USA „społeczeństwem przybyszów, w którym każdy zaczął swoje życie od nowa, w takich samych warunkach. Oto tajemnica USA: naród złożony z ludzi ze świeżą pamięcią o starej tradycji, którzy mają odwagę badać nowe granice."

W 1924 r. uchwalono pierwsze ustawy w celu ograniczenia dopuszczalnej liczby imigrantów z poszczególnych krajów. Górna granica wiązała się z liczbą obywateli danego kraju, którzy już mieszkali w Stanach Zjednoczonych. Od 1965 r. kwota imigracyjna obejmuje tych, którzy jako pierwsi złożą wniosek, a kwoty imigrantów z poszczególnych krajów zastąpiono kwotami z półkul. Krewnych obywateli USA i przybyszów z określonym wykształceniem zawodowym wpuszczano do kraju na preferencyjnych zasadach. W 1978 r. Kongres zniósł kwoty odnoszące się do półkul i ustanowił globalną górną granicę liczby imigrantów.

Stany Zjednoczone wpuszczają więcej imigrantów niż którykolwiek inny kraj na świecie. W roku 2007 liczba wszystkich Amerykanów urodzonych za granicą wyniosła 38,1 miliona, to ok. 12,6 % ogółu ludności. Opracowane na nowo w 1990 r. prawo imigracyjne przewiduje elastyczną górną granicę kwoty imigrantów, która wynosi 675.000 osób rocznie, przy czym określone grupy imigrantów są spod tego limitu wyłączone. Prawo to stara się sprowadzać do USA dobrze wyszkolonych robotników i fachowców, jak również imigrantów z tych krajów, z których w ostatnich latach przybyła mniejsza ich liczba.

USA nieodmiennie są ulubionym celem imigracji i dotyczy to imigracji legalnej, jak i nielegalnej. *U.S. Citizenship and Immigration Services (USCIS* – Urząd Imigracyjny USA) ocenia, że w USA żyje około 5 milionów nielegalnych imigrantów i liczba ta wzrasta co roku o ok. 275.000. Amerykanie urodzeni w USA oraz legalni imigranci obawiają się, że nielegalni zabierają miejsca pracy innym obywatelom, przede wszystkim młodszym oraz członkom mniejszości. Poza tym nielegalni przybysze obciążają system świadczeń społecznych finansowany z podatków. W 1986 r. Kongres USA znowelizował ustawy imigracyjne, aby poradzić sobie z problemem nielegalnej imigracji. Wielu nielegalnych, którzy przebywali w kraju już od 1982 r., mogło zalegalizować swój status i pozostać dzięki temu w USA przez nieograniczony czas. W roku 1990 z tej ustawowej zmiany skorzystało blisko 900.000 osób i są oni teraz legalnymi przybyszami. Nowe prawo obejmuje wszakże również ostre środki służące zwalczaniu przyszłej nielegalnej imigracji i przewiduje kary dla przedsiębiorców, którzy świadomie zatrudniają nielegalnych imigrantów.

W historii Stanów Zjednoczonych fale imigracji z różnych regionów zdarzały się wielokrotnie. Przez długi czas większość imigrantów przybywała z Europy. Od początku XX wieku w coraz większej mierze byli to przybysze z Ameryki Łacińskiej, a od połowy tegoż stulecia dodatkowo z Azji. Tym sposobem w latach 2000 do 2009 przybysze z Europy stanowili już tylko 13 procent wszystkich migrantów do USA. Największa fala emigracji z Niemiec do USA miała miejsce pod koniec XIX stulecia: w latach 80. do Stanów Zjednoczonych wywędrowało 1,4 miliona Niemców.

Ponieważ w USA nie istnieje obowiązek meldunkowy, co dziesięć lat przeprowadza się tam spis ludności (*census*). Stąd też regularnie do wglądu są wiarygodne dane, które zostają opublikowane. Ostatni spis z roku 2010 wykazał, że w USA mieszka 308,7 miliona ludzi, co oznaczało wzrost o 27,3 miliona lub o 9,7 % w porównaniu z poprzednim spisem z 2000 r.

Ciekawe są zmiany wynikające z porównania ze spisem z 2000 r.: liczba czarnoskórej ludności wzrosła o 43 %, a ludności azjatyckiej o 43,3 %, podczas gdy wzrost po stronie białej części ludności wyniósł zaledwie 1,2 %. Prognozy mówią, że udział białej ludności obniży się z 80 % w roku 1980 poprzez aktualne 63,8 % do 43 % w roku 2050.

Do roku 2050 ludność USA zwiększy się o blisko 135 milionów ludzi. Największy przyrost, według nowej prognozy, nastąpi w grupie Amerykanów latynoskiego pochodzenia. Już w roku 2042, a więc osiem lat wcześniej niż dotychczas zakładano, udział obywateli USA europejskiego pochodzenia spadnie do wartości poniżej 50 %. „Biała ludność jest starsza i składa się głównie z pokolenia baby boomers, które fazę największej płodności już od dawna ma za sobą", stwierdził William Frey, demograf z waszyngtońskiego *Think Tank Brookings Institute*, „Przyszłość USA będzie determinowana przez dziś młodych ludzi." Badacze uzasadniają te przesunięcia odmiennym procentowym udziałem urodzeń w różnych grupach ludności. Tak więc w 2050 r. w USA będą prawie 133 miliony Latynoamerykanów, choć aktualnie nie ma ich nawet 50 milionów.

Również liczba kolorowych obywateli USA mocno wzrośnie do 2050 r. W wypadku Latynoamerykanów ich procentowy udział zwiększy się z obecnych 16,3 procenta do 31 procent w 2050 r. Udział Azjatów do połowy stulecia sięgnie 9 procent; obecnie wynosi on niecałe 5 procent.

Według symulacji przeprowadzonych w 2008 r. przez agencję *US Census Bureau*, w roku 2050 liczba ludności Stanów Zjednoczonych Ameryki wzrośnie do 439 milionów. Byłby to przyrost o ponad 135 milionów ludzi. Ludność latynoska może osiągnąć liczbę 133 milionów, stanowiąc tym samym ponad jedną czwartą całej populacji. Zdaniem agencji *Census*, do połowy stulecia udział ten może nawet się zwiększyć do ponad jednej trzeciej. Wraz z przejściem w stan spoczynku mocnych liczebnie roczników baby boomers, około 20 procent ludności przekroczy wiek 64 lat. Statystycy agencji spodziewają się w tym samym okresie spadku o sześć procent liczby ludności zdolnej do pracy zarobkowej. Proces ten dokona się głównie w ciągu dwóch najbliższych dekad. Mimo to w porównaniu z Niemcami liczby te są niskie. Tu bowiem, jak się przewiduje, w roku 2050 w wieku powyżej 64 lat będzie jedna trzecia ludności, a odsetek ludności zdolnej do pracy zarobkowej zmniejszy się przypuszczalnie o około 28 procent.

Rozwój liczby mieszkańców według ras do 2015 r.[224]

Rasa	2014		2050	
	w milionach	%	w milionach	%
Biali	198,103	62,2	181,930	43,6
Latynosi	48,837	15,3	103,384	25,0
Czarni	42,039	13,2	59693	14,3
Indianie	3,957	1,2	5,607	1,3
Azjaci	17,083	5,4	38,965	9,3
Hawajczycy	0,734	0,2	1,194	0,3
wielorasowi	7,995	2,5	26,022	6,2
Ogółem	318,748	100,0	416,795	100,0

Kolejna tabela ukazuje 16 najliczniejszych pod względem ludnościowym krajów świata w 2014 r., wśród których USA zajmują trzecie miejsce po Chinach i Indiach.[225]

#	Kraj	Mieszkańcy w milionach
1.	Chiny	1.372
2.	Indie	1.290
3.	USA	321
4.	Indonezja	252
5.	Brazylia	203
6.	Pakistan	194
7.	Nigeria	178
8.	Bangladesz	159
9.	Rosja	144
10.	Japonia	127
11.	Meksyk	120
12.	Filipiny	100
13.	Etiopia	96
14.	Wietnam	91
15.	Egipt	88
16.	Niemcy	81

---

[224] New Census Bureau Report Analyzes: U.S. Population Projections as of March 03, 2015
[225] DSW-Datenreport 2014 der Deutschen Stiftung Weltbevölkerung vom September 2014

Cechy narodowe

Paul Tillich, wybitny niemiecki teolog protestancki, był jednym z wielu intelektualistów, którzy uciekli przed Hitlerem i wyemigrowali do USA. W połowie XX wieku pisał on z wielkim uznaniem o swej nowej ojczyźnie: dla obserwatora z Europy amerykański hart ducha ma w sobie coś zadziwiającego. Mimo iż za jego symbole uważani są przede wszystkim wcześni pionierzy, wciąż jeszcze tkwi on w znacznej większości amerykańskiego narodu. Amerykanina może dotknąć katastrofa – mimo to nie uważa swego życia ani za stracone, ani pozbawione sensu, nie uważa się też za ostatecznie skazanego i nie traci nadziei. Gdy typowy Amerykanin utraci podstawy swojej egzystencji, buduje sobie nowe. Dotyczy to i jednostki, i narodu jako całości.[226]

Madeleine Albright, pochodząca z Czechosłowacji była minister spraw zagranicznych, tak mówi o cechach swoich nowych rodaków: „Najlepsze cechy USA odzwierciedlają się w tych oto ponadczasowych przymiotach: optymizmie, odporności, wierze w wolność i – można by dodać – zaufaniu w globalne znaczenie naszego narodowego eksperymentu. Rewolucja i opór formują potężne mity. Dzisiejsze USA identyfikuje się podług własnych przywilejów i orientacji w kwestii status quo. Tillich chwalił Amerykanów za ich nieustraszoność, ale jak w uprzywilejowanej sytuacji należy okazywać nieustraszoność? Zużywamy jedną czwartą zasobów świata stanowiąc jedną dwudziestą jego ludności i możemy sobie pozwolić na wydawanie na naszą obronę więcej niż reszta świata razem wzięta. Nadal wprawdzie podziwia się nas za nasze naukowe i materialne osiągnięcia, lecz nawet nasi przyjaciele zwlekają, gdy chodzi o to, by pójść za nami."[227]

Jednym z powodów, z których USA popadają w sprzeczność z własną retoryką, jest wieloznaczność pojęcia „wolność". Amerykanie skłaniają się ku utożsamianiu wolności z demokracją. Arabowie natomiast kojarzą wolność z wyobrażeniem o własnej, osobistej i kulturalnej tożsamości. Gdy prezydent George Bush II mówił o demokratycznej transformacji na Bliskim Wschodzie wkraczając jednocześnie do Iraku, wielu Arabów dostrzegało w tej kombinacji nie tyle plan upowszechnienia swobód politycznych, co raczej atak na swoją niezawisłość. USA nieustannie wspierają demokratyczny rozwój w innych krajach w sposób, który stwarza wrażenie, że kwestionują one prawo tych krajów do decydowania o własnej przyszłości. USA muszą nauczyć się akceptować fakt, że polityczne zmienianie świata, zwłaszcza świata arabskiego, nie jest ich zadaniem.

---

[226] por. Albright, Madeleine, *Amerika du kannst es besser*, op. cit. s. 157/158
[227] Albright, Madeleine, *Amerika du kannst es besser*, op. cit. s. 158/159

Postępowanie USA w trakcie oraz po wojnach w Afganistanie czy Iraku pokazuje wyraźnie, że głoszą one to, czego same nie praktykują. I to jest sedno obecnego dylematu tego światowego mocarstwa.

Uprzejmość

Znaczna większość Amerykanów okazuje wyjątkową uprzejmość. Obowiązuje ona zawsze i wobec niemal każdego. W sklepach, na stacjach metra, w punktach odpraw na lotniskach itd. nigdy nie ma ścisku. Czeka się cierpliwie na swoją kolej. Rozpychanie się, przepychanie do przodu czy wręcz wymyślanie innym spotyka się z dezaprobatą i jest zupełnie nieznane. Ma się czas lub nie zdradza pośpiechu. Bierze się wzgląd na innych.

Gotowość niesienia pomocy

Obcy w Nowym Jorku, który na ulicy wpatruje się w plan miasta lub ekran swego iPhona, nie musi długo czekać, by usłyszeć słowa „*May I help you?*", czyli ofertę pomocy. Tego samego można doświadczyć w sklepach. „*May I help you?*" to pytanie, które wciąż słyszy się w USA. Często wszakże można się przekonać, że dla sprzedawcy w amerykańskim sklepie najgorszą jest rzeczą, gdy klient zechce z takiej pomocy skorzystać. Wiedza sprzedawcy często bowiem nie wystarcza do udzielenia wsparcia, które sam zaproponował.

Grzeczność

Amerykanin, jeśli przypadkiem w tej samej chwili wraz z inną osobą znajdzie się pod drzwiami, przez które oboje chcą przejść, zwykle cofa się i mówi „proszę, pani/pan pierwsza/-y". Takie zachowanie obserwuje się niemal bez wyjątku, i to u młodych i starszych, czarnych i białych, bogatych i biednych. Wyjątkowo pozytywne wrażenie robi to zwłaszcza na Niemcu, stanowi bowiem wyraźne przeciwieństwo zachowania w naszym kraju, gdzie każdy chciałby przemknąć przez drzwi szybko i przed innymi.

Rodzaj grzeczności, jaka cechuje ludność USA, ukazuje kolejny aspekt: większość Amerykanów, prowadząc samochód, zachowuje defensywny styl jazdy. Podjeżdżające tuż, tuż samochody, jak szalone migające światłami, są tu tak samo nieznane jak i wyprzedzający, którzy wyprzedzanemu pokazują palec lub dają inne, jednoznaczne znaki. Powszechna na autostradach górna granica prędkości wynosząca 55 względnie 65 mil na godzinę (to 90 albo 105 km/h) sprzyja przyzwoitemu i wstrzemięźliwemu zachowaniu za kierownicą.

Często obowiązująca tu zasada *4-way-rule*, zgodnie z którą pierwszy pojazd, który zbliża się do skrzyżowania, może je też pokonać jako pierwszy, na niemieckich drogach doprowadziłaby zapewne do drastycznego wzrostu wypadków. W USA jest ona świadectwem grzecznego i zdyscyplinowanego postępowania kierowców.

Dobrzy faceci & źli faceci

W polityce, jak i w życiu prywatnym, silnie utrwalone jest rozróżnianie pomiędzy „dobrymi i złymi facetami" (*bad guy & good guy*). Roszczenie sobie przez Amerykanów prawa do nagradzania „dobrych" i karania „złych", z mocnym wskazaniem na przestrzeganie praw człowieka i demokrację, jest szeroko rozpowszechnione. Przy bliższym przyjrzeniu się, te cnotliwe zabiegi okazują się wszakże instrumentem hegemonialnych dążeń. O tym, co „dobre", a co „złe", nie rozstrzygają zadufane grupki humanitarnych „dobroczyńców" z najrozmaitszych organizacji pozarządowych, lecz trzeźwa, strategiczna ocena położenia dokonana przez Pentagon lub przez zorientowane na zysk koncerny operujące w skali globalnej. Francis Fukuyama, który dawno już odciął się od swej utopii o „końcu historii", w odniesieniu do poprzednika Obamy pozwala sobie na nader ostre stwierdzenie: „Administracja Busha II przekonała wielu ludzi o tym, że termin «demokracja» stał się jedynie hasłem kodowym oznaczającym interwencję wojskową i siłowe obalenie reżimu."[228]

Edukacja i kształcenie

Od dziesięcioleci około połowy laureatów Nagrody Nobla regularnie pochodzi ze Stanów Zjednoczonych. Fakt ten w zasadzie powinien stanowić dowód dobrego i skutecznego systemu edukacyjnego w tym kraju.

Czy rzeczywiście tak jest? Wysoka liczba laureatów Nagrody Nobla jest jedynie dowodem znakomitego promowania w USA osób uzdolnionych. Rekomendowanie na studia tylko najlepszych absolwentów *high school* (szkół średnich) przyciąga do kilku wyższych uczelni bogatych sponsorów, a przede wszystkim najlepszych profesorów. Doprowadziło to do wytworzenia się uczelni elitarnych. Zalicza się do nich przede wszystkim siedem szkół wyższych z tzw. *Ivy League* (dosł. Ligi Bluszczowej). Są to:

- Harvard w Cambridge w stanie Massachusetts,
- Yale w New Haven w stanie Connecticut,
- Princeton w stanie New Jersey,
- Columbia w Nowym Jorku,
- Uniwersytet Pensylwanii w Filadelfii,
- Uniwersytet Browna w Providence w stanie Rhode Island oraz
- Uniwersytet Cornella w Ithaca w stanie Nowy Jork.

---

[228] Scholl-Latour, Peter, *Die Welt aus den Fugen*, op. cit. s. 30

Dochodzą do tego szkoły wyższe nowszej daty, jak

- Stanford w Kalifornii,
- MIT w Cambridge w stanie Massachusetts,
- CALTECH w Pasadenie w stanie Kalifornia,
- Uniwersytet Chicago w stanie Illinois,
- Berkeley w stanie Kalifornia, czy też
- Uniwersytet Michigan w Ann Arbour w stanie Michigan.

Uczelnie te kształcą synów i córki z zamożnych domów rodzicielskich, ale także dużą liczbę wysoce inteligentnych młodych ludzi z innych warstw, korzystających ze stypendiów. Świadomie wychowuje się tu przyszłą elitę, podczas gdy znakomita większość otrzymuje edukację i wykształcenie na bardzo złym poziomie.

Obowiązek szkolny istnieje we wszystkich 50 stanach. Mimo to odsetek analfabetów, wynoszący niecałe 5 %, jest w porównaniu z innymi krajami zachodnimi wstrząsająco wysoki. Według sporządzonego przez *US-Department of Education* studium z kwietnia 2014 r., 32 miliony dorosłych w USA nie potrafi czytać. To 10,4 % całej ludności.

Ci, którzy mogą sobie pozwolić na prywatną szkołę, omijają szkoły państwowe. Związek przyczynowy jest tu jednoznaczny: stosunkowo niski poziom wykształcenia nauczycieli przekłada się na kiepskie wynagrodzenie, a to z kolei prowadzi do słabszego zaangażowania wielu nauczycieli, a tym samym do słabego poziomu szkoły; takie szkoły kształcą następnie słabych uczniów.

Szkoła w USA jest szkołą całodzienną i w dużej mierze naucza się tu rzeczy ogólnych, które właściwie powinno się automatycznie wynosić z domu rodzicielskiego. Stąd być może nie powinno dziwić, gdy pochodzące z zagranicy dzieci i młodzież po roku spędzonym w amerykańskiej szkole stają się prymusami zwłaszcza w przedmiocie „angielski".

W okresie letnim we wszystkich szkołach następuje trzymiesięczna przerwa, którą kończy *Labour Day* w pierwszy wrześniowy weekend. Podczas owych letnich wakacji nauczyciele nie otrzymują pensji. To, jak również niewielka liczba dni urlopu dla rodziców, doprowadziło do stworzenia i korzystania ze „szkół letnich". W pewnym sensie kontynuuje się tu zajęcia szkolne, istnieje opieka nad dziećmi, rodzice płacą ekstra, a nauczyciele zarabiają na swoje utrzymanie; tylko z nauki najwyraźniej niezbyt wiele wychodzi.

Jeszcze gorzej wygląda proces dalszego kształcenia. Szkoły zawodowe, ośrodki przysposobienia czy też szkoły handlowe są nieznane. Pracownicy są tylko przyuczani. Po czterotygodniowym instruktażu w miejscu pracy młoda dziewczyna od razu zostaje fryzjerką. Młody mężczyzna, który pomyślnie dokonał zmiany oleju w starym mercedesie, nosi potem dumne miano *specialist for foreign cars*. Przy takim systemie kształcenia w USA brak jest zdrowej warstwy pracowników średniego szczebla, której zwłaszcza w Niemczech zawdzięcza się długoletnią dobrą sytuację gospodarczą i szybki rozkwit po wojnie.

Szkoły wyższe, obojętnie: college'e czy uniwersytety, kształcą swoich studentów w ramach ściśle ustalonych, rocznych terminów. Oblanie roku jest praktycznie nie do pomyślenia. Nauka w college'u kończy się wpierw uzyskaniem stopnia „bachelor" (licencjat). Po ukończeniu *high school* (po 12 latach nauki) student, by uzyskać ten stopień, uczy się przez sześć semestrów. Dla porównania: Konferencja Ministrów Kultury niemieckich landów uznaje za ekwiwalent matury ukończenie *high school* oraz czterech semestrów college'u. 70 % kandydatów przystępujących do egzaminu końcowego w amerykańskich college'ach nie musi uczyć się żadnego obcego języka![229]

W oparciu o *bachelor's degree* można po około czterech dalszych semestrach uzyskać *master's degree* (stopień magistra).

Ten wadliwy system kształcenia w USA stanowi poważny szkopuł, który utrudnia rozwój kraju. Poza tym jest to istotne wyjaśnienie faktu, że w międzynarodowym współzawodnictwie o rynki Stany Zjednoczone nie potrafią dotrzymać kroku krajom obszaru pacyficznego i krajom europejskim. Taki rodzaj edukacji i kształcenia można też uznać za jedną z przyczyn utraty nieskrępowanego przywództwa światowego w dziedzinie gospodarki, jakie sprawowały USA po II wojnie światowej. Choć w latach 40. i 50. udział USA w społecznym produkcie globalnym brutto wynosił jeszcze ponad 80 %, to w latach 1987 do 1990 spadł on do 26,07 %. Dla porównania: Japonia z udziałem 14,61 % wyprzedzała Niemcy (Zachodnie) mające 6,23 %. W tym samym czasie WE jako całość zdążyła prześcignąć USA w tej statystyce.

Tylko 11 % Amerykanów zadaje sobie trud przeczytania gazety codziennej, i nie chodzi tu o strony z dowcipami i ogłoszeniami o używanych samochodach. USA są krajem, w którym obok 32 milionów ludzi, którzy nie potrafią czytać, żyje około 200 milionów, którzy wprawdzie to potrafią, ale z reguły tego nie robią. Kraj, który nie tylko produkuje taśmowo niewykształconych studentów, lecz także czyni wszelkie starania, by nadal tkwić w niewiedzy i głupocie, nie powinien rościć sobie praw do roli światowego policjanta – przynajmniej dopóty, dopóki większość jego obywateli nie

---

[229] *por.* Moore, Michael, *Stupid White Man*, op. cit. s. 127

będzie umiała znaleźć na mapie Kosowa (czy innego obszaru, na którym stacjonują wojska USA).[230]

Bill Clinton odnotowuje w swoich pamiętnikach: „W kwietniu [*1983 – tłum.*] komisja powołana przez sekretarza Departamentu Oświaty, Terrela Bella, opublikowała szokujące sprawozdanie zatytułowane *Zagrożony naród*. Autorzy sprawozdania zwrócili uwagę, że w dziewiętnastu różnych testach międzynarodowych amerykańscy uczniowie ani razu nie zajęli pierwszego lub drugiego miejsca, a siedem razy wypadli najgorzej; okazało się, że 23 miliony dorosłych Amerykanów, 13 procent siedemnastolatków i do 40 procent uczniów z mniejszości etnicznych to funkcjonalni analfabeci. Przeciętne wyniki uczniów szkół średnich w standardowych testach były gorsze niż dwadzieścia trzy lata wcześniej, gdy Związek Radziecki wystrzelił w kosmos „Sputnika". Wyniki z najważniejszego egzaminu, jaki zdają kandydaci na wyższe studia, czyli *Scholastic Aptitude Test*, od 1962 r. stale się pogarszały. Jedną czwartą wykładów z matematyki w college'ach stanowiły zajęcia wyrównawcze – mające na celu uzupełnienie braków z wcześniejszych faz kształcenia. Przedsiębiorcy i dowódcy wojskowi donosili o konieczności wydawania coraz większych sum na wyrównywanie braków w wykształceniu pracowników i żołnierzy. Upadek poziomu oświaty nastąpił w czasach szybkiego wzrostu zapotrzebowania na wykształconych pracowników."[231]

Stan poinformowania obywateli USA

Centralne miejsce w przebiegu dnia niemal każdej amerykańskiej rodziny zajmuje telewizja. Odbiornik telewizyjny jest ośrodkiem życia rodzinnego, przy czym w większości domów w różnych pomieszczeniach stoi kilka telewizorów włączonych przez cały dzień; niezależnie, czy ktoś chce coś oglądać, czy nie, odbiornik telewizyjny zawsze jest „na chodzie". Stąd też nawet całkiem małe dzieci są już „zawczasu" przyzwyczajane do konsumpcji telewizji. Telewizja jest w USA jeszcze groźniejszym narkotykiem niż jest nim i tak już w Niemczech.

Nieustannie obecny głos mediów niekoniecznie przekłada się na dobry i solidny stan poinformowania. Jeśli ogląda się wiadomości, to preferowane są te z CNN. CNN przez całą dobę, w 30-minutowych odstępach, nadaje wiadomości w stylu gazety „Bild". Ambitne programy, jak *Lehrer-Mc Neill Show*, a także dzienniki wieczorne takich stacji jak ABC, CBS i NBC są lepszą bazą wyczerpującej informacji oferowanej obywatelowi USA, aczkolwiek często tylko o tym, co dzieje się we własnym kraju.

World News to w USA wiadomości, które głównie dotyczą przestrzeni od Bostonu po Los Angeles. Reszta świata cieszy się zainteresowaniem tylko w razie wydarzeń,

---

[230] *por.* Moore, Michael, *Stupid White Man*, op. cit. s. 120/121
[231] Clinton, Bill, *Moje życie*, op. cit. s. 287

które mają prostoliniowy i bezpośredni wpływ na USA, bądź też ich znaczenie jest niepoślednie. Jako przykłady można tu wymienić amerykańsko-radziecki szczyt w Reykjaviku w 1986 r., upadek muru berlińskiego w 1989 r., wojnę w byłej Jugosławii w 1999 r. lub wojnę w Iraku w 2003 r. Wtedy jednak wydarzenia takie przedstawia się bardzo szeroko i w najdrobniejszych szczegółach. W takich razach nie szczędzi się wysiłku ani kosztów. Dlatego w okresie od 9 do 12 listopada 1989 r. programy informacyjne wszystkich wielkich amerykańskich sieci telewizyjnych prowadzone były i transmitowane niemal bez wyjątku prosto z Berlina; doniesienia krajowe stanowiły dodatek.

Podobnie wyglądają gazety codzienne. Wyjątkiem są tu *New York Times*, *Washington Post* czy *Christian Science Monitor* z Bostonu. Niemal wszystkie inne gazety 99 % swej niemałej objętości wypełniają wiadomościami krajowymi. W wypadku kraju, który pragnie być jedynym mocarstwem światowym, to dość mierny wynik. Na przykład w gazecie regionalnej obejmującej aglomerację Norfolk/Virginia Beach z 1,2 miliona mieszkańców można znaleźć od pół do trzech czwartych strony z *international news*; reszta tego bardzo obszernego dziennika (60 stron w dni powszednie, 100 stron w soboty i niedziele; gazeta ukazuje się codziennie) składa się z wiadomości lokalnych, regionalnych i krajowych oraz niewiarygodnie dużej ilości reklam.

Jest rzeczą zrozumiałą, że dysponując tego rodzaju źródłami informacji, przeciętny Amerykanin nie ma zbyt dobrej orientacji. Najczęściej wszakże nie jest on też tak bardzo zainteresowany tym, co dzieje się na świecie. A jeśli nawet jest zorientowany, to zwykle tylko powierzchownie. Programy polityczne, które w Niemczech być może za często goszczą w telewizyjnych kanałach, w USA nadawane są w dużo mniejszej liczbie i rzadziej są oglądane.

Podsumowując można powiedzieć, że masmedia przekazują przeciętnemu Amerykaninowi obraz świata w zarysach, co odpowiada „lekko rozcieńczonemu stanowi informacji uzyskiwanemu z gazety «Bild»."

System opieki zdrowotnej

System opieki zdrowotnej w USA od zawsze niedomagał i nie był godny światowego mocarstwa. Starania administracji Clintona, by natychmiast po objęciu rządów w 1993 r. zreformować ustawodawstwo socjalne, zakończyły się niepowodzeniem. Siłą napędową była tu małżonka prezydenta, Hillary Clinton, a za wzorzec przyjęto Bismarcka i system niemiecki. Próba się nie udała, wszystko zostało po staremu. Bill Clinton opisuje to w swoich wspomnieniach, dając wgląd w skandaliczny system zdrowotny swego kraju oraz w swoje nieudane usiłowania przeprowadzenia reformy ochrony zdrowia. W swym orędziu o stanie państwa z 1994 r. powiedział on m.in.:

„Następnie zwróciłem się do Kongresu o przyjęcie w 1994 roku reform systemów opieki społecznej i zdrowotnej. Milion ludzi korzystało z zapomóg, ponieważ tylko w ten sposób mogli zapewnić dzieciom opiekę lekarską. Gdy utrzymujący się z zasiłków podejmowali nisko płatną pracę, musieli – choć trudno w to uwierzyć – płacić podatki na utrzymanie programu Medicaid, zapewniającego opiekę zdrowotną tym, którzy nadal byli klientami opieki społecznej. Każdego roku w sumie 60 milionów Amerykanów było przez pewien czas pozbawionych ubezpieczenia zdrowotnego. Ponad 80 milionów Amerykanów, którzy chorowali przed wykupieniem ubezpieczenia, musiało płacić podwyższoną stawkę, a w wielu wypadkach w ogóle nie mogło uzyskać ubezpieczenia – lub nie mogło zmienić pracy, ponieważ wiązało się to z ryzykiem utraty polisy. Trzy czwarte Amerykanów miało polisy z ograniczeniem całkowitej sumy wypłat w ciągu życia ubezpieczonego, co oznaczało, że mogli stracić ubezpieczenie w czasie, kiedy go najbardziej potrzebowali. System ten był również niesprawiedliwy dla niewielkich przedsiębiorstw, które płaciły składkę wyższą o 35 procent niż duże korporacje i rząd. W celu ograniczenia kosztów coraz więcej Amerykanów zmuszano do korzystania z usług „organizacji utrzymywania zdrowia", które ograniczały prawo pacjenta do wyboru lekarza, prawo lekarza do wyboru najlepszej terapii i zmuszały personel medyczny do coraz bardziej czasochłonnej pracy papierkowej. Wszystkie te problemy miały jedną podstawową przyczynę: mieliśmy zwariowany system ubezpieczeniowy, w którym warunki dyktowały firmy usekuracyjne.

Przyznałem w swym orędziu, że zdaję sobie sprawę, iż zmiana systemu jest trudnym zadaniem. Próbowali to zrobić Roosevelt, Truman, Nixon i Carter – żadnemu się nie udało... Działo się tak dlatego, że mimo wszystkich naszych problemów Amerykanie na ogół mieli jakieś ubezpieczenie, byli zadowoleni ze swych lekarzy i szpitali oraz wierzyli, że mamy dobry system opieki zdrowotnej. Tak było nadal. Ci, którzy korzystali z obecnego systemu finansowania służby zdrowia, poświęcali ogromne pieniądze, by przekonać Kongres i społeczeństwo, że naprawa wad tego systemu zniszczy jego zalety.

... pod koniec fragmentu dotyczącego reformy systemu opieki medycznej podniosłem pióro i powiedziałem, że użyję go do zawetowania każdej ustawy, która nie zapewni wszystkim Amerykanom ubezpieczenia zdrowotnego. Zrobiłem tak, ponieważ kilku moich doradców sądziło, że ludzie nie uwierzą w moją determinację, jeśli w jakiś sposób nie zademonstruję niechęci do

kompromisu. W ten sposób zupełnie niepotrzebnie pomachałem czerwoną płachtą przed moimi przeciwnikami w Kongresie. Polityka to sztuka kompromisu, a ludzie oczekują, że prezydent będzie zwyciężał, a nie pozował. Reforma systemu opieki zdrowotnej była najtrudniejszą górą, jaką mieliśmy zdobyć. Nie mogłem tego zrobić w pojedynkę, bez żadnych kompromisów. Później okazało się jednak, że to nie miało większego znaczenia, ponieważ Bob Dole postanowił zablokować wszelkie reformy.

Orędzie o stanie państwa na krótko zwiększyło poparcie dla mojego programu. Jak wyznał mi później Newt Gingrich, po jego wysłuchaniu powiedział republikanom w Izbie Reprezentantów, że jeśli przekonam demokratów w Kongresie do przyjęcia moich propozycji, to nasza partia na długo uzyska większość. Newt z pewności sobie tego nie życzył, dlatego – podobnie jak Bob Dole – starał się wszystko blokować aż do wyborów w połowie kadencji."[232]

George Bush II w czasie ośmiu lat swojej prezydentury nie zajmował się tym tematem. Ponad 20 lat później ponownie spróbował tego prezydent Barack Obama. I sprawę załatwił – przynajmniej po części. W marcu 2011 r. Barackowi Obamie udało się przeprowadzić *Obamacare*, reformę opieki zdrowotnej, przez parlament. 220 deputowanych Izby Reprezentantów zagłosowało za projektem zmian do ustawy, 207 było przeciw. W Senacie projekt zmian został przyjęty 56 głosami przeciwko 43. Tym samym prezydent mógł złożyć swój podpis pod *Patient Protection and Affordable Care Act*. Istota ustawy: obowiązkowe ubezpieczenie chorobowe dla niemal wszystkich Amerykanów. To ustawa na miarę stulecia.

Nowe regulacje traktowały ubezpieczenie chorobowe mieszkańców do roku 2014 z zasady jako sprawę prywatną; powszechnie obowiązującego ubezpieczenia chorobowego nie przewidziano. Mieszkańcom w wieku poniżej 65 lat państwowa ochrona zdrowia przysługiwała jedynie w wyjątkowych wypadkach. 45,7 miliona lub 14,8 % mieszkańców nie było ani ubezpieczonych prywatnie, ani też nie mogło domagać się pomocy ze strony państwa.

Reformę tę uważa się za realizację jednego z najważniejszych wewnątrzpolitycznych celów prezydenta Baracka Obamy. Ma ona zapewniać 32 milionom nieubezpieczonych dotąd Amerykanów opiekę w wypadku choroby oraz dogłębnie przebudować kosztującą 2,5 biliona dolarów służbę zdrowia.

---

[232] Clinton, Bill, *Moje życie*, op. cit. s. 531 i nast.

Jednak nie wszystko zostało załatwione do końca. Demokraci, opierając się na nowej większości i wpływach prawicowo-konserwatywnej grupy „TEA Party", ruszyli do trybunału konstytucyjnego, który dopiero 25 czerwca 2015 r. uznał reformę ochrony zdrowia prezydenta Baracka Obamy za zgodną z prawem. Sędziowie sześcioma głosami do trzech zdecydowali, że nie ma potrzeby zniesienia określonych rodzajów państwowej pomocy zawartych w *Obamacare*.

W końcu nastąpił triumf. Faktycznie, prezydent dopiął swego. Żaden z jego poprzedników nie dał sobie rady z tym planem. Ani Harry Truman w latach czterdziestych, ani Richard Nixon w siedemdziesiątych, ani też Bill Clinton w dziewięćdziesiątych. Podejmowane przez Donalda Trumpa próby unieważnienia *Obamacare* poniosły fiasko w lipcu 2017 r.

Zabezpieczenie na starość

Niewiele lepiej od ubezpieczenia chorobowego wygląda sprawa zabezpieczenia na starość. Ponieważ mało kto troszczy się zawczasu o swoje zabezpieczenie w podeszłym wieku, bardzo wielu ludzi musi bardzo długo pracować. Dotyczy to również dużej części wyższej klasy średniej, np. adwokatów i lekarzy.

Dochód zdecydowanej większości osób jest niski i wiele z nich musi przyjmować pracę w dwóch lub trzech miejscach, aby w wystarczającej mierze móc utrzymać swoje rodziny. Obecnie (maj 2016) najniższa ustawowa stawka godzinowa wynosi w USA 7,25 $, co odpowiada 6,00 €.

Trudna sytuacja wielu gospodarstw domowych jest łagodzona dzięki temu, że władze socjalne wydają bony żywnościowe. Gospodarstwa, które z uwagi na niskie dochody znajdują się poniżej granicy ubóstwa, otrzymują w zależności od swych dochodów i liczby osób tak zwane *food stamps* na zakup artykułów spożywczych w supermarketach. Bony żywnościowe są częścią programu walki z ubóstwem (*War on Powerty*). Zgodnie z wynikami ostatniego spisu, za ubogą uznaje się 15 % ludności. To 45 milionów Amerykanów korzystających z owych bonów.

System socjalny

Zagraniczni specjaliści co i raz stwierdzają, że cała niemiecka państwowość jest tak dobrze zorganizowana jak system zarządzania komunikacją publiczną. To może wyjaśniać, dlaczego niemiecki system socjalny działa sprawniej niż tenże system w USA. Mieszkający w Berlinie amerykański twórca i dziennikarz Eric T. Hansen (rocznik 1960) nader krytycznie ocenia państwo socjalne USA: „Amerykańskie państwo socjalne jest największe na świecie: w świadczenia socjalne inwestuje się 60 % wszystkich budżetów publicznych (od państwa aż po gminę). Tyle że po drodze do odbiorcy wszystko to wsiąka, rozmywa się i rozchodzi i nikt nie wie, dlaczego i dokąd.

Niemcy inwestują w swój system socjalny niecałe 50 %, a mimo to funkcjonuje on efektywniej. Dlaczego? Bo jest solidniej zorganizowany. Amerykańskie państwo socjalne składa się z chaosu konkurujących ze sobą władz i politycznych szczebli. W USA tak bardzo cenimy sobie naszą wolność, że coś takiego jak urząd meldunkowy byłoby u nas nie do pomyślenia: a skądże to państwo miałoby prawo wiedzieć, gdzie mieszkam? Natomiast system niemiecki pochodzi wprawdzie z czasów feudalnych, ma wszakże decydującą zaletę: gdy zbliżają się wybory, państwo automatycznie wysyła każdemu obywatelowi pocztą jego kartę wyborczą. Może to zrobić, bo ma przecież wszystkie adresy. A w niedzielę wyborczą obywatel bierze po prostu tę kartę i idzie spacerkiem do lokalu wyborczego za rogiem. Jakże praktycznie! Kiedy zaś Amerykanie chcą iść wybierać, wcześniej muszą udowodnić, że są do tego uprawnieni i nie zarejestrowali się podwójnie, i dopiero wtedy mogą pójść w inny dzień na wybory. W dzień roboczy, mówiąc ściśle."[233]

Szczęśliwe Niemcy!

Od czasu, kiedy w latach 80. XIX wieku Bismarck wprowadził w Niemczech ustawodawstwo socjalne, w zasadzie nadal dziś obowiązujące, każdy niemiecki obywatel ma u nas obowiązkowe ubezpieczenie rentowe, chorobowe i od bezrobocia. Ale nie w Ameryce. Bardzo niewiele firm dba zawczasu o zaopatrzenie swoich pracowników na starość. Kto nie ubezpieczy się dobrowolnie, z reguły nie ma ubezpieczenia. Prowadzi to do licznych zjawisk biedy w tym najbogatszym, jak się uważa, kraju świata. W roku 1991 dochody 14,6 % amerykańskiej ludności plasowały się poniżej granicy ubóstwa. Co charakterystyczne, w wypadku czarnoskórej ludności ten procentowy udział wynosił 32,7 %, a w wypadku Latynosów 28,7 %, czyli wyraźnie powyżej przeciętnej krajowej. Co to oznacza w praktyce? Oto kilka przykładów:

- kto nie może zapłacić, z reguły nie ma prawa do opieki lekarskiej,
- urlopy macierzyńskie są prawie nieznane. Ciężarne kobiety pracują niemal do samego rozwiązania, a po zaledwie 14 dniach muszą znów podjąć pracę,
- szczodre prawo urlopowe, jakie obowiązuje u nas, mieszkańcom USA jest całkowicie nieznane: 14 dni rocznie to normalny wymiar ustawowy, a i te nieliczne dni bywają często jeszcze dzielone.

Ludzie sukcesu

„Gdy dorosłem, często słyszałem podczas zajęć sportowych i
gdzie indziej, że nie jest ważne, czy się wygrywa, czy przegrywa, lecz

---

[233] Hansen, Eric T., *Die ängstliche Supermacht …*, op. cit. s. 137-138

jak się gra. Ale spostrzegłem, że to kłamstwo. W Ameryce wygrana
oznacza wszystko.''[234]

Ta wypowiedź słynnego i popularnego aktora filmowego dotyka wprost głównej cechy Amerykanów. Sukces jest ceniony, podziwiany i uznawany za wzorzec, za cel własnych możliwości. Zawiść jest praktycznie nieznana. Każdy ma swoją szansę i ten, kto z powodzeniem ją wykorzystuje, tym samym robi lepiej niż inni, zasługuje więc na sukces. Szczęśliwe USA – jakże inaczej jest w Niemczech z ich nieprzerwaną, pełną zawiści debatą.

Darowizny i mecenaty

Jedna właściwość Amerykanów jest godna uwagi. By osiągnąć obecne rozmiary, kształtowała się ona zapewne przez wiele lat narastającego bogactwa: chodzi tu o uczestniczenie, z pomocą darowizn, w tworzeniu pomyślności ogółu. Na przykład jest sprawą zupełnie oczywistą, że na wszystkich uniwersytetach funkcjonują stowarzyszenia niegdysiejszych studentów. Owi starsi panowie, dzięki znacznej wysokości datkom, umożliwiają swym dawnym *alma mater* hojne rozdzielanie stypendiów. Tak samo wszystkie orkiestry w USA żyją dzięki osobom prywatnym, firmom czy klubom, które swymi darami uzupełniają budżet. Np. finanse *Virginia Symphony* wyniosły w roku 1993 ogółem 3,5 miliona $ USA. Czterdzieści procent tej kwoty wygospodarowano sprzedając bilety. Dalsze 60 % zgromadzono dzięki donacjom. Budżet publiczny nie został obciążony. Listy darczyńców – wraz z kwotami – drukowane są w ukazujących się co miesiąc programach.

Dla osób wyjątkowo bogatych jest kwestią poza wszelką dyskusją, by pozostawić ogółowi coś trwałego, na przykład muzeum, instytucję społeczną, czy też fundację. Fundacje są istotnymi elementami finansowania zadań o ogólnospołecznym znaczeniu, takich jak szkoły wyższe, badania naukowe, kultura i dobroczynność. Nawiązują one do purytańskich idei o potrzebie duchowo-moralnego kształcenia, które już przed laty doprowadziły do powstania szkół wyższych, takich jak Harvard, bardziej bezpośrednio wszakże do myśli Andrew Carnegiego, który za moralny obowiązek uznał oddanie swego bogactwa w służbę „poprawy ludzkości". W jego ślady poszło później wielu bogatych ludzi zakładających fundacje. Łatwo więc zrozumieć, dlaczego wszystkie muzea na Mall w Waszyngtonie, działające w ramach *Smithsonian Institution*, zapewniają każdemu wolny wstęp.

Motywy takich społecznych zachowań stanowią mieszankę złożoną z chęci, by podzielić się własnym dobrobytem z innymi, oraz próżności domagającej się pokazania innym, że odniosło się sukces i na co w związku z tym można sobie

---

[234] Redford, Robert, w: „Frankfurter Allgemeinen Sonntagszeitung" z 22. 05. 2016 r.

pozwolić. Tak można by też zinterpretować udział niezależnego kandydata Rossa Perota w wyborach prezydenckich w roku 1992.

Narkotyki

Zgodnie z ustawodawstwem federalnym, używanie narkotyków jest w USA nielegalne. Jest wszakże wszechobecne i nielegalność ta się zmienia. Niezależnie, czy chodzi o stosunkowo mało szkodliwe produkty z konopi indyjskich, czy o kokainę, dla 22 milionów Amerykanów konsumpcja narkotyków jest na porządku dziennym (stan na 2013 r.). Podczas niemal każdej nowojorskiej party nadchodzi taki moment, kiedy ktoś wyciąga jointa, i to nie tylko w gronie studentów czy clubbingowców. Także wśród finansistów lub adwokatów nie pali się „zioła" ukradkiem czy w sposób zakamuflowany, lecz otwarcie, zwykle pytając, czy ktoś jeszcze miałby ochotę wyjść na schody przeciwpożarowe albo taras na dachu i zaciągnąć się skrętem.

Używanie konopi, jak i najróżniejszych produktów z kokainy, aczkolwiek nielegalne, jest w miastach USA, takich jak Nowy Jork, czymś powszednim. Oficjalne szacunki, mówiące że w Nowym Jorku jeden procent ludności, czyli około 80.000 ludzi, wydaje na narkotyki 200 dolarów tygodniowo, należałoby uznać za raczej zachowawcze. Mimo to nawet ta liczba ukazuje zapierający dech w piersiach rozmiar konsumpcji. W samym tylko Nowym Jorku na narkotyki wydaje się 16 milionów dolarów tygodniowo lub 832 miliony rocznie.

Nowy Jork jest wprawdzie największym rynkiem narkotykowym w kraju, ale z pewnością nie jedynym. USA są największym na świecie, i to z ogromną przewagą, konsumentem narkotyków. Według pewnego studium rządowego, nielegalnych narkotyków używają 22 miliony Amerykanów w wieku powyżej 12 lat. To siedem procent ludności. W sumie, jak się ocenia, wydają oni rocznie 60 miliardów dolarów, by się odurzyć.[235]

Nielegalność narkotyków od lat jest w coraz większym stopniu uchylana. O ile w roku 2014 jedynym stanem, w którym zalegalizowano używanie marihuany, wciąż jeszcze było Colorado, o tyle w roku 2016 za tym przykładem szło już ponad 20 stanów. A jak to było w latach 20. XX wieku? Tak jak ówczesna prohibicja alkoholowa, tak i urzędowa demonizacja konopi staje się reliktem historii amerykańskiej obyczajowości. A ludność to wspiera: zgodnie z ankietą CNN z roku 2014, 55 procent wszystkich Amerykanów pozytywnie ocenia legalizację konopi indyjskich. W 1996 r. było ich tylko 26 procent.

---

[235] „Frankfurter Rundschau" z 13. 08. 2013 r.

Rozpoczęcie przez parlamenty stanowe odwoływania państwowego zakazu używania marihuany – zakazu, który Sąd Najwyższy potwierdził ostatnio w 2005 r., było jedynie kwestią czasu. I to pomimo, że jeszcze w 2013 r. administracja Obamy ostro przeciwstawiała się tej fali legalizacyjnej, jako że konopie „niosą z sobą poważne zagrożenia dla zdrowia i bezpieczeństwa".

Jak Colorado, jako pierwszy stan federalny, reguluje tę nową wolność? Od 1 stycznia 2014 r. obywatele w wieku powyżej 21 lat mogą legalnie kupować i konsumować marihuanę. W wyniku narkotykowych transakcji zawieranych z konsumentami, w samym tylko 2014 r. stan pobrał dwa miliony dolarów podatku. Jak poinformowały władze podatkowe, w okresie tym dostarczono klientom konopi za ponad 14 milionów dolarów (11,6 mln. euro). Do tej pory w Colorado funkcjonuje już 160 licencjonowanych sklepów, w których wolno sprzedawać marihuanę. Stan pobiera z tego tytułu 12,9 procent podatku obrotowego i 15 procent podatku od działalności gospodarczej.

Pierwsze 40 milionów dolarów z podatku od działalności gospodarczej ma być przeznaczone na budowę i utrzymanie budynków szkolnych. Tak zdecydowali obywatele Colorado. Wyborcy z Colorado głosowali w 2012 r. za legalizacją przemysłu marihuany. Uprzednio promarihuanowi aktywiści przez lata walczyli o jej dopuszczenie. Jednak na szczeblu federalnym konopie pozostają w USA nielegalne.[236]

W roku 2015 w USA odnotowano 52.000 zgonów z powodu narkotyków[237]; w Niemczech w tym samym czasie było ich 1.226.[238] To porównanie uwydatnia rozmiary narkotykowego problemu w USA. USA mają mniej więcej czterokrotnie większą liczbę ludności niż Niemcy, ale rocznie odnotowują 42 razy więcej zmarłych w związku z narkotykami.

Religia

In God We Trust: to wyznanie wiary Amerykanek i Amerykanów w Boga można przeczytać na każdym banknocie dolarowym. Do tego co druga osoba co najmniej raz w tygodniu odwiedza dom Boży – kościoły w Niemczech mogą o tym tylko pomarzyć. Religia jest w USA ważną częścią składową życia publicznego: kształtowała tożsamość społeczeństwa i spajała rozrastający się naród złożony z przybyszów z całego świata. Zdanie przytoczone na początku nie jest jednak pustą frazą: większość ludzi w USA rzeczywiście pokłada ufność w Bogu. W 2008 r., według ankiety Gallupa,

---

[236] Die Zeit, wersja internetowa z 11. 03. 2014 r.
[237] Der Spiegel, wersja internetowa z 09. 12. 2016 r.
[238] Tagesschau z 08. 05. 2017 r.

78 procent Amerykanów wierzyło w Boga, a kolejne 15 procent w „uniwersalnego ducha". Religia jest nieodłącznym elementem tożsamości USA.

Jak to możliwe, bez zmian, jak się wydaje, także w XXI wieku? Mocna wiara nadaje kształt życiu Amerykanów od czasu utworzenia Stanów Zjednoczonych w XVIII stuleciu. Wielu spośród pierwszych osadników uchodziło ze swych europejskich ojczyzn, ponieważ prześladowano ich tam z powodu ich religii. To nie miało prawa się powtórzyć. Własną religię, jak zapisano w *Bill of Rights* w 1789 r., w USA będzie można wyznawać w każdych warunkach, bez wtrącania się państwa. Państwo winno się trzymać z dala od religii; nie może być Kościoła sterowanego przez państwo. Mimo to wiara nie jest sprawą czysto prywatną: formuje ona – jak napisano – tożsamość amerykańskiego społeczeństwa i zespala dynamicznie wzrastający naród zbudowany z przybyszów z całego świata. Najważniejsze jest, że się wierzy, niezależnie do którego Kościoła się należy. Także z powodu tego credo żadne pojedyncze wyznanie nie zdołało w USA przebić się na czoło. Żaden rząd USA nie odważył się nigdy utworzyć państwowego Kościoła, lekceważąc konstytucję. Nie istnieje też nadrzędna instytucja zrzeszająca religie; obszar religijny jest silnie rozdrobniony. Wprawdzie ponad połowa Amerykanów to protestanci, jednak dzielą się oni na liczne zróżnicowane wspólnoty kościelne: są więc baptyści, metodyści, luteranie i wiele innych nurtów. Nawet sekta scjentologiczna, po wieloletnim sporze prawnym, cieszy się w USA statusem zwolnionej z opodatkowania wspólnoty religijnej.[239] Żaden z Kościołów nie gromadzi więcej niż dziesięć procent protestantów.

Kościoły rywalizują o wiernych niemal jak w gospodarce rynkowej, gdyż nie pobiera się podatków kościelnych i muszą one żyć ze składek. Wciąż powstają nowe Kościoły. Gminy wyznaniowe odnoszące największe sukcesy budują sobie wspaniałe świątynie, w których wystarcza miejsc dla kilku tysięcy wiernych na raz. Zmiana Kościoła jest w USA rzeczą całkowicie normalną: zrobił to George Bush II, a Barack Obama nawet kilkakrotnie. Kościoła, który mógłby rościć sobie pretensje do pewnego rodzaju moralnego przywództwa, w USA nie ma. Kościół rzymsko-katolicki jest co prawda największym odrębnym Kościołem, mając wszakże 77 milionów wiernych zrzesza tylko niecałą jedną czwartą Amerykanów.

Wolność religijna traktowana jest poważnie. Obok katolików i protestantów swoją religię praktykuje w Ameryce sześć milionów żydów i tyluż muzułmanów – w znacznej mierze bez przeszkód. Tak zwani amisze żyją w gminach podług własnych, surowych praw. Kwakrzy wyłonili nawet ze swego grona prezydenta w osobie Richarda Nixona. Mormon Mitt Romney, były gubernator Massachusetts, ubiegał się

---

[239] https://de.wikipedia.org/wiki/Scientology

w 2008 r. o urząd prezydenta. „Wojna z terrorem", ogłoszona przez rząd Busha II, również nie wpłynęła jak dotąd na swobodę religijną muzułmanów. Bez problemów mogą oni budować w amerykańskich miastach meczety z minaretami.

W skali państwa grupy religijne mogą sobie być grupami lobbystycznymi pośród wielu innych, jednak na szczeblu lokalnym potrafią trwale wpływać na politykę. Zwłaszcza jeśli chodzi o naukę w szkołach, organizacje chrześcijańskie systematycznie wywierają naciski na władze komunalne i pozostające w ich gestii szkoły.[240]

Posiadanie broni, przestępczość i więzienia

Posiadanie broni, przestępczość i więzienia należą w USA do nierozdzielnej całości. Każdemu nie karanemu wcześniej Amerykaninowi wolno kupić broń, może to zrobić, a także ją nosić. Jest to postanowienie amerykańskiej konstytucji, nad którego utrzymaniem od 1871 r. czuwa lobby *National Rifle Association* (NRA – Krajowe Stowarzyszenie na Rzecz Posiadania Broni Palnej) liczące 1,5 miliona członków. Zapobiega ono ustawom ograniczającym dostęp do broni uzasadniając to tym, że broń służy do polowań, uprawiania sportu i osobistego bezpieczeństwa. Przy tym, jak wskazują statystyki kryminalne, bezpieczeństwo jednostek jest wskutek powszechnego posiadania broni raczej zagrożone. Wielu ludzi umiera np. w konsekwencji tzw. *Sunday Night Specials* (rewolwer za dolara). Jako dodatkowe uzasadnienie utrzymania prawa do noszenia broni przytacza się wpływ czasów, kiedy to administracja państwowa nie była jeszcze ukształtowana, oraz skrajny indywidualizm Amerykanów. W poszczególnych stanach tryb postępowania w kwestii pozwolenia na broń jest różny. Ukryte noszenie broni jest zabronione. Zakazane są też przesyłanie lub przekazywanie broni poza granice stanu.

National Rifle Association ma niezwykle silne lobby i do dziś w dalszym ciągu forsuje niezmiennie swoje cele w odniesieniu do broni. Bill Clinton tak mówi na ten m.in. temat: „Foley był pierwszym od ponad stu lat spikerem, który przegrał wybory. Jack Brooks przez lata popierał NRA i kierował walką w Izbie Reprezentantów przeciw zakazowi posiadania karabinów maszynowych, ale jako przewodniczący Komisji Sądowniczej zagłosował za ustawą o zwalczaniu przestępczości, mimo że zakaz został do niej włączony. NRA było bezlitosnym panem: jeden błąd i gra skończona. Lobby entuzjastów broni palnej twierdziło, że pokonało dziewiętnastu kongresmenów ze swojej listy dwudziestu czterech reprezentantów do odstrzału. Mogli się również pochwalić, że to dzięki nim Gingrich został spikerem. [...] Lobby entuzjastów broni

---

[240] Bundeszentrale für politische Bildung [Federalna Centrala Kształcenia Politycznego], informacja z 10. 10. 2008 r.

miało więcej pieniędzy [niż zwolennicy ograniczeń], było lepiej zorganizowane ... i sprawniejsze w stosowaniu demagogii."[241]

Badania potwierdzają ogólnie znane fakty: im więcej sztuk broni palnej w prywatnym posiadaniu, tym więcej morderstw popełnia się z jej pomocą. W odniesieniu do całych USA badacze obliczają, że odsetek osób posiadających broń palną wynosi 57,7 procent. Największe ryzyko, że zostanie się zastrzelonym, występuje w Luizjanie: tam skutkiem użycia broni palnej w 2013 r. życie straciło statystycznie 10,8 osób na każde 100.000 mieszkańców. W New Hampshire liczba ta wyniosła 0,9 na 100.000 mieszkańców – tam też jest w obiegu wyraźnie mniej broni palnej niż w Luizjanie. W mieście Norfolk w stanie Virginia, liczącym 245.000 mieszkańców, w roku 2014 zastrzelono ogółem 31 osób, a przeciętna liczba czynów przestępczych wyniosła 45,4 na każde 1.000 mieszkańców.

Odsetek czynów kryminalnych wiąże się ściśle z charakterystyczną cechą przestępczości w USA: czarnoskórzy obywatele popełniają nieproporcjonalnie więcej przestępstw niż biali mieszkańcy, są również nieproporcjonalnie ostrzej karani niż biali.

Przemoc policyjna jest w USA na porządku dziennym – tak dalece, że afroamerykańscy rodzice już wcześnie uczą swoje dzieci, jak powinny one chronić życie w zetknięciu z *cops*, niezależnie, czy kiedykolwiek w czymś zawiniły, czy nie. Taka konfrontacja może bowiem mieć śmiertelny finał. W pierwszym półroczu 2015 r. amerykańscy policjanci zabili 663 ludzi. Winny temu częściowo jest także sposób szkolenia policji. *Cops* przygotowywani są do konfrontacji. Z zasady reagują ostrzej niż policjanci w większości innych krajów.

Uprzednio karani Amerykanie mają większe trudności ze znalezieniem pracy. W Waszyngtonie D. C., stolicy państwa, do 2011 r. pójście do więzienia groziło nawet za drobne wykroczenia porządkowe. Nawet wtedy, gdy zostało się przyłapanym z nieaktualną tablicą rejestracyjną. Między innymi zdarzyło się to matce, która chciała odebrać swoje dziecko ze szkoły. Z praktyk tych zrezygnowano po ostrych protestach amerykańskiego automobilklubu AAA. Pokazuje to wszakże, że w tym kraju zawsze trzeba się liczyć z surowością funkcjonariuszy powołanych do ścigania przestępstw. Jednak ich zaangażowanie powoduje skutki, które dotykają gospodarki: olbrzymia liczba zdolnych do pracy mężczyzn i kobiet z dużym trudem znajduje pracę, ponieważ weszli w konflikt z prawem.

---

[241] Clinton, Bill, *Moje życie*, op. cit., s. 579 i nast.

Najgorzej mają byli więźniowie. Pod tym względem Ameryka nie różni się od innych rozwiniętych państw. Jednak w tym kraju istnieje ponadprzeciętna skłonność do zamykania ludzi, zwłaszcza winnych przestępstw związanych z narkotykami. Idzie to w parze z całkowitym niemal brakiem zainteresowania, co stanie się z tymi ludźmi po wypuszczeniu na wolność. W roku 2011 w USA siedziało w więzieniach 2,23 miliona ludzi. Odpowiada to 22 % wszystkich osadzonych w więzieniach całego świata. Także w stosunku do ogółu ludności jest to liczba ekstremalnie wysoka. Spośród każdych 100.000 Amerykanów za kratkami jest 710; w Niemczech jest to 76 osób na 100.000. Do owych 2,23 miliona odbywających karę dołączają ci, którym odbywanie kary odroczono lub orzeczono ją w zawieszeniu. Zgodnie z raportem państwowego biura prawnego z grudnia 2014 r. jest to 4,6 miliona ludzi. Do tego dochodzą jeszcze ci, którzy za drobniejsze wykroczenia trafili do policyjnego banku danych. Jak się ocenia, w taki lub inny sposób przynajmniej raz weszło w konflikt z prawem ponad 30 milionów Amerykanów.

Ludzie ci mają ogromny problem ze znalezieniem pracy – nawet w czasach, kiedy Stany Zjednoczone, mając stopę bezrobocia rzędu 5,5 procenta, zbliżają się do stanu pełnego zatrudnienia. Wiele wskazuje na to, że osoby te należą do tak zwanych zniechęconych bezrobotnych, którzy nie trafiają do oficjalnych statystyk, gdyż nie szukają pracy.

Studium sporządzone na zlecenie *New York Times'a*, *CBS-News* oraz pewnej fundacji ustaliło niedawno, że jedna trzecia pozbawionych zatrudnienia mężczyzn pomiędzy 25 a 54 rokiem życia ma za sobą kryminalną przeszłość, która wszakże sprowadza się do drobnych wykroczeń. To może pójść bardzo szybko: aktor George Clooney został raz osadzony w areszcie po pewnej demonstracji, a założyciel firmy Microsoft, Bill Gates, został na krótko aresztowany z powodu wykroczenia drogowego.

Gdy przed rokiem prezeska amerykańskiego banku emisyjnego, Janet Yellen, chciała zwrócić uwagę opinii publicznej na swoje obawy związane z rozwojem rynku pracy, przedstawiła losy trojga Amerykanów, którzy mimo wysiłków nie byli w stanie znaleźć pracy. Yellen przemilczała wszakże w swoim wystąpieniu, że dwie spośród tych trzech osób miały kryminalną przeszłość. Odkryli to reporterzy. Skomentowali to tak, że Yellen omówiła specjalnie dobrane życiorysy, by opisać słabnącą wówczas dynamikę rynku pracy. Wręcz przeciwną interpretacją jest jednak to, że wybrała typowe przykłady.

Aktywiści inicjatyw obywatelskich wspierających rehabilitację byłych sprawców czynów kryminalnych stwierdzili, że najważniejszy problem tkwi w klasycznym formularzu aplikacyjnym. Pyta się w nim kandydata, czy ma on za sobą kryminalną przeszłość. Kto taką ma i zaznaczy odpowiednią kratkę, za każdym razem zostanie wyeliminowany z grona kandydatów.[242]

W trakcie skazywania i pobytu w więzieniu na pierwszym planie jest kara. Rehabilitacja, przystosowanie do późniejszego życia są nieważne. Najnowocześniejsze w 1989 r. więzienie w stanie Arizona składało się z dużych okrągłych budynków; pośrodku których podwyższona, duża szklana kopuła służyła za pomieszczenie biurowe i miejsce przebywania strażników. Wokół tego pomieszczenia rozmieszczone w krąg były klatki zwrócone w kierunku środka przegrodą z żelaznych prętów. W każdej z nich przebywało około 50 więźniów – z tego ponad 90 % czarnoskórych.

Sposób odżywiania

W żadnym chyba innym kraju świata nie żyje tak wielu nieforemnych i nieapetycznie wyglądających, grubych ludzi co w USA. Z czego to wynika? Jest to przede wszystkim kwestia niewłaściwego i jednostronnego odżywiania. Cola, popcorn i słodycze stanowią trzon posiłków wielu Amerykanów. Lokale – głównie restauracje typu *fast food* – są przez cały dzień przepełnione. W USA pani domu nie gotuje. Nawet jeśli samemu nie jedzie się do restauracji typu *fast food*, to zamawia się telefonicznie pizzę z *Pizza Hut*, chińskie jedzenie z *Peking Inn* lub prosi o dostarczenie Big Maca z *Drive Through* przy *McDonaldzie*. To jednostronne wyżywienie jest oczywiście niezdrowe i nic też dziwnego, że stan zdrowia np. zębów amerykańskich uczniów ocenia się jako fatalny.

Ciekawe jest to, że rzeczywiście niezbyt estetycznie wyglądający, nad miarę otyli Amerykanie to w znacznej mierze osoby białe płci żeńskiej. Za przeciwwagę można tu uznać silnie rozpowszechnioną skłonność do uprawiania joggingu. Nigdzie na świecie nie spotyka się równie często tak wielu ludzi z wszystkich grup wiekowych, warstw społecznych i ras, którzy dzięki bieganiu utrzymują się w dobrej kondycji fizycznej. Tak więc napotyka się oczywiście również bardzo wielu dobrze wyglądających i szczupłych ludzi. I można też spostrzec, że zwłaszcza czarnoskórzy ludzie czynią starania, by wyglądać dobrze i zadbanie – i to z dużym powodzeniem.

Sport

Amerykanie są gorącymi wielbicielami sportu. Jednak obecność na imprezie sportowej służy nie tylko zaspokojeniu własnych sportowych emocji, lecz jest w równej mierze powszechnym sposobem rekreacji: ludzie spotykają się na stadionie. Stąd też sportowe popołudnie czy wieczór trwają tu wyraźnie dłużej, niż takież wydarzenie w Niemczech. Szczególnie popularne są te dyscypliny sportu, które nie wymagają nieustannej uwagi. Dyscyplinami z największą liczbę zwolenników są futbol

---

[242] von Petersdorff, Winand, w: „Frankfurter Allgemeine Zeitung" z 17. 03. 2015 r.

amerykański, baseball, hokej na lodzie i koszykówka. Lecz także tenis i golf, jako sporty masowe uprawiane przez Amerykanów zawsze i wszędzie, cieszą się ogromną popularnością. Piłka nożna również jest bardzo lubiana, jednak głównie tylko w szkołach. Przyczyna jest prosta: już w college'ach sportowców przyciągają te dyscypliny, w których można zarobić dużo pieniędzy. Łowcy talentów z klubów uprawiających te dyscypliny są w związku z tym wciąż w ruchu. Dlatego też wielu dobrych zawodników młodzieżowych drużyn futbolowych bardzo wcześnie, kończąc szkołę, przechodzi do zespołów futbolu amerykańskiego lub baseballu.

Pewien sędzia piłkarski wyjaśnił, jaka ważna przyczyna kryje się za faktem, że piłka nożna nigdy nie osiągnie w USA takiego stopnia popularności, jaki osiągnęła w Europie i Ameryce Południowej. Stwierdził mianowicie, że żaden ośrodek telewizyjny nie byłby poważnie zainteresowany transmitowaniem meczów tej dyscypliny, gdyż tu – inaczej niż w wypadku tenisa, golfa, hokeja na lodzie, koszykówki itd. – zgodnie z przepisami nie ma przerw, w których można by emitować spoty reklamowe. To wiele tłumaczy; interes jest wszystkim ... zwłaszcza w USA.

Warunki mieszkaniowe

Amerykanie odznaczają się dużą mobilnością. Mobilność ta pozostaje w jaskrawej sprzeczności wobec przywiązania do własnego spłachetka ziemi, co jest silnie rozpowszechnione w Niemczech. Rodziny budują sobie domy dobrze wiedząc, że po roku znów się wyprowadzą. Powszechnie obserwowana w Niemczech postawa, że człowiek buduje się tylko raz w życiu, jest Amerykanom całkowicie obca. Znacznie więcej rodzin w Ameryce niż u nas mieszka w domach jednorodzinnych, znacznie więcej posiada też taki dom. W USA domy są wyraźnie tańsze, także działki budowlane po drugiej stronie Atlantyku kosztują zwykle mniej niż w przeludnionej Europie Środkowej. Zważywszy na wielkość kraju i przestrzeń, jaką ma się do dyspozycji, nie jest to specjalnie zaskakujące.

Domy w USA są z drewna. Nawet te obłożone klinkierem mają jedynie cienkie płytki na drewnianych ścianach. W związku z tym budowa domu jednorodzinnego nie trwa dłużej niż trzy miesiące. :Piwnice buduje się rzadko, są na dobrą sprawę nieznane. Przedsiębiorstwa budowlane wznoszące domy chcą je sprzedawać, a nie wynajmować. Jakość tych domów nie odpowiada znanej u nas metodzie budowy „cegła na cegłę". Ponieważ za materiał budowlany służą głównie płyty wiórowe i łaty dachowe, ich trwałość wydaje się niezbyt wysoka. Poza tym takie domy można szybciej wyburzać – co też dzieje się dość często. Przy tego rodzaju lekkim budownictwie zrozumiałe jest, że podczas szalejących niekiedy właśnie na amerykańskim wschodnim wybrzeżu cyklonów (*hurricanes*) bądź trzęsień ziemi w Kalifornii, owe „domki z zapałek" nie są w stanie oprzeć się siłom natury i łatwo ulegają zniszczeniu.

Architektura tych domów jest niewiarygodnie różnorodna, pomysłowa i piękna. Rzeczą powszechnie przyjętą jest, że każda sypialnia dysponuje wbudowaną szafą-garderobą, do której można wejść. Łazienka i kuchnia są kompletnie urządzone, a lampy, wykładziny i system klimatyzacyjny należą do standardowego wyposażenia. Tarasy są z drewna. Większość parcel ma własne instalacje nawadniające w ogródkach; woda pochodzi z własnych studni. Jakość życia mieszkańców tych domów jest bardzo wysoka – w wypadku tych, którzy mogą sobie na to pozwolić.

Stosunki sąsiedzkie wyglądają w USA podobnie jak w Niemczech. Bywają dobre, ale też i żadne kontakty z sąsiadami. W każdym wypadku we wzajemnym obcowaniu obowiązuje uprzejmość.

Małą, przyjemną różnicę w porównaniu z Niemcami stanowią usługi *US-Mail*, czyli amerykańskiej państwowej poczty federalnej. Nie tylko dostarcza ona przesyłki do domu, lecz także z domu je odbiera. Skrzynka pocztowa umieszczona jest zawsze na ulicy, tak że listonosz może podjechać swym autem (kierownica po „niewłaściwej stronie") pod samą skrzynkę. Listy do wysyłki wkłada się do własnej skrzynki i ustawia pionowo małą, czerwoną, blaszaną chorągiewkę. Listonosz zabiera wychodzącą pocztę.

Résumé

Długi szereg pozytywnych cech amerykańskiego społeczeństwa ukształtował państwo i doprowadził je tam, gdzie dziś się znajduje: na pozycję światowego mocarstwa. W istotny sposób przyczyniły się do tego wielowiekowy, nadal trwający napływ przybyszów z wielu krajów i kultur, wysoka i nieprzerwanie rosnąca liczba ludności, wspieranie elit, niezłomna odwaga, pozytywne postrzeganie ekonomicznego sukcesu ludzi i przedsiębiorstw, a także religia.

Na przeciwnym biegunie znajdują się kiepski poziom wykształcenia mas, ogromne problemy z narkotykami, niezwykle liberalne prawo dotyczące broni oraz niewiarygodnie wysoki stopień przestępczości. Te aspekty, jak również zły sposób odżywiania się olbrzymiej większości i wynikające stąd, szeroko rozpowszechnione kłopoty ze zdrowiem, przyczyniają się do tego, że osiągnięta pozycja światowego mocarstwa z wolna kruszeje i w coraz większej mierze jest przez resztę świata kwestionowana.

Rozdział 19

Prawa człowieka

Magna Charta Libertatum z 15 czerwca 1215 r., artykuł 39

„Żaden człowiek wolny nie może być pojmany ani uwięziony, pozbawiony mienia, wyjęty spod prawa, wygnany lub w jakikolwiek sposób ciemiężony i ani przeciwko niemu nie wystąpimy, ani nikogo nie wyślemy inaczej, aniżeli na mocy prawomocnego wyroku wydanego przez jemu równych według prawa krajowego."[243]

Ta właśnie Magna Charta nadal uznawana jest za jeden z najważniejszych dokumentów prawnych na drodze rozwoju nowoczesnych demokracji i praw człowieka. Stanowiła ona decydujący punkt zwrotny w dążeniu do ugruntowania wolności i jest jednym ze źródeł amerykańskiej konstytucji.

Z dawien dawna nieusprawiedliwione aresztowanie w najbardziej dobitny sposób demonstruje niemoc jednostki w konfrontacji z państwem. Jeszcze czterysta lat później [po przyjęciu Karty – *przyp. tłum.*] angielski król Karol I nadużywał swego uprawnienia zwanego *habeas corpus* – prawa do wystawiania nakazów aresztowania, by wymuszać ofiary pieniężne od zamożnych mieszczan. Jednak w roku 1679 walka o stopniowe oswobodzenie jednostki odniosła w Wielkiej Brytanii historyczny sukces, a to dzięki wydaniu *Habeas Corpus Amendment Act*. Teraz aresztowani w ciągu trzech dni musieli zostać doprowadzeni przed sędziego i w żadnym wypadku nie wolno było wywozić ich z kraju.

Żaden wolny człowiek nie powinien kiedykolwiek więcej doświadczyć takiego losu, jaki później, w literaturze, spotkał bohatera Kafki Józefa K., który pewnego ranka został aresztowany, „mimo że nic złego nie popełnił". Nie trzeba wielkiej fantazji, by przedstawić sobie koszmar bezprawnego wyrwania z normalnego życia i wtrącenia do więzienia. Z tego względu ochrona przed bezprawnym aresztowaniem trafiła do najważniejszych dokumentów dotyczących praw człowieka:

- „Deklaracja praw człowieka i obywatela", ogłoszona w 1789 r. w toku Rewolucji Francuskiej, zawiera ochronę przed bezprawnym aresztowaniem w artykule 7,

---

[243] https://pl.wikipedia.org/wiki/Magna_Charta_Libertatum

- miesiąc później amerykańska *Bill of Rights* uczyniła z tego zaskarżalne prawo,
- po kolejnych dwóch latach nowoczesne systemy prawne, które nie zawierałyby ochrony przed samowolnym aresztowaniem, były już niewyobrażalne,
- Europejska Konwencja Praw Człowieka umieszcza to prawo w artykule 7,
- niemiecka Ustawa Zasadnicza w artykule 104,
- Powszechna Deklaracja Praw Człowieka ONZ w artykule 9.

A potem? 18 grudnia 2007 r. oryginalny odpis „Magna Charta" został sprzedany na licytacji w Nowym Jorku za 21 milionów dolarów – w tym czasie we współczesnej Ameryce prawo zapisane w jej artykule 39 nie dotyczyło już wszystkich. Rok wcześniej George Bush II unieważnił ochronę wynikającą z *habeas corpus* w odniesieniu do tak zwanych „wrogich kombatantów". O tym, kto jest wrogim kombatantem, a kto nie, decyduje władza wykonawcza, a nie przykładowo sędzia; skutecznych środków prawnych przeciwko takiej decyzji nie ma. Gdy kilka lat później kierowany przez Baracka Obamę amerykański rząd oznajmił, że nie chce już używać pojęcia „wrodzy kombatanci", nie znaczyło ro wcale, że w kwestii wspomnianej praktyki aresztowania i osadzania osób wspierających terroryzm coś się zmienia. Obama, tak jak jego poprzednik, chciał do zwalczania terroryzmu stosować prawo wojenne, wobec którego sądy są w znacznej mierze bezsilne. Niemal 800 lat po wydaniu „Magna Charta" w części prawodawstwa USA panuje samowola.

Amerykański reżyser filmowy Michael Moore, zdobywca Oscara, mówiąc o rozwoju praw człowieka w USA stwierdza na koniec: „Nasze dzieci w szkołach odklepują co rano *Pledge of Allegiance*, swą deklarację lojalności wobec Ameryki. Ogłaszają przy tym, że jesteśmy jakoby państwem wolności i sprawiedliwości dla wszystkich. Zanim u nas do tego dojdzie, powinniśmy ze wstydem wymawiać te słowa."[244]

III koszyk KBWE
Na zakończenie KBWE, Konferencji Bezpieczeństwa i Współpracy w Europie, udało się osiągnąć zgodę w kwestii przestrzegania praw człowieka, czego ponowny zapis znalazł się w nowym międzynarodowym dokumencie, który podczas zimnej wojny miał obowiązywać wszystkie kraje po obu stronach żelaznej kurtyny. Tak zwany „III koszyk" obejmujący prawa człowieka jest chyba najbardziej brzemiennym w skutki postanowieniem układu helsińskiego z 1 sierpnia 1975 r. („koszyki" I i II omawiają kwestie polityczne i gospodarcze). Trzeci Koszyk miał odegrać ważną rolę w procesie dezintegracji radzieckiej orbity państw satelickich, stał się czymś w rodzaju rekomendacji dla wszystkich działaczy na rzecz praw człowieka w krajach NATO.

---

[244] Moore, Michael, *Stupid White Man*, op. cit. s. 250

Delegacja amerykańska wniosła swój wkład do postanowień Porozumień Helsińskich, ale przede wszystkim uznać trzeba zasługi działaczy na rzecz praw człowieka, bo bez nacisku z ich strony postęp w tym względzie byłby znacznie wolniejszy, rezultat skromniejszy.

Trzeci Koszyk zobowiązywał wszystkich sygnatariuszy do uznania i stosowania określonych, podstawowych praw. Zachodni autorzy Koszyka mieli nadzieję, że postanowienia te stworzą międzynarodową normę, która wykluczy stosowanie represji wobec dysydentów i rewolucjonistów. Dla bohaterskich bojowników o reformy w Europie Wschodniej Trzeci Koszyk stał się punktem wyjścia do walki o wyzwolenie spod radzieckiej dominacji. Tak Vaclav Havel w Czechosłowacji, jak i Lech Wałęsa w Polsce zyskali miejsce w panteonie bojowników o wolność korzystając właśnie z Trzeciego Koszyka, zarówno w działaniach na scenie wewnętrznej, jak i międzynarodowej w celu obalenia nie tylko radzieckiej dominacji, ale także komunistycznych rządów w swoich krajach.[245]

Konwencje genewskie

Konwencje genewskie z 8 kwietnia 1949 r. były i są nieodmiennie międzypaństwowymi umowami oraz istotnym komponentem humanitarnego prawa międzynarodowego. Na początku wojny w Afganistanie amerykański minister spraw zagranicznych Colin Powell konsekwentnie domagał się od własnych sił zbrojnych, by traktowały nieprzyjacielskich bojowników zgodnie z regułami konwencji genewskich, gdyż postępowanie podług tych reguł jest łatwe i nie należy dostarczać innym państwo pretekstu do złego traktowania jeńców amerykańskich. Colin Powell nie był w stanie przeforsować tych zaleceń – z fatalnymi skutkami dla wizerunku USA na całym świecie. Sposób postępowania z jeńcami oraz stosowanie tortur przez rząd George'a Busha II, niechęć wobec zobowiązań traktatowych w ogóle, a w szczególności mianowanie przy Organizacji Narodów Zjednoczonych ambasadora w osobie dyplomaty (John Bolton), który otwarcie wyrażał swoje lekceważenie dla prawa międzynarodowego – wszystko to sprawiło, że USA znalazły się w kłopotliwej sytuacji jeśli chodzi o wymóg przestrzegania praw człowieka, a także prawa w innych kontekstach.[246]

Ogólna sytuacja w dziedzinie praw człowieka

„Odnosi się wrażenie, jak byśmy 11 września 2001 r. na całym świecie przekroczyli zenit w dziedzinie ochrony praw obywatelskich. Prawa podstawowe są redukowane, jak gdyby święto wolności już się skończyło. Ironia losu sprawia, że

---

[245] *por.* Kissinger, Henry, *Dyplomacja*, op. cit. s. 836
[246] *por.* Albright, Madeleine, *Amerika du kannst es besser*, op. cit. s. 96/97

właśnie USA i Wielka Brytania, pionierzy pod względem rozwoju ochrony praw podstawowych, także przy jej demontażu działają na pierwszej linii."[247]

Pierwszy przykład: 29 kwietnia 2013 r. dwaj niezidentyfikowani funkcjonariusze sekcji narkotykowej policji w Nashville w stanie Tennessee pochwycili Mrs. Adams i natychmiast założyli jej kajdanki. Wtedy siedmiu innych funkcjonariuszy szturmem wdarło się do domu. Dwóch z nich z wyciągniętą bronią wpadło do pokoju na tyłach i nafaszerowało Johna Adamsa kilkoma kulami. Trzy godziny później w centrum medycznym Uniwersytetu Vanderbilta uznano go za zmarłego. Nalot na dom Adamsów został zarządzony po tym, gdy zakamuflowany wywiadowca kupił narkotyki w domu pod adresem *Joseph Street 1120*. Wydział narkotykowy policji, który w ramach „wojny z narkotykami" rządu Clintona, wraz z tysiącami innych placówek w całym kraju, dostał pokaźne pieniądze, uzyskał od miejscowego sędziego nakazy aresztowania mieszkańców odnośnego domu. Jedyny problem to ten, że rodzina Adamsów mieszkała przy ulicy *Joseph Street 70*. W swej wojnie z narkotykami policja po prostu pomyliła numer domu.[248]

Przykład drugi: jeśli szokujący opis pani prokurator zgadza się z faktami, to w kwietniu 2015 r. sześciu policjantów z Baltimore z zimną krwią zabiło swego współobywatela Freddiego Graya. Żaden Amerykanin nie potrzebuje specjalnego świadectwa, by wiedzieć jak niedobra jest sytuacja w czarnych gettach wielu miast. Nie dlatego, że wystąpiła nagła fala motywowanej rasizmem, policyjnej przemocy przeciwko Afroamerykanom – liczby nie wskazują na taki trend. Chodzi o to, że nie tylko u policjantów umocniło się wrażenie, iż czarnoskóry chłopak, taki jak Freddie Gray, który włóczy się bez celu po swoim socjalnym osiedlu, z pewnością nie ma dobrych zamiarów. Po zamieszkach politycy, od burmistrzyni Baltimore po amerykańskiego prezydenta, podjęli próby odróżniania czarnych od czarnych. Wsparli moralnie demonstrantów wołających o sprawiedliwość, a pod adresem „kryminalnej, awanturniczej hołoty" skierowali groźby. Jednak czarnoskóra burmistrzyni, inaczej niż czarny prezydent, szybko zdystansowała się od swoich słów. Wcale nie chciała w swoim mieście rozróżniać pomiędzy szalejącymi z gniewu porządnymi ludźmi a ludźmi ogarniętymi szałem niszczenia. Jak większość mieszkańców, była wprawdzie rozgoryczona, że awanturnicy niszczyli akurat sklepy, które dzień powszedni czynią nieco znośniejszym, rozumiała jednak wściekłość w obliczu błędnego koła złożonego z biedy, nie spełniającej oczekiwań szkoły, bezrobocia i narkomanii.

Jedna liczba wyjątkowo wyraziście ilustruje tę społeczną otchłań: na ulicach i w domach USA brakuje 1,5 miliona czarnoskórych mężczyzn. Na sto czarnoskórych

---

[247] Trojanow, Ilija oraz Zeh, Juli, *Angriff auf die Freiheit*, op. cit. s. 27
[248] *por.* Moore, Michael, *Stupid White Man*, op. cit. s. 236

kobiet w wieku od 25 do 54 lat przypada jedynie 83 mężczyzn w tym wieku. Większość brakujących nie żyje – zostali zamordowani, zmarli z powodu nałogów i innych chorób, zginęli w wypadkach. Wielu dalszych, ponad jedna trzecia „niedoboru", siedzi w więzieniu. Dzieci wychowują się bez ojców i męskich wzorców. Stabilne struktury, uznanie i zatrudnienie chłopcy znajdują często tylko w gangach. Nie uczą się tam szacunku dla wartości każdego ludzkiego życia.

Z kolei niektórzy policjanci najwidoczniej tracą ów szacunek podczas swojej pracy. Dyrektor FBI James Comey opisał cynizm wielu policjantów w stosunku do kolorowej młodzieży. Ponieważ – jak powiedział – w statystykach przestępstw jest ona wyraźnie nadreprezentowana, stróże porządku dokonują „mentalnych skrótów". Dla większości, z racji ich doświadczeń, jest „czymś niemal nieodpartym, być może nawet racjonalnym" podejrzewanie z góry czarnoskórych młodych ludzi. Jedynym wyjściem z tego dylematu byłoby wychowanie pokolenia kolorowej młodzieży „odpornego na przemoc i narkotyki". Piękne marzenie. Jednak przemoc długo jeszcze będzie częścią życia w USA.

Rząd zastrzega sobie prawo zabijania skazanych sprawców najcięższych przestępstw. W społeczeństwie zakorzeniona jest opinia, że posiadanie pistoletu maszynowego jest prawem danym od Boga lub co najmniej zdobyczą demokracji. Szeryfowie, prokuratorzy i sędziowie, wybierani w bezpośrednich wyborach, często obiecują surowość. „Wojnę z narkotykami" prowadzi się od dziesięcioleci z zastosowaniem represywnej strategii, której niepowodzenie od dawna jest wszystkim wiadome. W takim klimacie wciąż będzie się zdarzać, że policjanci użyją niewspółmiernej siły – ze strachu o własne życie, z frustracji bądź z nienawiści.[249]

Centralna Agencja Wywiadowcza *(Central Intelligence Agency – CIA)*

Centralna Agencja Wywiadowcza USA od zawsze cieszyła się złą opinią na świecie, co generalnie dotyczyło przestrzegania prawa. Jednak podczas „wojny z terrorem" administracji George'a Busha II opinia ta stała się wyjątkowo fatalna. Podsumowanie raportu jednej z komisji senackich na temat metod przesłuchiwania stosowanych przez CIA w „wojnie z terrorem" zawiera opis działań tej ważnej agencji wolnego i demokratycznego państwa, które stoją w diametralnej sprzeczności z prawami człowieka. Czyta się to, jak gdyby był to wyciąg z praktyk stosowanych w osławionym więzieniu tortur Czerwonych Khmerów w Kambodży w latach 1975 do 1977. Oto kilka próbek: pozbawianie snu aż do wywołania halucynacji, zadawanie ciosów, uderzanie więźniami o ściany, chłostanie, przetrzymywanie w małych, przypominających trumny boksach, uwiązywanie na łańcuchu, kompletne izolowanie, zakładanie pieluch połączone z odmową prawa korzystania z toalety, wprowadzanie

---

[249] Ross, Andreas, w: „Frankfurter Allgemeine Zeitung" z 03. 05. 2015 r.

płynów i pokarmu przez odbyt, kąpiele w lodowatej wodzie, grożenie egzekucją, symulowane duszenie, głodzenie, grożenie wykorzystaniem seksualnym, seksualnym wykorzystaniem matki, przemoc wobec dzieci, trzymanie w kompletnej ciemności. Pewnego człowieka po lodowatym prysznicu przykuto łańcuchem do ściany i zmuszono do spania w samym tylko t-shircie na zimnej podłodze. Następnego dnia był on martwy; jak wykazała autopsja, zmarł z wyziębienia.[250]

Agenja Bezpieczeństwa Narodowego (*National Security Agency – NSA*)

Jednak rzut oka na USA znów pokazuje centrum elastycznego posługiwania się ochroną prawną w walce z terrorem – nawet jeśli pominie się regułę Guantanamo. Gdy New York Times ujawnił, że prezydent George Bush II zlecił NSA podsłuchiwanie telefonów obywateli USA bez sędziowskiego nakazu, rząd amerykański w mgnieniu oka zarządził objęcie tego programu tajemnicą państwową, w związku z czym wszelkie skargi przeciwko niemu musiały być oddalane z uwagi na prawo władzy wykonawczej do niejawności. Podobnie postąpiły amerykańskie sądy ze skargą niemieckiego obywatela Khaleda al-Masri'ego, który w trakcie podróży służbowej do Macedonii został uprowadzony przez agentów USA, wywieziony do Afganistanu, a tam torturowany do chwili, gdy wypuszczono go gdzieś w Albanii po tym, jak owi agenci stwierdzili, że złapali niewłaściwego człowieka. Rząd znów argumentował, że z uwagi na ochronę informacji niejawnych postępowanie sądowe jest niemożliwe. Sąd Najwyższy nie uznał nawet za konieczne zbadania, czy utrzymanie tajemnicy państwowej jest nadrzędne wobec praw podstawowych i praw człowieka – przez co, oczywiście nie wprost, odpowiedział na to pytanie.[251]

Zdaniem NSA, a tym samym i Białego Domu, masowe gromadzenie danych komunikacyjnych jest nieodzowne w „wojnie z terrorem" i przestępczością zorganizowaną. Ujawnione dzięki informacjom Edwarda Snowdena praktyki podsłuchowe dotyczące szefów zagranicznych rządów i czołowych polityków całego świata, urzędników organów UE oraz Narodów Zjednoczonych pokazują jednak, że uzasadnienie to jest zbyt jednostronne. Utrata zaufania i ochłodzenie stosunków kładą się cieniem na partnerstwie między światowym mocarstwem USA a jego sojusznikami.

Prawa człowieka a wymiar sprawiedliwości

Liczba więźniów w amerykańskich więzieniach osiągnęła niewiarygodną wysokość, a wiele stanów nadal pozostaje przy karze śmierci. Na początku lat dziewięćdziesiątych ostatniego stulecia w USA siedziało w więzieniach około miliona ludzi. W roku 2000, pod koniec rządów Billa Clintona, liczba ta wzrosła do dwóch milionów. W większości przyrost ten był skutkiem nowych praw skierowanych

---

[250] Raport na temat metod przesłuchiwania CIA, w: menschenrechte.eu z 09. 12. 2014 r.
[251] *por.* Trojanow, Ilija oraz Zeh, Juli, *Angriff auf die Freiheit*, op. cit. s. 103-104

przeciwko konsumentom narkotyków, a nie ich handlarzom. 80 % siedzących w więzieniach za narkotyki było tam z powodu posiadania środków odurzających, a nie z powodu handlu nimi.[252]

W latach 1976-2003 w USA miało miejsce blisko 800 egzekucji. Najbardziej „przyjazne egzekucjom" stany to Teksas z 274, Wirginia z 86 i Missouri z 57 egzekucjami wykonanymi w tymże okresie. Także Oklahoma i Floryda, odnotowując po ponad 50 straceń, zajmują tu „dobre miejsca". Co ciekawe, pierwszych dziesięć miejsc zajmują wyłącznie stany południowe, czyli te, w których odsetek czarnoskórej ludności jest wyjątkowo duży.

Z pewnego studium wynika, że spośród 4.578 procesów z okresu od 1973 r. do 1995 r., zakończonych wyrokami śmierci, w 70 % przypadków, które zostały zakwestionowane w ramach postępowań rewizyjnych, stwierdzono bardzo poważne uchybienia proceduralne. W każdych dwóch z trzech ponownie rozpatrywanych spraw wyrok śmierci wręcz został unieważniony. Ostatecznie odsetek wykrytych błędów wyniósł ogółem całe 68 %. Bądź co bądź od 1973 r. 59 skazanych na śmierć zostało przez sąd w pełni zrehabilitowanych. Urzędowo stwierdzono, że zbrodni, za którą wydano na nich wyrok śmierci, nie popełnili.[253]

Kara śmierci stosowana jest nawet wobec osób upośledzonych i młodocianych: „Jesteśmy jednym z niewielu krajów świata, które wykonują wyroki śmierci nawet na umysłowo upośledzonych, jeśli są oni sprawcami zbrodni. Należymy do grupy sześciu państw, które skazują na śmierć również młodocianych. Egzekucji na młodocianych dokonują jeszcze tylko Iran, Nigeria, Pakistan, Arabia Saudyjska i Jemen. USA są także jedynym obok Somalii krajem, który nie podpisał Deklaracji Praw Dziecka Organizacji Narodów Zjednoczonych. Dlaczego? Ponieważ zawarte jest w niej postanowienie zakazujące wykonywania egzekucji na młodocianych w wieku poniżej 18 lat. A my oczywiście chcemy zachować swobodę zabijania naszych dzieci, gdy tego zechcemy. Żadne inne społeczeństwo przemysłowe nie przeprowadza egzekucji na swoich dzieciach." – mówi Michael Moor.[254]

Jaki jest stan aktualny w maju 2016 r.? Karę śmierci ma w swoim ustawodawstwie jeszcze 31 spośród 50 stanów. 3.000 skazanych czeka w więziennych blokach śmierci. W ostatnich dziesięcioleciach zabijanie następowało głównie poprzez zastrzyki z trucizny. Międzynarodowe i amerykańskie koncerny chemiczne, które dostarczały tych zastrzyków, tymczasem wycofały się jak jeden mąż z tej produkcji oraz dostaw. Jako

---

[252] *por.* Moore, Michael, *Stupid White Man*, op. cit. s. 237
[253] tamże, s. 246
[254] tamże, s. 248

ostatnie z 20 przedsiębiorstw chemicznych, sprzedaż zastrzyków z trucizną wstrzymała w roku 2016 także firma Pfitzer.

W cywilizowanym świecie panuje daleko idąca jednomyślność co do tego, że egzekucje nie wywołują odstraszającego efektu. Konserwatywny sędzia Alex Kozinski przypomniał ostatnio, że w takich stanach jak Kalifornia największym, z dużą przewagą, zagrożeniem dla życia skazanych na karę śmierci zbrodniarzy nie jest egzekucja, lecz uwiąd starczy. Wielu obserwatorów sądzi, że najprędzej takie właśnie przemyślenia, wraz z ostrym niedoborem trucizny, mogą stopniowo odstręczyć USA od stosowania kary śmierci. Niektóre stany znów patrzą łaskawym okiem na plutony egzekucyjne. Gdzieniegdzie w gotowości są nadal krzesła elektryczne. Zdarzają się też komory gazowe, do których podaje się kwas pruski, podczas gdy pod uszczelnionymi drzwiami ktoś ze stetoskopem o ekstra długim przewodzie przysłuchuje się cichnącemu biciu serca skazańca. W amerykańskich więzieniach na egzekucję czeka ponad 3.000 ludzi. Tylko jak ich zabić?

Zdaniem izby lekarskiej, medycy uczestniczący w egzekucjach sprzeniewierzają się swojej przysiędze. Dlatego w komorach egzekucyjnych brakuje wyszkolonego personelu. Egzekucje co i raz są odwoływane po niezliczonych próbach wkłucia, gdyż dokonującym ich funkcjonariuszom po prostu nie udało się znaleźć żyły odpowiedniej do wprowadzenia igły. Zwłaszcza w wypadku byłych narkomanów jest to trudne. Problemem w 31 stanach jest zatem, jak zabić tych ponad 3.000 skazańców w swoich więzieniach. Nie ma humanitarnego sposobu przeprowadzenia na kimś egzekucji.[255]

Guantanamo

Kwestię specjalną stanowi obóz więzienny w Guantanamo i przestrzeganie, czy raczej nieprzestrzeganie, praw człowieka w odniesieniu do siedzących tu ludzi z całego świata. W Guantanamo złamano wszelkie zasady, na których opierają się USA, i łamie się je nadal.

Pod koniec roku 2014 rzecznik prezydenta Baracka Obamy potwierdził to, co opinii publicznej już było wiadome: prezydent USA nie zdoła zrealizować swej obietnicy zamknięcia Guantanamo nawet z jednorocznym opóźnieniem. Obóz, jak poinformował Robert Gibbs, „z pewnością nie zostanie zamknięty w najbliższym miesiącu." Obejmując swój urząd Obama obiecał, że najpóźniej w styczniu 2010 r. to wojskowe więzienie zostanie opróżnione. Prezydent chciał trzymać się swoich planów, jednak Kongres odmówił mu wsparcia. I tak w grudniu 2014 r., wraz z dodatkowym budżetem na operacje wojskowe, uchwalony został zakaz finansowania więzienia w Stanach Zjednoczonych przeznaczonego dla więźniów z Guantanamo. Od 2011 r. nie

---

[255] Ross, Andreas, w: „Frankfurter Allgemeine Sonntagszeitung" z 20. 03. 2015 r.

zdołano zarezerwować pieniędzy nawet na transport więźniów Guantanamo, którzy mają zostać pociągnięci do odpowiedzialności przez amerykańskie sądy. Tym samym załamały się rządowe plany dostarczenia do Stanów Zjednoczonych na procesy karne niektórych spośród 174 jeszcze więźniów, w tym Chalida Szajcha Muhammada, który przyznał się do zorganizowania „9/11".

Opór przeciwko temu od początku kontrowersyjnemu zamierzeniu wzrósł jeszcze mocniej po tym, gdy nowojorski sąd przysięgłych uznał w listopadzie 2014 r. byłego więźnia Guantanamo, Ahmeda Khalfana Ghailani'ego, winnym jednego tylko spośród 285 punktów oskarżenia. Rząd Obamy określił ogólną liczbę więźniów, którzy mogliby zostać postawieni przed sądem, na 36. Dla dziewięćdziesięciu więźniów tego obozu nadal poszukuje się krajów, które zechcą ich przyjąć. 48 więźniów, uznanych za szczególnie niebezpiecznych, ma być nadal zatrzymanych na nieokreślony czas, bez wyjaśniania kwestii ich winy przez sąd karny. „Przepisy dla tej grupy są opracowywane", potwierdził Biały Dom doniesienia medialne na początku 2015 r. Zgodnie z nimi, komisja złożona z pracowników różnych ministerstw i organów władzy miałaby regularnie rozpatrywać sprawy więźniów pod kątem tego, czy kontynuowanie ich aresztu jest wskazane, czy też nie.

Jak należało się spodziewać, obrońcy praw obywatelskich z oburzeniem zareagowali na tę planowaną formalizację czasowo nieograniczonego przetrzymywania domniemanych terrorystów w więzieniu bez uprzedniego wyjaśnienia kwestii ich winy. Nie da się tego pogodzić z zasadami państwa prawa, skrytykowało *Centre for Constitutional Rights*. Ta nowojorska organizacja na rzecz praw obywatelskich była mocno zaangażowana w postępowanie w sprawie Guantanamo, kiedy to w 2008 r. Sąd Najwyższy uznał konstytucyjne prawo więźniów do zbadania zasadności ich aresztowania (*habeas corpus*) przez amerykańskie sądy. Wyrok, chwalony wówczas jako przełomowy, nie wywołał jednak skutków, na jakie liczyli obrońcy praw. Przeciwnie, rozwinął się zaciekły spór w nierozstrzygniętej przez sąd kwestii, jakie uprawnienia kontrolne mają sędziowie w postępowaniach dotyczących *habeas corpus*.

Początkowo rzecz przebiegała pomyślnie dla więźniów. W pierwszej instancji większość spraw dotyczących zasadności aresztowania rozstrzygana była na ich korzyść. Tak więc sędziowie sądu federalnego w Waszyngtonie, gdzie wpłynęło równo dwieście wniosków o postępowanie w kwestii *habeas corpus*, stwierdzili w 38 rozpatrzonych dotąd przypadkach z Guantanamo, że przedłużenie aresztu nie jest uzasadnione. Tym sposobem 24 więźniów uzyskało zwolnienie. Jednak w innych przypadkach administracja Obamy odwołała się od decyzji sądu. Wyrok Sądu Najwyższego w sprawie zasadności aresztowania winien być interpretowany restryktywnie, argumentował rząd – z dużym, jak się okazało, powodzeniem. Zgodnie z orzeczeniem sądu odwoławczego, władza wykonawcza ma dużą swobodę decyzji co do postępowania z więźniami. Między innymi sędziowie tego sądu wyraźnie złagodzili wymóg dowodowy w sprawach o przedłużenie aresztu więźniom Guantanamo. Ponadto rząd amerykański skutecznie zakwestionował w instancji odwoławczej opinię, że sądy weryfikujące zasadność decyzji o aresztowaniu decydują nawet o przewozie więźniów. Sądy te – tak sędziowie sądu odwoławczego potwierdzili pogląd prawny administracji Obamy – winny jedynie sprawdzać, czy nadal istnieje prawna podstawa aresztowania; o tym, co dalej dzieje się z więźniami, postanawia władza wykonawcza. To pomyślne dla rządu orzeczenie zostało wsparte przez wyrok Sądu Najwyższego datowany na ten sam dzień co decyzja w kwestii prawa więźniów Guantanamo do zbadania zasadności ich aresztu. Sąd Najwyższy orzekł jednogłośnie, że w USA istnieje co prawda prawo pozwalające amerykańskim sądom federalnym badać zasadność aresztowania, sędziowie nie mogą wszakże zabronić amerykańskiemu wojsku przekazania prawdopodobnych sprawców czynów karalnych władzom irackim. Mocą tej decyzji, konkludował sąd odwoławczy w postępowaniu dotyczącym Guantanamo, w sprawach o zbadanie zasadności aresztowania, które pozostają w związku z „walką z terroryzmem", sędziowie generalnie mają jedynie ograniczone uprawnienia kontrolne i sprawcze. Obrońcy praw obywatelskich energicznie się temu sprzeciwili. Restryktywna linia sądu odwoławczego – stwierdzili – jest niezgodna z rolą strażnika, jaką Sąd Najwyższy wyznaczył w swoim orzeczeniu sądom powszechnym. Wyrok w sprawie *habeas corpus* stanie się wydmuszką, jeśli ostatecznie to jednak rząd będzie decydował, na jakich warunkach więźniowie Guantanamo będą mogli wyjść na wolność. Adwokaci tych więźniów, szukając pomocy, ponowie zwrócili się do Sądu Najwyższego.

W wypadku trzech zasadniczych orzeczeń, jakie Sąd Najwyższy wydał dotąd w kwestii postępowania amerykańskiego rządu z domniemanymi terrorystami, obrońcy praw za każdym razem mogli odnotować zwycięstwo. Jednakże już wówczas sąd jedynie skąpą większością głosował za ograniczeniem uprawnień władzy wykonawczej; tę większość gwałtownie skrytykowali sędziowie z prawego skrzydła. Od tamtej pory w Sądzie Najwyższym nastąpiły zmiany personalne. Teraz adwokatom więźniów z Guantanamo z jeszcze większą trudnością przyjdzie pozyskiwanie większości składu Sądu Najwyższego na rzecz wzmocnienia praw swoich klientów. Ma to przede wszystkim związek z zastąpieniem lewicowo-liberalnego Johna Paula Stevensa, urodzonego sędziego, przez sędzię Elenę Kagan. Stevens, który latem 2010 r. przeszedł w stan spoczynku w wieku 90 lat, w zdecydowany sposób wpływał na dotychczasowe, dość krytyczne wobec rządu orzecznictwo w sprawie Guantanamo. Natomiast E. Kagan przed swoim przejściem do Sądu Najwyższego była naczelną pełnomocniczką procesową rządu Obamy. Jako *solicitor general* była ona między innymi zaangażowana w sprawy o zbadanie zasadności aresztowania, na których rozpatrzenie przez Sąd Najwyższy naciskają obecnie adwokaci. Uważa się za rzecz pewną, że jeśli

Sąd Najwyższy zajmie się powtórnie losem więźniów Guantanamo, pani Kagan z uwagi na swą poprzednią rolę zostanie uznana za osobę stronniczą.[256]

USA – państwo więźniów?

W stanie Teksas resocjalizacja sprawców w równie małym stopniu zalicza się do priorytetowych cnót politycznych, co i współczucie dla nich. Jednak sytuacja, że spośród 27 milionów mieszkańców ćwierć miliona przebywa w więzieniach, a setki tysięcy są na wolności tylko z powodu kar w zawieszeniu, nie odpowiada ani demokratom, ani republikanom. Więźniowie kosztują sporo pieniędzy i obciążają budżet.

Według słów prezydenta Baracka Obamy, Stany Zjednoczone stanowią pięć procent ludności świata, lecz aż 25 procent światowej populacji zapełniającej więzienia. Odsetek osadzonych jest tu czterokrotnie wyższy niż w Chinach, skarżył się prezydent. USA trzymają za kratkami więcej ludzi niż 35 największych państw Europy ogółem. Na przestrzeni jednego pokolenia liczba więźniów wzrosła w USA czterokrotnie. Przy tym groźba uwięzienia jest w wypadku czarnoskórych mężczyzn sześć razy większa niż w wypadku białych. 108 państwowych więzień w Teksasie nadal ma komplet osadzonych.

Życie w tych więzieniach jest wyraźnie trudniejsze niż na przykład w więzieniach niemieckich. Za wzorcowy przykład amerykańskiego więzienia niechaj posłuży *Dawson State Jail*. Na większości pięter, obok ciągu niewielkich, ciemnych cel izolacyjnych, znajduje się kilka sal sypialnych. Wkrótce po otwarciu także to więzienie stało się zbyt małe. W związku z tym pomiędzy pierwotnie 24 wąskie, piętrowe prycze na każdej z sal wciśnięto kolejne, tak by w każdym pomieszczeniu mogło przebywać 54 skazanych. Kilku osadzonych ma ze swoich legowisk widok na nieosłonięty prysznic i trzy muszle klozetowe ze stali, bez desek, stojące obok siebie bez drzwi czy innej osłony, oraz na wpuszczone w ścianę umywalki do mycia zębów. Także posiłki więźniowie spożywają w swojej sali sypialnej – w systemie zmianowym, ponieważ zamontowanych na stałe metalowych stołów i siedzeń nie starcza dla wszystkich naraz. Strażnicy za oszkloną przegrodą mają wszystko na oku. „Niestety, nie zawsze była możliwość wyznaczania na piętrach kobiecych wyłącznie strażników płci żeńskiej", stwierdził zarząd więzienia.

W więzieniu tym ponad 2.000 osadzonych pilnuje niekiedy tylko 31 strażników. Gdy pewna amerykańska delegacja zwiedzała niemieckie więzienia, gości dziwiły pojedyncze cele z dziennym światłem i łazienką, zdjęcia rodzin, drzwi do ubikacji, małe kuchenki oraz niewielka liczba incydentów z użyciem przemocy. Później dwóch

---

[256] „Frankfurter Allgemeine Zeitung" z 4 stycznia 2011 r.

członków tej delegacji, jak gdyby relacjonując ekspedycję w głąb niezbadanej kultury, z zaskoczeniem napisało w New York Timesie, że „respekt dla ludzkiej godności służy za wytyczną nawet dyrektorom więzień."[257]

Rzut oka na sytuację praw człowieka na świecie

Jak dalece zmieniła się sytuacja praw człowieka w innych częściach świata od chwili uchwalenia, 66 lat temu, „Powszechnej Deklaracji Praw Człowieka" ONZ?

Rozwój praw człowieka nie przebiega prostoliniowo i nie jest odporny na działania regresywne. W sytuacji utrzymującego się, powracającego bądź nowego bezprawia, praw człowieka trzeba wciąż na nowo bronić, domagać się ich i o nie walczyć. Zgodnie z tym sytuacja praw człowieka w różnych krajach i różnych okresach kształtuje się bardzo różnie. Jako rzecz pozytywną należy odnotować, że z punktu widzenia „Powszechnej Deklaracji Praw Człowieka" międzynarodowa ochrona tych praw znacznie się zróżnicowała. Doprowadziła do zawarcie szeregu umów międzynarodowych dotyczących praw człowieka. Chronią one szczególnie „wrażliwe" grupy, takie jak kobiety, dzieci, ludzie z niepełnosprawnością czy migranci zarobkowi. Równocześnie krzepną i tworzą globalną sieć organizacje niepaństwowe, które piętnują prześladowania, ucisk, dyskryminację, wyzysk i ubóstwo oraz występują w imię obywatelskich, politycznych, ekonomicznych, socjalnych i kulturalnych praw człowieka.

Freedom House, międzynarodowa organizacja pozarządowa (NGO) z główną siedzibą w Waszyngtonie D.C., postawiła sobie za cel wspieranie liberalnych demokracji na całym świecie. W roku 2013 *Freedom House* sklasyfikowała 195 państw świata dzieląc je na „wolne", „częściowo wolne" i „bez wolności". Podział ten ukazuje istnienie ogromnych różnic pomiędzy regionami. Udział państw bez wolności nigdzie nie jest wyższy niż na Bliskim Wschodzie i w Afryce Północnej. Zgodnie z tym podziałem 90 państw (46 %) ocenia się jako wolne, 58 (30 %) jako częściowo wolne i 47 (24 %) jako bez wolności. Nietrudno zgadnąć, że akurat ta NGO, z siedzibą w Waszyngtonie D.C., lokuje USA w czołowej grupie tych państw, które przestrzegają praw człowieka.

Małe porównanie z Niemcami zrelatywizuje, być może, tę ocenę. Niemcy, które w okresie panowania narodowych socjalistów oscylowały, jeśli chodzi o prawa człowieka, w okolicach końcówki tej listy, po „demokratycznym wybuchu" 1949 r. przekształciły się, jak najbardziej również dzięki „reedukacji" dokonanej z pomocą i pod wpływem USA, we wzorcową demokrację, w której prawa człowieka cieszą się tak wysokim poważaniem, jak w bardzo niewielu innych państwach. Oczywiście

---

[257] Ross, Andreas, w: „Frankfurter Allgemeine Sonntagszeitung" z 20. 03. 2015 r.

przestrzega się tu konwencji genewskich, bez żadnych wyjątków. Dowodzi tego kilka wydarzeń z okresu wojny w Afganistanie. Powszechne prawa człowieka nie tylko są respektowane, lecz ich dotrzymanie gwarantowane jest także przez prawodawstwo, policję i sądownictwo, a wykroczenia przeciwko nim są karane na drodze publicznych procesów sądowych. Metody stosowane przez CIA, NSA i inne organy bezpieczeństwa USA są w Niemczech nieznane.

W wymiarze sprawiedliwości resocjalizacja jest na równym poziomie z karą: współżycie ze skazanymi po jej odbyciu winno przecież znów układać się pokojowo, a oni sami integrować się ze społeczeństwem. Uprawnienia policji są wyraźnie mniejsze niż w USA, posiadanie broni palnej jest jasno uregulowane i poważnie ograniczone, a sytuacja w więzieniach jest nieporównywalna z istniejącą w wielu innych państwach, przede wszystkim zaś z obserwowaną w USA.

A jak ocenia sytuację praw człowieka w USA *Human Rights Watch* (HRW), aktywna w wymiarze międzynarodowym, niepaństwowa organizacja, która występuje na rzecz przestrzegania tychże praw prowadząc niezależne badania i działalność publiczną? W swoim raporcie za 2016 r. stwierdziła ona w odniesieniu do USA: „Do wielu spośród poważnych naruszeń praw człowieka, jakie występują w Stanach Zjednoczonych, dochodzi na gruncie sądownictwa karnego. System prawno-karny – od policji, poprzez organy ścigania aż po wymiar kary – zdominowany jest przez nieprawości, takie jak różnicowanie rasowe, jak również przez nad miarę surowe wyrokowanie oraz taką politykę narkotykową i imigracyjną, która przesadnie akcentuje aspekt kryminalizacji. W rezultacie Stany Zjednoczone posiadają największą zgłoszoną populację więzienną na świecie. Specyficzne środki często mają wyjątkowo dotkliwe oddziaływanie na młodzież, mniejszości etniczne czy na ludzi o niskich dochodach, którzy zostają obarczeni winą lub padają ofiarą przestępstw. Więzienia i pomieszczenia aresztanckie są pod wieloma względami niebezpieczne i nieludzkie."[258]

Résumé
Najstarsza demokracja ery nowożytnej z pierwszą konstytucją tejże ery upomina wiele państw na Ziemi w kwestii przestrzegania praw człowieka. Czyni to w odniesieniu do krajów rozwijających się, dyktatur oraz wschodzących młodych demokracji – czyni nieustannie i słusznie. Jednak najpóźniej od 2001 r. i czasów administracji George'a Busha II, USA brak jest wiarygodności. USA same w wielu dziedzinach nie trzymają się praw człowieka – dość przypomnieć Guantanamo, tortury, karę śmierci, bezwzględność policji – i w związku z tym nie mogą oczekiwać, że inne kraje będą się słuchać napomnień płynących z Waszyngtony D.C.

---

[258] www.hrw.org

USA nie są już wzorem jeśli chodzi o przestrzeganie praw człowieka, poza tym na skutek takiego a nie innego obchodzenia się z tymi prawami inspirują one i wspomagają niedemokratyczne siły w młodych lub wątłych demokracjach.

USA cechują się niedostatkiem wiarygodności.

Rozdział 20

Rasizm

Wszelka nienawiść to nic innego jak zabezpieczenie stanu posiadania.[259]

Choć naukowo udowodniono, że wszyscy ludzie są tego samego pochodzenia, szeroko rozpowszechniona jest opinia, że istnieją różne rasy o zróżnicowanej wartości. Jak takie rasistowskie poglądy mogły się rozwinąć?

Źródła rasizmu sięgają czasów kolonizacji Afryki i Ameryki Południowej. Zniewolenie milionów Afrykanów w celu wydobywania surowców na podbitych obszarach umocniło wśród mocarstw europejskich poczucie moralnej i cywilizacyjnej wyższości „białej rasy".

W trakcie zdobywania Ameryki do głosu doszły dalsze rasistowskie aspekty, takie jak podbój z wykluczającymi następstwami dla Indian, jak transatlantyckie niewolnictwo czy walka o udział w uznanej za oczywistą białej dominacji.

Z ekonomicznego punktu widzenia transatlantyckie niewolnictwo było relacją w postaci trójkąta, gdzie tanie towary, wódkę i broń z Europy wymieniano, najczęściej za pośrednictwem afrykańskich i arabskich handlarzy niewolników, na niewolników z Afryki, a tych z kolei na amerykańskie towary kolonialne. W okresie od XVI do XIX wieku kolonizacja Ameryki łączyła się z masowym zniewalaniem Afrykanów, których używano jako taniej siły roboczej we wszystkich częściach rzadko zasiedlonego podwójnego kontynentu: w koloniach brytyjskich, holenderskich, francuskich i hiszpańskich (później w USA, Brazylii i europejskich koloniach obszaru Karaibów). Wyjątkowo drastyczną formę przybrało niewolnictwo na północnoamerykańskim lądzie, formę jedyną w swoim rodzaju na całym obszarze podwójnego kontynentu. Jest bowiem naczelnym paradoxum amerykańskiej historii, że wolność i równość, atrybuty bezklasowości będące głównymi amerykańskimi wartościami, w nader istotnej mierze oparte są na niewolnictwie i związanym z nim rasizmie.

Zerwanie USA z blisko 250-letnią tradycją niewolnictwa ogłoszono przed 153 laty, 1 stycznia 1863 r., gdy Abraham Lincoln doprowadził do wejścia w życie tak

---

[259] Powers, Richard, w: „The Time of Our Singing"

zwanej Proklamacji Emancypacji, zgodnie z którą „wszystkie osoby trzymane jako niewolnicy w którym Stanie bądź Stanu wskazanej części, gdzie ludność byłaby zbuntowana przeciwko Zjednoczonym Stanom, będą na zawsze wolne".

Choć Proklamacja Emancypacji w rzeczy samej stanowiła manewr taktyczny w toku amerykańskiej wojny domowej i ani nie zakończyła całkiem niewolnictwa, ani też nie uwolniła wszystkich niewolników, to jednak nie chybiła jeśli chodzi o oczekiwane skutki. Dała ona milionom niewolników nadzieję na rychłą wolność, wojennym celom stanów północnych nadała moralną legitymację, a w stanach południowych rozbudziła obawę przed utratą niewolniczej siły roboczej. Tym sposobem 1 stycznia 1863 r. wyznacza początek końca niewolnictwa w USA, które w grudniu 1865 r., wraz z ratyfikacją 13 poprawki do Konstytucji Stanów Zjednoczonych, zostało ostatecznie zniesione.

Michael Moore potwierdza tę ocenę pisząc: „Jako biali wyobrażamy sobie, że bylibyśmy bezpieczniejsi w towarzystwie innych białych. Od urodzenia uczono nas, że musimy strzec się ludzi o innym kolorze skóry. To są ci, którzy chcą nam poderżnąć gardło! Gdy jednak spoglądam na swoje dotychczasowe życie, ukazuje się zaskakujący, ale jednoznaczny wzorzec. Zdecydowanie każda osoba, jaka kiedykolwiek w moim życiu zadała mi ból, to byli wyłącznie biali! I to ma być przypadek? Po prostu w to nie wierzę. Jeszcze nigdy nie zaatakował mnie żaden czarnoskóry, jeszcze nigdy żaden czarnoskóry nie wyrzucił mnie z mojego mieszkania, jeszcze nigdy nie słyszałem czarnego mówiącego: «Będziemy tu redukować 10.000 miejsc pracy – miłego dnia!»"[260]

<u>Zmiany zachodzące przez lata</u>
Kilka ważnych decyzji i kilka spektakularnych wydarzeń podkreśla zmiany, jakie zaszły w biegiem lat.

Rok 1865 jest ważnym rokiem jeśli chodzi o zniesienie niewolnictwa: 31 stycznia, jako się rzekło, uchwalona została przez Kongres 13. poprawka do Konstytucji USA, 14 kwietnia 1865 r. zamordowany został Abraham Lincoln, a 23 czerwca 1865 r. zakończyła się wojna domowa. Wraz z ratyfikowaną 18 grudnia 1865 r. 13. poprawką, na całym obszarze USA niewolnictwo formalnie zostało zniesione. 19 czerwca został ustanowiony dniem pamięci przypominającym o końcu niewolnictwa w USA.

Jednak te polityczne decyzje miały jedynie ograniczony wpływ na przyszłe współistnienie ras w tym kraju. Natychmiast wszczęto protest, protest agresywny, wojowniczy. W roku 1865, tuż po zakończeniu wojny secesyjnej, zaczęły tworzyć się

---

[260] Moore, Michael, *Stupid White Man*, op. cit.

grupy, które nie zgadzały się ze zniesieniem niewolnictwa w ogóle, a ze zrównaniem czarnych z białymi w szczególności. Najbardziej znaną – i najbrutalniejszą – grupą był Ku Klux Klan. Grupa ta powstała w południowych stanach USA jako tajny związek rasistowski. Celem Klanu, po jego założeniu 24 grudnia 1865 r., było przede wszystkim gnębienie czarnych. Jego przemoc kierowała się początkowo przeciwko czarnoskórym i ich obrońcom, jak również przeciw licznym niegdysiejszym mieszkańcom stanów północnych, którzy chcieli skorzystać na odbudowie Południa po wojnie secesyjnej. Klan był ugrupowaniem paramilitarnym, które swoje cele polityczne próbowało osiągnąć z pomocą terroru i przemocy. Wprawdzie zostało ono rozwiązane w 1870 r., jednak w roku 1915 utworzono je na nowo w postaci masowej organizacji natywistycznej. Mając do czterech milionów członków (1924 r.), Klan prowadził politykę dominacji białych, zwłaszcza wobec Afroamerykanów, ale i wojującego antykatolicyzmu i antysemityzmu. Po II wojnie światowej jako Ku Klux Klan uformowały się różne, niezależne od siebie grupy, które wobec faktycznych lub domniemanych przedstawicieli amerykańskiego ruchu obrońców praw obywatelskich popełniały najróżniejsze akty przemocy, poczynając od werbalnego zastraszania poprzez różnorakie napaści fizyczne aż po morderstwa.

W tym miejscu konieczna jest następująca konstatacja: zniesienie niewolnictwa nie jest identyczne ze zniesieniem podziałów rasowych, te bowiem istniały nadal. *Separate but equal* [oddzielni, lecz równi] – to motto uznano w Stanach Zjednoczonych za społeczną i prawną zasadę, która do 1964 r. definiowała w południowych stanach sposób postępowania z afroamerykańską mniejszością, nazywany segregacją rasową, oraz stosunki między obu najważniejszymi grupami ludności. Według tej zasady, w wielu dziedzinach życia białym i czarnym Amerykanom udostępniano porównywalne instytucje i usługi, które jednak, jeśli chodzi o użytkowników, były ściśle rozdzielone podług koloru skóry, co uznawano za wyraz polityki segregacji, rozdziału. Hotele, autobusy, urządzenia sanitarne: tu oraz w innych dziedzinach występował rozdział ras.

Ten rozdział, co zrozumiałe, prowadził do permanentnych rozbieżności między czarnoskórymi a władzą państwową. Szczególnie znana w tym kontekście jest historia Rosy Parks. W grudniu 1943 r. rozpoczęła ona pracę w *National Association for the Advancement of Colored People* (NAACP) w Montgomery, gdzie była zatrudniona jako sekretarka. W tym czasie w Montgomery segregacja rasowa była silnie zakorzeniona; istniały np. szkoły, ławki parkowe albo windy *whites only* i *coloreds only*. Również autobusy były podzielone, jednak nie do końca. Cztery rzędy miejsc z przodu były zarezerwowane dla białych i często pozostawały puste, lecz afroamerykańscy pasażerowie nie mogli z nich korzystać. Część tylna, która była zarezerwowana dla nich, najczęściej bywała przepełniona. Poza tym był jeszcze odcinek środkowy, z którego osoby czarnoskóre mogły korzystać, jednak gdy tylko choćby jeden jedyny biały pasażer chciał tym rzędzie usiąść, cały rząd miejsc należało zwolnić.

1 grudnia 1955 r. zdarzył się taki właśnie wypadek. Biały pasażer zażądał zwolnienia zarezerwowanego rzędu siedzeń, gdzie siedziała Rosa Parks. Pozostałe osoby opuściły miejsca, jednak 42-letnia wówczas kobieta odmówiła, bo nie chciała odbywać dalszej jazdy na stojąco. W tej sytuacji kierowca autobusu wezwał policję i domagał się aresztowania Rosy. W rezultacie Rosa Parks została aresztowana za zakłócanie publicznego spokoju, oskarżona i skazana na karę grzywny w wysokości 10 dolarów oraz pokrycie kosztów sądowych w kwocie 4 dolarów.

Po części w odpowiedzi na to aresztowanie Martin Luther King, dość mało wówczas znany pastor baptystyczny, zorganizował z udziałem swego *Montgomery Improvement Association* bojkot autobusów w Montgomery, który później zmusił władze do zniesienia segregacji rasowej w autobusach i pociągach i który w Ameryce uważa się za czynnik sprawczy wielu innych protestów ruchu obrony praw obywatelskich.

W roku 1957 nastąpił kryzys w *Central High School*, szkole średniej w Little Rock. We wrześniu, przy wsparciu wydawczyni *Arkansas State Press* – gazety czarnoskórej ludności Little Rock, do szkoły tej przyjętych zostało dziewięcioro czarnych dzieci. Gubernator Faubus, który wbrew tradycji zamierzał pozostać na stanowisku jeszcze przez trzecią kadencję, wysłał do miasta stanową Gwardię Narodową, by przeszkodzić tej integracji. Natychmiast zareagował na to prezydent Dwight D. Eisenhower: oddziały federalnej Gwardii Narodowej i spadochroniarzy wzięły pod opiekę czarne dzieci, których droga do szkoły przypominała „bieg przez rózgi", gdy szły przez szpaler pełnego nienawiści pospólstwa skandującego rasistowskie hasła.[261]

28 sierpnia 1963 r. Martin Luther King stał przed pomnikiem Lincolna i opowiadał o swym amerykańskim śnie. Silnym, choć nieco drżącym głosem zwracał się do ogromnej rzeszy ludzi pod pomnikiem i do milionów zafascynowanych telewidzów mówiąc w tym szczególnym rytmie, przywodzącym na myśl śpiewane przez czarnoskórych *spirituals*, o swojej wizji:

> „*Pewnego dnia na czerwonych wzgórzach Georgii synowie dawnych niewolników i synowie dawnych właścicieli niewolników będą mogli zasiąść razem przy braterskim stole. Pewnego dnia moich czworo dzieci będzie żyło wśród narodu, w którym ludzi nie osądza się na podstawie koloru ich skóry, ale na podstawie tego, jacy są*"

Trudno wyjaśnić, co oznaczało to wystąpienie dla narodu, który nie miał jeszcze ustawy o prawach obywatelskich, ustawy o prawach wyborczych ani ustawy o powszechnym prawie do mieszkania. Trudno wyjaśnić, co przemówienie to oznaczało dla amerykańskiego Południa, gdzie w większości szkół nadal panowała segregacja

---

[261] *por.* Clinton, Bill, *Moje życie*, op. cit., s. 40

rasowa, a podatek wyborczy wykorzystywano do trzymania czarnoskórych obywateli z dala od urny bądź też do zmuszania ich, by głosowali *en block* na zwolenników status quo, i gdzie osoby zawsze „lepiej wiedzące" nadal otwarcie używały słowa „czarnuch".[262]

W 1966 r. z radykalnego odłamu czarnoskórych w Stanach Zjednoczonych wyłonił się ruch na rzecz praw obywatelskich, który wybrał *Black Power* na swój slogan, odrzucał integrację ze zdominowanym przez białych społeczeństwem, a zamiast tego występował na rzecz politycznej i kulturalnej emancypacji Afroamerykanów.

Motto ruchu *Black Power* wprowadził w roku 1966 Stokeley Carmichael, przywódca *Student Nonviolent Coordinating Committee* (SNCC), jako antytezę do hasła wyborczego ruchu Martina Luthera Kinga, by zaakcentować dążność czarnych do równoprawnego udziału w sprawowaniu władzy przy zachowaniu swej kulturowej tożsamości. Stokeley Carmichael odrzucał koncepcję integracyjną Martina Luthera Kinga jako dobrowolne poddanie się supremacji białych i uznawał paktowanie z liberalnymi eksponentami dobrze zabezpieczonej pod względem ekonomicznym białej warstwy średniej za drogę donikąd, dopóki przeważająca większość czarnych Amerykanów żyje w biedzie.

Dla Stokeleya Carmichaela *Black Power* oznaczał dwie rzeczy: koniec okresu wstydu i poniżenia oraz samokontrolę nad czarnymi wspólnotami. Równolegle do równouprawnionej partycypacji w zreformowanym, demokratycznym systemie, ów niekwestionowany wódz ruchu *Black Power* domagał się stworzenia autonomicznych pod względem politycznym i gospodarczym kooperatyw z własną policją, a także prawa czarnoskórych do samoobrony. W drugiej połowie lat sześćdziesiątych, zainspirowany ideologią *Black Power*, powstał szereg wojowniczych ugrupowań, które prawicowo-radykalnemu Ku Klux Klanowi wypowiedziały walkę zbrojną.

Rosnące niezadowolenie z powodu biedy, utrzymującej się dyskryminacji, stosowania przemocy wobec bojowników o prawa obywatelskie i nieproporcjonalnie wysokiego udziału czarnoskórych wśród żołnierzy wysyłanych do Wietnamu, a zwłaszcza pośród ofiar tej wojny, doprowadziło do pojawienia się ruchów o charakterze na poły militarnym. Zwłaszcza w miastach pokojowe przesłanie Martina Luthera Kinga ścierało się z o wiele agresywniejszą koncepcją *Black Power*. W latach 60-tych gettami czarnoskórych w miastach na północy USA wstrząsnęły zamieszki na tle rasowym. Latem 1967 r. w miastach amerykańskich naliczono ponad 160 wybuchów przemocy. Prezydent Lyndon B. Johnson utworzył Krajową Komisję Doradczą ds. Niepokojów Społecznych; komisja ta doszła do wniosku, że za przyczyny niepokojów należy uznać rasizm i brutalność policji, jak również brak

---

[262] *por.* Clinton, Bill, *Moje życie*, op. cit., s. 66

możliwości gospodarczych i szans kształcenia dla czarnoskórej ludności. Niepokojący rezultat swej analizy komisja ujęła w jednym zdaniu, które z czasem stało się sławne:

„Nasz naród coraz wyraźniej zmierza ku podziałowi na dwa społeczeństwa – czarne i białe – odrębne i nierównoprawne"[263]

4 kwietnia 1968 r. na balkonie motelu zginął Martin Luther King, zastrzelony przez kilkakrotnie już karanego rasistę Jamesa Earla Ray'a. Po tym morderstwie w ponad 110 miastach USA doszło do zamieszek, podczas których życie straciło ogółem 39 ludzi, 2.000 zostało rannych, a 10.000 aresztowano. Zwłaszcza Waszyngtonem D.C. wstrząsnęły bardzo gwałtowne rozruchy. „Bitwę na 14. ulicy" zdołano stłumić dopiero z pomocą 13.000 żołnierzy. Miasto ogłosiło zakaz opuszczania domów i wprowadziło stan wyjątkowy. Burmistrz Chicago wezwał swych policjantów do bezwzględnego strzelania do awanturników. Gubernator Marylandu ogłosił bezterminowy stan wyjątkowy po tym, gdy jedna czwarta Baltimore stanęła w płomieniach. W Kansas policja ciskała kanistry z benzyną w szalejący tłum, który protestował, ponieważ w dniu pogrzebu Kinga szkoły nie zostały zamknięte.

Czarnoskórzy w siłach zbrojnych

W okresie II wojny światowej 11 % obywateli USA stanowili kolorowi, lecz w armii służyło ich w tym czasie jedynie 6 %. Tylko pięciu kolorowych nosiło oficerskie mundury, trzech z nich jako kapelani. Później siły zbrojne USA rozrosły się do 4,5 miliona ludzi – jednak na pierwszej linii frontu były tylko 92.000 czarnych żołnierzy. Około 800 kolorowych było oficerami. Jeszcze w 1945 r. komisja śledcza sił zbrojnych zalecała, by „murzyńskich żołnierzy" umieszczać wyłącznie w zaopatrzeniu. Wprawdzie trzy lata później, w *Executive Order 9981*, prezydent Truman nakazał integrację sił zbrojnych, lecz jeszcze podczas wojny w Korei kolorowi maszerowali najczęściej w zwartych szeregach kolorowych jednostek.

Po wojnie koreańskiej „murzyńskie jednostki" zostały rozwiązane, a górę wzięła integracja – wbrew oporowi wielu konserwatywnych wojskowych. Teraz coraz więcej kolorowych zgłaszało się ochotniczo pod broń. W korpusie marines odsetek czarnych wzrósł z mniej niż dwóch procent (1949) do dziewięciu procent w roku 1965, a w lotnictwie się podwoił: w 1965 r. co dziesiąty żołnierz sił powietrznych nie był już biały. W siłach lądowych kolorowi stanowili w 1949 r. zaledwie 1,8 procenta oficerów; w 1965 r. było to już 3,6 procenta.

Teraz w siłach zbrojnych kolorowi mogli robić to, o czym w życiu cywilnym wolno im było tylko pomarzyć: mogli wydawać białym rozkazy. Kolorowi oficerowie lub podoficerowie dowodzili białymi jednostkami, nawet gdy ich kadra pochodziła z „antymurzyńskiego Południa".

---

[263] *por.* Clinton, Bill, *Moje życie*, op. cit. s. 106 i nast.

Również poza tym wojsko oferowało dyskryminowanym możliwości, których w życiu cywilnym często im odmawiano. W siłach zbrojnych są oni socjalnie zabezpieczeni i – przynajmniej w trakcie pełnienia służby – równouprawnieni. Mają możliwość robienia kariery w swojej profesji, mogą wyuczyć się zawodu, chodzić do szkoły i uczestniczyć we wszystkich imprezach towarzyskich.

Dobrym przykładem jest tu Colin Powell. Urodził się on 5 kwietnia 1937 r. jako młodsze z dwojga dzieci Maud Ariel McKoy i Luthera Powella, pary imigrantów z Jamajki. Jego ojciec był pracownikiem magazynowym, a matka szwaczką w fabryce tekstyliów. Dorastał w Nowym Jorku w Bronx, dzielnicy zdominowanej przez Afroamerykanów. Powell uczęszczał do szkół publicznych i studiował geologię na *City University* w Nowym Jorku. Następnie zgłosił się do *Reserve Officer Training Corps* i ukończył, jako żołnierz, studia magisterskie w dziedzinie ekonomiki przedsiębiorstw na *George Washington University*. W swoich wspomnieniach pisze m.in., że w roku 1962, będąc kolorowym, „trzeba było mieć spory pęcherz" jadąc samochodem osobowym drogą międzystanową 95 z Nowego Jorku do Waszyngtonu: na tej bowiem autostradzie nie było toalet dla czarnoskórych, lecz tylko dla białych. Jego kariera jest bezprzykładna: w 1987 r. został doradcą ds. bezpieczeństwa narodowego u Ronalda Reagana, a w sierpniu 1989 r. przewodniczącym Kolegium Połączonych Szefów Sztabów (*Chairman Joint Chiefs of Staff*), czyli szefem sztabu generalnego sił zbrojnych USA. W roku 2000 został ministrem spraw zagranicznych USA; wszystkie te urzędy obejmował jako pierwszy w historii czarnoskóry.

Tymczasem sytuacja w siłach zbrojnych nadal się normalizowała. Dane statystyczne dowodzą, że w roku 2011 wojsko odzwierciedlało etniczny miks społeczeństwa, ale i etniczne zróżnicowanie w wojskowej hierarchii. Elitarną akademię wojskową *Westpoint* nadal kończyło 80 procent białych. A jednak: tylko w siłach zbrojnych akceptuje się dziś bez większych trudności sytuację, gdy tradycyjne uwarstwienie etniczne zostaje odwrócone i czarnoskórzy, Azjaci czy Latynosi sprawują dowództwo. I tak 1 lipca 2014 r., w osobie Michelle Janine Howard, po raz pierwszy czarnoskóra kobieta została awansowana do stopnia czterogwiazdkowego admirała. M. J. Howard urodziła się w 1960 r. w Kalifornii jako córka sierżanta sztabowego lotnictwa. W 1978 r. wstąpiła, jako kadetka, do marynarki, a w 1982 r. ukończyła studia na *US Naval Academy* w Annapolis. Była pierwszą kolorową kobietą, która dowodziła okrętem US Navy, mianowicie okrętem desantowym-dokiem USS „Rushmore".

Własne doświadczenia
Kilka osobistych przeżyć niechaj posłuży do podkreślenia rozwoju rasizmu w USA. W czerwcu 1963 r., jako podchorąży marynarki, uczestniczyłem w wizycie dwóch okrętów szkolnych Marynarki Niemieckiej w Annapolis, w amerykańskiej Akademii Marynarki Wojennej. Wraz z nami w porcie cumowały też dwa okręty

szkolne brytyjskiej marynarki wojennej. Pewnego wieczoru odbył się uroczysty bal (*Ringball*) dla podchorążych z USA, Niemiec i Wielkiej Brytanii, na który, poza podchorążymi, zaproszono podobną liczbę dziewcząt z różnych szkół. Spotykano się przy wejściu i parami zasiadano do stołów. Trzymałem się, wraz z kolegą z mego rocznika, nieco na uboczu i usiedliśmy przy stole bez dziewcząt, a wtedy podszedł do mnie pewien komandor z grona gospodarzy z prośbą o przysługę. Zaprowadził mnie do jednej z dziewcząt i poprosił, bym się nią zaopiekował. Przy pierwszym tańcu podszedł inny podchorąży i poprosił ją, lecz odmówiła. To samo stało się i za drugim razem. Brytyjski podchorąży był czarnoskóry i jej nie wolno było z nim tańczyć. Oboje spotkali się wcześniej przy wejściu, lecz nauczycielka dziewczyny na powrót ich rozdzieliła i poprosiła o przekazanie pod opiekę „białemu" – którym byłem ja.

Podczas mego pobytu w Norfolk byłem przełożonym pewnego niemieckiego komandora podporucznika, który w ramach wymiany oficerów pełnił służbę w szeregach US Navy w Charleston (Karolina Południowa). Latem 1992 r. jego pięcioletni syn miał urodziny, na które zaproszono inne dzieci. Rodzice kilkorga białych dzieci zatelefonowali do tej niemieckiej rodziny prosząc, by zaproszenia dla czarnych dzieci zostały odwołane, bo w innym razie ich białe dzieci nie przyjdą.

W latach 1992/1993 byłem prezesem mesy oficerskiej „Kwatery Głównej Sił NATO na Atlantyku" w Norfolk. Moim najważniejszym współpracownikiem był etatowy manager mesy. Była nim czarnoskóra porucznik marynarki USA, która wykonywała wspaniałą robotę, cieszyła się uznaniem wszystkich pracowników i była wysoko ceniona przez wszystkich oficerów tej mesy – oczywiście, również przeze mnie.

Jesienią 1992 r. pewne czarnoskóre małżeństwo zamieszkało przy naszej ulicy *Pond Cypress Drive* w Virginia Beach, przy której poza tym mieszkali wyłącznie biali. Dbano tu o dobre stosunki sąsiedzkie, wzajemne zaproszenia były rzeczą całkiem zwyczajną, jednak obojga nowych czarnoskórych inni sąsiedzi unikali i nie zapraszali. My natomiast czyniliśmy to wielokrotnie w sposób wręcz demonstracyjny. Po kilku miesiącach ludzie ci się wyprowadzili.

<u>Wymiar sprawiedliwości</u>
Światowa opinia publiczna mogła przyjrzeć się dokładnie rasizmowi w USA, gdy w roku 1991 w Los Angeles odbywał się tak zwany *proces Rodneya Kinga*. Podczas obławy Rodney King był brutalnie bity i poniewierany na ulicy przez czterech policjantów, także wtedy, gdy bezsilny leżał już na ziemi. Incydent został sfilmowany kamerą wideo. Film ten miał później posłużyć sądowi za dowód kryminalnych działań czterech białych policjantów. W pierwszej instancji policjanci ci zostali uniewinnieni. Powód: Rodney King był czarnoskóry, a policjanci biali i proces świadomie przeniesiono do innego, białego dystryktu, by móc zebrać ławę przysięgłych złożoną

w większości z białych sędziów. Wyrok ten spowodował następnie najpoważniejszy od długiego czasu bunt czarnych mieszkańców Los Angeles.

Amerykański system sądowniczy ma problem z rasizmem. Jego naczelnym objawem jest dyskryminacja Afroamerykanów. W maju 2016 r. nowojorska fundacja na rzecz dziennikarstwa śledczego *Pro Publica* ogłosiła wyniki badań w sprawie obiektywności algorytmów prognozujących groźbę recydywy sprawców czynów karalnych. Wyniki te były katastrofalne. Wprawdzie w 61 procentach wszystkich przypadków zdołały one akuratnie wytypować przyszłych sprawców przestępstw, jednak w odniesieniu do przestępstw z użyciem przemocy było to zaledwie 20 procent; algorytm był całkowicie błędny.

W wyniku jego zastosowania czarnoskórym przypisywano częściej, błędnie, wysokie ryzyko recydywy, białym natomiast częściej, równie błędnie, niskie: przestępców afroamerykańskich w 77 procentach częściej posądzano o to, że w przyszłości dopuszczą się zbrodni, niż sprawców białych. W ich wypadku ryzyko popełnienia czynu karalnego innej kategorii oceniano na 45 procent. Z drugiej strony odsetek białych sprawców, których uznano za grupę ryzyka, a którzy nie popadli w recydywę, wynosił 23 procent, a wśród Afroamerykanów było to 44,9 procent. Biali przestępcy, których uznano za niebudzących zastrzeżeń, w 47,7 procentach stawali się recydywistami, w wypadku czarnych było to 28 procent.

Użycie skrajnej przemocy przez policjantów wobec czarnoskórych, a następnie, w reakcji, przemoc czarnoskórych w stosunku do policji, ciągnie się jak czerwony wątek przez dzieje USA ostatnich dziesięcioleci. I wydaje się, że ta spirala wiruje coraz szybciej, że pasmo wykroczeń białych policjantów wobec czarnoskórych obywateli nie ma końca. To samo tyczy się karania po takich wykroczeniach: biali policjanci z reguły są uniewinniani – lub też nie dochodzi do procesu. Wtedy nieokiełznana wściekłość czarnych często znajduje skrajne ujście w mordach na policjantach. Niechaj kilka przykładów z ostatnich lat unaoczni tę eskalację.

9 sierpnia 2014 r. incydent ze skutkiem śmiertelnym miał miejsce w mieście Ferguson (Missouri). 18-letni afroamerykański uczeń Michael Brown w wyniku czynnej napaści na policjanta Darrena Wilsona został przez tegoż zastrzelony. W następstwie tego doszło do długotrwałych rozruchów i demonstracji przeciwko rasistowskiej przemocy policyjnej, przysłania Gwardii Narodowej i ogłoszenia nocnej godziny policyjnej. Po tym, jak 24 listopada Wielka Ława Przysięgłych (*Grand Jury*) zdecydowała o niewszczynaniu postępowania przeciwko Darrenowi Wilsonowi, 25 listopada doszło do protestów, po części z użyciem przemocy, w ponad 170 miastach USA.

8 sierpnia 2015 r. nieuzbrojony czarnoskóry został zastrzelony przez policjanta. Przypadek ten, który zdarzył się na przedmieściu Dallas (Teksas), nastąpił dokładnie w

rok po śmiertelnych strzałach oddanych przez białego funkcjonariusza do nastolatka Michaela Browna w Ferguson. Policja w Arlington potwierdziła, że 19-letni student Christian Taylor nie był uzbrojony.

5 lipca 2016 r. 37-letni czarnoskóry Alton Sterling z Baton Rouge (Luizjana) został zastrzelony przez policjanta, gdy leżał na ziemi. Ten oraz kolejny wypadek śmiertelnych strzałów policyjnych oddanych do czarnoskórego wywołał w wielu miastach USA protesty przeciwko policyjnej przemocy. Nie obyło się bez reakcji z użyciem siły: 7 lipca 2016 r. ostatecznie doszło do eskalacji. Podczas demonstracji w Dallas (Teksas) pięciu policjantów zostało z premedytacją zabitych. W niedzielę, 17 lipca 2016 r., podczas strzelaniny w Baton Rouge (Luizjana) trzech policjantów zostało śmiertelnie trafionych przez nieznanego strzelca w czarnej masce, zanim inni funkcjonariusze go zastrzelili.

Przypadek z Ferguson nabrał wagi symbolu: jak wysoce zapalna była decyzja *Grand Jury*, by nie stawiać w stan oskarżenia białego policjanta, który w sierpniu zastrzelił nieuzbrojonego młodego czarnoskórego mężczyznę, można było niebawem zobaczyć na ulicach miasta: płonące domy, grabieże, strzały, gaz łzawiący. Ponieważ wściekłość wywołana decyzją przysięgłych przekształciła się w przemoc, prezydent Obama uznał za konieczne zaapelować do demonstrantów i policjantów, by zachowali spokój i uznali decyzję. To napomnienie miało niewesołą przyczynę: wielu czarnoskórych Amerykanów nie ma zaufania do systemu prawnego; czują się oni systematycznie krzywdzeni, przez (białych) policjantów są często traktowani wyjątkowo bezwzględnie. U prezydenta widać było rozgoryczenie, gdy przypominał swym rodakom, że państwo opiera się na praworządności. To straszne, gdy wielu Amerykanów odrzuca własny system rozpatrywania spraw, gdyż uznaje go i odbiera jako zorganizowany rasizm.

Rozeźleni ludzie z Ferguson – i nie tylko oni – poczuli się upewnieni w swoim podejrzeniu, że od tego systemu prawnego niewiele mogą oczekiwać. Wyłącznie szyderstwem reagowali na zapewnienia prokuratury, że po starannym zbadaniu dowodów i wysłuchaniu świadków *Grand Jury* doszła jakoby do wniosku, iż policjant nie powinien zostać oskarżony i że uważa jego wersję mówiącą o obronie koniecznej za przekonywującą. Nawet gdyby faktycznie tak było, to fakt, że tak wielu czarnoskórych obywateli jest przekonanych, iż był to jaskrawy przykład pomyłki sądowej, mówi bardzo wiele o rozdarciu kraju.[264]

Opinia czarnoskórych w całym kraju jest jednolita: w ich oczach czarny nastolatek Michael Brown został powtórnie zabity przez białych w przeważającej mierze sędziów przysięgłych *Grand Jury*. A na dodatek dusze jego rodziców. Biały amerykański policjant, który oddaje dwanaście strzałów w kierunku nieuzbrojonego, 18-letniego

---

[264] Frankenberger, Klaus-Dieter, w: „Frankfurter Allgemeine Zeitung" z 26. 11. 2014 r.

Afroamerykanina, w Stanach Zjednoczonych nie musi się obawiać, że zostanie pociągnięty do odpowiedzialności karnej – to inny aspekt dyskryminacji rasowej. Taki jest sygnał z Ferguson. Sygnał rzetelny. I mało zaskakujący. W USA bowiem co 28 godzin zostaje zastrzelony Afroamerykanin, najczęściej przez białych policjantów, służby bezpieczeństwa czy samozwańcze straże obywatelskie. Standardowe uzasadnienie brzmi: obrona konieczna. Jedynie w wyjątkowych wypadkach biali funkcjonariusze sił bezpieczeństwa muszą w ogóle uczestniczyć w postępowaniu karnym. Wielu policjantów i samozwańczych zastępców szeryfa, przede wszystkim w południowych stanach Ameryki, traktuje tę rasistowską praktykę prawną jako licencję na natychmiastową, zabójczą obronę konieczną.

W niegdysiejszych amerykańskich stanach niewolniczych przez długi czas panowało prawo linczu wymierzone przeciwko Afroamerykanom. Dziś zagrożenie to nie pochodzi w pierwszym rzędzie od organizacji białych zabójców, lecz od w przeważającej mierze białej policji i od w przeważającej mierze białego wymiaru sprawiedliwości.

Nie kwestia winy bowiem, lecz kolor skóry odgrywa decydującą rolę przed amerykańskimi sądami. Jeśli rzecz dotyczy białej ofiary, wówczas sprawcy grożą drakońskie kary, zwłaszcza jeśli on sam jest czarnoskóry. W takich wypadkach, w południowych stanach Ameryki, zagrożenie karą śmierci jest dwadzieścia dwa razy wyższe niż wtedy, gdy ofiara jest czarna, a sprawca biały.

Czarnoskórzy Amerykanie stanowią tylko 13 procent ludności, lecz aż 45 procent ponaddwumilionowej rzeszy więźniów w USA. To dlatego ponad połowa czarnoskórych młodych mężczyzn z L.A., Filadelfii, Baltimore i Waszyngtonu albo jest w więzieniu, albo przebywa na wolności, ale tylko na zwolnieniu warunkowym; z kolei jedna trzecia czarnoskórej męskiej populacji Alabamy nie może uczestniczyć wyborach, gdyż uprzednio była karana.

Natomiast biali policjanci i zastępcy szeryfów mogą bezkarnie strzelać do czarnoskórych nastolatków. Bez różnicy, czy taki czarny nastolatek nazywa się Trayvon Martin i pochodzi z Florydy, czy też Michael Brown i jest z Ferguson. Strzelec-zabójca z Ferguson nie musi stawać przed żadną *Grand Jury*. W tym samym czasie sądy USA skazują nieletnich czarnoskórych na kary dożywotniego więzienia – i to bez szans na przedterminowe zwolnienie warunkowe, bez szans na przeżycie na wolności choćby jednego dnia. Amerykańskie tak zwane orzecznictwo prawne również w erze czarnoskórego prawnika Obamy pozostaje orzecznictwem rasowym.[265]

A jak reaguje świat polityki? W Waszyngtonie wiele ostatnio mówiono o zatruwaniu studni. Stawiając tego rodzaju zarzuty, republikanie przezornie obarczyli

---

[265] Sina, Ralph, w: Westdeutsche Rundfunk 5, *Echo des Tages* [Echo dnia], 25. 11. 2014 r.

prezydenta winą za to, że polityczna blokada wchodzi w kolejną fazę. Dekret, z którego pomocą Barack Obama ochronił przed deportacją być może aż pięć milionów nielegalnych imigrantów, ogłasza się prowokacją, która niweczy wszelką współpracę Kongresu i jego republikańskiej większości z demokratycznym rządem. Jednak polityczni krzykacze powinni być może nabrać powietrza i przyjrzeć się głębiej swojemu krajowi: w Ferguson prawdziwi podpalacze pokazali, jaka wypełnia ich wściekłość.

Nie tylko wszakże ci awanturnicy nie ufają sędziom przysięgłym, którzy po wielomiesięcznym postępowaniu dowodowym nie dostrzegli podstaw do podejrzeń, że biały policjant Darren Wilson, zabijając nieuzbrojonego czarnoskórego Michaela Browna, popełnił przestępstwo. Wielu Amerykanów już dawno wyrobiło sobie opinię w tej mierze. Dla jednych Brown jest ofiarą głęboko zakorzenionego rasizmu; dla innych Wilson jest bohaterem, któremu groziło złożenie na ołtarzu politycznej poprawności. Obama stwierdził, że dyskryminacja rasowa ze strony policji i sądownictwa karnego jest w USA „prawdziwym problemem". Republikanin Peter King odrzekł na to, że Obama powinien zaprosić policjanta Wilsona do Białego Domu.[266]

<u>Obecna sytuacja czarnoskórej ludności</u>

Od 50 lat segregacja rasowa jest w USA oficjalnie zniesiona, jednak czarnoskórzy nadal są gorzej traktowani. Statystyki w USA nieustannie pokazują, jak bardzo. W minionych dziesięcioleciach zróżnicowanie między obu grupami ludności nawet jeszcze wzrosło. Powodem tego najwyraźniej jest fakt, że policja kontroluje czarnoskórych o wiele częściej i surowiej („*stop-and-frisk*" czyli zatrzymaj i przeszukaj).

Policjanci, być może, nawet wierzą, że mają po temu realne powody – przynajmniej jeśli są zdania, że ubodzy i pokrzywdzeni częściej stają się przestępcami niż inni. Bowiem narodowe statystyki USA pokazują i to: 50 lat po tym, gdy Kongres w czasach prezydenta Lyndona B. Johnsona uchwalił Ustawę o Prawach Obywatelskich (*Civil Rights Act*) kończąc w ten sposób, przynajmniej na papierze, dyskryminację czarnych, Afroamerykanom pod względem gospodarczym i socjalnym generalnie nadal powodzi się wyraźnie gorzej niż białym.

Ośrodek badawczy *Pew Research Center* porównał w różnych aspektach czarną i białą grupę ludności, a wyniki przedstawił w formie graficznej. Podstawę tych grafik stanowią dane biura spisowego USA. Porównano w nich, gwoli przejrzystości, wartości dotyczące jedynie czarnych i białych. Amerykańscy statystycy badali bowiem poza tym Latynosów i inne grupy ludności, jednak przyjęte przez nich kategorie nie są wystarczająco selektywne. Dlatego biali z latynoamerykańskimi korzeniami nie są ujęci

---

[266] Ross, Andreas, w: „Frankfurter Allgemeine Zeitung" z 27. 11. 2014 r.

w tych grafikach. O przyporządkowaniu do grupy decyduje zwykle to, jak osoby ankietowane przez biuro same się określają: czy jako czarni, czy jako biali.[267]

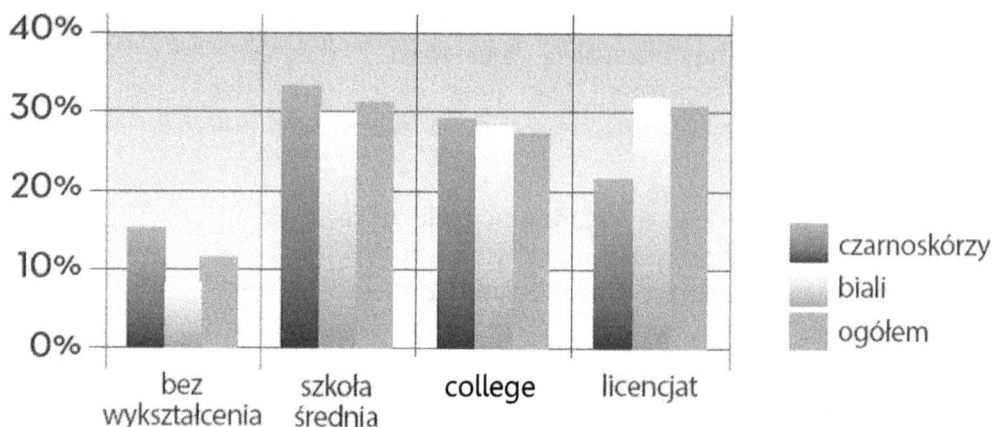

Czarnoskórzy są gorzej wykształceni (dane w %)

Różnice zaczynają się już w kategorii „wykształcenie". Czarnoskórzy są gorzej wykształceni. W porównaniu do białych, czarni wyjątkowo często nie uzyskują świadectwa ukończenia szkoły. A jeśli nawet je uzyskają, częściej opuszczają ścieżkę kształcenia po ukończeniu szkoły średniej (high-school) czy college'u. Stopień licencjata (bachelor) bądź wyższy stopień akademicki czarnoskórzy uzyskują wyraźnie rzadziej niż biali lub niż wskazuje przeciętna dla ogółu ludności USA. Jednak od lat 60. XX w. zmniejszyła się różnica między czarnymi a białymi pod względem liczby osób przerywających edukację szkolną.

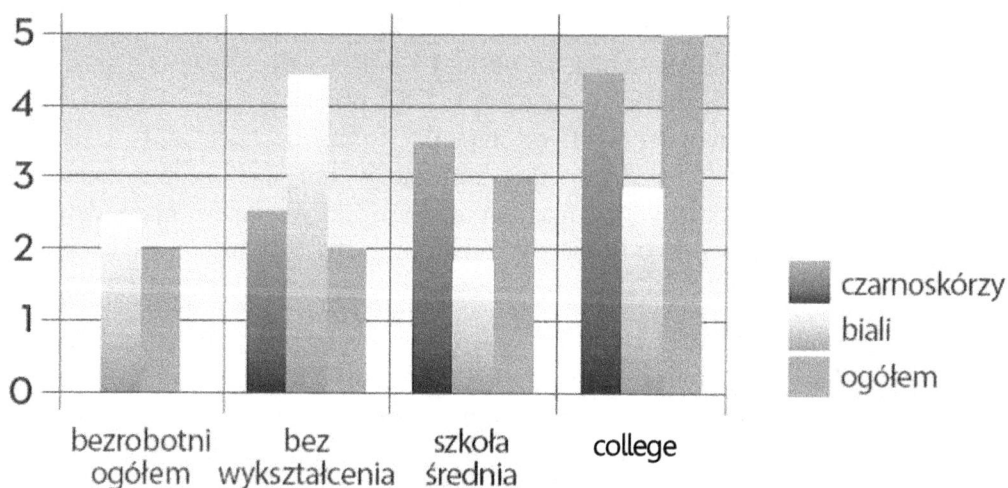

Czarnoskórzy częściej są bezrobotni (dane w %)

---

[267] Endres, Alexandra, w: „Die Zeit" z 25.08.2014 r.; Statystyki: US Census Bureau 2013

Nawet jeśli czarnoskórzy uzyskają już dobre wykształcenie, częściej pozostają bez pracy niż biali. Wśród czarnych absolwentów uniwersytetów, mających co najmniej tytuł licencjata, pracy nie ma 7,9 procent. Wśród białych dotyczy o tylko 4,3 procent. Im gorszy stan wykształcenia, tym znaczniejsza staje się ta różnica. Także bez względu na wykształcenie bezrobocie wśród czarnoskórych jest wyraźnie wyższe.

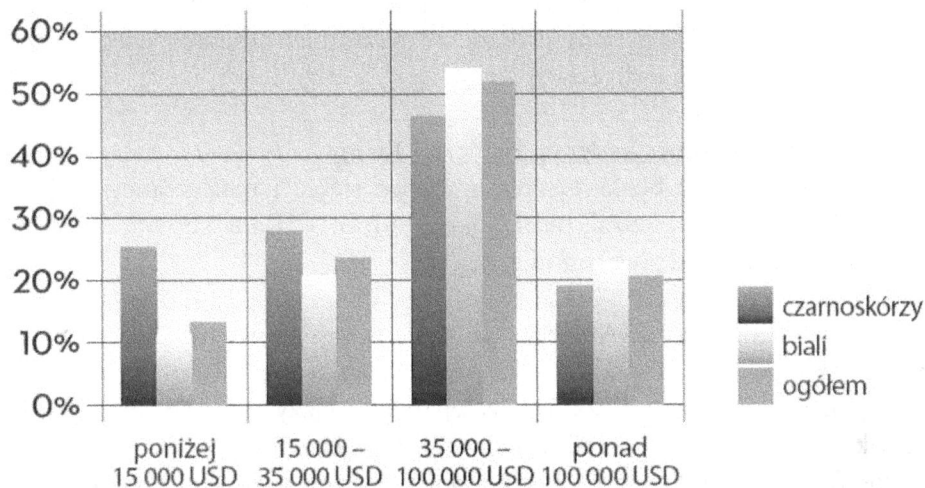

Czarnoskórzy mają niższe dochody (dane w %)

Nie dziw zatem, że czarnoskórzy uzyskują o wiele skromniejsze dochody niż biali. Ponad połowa gospodarstw domowych czarnoskórych rodzin dysponuje w ciągu roku budżetem niższym niż 35.000 dolarów; tylko w wypadku około jednej dziesiątej jest to 100.000 dolarów lub więcej. Na potrzeby tej grafiki zliczono razem wynagrodzenia i dochody netto z działalności samodzielnej. Zysków przedsiębiorstw nie wzięto tu pod uwagę. Dla porównania: w gospodarstwach domowych białych rodzin tylko niecała jedna trzecia musi sobie radzić mając roczny budżet niższy niż 35.000 dolarów, natomiast blisko jedna czwarta dysponuje rocznie kwotą 100.000 dolarów lub więcej.

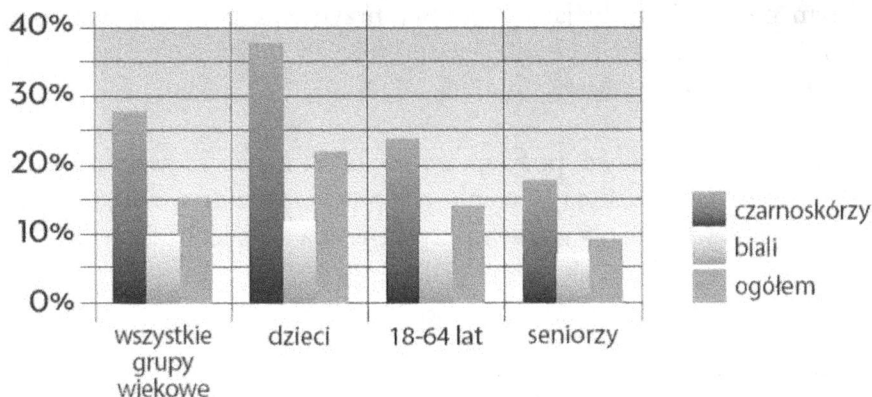

Czarnoskórzy są wyjątkowo często ubodzy

Wydaje się więc jak najbardziej logiczne, że czarnoskórzy są też ubodzy częściej niż biali. Urząd statystyczny USA wylicza granicę ubóstwa biorąc pod uwagę całość dochodów danego gospodarstwa domowego i liczbę należących do niego osób. Pewną rolę odgrywa także wiek członków rodziny oraz roczna inflacja. Wynik: ponad jedna czwarta czarnoskórych w USA żyje w warunkach ubóstwa. Wśród białych ułamek ten to nawet nie jedna dziesiąta, a wśród ogółu ludności wartość przeciętna wynosi 15 procent. Różnica ta jest bardzo duża we wszystkich grupach wiekowych, największa wszakże wśród dzieci i młodzieży.[268]

Wrażenia na koniec kadencji Baracka Obamy

„Nadal jesteśmy bezkrytycznymi wobec siebie i nietolerancyjnymi rasistami – i czarnoskórzy o tym wiedzą" pisał Michael Moor[269]. Rana spowodowana przez rasizm tak naprawdę nigdy się nie zagoiła.

Stany Zjednoczone Ameryki są krajem rasistowskim! Cóż, akurat nam, jako Niemcom, najmniej wypada krytykować ten stan rzeczy, bo na nas samych z racji naszej najnowszej historii akurat w tej mierze ciąży poważna hipoteka. Nie można jednak nie wspomnieć o sposobie, w jaki biała większość w USA obchodzi się z czarnoskórymi, Latynosami, a także z północnoamerykańskimi Indianami.

Do dziś są w USA stany, które w tak zwanej ID-Card umieszczają oznaczenie W (*white* – biały), B (*black* – czarny) lub H (*Hispanic* – Latynos). Owa ID-Card jest amerykańskim prawem jazdy służącym zarazem za dowód osobisty. Znaczna część ludności uważa takie wyszczególnienie rasy za właściwe i potrzebne.

Czarnoskórzy z zasady nie mieszkają w jednym kompleksie mieszkaniowym z białymi. Jeśli czarni wprowadzą się na ulicę, przy której dotąd mieszkali tylko biali, wówczas biali się wyprowadzają i w ciągu niewielu lat ulica ta staje się rejonem zamieszkania czarnoskórych; równocześnie spada wartość handlowa parcel i domów! Przy tym nie gra roli, do jakiej warstwy przynależą owi biali bądź owi czarni. Stąd oczywiście istnieją dzielnice dla czarnoskórych z warstwy wyższej, podobnie jak dzielnice dla białych z warstwy niższej.

Biali, o ile to możliwe, posyłają swoje dzieci m. in. z uwagi na czarnoskórych do szkół prywatnych – jeśli są w stanie je opłacić. Są tam wtedy sami wśród swoich i mogą współdecydować o zasadach przyjmowania do takiej szkoły.

---

[268] „Frankfurter Allgemeine Zeitung" z 28. 08. 2013 r.
[269] Moore, Michael, *Stupid White Man*, op. cit. s. 110

Kraj nie potrafi wyraźnie redukować czy wręcz usuwać tych trudnych i głęboko zakorzenionych resentymentów. Już w początkowym okresie pierwszych osadników z Anglii biała „rasa panów" brutalnie forsowała swoje interesy w konfrontacji z Indianami tępiąc ich systematycznie. Dziś w większości dziedzin życia kolorowym nie zapewnia się równości szans; ich perspektywy często są dość ponure. Tak więc w USA tyka ogromna bomba zegarowa, tym bardziej że nie widać żadnych zaczątków rozwiązania tej kwestii. Problem rasowy będzie współdecydował o trwałości i końcu amerykańskiej pozycji światowego mocarstwa.

Czy Obama, jako pierwszy czarnoskóry prezydent, był w stanie coś tu zmienić? Obama został wybrany przez czarnych i cały chyba twardy elektorat demokratów, ponieważ był czarny. Wielu niezależnych wyborców, a także republikanów wybrało go, ponieważ był wystarczająco jasnoskóry i stanowił wzorcowy przykład człowieka sukcesu, który dostał się do elity *Ivy League*, jak również wzmógł nadzieje na powstanie „postrasistowskiego społeczeństwa". Jako kandydat był uosobieniem amerykańskiego snu, jako prezydent był niemal bezsilny wobec niszczenia tego snu w odniesieniu do coraz większej liczby Amerykanów, w tym ponadproporcjonalnej liczby czarnych.

Bezsilność była cechą wyróżniającą długie etapy jego kadencji: sparaliżowany przez ideologiczny upór Kongres i w coraz większym stopniu spolaryzowany elektorat w zasadzie uniemożliwiały wewnątrzpolityczne działania. Ludziom niesprzyjającym Obamie, nienawidzącym go jako muzułmańskiego agenta, komunistę czy kogoś, kto dopuścił się zdrady stanu, było wszystko jedno, co powie na temat Ferguson. Nie miał szans. Cokolwiek Obama powiedziałby o Ferguson, nie mógł zwyciężyć. Ekonomicznej niesprawiedliwości dotykającej czarnych w USA nie zdoła wymazać żaden prezydent. Obama wierzył w moderującą, wspomagającą rolę państwa. Jednak dla każdego szanującego się republikanina tego rodzaju wspomaganie to prowokowanie próżniactwa, przestępczości, to rozbijanie rodzin.

USA uczciły Martina Luthera Kinga. W sierpniu 2013 r. minęła pięćdziesiąta rocznica wielkiej demonstracji ponad 200.000 ludzi w Waszyngtonie, na której King żądał praw obywatelskich dla czarnoskórych Amerykanów. Przemówienie Kinga przeciwko dyskryminacji, wraz z mistrzowską frazą „Miałem sen", weszło do podręczników historii.

Czy sen Martina Luthera Kinga się spełnił? Czy czarnoskórzy, którzy pięćdziesiąt lat temu byli dziećmi, są dziś oceniani na podstawie tego, jacy są – czy w dalszym ciągu na podstawie koloru ich skóry?

Wybór Obamy na pierwszego czarnoskórego prezydenta USA świętowano jako olbrzymie zwycięstwo nad rasizmem. Jednak od tamtej pory Amerykanie spierają się w kwestiach rasowych nawet jeszcze ostrzej. I nie uznają przy tym żadnego niemal tabu.

Kto składa podanie o wizę do Stanów Zjednoczonych, musi podać swą rasę. Kto w USA składa wniosek o pożyczkę, musi ujawnić swoją rasę: White, Black, Hispanic, Asian, Other (biały, czarny, Latynos, Azjata, inny – bezładna mieszanka kategorii geograficznych, lingwistycznych i pigmentowych).

Na przykład Henry M. z Atlanty, syn Koreanki i Afroamerykanina, inżynier oprogramowania dla zarządu miasta. Jest problem z pańskim podaniem o pożyczkę, poinformował go urzędnik sprawdziwszy przedstawione sobie dokumenty, ponieważ rasa została błędnie określona; Henry zaznaczył bowiem „azjatycka" zamiast „czarna". Nie ma sprawy, zaraz się poprawi. Dopiero wtedy – mówi Henry M. – przyszło mi do głowy, że kto w południowych stanach jest „rasowym mieszańcem", funkcjonuje jako *negro*, czyli czarny.

Gdy Elly A. przed laty przybyła do USA, krótko potem, w kawiarni, została zapytana przez grupę siedzących przy stoliku obok czarnoskórych kobiet, skąd pochodzi. „Moja matka pochodzi z Ghany, ojciec z Anglii, ale dorastałam ..." w tym momencie jedna z owych kobiet wpadła jej w słowo: *You are either black or you're not, honey* (Albo jesteś czarna, albo nie jesteś, kochanie). Kto sądzi, że wszystko to należy już do przeszłości, w dzisiejszych Stanach Zjednoczonych będzie musiał zmienić zdanie. Postawa pani przy stoliku obok dominuje także obecnie. Wyjaśnia ona, dlaczego Tiger Woods, przez lata najsłynniejszy golfista na świecie, będący w połowie Tajlandczykiem i mający też indiańskie korzenie, zawsze nazywany jest czarnym sportowcem. Dlaczego Barack Obama, wychowywany przez swoją białą matkę oraz białą babkę, nigdy nie był postrzegany jako biały chłopak. I dlaczego ludzie, którzy w jednej czwartej, jednej ósmej bądź jednej szesnastej są Afroamerykanami, z dawien dawna ukrywają ten fakt.

Dyskryminacja i uprzedzenia wypełniają codzienność. Przenika ją przyporządkowanie do rasy wraz z towarzyszącymi temu przesądami. Nie ma dnia, żeby się nie słyszało o – po części brutalnych – aktach dyskryminacji.

Alton Sterling z Baton Rouge był 122. czarnoskórym, który został zastrzelony przez policjantów w roku 2016. Podczas uroczystości ku jego pamięci pewna czarnoskóra kobieta powiedziała, że nauczyła swoich synów, by widząc policjanta natychmiast się zatrzymywali i w ogóle nie ruszali – żeby przypadkiem nie sprowokować. Niewiarygodne, czy może jednak niezupełnie?

Takie są jednak realia. Nieproporcjonalnie wielu czarnoskórych traci życie w wyniku spotkań z policją – z najbłahszych powodów. Dzień po śmierci Altona Sterlinga zastrzelony został Philandro Castile. Podczas kontroli drogowej okazało się, że jego samochód miał uszkodzone tylne światło.

Rzecz oczywista, że w kraju, w którym jest więcej broni niż mieszkańców, także policja szybciej po nią sięga. Wiele dyskutuje się też obecnie na temat szkolenia policji. To wszystko nie wyjaśnia wszakże, dlaczego ofiarą pada niewspółmiernie wielu czarnych. Dlaczego niemal wszyscy policjanci, którzy zabijają czarnoskórych, zostają uniewinnieni. Dlaczego w wielu wypadkach nawet nie zostają oskarżeni.

Wyjaśnienie jest inne i jest ono bezlitosne. Brzmi bowiem: rasizm. Dziedziczny grzech Stanów Zjednoczonych. Nie występuje on tylko w policji, to tkwi znacznie głębiej. I … tak, jest także czarny rasizm, widzieliśmy to w Dallas. Ale śmiercionośny jest ten biały.

Résumé

Ten kraj wciąż jeszcze nie pokonał segregacji rasowej. Także osiem lat Obamy niczego tu nie zmieniło i Trump też sobie z tym nie poradzi, a może nawet nie będzie chciał. Kto uwierzył, że wraz z czarnoskórym lokatorem Białego Domu temat dobiegł końca, ten się pomylił. Jest wręcz przeciwnie i na tym polega tragizm Obamy: za jego czasów fronty jeszcze bardziej się usztywniły. Dla wielu do dziś stanowi on prowokację. Obama wydobył tylko na światło dzienne to, co zawsze istniało w ukryciu. Ale – to również jest szansa, by wszystko w końcu otwarcie powiedzieć. Przyznać, że segregacja rasowa nadal istnieje. Tylko ten, kto jest tego świadom, może przezwyciężyć rasizm.[270]

Rasizm i jego następstwa, tzn. wewnętrzne i coraz silniejsze chyba napięcia między grupami ludności o odmiennym kolorze skóry, przyczyniają się do osłabienia pozycji USA jako światowego mocarstwa.

---

[270] Ruck, Ina, w: Tagesthemen, ARD (program TV RFN) 12. 07. 2016 r.

Rozdział 21

Polityka bezpieczeństwa i siły zbrojne

> „Tymczasem w wielu krajach uważa się nas za największe na świecie zagrożenie pokoju"[271]

Światowe mocarstwo USA wspiera się na trzech filarach. Na pierwszy składają się wielkość kraju, jego liczba ludności i surowce, jakimi dysponuje Ameryka. Drugim filarem jest potęga gospodarcza USA. Wynika ona z pierwszego filaru oraz faktu, że od czasu amerykańskiej wojny domowej (1861-1865) USA nie toczyły na swojej ziemi żadnej innej wojny. Wreszcie trzecim filarem są siły zbrojne.

Tak jak brytyjska *Royal Navy* była gwarantem światowej mocarstwowości brytyjskiego imperium kolonialnego, tak też siły zbrojne USA na przestrzeni całej amerykańskiej historii przyczyniały się w sposób decydujący do dobrobytu i rozwoju państwa aż po pozycję światowego mocarstwa. W XX wieku było to wyjątkowo wyraźne. Obie wojny światowe zostały rozstrzygnięte na korzyść aliantów dopiero wskutek ingerencji amerykańskiego wojska. Obie umocniły tez USA na pozycji światowego mocarstwa.

Od chwili zakończenia II wojny światowej USA co i raz wyruszały na wojnę, której właściwie prowadzić nie chciały lub postrzegały ją jedynie jako ograniczony konflikt. Za przykłady niechaj posłużą tu Korea i Wietnam. W Korei amerykańskie kierownictwo polityczne uznawało dyplomację i strategię za dwie odrębne od siebie formy politycznego działania. Najwyraźniej nie czytano tam Clausewitza. W Wietnamie wszystko zaczęło się od kilku doradców wojskowych, a potem państwo zwolna coraz głębiej dawało wciągać się w wojnę mając coraz mniej możliwości wycofania się z niej.

Od zakończenia drugiej wojny światowej USA, poszukując swojej wizji światowego porządku, rzuciły się w wir pięciu dużych wojen, dzięki którym zamierzały osiągnąć perspektywicznie wytyczone cele. Początkowo działo się to przy niemal pełnym poparciu opinii publicznej. Później poparcie to przekształcało się często w publiczne potępienie ze strony własnej ludności, co wielokrotnie prowadziło aż na

---

[271] Albright, Madeleine, *Amerika du kannst es besser*, op. cit. s. 112

granicę starć z użyciem siły. Podczas trzech spośród owych wojen dominujący wśród społeczno-politycznego establishmentu konsensus dość raptownie przesuwał się w kierunku bezwarunkowego, jednostronnego odwrotu. Trzykrotnie też w ciągu życia dwóch pokoleń Stany Zjednoczone wychodziły z wojny, gdyż nie mogły już mieć nadziei, że wywoła ona wystarczające zmiany, albo dlatego, że od początku opierano się na błędnych ocenach. Tak było z wojną wietnamską, prowadzoną na podstawie decyzji Kongresu, oraz z wojnami w Iraku i Afganistanie toczonymi na mocy decyzji prezydenta.[272]

W okresie od 1946 r. do 2016 r. amerykańscy żołnierze uczestniczyli w 50 wojnach czy też – jak woli mówić się w Waszyngtonie – operacjach wojskowych na całym świecie, walcząc w imię rozbudowy i utrzymania pozycji światowego mocarstwa; i to z godnym uwagi powodzeniem. Bez filara w postaci sił zbrojnych nie byłoby dziś światowego mocarstwa USA.

Siły Zbrojne Stanów Zjednoczonych (oficjalna angielskojęzyczna nazwa to *United States Armed Forces*) są głównym instrumentem amerykańskiej polityki zagranicznej o decydującym znaczeniu dla hegemonialnej pozycji państwa. Składają się one z czterech rodzajów sił zbrojnych:

- sił morskich   (*US Navy*),
- sił lądowych   (*US Army*),
- sił powietrznych   (*US Air Force*),
- piechoty morskiej   (*US Marine Corps*) oraz
- straży wybrzeża   (*US Coast Guard*),

która w okresie pokoju nie podlega ministerstwu obrony lecz ministerstwu bezpieczeństwa krajowego. Siły te stanowią od dziesięcioleci najlepiej wyposażoną, a pod względem liczebnym drugą co do wielkości, po Chińskiej Armii Ludowo-Wyzwoleńczej, potęgę militarną świata. Cztery rodzaje sił zbrojnych (poza *US Coast Guard*) składają się z 1,4 miliona żołnierzy w służbie czynnej oraz blisko 1,1 miliona rezerwistów, a w wypadku wojny mogą zostać uzupełnione mającą paramilitarny charakter strażą wybrzeża. W takim wypadku następuje też zmiana podporządkowania straży wybrzeża, która odtąd podlega ministerstwu obrony.

Dodatkowo siły zbrojne USA dysponują około 745.000 pracowników cywilnych. Naczelnym dowódcą jest prezydent Stanów Zjednoczonych, podczas gdy obie izby Kongresu sprawują demokratyczną kontrolę. Najstarszym rodzajem sił zbrojnych są siły lądowe, które powołano w 1775 r., a najmłodszą utworzone w 1947 r. siły powietrzne.

---

[272] *por.* Kissinger, Henry, *Porządek światowy*, Wydawnictwo Czarne, Wołowiec 2016, s. 263

Budżet wojskowy

Według oceny obszernych źródeł pozaamerykańskich, podług własnych danych USA i powszechnie zgodnej opinii sfery nauk politycznych, siły zbrojne USA są najpotężniejszą siłą militarną świata. Potęga ta opiera się na zdecydowanie i wciąż największym budżecie wojskowym na świecie, z którego najobszerniejsze kwoty przeznaczane są na rozpoznanie, przepływ informacji, tworzenie sieci połączeń, uzbrojenie i prace badawcze. Jego wysokość w roku budżetowym 2016 wyniosła około 611 miliardów dolarów tylko na wydatki podstawowe. Odpowiadało to 3,3 % dochodu narodowego brutto. Dochodzą do tego dalsze 262 miliardy dolarów na obsługę i konserwację broni jądrowej, opiekę nad weteranami i inne zadania specjalne. Ogółem są to 873 miliardy dolarów lub 730 miliardów euro. Dla porównania w załączniku J przedstawiono budżety obronne państw NATO w 2016 r.[273]

Budżety wojskowe pozostałych 28 państw członkowskich NATO stanowiły w roku 2016 łącznie zaledwie 44,1 % budżetu wojskowego USA w tymże roku. Trzeba wszakże wziąć pod uwagę, że USA planują środki budżetowe na pokrycie działań ich sił zbrojnych w wymiarze globalnym. Większości partnerów NATO to nie dotyczy.

Innowacje techniczne, rozwój strategii i scenariusze operacyjne opracowywane w siłach zbrojnych Stanów Zjednoczonych są drogowskazem dla partnerów w NATO, a także dla innych państw.

Struktura wewnętrzna amerykańskich sił zbrojnych

Commander-in-Chief, czyli naczelnym dowódcą tak w czasie pokoju, jak i podczas wojny, jest prezydent. Także z tego tytułu wynikają dlań, co naturalne, dodatkowe uprawnienia władcze, których nie można nie doceniać. Pod kierownictwem prezydenta i ministra obrony (*secretary of defence*) siłami zbrojnymi dowodzi Przewodniczący Kolegium Połączonych Szefów Sztabów (*Chairman of the Joint Chiefs of Staff*). Jest on przewodniczącym rady rodzajów sił zbrojnych. Członkami tej rady są dowódcy czterech rodzajów sił zbrojnych.

Siły Zbrojne USA są armią opartą na zaciągu ochotniczym. Obowiązek służby wojskowej został ponownie zniesiony w 1973 r., po Wietnamie. Akademie wojskowe jako placówki kształcenia i szkolenia cieszą się w kraju znakomitą opinią. Dotyczy to zwłaszcza akademii sił lądowych West Point oraz akademii marynarki wojennej w Annapolis, a przy pewnych zastrzeżeniach także stosunkowo nowej akademii sił powietrznych w Colorado Springs. Infrastruktura, możliwości techniczne oraz intensywność kształcenia robią wielkie wrażenie. Tylko sposób dowodzenia ludźmi praktykowany we wszystkich trzech uczelniach wydaje się niewłaściwy jako metoda

---

[273] www.sipri.org/databases/milex - 2017

wychowywania młodych obywateli w XXI stuleciu. W ten sposób nie można przygotowywać młodych obywateli, którzy w przyszłości mają przejąć odpowiedzialność za swój kraj oraz ludzi, których ten kraj im kiedyś powierzy – w każdym razie nie zgodnie z tym, jak rozumiemy to w Niemczech. We wszystkich trzech akademiach pierwszym i najważniejszym celem w trakcie pierwszego z czterech lat studiów jest mentalne złamanie młodego kandydata na oficera, czyli „świeżaka". „Świeżak" nie może poruszać się swobodnie po terenie akademii. Musi chodzić po czerwonych liniach wymalowanych na asfalcie. Podczas jedzenia musi siedzącemu wraz z nim przy stole starszemu koledze referować aktualne wydarzenia dnia. Stąd często ma niewiele czasu, by zjeść samemu, a niekiedy nie ma go w ogóle.

Zatem młody człowiek w wieku 18 czy 19 lat wpierw zostaje upokorzony. Następnie, na drugim roku, zaczyna się go formować. Z pewnością jest on zahartowany i potrafi się przebić. Wydaje się wszakże wątpliwe, czy w opisany sposób został przygotowany do przejęcia odpowiedzialności, przygotowany do poszanowania podwładnych, utrzymania właściwej miary człowieczeństwa we własnych szeregach, do koleżeństwa. Te tak ważne aspekty zawodu oficerskiego są omawiane zdecydowanie zbyt krótko.

Ten rodzaj wychowania daje o sobie znać także później, gdy młody człowiek pełni już odpowiedzialną funkcję. O taktyce zadaniowej, o gotowości do wzięcia na siebie odpowiedzialności, które w Bundeswehrze w sposób jednoznaczny i oczywisty są najistotniejszym elementem prowadzenia działań, amerykański oficer nie ma praktycznego wyobrażenia. Postępuje ściśle według rozkazów wydanych przez przełożonych. Ponadto, przed ich wykonaniem stara się często o asekurację upewniającą go, że to, co zamierza uczynić, jest prawidłowe. Taka postawa nie kończy się na poziomie, powiedzmy, komandora podporucznika, lecz przenika wszystkie stopnie wojskowe – aż po admirała.

Od wielu już lat w amerykańskich siłach zbrojnych służą kobiety. Po długiej, gorącej dyskusji kobietom pozwolono również uczestniczyć w walce. Przez wiele lat kwestia *Women in Combat* zajmowała czołowe miejsce na liście tematów omawianych w amerykańskim społeczeństwie. Teraz wymóg równouprawnienia jest spełniony: kobiety mogą być na pokładach okrętów wojennych (nie tylko jednostek pomocniczych), mogą zostać pilotami samolotów bojowych lub dowódcami lotniskowców, mogą uczestniczyć w walce za swą ojczyznę w takim samym stopniu, co mężczyźni. Zainteresowanie jest niezwykle duże i z pewnością odpowiada także dążeniu Amerykanów do wolności: nikt nie powinien i nie może ograniczać bądź zastawiać im drogi do upragnionego szczęścia. Tymczasem, o czym wspomniano w rozdziale 20, jedna (czarnoskóra) kobieta służy już w stopniu czterogwiazdkowego admirała.

Globalna dyslokacja wojsk

Bycie mocarstwem światowym oznacza dla Ameryki obecność wojskową na całym świecie. Osiem lat po rozpadzie systemu radzieckiego, w roku 1998, na krótko przed ogłoszeniem „walki z terroryzmem", usytuowanie wojsk USA na obszarze całego świata determinowały jeszcze wielkie konflikty minionego okresu, okresu zimnej wojny. W 1998 r. poza Stanami Zjednoczonymi znajdowało się

- 60.053 żołnierzy w Niemczech,
- 41.257 w Japonii,
- 35.663 w Korei Południowej,
- 11.677 we Włoszech,
- 11.379 w Zjednoczonym Królestwie,
- 3.575 w Hiszpanii,
- 2.864 w Turcji,
- 1.679 w Belgii,
- 1.066 w Portugalii,
- 703 w Holandii oraz
- 498 w Grecji.

W sumie było to około 170.000 żołnierzy, którzy na całym świecie reprezentowali interesy USA. Rozlokowanie amerykańskich sił zbrojnych i ich baz daje obiektywny do pewnego stopnia obraz tego, jak wyglądało amerykańskie „imperium światowe", jeśli o takim imperium w ogóle można mówić. Dwie najważniejsze pozycje stanu posiadania Stanów Zjednoczonych, ich bastiony w Starym Świecie, to – jak jednoznacznie wyraził się Brzeziński – „Protektorat Europa" oraz „Protektorat Daleki Wschód", bez których nie byłoby amerykańskiego mocarstwa światowego. Oba protektoraty przyjmowały u siebie i żywiły – przede wszystkim dotyczyło to Japonii i Niemiec – 58 procent stacjonującego za granicą personelu wojskowego USA.

W porównaniu z obu tymi bastionami, na nowych rubieżach Europy Południowo-Wschodniej, na Węgrzech, w Chorwacji, Bośni i Macedonii stacjonowało w 1998 r. ogółem 13.774 żołnierzy. W Egipcie, Arabii Saudyjskiej, Kuwejcie i Bahrajnie przebywało 9.956 względnie 12.820 ludzi, jeśli doliczyć do tego jeszcze Turcję, która jest rodzajem centrum operacyjnego pomiędzy Rosją a Bliskim Wschodem. Większość amerykańskich żołnierzy nadal czuwała na granicach byłego komunistycznego obszaru panowania, dosłownie okrążając Rosję i Chiny. 12.000 ludzi stacjonujących w Afganistanie i 1.500 ludzi w Uzbekistanie dopełniało obraz podstawowego geograficznego rozmieszczenia sił USA w owym czasie.

Potęga morska / potęga lądowa

Na przestrzeni dziejów istniały państwa, które będąc potęgami morskimi osiągały pozycję wielkiego bądź światowego mocarstwa, oraz takie, które zdobywały ją jako potęgi lądowe. Przykładami potęg morskich są m.in. Ateny, Kartagina, Imperium Rzymskie, Hanza, Republika Wenecka, Portugalia, Hiszpania, Anglia czy USA. Jako potęgi lądowe można tu wymienić Spartę, Austro-Węgry, Prusy czy Rosję.

Znaczenie sił lądowych oraz sił morskich zmieniało się w ciągu ostatnich 500 lat. O ile Portugalia, Hiszpania czy Anglia zdołały wznieść się do pozycji wielkiego mocarstwa jedynie z pomocą swoich sił morskich, o tyle napoleońska Francja, Prusy czy Rosja uzyskały swoje okresowe znaczenie w wyniku sukcesów sił lądowych.

Opierając się na doświadczeniach XX wieku, w odniesieniu do świata wieku XXI można stwierdzić, że siły morskie dzięki swej elastyczności i zdolności do szybkiego podejmowania działań, dzięki swojej obecności u wybrzeży kraju przeciwnika oraz dzięki demonstracji siły (*power projection*) są w stanie zakończyć kryzys już w fazie jego powstawania. Gdy jednak dochodzi do wojny, wtedy do rozstrzygnięcia mogą doprowadzić tylko siły lądowe. Jednak użycie wojsk lądowych na wrogim terytorium jest pod względem politycznym decyzją o wyraźnie większym ciężarze gatunkowym niż użycie okrętów i ich broni z obszaru morza (*from the sea*).

Siły zbrojne USA dysponują obu tymi czynnikami gwarantując tym samym w ostatecznej konsekwencji utrzymanie zdefiniowanej na wstępie pozycji światowego mocarstwa. O ile dla Rosji z jej olbrzymią masą lądową to siły lądowe mają decydujące, geostrategiczne znaczenie, o tyle w wypadku USA sprawa ma się inaczej. Ich siły morskie na trwałe stanowią wypadkową położenia geograficznego państwa, jego geopolityki oraz jego globalnych interesów, co wyraża się w narodowo-państwowej geostrategii. I w tym zasadza się wartość i znaczenie sił morskich USA.

Od zakończenia II wojny światowej Stany Zjednoczone manifestowały się jako dominujące mocarstwo światowe o dalekosiężnych interesach morskich i stosownym potencjale. Skutkiem swego położenia geograficznego, sąsiadując na lądzie z dwoma tylko krajami (dla porównania: Chiny z 14, Rosja z 15) i mając znakomitą strukturę portową nad obu oceanami, Atlantykiem i Pacyfikiem, a także granicę morską długości 19.924 km i lądową długości 12.043 km, Stany Zjednoczone są dzięki swoim flotom niepokonaną potęgą morską świata. Z tej też przyczyny myślenie w kategoriach morskich odgrywa kluczową rolę w pięciu węzłowych punktach wypracowanej przez Normana Friedmana, amerykańskiej *Grand Strategy*:

- Pełna dominacja Ameryki Północnej dzięki *US Army*.
- Eliminowanie jakiegokolwiek potencjalnego zagrożenia Stanów Zjednoczonych przez którekolwiek mocarstwo zachodniej hemisfery.

- Absolutna kontrola podejść morskich do Stanów Zjednoczonych przez *US Navy*,
- Całkowite panowanie na oceanach w celu zapewnienia fizycznego bezpieczeństwa Stanom Zjednoczonym i kontroli handlu międzynarodowego,
- Powstrzymywanie wszystkich innych państw przed wystawianiem na próbę morskiej potęgi US Navy.

Poważne znaczenie strategiczne dla polityki bezpieczeństwa USA i jej wymogu, by w krótkim czasie, na całym świecie, na wszystkich morzach i oceanach być w gotowości do działania, miała budowa Kanału Panamskiego w roku 1914. Dzięki niemu Stany Zjednoczone uzyskały dla swoich flot tzw. zdolność swingowania: odtąd okręty *US Navy* mogą stosunkowo szybko przegrupowywać się z Atlantyku na Pacyfik lub odwrotnie i dzięki temu – w zależności od sytuacji – zmieniać strategiczno-morskie położenie USA na ich korzyść. To ważna militarna zaleta, która w ciągu minionych stu lat wielokrotnie się opłaciła.

Siły lądowe / *US Army*

Siły lądowe Stanów Zjednoczonych liczą 522.000 żołnierzy. Charakterystyczne dla tych sił jest pełne, przynajmniej jeśli chodzi o dane liczbowe, nasycenie sprzętem zmotoryzowanym, a także nacisk na operacje komandosów i jednostek specjalnych oraz współdziałanie rodzajów broni już w ramach rodzaju sił zbrojnych. Lotnictwo wojsk lądowych dysponuje wyłącznie śmigłowcami, w bardzo dużej wszakże liczbie. Dzięki swym korzeniom tkwiącym w amerykańskiej rewolucji lat 1775-1783, *US Army* jest najstarszym z narodowych rodzajów sił zbrojnych.

Pod koniec drugiej wojny światowej liczebność *US Army* wynosiła blisko sześć milionów ludzi, a podczas wojny wietnamskiej nadal bądź co bądź około 1,6 miliona. Po zakończeniu zimnej wojny liczba żołnierzy zmniejszyła się, by na początki „wojny z terrorem" znów wzrosnąć i w 2011 r. osiągnąć ostatni stan maksymalny wynoszący prawie 570.000 mężczyzn i kobiet.

W dobie wysoce stechnizowanych działań bojowych z użyciem dronów, precyzyjnych rakiet, elitarnych jednostek i cyberataków, Pentagon na nowo definiuje pojęcie liczebności wojsk. Ogółem w siłach lądowych będzie służyć mniej mężczyzn i kobiet, za to mają być oni jeszcze lepiej wyposażeni i wyszkoleni.

W Pentagonie mówi się, że dysponując liczbą 440.000 żołnierzy sił lądowych, USA nadal będą w stanie zdecydowanie pokonać każdego wroga. W przyszłości jednak będzie niemal niemożliwe, by przez dłuższy czas zajmować cały kraj, czy nawet, jak ostatnio w wypadku Iraku i Afganistanu, dwa kraje na raz.

Obecnie siły lądowe składają się z czterech korpusów noszących związane z ich zadaniami, powszechnie używane przydomki. *US Army* dzieli są na dywizje, dziesięć aktywnych i osiem zapasowych, które liczą od 13.000 do 18.000 żołnierzy. Ich liczba w razie potrzeby może zostać zwiększona. Dywizja *US Army* obejmuje wszystkie jednostki konieczne do zabezpieczenia jej zdolności operacyjnej; tym samym jest ona z zasady niezależna od innych dywizji lub jednostek niższego szczebla.

Siły morskie / *US Navy*

Marynarka Wojenna Stanów Zjednoczonych liczy ponad 320.000 ludzi i tym samym jest największą liczebnie marynarką świata. W grudniu 2016 r. *US Navy* poinformowała o swej nowej docelowej wielkości: w przyszłości flota ma wzrosnąć do 355 okrętów. Aktualnie obejmuje ona, jak dotąd, 282 okręty. Zatem, w porównaniu do dnia dzisiejszego, *US Navy* planuje rozbudowę o 30 %. Ostatecznie flota wojenna ma obejmować 12 lotniskowców, 38 uniwersalnych okrętów desantowych, 104 krążowniki/niszczyciele, 52 fregaty, 66 myśliwskich okrętów podwodnych, 12 strategicznych okrętów podwodnych oraz 71 innych okrętów.[274]

Obecne 282 okręty operują na morzach w składzie pięciu flot operacyjnych dysponujących także 3.700 środkami lotniczymi. Z uwagi na położenie geograficzne Stanów Zjednoczonych, ów drugi pod względem starszeństwa komponent sił zbrojnych ma wyjątkowe znaczenie strategiczne.

By mu sprostać, *US Navy* sformowana jest zgodnie z wynikającymi z *Grand Strategy* wymogami operacyjnymi. W oparciu o dziesięć lotniskowców z napędem atomowym klasy *Nimitz* i nowy lotniskowiec klasy *Gerald R. Ford* tworzone są lotniskowcowe grupy bojowe z odpowiednimi okrętami towarzyszącym, począwszy od najnowocześniejszego krążownika rakietowego, poprzez niszczyciele *Aegis* (*Aegis* to elektroniczny, kierowany radarem system naprowadzania i zwalczania celów morskich i powietrznych; kieruje on zintegrowaną walką grupy bojowej), okręty logistyczne, strategiczne oraz taktyczno-operacyjne okręty podwodne, aż po korpus *US Marine*.

Celem operacyjnym jest globalna i permanentna zdolność działania. Rozumie się przez to zdolność państwa do użycia wszystkich bądź wybranych składników narodowej potęgi (politycznych, gospodarczych, informatyczno-technicznych lub militarnych) w odległych rejonach działań za pośrednictwem szybkich i efektywnych sił, by móc reagować na kryzysy, odstraszać i doprowadzać do regionalnej stabilności.

---

[274] Dean, Sidney E., *Wer soll das bezahlen? die US-Navy zwischen Anspruch und Realität* [Kto za to zapłaci? US Navy między pragnieniami a realiami], w: Marineforum 9-2017

Przewaga sił morskich USA staje się jeszcze wyraźniejsza, gdy przyjrzeć się siłom morskim innych państw:

- obecne siły operacyjne Chin są (jeszcze) pod każdym względem skromne;
- Rosja w okresie zimnej wojny czyniła ogromne wysiłki na rzecz budowy *Blue Water Navy* (sił morskich o globalnej zdolności operacyjnej), lecz nigdy nie doprowadziła do stworzenia potęgi morskiej porównywalnej z będącą w dyspozycji Stanów Zjednoczonych;
- Japonia dotychczas dostosowywała swoją marynarkę do potrzeb sojuszu ze Stanami Zjednoczonymi; jej siły morskie są niemal idealnym uzupełnieniem grup bojowych *US Navy*;
- Europa nie ma własnej floty, lecz tylko poszczególne narodowe siły morskie. Te jednak w żadnym razie nie wystarczą do uprawiania i morskiego zabezpieczania wielkomocarstwowej polityki, nawet w sposób zalążkowy.[275]

Siły powietrzne / US Air Force

Lotnictwo, liczące 331.000 żołnierzy i ok. 14.100 środków lotniczych, jest najpotężniejszą siłą powietrzną świata i strategicznym jądrem sił zbrojnych USA. Wielkie operacje, zarówno ofensywne, jak i defensywne, zazwyczaj inicjowane są przez siły powietrzne bądź samoloty marynarki czy piechoty morskiej.

Udział lotnictwa w ogólnym budżecie obronnym jest największy i wynosi około 30 %. Lotnictwu powierza się też realizację strategii kosmicznej. *US Air Force* stały się samodzielnym, równorzędnym z innymi rodzajem sił zbrojnych dopiero w 1947 r., a swą wiodącą rolę uzyskały w toku zimnej wojny.

US Air Force mają w swym składzie siedemnaście flot powietrznych. Jedna flota powietrzna może obejmować kilka skrzydeł lotniczych lub samodzielnych dywizjonów. Flota powietrzna, jako najwyższy związek taktyczny sił powietrznych, stanowi ekwiwalent dywizji sił lądowych i z reguły dowodzona jest przez generała dywizji.

Piechota morska / *US Marine Corps*

Piechota morska, *US Marine Corps*, jest wojskową, medialną i popkulturową wizytówką Stanów Zjednoczonych. Jej 186.000 żołnierzy dzieli się na korpusy ekspedycyjne, tak zwane *Marine Expeditionary Forces*; a w trakcie ofensywy często rusza do boju na czele sił. *Marines* są zależni od *US Navy*, jednak w przeciwieństwie do innych rodzajów sił zbrojnych dysponują oni niemal wszystkimi rodzajami broni. Już

---

[275] Scholik, Nikolaus, w: Marineforum, styczeń/luty 2015 r.

samo utworzenie tej formacji było niezwykłe i stało się częścią jej etosu; jej znaczenie wzrosło przede wszystkim w wyniku wojen na Pacyfiku i w Korei.

Oficjalnym przeznaczeniem *US Marine Corps* jest pełnienie służby we współdziałaniu z flotą i kierowanie jednostek do zdobywania i obrony przyczółków morskich o decydującym znaczeniu dla lądowych działań bojowych. Ponadto *marines*, wraz z siłami lądowymi i lotnictwem, mają przeprowadzać amfibijne operacje desantowe oparte na taktyce, sposobach działania i wyposażeniu sił lądowych.

Operacyjnie *US Marine Corps* dowodzony jest przez kwaterę główną w Waszyngtonie D.C., której podlega *Marine Forces Command* w Norfolk/Wirginia, i *Marine Corps Forces Pacific* na Hawajach.

Siły nuklearne

Siły nuklearne Stanów Zjednoczonych to te komponenty amerykańskich sił zbrojnych, które odpowiadają za budowę, ogólną eksploatację, bezpieczeństwo, obsługę i redukcję nuklearnego potencjału USA.

Niezmiennie obowiązująca *Nuclear Weapons Employment Policy* (polityka wykorzystania broni jądrowej) z roku 2004 tak opisuje zadanie arsenału USA: „Siły nuklearne USA muszą być w stanie oraz być uznawane za zdolne do zniszczenia tych ważnych dla prowadzenia i podtrzymywania wojny instalacji i zasobów, którym potencjalny przeciwnik przypisuje największe znaczenie i na które jest zdany w dążeniu do osiągnięcia swoich celów w ramach powojennego porządku."

W opublikowanym w kwietniu 2010 r. przez gabinet Obamy *Nuclear Posture Review* (*NPR* – przegląd stanu broni nuklearnej) ustalone zostały punkty węzłowe polityki nuklearnej USA: „Stany Zjednoczone nie użyją swojej broni jądrowej przeciwko państwom nieatomowym ani nie będą groziły użyciem tej broni, o ile państwa te są sygnatariuszami układu o nierozprzestrzenianiu broni jądrowej (*NPT*) i wypełniają warunki tego układu." To, czy użycie broni atomowej jako pierwszy byłoby możliwe w reakcji na atak bronią biologiczną lub chemiczną, tekst *NPR* pozostawia wszakże bez odpowiedzi.

Arsenał atomowy dzieli się na broń strategiczną i taktyczną. Broń strategiczna przewidziana jest do użycia z pomocą środków przenoszenia dalekiego zasięgu i do niszczenia wojskowej i przemysłowej infrastruktury potencjalnego przeciwnika na jego zapleczu. Arsenał strategiczny wchodzi w zakres objęty limitującymi układami *START-1* i *SORT*, zawartymi z Federacją Rosyjską. Dla układu *START-1* liczą się w istocie rzeczy środki przenoszenia broni jądrowej, dla układu *SORT* liczba samych gotowych do użycia broni. Broń taktyczna to broń pola walki stosowana z użyciem środków przenoszenia krótkiego i średniego zasięgu. Taktyczne bronie jądrowe USA, z wyjątkiem zakazanych traktatem *INF* rakiet średniego zasięgu i lądowych pocisków manewrujących, nie są limitowane ani objęte układem *New START* zawartym między USA i Rosją.

USA posiadają ponad 500 ICBM (*Intercontinental Ballistic Missiles* – międzykontynentalne pociski balistyczne) z 500 głowicami oraz około 300 SLBM (*Submarine Launched Ballistic Missiles* – pociski balistyczne wystrzeliwane z okrętów podwodnych) z ogółem 1.152 głowicami. Do użycia ICBM przewidzianych jest też 113 samolotów bombowych.

Straż wybrzeża / *US Coast Guard*

W okresie pokoju straż wybrzeża podlega Departamentowi Bezpieczeństwa Krajowego. Jej 38.000 ludzi powierzono zadania ochrony wybrzeża, ochrony przed skutkami katastrof, zwalczania przestępczości na morzu oraz ochrony środowiska. *US Coast Guard* ściśle współpracuje z siłami zbrojnymi i dysponuje ograniczonym potencjałem wojskowym. Powstała w 1915 r. z połączenia różnych instytucji zajmujących się ochroną wybrzeża. Wskutek obawy przed zamachami terrorystycznymi oraz bliskości południowoamerykańskich obszarów upraw narkotykowych, w ostatnich latach stale wzrasta znaczenie, a zarazem obciążenie straży wybrzeża.

Na polecenie prezydenta lub w wyniku wypowiedzenia przez Kongres wojny, straż wybrzeża może zostać podporządkowana Departamentowi Marynarki Wojennej jako rodzaj sił zbrojnych. Z tego powodu formacja ta pod względem personalno-technicznym i sprzętowym zorganizowana jest w sposób wojskowy. Siedzibą straży wybrzeża jest stolica państwa Waszyngton D.C.

Ponieważ *US Coast Guard* nie wykonuje ani czysto policyjnych, ani czysto wojskowych zadań, odpowiada ona definicji państwowej organizacji paramilitarnej. Jest podzielona na dwa obszary, Atlantyku i Pacyfiku, a te na dziewięć dystryktów dzielących się na 35 sektorów. Liczba baz jest z sektora na sektor różna. Obszary są dowodzone przez wiceadmirałów, dystrykty przez kontradmirałów, a sektorami kierują komandorowie.

Ponadto straż wybrzeża utrzymuje własną służbę wywiadowczą, czyli *United States Coast Guard Intelligence Service*.

O chwale narodu

Pogląd, że walka za swój kraj jest sprawą oczywistą i zaszczytną, jest w USA szeroko rozpowszechniony. Choć po Wietnamie opinia ta przycichła, w dobie wojny w Zatoce znów stała się wysoce aktualna. Tłumaczy to być może także, dlaczego Bill Clinton podczas kampanii prezydenckiej roku 1992 był przez wielu krytykowany za pobyt w Anglii w okresie wojny wietnamskiej: Clinton, jako student, udał się podczas tej wojny do Anglii najwyraźniej po to, by uniknąć służby wojskowej, a tym samym wysłania do Wietnamu. Początkowo oskarżenia te stanowiły dla gubernatora Arkansas poważny problem, zwłaszcza wojsko brało mu za złe jego ówczesne postępowanie.

Zarazem jednak amerykański korpus oficerski jest bardzo powściągliwy jeśli chodzi o polityczne wypowiedzi czy komentarze. Służy się prezydentowi, niezależnie czy jest on republikaninem, czy demokratą. Prezydenta się nie krytykuje.

Zważywszy na opisaną wcześniej rolę sił zbrojnych, nie dziwi też, że w Białym Domu służy wyraźnie więcej i do tego znacznie wyższych stopniem oficerów, niż np. w Urzędzie Kanclerskim w Berlinie. Wojsko wywiera przez to siłą rzeczy wyraźnie większy wpływ na politykę USA niż dzieje się to w większości innych krajów zachodnich. Wystarczy choćby wymienić tu nazwisko Olivera Northa. Za czasów administracji Reagana służył on w Białym Bomu w stopniu podpułkownika i od 1986 r. wysyłał nielegalnie broń do Iranu (państwa toczącego nad Zatoką Perską wojnę z Irakiem) w celu wykupienia amerykańskich zakładników w Libanie. Dużą część uzyskanych pieniędzy przekazywał przy tym – wbrew uchwale Kongresu – prawicowym rebeliantom w Nikaragui. Wśród amerykańskiej opinii publicznej North zyskał sobie opinię bohatera, który działał bez żadnej własnej korzyści, a wyłącznie w interesie USA. W roku 1994 – zwolniony tymczasem z armii – stanął on do wyborów jako kandydat na gubernatora stanu Wirginia i przegrał je minimalną liczbą głosów.

USA szanują swoich weteranów i upamiętniają swoich poległych w wojnach. Kto choć raz przeszedł się wzdłuż *Vietnam Veterans Memorial*, pomnika poświęconego poległym w wojnie wietnamskiej, lub spacerował ścieżkami Cmentarza Narodowego w Arlington, jest pod wrażeniem sposobu, w jaki Amerykanie czczą swoich poległych z czasów wszystkich wojen. Tutaj po raz kolejny ujawnia się silna świadomość narodowa. Weterani są otoczeni szacunkiem, mogą uczestniczyć w defiladach i uroczystościach wojskowych; ich opiniami zainteresowana jest prasa. Organizacje weteranów potrafią to też wykorzystywać. Weterani ryzykowali czy wręcz składali daninę krwi w interesie ojczyzny i kraj o tym nie zapomina.

Przywileje amerykańskiego wojska
Ponieważ służba dla ojczyzny cieszy się wysokim uznaniem i jest powszechnie ceniona, wojsko jest też traktowane w sposób uprzywilejowany. Dotyczy to żołnierzy wszystkich stopni, tak w czynnej służbie, jak i w rezerwie, zarówno samych żołnierzy, jak i ich rodzin, tak wykonujących swój zawód, jak i emerytów. Gęsta sieć opiekuńcza

jest otwarta dla wszystkich. Jednoznacznym tego celem jest związanie rodziny z zawodem męża (czy, jak obecnie, również żony).

Zaczyna się to od własnej sieci supermarketów amerykańskiego wojska, czyli od *Commissary*. Mogą w nich robić zakupy wszyscy żołnierze, ich rodziny, a także weterani. Ceny są z reguły niższe niż w mieście, ponieważ towary nie są obłożone podatkiem VAT. To samo tyczy się sklepów *PX* lub *Navy Exchange*. Można tu kupić wszystko, *on base* i bez podatku VAT, poczynając od urządzeń elektronicznych poprzez meble, sprzęt sportowy, aż po rośliny ogrodowe.

Innym znanym hasłem jest *military lodging*. We wszystkich bazach bądź garnizonach marynarki wojennej, lotnictwa i wojsk lądowych, jak i straży wybrzeża oraz piechoty morskiej, znajduje się duża ilość znakomicie wyposażonych kwater, które z reguły, przynajmniej w wypadku oficerów, odpowiadają standardowi trzy- lub czterogwiazdkowego hotelu. Może z nich skorzystać każdy żołnierz i każdy emeryt wojskowy wszędzie, o każdej porze i na całym świecie. Istnieje wykaz zatytułowany: *Military Lodging* na całym świecie. Na całym świecie zapewniono sobie w tym celu wyjątkowo piękne miejsca. W Niemczech przez dziesiątki lat szczególnie atrakcyjne kwatery/hotele znajdowały się nad jeziorem Eibsee opodal Garmisch czy w Berlinie. Ceny są nader umiarkowane i wynoszą z reguły mniej niż 20 $ za apartament, którą to cenę winien uiścić np. komandor/pułkownik!

Obiekty sportowe! Na pierwszym miejscu trzeba tu wymienić pola golfowe. Golf jest sportem narodowym w USA, a chyba tym bardziej jeszcze w siłach zbrojnych. O ile na prywatnych polach koszt *Green Fee* za 18 dołków wynosił w latach 90. 15-30 $, o tyle na polach wojskowych za 18 dołków nie płaciło się więcej niż 6-8 $. Pola golfowe są wszędzie w całym kraju. W regionie *Hampton Roads* jest 10 wojskowych pól golfowych! Dzięki temu emeryci z wojsk lądowych, lotnictwa i marynarki wojennej mają znakomitą i niedrogą możliwość spędzania czasu wolnego – i korzystają z niej. Do tego utrzymuje się ścisły związek z siłami zbrojnymi. Amerykańskich weteranów, którzy mówiliby źle o siłach zbrojnych, spotyka się niezwykle rzadko.

Ponieważ przechodząc na emeryturę zatrzymuje się swą *Military ID Card*, również na emeryturze ma się możliwość i prawo korzystania ze wszystkich tych rozmaitych obiektów.

Innym uprzywilejowanym obszarem są ubezpieczenia. W wojskowym towarzystwie ubezpieczeniowym *USAA* członkowie i weterani sił zbrojnych mogą ubezpieczać swoje samochody i gospodarstwa domowe, zawierać obowiązkowe ubezpieczenia od odpowiedzialności cywilnej itd. Warunki są tu wyraźnie korzystniejsze niż u innych oferentów, a obsługa znakomita, nie dziwi więc, że *USAA* stało się jednym z największych ubezpieczycieli w USA.

Rodziny są angażowane w wojskową codzienność chętnie i często. Współmałżonkowie mogą być obecni przy awansowaniu, odznaczaniu i przechodzeniu na emeryturę, podczas wykładów, uroczystości z okazji świąt narodowych, chrztów okrętów, a nawet podczas kursów kształcących i doskonalących. Na przykład na *US Naval War College* w Newport możliwe jest uczestnictwo współmałżonków słuchaczy w zajęciach z przedmiotów dodatkowych, które oferuje się słuchaczom po południu. Rezultat jest oczywisty: rodzina, która częste i długie nieobecności ojca/matki bądź męża/żony odczuwa znacznie dotkliwiej niż np. niemiecka rodzina wojskowa, taka rodzina identyfikuje się z armią.

Ograniczenia i słabości sił zbrojnych USA

Wskutek politycznych i gospodarczych procesów zachodzących w świecie w ostatnich latach, USA znalazły się w sytuacji, której zawsze obawiała się administracja Clintona i której koniecznie chciał uniknąć George Bush II, mianowicie w sytuacji imperialnego przeciążenia (*imperial overstretch*). Sięga ono od rekrutacji żołnierzy zawodowych po mobilizację rezerw i gwardii narodowej (*National Guard*), od deficytu budżetowego po nadmierne obciążenie sojuszy. Trudno sobie wyobrazić, by takie wytężenie ponad miarę wszystkich sił dało się utrzymać w nieograniczonej perspektywie. Wystarczy tylko średniej wielkości kryzys na Dalekim Wschodzie – „detonatorami" mogą tu być Tajwan, Korea Północna czy archipelag Spratly – a przeciążenie USA stanie się krytyczne, także dla regionu środkowowschodniego.[276]

Jak USA mogły popaść w tak kłopotliwe położenie? Kluczem do tej sytuacji jest wiążące się z licznymi stratami i drogie zaangażowanie w Iraku oraz Afganistanie.

Pokazuje ono, że wraz z przemianą klasycznych wojen konwencjonalnych w wojny czy konflikty o asymetrycznym przebiegu, gdzie miejsce zawarcia pokoju zajmuje długotrwały proces stabilizacyjny, stale grożący załamaniem i wymagający w związku z tym kosztownego zabezpieczenia, nawet siły USA jako światowego żandarma są obciążone ponad miarę. Tym bardziej, że USA muszą jeszcze być przygotowane do reagowania na postępujące dozbrajanie się państw progowych oraz zbrojenia nuklearne innych państw (jak Iran i Korea Północna).

Według najnowszej oceny sytuacji geopolitycznej, Stany Zjednoczone ostatecznie pożegnały się z doktryną mówiącą, iż muszą posiadać zdolność równoczesnego prowadzenia z powodzeniem dwóch „dużych" wojen konwencjonalnych. Zamiast

---

[276] *por.* Stürmer, Michael, *Welt ohne Weltordnung*, op. cit. s. 141

tego chcą być przygotowane na kilka „małych" wojen, w którym to pojęciu mieszczą się wspomniane „nowe" lub „asymetryczne" wojny przeciwko rebeliom i terrorowi. Nie prowadzi to wszakże do odciążenia budżetu obronnego. Wydatki wojskowe USA, które od czasu zamachów z 11 września 2001 r. nieustannie rosły, osiągnęły w 2016 r. rekordową wysokość 730 miliardów euro (włącznie z bronią jądrową i wydatkami na weteranów). Dla porównania: całkowity budżet federalny Niemiec wynosił w roku 2016 316,9 miliardów euro. Rozdęcie wojskowe odzwierciedla się zatem w rozdęciu finansowym. A to oznacza coś wręcz przeciwnego: im głębiej USA będą wchodzić w pułapkę dłużną, tym mniejsze będą ich możliwości podejmowania interwencji wojskowej, tym słabsze będzie ramię ich zaprowadzającej porządek siły. Dawny ZSRR przegrał rywalizację z USA także dlatego, że nie był już w stanie finansować wyścigu zbrojeń.

Jednak malejąca wojskowa siła porządkująca w epoce nuklearnej z mało przejrzystymi, często niemożliwymi do odgraniczenia konfliktami oraz dziury w państwowym budżecie to w tym kontekście problem niejedyny. Także w odniesieniu do swej pozycji wiodącej siły moralnej USA znalazły się w budzącej wątpliwości sytuacji. Nic bardziej nie zaszkodziło im w tym względzie w wymiarze międzynarodowym, jak właśnie wojna iracka z Abu Ghraib i Guantanamo.

Polski analityk Mariusz Zawadzki przytacza ciekawe porównanie, które wykorzystuje w opisie sytuacji USA:

> „... jeszcze długo Ameryka zachowa miażdżącą przewagę militarną. [...] Ale przewaga militarna bywa, paradoksalnie, źródłem słabości. Jeśli masz młotek, to wszystkie problemy wydają ci się gwoździami. Amerykanie zaskakująco często wpadają w taką pułapkę myślową, dawniej w Wietnamie, ostatnio w Iraku i Afganistanie. Ale przegrane wojny są nie dowodem słabości supermocarstwa, tylko potwierdzeniem dość oczywistej prawdy, że niektóre problemy naszego świata nie są gwoździami i nawet największy młotek bywa bezużyteczny. Czasami potrzebne są inne narzędzia."[277]

Już w roku 2012 Pentagon wyraźnie dał do zrozumienia, że USA nie są w stanie utrzymać dłużej możliwości równoczesnego prowadzenia i wygrania dwóch długotrwałych wojen lądowych. A przez dekady zdolność ta była jedyną strategią USA. Była to wszakże w coraz większym stopniu fikcja, ponieważ rodzaje sił zbrojnych dysponowały bardzo zróżnicowaną siłą, wykazując zarazem wyraźne słabości.

---

[277] Zawadzki, Mariusz, *Proroctwa mojej babci, czy świat stanie na głowie?*, w: Gazeta Wyborcza, Magazyn Świąteczny z 27-28. 12. 2014 r.

O ile siły morskie ze swymi lotniskowcami bezsprzecznie są w stanie efektywnie operować, o tyle siły lądowe nie potrafią bezpośrednio kontrolować tych obszarów geograficznych, z których USA ściągają swoje produkty i swój kapitał. Do tego dochodzi zwłaszcza to, że ich lotnictwo, które teoretycznie może sprawować absolutne panowanie tylko grożąc bombardowaniami, nadal zależne jest od dobrej woli jedynego mocarstwa, które mogłoby częściowo je zneutralizować dzięki swojej technologii przeciwlotniczej, czyli od Rosji. Dopóki mocarstwo to istnieje, dopóty USA nie mogą korzystać z nieograniczonego panowania, które przy ich obecnej zależności od świata mogłoby zapewnić im w dłuższej perspektywie gospodarcze bezpieczeństwo.

Mimo decydującej roli sił zbrojnych USA podczas II wojny światowej i w okresie zimnej wojny, istnieje coś takiego jak odwieczna wątpliwość w kwestii wojskowych predyspozycji Stanów Zjednoczonych. Spektakularna prezentacja możliwości ekonomicznych w czasie II wojny światowej nie powinna mylić co do umiarkowanych osiągnięć armii USA na polach bitew. Strategiczna wartość masowych bombardowań ludności cywilnej przez Amerykanów i Brytyjczyków jest kwestią sporną; ostatecznie wywołały one tylko taki efekt, że ludność niemiecka zespoliła się w oporze przeciwko alianckiej ofensywie.

Natomiast strategiczna prawda w odniesieniu do drugiej wojny światowej jest prosta: ta wojna została wygrana na froncie wschodnim przez Rosję. To rosyjska ofiara ludzkiego życia przed, podczas i po Stalingradzie umożliwiła rozbicie machiny wojskowej narodowosocjalistycznych Niemiec. Lądowanie w Normandii w czerwcu 1944 r. nastąpiło późno, w tym momencie niemiecka obrona na froncie wschodnim była już bliska załamania.

Brytyjski historyk wojskowości Liddell Hart w swojej „Historii II wojny światowej” udowodnił przekonująco, że wojska amerykańskie we wszystkich fazach wojny działały powoli, biurokratycznie i nieefektywnie, i to tym bardziej, jeśli mierzyć to miarą ich przewagi w zasobach materialnych i ludzkich. Opierając się na tej ocenie można stwierdzić, że tę samą „metodę” USA znów praktykowały w Afganistanie, mobilizując do pomocy przy każdej operacji i opłacając plemiennych przywódców. Jest to stare, stale co jakiś czas ponawiane postępowanie. Stosując tę metodę, USA nie przypominają ani Rzymu, ani Aten, lecz upodobniają się raczej do Kartaginy, która werbowała najemników z Galii i Balearów. W takim kontekście amerykańskie bombowce B-52 byłyby ekwiwalentem kartagińskich słoni, lecz rola wielkiego wodza Hannibala pozostaje nieobsadzona – stwierdza Liddell Hart.

Bezdyskusyjna jest natomiast przewaga USA na morzu. Uwidoczniła się ona już podczas wojny na Pacyfiku, nawet jeśli niekiedy zapomina się o olbrzymim rozziewie między Amerykanami i Japończykami jeśli chodzi o użycie środków materiałowych. Po kilku pierwszych heroicznych starciach, takich jak bitwa o Midway, w której stosunek sił był niemal wyrównany, już wkrótce wojna na Pacyfiku zaczęła rozwijać się w podobnym kierunku co typowa „wojna indyjska": jaskrawa nierówność pod względem wyposażenia technicznego skutkowała jaskrawą różnicą pod względem strat.

Po drugiej wojnie światowej każdy krok, jaki czyniła armia amerykańska w kierunku konfrontacji z prawdziwym zwycięzcą lądowym, czyli ze Związkiem Radzieckim, ujawniał jak słabe w rzeczywistości były USA jako potęga militarna. W Korei tylko po części była przekonującą siłą, w Wietnamie już zupełnie nie, bezpośrednia próba sił z Armią Czerwoną na szczęście nie nastąpiła. Trzecią wojnę w Zatoce wygrano z mitem: iracką armią, zbrojnym ramieniem zacofanego kraju liczącego 20 milionów mieszkańców.

Ważnym czynnikiem w rozwoju sił zbrojnych na świecie – nie tylko w odniesieniu do USA – jest tzw. „pokojowa dywidenda" po zakończeniu zimnej wojny. O ile jeszcze w roku 1990 amerykański budżet wojskowy opiewał na 385 miliardów dolarów, o tyle w 1998 r. było to już tylko 280 miliardów, czyli 28 procent mniej. Między rokiem 1990 a 2000 liczba amerykańskiego aktywnego personelu wojskowego została w skali globalnej zredukowana z 2 do 1,4 miliona osób, co oznacza spadek o 32 procent w ciągu dziesięciu lat. W odniesieniu do ogólnej wysokości amerykańskiego PKB, jego część przypadająca na wydatki wojskowe zmniejszyła się z 5,2 procenta w 1990 r. do 3,0 procent w 1999 r. Redukcji takich rozmiarów nie można właściwie uznać za cechę świadczącą o woli utrzymania pozycji światowego mocarstwa. Spadek amerykańskich wydatków wojskowych zatrzymał się dopiero w latach 1996-1998 i dopiero w 1999 zaczął się ich ponowny, choć potężny wzrost.

Można rozróżnić dwie fazy charakterystyczne dla zwrotu, jaki dokonał się w amerykańskiej strategii wojskowej tuż po połowie lat dziewięćdziesiątych.

Faza 1: w latach 1990 do 1995 obserwuje się wyraźne odchodzenie od kontroli sprawowanej przez światowe mocarstwo w aspekcie wojskowym. W tym czasie nasilała się dyskusja na temat protekcjonizmu i koncentracji na pierwiastku narodowym w gospodarce i społeczeństwie. Po załamaniu się komunizmu poważnie rozważano potrzebę nowego zdefiniowania Stanów Zjednoczonych jako wielkiego państwa, przywódcy wolnego i demokratycznego świata, które jednak winno mieć pozycję równą innym. Decyzja w tej kwestii miała obejmować powrót do „względnej" niezależności gospodarczej: nie do autarkii ani nawet zmniejszenia handlu zagranicznego, lecz do zrównoważonego bilansu w handlu zagranicznym, miarodajnej cechy gospodarczej wskazującej na równość państw.

Faza 2: ten kurs krok po kroku zarzucano. W okresie pomiędzy 1997 r. a 1999 r. eksplodował deficyt w handlu zagranicznym. Między 1999 r. a 2001 r. USA przystąpiły do remilitaryzacji. Istnieje wyraźny związek pomiędzy wzrostem zależności gospodarczej, a zwiększeniem machiny wojskowej. Wzmocnienie sił zbrojnych wskazuje, że USA uświadomiły sobie swą rosnącą wrażliwość gospodarczą. Decyzja w sprawie ogłoszonego przez prezydenta George'a Busha II wzrostu wydatków wojskowych o 15 procent zapadła jeszcze przed 11 września 2001 r. Około roku 1999 polityczny establishment USA dostrzegł braki swego wojskowego „potencjału zastraszania" w kontekście imperialnej, czyli zależnej gospodarki. Wielkie mocarstwo żyjące z tego, że czerpie bez wzajemności z bogactwa innych krajów, ma problemy bezpieczeństwa innego rodzaju niż kraje ze zrównoważonym bilansem handlowym.

Résumé

By uzupełnić opisane ograniczenia i słabości, niezbędne jest podsumowujące stwierdzenie, że mimo to Stany Zjednoczone są nadal i niezaprzeczalnie kręgosłupem zachodniej strategii odstraszania. Jest to skutkiem nie tylko niezmiennie ogromnej potęgi militarnej USA, lecz także ich dotychczasowej woli politycznej, by odgrywać rolę globalnej siły porządkowej. Jeśli wola ta przestanie być w wiarygodny sposób okazywana, sytuacja w której inni ulegną pokusie przetestowania wyznaczonych przez Waszyngton „czerwonych linii" będzie tylko kwestią czasu. Znając ten dylemat, Amerykanie mimo wszelkich zapewnień o pierwszeństwie polityki wewnętrznej długo nie wyrzekali się swej globalnej roli. Zaraz po rozpoczęciu kryzysu na Ukrainie zwiększyli swą obecność wojskową w środkowo- i wschodnioeuropejskich państwach NATO. W ten sposób zademonstrowano, że w obliczu nowego zagrożenia sojuszników na geograficznie wysuniętych pozycjach można uspokajać nie tylko werbalnymi zapewnieniami wsparcia.[278] To jednak wraz z objęciem urzędu przez Donalda Trumpa wydaje się zmieniać.

Odejście od teorii dwóch wojen, rezultaty wojen w Korei, Wietnamie, Afganistanie i Iraku, jak również zmiany w światowej sytuacji bezpieczeństwa – mowa tu o przejściu od świata dwubiegunowego do wielobiegunowego z trudnym do zwalczania, asymetrycznym zagrożeniem – wskazują, że zdefiniowany na wstępie trzeci filar, mianowicie filar militarny, nie jest już tak silny jak przed 25 laty. Nie można też wykluczyć dalszej erozji w coraz większym stopniu osłabiającej ten filar, a tym samym rolę USA jako światowego mocarstwa.

Josef Joffe pisze: „W świecie, w którym USA są wszędzie obecne, czy wręcz uwikłane, brakuje im opcji odwrotu".[279]

---

[278] Rühle, Michael, w: „Frankfurter Allgemeine Zeitung" z 30. 03. 2015 r.
[279] Joffe, Josef, *Die Hypermacht*, op. cit. s. 144

Rozdział 22

Wojny z udziałem USA

USA czują się – bardzo często słusznie – mistrzem świata, numerem jeden na świecie. W kategorii „prowadzenie wojen" tytuł ten absolutnie jednoznacznie należy się Stanom Zjednoczonym Ameryki. Z długiej listy 86 wojen, które USA prowadziły od 1801 r., w niniejszym rozdziale krótko omówionych zostanie tylko siedem, z XX i XXI stulecia. Są to:

1917 – 1918	I wojna światowa
1941 – 1945	II wojna światowa
1950 – 1953	wojna w Korei
1964 – 1975	wojna w Wietnamie
1991	I wojna w Iraku
2001 – 2014	wojna w Afganistanie
2003 – 2011	II wojna w Iraku

Kwestie ogólne

Stawiając pytanie o wojny z udziałem USA dostrzega się przede wszystkim dwa diametralnie sobie przeciwstawne fakty historyczne. Po pierwsze, od czasu wojny domowej lat 1861-1865 USA nie prowadziły żadnej innej wojny na swoim własnym terytorium. Z drugiej wszakże strony są one światowym rekordzistą pod względem prowadzenia wojen na całym świecie.

Od chwili założenia przed 240 laty państwa USA nie minęła ani jedna dekada bez choćby jednego konfliktu wojennego z innym krajem. W sumie Stany Zjednoczone przez 223 lata pozostawały w stanie wojny z innymi krajami.[280] Najdłuższy okres pokoju od czasu uchwalenia Deklaracji Niepodległości to pięć lat (1935-1940) obejmujących jeszcze światowy kryzys gospodarczy.

Innymi słowy, w całym okresie istnienia USA było ogółem tylko 17 lat kalendarzowych, w których państwo to nie prowadziło żadnej wojny. A patrząc z innej perspektywy trzeba stwierdzić, że wszyscy prezydenci USA toczyli w okresie swej kadencji przynajmniej jedną wojnę. Nie budzi to zdziwienia, gdyż prezydent, który nie chce prowadzić wojny, w opinii publicznej USA szybko zdobywa sobie miano *wimp* (fajtłapa).

---

[280] *por.* załącznik E: Lista operacji wojskowych Stanów Zjednoczonych

Zgodnie z ukazującym się co pół roku raportem Białego Domu, w styczniu 2015 r. USA pozostawały w stanie działań wojennych na terenie czternastu krajów: Afganistanu, Iraku, Syrii, Somalii, Jemenu, Kuby (Guantanamo), Nigru, Czadu, Ugandy, Egiptu, Jordanii, Kosowa, Tunezji i Republiki Środkowoafrykańskiej.

Nic więc dziwnego, że USA uważane są tymczasem przez wiele krajów za największe na świecie zagrożenie pokoju.[281]

Zgodnie z amerykańską konstytucją, prezydent może samodzielnie zarządzać przeprowadzanie akcji wojskowych, jeśli nie są one deklarowane jako wojna. Wypowiadanie wojen leży w gestii Kongresu. To konstytucyjne postanowienie niezwykle ułatwia użycie wojsk USA. Praktycznie wszystkie spośród licznych wojen, jakie od 1945 r. amerykańscy żołnierze toczyli na całym globie „ku chwale i czci swojej ojczyzny", ogłaszano początkowo akcjami wojskowymi. W razie potrzeby były one później aprobowane przez Kongres jako wojny. Dotyczy to także Korei. Nawet tak bardzo bolesna wojna wietnamska zaczęła się w czasach Kennedy'ego od wysłania tzw. doradców wojskowych. A oto kilka dalszych przykładów: Liban (1958, 1993), Republika Dominikańska (1965), Grenada (1983), Kuwejt (1991). Wszystko to było skutkiem decyzji prezydenta USA, a nie parlamentu!

Tego rodzaju możliwość decyzyjna nie tylko wzmacnia pełnię prezydenckiej władzy; ułatwia ona też wybuch wojny lub udział w konflikcie wojennym. Kwestia, czy o użyciu wojsk decyduje samotnie jeden człowiek (być może wraz z kilkoma doradcami), czy też wybrany w wolnych wyborach dwuizbowy parlament, stanowi wyraźną różnicę jakościową. Kongres USA może takim akcjom przeszkodzić lub je ostatecznie zakończyć tylko poprzez odmowę środków budżetowych – a to często następuje zbyt późno.

Przed podjęciem decyzji o użyciu sił zbrojnych prezydent i zespół jego doradców winni mieć jasność co do swoich celów. Wpisuje się w to również problem, jak można lub jak będzie się chciało z tej wojny wyjść. O jednym i drugim można przeczytać już u Clausewitza. Wiele operacji wojskowych kończy się porażką, ponieważ nie jest jasne, co właściwie mają osiągnąć. Wietnam i druga wojna w Zatoce są tego wyraźnymi przykładami, choć również w Somalii, Libanie i Korei cele, jakie podawano siłom zbrojnym USA, zmieniały się – to była prosta droga do niepowodzenia.[282]

Podobnie prezydenci winni się strzec eskalującej krok po kroku interwencji, zwłaszcza jeśli rzecz tyczy się wojny domowej. Jeżeli USA już podjęły takie

---

[281] *por.* Albright, Madeleine, *Amerika du kannst es besser*, op. cit. s. 112
[282] *por.* Albright, Madeleine, *Amerika du kannst es besser*, op. cit. s. 110

zobowiązanie i preferują przy tym jedną ze stron, to ich zaangażowanie prawdopodobnie będzie rosnąć, gdyż w grę wchodzi kwestia wiarygodności i ponieważ prezydenci USA niechętnie przegrywają. To, co zaczyna się jako wsparcie moralne, rozwija się później we wspomaganie finansowe i pomoc w sferze niemilitarnej; następnie w grę wchodzą doradcy wojskowi i dostawy broni, a być może nawet udział wojsk. USA są wtedy w sytuacji gracza, który za każdym razem podwaja stawkę i w końcu kładzie na stół o wiele więcej, niż właściwie zamierzał. Ogólnie rzecz biorąc, pierwsza reguła w odniesieniu do interwencji w wojnach domowych brzmi: trzymać się z daleka. Druga, gdy interwencja mimo wszystko nastąpiła, mówi: unikać zobowiązań. A trzecia reguła, gdy obu wcześniejszych nie posłuchano, nakazuje: zawsze stać po stronie zwycięzców.[283]

A jak to wygląda w innych zachodnich demokracjach? Demokracje nie są znane z szybkiego podejmowania decyzji. Lecz decyzje podjąć trzeba. Niekiedy są to osamotnione, trudne postanowienia, niekiedy są też one sprzeczne z opinią większości. Niemcy na przykład przez wiele lat uczestniczyły w wojnie w Afganistanie; jednak według sondaży większość Niemców konsekwentnie zajmowała negatywną postawę wobec zbrojnego zaangażowania w Hindukuszu – oczywiście, nie wychodzili oni też w proteście masowo na ulice. Mimo wszystko żaden samolot NATO z niemieckimi członkami załogi nie mógł wykonywać zadań za granicą, nawet zadań rozpoznawczych, jeśli nie uzyskało to aprobaty Bundestagu.

Zupełnie inaczej wygląda to u kilku innych zachodnich sojuszników, poczynając od Wielkiej Brytanii, kolebki parlamentaryzmu, aż po prezydencką Republikę Francuską i USA – wszędzie tam szef rządu może praktycznie samowolnie prowadzić wojnę, a przynajmniej jako naczelny dowódca może nakazać przeprowadzenie operacji wojskowej. Jednak po takich wydarzeniach, jak w Syrii, aż kusi, by powiedzieć: tak było niegdyś. W Londynie premier Cameron prosił Izbę Gmin o zgodę – i przegrał. Amerykański prezydent Obama przed akcją, na którą już się zdecydował, niespodziewanie postanowił jednak spytać się jeszcze Kongresu. Tylko francuski prezydent Hollande okazał się odporny i zdecydował sam.

W Niemczech konstytucja Rzeszy z 1871 r. stwierdzała, że wypowiedzenie wojny jest sprawą cesarza. Potrzebował on wszakże – poza sytuacją, gdy w grę wchodziła obrona państwa – zgody Bundesratu. Także konstytucja Republiki Weimarskiej z zasady wiązała wypowiedzenie wojny z ustawodawstwem Rzeszy. Jeśli przyjrzeć się dokładniej, to i w innych zachodnich demokracjach nie wygląda to o wiele inaczej: pojęcie „armia parlamentu" (*Parliament's forces*) wywodzi się z Anglii Olivera Cromwella; wojska wyposażone i dowodzone przez parlament miały się dzięki temu

[283] *por.* Albright, Madeleine, *Amerika du kannst es besser*, op. cit. s. 111/112

odróżniać od sił króla. W amerykańskim *War Powers Act* (ustawa na wypadek wojny) z 1973 r. przewidziano, że prezydent winien dokładnie informować Kongres o każdej militarnej interwencji, a w razie potrzeby musi ją przerwać. Prezydenci oczywiście często widzieli to inaczej. Poza tym dziś z reguły nie wypowiada się wojen, tylko od razu je prowadzi.

Jednak ataki na odległe kraje, interwencje w wojny domowe lub akcje wojskowe prowadzone na międzynarodowo-prawnie niepewnej podstawie wymagają szczególnego uzasadnienia i legitymizacji. Obywatel chce (i musi) wiedzieć, dlaczego on, dlaczego jego kraj ma składać daninę krwi – nawet jeśli jemu osobiście nie grozi powołanie. Kłóci się z tym podejmowanie decyzji przez jedną tylko osobę lub jeden organ państwa – choćby dysponował on jak najmocniejszą demokratyczną legitymacją.

Oczywiście, parlament nie może ingerować w szczegóły prowadzenia wojny. Mogłoby to oznaczać koniec wszelkiego rządzenia w okresie kryzysu. Amerykańscy prezydenci obawiają się „mikrozarządzania" wojnami przez Kongres. Jednak całkiem bez parlamentu – i to wydaje się być nowym dogmatem Zachodu – już się nie da. „Parlamentaryzacja" wojny jest słuszna. Naród przecież musi ponosić jej konsekwencje. Dlatego przedstawiciele narodu muszą zdawać sprawozdanie. W państwach opartych na jednoosobowym przywództwie wiele rzeczy toczy się szybciej. Ale też szybciej wyczerpują one swoje możliwości.[284]

Ważnym i godnym szacunku elementem tradycji USA było zawsze upowszechnianie aspektu wolnościowego zawartego w amerykańskim kanonie wartości poprzez wzorcowe programy pomocowe, takie jak Plan Marshalla czy pomoc rozwojowa. Czymś całkiem innym jest wszakże próba zaszczepienia owego aspektu drogą okupacji wojskowej w zakątku świata, w którym wartości takie nie są historycznie zakorzenione, a na dodatek oczekiwanie, że w politycznie istotnym okresie doprowadzi to do fundamentalnej zmiany. Tego rodzaju polityka wychodzi obecnie daleko poza ramy tego, co amerykańska opinia publiczna jest gotowa wesprzeć – i co np. irackie społeczeństwo zdolne było zaakceptować.[285]

Prezydent Obama odrzucił rolę prącego do przodu światowego żandarma i obiecał trzymać się z dala od kolejnych militarnych awantur. Jemu taka katastrofa, jak George'owi Bushowi II, nie miała się przydarzyć. Obama wielokrotnie podkreślał, że w przyszłości sięgnie po wojskowe środki interwencji tylko w razie najwyższej potrzeby, pierwszeństwo przyznając, na ile to tylko możliwe, rozwiązaniom dyplomatycznym: „Akcje wojskowe USA nie mogą być jedyną czy pierwszorzędną

---

[284] Müller, Reinhard, w: Frankfurter Allgemeine Zeitung z 07. 09. 2013 r.
[285] *por.* Kissinger, Henry, *Dyplomacja*, op. cit. s. 714

składową naszej przywódczej roli w każdej sytuacji. To, że mamy najlepszy młotek, wcale nie znaczy, że każdy problem to gwóźdź."[286]

Dziś można obiektywnie stwierdzić, że łączna suma globalnych interesów USA i ich zobowiązań jest większa niż siła konieczna do ich równoczesnej realizacji. Na Bliskim Wschodzie USA zetknęły się z konfliktami i problemami, których zwykłe wyliczenie może odebrać mowę. Hasłowo można tu wymienić: zapasy ropy naftowej, Izrael. islam, arabską wiosnę czy Palestynę.

Pierwsza wojna światowa

Pierwsza wojna światowa wybuchła 28 lipca 1914 r. w reakcji na zamordowanie w Sarajewie austriackiego następcy tronu Ferdynanda oraz jego małżonki. Początkowo państwa centralne, Austro-Węgry i Niemcy, walczyły przeciwko Entencie złożonej z Francji, Wielkiej Brytanii i Rosji. Wojna kosztowała życie 17 milionów ludzi i wyraźnie zmieniła polityczną mapę Europy.

Jaką rolę odegrały w tej wojnie USA?

Jej wybuch zaskoczył Stany Zjednoczone i początkowo prezydent Woodrow Wilson robił wszystko, by utrzymać swój kraj z dala od działań wojennych. Na ogłoszenie przez cesarską Rzeszę nieograniczonej wojny podwodnej odpowiedział jedynie zerwaniem stosunków dyplomatycznych z Berlinem, a wojnę wypowiedział Niemcom dopiero wtedy, gdy niemieckie okręty podwodne zatopiły trzy amerykańskie statki handlowe.

Przystąpienie do wojny oznaczało dla USA decydujący zwrot w ich polityce międzynarodowej, która do tej pory raczej nacechowana była izolacjonizmem. Teraz, w roku 1917, głosząc maksymę, że „prawo jest cenniejsze od pokoju", prezydent Wilson wysłał wojska USA na największe europejskie pole bitwy. Decyzja ta przyniosła Entencie zwycięstwo, państwom centralnym koniec ich cesarstw, a USA impuls inicjujący ich wzlot ku pozycji światowego mocarstwa oraz punkt wyjścia w stuleciu, które określa się mianem „amerykańskiego stulecia".

Wojna i jej wynik miały też dla USA ogromne znaczenie gospodarcze: kraj z głównego dłużnika stał się głównym wierzycielem światowej gospodarki.

Pod koniec wojny prezydent Wilson zarysował w 14-punktowym planie swoje cele w odniesieniu do nowego światowego porządku. Zgodnie z tą wizją, należało

---

[286] Zamperoni, Ingo, *Fremdes Land Amerika* [Obcy kraj Ameryka], s. 151/152

„zapewnić światu pokój dzięki pokojowi bez zwycięstwa". Pokój miano osiągnąć poprzez:

- wycofanie się uczestników wojny z zajętych terenów,
- prawo narodów do samostanowienia oraz
- położenie kresu reżimom kolonialnym.

Zabezpieczeniem tych nowych osiągnięć miały być wolność żeglugi na morzach, rozbrojenie, zakaz zawierania tajnych porozumień oraz organizacja kolektywnego bezpieczeństwa. Tym samym wybiła godzina narodzin Ligi Narodów. Liga Narodów miała z amerykańską pomocą troszczyć się o światowy porządek, który winien był gwarantować wolne współzawodnictwo w pokojowych uwarunkowaniach. Te szlachetne cele kolidowały wszakże z celami europejskich mocarstw zwycięskich. Zwłaszcza Francji, Wielkiej Brytanii i Włochom udało się przeforsować w Wersalu w istotnej mierze swoje własne cele:

- Francja uzyskała Alzację i Lotaryngię,
- Francja zajęła obszar Saary,
- Francja zajęła lewobrzeżne tereny nadreńskie,
- niemieckie reparacje wojenne opiewały na astronomiczne kwoty,
- Polska otrzymała obszary w większości zamieszkane przez ludność niemiecką,
- Czechosłowacja otrzymała obszary w większości zamieszkane przez ludność niemiecką,
- Niemcy zostały publicznie potępione jako jedyny winowajca wojny,
- niemieckie obszary kolonialne zostały przyznane państwom zwycięskim i
- państwa zwycięskie je zatrzymały.

Rezultaty te pozostawały wprawdzie w sprzeczności z celami Wilsona, jednak Wielka Brytania i Francja nadal były dość silne pod względem dyplomatycznym, by po prostu zignorować jego dążenie do stworzenia europejskiego porządku pokojowego i demontażu mocarstw kolonialnych. Nie rzetelna równowaga interesów lecz interesy mocarstw zwycięskich były w Wersalu górą. Tym samym krucjata Wilsona w imię pokoju, wolności i sprawiedliwości poniosła klęskę w zetknięciu z agresywnym realizmem europejskich zwycięzców. Tylko jedną decyzję podjęto jednoznacznie w duchu prawa międzynarodowego: po 123 latach znów powstała Polska jako suwerenne państwo.

Jak zatem wyglądał ów powojenny porządek? W Wersalu dyplomacja Wilsona wydała na świat pełen zalążków nieszczęścia, hermafrodytyczny pokój: zbyt twardy z perspektywy zwyciężonych i zbyt łagodny w optyce zwycięzców. Rewizjonizm i rewanżyzm, z dawna utrzymujące się między byłymi wojującymi stronami, już wkrótce miały krańcowo obciążyć powojenny ustrój. W obliczu tak złej sytuacji w USA zwyciężyli przeciwnicy prezydenta Wilsona: w 1920 r. Kongres odrzucił traktat wersalski. Tym samym Wilson przegrał walkę o nowy porządek świata nie tylko z europejskimi sojusznikami, lecz i na froncie w ojczyźnie.

Mimo tego niepowodzenia spowodowanego *Realpolitik* oraz polityczną codziennością można stwierdzić, że wilsonowska koncepcja liberalnego porządku świata, w którym USA przyjmują wiodącą rolę, do dziś zachowała centralne znaczenie. Wilson był pierwszym prezydentem USA, który amerykańską potęgę wprzągł w służbę liberalnego światowego pokoju. Wielu jego następców w Białym Domu wielokrotnie przywoływało ów idealizm. Zwłaszcza przekonanie Wilsona, że wojna tylko wtedy bywa usprawiedliwiona, gdy prowadzi się ją jako krucjatę w imię praw człowieka i wolnościowych wartości, było tym co na trwałe zrewolucjonizowało w XX stuleciu politykę zagraniczną i decyzje w sprawie wojen podejmowane w USA.[287]

Druga wojna światowa

Dla radykalnych grup w Niemczech traktat wersalski był przede wszystkim hańbą, bądź nawet zdradą. Narodowi socjaliści, którzy w 1933 r. doszli do władzy, kontrowersyjne spłaty reparacji wojennych, ustępstwa terytorialne i uznanie Niemców jedynie winnymi wybuchu wojny wykorzystywali przeciwko Republice Weimarskiej oraz zagranicy i wzmagali wrogie im nastroje. To była pożywka dla sukcesu narodowych socjalistów i w ten sposób przygotowywano II wojnę światową.

Po zaledwie 21 latach pokoju w Europie, 1 września 1939 r. zaczęła się druga w XX wieku wojna wszystkich wielkich mocarstw mająca globalny zasięg. Stanowiła ona największy jak dotąd militarny konflikt w historii ludzkości. W toku wojny ukształtowały się dwa sojusze wojskowe, nazywane państwami osi (Niemcy, Japonia, Włochy itd.) oraz aliantami (Wielka Brytania, Francja, ZSRR, USA itd.). Bezpośrednio lub pośrednio w wojnie uczestniczyło ponad 60 państw. Największe potencjały rozkładały się w sposób następujący:

USA	14,8 milionów żołnierzy
ZSRR	11,2 milionów żołnierzy
Niemcy	9,4 milionów żołnierzy
Japonia	5,3 milionów żołnierzy
Wielka Brytania	5,0 milionów żołnierzy

Liczba zabitych wyniosła od 60 do 70 milionów ludzi.

---

[287] Rozgłośnia Deutschlandfunk , *Die USA und der Aufstieg zur Weltmacht* [USA i ich rozwój w mocarstwo światowe], audycja z 01. 01. 2014 r.

Tak jak podczas pierwszej wojny światowej, tak i w czasie drugiej USA początkowo nie włączyły się w konflikt. To się zmieniło, gdy 7 grudnia 1941 r. japońska Cesarska Marynarka Wojenna, wykorzystując startujące z lotniskowców samoloty, zaatakowała Flotę Pacyfiku *US Navy* bazującą w porcie Pearl Harbor na Hawajach i niemal w całości ją zatopiła. Dzień później, 8 grudnia 1941 r., Waszyngton wypowiedział Japonii wojnę.

Trzy dni później Hitler i Mussolini przekazali USA wypowiedzenia wojny chcąc uwikłać amerykańskie siły zbrojne w walki na dwóch wielkich oceanach, zanim zdążą się one w pełni zmobilizować. Rząd USA do ostatniej chwili zwlekał z wysłaniem własnych wojsk do walki przeciwko dwóm europejskim agresorom. Teraz znów był w pełni zaangażowany w wojnę, która wszakże tym razem nie ograniczała się do Europy, lecz ogarnęła również Afrykę i Azję.

USA stanęły w obliczu ogromnych wyzwań: Japonia kontrolowała zachodni Pacyfik i zajęła wschodnią i południową Azję. Niemcy opanowały kontynentalną Europę. Ich wojska stały u bram Moskwy, a okręty podwodne zadawały siłom alianckim ciężkie straty. Najważniejsi sojusznicy, Wielka Brytania i Związek Radziecki, walczyli w niezwykle trudnym położeniu. Własna gospodarka też jeszcze nie otrząsnęła się całkiem z następstw Wielkiego Kryzysu.

Wojsko nie było przygotowane na konflikt takich rozmiarów. Jednak 45 miesięcy później USA pokonały Włochy, Niemcy i Japonię oraz stały się dominującą potęgą wojskową i gospodarczą świata. Ich polityczne interesy i wpływy sięgały aż po najodleglejszy zakątek Ziemi. A wielkie mocarstwa okresu przedwojennego, z wyjątkiem Związku Radzieckiego, były już tylko cieniem samych siebie.

Swą wyjątkową pozycję USA zawdzięczały wytężeniu sił gospodarczych, politycznych i wojskowych. Już wkrótce ich wydajna gospodarka produkowała więcej uzbrojenia i sprzętu niż którakolwiek inna gospodarka narodowa, co pokazuje zestawienie produkcji zbrojeniowej okresu II wojny światowej.

	Wielka Brytania	ZSRR	USA	Niemcy	Japonia
Czołgi	28.500	110.000	91.270	61.250	7.200
Samoloty	135.000	162.000	329.000	126.000	92.000
Okręty	1.340	260	8.950	1.540	925

Ponadto, pod wpływem raportu Alberta Einsteina o niemieckich planach bomby atomowej, po napadzie na Pearl Harbor prezydent Roosevelt zainicjował własny tajny program nuklearny, tak zwany Projekt Manhattan. Tak jak w czasie zwalczania kryzysu gospodarczego na gruncie wewnętrznym, również podczas wojny Roosevelt okazał się inspirującym liderem o silnej woli. Pozostając w nurcie tradycji swego poprzednika Woodrowa Wilsona, potrafił on też nadać amerykańskiemu udziałowi w wojnie wyjątkowy wymiar moralny. Wielokrotnie oświadczał publicznie, że USA na całym świecie wypełniają zobowiązania wobec czterech niezbywalnych praw człowieka:

- prawa swobody wypowiedzi.
- prawa swobody wyznania,
- prawa bycia wolnym od ubóstwa,
- prawa bycia wolnym od strachu.

Także zainicjowana przez Waszyngton „Deklaracja Narodów Zjednoczonych", dokument założycielski wojennego sojuszu przeciwko państwom osi: Niemcom, Włochom i Japonii, przepojona była tym duchem.

Zasadniczą decyzję w sprawie powojennego porządku w Europie Roosevelt podjął na konferencji w Casablance odbytej z Churchillem w styczniu 1943 r., kiedy to „bezwarunkową kapitulację" Niemiec podniósł do rangi celu wojny. Natomiast to, jak potraktować Niemcy jako całość, pozostało kwestią sporną między partnerami sojuszu. Także pierwsza konferencja Wielkiej Trójki – Roosevelta, Churchilla i Stalina – w końcu 1943 r. w Teheranie nie przyniosła rozstrzygnięcia w tej kwestii. Wiosną 1944 r. USA zaczęły tworzyć własne plany w sprawie powojennych Niemiec. Przedłożony przez ówczesnego sekretarza skarbu USA Henry'ego Morgenthau'a plan bezwzględnego ukarania Niemiec zyskał, jak wyjaśnia historyk Michael R. Beschloss, jedynie „taktyczne, przejściowe poparcie" Roosevelta.[288]

Tajna dyrektywa JCS 1067 w sprawie przyszłego administrowania Niemcami, której ostateczna wersja gotowa była w kwietniu 1945 r., mówiła wprawdzie, że Niemcy mają zostać zajęte „nie w celu wyzwolenia, lecz jako pokonane, wrogie państwo", że przemysł ciężki zostanie zredukowany, kartele rozczłonkowane, a wojsko rozwiązane i że wprowadzi się rozległe środki denazyfikacyjne, jednak dyrektywa ta zawierała też liczne luki, które gubernator wojskowy USA mógł później wykorzystywać do realizacji nieco mniej surowej polityki okupacyjnej. Najwyraźniej w Waszyngtonie wyciągnięto naukę z błędów traktatu wersalskiego.

Po tak zwanym *D-Day*, czyli udanej inwazji wojsk alianckich 6 czerwca 1944 r. w Normandii, militarna klęska Rzeszy Niemieckiej była już wyraźnie widoczna, aczkolwiek Wehrmacht nadal zaciekle walczył. W ciągu zaledwie ośmiu tygodni od lądowania zginęło 16.000 amerykańskich żołnierzy, a 78.000 zostało rannych. Gdy jednak w lutym 1945 r. Roosevelt spotkał się w Jałcie na Krymie z Churchillem i

---

[288] Jentzsch, Barbara, w: rozgłośnia Deutschlandfunk dn. 02. 09. 2004 r.

Stalinem na drugiej wojennej konferencji, wojskowy pierścień wokół wroga był już ciasno zamknięty. Wobec bliskiego zwycięstwa Wielka Trójka zgodziła się, by po kapitulacji podzielić Niemcy na cztery strefy okupacyjne, przy czym – na zdecydowane żądanie de Gaulle'a, poparte przez Churchilla – także Francja miała otrzymać jedną ze stref. Alianci porozumieli się również co do tego, że ustalona po pierwszej wojnie światowej linia Curzona będzie stanowić nową wschodnią granicę Polski ze Związkiem Radzieckim. 25 kwietnia 1945 r. opodal Torgau nad Łabą wojska amerykańskie po raz pierwszy spotkały się z siłami radzieckimi. 30 kwietnia Hitler popełnił samobójstwo. 7 i 9 maja 1945 r. Wehrmacht bezwarunkowo skapitulował. USA ogłosiły wtedy *VE-Day*, czyli Dzień Zwycięstwa w Europie (*Victory in Eurpope-Day*). Tego triumfu Roosevelt jednak nie miał już dożyć. Kilka tygodni wcześniej, 12 kwietnia 1945 r., prezydent USA zmarł na skutek udaru mózgu.

W chwili śmierci Roosevelta walki w Europie zbliżały się już do końca, natomiast zadaniem jego wiceprezydenta i następcy, Harry'ego S. Trumana, było doprowadzenie do końca wojny na Pacyfiku. Wprawdzie od lata 1942 r. siły amerykańskie były w ofensywie, a w październiku 1944 r. przystąpiły do inwazji okupowanych Filipin, jednak posuwając się naprzód co i raz napotykały japońskie oddziały walczące do ostatniej kropli krwi. W pierwszym półroczu 1945 r., podczas zdobywania dwóch japońskich wysp o strategicznym znaczeniu, Iwo Jimy i Okinawy, USA straciły ponad 30.000 żołnierzy. Zdobywanie głównych wysp oznaczałoby prawdopodobnie zwielokrotnienie amerykańskich ofiar, zwłaszcza że tysiące japońskich kamikaze w samolotach i łodziach pozostawało w gotowości do podjęcia samobójczych akcji. Sztab generalny USA zakładał wówczas perspektywicznie starty wynoszące do 500.000 zabitych i rannych *GIs*. Tego Truman za wszelką cenę pragnął uniknąć. Podczas konferencji w Poczdamie wezwał on w „deklaracji poczdamskiej" japońskie siły zbrojne do bezwarunkowej kapitulacji. Alternatywą miało być „natychmiastowe i całkowite zniszczenie". Gdy Cesarstwo Japońskie mimo to się nie ugięło, prezydent USA nakazał użycie bomby atomowej. Jednak mimo zniszczenia Hiroszimy 6 sierpnia 1945 r. i 130.000 zabitych Japonia nie dała za wygraną. Dopiero po wypowiedzeniu wojny przez Związek Radziecki 8 sierpnia 1945 r. i drugim uderzeniu atomowym na Nagasaki następnego dnia, w którego wyniku życie straciły 73.000 mieszkańców, Japonia skapitulowała pod warunkiem, że cesarz Hirohito będzie mógł zachować swój tron. USA to zaakceptowały.

Użycie bomb atomowych o olbrzymiej sile niszczącej było wielokrotnie krytykowane jako niepotrzebne. Pomijano przy tym fakt, że wskutek uporczywego wzbraniania się japońskiego kierownictwa wojskowego przed zakończeniem przegranej już wojny konieczne byłoby zdobywanie kraju przez wojska alianckie. Przedłużyłoby to wojnę o wiele miesięcy, jeśli nie lat, i doprowadziło do dalszych wielkich strat po stronie amerykańskiej. Dopiero zniszczenie Nagasaki skłoniło *tenno* do „zniesienia nieznośnego" i nakazania kapitulacji. Tym samym zakończyła się druga wojna światowa. Była to najbardziej brzemienna w skutki wojna w amerykańskiej historii, zarówno pod względem strat w zabitych, jak i z uwagi na obciążenie finansowe. Życie straciło ponad 400.000 żołnierzy USA, a 670.000 zostało rannych. Bezpośrednie koszty wojny wyniosły w sumie 1,3 PKB.[289]

Rozstrzygnięcie wojny na korzyść aliantów spowodowała w Europie prowadzona na lądzie wojna na dwa fronty, a tu zwłaszcza dominacja Armii Radzieckiej. Na pacyficznym teatrze działań wojennych najważniejszą rolę odgrywały floty *US Navy* do chwili, gdy – dyskusyjne – zrzuty dwóch bomb atomowych na Hiroszimę i Nagasaki przyniosły finałowy rezultat.

Ze zwycięskiej dla nich wojny Stany Zjednoczone i Związek Radziecki wyszły jako światowe mocarstwa.

Wojna koreańska

W 1950 r., ledwie pięć lat po zakończeniu drugiej wojny światowej, doszło do wybuchu pierwszej wojny „zastępczej" w epoce dwubiegunowego świata. Oba światowe mocarstwa, USA i Związek Radziecki, włączyły się militarnie w wojnę koreańską, chcąc możliwie jak najbardziej ograniczyć wpływy strony przeciwnej.

Tłem tego konfliktu był jeden z rezultatów drugiej wojny światowej: Korea, jako kraj zwyciężony, została podzielona na dwie strefy okupacyjne. W 1950 r., po napadzie wojsk Korei Północnej – na skutek wzajemnych prowokacji – na południową część kraju i ataku północnokoreańskiej Armii Ludowej na amerykańskie bazy lotnicze, Rada Bezpieczeństwa ONZ zareagowała rezolucją 85. Została ona uchwalona 31 lipca 1950 r. na 479. zgromadzeniu tego gremium i autoryzowała militarną interwencję sił ONZ w Korei. Głosowanie nastąpiło pod nieobecność radzieckiego przedstawiciela Jakowa Malika, ponieważ na okres od stycznia do sierpnia 1950 r. ZSRR wycofał z Rady swego przedstawiciela w proteście przeciwko nieuwzględnieniu w jej składzie Chińskiej Republiki Ludowej. Jedyny głos wstrzymujący pochodził od Jugosławii.

Jakie było stanowisko rządu USA? Amerykański dyplomata George F. Kennan, prezentując już w lipcu 1947 r. szerokiej publiczności swą *Containment-policy* w celu powstrzymywania radzieckiego imperium, naszkicował strategiczną linię. Reprezentował przy tym pogląd, że jeśli USA uświadomią sobie swoje mocne strony i zaakceptują przywódczą rolę, będą w stanie dać radzieckiej polityce ekspansji (Polska

---

[289] Bundeszentrale für politische Bildung [Federalna Centrala Kształcenia Politycznego], informacja z 11. 10. 2008 r., *Der Zweite Weltkrieg: Von Pearl Harbor bis Hiroshima* [Druga wojna światowa. Od Pearl Harbor do Hiroszimy]

1944, Albania 1944, Bułgaria 1944, Węgry 1945, Rumunia 1948) wystarczający odpór. Hasłowo można tu wymienić:

- stworzenie Planu Marshalla (1947 r.),
- utworzenie NATO (1949 r., *Keep the US in, the Russians out and the Germans down*),
- utworzenie SEATO (1954 r.) dla obszaru Azji Południowo-Wschodniej oraz
- CENTO (1955 r.) dla obszaru Bliskiego Wschodu.

Wraz z utworzeniem sojuszy wojskowych powstrzymywanie miało być realizowane na wszystkich obszarach przyległych do radzieckich peryferii na dwóch kontynentach. Odtąd światowy porządek miał polegać na konfrontacji obu niezdolnych do zgodnego współżycia, światowych mocarstw – każde z nich tworzyło w obrębie swojej strefy wpływów własny porządek międzynarodowy.

Sekretarze stanu Dean Acheson i John Foster Dulles postrzegali siłę i dyplomację jako kolejne stadia: Ameryka miała wpierw skonsolidować i zademonstrować swoją potęgę, a wtedy Związek Radziecki byłby zmuszony zaprzestać swoich prowokacji i dojść do rozsądnego, dyplomatycznego porozumienia ze światem niekomunistycznym.[290]

W odniesieniu do Korei Stanom Zjednoczonym, bazującym na doktrynie powstrzymywania, przyświecał jasno zdefiniowany cel: Korea Południowa, ich protegowany, nie powinna i nie mogła dostać się we władanie komunistycznego imperium; kraj winien został zjednoczony pod przewodem USA. Dowództwo nad operacjami międzynarodowych sił z 19 państw członkowskich ONZ powierzono generałowi Douglasowi MacArthurowi (USA), który poprowadził je do pierwszego sukcesu podczas lądowania pod Incheon. W toku wojny, wobec włączenia się do niej chińskich ochotników, generał opowiadał się zdecydowanie za rozszerzeniem konfliktu na Chińską Republikę Ludową. Kilka zaleceń MacArthura wychodziło daleko poza zakres uprawnień oficera dowodzącego działaniami na teatrze wojny. Wprowadzenie, na przykład, Chińskich Sił Narodowych do Korei byłoby równoznaczne z wypowiedzeniem wojny Chińskiej Republice Ludowej. Gdyby Korea stała się terenem chińskiej wojny domowej, żadna ze stron nie mogłyby jej zakończyć nie uzyskując pełnego zwycięstwa, a Stany Zjednoczone wmieszałyby się w nieograniczony czasowo konflikt.[291]

Prezydent Harry S. Truman kilkakrotnie odrzucał te szczególne postulaty, aż w końcu, 11 kwietnia 1951 r., odwołał MacArthura ze stanowiska z uwagi na

---

[290] *por.* Kissinger, Henry, *Porządek światowy*, op. cit., s. 269
[291] *por.* Kissinger, Henry, *Dyplomacja*, op. cit., s. 529

kontynuowane przez niego, po części publicznie, naciski. Decyzja ta doprowadziła do gwałtownych protestów w Kongresie oraz publicznych demonstracji poparcia dla MacArthura. W jednej z nowojorskich parad na rzecz generała miało jakoby uczestniczyć siedem milionów ludzi. Opinia publiczna widziała w MacArthurze wielkiego bohatera wojennego, podczas gdy prezydent Truman cieszył się niewielką popularnością. Przez kilka tygodni zdawała się nawet istnieć możliwość przejęcia przez MacArthura władzy rządowej. Jednakże stanowisko szerokich rzesz społeczeństwa odmieniło się diametralnie, gdy przewodniczący kolegium połączonych szefów sztabów, generał Omar N. Bradley, wskazał na forum Senatu na fatalne następstwa żądań MacArthura dla strategicznej pozycji USA w Europie Zachodniej.

ONZ zakończył „gorącą" wojnę w Korei w lipcu 1953 r. układem o zawieszeniu broni.

W USA wojna koreańska zainicjowała szybkie i rozległe zbrojenia, które stanowiły znaczący krok w kierunku stworzenia owej „sytuacji siły" leżącej u podstaw amerykańskiej doktryny powstrzymywania.[292]

Jednak zjednoczenie Korei, którego Stany Zjednoczone chciały dokonać zbrojną przemocą, zostało odsunięte na przyszłość: konflikt między Koreą Północną i Południową o granicę wzdłuż 38. równoleżnika istnieje do dziś. Od 1953 r. co i raz dochodziło do zatargów między obu pokrewnymi państwami, a ponadto między USA i Chinami, ponieważ Chiny, jako przeciwwaga Zachodu, przyrzekły swoje wojskowe wsparcie Moskwie i Korei Północnej.

Wojna wietnamska

W roku 1954 wewnętrzne napięcia ideologiczne doprowadziły do tego, że Wietnam rozpadł się na państwo północne i południowe. Komunistyczny ruch *Vieth Minh* przekształcił się w *Vietcong*, który następnie próbował sprowadzić wiarołomny Wietnam Południowy na powrót pod kontrolę Północy. *Vietcongowi* przewodził wietnamski rewolucjonista i komunistyczny polityk Ho Chi Minh; jego przeciwnikiem w Wietnamie Południowym był Ngo Dinh Diem, od 1955 r. prezydent Republiki Wietnamu.

Sekretarz stanu John F. Dulles opowiadał się za bezwzględnym popieraniem Diema. Jest on – twierdził – „jedynym koniem", na którego można stawiać. W październiku 1954 r. Eisenhower uczynił z konieczności cnotę i pisemnie przyrzekł Diemowi pomoc USA, którą wszakże uzależnił od zapewnień „dotyczących miary postępu we wdrażaniu koniecznych reform".

---

[292] *por.* Kissinger, Henry, *Porządek światowy*, op. cit., s. 277

Przez kilka lat wydawało się, że wszystko idzie dobrze. Do końca kadencji Eisenhowera Stany Zjednoczone udzieliły Wietnamowi Południowemu pomocy o wartości miliarda dolarów. W kraju znajdowało się 1.500 specjalistów ze Stanów Zjednoczonych; amerykańska ambasada w Sajgonie stała się jednym z największych przedstawicielstw USA na świecie, a grupa amerykańskich doradców wojskowych liczyła 692 osoby. Tym samym USA zwyczajnie zignorowały postanowienia deklaracji końcowej genewskiej konferencji w sprawie Indochin z 1954 r., która ograniczała ich liczbę.

Wbrew wszelkim oczekiwaniom i przy intensywnym wsparciu ze strony amerykańskiego wywiadu, Diemowi udało się stłumić działalność tajnych stowarzyszeń[293]. Ustabilizował on gospodarkę i wprowadził centralną administrację – zadziwiające osiągnięcia, które zostały dobrze przyjęte w Stanach Zjednoczonych. Po wizycie w Wietnamie Południowym w roku 1956 senator Mike Mansfield relacjonował, że Diem reprezentuje „prawdziwy nacjonalizm", zajął się „straconą sprawą wolności i tchnął w nią nowe życie".

Także senator John F. Kennedy przyswoił sobie tę opinię o bezpieczeństwie i demokracji – dwóch filarach, na których spoczywa amerykańska polityka wobec Wietnamu. Wietnam, powiedział, jest nie tylko „zwornikiem sklepienia" bezpieczeństwa w Azji Południowo-Wschodniej, lecz także „polem doświadczalnym demokracji w Azji".

Już krótce wydarzenia miały pokazać, że to, co amerykańscy spece od polityki zagranicznej wychwalali tak wzniosłym tonem, było obrazem zwodniczym. Ten rozwój wydarzeń nie był trwały. Przekonanie USA, że ich własna, szczególna forma demokracji bez trudu da się przenieść na inne kraje, okazało się bowiem błędne. Na Zachodzie pluralizm polityczny rozkwitał w koherentnych społeczeństwach, w których wystarczająco silny konsens społeczny umożliwiał tolerancyjną postawę wobec politycznej opozycji, nie narażając zarazem samego państwa na niebezpieczeństwo. Natomiast w krajach, gdzie państwo dopiero trzeba było zbudować, opozycja łatwo jawiła się jako zagrożenie dla narodowej egzystencji; działo się tak tam, gdzie nie wytworzyło się jeszcze społeczeństwo obywatelskie jako rodzaj „siatki asekuracyjnej". W takich uwarunkowaniach istnieje bardzo silna lub wręcz przemożna pokusa stawiania znaku równości między opozycją a zdradą.[294]

---

[293] Chodzi o istniejące od początku XX w. wpływowe organizacje antyfrancuskie, które w drugiej połowie stulecia przekształciły się w stowarzyszenia walczące o jedność i niezawisłość Wietnamu i utrudniały polityczną i gospodarczą stabilizację Wietnamu Południowego (*przyp. tłum.*).
[294] *por.* Kissinger, Henry, *Dyplomacja*, op. cit. s. 702-703

W 1961 r. prezydentem USA został John F. Kennedy. W chwili owej zmiany
władzy zakres i forma amerykańskiego zaangażowania w Indochinach nabrały już
rozmiaru, który wiarygodność rządu USA wystawiał na nieodwracalne ryzyko. Do tej
pory wspieranie Wietnamu Południowego przez Stany Zjednoczone pozostawało w
należytym stosunku wobec amerykańskich celów bezpieczeństwa w tym regionie; ich
zaangażowanie nie osiągnęło jeszcze takiego wymiaru, by jego uzasadnienie uczynić
kwestią interesu narodowego pierwszej rangi.

Jednak od dnia, w którym po raz pierwszy stanęli na wietnamskiej ziemi,
amerykańscy doradcy wojskowi zaczęli przekazywać Wietnamczykom dobrze sobie
znane metody prowadzenia wojny: wyniszczanie nieprzyjaciela w wojnie pozycyjnej w
oparciu o przewagę ogniową, mechanizację i mobilność, co jest wykonalne w krajach
dysponujących dobrze rozbudowanymi szlakami komunikacyjnymi. W warunkach
panujących w Wietnamie Południowym taka taktyka nie dawała się zastosować.
Wyszkolona przez amerykańskich oficerów armia południowowietnamska rychło
wpadła w taką samą pułapkę, co francuskie siły ekspedycyjne dekadę wcześniej.[295]

Kennedy zaufał swoim doradcom, którzy zapewnili go, że wojna z komunistyczną
partyzantką może zostać wygrana przez armię południowowietnamską wspartą przez
wojska amerykańskie. W owych niewinnych dniach żaden z czołowych polityków obu
wielkich partii nie powziął najlżejszego nawet podejrzenia, że USA mogłyby zabrnąć
na grzęzawisko.

Każdy nowy rząd USA, który zajmował się problemem Indochin, był, zda się,
coraz głębiej wciągany w bagno. Truman i Eisenhower ogłosili program pomocy
wojskowej; poparcie Kennedy'ego dla reform prowadziło do coraz głębszego wikłania
się w politykę wewnętrzną Wietnamu Południowego; Johnson zwiększył nawet
obecność USA w Azji Południowej, a Nixon próbował początkowo zniszczyć
przeciwnika licznymi bombardowaniami.

W Europie późnych lat czterdziestych i pięćdziesiątych USA, dostarczając
pomocy finansowej w ramach Planu Marshalla i powołując do życia NATO, wspierały
państwa o głęboko zakorzenionych tradicjach politycznych. Wietnam natomiast był
krajem całkowicie nieznanym i nie posiadał instytucji, na bazie których dałoby się coś
stworzyć. Stąd brała się podstawowa trudność: Waszyngton postawił sobie za cel
zbudowanie w Wietnamie Południowym stabilnej demokracji; tego jednak nie można
było osiągnąć tak szybko, by dzięki temu zapobiec zwycięstwu partyzantów, a na tym

---

[295] *por.* Kissinger, Henry, *Dyplomacja*, op. cit., s. 704

właśnie polegał strategiczny cel USA. Innymi słowy, Stany Zjednoczone musiałyby zrewidować albo swoje cele polityczne, albo militarne.[296]

Droga Stanów Zjednoczonych w głąb wietnamskiego grzęzawiska zaczęła się w maju 1961 r. misją wiceprezydenta Lyndona B. Johnsona w Sajgonie. Miał on dokonać „oceny położenia". Tego rodzaju misje z reguły oznaczają, że decyzja już została podjęta. Nie ma bowiem takiego wiceprezydenta, który w toku dwu- czy trzydniowej wizyty byłby w stanie wypracować sobie niezależny osąd w kwestii trwającej od dziesięciu lat wojny partyzanckiej. 11 maja 1961 r. ukazała się dyrektywa Narodowej Rady Bezpieczeństwa, wedle której zapobieżenie komunistycznej dominacji w Wietnamie Południowym miało być celem narodowym USA. W dokumencie mowa była o „stworzeniu w tym kraju zdolnego do rozwoju i coraz bardziej demokratycznego społeczeństwa." Cel ten miał zostać wdrożony z pomocą środków militarnych, politycznych, gospodarczych, psychologicznych i niejawnych.[297]

Gdy jednak południowe państwo coraz bardziej popadało w kłopoty i coraz wyraźniej widać było, że armia południowowietnamska przegra wojnę, USA przystąpiły do skrytych uderzeń powietrznych na wioski *Vietcongu*. Gęsta szata roślinna Wietnamu utrudniała wszakże precyzyjne bombardowania, w związku z czym *US Air Force* już w tym wczesnym stadium wojny postawiły na groźne bomby napalmowe.

W kolejnych latach Stanom Zjednoczonym udało się osiągnąć niewiele sukcesów w walce z najczęściej skrycie działającym *Vietcongiem*. John F. Kennedy planował nawet wycofanie wszystkich żołnierzy USA z Wietnamu, poniósł jednak śmierć w wyniku zamachu, a jego następca Lyndon B. Johnson zrezygnował z tego planu.

W reakcji na północnowietnamskie ataki na bazę USA *Camp Holloway*, Amerykanie zaczęli coraz częściej sięgać po broń chemiczną, taką jak powodujący defoliację środek *Agent Orange*. Ten trujący środek roślinobójczy niszczył pola ryżowe, zatruwał zbiorniki wody i pozbawiał *Vietcong* jego największego atutu, czyli możliwości skrytego, zaskakującego działania. Jednak chemiczna broń masowego rażenia szkodziła nie tylko *Vietcongowi*, lecz głównie ludności cywilnej.

Choć militarnie wojska północnowietnamskie ustępowały siłom amerykańskim pod każdym możliwym względem, mimo to Stanom Zjednoczonym ani razu nie udało się uzyskać powodzenia, które zaważyłoby na dalszym toku wojny. Od 1966 r. *Vietcong* unikał regularnych bitew lądowych, najczęściej atakował amerykańskich żołnierzy z zasadzki. Konflikt przekształciła się w wojnę partyzancką.

---

[296] *por.* Kissinger, Henry, *Dyplomacja*, op. cit., s. 714
[297] *por.* Kissinger, Henry, *Dyplomacja*, op. cit., s. 714 i nast.

W roku 1968, po katastrofalnej dla *US Army* ofensywie Tet północnowietnamskich sił zbrojnych, USA krok po kroku zaczęły przygotowywać swoje wyjście z wojny wietnamskiej. Coraz bardziej ograniczały swą obecność wojskową i do 1972 r. wycofały jednostronnie 500.000 żołnierzy.

Czwarty rząd USA okresu wojny wietnamskiej (Nixon po Eisenhowerze, Kennedym i Johnsonie) przedstawił w 1972 r. warunki porozumienia z Hanoi:

- wstrzymanie, pod międzynarodowym nadzorem, wszelkich działań bojowych,
- zwolnienie wszystkich jeńców i wyjaśnienie losów wszystkich zaginionych żołnierzy,
- kontynuowanie gospodarczej i wojskowej pomocy USA dla Sajgonu oraz
- uregulowanie politycznej przyszłości Wietnamu Południowego w oparciu o wolne wybory i wyłącznie przez strony wietnamskie.

8 października 1972 r. Wietnamczyk z północy, Le Duc Tho, zaakceptował propozycje Nixona, a Hanoi odstąpiło wreszcie od swego żądania, by Stany Zjednoczone załatwiły sprawę wspólnie z Wietnamem Północnym i ustanowiły w Sajgonie komunistyczny rząd. Hanoi przystało na zawieszenie broni, powrót wszystkich amerykańskich jeńców oraz sporządzenie listy zaginionych. Południowowietnamski rząd Thieu pozostał nietknięty, a Stanom Zjednoczonym zezwolono na udzielanie mu nadal pomocy gospodarczej i wojskowej.

W Paryżu, jako kontynuacja genewskiej konferencji w sprawie Indochin, toczyły się negocjacje na temat zakończenia wojny i przywrócenia pokoju w Wietnamie. Uczestniczyły w nich Wietnam Północny, Wietnam Południowy oraz USA. 27 stycznia 1973 r. oba państwa wietnamskie i USA podpisały „układy paryskie". Przewidywały one zakończenie amerykańskiej akcji wojskowej w Wietnamie. Tym samym wszelkie działania wojenne w Wietnamie zostały wstrzymane; miano nadzieję, że bez dalszego ingerowania Stanów Zjednoczonych oraz innych krajów zacznie się droga ku pokojowi, którą odtąd, w duchu narodowej zgody, pójdzie także Wietnam Południowy. 29 marca 1973 r. Wietnam Południowy opuścił wreszcie ostatni żołnierz USA, a na krótko przedtem zwolniono 591 amerykańskich jeńców wojennych.

Bez pomocy amerykańskich sił zbrojnych Wietnamowi Południowemu nie udało się już powstrzymywać armii północnowietnamskiej przez kolejne dwa lata. 1 maja 1975 r. bojownicy *Vietcongu* zdobyli południowowietnamską stolicę Sajgon. Tym samym wojna wietnamska zakończyła się zwycięstwem komunistycznej Północy.

Dla USA, a zwłaszcza dla sił zbrojnych, Wietnam urósł do rangi syndromu. Amerykańskie zaangażowanie w Indochinach zakończyło się w 1975 r. niewątpliwą porażką, która mogła nastąpić także w którymkolwiek wcześniejszym momencie, gdyby rząd USA dążył do kapitulacji strony przeciwnej. Jednak ani administracja, ani ludność USA ani przez chwilę nie były zainteresowane takim wynikiem; od 1968 r. wszyscy kandydaci na prezydentów opowiadali się w kampaniach wyborczych za kompromisem, a nie kapitulacją.

Na wyższych uczelniach wojskowych USA (*Naval War College, Army War College, Air War College, National Defense University*) Wietnam jest niezmiennie tematem gorącej i kontrowersyjnej dyskusji. Po tym, jak Stany Zjednoczone zawiodły w Wietnamie, nadal stawia się w niej i nieustannie omawia ważne kwestie

- czy Stany Zjednoczone powinny były w ogóle prowadzić tę wojnę?
- czy w jej trakcie Stany Zjednoczone poszły niewłaściwą drogą?
- czy strategiczne znaczenie Wietnamu nie było mocno przesadzone?
- czy wskutek wykorzystania potęgi wojskowej USA możliwa jest w ogóle przemiana nacjonalizmu, który napędza historię i politykę Wietnamu?

Pogląd alternatywny jest taki, że nawet jeśli szanse USA na sukces były niewielkie, Stany Zjednoczone powinny były podjąć wysiłki, by zachować swą moralną i strategiczną wiarygodność w świecie. W kwestii sposobu rozegrania tej wojny debata skupia się na tym, czy USA wykorzystały swą militarną potęgę adekwatnie i efektywnie. Zakładając, że więcej znaczy lepiej, kilku krytyków argumentuje, że użycie jeszcze większej ilości amerykańskich sił albo przeciwko Wietnamowi Północnemu, albo w celu izolowania pola bitwy w Wietnamie Południowym, przyniosłoby zwycięstwo.

Jednak podczas konfliktu okazało się na dodatek, że reżim w Sajgonie jest niezdolny do przekucia sukcesu wojskowego w polityczny. Potężne wsparcie ze strony USA zdawało się też dowodzić słuszności twierdzeń Wietnamu Północnego i *Vietcongu*, że Wietnam Południowy nie jest tworem wietnamskim, lecz amerykańskim. Wreszcie, prowadząc wojnę większych rozmiarów ryzykowałoby się niebezpieczny konflikt militarny z Chinami i Związkiem Radzieckim.

W każdym bądź razie okres wietnamski zmusił Stany Zjednoczone do uświadomienia sobie własnych granic. Na przestrzeni większości swojej historii USA, opierając się na wierze w swą szczególną misję, miały poczucie moralnej przewagi, które wspierała obfitość dóbr materiałowych. Natomiast w Wietnamie państwo to znalazło się nagle w sytuacji uwikłania w wojnę, która pod względem moralnym zdawała się być coraz bardziej wątpliwa i w której przewaga materiałowa nie odgrywała niemal żadnej roli.

Wewnętrzne rozdarcie Amerykanów w związku ze sprawą Wietnamu jest najlepszym świadectwem ich moralnych skrupułów. Po stosunkowo krótkiej przerwie, w latach osiemdziesiątych USA uwolniły się od swych rozterek. W latach dziewięćdziesiątych narody wolnego świata znów zwróciły się ku Ameryce, by przejęła wiodącą rolę w budowie kolejnego, nowego porządku świata. A ich największe obawy nie dotyczyły tego, że Ameryka zbyt arogancko będzie się angażować w światowe sprawy, lecz, jak już bywało, że może się z nich wycofać.[298]

Wojna w Afganistanie

W okresie pomiędzy rokiem 1839 a 1919 Wielka Brytania, tocząc trzy wojny anglo-afgańskie, usiłowała umocnić brytyjską dominację w tym regionie i powstrzymać ekspansjonistyczne dążenia imperium rosyjskiego. Brytyjskie zamiary nie powiodły się: w latach 1842, 1881 i 1919 wojska brytyjskie były zmuszone się wycofać.

W roku 1978 komunistyczna Ludowo-Demokratyczna Partia Afganistanu (LDPA) dokonała puczu wymierzonego przeciwko prezydentowi Muhammadowi Daudowi. LDPA stworzyła władzę opartą na strachu, cechującą się radykalnymi metodami przy wdrażaniu reformy rolnej i oświatowej oraz represjami przeciwko potencjalnym przeciwnikom. Polityka ta sprowokowała w całym kraju rebelie. Wewnątrz LDPA wybuchały walki o władzę. Związek Radziecki, jako najważniejszy sojusznik LDPA, z troską obserwował zbliżające się załamanie komunistycznego reżimu w Kabulu. By zabezpieczyć własne wpływy w Afganistanie, w okresie świąt Bożego Narodzenia 1979 r. ZSRR zajął kraj. Wojska radzieckie napotkały zacięty opór ludności. Moskwa zainstalowała marionetkowy reżim, a islam awansował do rangi ideologicznego przeciwieństwa komunizmu, co znalazło wyraz w ogłoszeniu *dżihadu* przeciwko bezbożnym komunistom oraz w nazwie bojowników ruchu oporu, których określano mianem *mudżahedinów*. Głównymi dostawcami broni i pieniędzy dla ruchu oporu były USA i Arabia Saudyjska (sic!). Pakistańskiemu wywiadowi wojskowemu *Inter Services Intelligence (ISI)* przypadło w udziale zadanie zorganizowania oporu. Uczestniczące w nim strony grupowały się wokół przywódców religijnych i islamistów. Radzieckie zamierzenia poniosły porażkę: w 1988 r. Związek Radziecki podjął decyzję o natychmiastowym wycofaniu swoich wojsk.

W 2001 r. w końcu także USA rozpoczęły zbrojne działania w Afganistanie. Od połowy lat 90. fundamentalistyczni talibowie sprawowali kontrolę nad większością terytorium Afganistanu i proklamowali tu islamskie „państwo Boże". Do konfliktu z USA doprowadził prawdopodobny pobyt na obszarze władzy talibów islamskiego ekstremisty Osamy bin Ladena. Konflikt eskalował po zamachach terrorystycznych z 11 września, ponieważ odpowiedzialnością zań USA obarczyły Osamę bin Ladena i

---

[298] *por.* Kissinger, Henry, *Dyplomacja*, op. cit., s. 772

jego terrorystyczną sieć *Al.-Kaidę*. Po odrzuceniu przez reżim talibów żądania wydania Osamy bin Ladena, 7 października 2001 r. USA rozpoczęły naloty na Afganistan.

W tygodniach poprzedzających operację wojskową, USA zadbały o zagraniczne wsparcie swoich działań i utworzyły rozległą, wielonarodową koalicję przeciwko terrorowi. Afganistan uczestniczył w niej za pośrednictwem „Narodowego Islamskiego Połączonego Frontu Ratowania Afganistanu" (Sojusz Północny). NATO ogłosiło przypadek obrony kolektywnej. Od początku w działaniach bojowych uczestniczyli brytyjscy żołnierze. Także Rosję udało się pozyskać jako politycznego partnera koalicyjnego. Rosyjski prezydent Władimir Putin obiecał dostarczać informacji wywiadowczych. Pakistan zezwolił na korzystanie ze swojej przestrzeni powietrznej i również dostarczał danych wywiadowczych. Ze strony Bundeswehry uczestniczył kontyngent liczący do 5.350 żołnierzy. Ogółem swoje wojska wysłało 50 państw, w tym 29 państw NATO.

W listopadzie 2001 r. zdobyto strategicznie ważne miasto Mazar-i-Sharif oraz stolicę Kabul. Talibowie, wezwani przez swoje kierownictwo do wytrwania, początkowo walczyli dalej; USA daremnie próbowały pochwycić Osamę bin Ladena. W grudniu 2001 r. padł Kandahar, ostatnia ostoja talibów. Talibowie i rozproszeni bojownicy *Al.-Kaidy* wycofali się na obszar pakistańsko-afgańskiego pogranicza.

W tym czasie na wzgórzu Petersberg pod Bonn trwały rozmowy pod kierownictwem Narodów Zjednoczonych na temat politycznej przyszłości Afganistanu. Obok militarnie zwycięskiego, afgańskiego Sojuszu Północnego uczestniczyły w nich również trzy afgańskie grupy na uchodźstwie. Na konferencji postanowiono m.in. o utworzeniu rządu tymczasowego. 20 grudnia 2001 r. Rada Bezpieczeństwa ONZ zdecydowała o utworzeniu Międzynarodowych Sił Wsparcia Bezpieczeństwa (*ISAF – International Security Assistance Force*). Operacja, jak się wydawało, była udana – w każdym bądź razie w przybliżeniu.

Jako swój naczelny cel USA i ich sojusznicy deklarowali odbudowę Afganistanu, co zamierzano osiągnąć z pomocą demokratycznego, pluralistycznego rządu afgańskiego o przejrzystej strukturze, którego władza obejmowałaby cały kraj, jak również z udziałem narodowej armii afgańskiej, która, w oparciu o narodową bazę, miałaby przejąć odpowiedzialność za bezpieczeństwo państwa. Ze zdumiewającym wręcz idealizmem porównywano tak wytyczony cel z odbudową demokracji w Niemczech i Japonii po drugiej wojnie światowej. Jednak w Afganistanie, czy choćby tylko w którymś z regionów tego kraju, na przestrzeni całej historii nigdy nie istniały instytucje, które mogłyby posłużyć za precedens dla tak szeroko zakrojonej demokratyzacji.[299]

W końcu 2014 r. prezydent Barack Obama oficjalnie ogłosił amerykańską operację wojskową w Afganistanie za zakończoną. Celu wojny nie udało się osiągnąć, talibowie znów nabrali sił. W tej sytuacji USA ponownie wysłały do Afganistanu jednostki specjalne mające wspierać wojska afgańskie w walce z talibami. Faktycznie wojna toczyła się dalej – także w roku 2017.

Po oficjalnym zakończeniu wojny w końcu 2014 r. obraz, jaki się wyłania, jest wstrząsający:
- w ciągu 14 lat zabitych zostało ponad 70.000 osób, w tym ponad 2.300 żołnierzy USA i 55 żołnierzy Bundeswehry,
- koszty działań bojowych w samych tylko Stanach Zjednoczonych sumują się na kwotę ponad biliona dolarów,
- udział sił Bundeswehry kosztował niemieckiego podatnika jak dotąd równo 8,8 miliarda euro.

Po afgańskich doświadczeniach Brytyjczyków w XIX, Rosjan w XX i Amerykanów w XXI stuleciu należałoby chyba zgodzić się z analizą Winstona Churchilla, który w roku 1897, po zakończeniu 2. wojny anglo-afgańskiej, stwierdził:

> *„Wyjąwszy okres żniw, kiedy wymusza to konieczność utrzymania się przy życiu, Pasztuni żyją w ciągłym stanie wojny człowieka z człowiekiem lub wspólnoty ze wspólnotą. Każdy z nich jest zarazem wojownikiem, politykiem i teologiem. Każdy większy dom jest sam w sobie twierdzą, wzniesioną wprawdzie tylko z wysuszonej gliny, ale w pełni rozbudowaną z blankami, basztami, strzelnicami, umocnieniami skrzydłowymi, mostami zwodzonymi itd. Każda wioska ma własne oszańcowanie. Każda rodzina prowadzi swoją wendetę, każdy klan swą rodową waśń. Wszystkie te liczne plemiona i grupy plemion mają ze sobą rachunki do wyrównania. Nic nie zostaje zapomniane i niezmiernie rzadko jakaś wina pozostaje nieodpłacona.”*

Dwie wojny w Iraku

16 stycznia 1991 r. prezydent George Bush I rozpoczął pierwszą wojnę w Iraku. Jej celem było wyzwolenie Kuwejtu spod okupacji Saddama Husajna. W trakcie

---

[299] *por.* Kissinger, Henry, *Porządek światowy*, op. cit., s. 299

ograniczonej wojny pod kryptonimem *Pustynna Burza*, mającej jasny i ograniczony cel, koalicja pod przewodem USA wyzwoliła Emirat Kuwejtu i po trzech miesiącach, 12 kwietnia 1991 r., zawarła z Saddamem Husajnem zawieszenie broni. Do końca kwietnia żołnierze opuścili rejon Zatoki Perskiej.

Na początku 2003 r. prezydent George Bush II wraz z „koalicją chętnych" zaczął drugą wojnę w Iraku. Jako jej uzasadnienie rządy uczestniczących w niej USA i Wielkiej Brytanii podawały rosnące, ostre zagrożenie iracką bronią masowego rażenia oraz powiązania Iraku z terrorystyczną siecią *Al.-Kaidy*, która dokonała zamachów z 11 września 2001 r. Znaczna większość ludności USA wierzyła tym informacjom przed inwazją na Irak i jeszcze wiele lat po niej.

A oto przebieg tej wojny: w początkach roku 2003 konflikt z Irakiem dramatycznie się zaostrzył. Na mocy rezolucji nr 1441, inspektorzy ONZ przez wiele miesięcy bezskutecznie przeczesywali Irak szukając broni masowego rażenia. Stany Zjednoczone daremnie próbowały dowieść, że Irak dysponuje zakazaną bronią biologiczną i chemiczną i ma związki z terrorystyczną *Al.-Kaidą*. Zdaniem zwolenników wojny, pokojowe rozwiązanie konfliktu nie było już możliwe. Dyplomacja się skończyła i 20 marca 2003 r. zaczęła się wojna z Irakiem – bez mandatu ONZ. Równo półtorej godziny od upływu terminu amerykańskiego ultimatum skierowanego do irackiego władcy Saddama Husajna, by w ciągu 48 godzin opuścił swój kraj, USA ruszyły na wojnę dokonując nalotów na Bagdad.

W ramach „koalicji chętnych", USA wspierane były przez 53 państwa z pięciu kontynentów. Lista uczestników sięgała od Wielkiej Brytanii po Tonga, a ich udział był bardzo zróżnicowany. Niemcy i Francja nie przyłączyły się do tej koalicji. Cztery tygodnie od rozpoczęcia wojny, wraz ze zdobyciem miasta Tikrit, gorąca faza działań dobiegła końca i poczyniono pierwsze kroki w celu utworzenia tymczasowego rządu.

Dla George'a Busha II wojna w Iraku skończyła się 1 maja 2003 r. „Misja spełniona", oznajmił w swoim wystąpieniu na pokładzie lotniskowca „Abraham Lincoln". Jednak udręka ludzi w Iraku trwała nadal. Ostatnie oddziały USA wycofały się stamtąd dopiero w 2011 r., mimo iż w kraju nie zapanował spokój. Od 2003 r. życie straciło ponad 100.000 ludzi, a panujące w Iraku warunki nadal przypominały wojnę domową.[300]

Prezydent USA George Bush II i jego administracja zakładali, że szef państwa Saddam Husajn szybko zostanie pozbawiony władzy i w Iraku będzie można zainstalować demokratyczne kierownictwo. Ta nadzieja zawiodła. Saddam został

---

[300] Landeszentrale für politische Bildung Baden-Württemberg: Der Irak-Krieg 2003 [Krajowa Centrala Kształcenia Politycznego Badenii-Wirtembergii: Wojna w Iraku 2003 r.]

wprawdzie ujęty i 30 grudnia 2006 r. stracony, lecz walki trwały dalej bez zmian. Mimo upływu ponad 14 lat Irak nadal jest mocno oddalony od demokracji. Zamachy bombowe i przemoc należą tu do codzienności – również dziś. Fala uchodźców zmierzająca do Europy osiągnęła w latach 2015/2016 swój punkt kulminacyjny.

W tej wojnie rząd USA zrobił źle wszystko, co tylko dało się źle zrobić:

- uzasadniając wojnę przeciwko Saddamowi Husajnowi kłamał przed Organizacją Narodów Zjednoczonych;
- świadomie i z premedytacją prezydent oraz CIA spowodowali, że ich cieszący się uznaniem sekretarz stanu Colin Powell wystąpił na forum Zgromadzenia Ogólnego ONZ opierając się na sfałszowanych dokumentach (Colin Powell załamał się później wskutek tego);
- w wyniku permanentnego naruszania praw człowieka w trakcie wojny i po jej zakończeniu stracił wiarygodność i zaufanie na całym świecie;
- nie utorował drogi ku demokratyzacji, lecz jej przeszkodził;
- manipulował raportami wywiadowczymi;
- łamał prawo międzynarodowe;
- postawił własne interesy narodowe (ropa naftowa) ponad wszystko inne;
- włączył interesy sektora prywatnego (np. reprezentowane przez wiceprezydenta Cheneya) w proces wypracowywania decyzji.

Za skutek rozpadu dotychczasowego porządku w Iraku należy także uznać narodziny ugrupowania terrorystycznego „Państwo Islamskie". Podobnie wzrost sił Iranu nastąpił pod wpływem zmiany reżimu w Bagdadzie, która irańskiego arcywroga przemieniła w irańskiego klienta.

Wojna iracka i związana z nią próba *nation building* po raz kolejny w tragiczny sposób dowiodły, że zachodniej wizji demokracji i oświeconego społeczeństwa nie da się wyeksportować bez większych trudności: skutkiem był wzrost liczby autorytarnych reżimów.[301] Wojna iracka 2003 r. zmieniła cały stan równowagi regionu. Na karty historii trafi ona jako wydarzenie, które na długi czas zdecyduje o tym, kto odziedziczy władzę nad dalszymi częściami Środkowego Wschodu.[302]

Résumé

Wojny się zmieniły, tak samo jak wojenne sukcesy USA. O ile do końca II wojny światowej dla dysponujących znacznymi rezerwami Stanów Zjednoczonych wojny

---

[301] *por.* Zamperoni, Ingo, *Fremdes Land Amerika*, op. cit. s. 292
[302] *por.* Stürmer, Michael, Welt ohne Weltordnung, op. cit. s. 125

były dość łatwe do wygrania, o tyle wraz z wojną koreańską karta się odwróciła. Od tamtej pory USA nie zdołały wygrać jednoznacznie żadnego konfliktu militarnego. Ponosiły wysokie straty i wydawały niewiarygodne sumy dolarów, a w ostateczności wzmacniały tymi akcjami antyamerykańskie nastroje.

Przystępowanie USA do wojen zawsze było inspirowane silnie upowszechnioną „ideą misyjną", a mianowicie przekonaniem, że świat byłby o wiele lepszy i bardziej przyjazny, gdyby wszystkie państwa i narody uznały amerykańskie zasady za swoje. Amerykański dziennikarz Eric T. Hansen ocenia to nad wyraz krytycznie. Pisze: „Wiem, co to znaczy popełniać błędy, bo jestem Amerykaninem. Olbrzymim błędem było wkroczenie do Iraku i Afganistanu, podobnie jak do Wietnamu w 1963 r. Czego tam, przepraszam, szukaliśmy? To był czysty imperializm. Amerykańska ingerencja podczas drugiej wojny światowej była w porządku, ale w Wietnamie już nie. Przy tym obu wojnom przyświecała ta sama logika: w drugiej wojnie światowej USA chciały ratować świat przed szerzącym się faszyzmem, a w Wietnamie chciały ustrzec świat przed szerzącym się komunizmem. W obu wypadkach chodzi o imperializm: wdarliśmy się do obcego kraju. Jedyna różnica jest taka, że w drugiej wojnie światowej osiągnęliśmy swój cel, a w Wietnamie nie. Na dodatek obu wypadkom towarzyszyła ta sama motywacja. Właściwie pojęcie «imperializmu» należałoby zdefiniować tak: «ingerencja w politykę innych krajów». Mieści się tu każdy rodzaj interwencji. Amerykańskie wspieranie junty wojskowej w Ameryce Południowej było imperializmem, ponieważ chcieliśmy w ten sposób, dla własnej korzyści, przeszkodzić rozprzestrzenianiu się komunizmu. Operacja lotnicza USA i NATO w Libii w 2011 r. była imperializmem, ponieważ państwa zachodnie dopomogły w ten sposób w obaleniu reżimu Muammara Kaddafiego."[303]

Złe doświadczenia z wojen w Wietnamie, Afganistanie i Iraku doprowadziły do zmian w kwestii gotowości użycia wojsk lądowych: odtąd credo Pentagonu brzmi *no boots on the ground* (ani jednego żołnierza na ziemi). Siły lądowe wysyła się do jakiegoś kraju dopiero wtedy, gdy dzięki uderzeniom powietrznym sytuacja jest właściwie przygotowana – a i wtedy z dużą wstrzemięźliwością. Syria jest tego dowodem.

Wojny, które Stany Zjednoczone prowadziły w ostatnich dekadach, ujawniły, że podczas operacji wojennych domniemane amerykańskie wartości często stanowią jedynie pretekst. Zaszkodziło to wiarygodności USA, a tym samym ich pozycji światowego mocarstwa. Przyczyniło się też do zachwiania ich dominującej roli.

---

[303] Hansen, Eric T., *Die ängstliche Supermacht* ..., op. cit. s. 228-229

Rozdział 23

Kompleks wojskowo-przemysłowy

Kraj, który prowadzi dużo wojen, potrzebuje dużo pieniędzy i dużo sprzętu wojskowego. Stąd zrozumiałe jest, że w takim kraju przemysł zbrojeniowy rozwija się wyjątkowo prężnie. Doskonalenie sprzętu wojskowego jest niezwykle kosztowne, kosztowne pod względem czasowym, personalnym i finansowym. W USA od wielu dziesiątków lat wszystko to jest dostępne w obfitości: w sąsiedztwie Waszyngtonu D.C. rozlokowały się liczne *think tanks* z wysoko kwalifikowanym personelem – często są to emerytowani, wysokiej rangi oficerowie. W każdym budżecie USA znajdują się znaczne sumy przeznaczone na cele badawczo-rozwojowe; w budżecie na 2017 r. jest to 77 miliardów $ dla samego tylko sektora obronnego i kolejne 69 miliardów $ dla sektora cywilnego. Przemysł zbrojeniowy jest w całym kraju znaczącym czynnikiem gospodarczego rozwoju. We wszystkich stanach USA przedsiębiorstwa zbrojeniowe są wielkimi pracodawcami i płatnikami podatków. Bezpośrednie i pośrednie zatrudnienie związane z przemysłem zbrojeniowym obejmuje w USA co najmniej 3,5 miliona miejsc pracy.[304] Obroty tych przedsiębiorstw w roku 2010 wyniosły około 324 miliardów $ przynosząc 15,6 miliarda $ zysku.

Stany federalne i jednostki samorządowe wspierają siły zbrojne i przedsiębiorstwa sektora zbrojeniowego, te bowiem sprzyjają dalszemu wzrostowi gospodarczemu i stwarzają lepsze szanse w regionie. Wojsko bywa często jedynym lub największym pracodawcą w gminie i ma istotny wpływ na jej sytuację gospodarczą. Nie dziwi więc, że w tych okolicznościach rozwinęła się przez lata ścisła i przyjacielska współpraca polityków szczebla komunalnego, regionalnego i federalnego z liderami biznesu i wysoko postawionymi wojskowymi, z korzyścią dla wszystkich stron. Jak następował ów rozwój?

Zgodnie z bon motem 30. prezydenta USA Calvina Coolidge'a (1923-1929), w USA wszystko kręci się wokół biznesu: *Chief business of the US-American people is business*. Interesy gospodarcze państwa mają wielkie znaczenie dla amerykańskiej polityki zagranicznej. Także wojna w Iraku w niemałej mierze toczyła się w interesie trwałego zaopatrzenia w ropę naftową po stabilnych cenach. A i prężenie muskułów przez światowe mocarstwo służy kompleksowi wojskowo-przemysłowemu USA. W 1961 r.

---

[304] SITE Selection Magazine – wrzesień 2012

prezydent i generał w st. spocz. Dwight D. Eisenhower ostrzegał w swojej mowie pożegnalnej przed „wojskowo-przemysłowym kompleksem", który rozrastał się wraz z zimną wojną. Splatające się interesy zawodowych oficerów i przemysłu zbrojeniowego – mówił – ogarniają swym wpływem wszystkie miasta, parlamenty i organy władzy federalnej USA. „W latach mojej prezydentury, a zwłaszcza w późniejszych latach odczuwałem coraz większy niesmak w związku z oddziaływaniem, jakie wywierają na państwo ogromne wydatki wojskowe w okresie pokoju", napisał później Eisenhower w swoich pamiętnikach.

Gdyby bezpieczeństwo narodowe USA było jedynym powodem militaryzacji amerykańskiego społeczeństwa, wówczas zakończenie zimnej wojny musiałoby prowadzić do długotrwałego rozbrojenia. Po przełomie lat 1989/1990 żadne mocarstwo na Ziemi nawet w przybliżeniu nie dorównywało Stanom Zjednoczonym. „Pokojowa dywidenda" była nakazem chwili. I faktycznie, prezydent Bill Clinton po objęciu swego urzędu w 1993 r. obniżył budżet obronny i w kolejnych latach przesunął wiele miliardów na redukcję zadłużenia. Wobec zmniejszającej się liczby zamówień z Pentagonu, w obrębie amerykańskiego przemysłu zbrojeniowego nastąpiła seria fuzji. A potem kompleks wojskowo-przemysłowy nagle znów odżył jak feniks z popiołów. W październiku 1999 r. Kongres USA ponownie uchwalił zwiększenie wydatków na obronę. Prezes zarządu koncernu zbrojeniowego General Dynamics zarzucił administracji Clintona, że przez oszczędności w zakupach sprzętu wojskowego zdemoralizowała ona siły zbrojne i zagroziła narodowemu bezpieczeństwu. Pierwszy od lat wzrost wydatków na obronę uznał on za odwrócenie tego trendu. Wyraźna zmiana rozmiaru budżetu obronnego USA nastąpiła w związku z zamachem na *World Trade Center* w roku 2001 i wraz z prezydenturą George'a Busha II oraz ekipą jego najważniejszych doradców.

Aspekty gospodarcze
Użycie wojska nie następuje bez przyczyny i uzasadniają je tylko humanitarne, szlachetne pobudki. Dla historycznego rekordzisty świata w dziedzinie prowadzenia wojen, dla Stanów Zjednoczonych Ameryki, wojny stanowiły zawsze także znakomitą możliwość ożywienia własnego przemysłu zbrojeniowego. Za każdym razem wojny prowadzone przez USA są nadzwyczajnym bodźcem wzmagającym rozwój i sprzedaż broni. Często już podczas wojny, a najdalej po jej zakończeniu w biznesie zbrojeniowym następuje kolejny boom, gdy prowadzące wojnę strony od nowa muszą się zbroić. Przypominają sobie wtedy o wielkim, bezinteresownym bracie i kupują w Waszyngtonie, za solidne dolary, nowoczesny bądź też nieco przestarzały (dla sił zbrojnych USA) sprzęt. Wtedy eksport zbrojeniowy znów rozkwita, a gospodarka znów zostaje podkręcona. W historii USA wojny zawsze były istotną przyczyną gospodarczego rozwoju.

Podczas wojny w Zatoce Perskiej ów biznesowy aspekt objawił się ze szczególną wyrazistością. Japonia i Niemcy, niegdysiejsi przeciwnicy USA i państwa, które przegrały II wojnę światową, miały problemy ze swoimi konstytucjami i w związku z tym nie mogły/nie chciały/nie miały prawa wysłać wojsk w rejon Zatoki. Oba kraje postawiono pod moralnym pręgierzem (czyż krew młodego człowieka z Karlsruhe lub Kobe jest więcej warta niż krew jego rówieśnika z Bostonu, Birmingham lub Bordeaux?). Rządy z Tokio i Bonn płaciły więc, ponosząc wspólnie ponad 80 % kosztów sojuszniczej operacji nad Zatoką.

Po jej zakończeniu USA mogły zawierać korzystne interesy zbrojeniowe z Saudyjczykami, Kuwejtczykami i innymi narodami znad Zatoki Perskiej. Przemysł zbrojeniowy mógł wesprzeć się argumentami o skuteczności swoich wysoce precyzyjnych i wysoce skutecznych wyrobów i nie miał większych trudności ze sprzedażą broni i sprzętu. Oczywiście, trzeba też było uzupełnić braki w zasobach własnych sił zbrojnych.

Amerykański przemysł zbrojeniowy żyje więc z amerykańskiego udziału w wojnach na całym świecie. W równie znaczącej mierze takie „akcje wojskowe" są dla sił zbrojnych USA poletkiem doświadczalnym, i to w podwójnym sensie. Po pierwsze, nową broń i sprzęt można przetestować na polu bitwy. Czym innym jest bowiem wypróbowywanie i ocenianie broni i sprzętu w sztucznie stworzonych warunkach, a czym innym dokonywanie tego w warunkach bojowych. Po drugie, można też oczywiście wypróbowywać nowe doktryny, taktyki i procedury, a następnie je udoskonalać. Z doświadczeń tych wynikają również kolejne impulsy dla przemysłu zbrojeniowego. Mocarstwo światowe, takie jak USA, po prostu potrzebuje od czasu do czasu niewielkiej wojenki, by swój nowy potencjał móc poddać próbie! Wyjątkowo wyraźnie było to widoczne za rządów George'a Busha II.

<u>Aspekty polityczne</u>

W 1997 r. Donald H. Rumsfeld i Richard B. Cheney zostali współzałożycielami organizacji *Project for the New American Century* (Projekt dla Nowego Amerykańskiego Wieku), ekskluzywnego kręgu neokonserwatystów w obrębie Partii Republikańskiej. Ów krąg polityków wzywał w listach otwartych administrację Clintona do zdecydowanego przewodzenia w światowej polityce i zwiększenia wydatków wojskowych. Światowe mocarstwo nie stało wówczas w obliczu nowych wyzwań, jak w latach zimnej wojny, a prawdziwi adresaci tych apeli należeli do kompleksu wojskowo-przemysłowego. W swojej kampanii wyborczej 2000 r. George Bush II uwzględnił żądanie zainicjowania nowej fali zbrojeń i mianował „Dicka" Cheneya swym *running mate*, czyli desygnował go na swojego wiceprezydenta. Równocześnie kandydat na prezydenta George Bush II obiecał obniżyć podatki i podwyższyć wydatki wojskowe. Gospodarka nagrodziła jego program obfitymi datkami. Kasę na kampanię wyborczą George'a Busha II wypełniło ponad 100 milionów dolarów – więcej, niż w wypadku któregokolwiek z wcześniejszych kandydatów w historii amerykańskich wyborów prezydenckich. Dzięki pieniądzom z gospodarki George Bush II wygrał wybory i niezwłocznie wyniósł budżet wojskowy na nowe, rekordowe wyżyny.

Od ponad trzech dekad Richard Cheney i Donald Rumsfeld stanowili w polityce zespół i poruszali się to tu, to tam między piętrami władzy w obszarze polityki, wojska i przemysłu. Rumsfeld, jako były ambasador przy NATO, szef sztabu Białego Domu i minister obrony, przeszedł w 1977 r. do gospodarki. Będąc prezesem zarządu słabnącego koncernu farmaceutycznego G. D. Searle & Co uzdrowił przedsiębiorstwo i do końca lat osiemdziesiątych zgromadził majątek wynoszący ponad 200 milionów dolarów. Od tej pory przygotowywał swój polityczny *comeback* i wspierał dotacjami kampanię wyborczą George'a Busha II w Teksasie. Już w 1974 r. Rumsfeld zatroszczył się o ściągnięcie z Kongresu do sztabu Białego Domu swego młodszego wspólnika „Dicka" Cheneya.

„Dick" Cheney odszedł w 1989 r. z Izby Reprezentantów na stanowisko ministra obrony; pełniąc je, w czerwcu 1990 r. wręczył m.in. autorowi niniejszej pozycji dyplom ukończenia studiów w *US Naval War College*. W 1993 r. na powrót zmienił funkcję szefa Pentagonu na stanowisko w kierowniczych gremiach gospodarki. Przez pięć lat, jako prezes zarządu, kierował teksańskim przedsiębiorstwem *Halliburton* świadczącym usługi dla przemysłu naftowego, które administracja George'a Busha II uczyniła głównym zleceniobiorcą w dziedzinie odbudowy Iraku (wielkość zlecenia: ponad dwa miliardy $). Jako wiceprezydent, Cheney nadal pobierał od *Halliburtona* rocznie ponad 150.000 $ z tytułu odprawy oraz opcji na akcje.[305]

Powiązania
Donald Rumsfeld, jako szef Pentagonu, od chwili objęcia urzędu w lutym 2001 r. kierował do przemysłu zbrojeniowego, za swoim podpisem, miliardowe zamówienia i „przepychał" je przez Kongres, w którym większość członków czterech komisji o decydującym znaczeniu stanowili republikanie. Wewnętrzne planowanie i budżetowanie odbywało się w dużej mierze niejawnie, ponieważ szczegóły projektów wojskowych, do chwili ostatecznego wprowadzenia odnośnych systemów broni, objęte są tajemnicą. Minister Rumsfeld od pierwszej chwili kierował swoim urzędem jako modernizator dążący do przyspieszenia digitalizacji sił zbrojnych USA na wszystkich szczeblach. Program Rumsfelda wywołał napływ nowych zamówień dla przemysłu zbrojeniowego.

---

[305] Hennes, Michael, *Der neue Militärisch-Industrielle Komplex in den USA* [Nowy kompleks wojskowo-przemysłowy w USA], Bundeszentrale für politische Bildung [Federalna Centrala Kształcenia Politycznego], informacja z 05. 11. 2003 r.

By zrealizować swoje plany, zaraz po objęciu stanowiska Rumsfeld postawił na czele pionu odpowiadającego za *US Air Force* nowego sekretarza stanu, komandora Jamesa G. Roche'a. Zawodowy życiorys Roche'a można uznać za przykład z najwyższego szczebla obrazujący rozliczne powiązania, jakie istnieją pomiędzy Pentagonem a przemysłem zbrojeniowym na szczeblach niższych. W 1985 r. Roche przeszedł ze służby w siłach zbrojnych do przemysłu zbrojeniowego i jako specjalista w dziedzinie elektroniki obronnej dotarł do najwyższego gremium zarządczego producenta uzbrojenia *Northrop Grumman*. Rumsfeld ściągnął go z powrotem do sił zbrojnych mianując sekretarzem stanu odpowiedzialnym za *US Air Force*, na którym to stanowisku Roche koordynował digitalizację systemów broni i łączności w lotnictwie. W maju 2003 r. Rumsfeld uczynił swego eksperta od elektroniki obronnej nowym sekretarzem stanu sił lądowych, gdzie Roche również miał przyspieszyć proces digitalizacji. Konflikt interesów jest tu jednoznaczny: *Northrop Grumman*, poprzedni pracodawca sekretarza stanu, osiągając w roku 2002 obroty rzędu 17 miliardów dolarów awansował na największego producenta elektroniki obronnej w USA. W pierwszym półroczu 2003 r. obroty firmy *Northrop Grumman* wręcz eksplodowały i wzrosły w porównaniu z okresem sprzed roku o 53,1 procent. Głównymi zleceniodawcami przedsiębiorstwa były *US Air Force* i *US Army*.

Kolejny rodzaj powiązań między rządem a przemysłem zbrojeniowym to bliskie związki osobowe. Małżonka wiceprezydenta, Lynne Cheney, została w 1993 r. powołana do rady nadzorczej korporacji *Lockheed Martin*, największego koncernu zbrojeniowego na świecie, który w roku 2015 odnotował obroty w wysokości 40,59 miliarda $. Gdy jednak w styczniu 2001 r. Cheney został zaprzysiężony na swój urząd, jego żona złożyła mandat w radzie koncernu.

Kompleks wojskowo-przemysłowy był też faktycznym beneficjentem politycznego zwrotu, jaki dokonał się w roku 2001. Płynące z Pentagonu miliardy na zbrojenia trafiały w znacznie ponad 50 procentach do zaledwie pięciu przedsiębiorstw, które zdominowały światowy rynek wielkich systemów broni:

- Lockheed Martin   zamówienia departamentu obrony 2015: 36,3 mld $
- Boeing   zamówienia departamentu obrony 2015: 16,6 mld $
- General Dynamics   zamówienia departamentu obrony 2015: 13,6 mld $
- Raytheon   zamówienia departamentu obrony 2015: 13,1 mld $
- Northrop Grumman   zamówienia departamentu obrony 2015: 10,6 mld $

Europejscy managerowie w dziedzinie produkcji zbrojeniowej od dawna przepowiadają, że cały światowy rynek wielkich systemów broni w ciągu kilku lat zostanie opanowany przez zaledwie trzy do pięciu ugrupowań przemysłowych. Amerykańskie koncerny, dzięki miliardowym zamówieniom z Pentagonu, mają ogromne szanse na przewodzenie wszystkim tym ugrupowaniom. Gospodarcze interesy USA dopełniają hegemoniczny charakter amerykańskiej polityki zagranicznej i bezpieczeństwa.

Kluczowy sektor

Pięć ww. gigantów zbrojeniowych zatrudnia w sumie ponad 540.000 pracowników. Wojna w Iraku posłużyła nie tylko obaleniu reżimu Saddama i stworzeniu nowego geopolitycznego porządku na Bliskim Wschodzie, lecz de facto także interesom amerykańskiego przemysłu zbrojeniowego. Za miliardowe kwoty siły zbrojne USA ponownie uzupełniły swoje zasoby zubożone przez wystrzelone rakiety i pociski manewrujące.

Koncerny dbają o własne interesy za pośrednictwem kosztownego lobbyingu uprawianego w Waszyngtonie. Rozmieszczają swoje placówki na całym obszarze kraju i mogą dzięki temu liczyć na poparcie znacznej liczby kongresmenów, którzy nie tylko myślą o miejscach pracy w swoich okręgach wyborczych, lecz mają też nadzieję na dotacje wyborcze w macierzystych stanach. Od chwili zakończenia zimnej wojny przemysł zbrojeniowy wraz z potężną biurokracją resortu obrony z powodzeniem toczy walkę przeciwko „pokojowej dywidendzie". Niewiele z tego dociera do opinii publicznej. Ta raczej milcząca branża stawia na poufne rozmowy kuluarowe, wpływy byłych oficerów i na wyborcze darowizny.

Rozdęty budżetu Pentagonu to główny instrument *deficit spending* (finansowania) całego sektora zaawansowanej technologii: pięć wspomnianych wielkich koncernów zbrojeniowych USA to przedsiębiorstwa elektroniczne, których produkty znajdują coraz większe zastosowanie również na rynkach cywilnych. GPS-y, radary pogodowe, lasery w odtwarzaczach CD i DVD lub w medycynie, wzmacniane włóknem węglowym zaawansowane materiały kompozytowe, telefonia komórkowa czy internet – wszystkie te produkty wpierw opracowano na potrzeby wojska. *Silicon Valley* powstała w głównej mierze jako usługodawca przemysłu zbrojeniowego. Swą owianą legendą karierę, która wyniosła ją do rangi matecznika przemysłu komputerowego USA, ta kalifornijska dolina zawdzięcza producentowi uzbrojenia *Lockheed Martin*. To on, zatrudniając 25.000 pracowników, był w dobie wyścigu zbrojeń lat osiemdziesiątych największym pracodawcą i dawał zamówienia rozwiniętym przedsiębiorstwom, takim jak Intel czy Hewlett-Packard, ale także licznym startupom. Do 900 firm w Dolinie Krzemowej i San Francisco spływają corocznie całe cztery miliardy dolarów z pieniędzy Pentagonu.[306]

---

[306] Hohensee, Mathias, Rees, Jürgen, *Grenze des Möglichen* [Granica możliwości], „Wirtschaftswoche" nr 15 z 03. 04. 2003 r., s. 98.

Wspomniana wcześniej „wielka piątka" powierza licznym kooperantom podwykonawstwo zleceń, dzięki czemu w niektórych stanach, jak na przykład w Kalifornii, stała się ona instrumentem polityki strukturalnej. Przy budowie amerykańskiego samolotu wojskowego udział kooperantów w tworzeniu wartości dodanej wzrósł w okresie między 1990 r. a 2000 r. z 50 do 70 procent. Subwencje kierowane do przemysłu zbrojeniowego służą więc całemu sektorowi zaawansowanej technologii w USA, są subwencjami w imię globalnej konkurencji.

„Nieprawidłowości"

W dziedzinie zakupów wojskowych sprawą powszednią są zarzuty marnotrawstwa, nielegalnego subwencjonowania, oszustw, korupcji i nadużyć. Te najróżniejszej natury skandale dotyczące kupna drogich, a zarazem mało skutecznych rodzajów broni, które znalazły się w centrum publicznego zainteresowania, mają całkiem oczywiste wyjaśnienia: brak naprawdę otwartych przetargów, odejście od mechanizmów rynkowych w obrębie kompleksu wojskowo-przemysłowego, skłonność do konstruowania coraz bardziej skomplikowanych, a tym samym droższych systemów broni, czy wreszcie dążenie do jak największego zysku. Tego typu słabości systemu zakupów trudno jest wszakże oddzielić od znacznie bardziej fundamentalnych procesów, mianowicie od rosnącego wpływu nowych technologii na systemy broni sił lądowych, morskich i powietrznych. Jeśli bowiem uznać, że najsłabszą stroną nieprzyjaciela jest obszar *High Technology* – a zatem, w razie konfrontacji, byłoby to pole do popisu dla amerykańskiej jakości, wtedy przy zakupach nowych systemów „współzawodniczące strategie" (jak to określił były minister obrony USA Caspar Weinberger) mają ogromną siłę przyciągania. Niemniej fakt, że rząd Reagana podczas swej pierwszej kadencji wydał na lotnictwo 75 % więcej pieniędzy od poprzedników, ale otrzymał w zamian tylko dziewięć procent więcej samolotów, uwidacznia problem związany z zakupami sprzętu wojskowego pod koniec dwudziestego wieku: czy USA i ich sojusznicy, ulegając stymulowanej postępem technicznym tendencji sięgania po coraz droższą broń w coraz mniejszej liczbie egzemplarzy, naprawdę będą dysponować wystarczającą liczbą drogich i wysoce skomplikowanych samolotów i czołgów, by przetrwać dłuższy konflikt konwencjonalny? Czy *US-Navy* ma dość okrętów podwodnych lub choćby fregat na wypadek poniesienia znacznych strat? Jeśli nie, skutki tego byłyby zgubne, jest bowiem oczywiste, że dzisiejszych kompleksowych systemów broni nie da się zastąpić w krótkim czasie, tak jak to było podczas drugiej wojny światowej.[307]

Gigant lotniczy Boeing regularnie trafia pod deszcz miliardów padających z kas Pentagonu. Może dzięki temu wyrównywać straty odnotowywane przez przedsiębiorstwo na odcinku budowy cywilnych samolotów. Sektor cywilny generuje

---

[307] *por.* Kennedy, Paul, *Mocarstwa świata: narodziny, rozkwit, upadek*, Książka i Wiedza, Warszawa 1994, s. 503

dwie trzecie obrotów, jedna trzecia wygospodarowywana jest przez sektory obronny, kosmiczny oraz bezpieczeństwa; najbardziej dochodowy jest sektor obronny.

Od 2005 r. USA i UE pozostawały w największym wówczas na świecie sporze handlowym dotyczącym pomocy finansowej udzielanej Airbusowi i Boeingowi. Podjęta w 2012 r. decyzja WTO na krótko przyniosła spokój. Zdaniem Światowej Organizacji Handlu (WTO), rząd USA niezgodnie z prawem wsparł budującego samoloty Boeinga miliardowymi dotacjami. Ogółem WTO zakwalifikowała jako niezgodne z prawem subwencje w wysokości trzech do czterech miliardów dolarów. Ponadto izba obrachunkowa WTO zgodziła się z opinią UE, że dotacje rządowe dla Boeinga z lat 1989 do 2006 poważnie zaszkodziły Airbusowi. Decyzja odwoławcza zawiera wniosek, że wszystkie 23 programy ministerstwa obrony USA oraz osiem programów agencji kosmicznej NASA, które dotyczą finansowania badań, opiera się na niezgodnych z prawem subwencjach. Także przeniesienie na Boeinga praw własności intelektualnej rządu USA w dziedzinie technologii, którą opracowano za pieniądze amerykańskich podatników, było według tejże decyzji niezgodne z prawem.

Skutkiem celowych niedyskrecji niektórych deputowanych w Kongresie oraz konkurenta, czyli *Lockheed Martin*, na jaw co chwila wychodziły interesujące szczegóły lobbyingu prowadzonego przez koncern Boeinga w Waszyngtonie. Na przykład w roku 2003 *US Air Force* zleciły Boeingowi przebudowę stu B767 na samoloty-cysterny, które przez sześć lat miały być leasingowane, a następnie zakupione przez lotnictwo. Zamówienie opiewało na 26 miliardów dolarów. Boeing już w grudniu 2001 r. pozyskał jako lobbystę w Białym Domu republikańskiego rzecznika Izby Reprezentantów, J. Dennisa Hasterta. Hastert zasiadał w Kongresie jako przedstawiciel Illinois, macierzystego stanu Boeinga. W październiku 2002 r., podczas rozmowy z tym wpływowym kongresmenem, prezydent George Bush II dał zielone światło dla tej transakcji. Hastert obiecał nawzajem swoje poparcie w Izbie Reprezentantów dla drugiej rundy redukcji podatków. Boeing przekazał zresztą obozowi Busha w roku 2000 dotacje na prezydencką kampanię wyborczą w ogólnej kwocie dwóch milionów dolarów.

Według wyliczeń Federalnej Izby Obrachunkowej, cena leasingu stu samolotów-cystern, wynosząca 26 miliardów dolarów, była absolutnie wygórowana. W obliczu tak lichwiarskiej ceny w czterech odnośnych komisjach Kongresu wystąpił poważny opór. Boeing zredukował cenę całkowitą do 21 miliardów dolarów, a marżę zysku do około 15 procent. Początkowo, dzięki tym ustępstwom, ministrowi Rumsfeldowi udało się przeprowadzić projekt przez trzy z czterech komisji. Niezależny organ budżetowy Kongresu upublicznił wszakże informację, że cena zakupu stu całkowicie nowych samolotów-cystern nadal byłaby o 5,6 miliarda dolarów niższa od obniżonej już ceny z umowy leasingowej. Rezultat: 4 września 2003 r. senacka komisja ds. sił zbrojnych odmówiła zgody i zamiast tego poleciła Pentagonowi dokonać nowej analizy kosztów; lotnictwo miałoby wziąć w leasing tylko 25 maszyn, a później zakupić pozostałych 75 samolotów-cystern. Projektowi groziło, że uzyskanie nań zgody przeciągnie się teraz nawet o rok. Tymczasem *Airbus* wystąpił z nową, konkurencyjną ofertą.

Zastępczyni szefa wydziału zakupów i dostaw uzbrojenia w lotnictwie, Darleen Druyun, przekazała Boeingowi poufne szczegóły konkurencyjnej oferty *Airbusa*. Przede wszystkim propozycja europejskiego rywala opiewała na kwotę daleko niższą niż cena Boeinga. Amerykański koncern, pod wpływem nacisków z Pentagonu, poprawił swoją ofertę i tylko dzięki temu wygrał przetarg rozpisany przez *US Air Force*. W styczniu 2003 r. Darleen Druyun przeszła z pracy w Pentagonie do najwyższego gremium kierowniczego Boeinga.

Aspekty społeczno-polityczne

Amerykańska polityka zagraniczna i bezpieczeństwa obejmuje, poza geostrategicznymi, także interesy gospodarcze. Jest to uzasadnione i dotyczy niemal wszystkich państw. Zgodnie z tradycyjną ideologią republikanów, państwo winno trzymać się z dala od rynków i zmniejszać obciążenie podatkowe prywatnych dochodów, intensyfikując w ten sposób dynamikę gospodarczą. Jednak w odniesieniu do tych gałęzi gospodarki, które funkcjonują w warunkach silnej międzynarodowej konkurencji, każda administracja uprawia co jakiś czas – z różną intensywnością – zmasowany *deficit spending*: dotowane były i są przede wszystkim przemysł zbrojeniowy i rolnictwo. Sektor zbrojeń może dzięki temu podtrzymać swoje interesy w obszarze lotnictwa cywilnego, deficytowe dla wielu przedsiębiorstw.

Kombinacja złożona z obniżki podatków i miliardowych subwencji często wywołuje znaczące skutki gospodarcze. Na przykład w czasach prezydentury George'a Busha II, w latach od 2001 do 2009, zadłużenie państwa wzrosło o 67 % do kwoty 10,71 biliona dolarów, co stanowiło około 84,2 % wyniku gospodarczego. Dokąd może to zaprowadzić? Więcej na ten temat w rozdziale 26.

Kto jest beneficjentem, a kto ofiarą takiej polityki, takiego splotu polityki, wojska i przemysłu, takiej naciąganej polityki wydatkowej? Do beneficjentów zaliczają się w pierwszym rzędzie czołowi politycy, którzy stają do walki wyborczej i których sztaby – obojętnie, czy chodzi o George'a Busha II, Baracka Obamę, Hillary Clinton czy Donalda Trumpa – przystępowały do kampanii wyborczej za każdym razem odnotowując nowy rekord zbiórki na ten cel w historii Stanów Zjednoczonych:

- 1992 r. (George Bush I – Bill Clinton)   0,3 miliarda $
- 2008 r. (Barack Obama – John McCain)   1,0 miliard $
- 2012 r. (Barack Obama – Mitt Romney)   2,0 miliardy $

- 2016 r. (Donald Trump – Hillary Clinton)   3,0 miliardy $

Natomiast ofiarami takiej polityki dystrybucji środków pieniężnych za każdym razem była większość wyborców. Wszyscy prezydenci obiecywali i obiecują ożywienie wzrostu gospodarczego i poprawę rynku pracy. Następowało to i następuje w niemałej mierze poprzez wydatki na zbrojenia. Prezydent Ronald Reagan drastycznie zwiększył wydatki zbrojeniowe i „zazbroił Związek Radziecki na śmierć". W wypadku George'a Busha II wzrost gospodarczy zwiększył się przede wszystkim w wyniku wydatków wojskowych spowodowanych wojnami w Afganistanie i Iraku.[308]

Wojna z terrorem

Wraz ze zwrotem lat 1989/1990 wiele się zmieniło. Zimna wojna dobiegła końca i na całym świecie odnotowywano redukcję wydatków wojskowych. Ten trend miał jednak już wkrótce się skończyć, zaczynała się bowiem remilitaryzacja – przynajmniej w USA. Bodźcem do niej stała się wymyślona przez George'a Busha II „wojna z terrorem" (*War on Terror*). Ta wojna, co charakterystyczne, nie jest prowadzona przeciwko konkretnemu wrogowi, lecz przeciwko zjawisku. Tym samym chodzi tu o wojnę metafizyczną, gdyż realna wojna może być wymierzona przeciwko ludziom i państwom, domom i fabrykom, ale nie przeciwko złu samemu w sobie. To retoryczne wyniesienie politycznych i policyjnych działań przeciwko zamachom terrorystycznym do rangi „wojny z terrorem" miało i ma także dzisiaj przygotowywać opinię publiczną na trwały stan wyjątkowy. W konsekwencji globalne wydatki na cele wojskowe znów się zwiększyły. W roku 2016 osiągnęły one wartość 1,686 biliona dolarów, z czego 36,2 % przypadało na USA.

Planowanie sił zbrojnych NATO

Z uwagi na istotną rolę, jaką w USA odgrywa przemysł zbrojeniowy, zrozumiałe jest, że planowanie sił zbrojnych w pozostałych 28 państwach członkowskich NATO jest przedmiotem szczególnego zainteresowania gospodarki USA. Stąd już wiele dziesiątków lat temu utworzona została *CNAD* (*Conference of National Armaments Directors – Konferencja Narodowych Dyrektorów Uzbrojenia*), która m.in. opracowała procedurę planistyczną, dzięki której, w ramach powtarzanego co dwa lata cyklu zgłoszeń i analiz, co najmniej długoterminowe narodowe zamierzenia zbrojeniowe są w sposób przejrzysty zestawiane i przekształcane przez międzynarodowy sztab (IS) NATO w zalecenia, tak że państwa członkowskie odczuwają to jako dodatkowy nacisk argumentacyjny. Tym samym, z punktu widzenia Amerykanów, cel został osiągnięty: Pentagon, a zatem i przemysł zbrojeniowy USA, całkiem nieźle orientują się dzięki temu, jakiego rodzaju zapotrzebowanie na sprzęt zbrojeniowy istnieje w poszczególnych państwach. I na tym mogą skupić swoje wysiłki eksportowe.

---

[308] Hennes, Michael, *Der neue Militärisch-Industrielle Komplex in den USA*, op. cit., informacja z 05.11.2003 r.

Wzrost kosztów

Norman A. Augustine, będąc CEO (dyrektorem generalnym) przedsiębiorstwa zbrojeniowego Martin Marietta, sformułował w 1984 r. szereg reguł, tak zwanych *Augustine's laws*. Reguła nr 16 brzmi:

> *„In the year 2054, the entire defence budget will purchase just one aircraft. This aircraft will have to be shared by the Air Force and Navy 3½ days each per week except for leap year, when it will be made available to the Marines for the extra day.*"[309]

Co znaczy: „W roku 2054 cały budżet obronny starczy na zakup tylko jednego samolotu. Ten samolot będzie musiał być użytkowany wspólnie przez lotnictwo i marynarkę, służąc im na zmianę po 3½ dnia w tygodniu z wyjątkiem lat przestępnych, kiedy to na jeden dodatkowy dzień będzie można go udostępnić piechocie morskiej!"

W ten sposób, w przerysowanej oczywiście formie, Augustine nawiązał do istotnej kwestii: technologie stosowane w nowoczesnych systemach broni są coraz bardziej skomplikowane i coraz droższe, natomiast zasoby finansowe coraz skromniejsze. Na przykład zakup okrętu wzorcowego dla nowej klasy lotniskowców, lotniskowca „Gerald R. Ford", który wszedł do służby w 2017 r., kosztował 12,6 miliarda dolarów. Trzy będące w budowie jednostki tej klasy kosztują po cenach z 1998 r. (w tym roku zawarto kontrakt na ich budowę) ogółem 43 miliardy dolarów. Z kolei lotniskowiec nieco starszej klasy *Nimitz* generuje w ciągu planowanego, 50-letniego okresu eksploatacji koszty w wysokości 440 miliardów dolarów, lub też – po przeliczeniu – kosztuje 24,1 miliona dolarów dziennie.

Relacja między powolnym wzrostem ekonomicznym a wysokimi wydatkami na cele obronne staje się coraz bardziej nierównomierna. Stąd nie budzi zdziwienia, że debata w sprawie „ekonomii kosztów obronnych" jest wysoce kontrowersyjna i różnie poprzez różnych prezydentów oceniana i prowadzona. Jako przykłady można tu wymienić choćby tylko Baracka Obamę i Donalda Trumpa.

Gdy wziąć pod uwagę wielkość amerykańskiej gospodarki, stymulujące oddziaływanie wynikające z wielkich zamówień rządowych oraz dodatkowe produkty techniczne, owe *spinn-offs* (produkty uboczne), które bywają rezultatem badań wojskowych – nie jest łatwo o jednoznaczną odpowiedź. Nawet jeżeli za czasów Eisenhowera wydatki na obronę wynosiły 10 procent PKB, a za czasów Kennedy'ego dziewięć procent, to i tak udział Stanów Zjednoczonych w światowej produkcji był wówczas dwukrotnie wyższy niż dzisiaj, a ponadto gospodarka amerykańska zarówno pod względem produkcji tradycyjnej, jak i w sferze zaawansowanej technologii

---

[309] *Augustine's Laws*, United Press Intertnational - May 24, 1986.

zajmowała niekwestionowaną, wiodącą pozycję. Jeśli jednak Stany Zjednoczone nadal przeznaczają 3,3 (w 2015 r.) lub więcej procent produktu krajowego produktu brutto na obronność, podczas gdy ich wielcy rywale ekonomiczni, zwłaszcza Niemcy (1,2 % w 2015 r.) i Japonia (1,0 % w 2015 r.)[310] wydają na wojsko znacznie mniejszy odsetek, wówczas ci ostatni dysponuj dużo większym kapitałem na inwestycje. Jeśli Stany Zjednoczone podporządkowują znaczącą część swoich mocy badawczych i rozwojowych celom wojskowym, podczas gdy Japończycy i Niemcy koncentrują się na komercyjnej stronie badań i działań rozwojowych, i jeśli Pentagon nadal zabiera większość naukowców i inżynierów z cywilnego sektora produkcji, podczas gdy w innych krajach ludzie ci pracują przede wszystkim na rzecz prywatnych konsumentów, wówczas dalszy spadek amerykańskiego udziału w światowej produkcji wydaje się nieunikniony. Istnieje też prawdopodobieństwo, że stopa wzrostu gospodarczego USA będzie niższa niż w wypadku krajów, które pracują na rzecz rynku i o wiele mniej zasobów przeznaczają na obronność.

Nie trzeba chyba dodawać, że w dłuższej perspektywie tendencje te postawią Stany Zjednoczone przed niemal nierozwiązywalnym dylematem. Z racji, że kraj ten po prostu jest supermocarstwem i ma o wiele rozleglejsze zobowiązania militarne niż mocarstwa regionalne w rodzaju Japonii czy Niemiec, potrzebuje on znacznie większych sił zbrojnych. Ponadto, jako że za decydujące zagrożenie dla amerykańskich interesów na świecie nadal uznawana jest Rosja, a Rosjanie wydają na cele obronne daleko większą część produktu krajowego brutto (w 2016 r.: 5,3 %), politycy amerykańscy w razie redukcji swoich wydatków z pewnością będą się obawiać przegrania tego wyścigu zbrojeń. W którymś momencie USA staną też w obliczu kwestii, która ekonomia szybciej zawiedzie, rosyjska czy amerykańska, w porównaniu z tak rozkwitającym państwem jak Chiny.[311]

Utrata zdolności

Lukratywne i długoterminowe zamówienia z Pentagonu spowodowały, że USA w wielu dziedzinach utraciły istniejące niegdyś zdolności produkcyjne. Przykładem jest przemysł stoczniowy. Stocznie USA bez żadnych wątpliwości nadają ton jeśli chodzi o konstruowanie i budowę nowoczesnych okrętów wojennych – i to w wymiarze globalnym. Doprowadziło to wszakże do tego, że budowa statków cywilnych nieomal zamarła. Kontenerowce – z uwagi na koszty – budowane są w Korei i Chinach, a statki wycieczkowe z przyczyn technologicznych w Niemczech i Włoszech. Mega jachty z tych samych przyczyn buduje się w Niemczech i kilku innych krajach europejskich.

---

[310] *Data for all countries from 1988 - 2015 in constant USD*, SIPRI z 16. 02. 2017 r.

[311] *por.* Kennedy, Paul, *Mocarstwa świata ...*, op. cit., s. 513

W dziedzinie elektroniki nie wygląda to jeszcze tak całkiem źle. Apple nadal jest firmą wiodącą na rynku tabletów, aczkolwiek Huawei, Lenovo, Samsung itp. przedsiębiorstwa z państw azjatyckich zredukowały udział Apple w rynku z 61,55 % w 2001 r. do 24,1 % w roku 2016.

Wszystko to jest dla gospodarki USA wysoce niepokojące, gdyż raz utraconych zdolności wytwórczych niemal nie udaje się odzyskać.

Résumé

Olbrzymie wydatki na zbrojenia, które przez dziesiątki lat ciążyły i niezmiennie ciążą na budżecie USA, powodują oczywiście przeciążenie amerykańskiego przemysłu, z przemysłem zbrojeniowym włącznie. Zaniedbane zostały przy tej okazji i nadal są zaniedbywane inne gałęzie gospodarki. Prowadzi to do osłabienia konkurencyjności USA na rynku światowym. W studium opracowanym w 2012 r. na zlecenie Światowego Forum Ekonomicznego, w rankingu państw o największej zdolności konkurencyjnej USA zajmują zaledwie siódme miejsce. Jest to jedną z przyczyn utrzymującego się, ujemnego bilansu handlowego Stanów Zjednoczonych. Świat nie chce kupować produktów USA, podczas gdy Amerykanie coraz częściej kupują produkty z zagranicy. Szkodzi to w znacznej mierze amerykańskiej gospodarce i raczej przybiera na sile niż słabnie. Kompleks wojskowo-przemysłowy wyraźnie korzysta z potęgi wojskowej USA, zarazem jednak osłabia ich gospodarczą potęgę.

Rozdział 24

Służby specjalne

W USA funkcjonuje zaskakująco duża liczba różnorodnych tajnych służb, co ma swoje historyczne przyczyny i wynika z powszechnie przyjętej zasady, że ministerstwa i organy władz winny być bardzo mocno wyspecjalizowane. Od grudnia 1984 r. służby te są ujęte w luźną Wspólnotę Wywiadowczą Stanów Zjednoczonych (*United States Intelligence Community – IC*). Ów zespół siedemnastu służb specjalnych Stanów Zjednoczonych powstał 4 grudnia 1981 r. na polecenie ówczesnego prezydenta Ronalda Reagana, mocą rozporządzenia wykonawczego (*Executive Order*) nr 12333. Wspólnotą kieruje Dyrektor Wywiadu Narodowego (*Director of National Intelligence – DNI*), a jej siedzibą jest Waszyngton D.C.

Tych siedemnaście służb specjalnych, liczących ogółem 110.000 pracowników, to niezależne instytucje lub agendy wywiadowcze ministerstw i organów władz:

- Centralna Agencja Wywiadowcza (*Central Intelligence Agency – CIA*),
- Agencja Wywiadowcza Departamentu Obrony (*Defence Intelligence Agency – DIA*),
- Agencja Wywiadu, Inwigilacji i Rozpoznania Sił Powietrznych (*Air Force Intelligence, Surveillance and Reconnaissance Agency – ISR*),
- Korpus Wywiadowczy Sił Lądowych Stanów Zjednoczonych (*United States Army Intelligence Corps – G2*),
- Pion Działań Wywiadowczych Korpusu Piechoty Morskiej (*Marine Corps Intelligence Activity – MCIA*),
- Biuro Wywiadu Marynarki Wojennej (*Office of Naval Intelligence – ONI*),
- Krajowa Agencja Wywiadu Geoprzestrzennego (*National Geospatial-Intelligence Agency – NGA*),
- Narodowe Biuro Rozpoznania (*National Reconnaissance Office – NOR*), które zajmuje się programami szpiegostwa satelitarnego,
- Agencja Bezpieczeństwa Narodowego (*National Security Agency – NSA*),
- Biuro Wywiadu i Kontrwywiadu Departamentu Energii USA (*Office of Intelligence and Counterintelligence*),
- Biuro Wywiadu i Badań Departamentu Stanu USA (*Bureau of Intelligence and Research – INR*),
- Biuro Wywiadu i Analiz Departamentu Skarbu USA (*Office of Intelligence and Analysis – OIA*),

- Departament Bezpieczeństwa Krajowego (*Department of Homeland Security – DHS*),
- Wywiad Straży Przybrzeżnej Stanów Zjednoczonych (*United States Coast Guard Intelligence – CGI*),
- Biuro Wywiadu i Analiz (*Office of Intelligence and Analysis – I&A*),
- Federalne Biuro Śledcze (*Federal Bureau of Investigation – FBI*),
- Agencja do Walki z Narkotykami (*Drug Enforcement Administration – DEA*).

W roku budżetowym 2017 do dyspozycji służb specjalnych oddano w sumie 73,5 miliarda \$. Z tego na Narodowy Program Wywiadowczy (*National Intelligence Program – NIP*) przypadło 54,9 miliarda \$, a na Wojskowy Program Wywiadowczy (*Military Intelligence Program – MIP*) 18,6 miliarda \$.

W dalszej części przyjrzymy się bliżej trzem służbom specjalnym Stanów Zjednoczonych: CIA, NSA i FBI.

Centralna Agencja Wywiadowcza (CIA)

Jest sprawą bezdyskusyjną, że każdy kraj, który w jakimś sensie przejmuje odpowiedzialność na świecie, musi dysponować służbą wywiadowczą działającą w skali globalnej. Taka służba zajmuje się pozyskiwaniem danych o sytuacji zewnętrznej, wewnętrznej oraz w dziedzinie polityki bezpieczeństwa, zbiera informacje metodami wywiadowczymi i dokonuje ich oceny na potrzeby własnego rządu.

W różnych krajach służby wywiadowcze są nader rozmaicie uformowane, zarówno pod względem organizacji, jak i swoich uprawnień. CIA jest organizacją wywiadu zagranicznego służącą zdobywaniu informacji cywilnych i wojskowych, gromadzi także informacje dotyczące gospodarki.

Do zdobywania i oceny informacji służba wywiadowcza wykorzystuje z reguły dobrowolnych, bądź – jeśli trzeba – pozyskanych podstępem informatorów, jak również techniczną kontrolę łączności pocztowej i telekomunikacyjnej. W celu dogłębnego zbadania danej sprawy kilka służb wywiadowczych stosuje wobec osób operacje niejawne i metody przymusu o charakterze działań tajnej policji. Do CIA odnoszą się wszystkie wymienione tu metody. Ponadto dysponuje ona paramilitarnymi jednostkami do przeprowadzania operacji specjalnych.

CIA utworzono 18 września 1947 r. Ma ona 21.575 pracowników, a jej budżet w roku 2013 wyniósł 14,8 miliarda dolarów. Odpowiada to budżetowi ministerstwa zdrowia w Niemczech w roku budżetowym 2017.

Kilka operacji CIA przeprowadzonych od chwili jej powstania pozwoli unaocznić różnorodność zadań tej służby:

- obalenie irańskiego premiera Mosaddegha w roku 1953 i osadzenie na tronie szacha Mohammada Rezy Pahlawiego;

- próba inwazji uchodźców kubańskich na Kubę w 1961 r. w celu obalenia rewolucyjnego rządu Castro;

- inwigilowanie 7.000 osób i 1.000 organizacji w USA krytykujących wojnę w Wietnamie;

- wydobycie w 1968 r. radzieckiego okrętu podwodnego, który zatonął w rejonie Hawajów na głębokości 5.000 metrów;

- wspieranie tzw. Contras w Nikaragui poprzez sprzedaż broni do Iranu i tolerowanie przemytu kokainy do USA;

- dotarcie, po zjednoczeniu Niemiec, w niewyjaśnionych dotąd do końca okolicznościach, do 381 nośników danych wywiadu zagranicznego NRD, na których znajdowały się prawdziwe nazwiska agentów działających w Niemczech Zachodnich;

- prowadzenie już w latach sześćdziesiątych działań w Iraku i pomoc w obaleniu w 1968 r. demokratycznie wybranego rządu (w następstwie tego władzę przejął Saddam Husajn); później, jak stwierdzają raporty, w latach 1992 do 1995, CIA uwikłana była w różne akty sabotażu i terroru, które miały posłużyć do destabilizacji rządu Husajna;

- odegranie pewnej roli w nieudanym puczu przeciwko Saddamowi Husajnowi w roku 1996;

- przedstawienie, jak ustaliła w 2004 r. komisja śledcza Senatu, w sposób przesadny zagrożenia stwarzanego przez Irak i jego broń masowego rażenia, co ostatecznie doprowadziło do wojny USA przeciwko Irakowi;

- zabicie Osamy bin Ladena we współpracy z *Navy Seals* 2 maja 2011 r.

Działalność CIA od wielu dziesiątków lat krytykowana była przez liczne organizacje praw człowieka, jednak za każdym razem rząd i parlament stawały po stronie swojego wywiadu. Wojny w Afganistanie i Iraku spowodowały tu wszakże pewną zmianę. Komisja Senatu USA ds. wywiadu pod kierownictwem senator Dianne Feinstein przeprowadziła w latach 2009-2012 intensywne dochodzenie w sprawie praktyk CIA. Obejmujący ponad 6.000 stron poufny raport na temat zaaprobowanych przez George'a Busha II po zamachach terrorystycznych z 11 września 2001 r. i stosowanych przez CIA metod torturowania, określonych mianem „wzmocnionych technik przesłuchań", rysuje ponury wizerunek CIA. Skrócona do 500 stron, dostępna publicznie wersja tego raportu została opublikowana w 2014 r. Dowodzi ona, że po zamachach z 11 września pracownicy CIA przez wiele lat stosowali tortury za wiedzą swego rządu. Siedem najważniejszych ustaleń tego raportu ukazuje przerażający obraz:

- **po pierwsze: metody przesłuchań CIA należy uznać za tortury.**
  Z całą wyrazistością ukazano, jak brutalnie traktowani byli jeńcy wywiadu USA. *Torture Report* opisuje *excessive waterboarding*: symulowane topienie, utożsamione niekiedy z „podtapianiem". Poza tym – wbrew twierdzeniom CIA – *waterboarding* zastosowano nie tylko wobec trzech jeńców. Innym jeńcom grożono śmiercią, przez tydzień nie pozwalano im spać bądź też byli oni „przymusowo karmieni doodbytniczo", mimo iż pod względem medycznym nie było to konieczne. Chodziło tu raczej o upokorzenie. Czasem postępowanie stawało się tak brutalne, że nawet pracowników CIA doprowadzało do łez. Jednak ich przełożeni odrzucali prośby o rezygnację z „ekstremalnych metod przesłuchiwania". Dla jeńców następstwa takiego traktowania były jeszcze dramatyczniejsze: halucynacje, paranoja, bezsenność lub próby samookaleczeń;

- **po drugie: metody CIA nie przyniosły żadnych cennych informacji.**
  I to niezależnie od kwestii, czy możliwe do uzyskania informacje mogłyby kiedykolwiek usprawiedliwić tortury. Większość demokratów w komisji senackiej, odpowiedzialnej za ten raport, argumentuje, że poziom bezpieczeństwa USA nie wzrósł. Nic nie wskazuje na to, stwierdzono w raporcie, że dzięki temu zapobieżono zamachom w USA bądź na instytucje USA. Przesłuchania te nie ujawniły również żadnych materiałów, które pomogłyby zatrzymać szefa Al.-Kaidy, Osamę bin Ladena, lub okazały się przydatne w planowaniu jego zabójstwa w maju 2011 r.;

- **po trzecie: CIA przez całe lata niedostatecznie informowała rząd George'a Busha II.**
  Dopiero w kwietniu 2006 r. CIA poinformowała ówczesną głowę państwa „w pełnym zakresie" o tym, jakie metody stosowano w Afganistanie i Europie Wschodniej. Raport senackiej komisji ds. wywiadu cytuje notatkę z Białego Domu ze wskazaniem, by postępowanie to utrzymać w tajemnicy przed ówczesnym sekretarzem stanu Collinem Powellem. Obawiano się, że Powell „eksploduje", jeśli się o tym dowie. Najwyraźniej osoby popierające tajny program przesłuchań CIA były w pełni świadome, kogo w ogóle o tym poinformowały – i w jakim zakresie. Okłamywano również deputowanych do kongresu: raport porównuje publiczne wypowiedzi szefa CIA, Michaela Haydena, z notatkami na użytek wewnętrzny. W obecności parlamentarzystów Hayden i jego koledzy zawsze mówili o wielkich sukcesach; natomiast na wewnętrzne potrzeby pisano, jak wolno sprawy się toczą;

- **po czwarte: nie istniała efektywna kontrola działalności CIA.**
  Fakt, że do 2006 r. George Bush II nie był informowany o zakresie stosowanych metod przesłuchiwania, wskazuje nie tylko na wadliwy styl kierowania 43 prezydenta USA. Także pod innymi względami brakowało efektywnej kontroli, skarżyła się demokratka Feinstein w swym wystąpieniu na forum Senatu. Niekiedy za program przesłuchań odpowiadali jedynie *contractors*, czyli pracownicy firm zewnętrznych;

- **po piąte: zatrzymano i przesłuchiwano ponad stu ludzi.**
  Zgodnie z raportem senackiej komisji, CIA zatrzymała ogółem 119 osób. Z tego co najmniej 26 nie miało żadnego kontaktu z terrorystami, lecz uwięziono je z powodu złych informacji wywiadu lub przez pomyłkę. W Pakistanie i Afganistanie sprzedawano niekiedy wywiadowi USA niewinnych mężczyzn, byle tylko zgarnąć wynagrodzenie.

- **po szóste: CIA w co najmniej pięciu krajach utrzymywała tajne więzienia.**
  Torture Report stwierdza, że wywiad USA utrzymywał tajne więzienia zarówno w Polsce, na Litwie i w Rumunii, jak i w Afganistanie oraz Tajlandii. Na użytek wewnętrzny miejsca te określano jedynie kolorem (COBALT) – poza tym CIA tajnymi kanałami wypłacała rządom wymienionych krajów milionowe kwoty. Według „Washington Post", autorzy raportu uważają istnienie owych *black sites* za dowód na to, że po zamachach z 11 września 2001 r. CIA ze służby wywiadu coraz bardziej przekształcała się w „organizację paramilitarną" chcącą osadzać więźniów, a podejrzanych zabijać za pośrednictwem własnych dronów. Warunki w *black sites* były podobno tak złe, że z tej przyczyny zmarł co najmniej jeden więzień. W 2006 r. pozostali jeszcze więźniowie zostali przeniesieni do obozu więziennego Guantanamo na Kubie;

- **po siódme: CIA przekazywała mediom niekompletne informacje.**
  Według „New York Times", pracownicy wywiadu kilkakrotnie przekazali poszczególnym dziennikarzom, na wyłączność, niekompletne bądź przesadzone informacje, by wpływać w pożądany dla siebie sposób na medialne relacje. Chcieli w ten sposób zatroszczyć się o to, by ludność amerykańska nadal wspierała pracę CIA.[312]

Raport ze śledztwa przetrzymywano przez wiele miesięcy. Przede wszystkim spierano się o to, które fragmenty należy zaczernić. Wielu republikanów ostrzegało

---

[312] Kolb, Matthias, w: Süddeutsche Zeitung z 09. 12. 2014 r.

przed upublicznieniem raportu. Znani przedstawiciele partii, w tym były wiceprezydent Dick Cheney, bronili owych praktyk, które nazywali „surowymi metodami przesłuchań", jako koniecznych w celu ochrony kraju. Natomiast prominentny republikański senator John McCain zdystansował się od tych metod i mówił wprost o torturach.

Agencja Bezpieczeństwa Narodowego (NSA)

Jakie zadania ma NSA? Generał i szef CIA Michael Hayden określił je precyzyjnie stwierdzając: „gdy dwóch osobników mówi nagle przez telefon o czymś, co wydaje się nam podejrzane, to możecie iść o zakład, że nas to zainteresuje i będziemy chcieli wiedzieć więcej. A to znaczy: obojętnie, kto i kiedy – jeśli pada jakiś wyraz, który wydaje się nam podejrzany, to wyciągamy mikrofon i przyglądamy się sprawie dokładniej."[313]

Co prawda, NSA zawsze była wyraźnie mniej znaną częścią amerykańskiej służby wywiadu, jednak po zamachach z 11 września wciśnięto gaz do oporu. Prezydent George Bush II polecił rozbudować NSA do rozmiarów gigantycznego aparatu bezpieczeństwa i nakazał zadbać o to, by „coś takiego" więcej się nie zdarzyło. Z budzącym grozę skutkiem sprzęgnięto tu moce publiczną i prywatną w celu nadzorowania potencjalnej aktywności terrorystycznej i kryminalnej. Wskutek ataków terrorystycznych z 2001 r. amerykańskie służby wywiadowcze uzyskały władzę pozwalającą zmuszać prywatne firmy do przekazywania ogromnych ilości danych i metadanych. Do tych firm należeli operatorzy telefonii komórkowej i przeglądarek internetowych, przedsiębiorstwa handlujące online, takie jak Amazon, dostawcy usług internetowych, agencje ratingowe, ubezpieczyciele zdrowotni, biblioteki w USA, serwisy społecznościowe i firmy przechowujące dane. Kilka przedsiębiorstw, jak amerykański gigant telekomunikacyjny AT & T, przekazuje Agencji Bezpieczeństwa Narodowego potajemnie znacznie więcej danych swoich klientów, niż wymaga tego ustawa.[314]

To, jak gigantyczne rozmiary przybrał już wkrótce ów *big data mining* (wielkie wydobycie danych), ujawniły dopiero enuncjacje Edwarda Snowdena. Przy tej okazji okazało się, że nadmierna reakcja tuż po 2001 r. z biegiem lat przekształciła się w powszechnie akceptowaną normalność. Służby wywiadowcze USA z radością korzystały z nowych możliwości i środków, by efektywniej wykonywać swoje zadania, nawet bez konkretnych podejrzeń. Także opinia publiczna chętnie zadowalała się tym, że przecież w końcu po 9/11 nie było w USA dalszych zamachów o podobnym rozmiarze. Najwyraźniej – tak brzmiała opinia – wywiad dobrze wykonuje swoją

---

[313] Zamperoni, Ingo, *Fremdes Land Amerika*, op. cit., s.174
[314] *por.* Ash, Timothy Garton, *Redefreiheit*, s. 84-85

robotę z pomocą danych mu narzędzi.[315]

Dzięki Edwardowi Snowdenowi wiedza o działalności NSA trafiła do opinii publicznej. Wskutek tego praktyki USA stały się znane i na całym świecie spotkały się z oburzeniem. Afera NSA ujawniła wszakże przede wszystkim, że Stany Zjednoczone wyciągają ze swej technologicznej przewagi w sektorze IT ogromne korzyści strategiczne. Nawet jeśli nigdy się dokładnie nie dowiemy, w jakim zakresie USA podsłuchują i przyjaciół, i wrogów, to i tak jest poza dyskusją, że obecnie żaden inny kraj nie dysponuje nawet w przybliżeniu tak rozległymi możliwościami uprawiania szpiegostwa. Amerykańskie służby posługują się techniką, która nie tylko w dużej części została stworzona w ich własnym kraju, lecz jest również rozprowadzana po całym świecie. Posłużywszy się porównaniem z dawnej, przedcyfrowej epoki można by rzec, że to tak, jak gdyby wcześniej na całym świecie istniała tylko poczta USA, a każdy list był doręczany za pośrednictwem Stanów Zjednoczonych.

W stosunkach międzynarodowych, które cechuje ogromna niepewność co do zamierzeń i działań innych aktorów sceny politycznej, jest to warte każdych pieniędzy. Każdy rząd chciałby wiedzieć, czy gdzieś nie szykuje się przeciw niemu wojny lub zamachu terrorystycznego, jakie sprytne zagrania wydumano w innych krajach i gdzie za granicą jego obywatelom grozi niebezpieczeństwo. Dlatego od chwili, gdy ludzie zaczęli żyć we wspólnotach, istnieje też szpiegostwo. Czymś nowym jest wszakże, że jedno państwo, w sposób niemal monopolistyczny, zdołało przejąć kontrolę nad najważniejszymi środkami szpiegowskimi swoich czasów. Po zakończeniu zimnej wojny często wieszczono spadek znaczenia USA. Dziś okazuje się, że jedynemu mocarstwu światowemu nikt nie jest w stanie sprostać nie tylko militarnie, ale i pod względem wywiadowczym. Zapewni to Stanom Zjednoczonym dominującą pozycję na świecie przez wiele jeszcze lat.

Płynące stąd, niełatwe pytanie brzmi: jak Europa zamierza przetrwać w takim świecie? Po raz pierwszy od czasów rewolucji przemysłowej stary kontynent odstał pod względem rozwoju kluczowej technologii. Maszyny parowe, kolej żelazna, samochody, samoloty, telewizory – wszystko to wytwarzano tak w USA, jak i w Europie. Natomiast jeśli chodzi o branżę IT, to tu w minionych dwóch dekadach Europejczycy w znacznej mierze skapitulowali. Pomijając kilka wyjątków, są w tej dziedzinie tylko kupcami i konsumentami produktów pochodzących z USA bądź z Azji. Długo sądzono, że to zapewne tylko kwestia wzrostu gospodarczego. Dziś wiemy, że cena jest dużo wyższa: Europa wypuściła z rąk wyjątkowo wrażliwy, a niekiedy decydujący element własnej polityki bezpieczeństwa.

---

[315] Zamperoni, Ingo, *Fremdes Land Amerika*, s. 175

Siła przebicia USA na gruncie „gospodarki cyfrowej" nie wzięła się z właściwego ustawodawstwa ramowego, lecz jest skutkiem zmasowanych wydatków publicznych. Gigantyczny budżet wojskowy USA nie tylko zrodził internet, lecz przyniósł także korzyści licznym cywilnym firmom z Doliny Krzemowej. Wszystkie te Google, Facebooki i Microsofty, które NSA tak bezwstydnie wykorzystuje do swoich celów, może i powstały jako prywatne przedsiębiorstwa, lecz bez państwowych pieniędzy, które Pentagon przez wiele lat pompował w rozwój technologii informacyjnej, być może wcale by ich nie było.[316]

Protesty, które nastąpiły na całym świecie po enuncjacjach Edwarda Snowdena, najwyraźniej wywołały oddźwięk na Kapitolu, rozległy się bowiem liczne głosy deputowanych chcących założyć cugle NSA. Senatorowie i reprezentanci w Waszyngtonie nie posuwają się tak daleko jak Jimmy Carter. Stopniowo jednak narasta w Kongresie krytyka rozległego programu inwigilacyjnego wywiadu wojskowego NSA. Były prezydent i laureat Pokojowej Nagrody Nobla z 2002 r. skarżył się latem 2013 r. na „bezprzykładne naruszanie naszej sfery prywatności przez nasz rząd", co jego zdaniem zagraża podstawom społeczeństwa. „USA nie mają już funkcjonującej demokracji", uskarżał się Carter w trakcie pewnej narady w swym macierzystym stanie Georgii. Natomiast dla demaskatora Edwarda Snowdena, którego rząd 44. prezydenta Baracka Obamy chciał postawić przed sądem, 39. prezydent miał tylko pochwały. Patrząc perspektywicznie, powiedział Carter stacji CNN, jest rzeczą korzystną, że Snowden ujawnił rozmiary szpiclowskich programów NSA, gdyż wdzieranie się w sferę prywatności zaszło już za daleko.

W debacie na temat sensu i rozmiarów programów inwigilacyjnych NSA Carter ze swą opinią niewątpliwie należy do mniejszości. Tymczasem jednak w Kongresie reprezentanci i senatorowie obu partii domagają się, by okiełznać NSA oraz inne służby pod względem gromadzenia danych. Nawet republikanin James Sensenbrenner z Wisconsin, miarodajny współautor *Patriot Act*, pakietu ustaw antyterrorystycznych z października 2001 r., dopuścił możliwość ich rewizji. Zgodnie z literą prawa, służbom wolno tylko weryfikować „istotne" dane, nie wolno im natomiast masowo gromadzić, poprzez rodzaj elektronicznego przesiewu, danych pochodzących z aktywności w sieciach telekomunikacyjnych. Sensenbrenner zaznaczył, że Kongres mógłby odmówić przedłużenia postanowień, które obowiązują do końca 2015 r. Natomiast ówczesny wiceminister sprawiedliwości James Cole, w trakcie przesłuchania, bronił masowego gromadzenia danych mówiąc: „Jeśli chcecie państwo znaleźć igłę w stogu siana, wpierw musicie mieć ten stóg siana."

Obok amerykańskiego rządu, również kierownictwo NSA okazało się

[316] *por.* Busse, Nikolaus, w: „Frankfurter Allgemeine Zeitung" z 13. 11. 2013 r.

niewyrozumiałe i niepodatne na ewentualne zmiany, jakie mógłby uchwalić Kongres. A jak taka inwigilacja wygląda w praktyce? Wicedyrektor NSA, John Inglis, w trakcie przesłuchania w Kongresie wypowiedział się na temat szczegółów tego programu. NSA, w oparciu o istniejący stan prawny i po weryfikacji przez obradujący na tajnym posiedzeniu sąd, ma zezwolenie na dokonanie maksymalnie trzech „kroków inwigilacyjnych". Najpierw śledzone są kontakty telefoniczne i mailowe podejrzanego; później nadzorowane są kontakty tej osoby, która komunikowała się z podejrzanym; w końcu bierze się na cel wszystkie kontakty wszystkich osób kontaktujących się z podejrzanym. Z kroku na krok liczba objętych nadzorem osób wzrasta wykładniczo, tak że jeśli pierwotnie jest to sto osób, w drugim kroku jest ich już 10.000, a w trzecim nadzorowany jest już milion ludzi, jak wyliczył adwokat jednej z organizacji obrońców praw człowieka.[317]

Federalne Biuro Śledcze (FBI)

Federalne Biuro Śledcze jest głównym organem bezpieczeństwa Stanów Zjednoczonych. Obejmuje ono zarówno pion ścigania przestępstw, jak i rządową służbę wywiadu wewnętrznego.

W następstwie zamachów z 11 września 2001 r., na podstawie dyrektywy prezydenta z 28 czerwca 2005 r. utworzony został Departament Bezpieczeństwa Narodowego (*NSB – National Security Branch*). Skomasowano w nim odrębne dotąd wydziały FBI ds. zwalczania terroryzmu, kontrwywiadu oraz zwalczania broni masowego rażenia i podporządkowano bezpośrednio jednemu z wicedyrektorów FBI. Dzięki temu oraz wskutek znacznego zwiększenia personelu i zasobów materiałowych, FBI jest dziś w USA największym cywilnym organem zajmującym się zwalczaniem terroru.

FBI podlega ministerstwu sprawiedliwości USA i swą główną siedzibę ma w Waszyngtonie D.C. Konkretnie FBI jest organem właściwym w wypadku wszelkich naruszeń prawa federalnego oraz przestępstw, w trakcie których przekroczone zostaną wewnętrzne granice stanów USA. Jego główne zadanie polega na pilnowaniu przestrzegania prawa, ochronie przed działalnością terrorystyczną oraz na wspieraniu i nadzorowaniu podległych komórek i instytucji. Ogółem obszar działalności Biura obejmuje ponad 200 typów przestępstw. Najwyższy priorytet uzyskały tymczasem zwalczanie i ściganie terroryzmu, handel narkotykami, przestępstwa z użyciem przemocy oraz przestępstwa gospodarcze.

Do tradycyjnych głównych zadań FBI należy także wykrywanie i ściganie aktów szpiegostwa wymierzonych w USA, tak że Biuro jest nie tylko organem policyjnym i

---

[317] *por.* Frankfurter Allgemeine Zeitung z 16. 11. 2013 r.

ścigania przestępstw, lecz należy też do grupy 17 służb specjalnych państwa. Pod względem swoich zadań kontrwywiadowczych FBI odpowiada niemieckim urzędom ochrony konstytucji, którym wszakże brak jest własnych uprawnień policyjnych. Od czasu zamachów z 11 września zwalczaniu terroryzmu przydawane jest większe znaczenie w palecie zadań FBI.

Résumé

Ochrona sfery prywatności należy do najpierwszych i najstarszych wymagań stawianych państwu przez obywatela. Demokracje gwarantują to w swoich konstytucjach, przyrzeka to także artykuł 12 Deklaracji Praw Człowieka ONZ. Lecz wszystko to nie ma dziś w USA niemal żadnego znaczenia. Podstawowe prawo człowieka, prawo do poufności korespondencji, już tam nie istnieje.

Dokumenty ściągnięte przez Edwarda Snowdena z wewnętrznej sieci Agencji Bezpieczeństwa Narodowego potwierdzają dowodnie z dawna żywione podejrzenie: w epoce cyfrowej nie ma już poufnej komunikacji, nie ma tajemnicy telekomunikacyjnej. USA nie mogą i nie chcą chronić sfery prywatności swoich obywateli ani tejże sfery innych państw.

Jednak dzięki możliwościom swoich służb wywiadowczych USA są w stanie nadal utrzymywać dominującą pozycję na świecie, nawet jeśli z punktu widzenia krytycznej opinii światowej *God's own country* stoi nad moralną przepaścią ... co wpływa na dalsze osłabienie jego pozycji światowego mocarstwa.

Rozdział 25

Rozwój gospodarczy

Stany Zjednoczone jako jedyny wielki kraj wyszły z II wojny światowej bez wartych wzmianki zniszczeń. Dlatego po wojnie potrafiły same zdefiniować swą przywódczą rolę jako praktyczne przeniesienie wzorców opartych na własnych doświadczeniach.[318] W 1945 r. USA wytwarzały około 60 % światowego PKB. Od tamtej pory udział ten stale się zmniejszał. W roku 2006 wynosił on 18,96 %, a w 2016 r. zaledwie 15,59 %.

W tym czasie gospodarka Stanów Zjednoczonych spadła na drugie miejsce pośród największych gospodarek narodowych świata. W 2016 r. wytwarzała ona PKB w wysokości 18,55 bilionów $. Największa część produktu krajowego wygospodarowywana jest przez prywatne przedsiębiorstwa; rząd, jak dotąd, wpływa na działalność gospodarczą z reguły w stosunkowo niewielkim stopniu.

Rozwój produktu krajowego brutto (PKB) USA w latach 2003 do 2016, w bilionach dolarów, wyglądał następująco:

2003	2005	2007	2009	2010	2011	2012	2013	2014	2015	2016
11,14	12,62	14,47	14,41	14,96	15,51	16,15	16,66	17,38	17,94	18,55

Udział najważniejszych krajów przemysłowych oraz progowych w światowym produkcie krajowym brutto w 2016 r., przy ujednoliconej sile nabywczej, daje w wyniku porównania następującą kolejność:

Chiny	17,86%
USA	15,59%
Indie	7,32%
Japonia	4,14%
Niemcy	3,34%
Rosja	3,15%
Brazylia	2,63%

---

[318] *por.* Kissinger, Henry, *Porządek światowy*, op. cit., s. 261 i nast.

Indonezja	2,54%
Wielka Brytania	2,34%
Francja	2,30%
Meksyk	1,84%
Włochy	1,87%
Korea Południowa	1,62%
Arabia Saudyjska	1,45%
Kanada	1,41%
Turcja	1,40%
Australia	1,00%
Argentyna	0,74%
Afryka Południowa	0,62%

Gospodarka amerykańska jest różnorodna jeśli chodzi o produkcję własną, a kraj, pomijając dodatkowe zapotrzebowanie na ropę naftową i metale, jest autarkiczny, przy czym w kwestii ropy należy stwierdzić, że USA ją importują chroniąc zarazem własne obfite złoża. USA, jako partner handlowy i światowe mocarstwo, w dużej mierze dominują w światowej gospodarce. Dotyczy to zwłaszcza i jest spowodowane rolą dolara jako wieloletniej wiodącej waluty. Recesje wywołane przez dwa kryzysy naftowe, w latach 1973 i 1979/81, USA przetrwały w lepszym stanie niż inne kraje. Wydaje się też, że i ostatnia recesja w gospodarce światowej znów została pokonana wpierw przez Stany Zjednoczone. Należy jednak pamiętać, że recesja z początku lat 90. wystąpiła najwcześniej właśnie w USA. Inne kraje poszły w ich ślady później, Niemcy z uwagi na konieczność nadrobienia zapóźnienia ekonomicznego w tzw. nowych landach dopiero z niemal dwuletnim opóźnieniem.

Przez większą część XX wieku amerykańscy ekonomiści, inżynierowie, politycy, politolodzy itp. przekonywali, że amerykański model – czyli wolny rynek, demokracja, społeczeństwo obywatelskie, wolność słowa, inwestycje w naukę i praktyczne stosowanie jej w przemyśle oraz prawo patentowe – jest najlepszą, może nawet jedyną drogą do pomyślności narodów (niektóre z tych idei wykluły się w Europie, ale Ameryka je przejęła i rozkrzewiła). W ostatnich 20 latach inne kraje świata w mniejszym lub większym stopniu przyjmują ten amerykański model i stają się – naturalną koleją rzeczy – coraz większą konkurencją dla USA.[319]

Wskutek rozkwitu innych potęg gospodarczych, przede wszystkim Chin, Japonii i Niemiec, a także – w coraz większym stopniu – Europy jako całości, USA martwią się o swą zdolność konkurencyjną w rozpoczętym właśnie stuleciu. Wielkie koncerny są

---

[319] por. Zawadzki, Mariusz, *Proroctwa mojej babci. Czy świat stanie na głowie?*, w: Gazeta Wyborcza, Magazyn Świąteczny z 27-28. 12. 2014 r.

zbyt ociężałe i zbiurokratyzowane w porównaniu z pojedynczymi przedsiębiorstwami, rozwój zakładów często jest osiągany poprzez wrogie przejęcia, dzięki manipulacjom giełdowym, a nie w wyniku rozszerzenia produkcji. Państwo, wskutek nadmiernego deficytu budżetowego, ściąga z rynku pieniądze, a na światowym rynku jakość amerykańskich towarów nierzadko jest znacznie gorsza niż w wypadku produktów innych oferentów.

Wszystko to doprowadziło w Kongresie do apeli o środki protekcjonistyczne, przede wszystkim w odniesieniu do wyrobów gotowych i produktów rolnych. Prezydent Donald Trump, który objął swój urząd w 2017 r., jest sztandarowym orędownikiem takiego protekcjonizmu.

Jakie są mocne, a jakie słabe strony gospodarki USA?

- bezdyskusyjnie mocną stroną USA w światowym handlu jest amerykański dolar jako wiodąca waluta transakcyjna;
- kolejną mocną stroną jest wspieranie czołowych umysłów wśród elit, co znajduje niezwykle pozytywny oddźwięk wśród młodych naukowców na całym świecie: przybywają oni do USA. Stąd też nie dziwi, że jeśli chodzi o laureatów Nagrody Nobla, to USA, mając ich 255, prowadzi w tej dziedzinie wyprzedzając Wielką Brytanię z 93 laureatami i Niemcy, które mają ich 80;
- większość amerykańskich laureatów Nagrody Nobla wprawdzie prowadziła badania w USA, lecz wywodzi się ze wszystkich krajów świata;
- „W USA widać, jak bardzo dzisiejsze oprogramowanie zdeterminuje nasz przyszły świat pracy. W tej dziedzinie kraj ten ma prawdziwie monopolistyczną pozycję. Około 80 % powszechnie używanego na całym świecie oprogramowania powstaje w USA; to niezwykle korzystna sytuacja. W USA programowanie w coraz większym stopniu staje się elementem edukacji szkolnej."[320]

Słabość polega na niedostatecznym szkoleniu zawodowym, co prowadzi do niższej jakości artykułów konsumpcyjnych, a to z kolei do słabszej pozycji na rynku światowym: popyt na amerykańskie towary nie jest zbyt duży.

Wiodący niegdyś w świecie przemysł samochodowy z Detroit został tymczasem wyparty ze światowego rynku przez marki niemieckie, japońskie i południowo-koreańskie. VW jak i Toyota, każda z tych firm od lat produkuje więcej samochodów osobowych niż General Motors. W dziedzinie budowy samolotów cywilnych, w której

---

[320] Zamperoni, Ingo, *Fremdes Land Amerika*, op. cit. s. 272

przez dziesięciolecia, dzięki Boeingowi, McDonald Douglasowi czy Lockheedowi, rynek światowy opanowany był przez USA, po stronie amerykańskiej został tylko Boeing, który przewodzi na rynku do spółki z europejskim Airbusem. Za nimi postępują w dużym odstępie Embraer z Brazylii i Bombardier z Kanady. Chiny i Rosja pozostają w gotowości. Urządzenia i systemy elektroniczne pochodzące z Doliny Krzemowej w coraz większej mierze produkowane są w Chinach, na Tajwanie i w Korei Południowej. Nadto hamulcem jest niedomagająca infrastruktura kraju: na renowację mostów, sieci elektrycznych i gazowniczych oraz systemów zaopatrzenia w wodę i odprowadzania ścieków brakuje pieniędzy, które są wydawane w ramach ponadwymiarowego budżetu na obronność oraz podczas licznych wojen.

Ten rozwój wydarzeń potwierdzają wartości eksportu i importu z roku 2016, dotyczące pięciu wybranych krajów oraz UE, podane w miliardach dolarów USA:

kraj	mieszkańcy	eksport	import	nadwyżka/deficyt
Chiny	1.373 mln	2.011	1.437	+ 574
Niemcy	81 mln	1.283	987	+ 296
Rosja	142 mln	259	165	+ 94
UE (2014)	515 mln	2.259	2.224	+ 35
Japonia	127 mln	641	629	+12
USA	324 mln	1.471	2.205	- 734

Zasoby

Najważniejszym fundamentem gospodarki każdego kraju są jego zasoby. Stany Zjednoczone obfitują w bogactwa naturalne oraz żyzne gleby. Mają umiarkowany klimat. Inną ważną podstawą jest potencjał siły roboczej, który z owych naturalnych zasobów może wytwarzać towary. Pod każdym z tych względów USA są jak najobficiej wyposażone.

Mając 9.809 tysięcy km^2 powierzchni, USA są trzecim pod względem wielkości krajem świata, a 324 miliony mieszkańców sprawiają, że i w tej rubryce zajmują trzecie miejsce po Chinach i Indiach. Co do bogactw naturalnych, to kraj posiada znaczne zasoby zwłaszcza węgla, miedzi, ołowiu, molibdenu, fosfatów, uranu, boksytu, złota, żelaza, niklu, potasu, srebra, wolframu, ropy naftowej, gazu ziemnego i drewna.

Ponieważ każdy rząd był i jest świadom wartości tych bogactw, od dziesiątków lat USA importowały surowce naturalne – o ile było można i ile było można – z innych krajów, by chronić własne zasoby i zachować je na późniejsze czasy; z punktu widzenia USA to bardzo mądra polityka.

Wśród krajów posiadających złoża ropy naftowej USA, mając 26,4 miliarda baryłek, zajmują 11 miejsce. Międzynarodowa Agencja Energetyczna, biorąc pod uwagę boom frackingowy uważa, że w nadchodzących latach USA staną się eksporterem ropy netto.

Pod względem zasobów gazu ziemnego USA zajmują po Iranie, Rosji, Katarze i Turkmenistanie piąte miejsce wśród krajów mających złoża tego surowca.

W rankingu państw z udziałem w światowych zasobach węgla (węgiel kamienny & brunatny) USA mają udział największy, mianowicie 26,6 procenta. Za nimi sytuują się Rosja (17,6 procenta), Chiny (12,8 procenta), Australia (8,6 procenta), Indie (6,8 procenta) i Niemcy (4,5 procenta).

Podsumowując generalnie kwestię bogactw naturalnych, poniższa tabela przedstawia ich najważniejsze zasoby w USA oraz miejsce tego kraju wśród innych posiadaczy danego surowca. Porównanie z Niemcami podkreśla wyjątkową pozycję USA w tej dziedzinie:

surowiec	USA	Niemcy
boksyt	15	bez znaczenia
ołów	1	bez znaczenia
węgiel brunatny	4	1
ruda żelaza	7	bez znaczenia
gaz ziemny	5	23
ropa naftowa	11	29
złoto	3	bez znaczenia
potas	5	2
miedź	4	bez znaczenia
molibden	2	bez znaczenia
nikiel	bez znaczenia	bez znaczenia
fosfaty	2	bez znaczenia
rtęć	bez znaczenia	bez znaczenia
srebro	7	bez znaczenia
węgiel kamienny	1	14
uran	14	bez znaczenia
wolfram	3	bez znaczenia
cynk	bez znaczenia	bez znaczenia

Kolejny zasób o nader ważnym znaczeniu to liczba pozostających w dyspozycji rąk do pracy. Także tu USA zajmują bardzo dobrą pozycję. Jednak równie ważne, co liczba potencjalnych pracowników, jest ich wykształcenie zawodowe, a tu, w wypadku kapitału ludzkiego, Stany Zjednoczone spadają na pozycję za innymi państwami przemysłowymi. Dość wymienić tu Chiny, Niemcy, Japonię i Koreę Południową.

Kształcenie

Wspieranie wyróżniających się młodych studentów w USA jest bez wątpienia wzorcowe. Cieszące się wysokim uznaniem uniwersytety – zwłaszcza należące do *Ivy-League* – są wspomagane przez państwo oraz sferę prywatną i wciąż pozwalają wyodrębniać utalentowanych pracowników. Zawsze znajduje się też dostateczna liczba sponsorów, którzy zapewniają zdolnym studentom stypendia i umożliwiają im studia.

Natomiast w wypadku kształcenia zawodowego wygląda to inaczej. Amerykański system przygotowania do zawodu ma strukturę modularną. Za otwarcie drogi do dalszego kształcenia uznaje się z reguły zaliczone moduły. Ponadto system kształcenia uformowany jest na szczeblu federalnym, a po części też na regionalnym. Wskutek tego istnieje mnogość najrozmaitszych uregulowań i propozycji kursów.

W Stanach Zjednoczonych poniżej poziomu college'u nie funkcjonują ani obligatoryjne standardy kształcenia, ani też reguły wstępnego kształcenia zawodowego. Bill Clinton, wspominając swoje lata na stanowisku gubernatora stanu Arkansas, pisze, że jeśli Stany Zjednoczone chciałyby bronić swej globalnie wiodącej roli w sferze gospodarczej i politycznej, to czekają je poważne zmiany. Po prostu – stwierdza – Amerykanie nie są dostatecznie dobrze wykształceni ani wystarczająco wydajni.[321]

W USA nie oferuje się nauki zawodu w postaci dualnego systemu; większość pracowników uczy się swego zawodu metodą *learning by doing* (nauka przez pracę) lub podczas nauki w szkole. Kształcenie zawodowe odbywa się w USA głównie drogą nauki w college'u. W ramach przygotowań do niej, w ostatnich latach *high school* (szkoły średniej) oferuje się kursy przygotowania zawodowego, które później, w trakcie nauki w college'u, bywają zaliczane. W sferze szkolnego kształcenia zawodowego w USA rozróżnia się naukę w tzw. *community college* i w „zwykłym" college'u. Nauka w *community college* trwa zwykle dwa lata i przekazuje podstawową wiedzę zawodową. Nie polega to na przekazie wiedzy o konkretnym zawodzie, lecz na wyuczeniu ogólnych umiejętności, które można będzie zastosować wykonując dowolny zawód.

Każdy stan indywidualnie ustala nauczane treści, a dodatkowo wpływa na nie też gospodarka, stąd jednolity porządek kształcenia zawodowego nie istnieje. Ponadto

---

[321] *por.* Clinton, Bill, *Moje życie*, op. cit. s. 300

ukończenie *community college* daje możliwość kształcenia doskonalącego w college'u. College'e te są z grubsza odpowiednikami niemieckich wyższych szkół zawodowych (Fachhochschule) i dają możliwość wyuczenia dobrze płatnego zawodu. Ponieważ nauka w tych college'ach wiąże się z wysokimi kosztami, w USA rozwinął się mocny system stypendialny. Nauka w dobrym college'u jest bardzo droga, lecz dzięki odpowiednim stypendiom mogą z niej korzystać także słuchacze mniej zamożni bądź wywodzący się z trudnych warunków socjalnych.

Kształcenie zawodowe w USA opiera się na koncepcji nauki przez całe zawodowe życie, a wykształcenie zdobyte w college'u traktuje się jako wiedzę podstawową, która z uwagi na zmiany na rynku pracy i w sferze techniki musi być stale optymalizowana przez pracownika, za co tenże odpowiada. Dyplom renomowanego college'u daje więc stosunkowo niewiele, jeśli wiedza nie jest wciąż aktualizowana. Świadectwami uznawanymi w USA są dyplomy college'ów, certyfikaty posiadania określonych umiejętności, określonej wiedzy lub ukończenia szkolenia, a także uzyskane licencje; w wypadku niektórych zawodów (np. maklera) konieczne są w USA specjalne licencje, uzależnione od spełniania pewnych warunków pozwalających wykonywać dany zawód.

Obok instytucji oświatowych istnieje w USA pion kształcenia stażowego (*Registered Apprenticeship*). W zależności od zawodu, kształcenie tego rodzaju, przeważnie odbywane na stanowisku pracy, trwa od roku do 6 lat. Część teoretyczna, w zależności od stanu, branży bądź przedsiębiorstwa, odbywa się w miejscach takich jak *community colleges*, szkoły lub sale szkoleniowe przedsiębiorstw i jest organizowana przez związki bądź stowarzyszenia zawodowe. Proces kształcenia kończy się zwykle egzaminem końcowym. Uzyskany dyplom, *Certificate of Completion of Apprenticeship*, umożliwia – w zależności od zawodu i stanu – usamodzielnienie się, stanowi też podstawę do skorzystania z kilku możliwości doskonalenia kwalifikacji zawodowych. Kilka programów w ramach *Registered Apprenticeship* powiązanych jest z *Associate's Degree* (kursy przedlicencjackie). Dają one dodatkowe możliwości podwyższania kwalifikacji lub uzyskania wykształcenia wyższego stopnia. Poza tym w wypadku kilku z tych programów istnieje możliwość zdobycia dyplomu ukończenia szkoły wyższej bądź *Certificates of Competency* (świadectwo kwalifikacji). W kilku obszarach zawodowych dzięki profesjonalnemu doświadczeniu i właściwemu doskonaleniu można też uzyskać wyższe wykształcenie zawodowe (dyplom mistrzowski).

Wolny handel

Wolny handel to prowadzony przez daną gospodarkę narodową handel międzynarodowy wolny od takich restrykcji jak cła czy innego rodzaju ograniczenia. Jeśli wysiłki polityczne ukierunkowane są na osiągnięcie wolnego handlu, wówczas nazywa się je polityką wolnego handlu. Jeśli jednak polityka wymierzona jest przeciwko wolnemu handlowi, mamy wtedy do czynienia z protekcjonizmem.[322]

Wiele krajów zawiera porozumienia, by prowadzić pomiędzy sobą wolny handel. To samo robią też organizacje, jak np. Unia Europejska i NAFTA, w interesie swoich krajów członkowskich. Poza tym funkcjonuje powstała w 1994 r. z GATT oraz „Rundy Urugwajskiej" WTO (Światowa Organizacja Handlu), która obok Międzynarodowego Funduszu Walutowego (MFW) oraz Banku Światowego jest główną organizacją międzynarodową rozpatrującą w skali globalnej kwestie polityki handlowej i gospodarczej.

Do tej pory w WTO notyfikowano blisko 600 regionalnych porozumień o wolnym handlu, z czego ponad 350 aktualnie obowiązuje. Oprócz nich istnieją rozmaite regionalne strefy wolnego handlu, które pod względem politycznym i gospodarczym są nieco słabiej zintegrowane.[323] Do najważniejszych należą:

- *NAFTA – Północnoamerykański Układ Wolnego Handlu (North American Free Trade Agreement)* – jest podstawą istnienia strefy wolnego handlu między Kanadą, USA i Meksykiem. Wraz z jego wejściem w życie w 1994 r. zniesiono liczne cła, a do tego zawarto Północnoamerykańską Umowę o Współpracy w dziedzinie Środowiska Naturalnego (*North American Agreement on Environmental Cooperation – NAAEC*) oraz upodobniono prawo pracy obowiązujące w tych trzech krajach podpisując *North American Agreement on Labor Cooperation*.

- *ASEAN Free Trade Area* – strefa wolnego handlu ASEAN obejmuje Tajlandię, Wietnam, Laos, Brunei, Kambodżę, Indonezję, Malezję, Myanmar, Singapur i Filipiny. Jej celem jest wzajemne zniesienie ceł na 98 procent wszystkich towarów, bądź znaczne ich obniżenie.

- *MERCOSUR* – to skrót od *Mercado Común del Sur*, czyli „Wspólny Rynek Południa", którego członkami są Brazylia, Paragwaj, Wenezuela, Argentyna, Urugwaj i Boliwia, a członkami stowarzyszonymi Chile, Kolumbia, Peru, Ekwador, Gujana i Surinam.

- *GAFTA – the Greater Arab Feed Trade Area* czyli wielka arabska strefa wolnego handlu powstała w 1997 r. Licząc blisko 20 państw członkowskich w Afryce Północnej i na Półwyspie Arabskim, GAFTA należy do największych stref wolnego handlu na świecie. Jej zadeklarowanym celem jest stworzenie do

[322] www.rechnungswesen-verstehen.de
[323] Heinrich-Böll-Stiftung, informacja z 22. 02. 2016 r.

2025 r. wspólnego obszaru gospodarczego, czyli rynku wewnętrznego na wzór UE.

- *JAFTA (Japan Europe Free Trade Area)*. W lipcu 2017 r. Japonia i UE porozumiały się w sprawie zawarcia największego na świecie porozumienia handlowego. Dotyczy ono dziesięciu procent ludności świata, 30 procent globalnego PKB i 40 procent globalnego handlu. W obliczu takich uwarunkowań owego porozumienia, które premier Japonii Shinzo Abe określił jako „narodziny największej strefy gospodarczej na świecie", powinny także zacieśnić się stosunki europejsko-japońskie.

W ostatnich latach na całym świecie między USA a innymi krajami dochodziło do negocjacji, których celem było stworzenie kilku stref wolnego handlu, czyli zawarcie zgodnych z prawem międzynarodowym porozumień gwarantujących swobodny handel pomiędzy USA i innymi umawiającymi się państwami. Partnerzy umów rezygnowali nawzajem z instrumentów przeszkadzających handlowi, jednakże wobec krajów trzecich prowadzili autonomiczną politykę handlową. Należy tu wymienić trzy porozumienia:

- CETA – to skrót od *Comprehensive Economic and Trade Agreement* (Kompleksowa Umowa Gospodarczo-Handlowa). Jest to umowa pomiędzy UE a Kanadą. Ma ona ułatwić współpracę między partnerami i ożywić gospodarkę dzięki zniesieniu ceł i innych ograniczeń handlowych, jak np. zróżnicowane standardy. Według Komisji Europejskiej, wielkość obrotów handlowych z Kanadą powinna wzrosnąć nawet o jedną czwartą. W lutym 2017 r. Parlament Europejski zaaprobował umowę: 408 deputowanych głosowało za, a 254 przeciwko jej przyjęciu. Dzięki temu część zapisów może wejść w życie. Jednak proces ratyfikacyjny może jeszcze trwać latami.

- TTIP – Transatlantyckie Partnerstwo w dziedzinie Handlu i Inwestycji (*Transatlantic Trade and Investment Partnership*) jest umową negocjowaną przez Komisję Europejską i rząd USA od 2013 r. Umowa ma usunąć przeszkody w handlu między obszarami gospodarczymi UE i USA i prowadzić do szybszego wzrostu wymiany. Po objęciu rządów przez D. Trumpa tenże nie chce kontynuować rozmów w sprawie tej umowy.

- TPP – Partnerstwo Transpacyficzne (*Tans-Pacific Partnership*) to planowana umowa handlowa między 12 państwami basenu pacyficznego: Australią, Brunei, Chile, Japonią, Kanadą, Malezją, Meksykiem, Nową Zelandią, Peru, Singapurem, Wietnamem oraz USA. Stany Zjednoczone wycofują się z tej umowy. Nowo wybrany prezydent Donald Trump zaraz po objęciu urzędu podpisał stosowne rozporządzenie. Pozostałe kraje, z inicjatywy Chin, chcą pozostać przy tej umowie także bez USA. Chiny zaproponowały, że zajmą miejsce USA.

Import – eksport

Przez długie lata *God's own country* był mało uzależniony od importu, jednak w ostatnich dekadach wyraźnie się to zmieniło. Amerykanie już od dawna więcej za granicą kupowali niż udawało im się za granicę sprzedać. Zdaniem prezydenta Trumpa, winne temu są jakoby kraje, które stosują protekcjonizm i nie chcą wpuszczać do siebie „dobrych i lepszych amerykańskich towarów"! Po bliższym przyjrzeniu się trzeba wszakże stwierdzić, że wielu towarów *made in USA* nie da się sprzedać na światowym rynku – jakość produktów innych oferentów jest po prostu lepsza.

W epoce globalizacji żaden kraj nie jest już autarkiczny – każdy zależy od eksportu swoich dóbr oraz importu innych. Nawet taki kraj jak Chińska Republika Ludowa, z ogromnymi rezerwami ludzkimi i materiałowymi, dostrzegł to na czas i otworzył się na świat. Korea Północna może się częściowo izolować tylko dlatego, że jest wspierana przez wielkiego chińskiego sąsiada. Dzięki eksportowi każdy kraj zapewnia sobie dewizy, by na światowym rynku pozyskiwać dobra, którymi nie dysponuje bądź dysponuje w niedostatecznej mierze i dlatego chce/musi je importować. Bazą dla eksportu towarów są w pierwszym rzędzie dobre i wystarczające zasoby personalne i materialne. Równie ważne są też dobra oświata i wykształcenie oraz system gospodarczo-polityczny, który stwarza właściwe uwarunkowania ramowe.

Kraj, który może eksportować towary, stwarza sobie możliwość ich importowania. I w tym właśnie tkwi poważny problem USA. Eksport – niegdyś prymus gospodarki i klucz do pozycji światowego mocarstwa – od lat przeżywa regres. Konkurencja na światowym rynku, początkowo pochodząca z Europy, jednak już od lat w coraz większej mierze z *West Pacific Rim* (zachodnich obrzeży Pacyfiku), dała się Amerykanom mocno we znaki. Japonia i jej pięć „małych tygrysów" to nie tylko konkurenci, których należy poważnie traktować; to one w znacznej części wyparły USA i Europę z czołowych miejsc. Proces ten był kontynuowany z chwilą otwarcia się Chin i wydaje się nie do powstrzymania. A co jest powodem zmniejszają-cego się eksportu? Błędne koło: źle opłacani nauczyciele → słaba szkolna edukacja → brak szkolenia zawodowego → zła jakość produkcji → brak szans na światowym rynku. Symptomy są rozpoznane, tyle że USA brakuje sił, by rozwiązać problemy.

Wielu Amerykanów jest mocno zaniepokojonych faktem, że w wielu dziedzinach, w których jeszcze 20 lat temu dominowali na świecie, zmuszeni byli oddać palmę pierwszeństwa innym krajom, zwłaszcza państwo azjatyckim. Wcześniej takie pojęcia jak *Silicon Valley* w Kalifornii czy „aglomeracja bostońska" w Massachusetts były równoznaczne z *copyright* (prawami autorskimi) do technologicznego postępu, z badanami i rozwojem rewolucyjnych technologii. Dziś to Azjaci przejęli wiodącą rolę w tak ważnych obszarach jak IT i elektronika rozrywkowa, bądź też – wespół z Europejczykami – nawet w dziedzinie budowy samochodów lub okrętów. Tym samym motor amerykańskiego eksportu pracuje wolniej, wyraźnie wolniej niż kiedyś. To wyjaśnia też recesje z lat 80./90. w USA. Już tylko własny olbrzymi rynek chroni USA przed czymś jeszcze gorszym.

Natomiast wyjątkową rolę odgrywa przemysł zbrojeniowy. Silne lobby zbrojeniowe i działania wojsk amerykańskich prowadzone niemal bez przerwy na całym świecie, w powiązaniu z niewielkimi restrykcjami w dziedzinie eksportu uzbrojenia nadal umożliwiają koncernom zbrojeniowym utrzymywanie wysokich obrotów i są gwarancją kontynuowania badań i rozwoju w tej dziedzinie. Dla dowolnej rządzącej administracji żaden wysiłek nie jest zbyt wielki, jeśli w grę wchodzi wzmocnienie własnego przemysłu zbrojeniowego. Po obu wojnach irackich Kuwejt i pozostałe kraje arabskie zostały wyposażone głównie w amerykańską broń i sprzęt. Siły zbrojne USA od wielu dziesiątków lat utrzymują program nazywany FMS. Skrót ten oznacza *Foreign Military Sale* (Zagraniczna Sprzedaż Wojskowa). Mówiąc złośliwie, jest to globalny łańcuch handlu artykułami zbrojeniowymi, z którego pomocą USA przede wszystkim pozbywają się, za kilka dolarów, niechodliwych towarów z własnych zapasów. W ten sposób budowane jest zaufanie i rozbudzane zainteresowanie kupnem. Wzrasta zależność od produktów zbrojeniowych USA, a z nią siłą rzeczy kupno pomocy szkoleniowych, *Mid-Life Conversion* (konwersja sprzętu w połowie okresu eksploatacji), zakup elementów podnoszących wartość bojową, części zamiennych, sprzętu pomiarowego i kontrolnego itd. Kraj, który poprzez FMS uzyskał pomoc w sprzęcie, zostaje „przywiązany" do amerykańskiego przemysłu. Ten interes Amerykanie rozwinęli do perfekcji. *US Armed Forces* automatycznie odnoszą korzyść, która staje się korzyścią eksportową, gdy z chwilą zawarcia porozumienia w ramach FMS do ministerstwa obrony kraju-odbiorcy trafiają pierwsi „doradcy wojskowi". Tak było np. w Polsce, gdzie USA jako jedyny kraj utrzymywały w Ministerstwie Obrony Narodowej czteroosobowy sztab wojskowy. Wychodzi to na dobre nie tylko amerykańskiemu eksportowi zbrojeniowemu: przy tej okazji wie się też szybciej i lepiej, co w danym kraju myśli się i planuje w dziedzinie sił zbrojnych i można na to szybko zareagować.

Inne pola biznesu są przez tę monokulturę powoli, lecz skutecznie wyjaławiane. Powszechnie wiadomo, że w dziedzinie zbrojeń można osiągać wyjątkowo dobre zyski. Z tej przyczyny duże amerykańskie przedsiębiorstwa przemysłowe zaniedbywały w okresie zimnej wojny swoje cywilne gałęzie gospodarcze, aż zaczęły odnotowywać wyraźny regres, tracić znaczne udziały w rynku, czy wręcz *now how*. Jednym z wielu przykładów jest budowa okrętów. Mimo wysokich umiejętności w dziedzinie budowy okrętów wojennych, USA od ponad 50 lat nie zbudowały ani jednego istotnego dla branży statku handlowego high-tech, wycieczkowca, statku specjalnego czy mega jachtu.

W roku 2016 eksport USA osiągnął ogólną wartość 1.471 mld $ wobec importu w wysokości 2.205 mld $; USA zanotowały zatem deficyt handlowy wynoszący 734 mld $.

W tym samym roku najważniejszymi krajami eksportowymi USA były Kanada (18,6 %), Meksyk (15,7 %), Chiny (7,7 %) i Japonia (4,4 %). Wynika stąd, że ponad jedna trzecia amerykańskiego eksportu trafia do bezpośrednich sąsiadów, Meksyku i Kanady. Z natury rzeczy zatem na dolarze odbijają się słabości gospodarek obu tych krajów.

Saldo bilansu handlowego USA pozostaje od 1975 r. (prezydentem był wtedy Gerald Ford) w strefie ujemnej. W okresie od 2006 r. do 2016 r. deficyt handlowy oscylował między 750 a 850 miliardami $.[324]

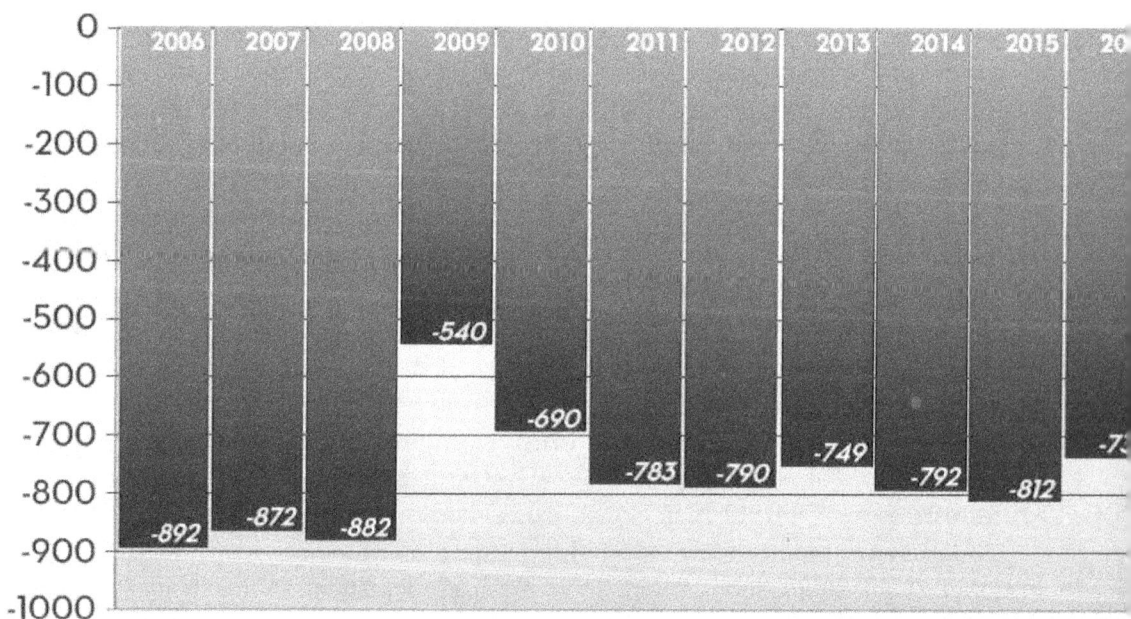

Deficytowy bilans handlowy USA 2006-2016 (w mld $)

---

[324] Handelsbilanz der USA bis 2016 [Bilans handlowy USA do 2016 r.], w: Statista 2017

Słabość eksportową olbrzymiego kraju z wielką liczbą ludności ukazuje porównanie z innymi krajami uprzemysłowionymi.[325]

	Kraj	Import 2016 w mld. $	Eksport 2016 w mld. $	Nadwyżka/deficyt handlowy w mld. $
1	Chiny	1.587	2.098	+ 511
2	Niemcy	987	1.283	+ 296
3	Wielka Brytania	412	581	+ 169
4	Korea Południowa	405	509	+ 104
5	Rosja	165	259	+ 94
6	Włochy	372	436	+ 64
7	Japonia	629	641	+ 12
8	Belgia	251	251	0
9	Polska	189	188	- 1
10	Kanada	419	390	- 29
11	Holandia	480	422	- 58
12	Francja	561	489	- 72
13	USA	2.205	1.471	- 734

Lista krajów z nadwyżką handlową w zestawieniu ze Stanami Zjednoczonymi robi duże wrażenie, gdyż obejmuje ona wszystkie ważne kraje świata. Oto kilka liczb dotyczących roku 2016: 347 miliardów dolarów to amerykański deficyt w handlu z Chinami, 69 miliardów – w handlu z Japonią, 93 miliardy – w handlu z Unią Europejską, z czego 65 miliardów przypada na Niemcy, 63 miliardy to deficyt w handlu z Meksykiem i 11 miliardów w handlu z Kanadą. Jak wynika z listy krajów z nadwyżką handlową, główną przyczyną amerykańskiego deficytu nie jest import surowców, co mogłoby być sprawą normalną w wypadku kraju wysoko rozwiniętego. Za ów permanentny deficyt odpowiadają inne produkty, głównie towary przetworzone.

Wielkie koncerny

Rynek Ameryki Północnej opanowany jest przez liczne wielkie koncerny. Koncentracja jest wszystkim. Toteż „wielka trójka" z Detroit (General Motors, Ford i Chrysler), mimo mocnego japońskiego i niemieckiego udziału w rynku, nadal w znacznym stopniu dominuje w obrębie kraju. Tym samym wywiera również nacisk polityczny.

Sieci handlowe Walmart, JCPenney, Bloomingdale`s, Macy`s czy Sears opanowują rynek jak tylko chcą. Gdy jednak któraś popadnie w kłopoty, od razu upada całe

---

[325] CIA-Factbook z danymi za 2016 r.

imperium, tak jak w wypadku Bloomingdale`s w Nowym Jorku na początku lat dziewięćdziesiątych.

Podobnie jest ze spółkami lotniczymi. Wszystkie linie usiłują zwiększyć swój udział w rynku poprzez stosowanie cen dumpingowych, by po osiągnięciu sukcesu, wykorzystując efekt wyparcia konkurencji, móc dowolnie podwyższać ceny na większej już części rynku. Te rachuby często się nie sprawdzają. W pobitym polu pozostały tak znane towarzystwa, jak PAN AM, EASTERN czy TWA.

Na rynku komputerowym na czoło wysunęło się kilku zaledwie producentów software`u i całkowicie go opanowało. Podobnie jest w wypadku przemysłu zbrojeniowego. Boeing, Martin Marietta, General Electric i General Dynamics mogą tu służyć za przykład. Jeśli więc w budżecie obronnym mają nastąpić oszczędności i zamawia się mniej broni i sprzętu, wtedy sprawa trafia nawet przed sąd i zaskarżane są państwowe reguły rozdziału zamówień, jak można to było obserwować na przykładzie nowego atomowego okrętu podwodnego. Należąca do General Electric stocznia w Grotton wygrała przetarg konkurując z *Newport News Shipbuilder* z Newport News. Przegrany wniósł sprawę do sądu i powtórnie przegrał.

Rynek napojów i fast foodów kontrolowany jest przez kilka wielkich spółek. Coca-Cola, McDonald`s czy Pepsi (wraz z Kentucky Fred Chicken, Pizza Hut i Burger King) należą do największych. Nadal rozbudowują swoją cześć rynku i upowszechniają – nie tylko – wśród amerykańskiego społeczeństwa niezdrowe zwyczaje żywieniowe.

Mimo to raz po raz zadziwiają osiągnięcia dokonane i po części nadal dokonywane na gruncie rozwoju nowoczesnych technologii, możliwe chyba tylko dzięki finansowym fundamentom wielkich koncernów. Jako przykłady można tu wymienić *Silicon Valley* i aglomerację bostońską. W obu tych regionach bije serce amerykańskiego postępu, choć puls ten, o czym była już mowa, jest coraz słabszy. Lecz to stąd wzięła się duża część tego, co zabezpiecza przyszłość USA na światowym rynku.

System bankowy

Bez wątpienia *Wallstreet* to tętnica międzynarodowej bankowości, obiektywnie jednak należy stwierdzić, że amerykański system bankowy w porównaniu z europejskim jest zacofany. Pod tym względem USA faktycznie są jeszcze rozwijającym się krajem. Odpowiedzialne za to są trzy sprawy:

- prawo mówiące, że banki mogą funkcjonować jedynie w obrębie danego stanu. Wprawdzie w latach 80. prawo to zostało poluźnione i od tej pory nastąpiły już liczne fuzje bankowe; jednak mimo to wielkie banki są w USA rzadkością i powstały bardzo późno. Stąd nie jest zaskoczeniem, że wśród dziesięciu największych banków na świecie nie ma ani jednego amerykańskiego;

- obywatel USA – podobnie jak rząd i cały kraj – żyje „na kreskę". Fakt ten jest przyczyną zawrotnej kariery karty kredytowej. Poważny, czcigodny hanzeatycki kupiec poczerwieniałby z oburzenia, widząc tę (legalną) możliwość płacenia pożyczonymi pieniędzmi. Mając plastikową kartę, ma się kredyt, a gdy jedna karta nie starcza, sięga się po kolejną. Dlatego normalny obywatel ma cały segregator z rejestrem wypełniony kartami kredytowymi. Nie jest to nic uwłaczającego, wręcz przeciwnie. Nawet najdrobniejsze kwoty opłaca się kartą kredytową. Kto większe sumy płaci gotówką, jest podejrzany z dwóch powodów: po pierwsze, najwyraźniej nie ma zdolności kredytowej i nie posiada karty, a po drugie, banknoty dolarowe o wysokich nominałach budzą wątpliwości – mogły zostać sfałszowane;

- w USA płatności w formie stałych zleceń są rzadko spotykane, przeważają płatności czekowe.[326] Transakcje międzybankowe niemal nie istnieją. System pieniężny opiera się na kartach kredytowych i czekach imiennych (*personal cheque*). Funkcjonują oczywiście konta osobiste, lecz złożenie zlecenia stałego lub pokrywanie z konta regularnie wnoszonych opłat, takich jak czynsz, woda, telefon, ubezpieczenie itd., nie jest możliwe. Na początku miesiąca każdy Amerykanin dostaje dziesiątki rachunków, które winien opłacić. Powszechna czynność życia codziennego. Wtedy „Joe Sześciopak" siada i wypisuje czeki: za czynsz, za gaz, za odprowadzanie ścieków, za ubezpieczenie samochodu, za telefon, za ubezpieczenie na życie, za ubezpieczenie wyposażenia mieszkania, wywóz śmieci, gazety itd. Wszystko to rusza w podróż za pośrednictwem poczty.

Regres gospodarki USA

Obserwacja amerykańskiego eksportu i importu, a zwłaszcza porównanie z innymi krajami i rynkami (np. z Chinami czy UE) wskazują na regres gospodarczy. Po zakończeniu II wojny światowej USA produkowały 60 % światowych dóbr przemysłowych, w roku 2002 było to już tylko 28 %, a w 2011 r. udział ten zmniejszył się do 16,5 %.[327]

Co spowodowało ów spadek? Pierwszą przyczyną jest względny regres przemysłowy kraju, jeśli mierzyć podług parametrów produkcji światowej. Dotyczy on nie tylko tradycyjnych wyrobów, takich jak tekstylia, żelazo i stal, budownictwo okrętów i produkty chemiczne, ale również globalnego udziału w produkcji robotów przemysłowych, w technice lotniczej, przemyśle samochodowym, budowie maszyn i

---

[326] https://de.wikipedia.org/wiki/*Dauerauftrag* z 25. 06. 2017 r.
[327] Wikipedia, *Manufacturing in the United States* z 17. 06. 2017 r.

przemyśle komputerowym. W obrębie tradycyjnego przemysłu różnice w kosztach pracy w porównaniu z młodymi państwami uprzemysłowionymi są przypuszczalnie tak znaczne, że luki tej nie byłaby w stanie zapełnić najlepsza nawet poprawa efektywności.

Drugą przyczyną i pod wieloma względami dużo bardziej zaskakującą dziedziną jest przeżywające spadek rolnictwo. Jeszcze kilka lat temu eksperci przepowiadali zatrważającą globalną nierównowagę pomiędzy zapotrzebowaniem na środki spożywcze a rezultatami zbiorów. Jednak ów scenariusz klęsk głodowych i katastrof pobudził dwie potężne reakcje. Pierwsza polegała na ogromnych inwestycjach w amerykańskie rolnictwo, dokonywanych od początku lat 70-tych w nadziei na coraz większy wzrost eksportu środków spożywczych; drugą był niezwykły (finansowany przez świat zachodni) wysiłek o charakterze naukowym w celu zwiększenia zbiorów w krajach Trzeciego Świata. Okazało się to takim sukcesem, że coraz większa liczba tych krajów przekształcała się w eksporterów zboża – co uczyniło z nich konkurentów Stanów Zjednoczonych. Te trendy były niezależne od procesu rozwojowego EWG/UE, ale zbiegły się czasowo z przekształcaniem się EWG/UE w producenta nadwyżek rolnych.[328]

Podobnie jak Brytyjczycy w epoce wiktoriańskiej, również Amerykanie po 1945 r. byli gorącymi zwolennikami wolnego handlu i otwartej konkurencji – nie tylko z racji przekonania, że w ten sposób wsparte zostaną handel i dobrobyt na całym świecie, lecz również dlatego, że wiedzieli oni, iż sami najbardziej skorzystają na osłabieniu protekcjonizmu. Dziś ta ufność we własne siły zanikła i opinia publiczna, jak można było oczekiwać, znów zwraca się ku ochronie rodzimych producentów i rynku wewnętrznego. To właśnie byli wyborcy Donalda Trumpa w listopadzie 2016 r.

Obok trudności amerykańskiego przemysłu i rolnictwa występują też bezprecedensowe zawirowania w amerykańskich finansach. Niekonkurencyjność wyrobów przemysłowych USA za granicą i spadek amerykańskiego eksportu rolnego doprowadziły do ogromnego ujemnego salda bilansu handlu „widzialnego”. Jeszcze bardziej niepokojące jest jednak to, że luki tej nie mogą już zapełnić dochody Ameryki z wymiany „niewidzialnej”, co na przykład ratowało Wielką Brytanię przed 1914 r. Przeciwnie, Stany Zjednoczone zaczęły finansować swą pozycję w świecie tylko za pomocą importu coraz większych sum kapitału, co w ciągu zaledwie paru lat przeobraziło je z największego na świecie wierzyciela w największego na świecie dłużnika.[329]

---

[328] *por.* Kennedy, Paul, *Mocarstwa świata …*, op. cit., s. 506
[329] *por.* Kennedy, Paul, *Mocarstwa świata …*, op. cit., s. 507

Tym samym świat stanął wobec podwójnego odwrócenia relacji; odwracają się stosunki gospodarczej zależności między Stanami Zjednoczonymi i innymi krajami, odwraca się również dynamika rozwoju demokracji: obserwujemy przyrost demokracji w Eurazji i jej regres w USA.

Gospodarka światowa nie ma już zaufania do USA. Inwestorzy z Azji wycofują z amerykańskiego rynku obligacji skarbowych tyle pieniędzy, ile nigdy dotąd. Nikt poza samym Bankiem Rezerw Federalnych nie inwestuje już w obligacje USA. Inwestorzy obawiają się wielkiego krachu. W czerwcu 2013 r. Chiny i Japonia wycofały z długoterminowych papierów dłużnych USA rekordową sumę 40,8 miliarda dolarów, co potwierdzają dane amerykańskiego ministerstwa finansów. Reszta świata wycofała dalszych 26,1 miliarda dolarów. I ten trend się utrzymuje.[330]

Klasyczne teorie ekonomiczne nie potrafią wyjaśnić regresu gospodarczego w sektorze przemysłowym USA i przeobrażenia się USA w region, który wyspecjalizował się w konsumpcji, a pod względem zaopatrzenia uzależnił od reszty świata. Jednakże koncepcja światowego mocarstwa podług rzymskiego wzorca pozwala zrozumieć tę przemianę jako gospodarcze następstwo konkretnej organizacji politycznej i wojskowej. Po drugiej wojnie światowej, gdy Europa i Japonia leżały w gruzach, a blok wschodni nabierał kształtów jako nowy czynnik władzy, Stany Zjednoczone organizowały swoją strefę wpływów jako globalny system, w którym to one stanowią centrum. Krok po kroku wprowadzały do tego systemu reguły gry obowiązujące w handlu i finansach – reguły, które odpowiadały ich ideologicznym preferencjom i za jedyny cel miały zespawanie owego geograficznego obszaru, który USA kontrolowały pod względem politycznym i militarnym. Bez wątpienia na początku Stany Zjednoczone całkowicie słusznie twierdziły, że troszczą się o dobrobyt na większej części naszej planety. Absurdem byłoby postrzeganie powstawania tego porządku świata jako procesu niszczącego; stopy wzrostu z lat 1950-1975 dowodzą czegoś wręcz przeciwnego. Plan Marshalla dostarczył Europie środków niezbędnych do odbudowy i ustrzegł Stany Zjednoczone przed ponownym kryzysem gospodarczym, jak ten z 1929 r. Był to akt politycznej i gospodarczej inteligencji, jakich mało spotyka się w historii. Stąd też można ów czas określić mianem pozytywnego imperializmu.

Stany Zjednoczone były w pełni nastawione na walkę z komunizmem i nieco zbyt pewne trwałości swojej gospodarczej dominacji. Absolutny priorytet nadały politycznej integracji sfery, nad którą panowały militarnie. W interesie tegoż celu otworzyły swój rynek na europejskie, a przede wszystkim japońskie produkty i poświęciły dlań znaczne obszary własnej produkcji przemysłowej, początkowo bez

---

[330] Deutsche Wirtschaftsnachrichten [Niemieckie Wiadomości Gospodarcze] z 17 .08. 2013 r.

pełnej tego świadomości, później zaś z pewnym zatroskaniem. Deficyt w handlu zagranicznym pojawił się po raz pierwszy na początku lat siedemdziesiątych. Od tamtej pory wyszedł on poza strefę pierwotnej dominacji politycznej i rozciągnął się na handel z całym światem.

Upadek komunizmu sprawił, ze ta asymetryczna wymiana z zagranicą objęła nowe, ważne państwa – obecnie to Chiny, a nie Japonia czy Europa odnotowują największą nadwyżkę w handlu ze Stanami Zjednoczonymi. Nadmierna konsumpcja w Ameryce to dziś kluczowy element międzynarodowego ładu gospodarczego, uznawanego przez niektórych za imperialny. Stany Zjednoczone nie odgrywają już jednak znaczącej roli w świecie ze względu na swoją produkcję, lecz konsumpcję, która ma dla światowej gospodarki kluczowe znaczenie wobec spadku ogólnego popytu, będącego naturalnym następstwem liberalizacji handlu.[331]

Konflikty gospodarczo-polityczne z innymi krajami

USA, reprezentowane przez swój wymiar sprawiedliwości pod przewodem odnośnego ministerstwa, od dawna wykorzystują dolara – wiodącą walutę – jako środek ingerowania w gospodarkę innych krajów; poprzez dolara definiują wyjątkowo rozległy obszar swoich wpływów. I tak interesy między dwoma zagranicznymi przedsiębiorstwami już mogą stać się przedmiotem dochodzenia w USA, jeśli tylko jako walutę rozliczeniową stosuje się dolara. Poza przywilejem, jakim jest dysponowanie wiodącą walutą, USA mają więc w ręku dodatkowe narzędzie umacniania swej hegemonii w skali całego świata. Nie dość na tym: na celowniku śledczych z USA mogą znaleźć się nawet te transakcje, które są zawierane przez internet przy użyciu serwerów znajdujących się w USA.[332]

Prowadzi to oczywiście do konfliktów z innymi krajami i organizacjami, jak np. z UE. Wyraźnie tez prawo USA egzekwowane jest ostrzej w wypadku firm zagranicznych niż w odniesieniu do koncernów amerykańskich. Wprawdzie od 1977 r. tylko 30 % dochodzeń przypadało na zagraniczne firmy, jednak do 2014 r. to właśnie one zmuszone były zapłacić 67 % ogólnej kwoty kar. Spośród 16 najostrzejszych sankcji wymierzonych przeciwko bankom na całym świecie, w okresie od 2011 r. do 2015 r. USA zastosowały 12, w tym osiem wobec banków europejskich.

Dochodzą do tego kolejne miliardy euro, które od 2008 r. różne europejskie firmy musiały zapłacić za naruszanie ustaw antykorupcyjnych. To „prawdziwe daniny, za którymi nie idą żadne odwzajemnienia na rzecz gospodarek europejskich".[333]

---

[331] *por.* Todd, Emmanuel, *Schyłek imperium* …, op. cit., s. 79 i nast.
[332] Streck, Ralf, *Wirtschaftskrieg - wie die USA ihr Recht weltweit durchsetzen* [Wojna gospodarcza – jak USA egzekwują swoje prawo w skali całego świata], serwis Telepolis z 15. 11. 2016 r.
[333] Streck, Ralf, *Wirtschaftskrieg …,* op. cit.

Takie postępowanie można chyba nazwać imperializmem gospodarczym. Niechaj zilustruje to pewien przykład. W końcu sierpnia 2016 r. komórka UE ds. konkurencji ogłosiła, że amerykański koncern Apple winien zapłacić państwu irlandzkiemu 13 miliardów € plus odsetki. Udogodnienia podatkowe, które Irlandia przyznała producentowi iPhone`a, komisja w Brukseli uznała bowiem za niedopuszczalną pomoc państwa. Minęło ledwie kilka tygodni, gdy rozeszła się wiadomość, że amerykańskie ministerstwo sprawiedliwości grozi Bankowi Niemieckiemu (*Deutsche Bank*) karą w wysokości 14 miliardów $ za uchybienia z okresu kryzysu finansowego. Można odnieść wrażenie, że kary za niewłaściwe postępowanie, nakładane na przykład na banki, Siemensa, Boscha czy VW mają na celu raczej powetowanie sobie szkód, jakie przemysł USA poniósł w międzynarodowej walce konkurencyjnej.[334]

By zrozumieć te konflikty trzeba wiedzieć, że Amerykanie czują się powołani do stosowania swojego prawa również po zewnętrznej stronie własnej granicy. W wypadku wielkich instytucji kredytowych Szwajcarii doprowadziło to do końca ich tajemnicy bankowej. Obawa znalezienia się na celowniku amerykańskiego wymiaru sprawiedliwości nurtuje także nieco mniejsze przedsiębiorstwa, nawet jeśli są to typowe „firmy-średniaki", które chcą robić interesy w Iranie po zakończeniu sankcji. Problem w tym, że Amerykanie znieśli je tylko częściowo. Jeśli niemieckie przedsiębiorstwa i banki, które funkcjonują także po drugiej stronie Atlantyku, odważyłyby się na taki „irański" krok, amerykański wymiar sprawiedliwości mógłby znaleźć punkty zaczepienia do wniesienia oskarżenia. Dlatego banki często trzymają się z dala od finansowania takich interesów, co je de facto uniemożliwia.

Istnieją dobre powody po temu, że akurat banki boją się wchodzić w spór z Amerykanami. Mają w pamięci przykład, jakim stał się francuski bank BNP, który zapłacił dziewięć miliardów $ za to, że robił z Iranem interesy, które Amerykanie uznali za nielegalne. Alternatywą była utrata przez tę instytucję licencji bankowej w USA.

Prawdziwe konflikty tkwią wszakże głębiej. Europejczycy, a zwłaszcza Niemcy, są ograniczani przez Amerykanów roszczących sobie pretensje do ustalania praw, podług własnych wyobrażeń, odnoszących się do całej gospodarki światowej. Dlatego trwają zakulisowe przepychanki w sprawie przyszłych regulacji bankowych: Amerykanie postrzegają siebie jako tych, którzy konsekwentniej niż inni wyciągnęli lekcję z kryzysu finansowego i oczyścili swoje banki. Utwierdza ich w tym Międzynarodowy Fundusz Walutowy, który wyjątkowo krytycznym okiem spojrzał na europejski sektor bankowy. Amerykanie oparli na tym swój wizerunek prawdziwych mistrzów nadzoru bankowego, o czym Europejczycy dowiedzieli się podczas dorocznych obrad MFW

---

[334] Schroeder, Gerhard, w: „Frankfurter Allgemeinen Zeitung" z 15. 10. 2016 r.

oraz G 7. Zaproponowany przez Amerykanów regulamin obciążałby dodatkowo banki europejskie wymogiem zwiększenia kapitału własnego o sumę do 30 % wyższą od dotychczasowej, z uwagi przede wszystkim na kredyty hipoteczne i inne ryzykowne aktywa w ich ofertach. Natomiast amerykańska konkurencja przerzuciła swoje kredyty hipoteczne do własnych, na wpół państwowych zakładów finansowych *Fannie Mae* i *Freddie Mac*, w związku z czym nie musi z tego powodu wykazywać się kapitałem własnym. W ten sposób rząd amerykański pomaga swoim bankom w odciążeniu bilansów, narzucając zarazem całemu światu surowe przepisy co do kapitału własnego. Europejczycy widzą w tej podwójnej strategii atak na instytucje kontynentalne i przeciwstawiają się jej.[335]

Résumé

Mocarstwo światowe wyróżniają trzy cechy. Są nimi potęga polityczna, gospodarcza i militarna. Wszystkie te czynniki sprawiły, że USA są silne. Wpierw jednak była gospodarka, która doprowadziła kraj do rangi światowego mocarstwa. Absolutny punkt kulminacyjny i pełnię władzy osiągnięto z chwilą upadku Związku Radzieckiego i rozpadu Układu Warszawskiego. Pozostały tylko Stany Zjednoczone jako jedyne mocarstwo światowe. Już wkrótce jednak rozpoczęło się zstępowanie z tej pozycji, w czym decydującą rolę odgrywa regres gospodarki. W gotowości natomiast pozostają Chiny, które chętnie zluzują USA na pozycji światowego mocarstwa w sferze gospodarczej, politycznej i militarnej.

---

[335] „Frankfurter Allgemeinen Zeitung" z 15. 10. 2016 r.

Rozdział 26

Budżet państwa

Projekt budżetu Stanów Zjednoczonych ma formę ustawy uchwalonej przez Kongres, która obejmuje wszystkie wpływy i wydatki rządu federalnego w okresie roku budżetowego. Rok budżetowy zaczyna się 1 października.

Sposób postępowania podczas sporządzania projektu budżetowego jest sprecyzowany w ustawie, która przewiduje, że w pierwszy poniedziałek lutego prezydent przekazuje Kongresowi propozycję budżetu. Propozycja ta zawiera szczegółowe zestawienie wszystkich wpływów i wydatków zaplanowanych przez prezydenta, podległe mu ministerstwa i inne organy władzy w nadchodzącym roku budżetowym. Poza czystymi liczbami propozycja zawiera też znaczną ilość dodatkowych informacji mających wesprzeć prognozy i życzenia rządu.

Na podstawie propozycji komisje budżetowe Senatu i Izby Reprezentantów tworzą równocześnie, choć każda z osobna, projekty, w których odzwierciedlają się również polityczne priorytety danej izby. Zgodnie z tradycją, na początku kwietnia projekty te zostają przedłożone senatorom względnie deputowanym do dyskusji i uchwalenia.

Ponieważ w tym momencie istnieją dwa projekty budżetu, które zawsze różnią się też co do treści, komisja uzgodnień obu izb negocjuje poprawki. Rezultat tych negocjacji zostaje zwykle uchwalony przez obie izby bez dalszej wymiany zdań.

Na najwyższym szczeblu projekt budżetu ustrukturyzowany jest podług dziewiętnastu funkcji budżetu – odpowiadają one mniej więcej 22 projektom szczegółowym w budżecie rządu federalnego Niemiec.

Aspekty międzynarodowe

Po drugiej wojnie światowej, o czym była już mowa, Stany Zjednoczone w pełni nastawiły się na walkę z komunizmem, będąc przy tym nieco zbyt pewne trwałości swojej gospodarczej dominacji. Absolutny priorytet nadały politycznej integracji strefy, nad którą panowały militarnie. By cel ów osiągnąć, otworzyły swój rynek na europejskie, a zwłaszcza japońskie produkty, poświęcając znaczne obszary własnej produkcji przemysłowej, początkowo bez pełnej tego świadomości, później zaś z pewnym zatroskaniem. Deficyt w handlu zagranicznym pojawił się po raz pierwszy na początku lat siedemdziesiątych. Od tamtej pory wykroczył on poza strefę pierwotnej dominacji politycznej i objął handel z całym światem.

15 lutego 1993 r., tuż po wyborze na prezydenta, Bill Clinton w przemówieniu telewizyjnym wygłoszonym w Gabinecie Owalnym gruntownie ocenił stan polityki finansowej państwa stwierdzając, że choć dane statystyczne wskazują na poprawę sytuacji ekonomicznej, to nie powstały nowe miejsca pracy. Przyczyną było to, że gospodarkę amerykańską obciążał dług, który wzrósł czterokrotnie w ciągu ostatnich dwunastu lat. Ponieważ kolejne deficyty budżetowe wynikały z cięć podatkowych dla najbogatszych, gwałtownego wzrostu kosztów opieki zdrowotnej i zwiększonych wydatków na obronę, okazało się, że „inwestowaliśmy mniej w to, dzięki czemu jesteśmy silniejsi, mądrzejsi, bogatsi i bezpieczniejsi..."[336]

Wielkim problemem USA jest zapotrzebowanie na kapitał w celu pokrycia bieżących deficytów. Deficyty te pochłaniają trzy czwarte rocznych, globalnych oszczędności. Są wprawdzie kraje z równie wysokim stanem zadłużenia i wysokim rocznym deficytem. Ale finansują się one – jak na przykład Japonia, gdzie kwota długu sięga około 220 procent dochodu narodowego brutto – poprzez oszczędności swojej ludności, utrzymując w ten sposób zagraniczne zadłużenie w rozsądnych granicach. Natomiast deficyty budżetowe USA pokrywa się z pomocą papierów dłużnych, które w większości przyciągają zagranicznych nabywców, przede wszystkim z Chin i Japonii. Na całym świecie inwestorzy nadal uważają dolara za lokatę atrakcyjną i bezpieczną, co przecież jest przede wszystkim wyrazem zaufania w siłę USA. Inwestują zatem w obligacje państwowe, obligacje przedsiębiorstw i udziały w firmach USA. Amerykanie, jak dotąd, korzystali na tym. Ale biada, jeśli ten na pozór wiecznie płynący strumień wyschnie – czy to z przyczyn gospodarczych, czy politycznych.[337]

Permanentny spór o budżet

W Ameryce polityczna codzienność zawsze była bardziej szorstka niż gdzie indziej. Jednak spór między prezydentem a Kongresem odbiera mowę nawet doświadczonym graczom. Spektakl, jaki raz po raz dają Stany Zjednoczone, jest zupełnie wyjątkowy: zamknięte instytucje federalne, groźba niewypłacalności, polityczna walka o budżet, w której nie bierze się jeńców i nie zawiera kompromisów. To nie jest najlepsza reklama we własnej sprawie. Także wielu Amerykanów ma już serdecznie dość tego, co wyprawia się w Waszyngtonie i co fachowców skłania do mówienia o „dysfunkcyjnym systemie politycznym". Nawet jeśli udawało się uniknąć najgorszego, to i tak polityczny spór między prezydentem Obamą, demokratami i republikanami za każdym razem osiągał coraz niższy poziom. Często miało się

---

[336] Clinton, Bill, *Moje życie*, op. cit., s. 458 i nast.
[337] Steinbrück, Per, *Unterm Strich* [Pod kreską], s. 65

wrażenie, że polaryzacja obozów politycznych nigdy jeszcze nie była tak ostra, tak fundamentalna. Czy wcześniej wszystko miało się lepiej? Walczono może z mniejszą zajadłością o polityczne korzyści? To w końcu nie pierwszy raz, gdy wskutek nieprzejednanych stanowisk politycznych w kwestii budżetu trzeba zamykać centralne urzędy; ostatni raz zdarzyło się to siedemnaście lat temu. W sporach o podniesienie górnej granicy zadłużenia także wcześniej szła walka na noże.

Jednak rozmowy z byłymi kongresmenami prowadzą do wniosku, że ostatnimi czasy polaryzacja w polityce faktycznie osiągnęła całkiem nowy wymiar. I że z prezydenta na prezydenta jest coraz gorzej. Oczywiście, byli republikańscy członkowie Kongresu nie zostawiają suchej nitki na prezydencie Obamie; zarzucają mu słabe przywództwo i wyniosłą, odmowną postawę. Z kolei demokraci pomawiają republikanów o to, że są oni w rękach radykałów, którym nie chodzi o sprawę, o budżet, lecz o to, by prezydenta – i państwo – za wszelką cenę zmusić do uległości. W jednym ważnym punkcie byli parlamentarzyści są wszakże zgodni: wcześniej po obu stronach istniały znaczne siły umiarkowane, które nie postrzegały przeciwnika jako wroga i były w stanie doprowadzić do kompromisu. Ta „część wspólna zbiorów" politycznych jest dziś nader skromna. Dlaczego tak się dzieje?

Były przywódca większości demokratycznej w Senacie, Tom Daschle, który w 2004 r. uległ w wyborach bliżej nieznanemu republikaninowi, jak wielu innych, główne polityczne zło widzi w geometrii okręgów wyborczych. Granice tych okręgów nakreślono w taki sposób, że stały się one jakby stałą własnością jednej partii. W rezultacie liczba okręgów, o które rzeczywiście trzeba walczyć, staje się coraz mniejsza; większość z nich jest dla tej czy innej partii „ostoją". Tym samym starcie wyborcze nie odbywa się już między partiami, lecz w ich obrębie: to prawybory stają się prawdziwą areną walki między umiarkowanymi a radykalnymi siłami. W ostatnich latach po stronie republikanów przebiły się przede wszystkim te radykalne, zideologizowane siły – hasło *Tea Party*. Ich ofiarą padli tacy ludzie, jak długoletni senatorowie Richard Lugar i Robert Bennett. To zjawisko jest oczywiście znane także wśród demokratów. Wraz z nowymi siłami, jak mówi Daschle, senator z Dakoty Południowej, w Waszyngtonie pojawił się inny temperament ideologiczny i taktyczny – nie iść na kompromisy, nie szukać tego, co wspólne! Skutek: radykałowie nadają ton, a polaryzacja się pogłębia.

I nie ma też więcej żadnej „koleżeńskości". Zaobserwował to na przykład Robert Livingston, który w latach 1977-1999 był członkiem Izby Reprezentantów. Towarzyszył wówczas na politycznym szlaku Newtowi Gingrichowi, który w połowie lat dziewięćdziesiątych, jako spiker Izby Reprezentantów, próbował zmusić do uległości ówczesnego demokratę w Białym Domu, Billa Clintona – z miernym zresztą skutkiem. Otóż Livingston mówi, że obie partie, inaczej niż kiedyś, nie rozmawiają już ze sobą. Politycy już się nie znają; nie spędzają ze sobą czasu, gdyż nawet w okresach posiedzeń Kongresu przebywają w Waszyngtonie bardzo krótko, nierzadko z obawy, że tym samym wystawialiby na ciosy nieosłoniętą flankę w domu. Skutek: narasta wyobcowanie, „a to dla naszego kraju sytuacja niebezpieczna". Livingston skarży się także na to, że centryści z obu partii znaleźli się „na spodzie", za to elementy ideologiczne zyskały na sile. „Wzrósł antagonizm".

Choć może stosunki polityczne w Waszyngtonie są jedynie odzwierciedleniem ogólnych procesów społecznych; jeśli tak, to niełatwo przyszłoby je skorygować. Livingston, który niegdyś reprezentował okręg wyborczy w Luizjanie obejmujący zarówno konserwatywnych, jak i liberalnych wyborców, mówi tu o „bałkanizacji amerykańskiego społeczeństwa". Oznacza to ni mniej, ni więcej, że linie politycznych, kulturalnych, demograficznych i socjalnych podziałów nabrały większej ostrości. W tym miejscu często wysuwa się tezę, że coraz więcej wyborców funkcjonuje w homogenicznych środowiskach – i nie wpada na pomysł, by przełączyć się na kanał informacyjny, który nie reprezentuje „swojej" linii. Skutek: upowszechnia się myślenie w kategoriach swój-obcy. Ten łańcuszek kończy się w Waszyngtonie, gdzie politycznego przeciwnika się demonizuje.

Jednak może nie należy dramatyzować, nawet jeśli często mówi się o „tragicznych czasach", braniu zakładników i temu podobnych sprawach. Kiedyś także twardo brano się do rzeczy. Dlatego republikanin Robert Walker jest pewien, że w końcu da się uzgodnić proces, w którego ramach będą negocjowane redukcje wydatków i reformy państwa socjalnego. Lecz i Walker, który przez dwadzieścia lat był w Izbie Reprezentantów przedstawicielem okręgu wyborczego w Pensylwanii, jest świadom najzwyklejszego zażenowania, jakie wzbudza aktualny stan rzeczy: „Jeśli zamyka się instytucje i urzędy, to nie jest to dobre dla nikogo w rządzie ani w Kongresie" Wśród ludności zresztą Kongres i tak cieszy się poważaniem nie różniącym się wiele od tego, jakim obdarza się sutenera – natomiast „swojego" deputowanego wszyscy wyborcy bardzo kochają. Pozostaje zatem pytanie, czy Stanami Zjednoczonymi da się rządzić? Czy może pytanie to jest częścią politycznego sporu?[338]

Government Shutdown

Jako *government shutdown* (wstrzymanie działań rządu) określa się w Stanach Zjednoczonych sytuację, gdy organy rządowe zawieszają w dużej części swe funkcjonowanie i załatwiają tylko sprawy uznane za niezbędne. W przypadku *shutdown* aparat rządowy jest stopniowo redukowany, jeśli dotychczasowa podstawa prawna umożliwiająca dysponowanie środkami budżetowymi straci ważność, a Senat, Izba

---

[338] Frankenberger, Klaus-Dieter, w: Frankfurter Allgemeine Zeitung z 14. 10. 2013 r.

Reprezentantów i prezydent nie zdołają uzgodnić na czas trybu korzystania z dalszych środków poprzez uchwalenie stosownej ustawy.

W latach od 1976 do 2013 w Waszyngtonie miało miejsce w sumie osiemnaście *government shutdowns*. Dotyczyły one sześciu spośród ośmiu urzędujących w tym czasie prezydentów, zarówno republikanów, jak i demokratów (Ford 1 x; Carter 5 x; Reagan 8 x; Bush I 1 x; Clinton 2 x; Obama 1 x). Czas trwania *shutdowns* wynosił od jednego dnia do 21 dni.

Punktem kulminacyjnym tej konfrontacji stał się spór o budżet w 2013 r. By reformę opieki zdrowotnej Obamy mimo wszystko doprowadzić do upadku, republikanie odmówili uchwalenia budżetu, o ile ważne części *Obamacare*, owego „socjalistycznego przejęcia", nie zostaną zawieszone. Jednak demokratyczna większość w Senacie obstawała przy swoim. Tym sposobem konflikt urósł do ponaddwutygodniowego *government shutdown*, niedobrowolnej przerwy w funkcjonowaniu rządu i niższych władz. Bez przyznanych środków budżetowych trzeba było setki tysięcy urzędników wysłać na bezpłatny urlop, zamknąć muzea i parki narodowe, a organy władz, ministerstwa i pocztę przestawić na pracę według planów awaryjnych. Równocześnie USA stanęły na progu bankructwa, ponieważ republikanie odmówili też podniesienia limitu zadłużenia, a zapisana w ustawie jego górna granica, wynosząca wówczas 16,7 biliona $, niemal została osiągnięta. Kraj z pełną świadomością sterował ku tak zwanej „rafie fiskalnej". Krach pociągnąłby za sobą nieprzewidywalne, globalne skutki. Choć i tak *shutdown* potężnie szkodził USA, zarówno wizerunkowo, jak i ekonomicznie: szacuje się, że ograniczenia w służbie publicznej kosztują gospodarkę od 300 do 550 milionów $ dziennie. W końcu Kongres odwrócił bieg ku totalnej katastrofie, ponieważ demokraci ustąpili w kwestii późniejszego doprowadzenia do równowagi budżetowej, tak że republikanom w ostatniej chwili udało się zachować twarz.[339]

Przykład *shutdown 2013*, związanego z budżetem na 2014 r., pozwala unaocznić następstwa tego wydarzenia. 1 października 2013 r. wiele organów władz wstrzymało w dużej części swą pracę. Jednak określone instytucje musiały z mocy prawa kontynuować działalność. Oto krótki przegląd tego, co się zdarzyło.

- Biały Dom: dla urzędowej siedziby prezydenta Baracka Obamy skutki były wyjątkowo dotkliwe; 1.700 pracowników zostało w domu.

- Zabytki i atrakcje turystyczne: nowojorska Statua Wolności buła niedostępna dla publiczności, państwowe muzea, jak *Smithsonian Institution* w Waszyngtonie, pozostały zamknięte, podobnie jak Narodowe Zoo opodal stolicy. W całym

[339] *por.* Zamperoni, Ingo, *Fremdes Land Amerika*, op. cit., s. 68/69

kraju zamknięte były parki narodowe, w tym Yosemite, Yellowstone i Everglades.

- NASA: większość prac agencji badań kosmicznych odwołano. Na służbie pozostało kilku pracowników, by zapewnić obsługę Międzynarodowej Stacji Kosmicznej ISS oraz krążących w przestrzeni satelitów.

- Nadzór Giełdy: Nadzór Giełdy był nieczynny.

- Organy bezpieczeństwa: dla nich skutki były najmniej bolesne. Wojsko, strażnicy więzienni i funkcjonariusze ochrony granicy mogli kontynuować swoje zajęcia.

- Ministerstwa: większość pracowników ministerstw pracy, budownictwa, zdrowia, spraw socjalnych, ochrony środowiska, oświaty i handlu została w domu. Natomiast Ministerstwo Bezpieczeństwa Wewnętrznego, powołane w reakcji na zamachy z 11 września 2001 r., w większości utrzymało swoją działalność.

- Sfera spraw socjalnych: *Social Security*, *Medicare* i *Medicaid*, czyli renty oraz państwowe ubezpieczenia chorobowe dla starszych i potrzebujących, częściowo funkcjonowały. Kontynuowano wypłatę świadczeń, jednak nowych wniosków nie przyjmowano.

- Sprawy energetyczne: dwie trzecie pracowników ministerstwa energii zostało w domu. Na służbie pozostały osoby odpowiedzialne za bezpieczeństwo nuklearne oraz nadzorujące tamy i napowietrzne linie przesyłowe.

- Szkoły: szkoły publiczne pozostały otwarte.

- Poczta: listy i paczki nadal docierały do adresatów, gdyż monopolista UPS jest instytucją niezależną.

- Komunikacja: ruch na lotniskach trwał nadal, ponieważ pracowników bezpieczeństwa lotów oraz kontroli bagażu następstwa *shutdown* nie obejmują.

- Przedstawicielstwa zagraniczne: ambasady i konsulaty za granicą na razie pozostały otwarte.

Government shutdown wywołał też następstwa w gospodarce. Ponieważ placówki celne w portach i na lotniskach pracowały przy zredukowanej obsadzie personalnej, nastąpiły poważne zwłoki w przeładunku towarów. Procedury wydawania zezwoleń, postępowania sądowe itd. były odraczane. Według różnych szacunków, w gospodarce USA – o czym już wspomniano – powstawały szkody w wysokości od 300 do 550 milionów $ dziennie. Stan ten dobiegł końca 17 października 2013 r., czyli po 17 dniach, kiedy to prezydent Obama podpisał *Continuing Appropriations Act 2014* kończący *shutdown* i zezwolił na kolejne podniesienie górnej granicy zadłużenia, tak że przynajmniej do 7 lutego 2014 r. USA pozostały wypłacalne.

Zadłużenie

Polityka budżetowa każdego rządu USA w ciągu ostatnich sześciu dekad coraz bardziej zaostrzała problemy finansowe państwa. Już w latach 60-tych w Waszyngtonie istniała tendencja do polegania raczej na *deficit spending* niż na podwyżce podatków w celu pokrywania rosnących kosztów w sferze obronnej i socjalnej. Zwłaszcza decyzje obu gabinetów Reagana z wczesnych lat 80-tych – znaczne przyrosty wydatków na obronę plus obniżka podatków, jednak bez znaczących redukcji innych wydatków federalnych – doprowadziły deficyt, a tym samym również zadłużenie państwa, do niezwykle wysokiej wartości.[340]

W okresie od 2007 r. do 2017 r. saldo budżetowe USA pozostawało niezmiennie w obszarze ujemnym.

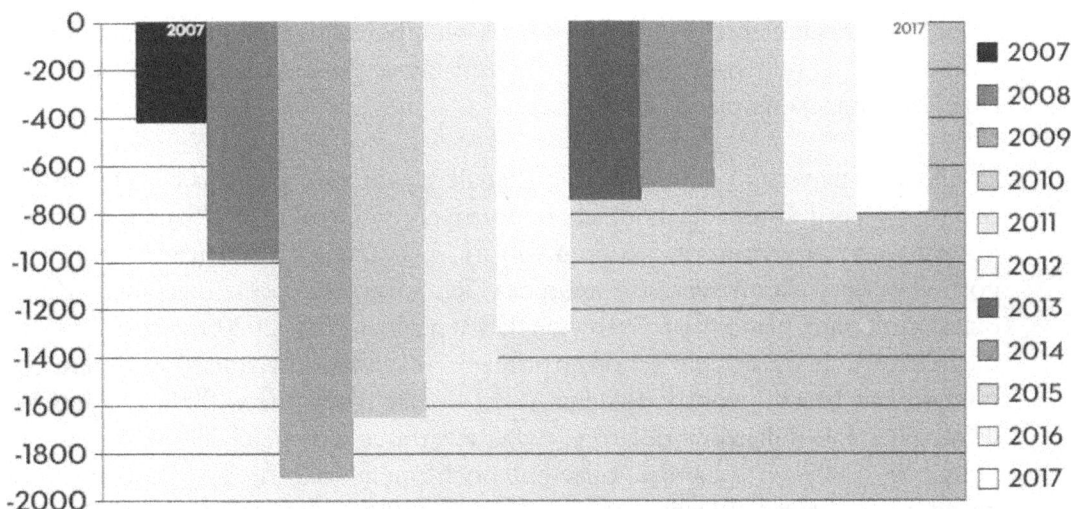

Saldo budżetowe USA w latach 2007-2017 (w mld. $)[341]

Zadłużenie państwowe Stanów Zjednoczonych to całkowita suma wszystkich długów zaciągniętych na szczeblu federalnym, czyli ogół spowodowanych przez rząd federalny roszczeń ze strony udzielających kredytów wierzycieli. Suma ta nie obejmuje długów wygenerowanych przez 50 stanów federalnych oraz przez gminy. Zadłużenie państwa rosło nieprzerwanie od lat 80., z wyjątkiem krótkiej fazy w późnych latach 90.

---

[340] *por.* Kennedy, Paul, *Mocarstwa świata ...*, op. cit., s. 507
[341] Statista 2017

Dotyczy to zwłaszcza pierwszej dekady XXI w. i wiąże się z wojnami w Afganistanie i Iraku, jak również z następstwami światowego kryzysu finansowego z 2007 r., po pęknięciu bańki na rynku nieruchomości USA. W czerwcu 2017 r. zadłużenie państwa wynosiło 19,9 biliona $ lub 102,5 % produktu krajowego brutto.

Co się stanie, jeśli długi USA nadal będą rosły? Gdyby sytuacja w USA się pogorszyła, gdyby prezydent Trump podjął złe decyzje, gdyby zadłużenie znów skoczyło wzwyż, a nowy prezydent ewentualnie zagroziłby nawet cięciem długów lub czymś podobnym, wtedy nie można by wykluczyć, że status dolara jako bezpiecznej waluty znalazłby się w niebezpieczeństwie. Wierzyciele mogliby wówczas zacząć myśleć o redukcji swoich pakietów amerykańskich obligacji rządowych. A to mogłoby wysłać dolara i państwowe pożyczki USA w drogę na dno.

W ostatnich latach Chiny, mające gigantyczne rezerwy dewizowe, z dużym rozmachem skupowały amerykańskie papiery dłużne i stały się, obok Japonii, jednym z największych wierzycieli USA. Wzbudziło to w USA lekkie obawy przed ewentualną koniecznością ich wykupu. Obawy te wyraża twierdzenie, że Chiny uderzają w globalny porządek zbudowany przez USA i ich partnerów na przestrzeni XX stulecia. Emitowano nawet spoty reklamowe przedstawiające niedaleką przyszłość, kiedy to całe USA pracują na rzecz Chińczyków.[342]

Niezwykle wysoki deficyt w amerykańskim budżecie jeśli chodzi o bilans obrotów bieżących, jak i środki na kontach prywatnych, wskazuje, że USA finansowały swój dobrobyt z kredytów w stopniu, który poważnie nadwerężył nawet ich siłę gospodarczą i dramatycznie ogranicza ich przyszłe pola działania. Zgodnie z dziesięcioletnim planem budżetowym USA na lata 2010-2020, w żadnym z tych lat niedobory w budżecie nie schodzą poniżej 700 miliardów dolarów. Zatem nawet w korzystnych latach kwota zadłużenia nadal będzie rosła. Już w 2008 r. spłata odsetek, wynosząca 450 miliardów dolarów, była czwartą co do wielkości pozycją w budżecie USA. W 2009 r. obsługa odsetek pochłonęła około 5,3 procenta dochodu narodowego brutto. Ocenia się, że w roku 2020 będzie to prawie 16 procent. W wywiadzie udzielonym „Spieglowi", Paul Volcker, były przewodniczący Systemu Rezerwy Federalnej USA, potwierdził iż teza „wysokie zadłużenie i powolny wzrost doprowadzają imperia do upadku – a USA mogą być następne w kolejności" zawiera realne zagrożenie dla Stanów Zjednoczonych.

David Walker, niegdyś szef Izby Obrachunkowej USA, już wiosną 2009 r. ostrzegał, że USA mogą utracić swój *Triple-A Rating*, czyli najwyższą klasę zdolności kredytowej, co obok groźby wzrostu odsetek stanowi kolejną „torpedę". Amerykańska

---

[342] Zamperoni, Ingo, *Fremdes Land Amerika*, op. cit., s. 216

agencja ratingowa FITCH ostrzegła USA o przekroczeniu aktualnie obowiązującej granicy zadłużenia i zagroziła konsekwencjami w odniesieniu do posiadanej przez nie oceny ratingowej „AAA". Jeśli Kongres nie podwyższy na czas tej granicy, skutkiem mogą być „potencjalnie negatywne implikacje", oświadczyła agencja 27 września 2017 r.[343]

Wobec wysokiego poziomu i tempa zadłużenia bardzo trudno jest powstrzymać pogłoski, że właściwym środkiem zaradczym mogłaby tu być ucieczka w wyższą inflację. To wszakże uderzyłoby nie tylko w lokaty amerykańskich obywateli i przedsiębiorstw, lecz przede wszystkim także w inwestycje finansowe będące w rękach zagranicznych wierzycieli, którzy w przeważającej mierze finansują deficyt USA. Będą się oni wówczas starali wycofać swoje wkłady z USA i zdywersyfikować swoją strategię inwestycyjną kosztem Ameryki. Mogłoby to mieć jeszcze większą siłę wybuchową niż i tak ciążąca już niepewność co do przyszłego poziomu odsetek i warunków plasowania pożyczek.

W roku 2016 import towarów i usług przez USA był o 734 miliardy dolarów wyższy od ich eksportu. Ten deficyt w bilansie handlowym to około 5 procent wyniku gospodarczego państwa. Także prywatne zadłużenie osiąga ogromne rozmiary; sumuje się ono do kwoty 13,5 biliona dolarów albo 92 % wyniku gospodarczego USA.

Podstawowe pytanie brzmi, czy w USA istnieje wola polityczna powstrzymania tego rozwoju deficytu. Właściwe w tym celu instrumenty po stronie przychodów i wydatków budżetu państwa, takie jak podwyżka podatków czy redukcja świadczeń, już same w sobie – zwłaszcza przy typowych dla USA rozmiarach – są czystym politycznym dynamitem. W ostatecznej konsekwencji ich zastosowania na cenzurowanym znalazłby się *the American Way of Life* – amerykański styl życia z jego konsumpcjonizmem i wysoką energochłonnością. W USA, które i bez tego są w fazie głębokiej niepewności, mogłoby to zostać uznane za „zamach" podobny do 9/11. Wiążące się z tym tytaniczne zadanie polityczne spowodowałoby, że każdy obserwator zamarłby, pełen respektu. To, że Bankowi Rezerw Federalnych nie wolno spuścić bestii inflacji ze smyczy, by ułatwić państwu obsługę długów, brzmi w tym kontekście wręcz trywialnie.[344]

Chiny, największy zagraniczny kredytodawca Stanów Zjednoczonych, nabrały tymczasem wątpliwości co do dłużnika. Stąd też chińska agencja ratingowa Dagong obniżyła ocenę wiarygodności USA: dotychczasowy trzeci pod względem wartości rating „A" zmniejszono do „A-". Perspektywy są negatywne, tak że istnieje groźba

---

[343] Deutsche Wirtschaftsnachrichten z 29. 09. 2017 r.
[344] Steinbrück, Per, *Unterm Strich*, op. cit., s. 64/65

dalszego spadku. Dagong wszakże, z uwagi na swe mało przejrzyste powiązania z polityką i gospodarką Chin, nie jest uważana za poważnego konkurenta wielkich zachodnich (amerykańskich) agencji ratingowych *Standard & Poor`s*, *Moody`s* i *Fitch*.

Państwowa agencja informacyjna Xinhua w komentarzu wyraziła zastrzeżenia co do bezpieczeństwa obligacji państwowych USA. „Krajowi i zagraniczni inwestorzy zrobiliby dobrze, przygotowując sobie plan B, nadal bowiem nie widać długofalowego rozwiązania kryzysu zadłużenia USA", napisała chińska agencja.

Rzecznik chińskiego ministerstwa handlu powiedział, iż Chiny mają nadzieję i wierzą, że USA zdołają w najbliższej przyszłości rozwiązać swoje problemy z zadłużeniem. „Niewywiązywanie się z płatności nie tylko nadwerężyłoby wizerunek USA, lecz także zaszkodziłoby procesowi uzdrawiania światowej gospodarki", stwierdził podczas konferencji prasowej w Pekinie.

<u>Wierzyciele</u>
Od czasu kryzysu finansowego długi państwowe USA mniej więcej się podwoiły. A pod rządami prezydenta Donalda Trumpa też raczej się nie będzie ich mniej. Już wkrótce może to zacząć zaprzątać myśli wierzycieli USA. Są nimi duża liczba państw oraz amerykańskie lub międzynarodowe fundusze, banki i inne instytucje. Państwami, które mają największe pakiety amerykańskich pożyczek państwowych, są Chiny i Japonia.[345]

Jako jeden z dwóch największych zagranicznych wierzycieli, Chiny są coraz bardziej zatroskane tym, że ciągłe niesnaski polityczne w USA mogą zagrozić ich wierzytelnościom. Tylko w trzecim kwartale 2013 r. centralny bank chiński, *People's Bank of China*, oszacował rezerwy walutowe Chin na 3,66 biliona dolarów. Z tego 60 procent miało być ulokowane w dolarach. 1,3 biliona dolarów Chiny trzymały w tym czasie w państwowych papierach wartościowych USA.[346]

W czerwcu 2013 r., jak wskazują liczby opublikowane przez ministerstwo finansów USA, Chiny i Japonia wycofały z długoterminowych obligacji amerykańskich bezprecedensową dotąd kwotę 40,8 miliarda dolarów. Inne państwa zabrały kolejnych 26,1 miliarda dolarów. Ten trend trwa. Masowa wyprzedaż papierów dłużnych mogłaby katastrofalnie obniżyć ich wartość, a poza FED nikt już nie inwestuje w pożyczki państwowe USA. Inwestorzy obawiają się wielkiego krachu.

---

[345] Statista 2017
[346] Stacja N24 z 17. 10. 2013 r.

Jeszcze w maju 2013 r. zamieszanie na amerykańskim rynku papierów dłużnych spowodował Ben Bernanke, szef Rady Gubernatorów Systemu Rezerwy Federalnej USA. Po jego zapowiedzi, że do końca roku stłumi nadpodaż pieniądza, a do końca 2014 r. całkowicie ją powstrzyma, w kolejnych miesiącach zagraniczni inwestorzy pozbywali się amerykańskich pożyczek państwowych.

Z pomocą owych dodatkowych miliardów Japonia i Chiny mogą wesprzeć własną gospodarkę. W przypadku Japonii pieniądze te przyczynią się prawdopodobnie do osłabienia jena i wzmocnienia, dzięki korzystnemu kursowi wymiany, sektora eksportowego.

Długi USA są nadmiernym obciążeniem. Ten ukryty balast jest do sześciu razy większy niż przyznają to dane oficjalne. Najpierw reagują zawsze wielcy inwestorzy. Ale i osoby prywatne w coraz większym stopniu odchodzą od amerykańskich pożyczek.

Jeśli ów odpływ kapitału się utrzyma, niektóre fundusze mogą być zmuszone do sprzedaży awaryjnej. Następstwem byłaby masowa wyprzedaż i lawinowy spadek cen w USA. Inwestorzy spostrzegliby, że pożyczki państwowe USA nie są już bezpieczną inwestycją. A gdy ciężar długów stanie się zbyt wielki, w końcu zapłaci za to podatnik.[347]

Oprocentowanie pożyczek państwowych USA znacznie wzrosło, należy się bowiem spodziewać, że centralny bank USA odejdzie przy zakupach od kwoty 85 miliardów dolarów miesięcznie. Rezerwa Federalna ma w ręku około jednej trzeciej pożyczek, lecz ten pakiet od lat stale rośnie. W wypadku pożyczek długoterminowych wygląda to wszakże inaczej: jeszcze w czerwcu 2013 r. instytucje zagraniczne wycofały z długoterminowych obligacji USA rekordową sumę 40,8 miliarda dolarów. Jednak w lipcu dokupiły ich za 33,9 miliarda dolarów – tuż przed tym, gdy w sierpniu pożyczki wyraźnie straciły na wartości, a ich oprocentowanie wzrosło. Jeden kraj wszakże dokonał w lipcu dodatkowego, masowego zakupu amerykańskich pożyczek, ponosząc wskutek tego równie masowe straty i ratując pożyczki przed kolejną zapaścią. W jednym tylko miesiącu Japonia zakupiła długoterminowe pożyczki USA za niewiarygodną kwotę 52 miliardów dolarów.

Inni zagraniczni inwestorzy zredukowali w tym samym czasie swoje portfele długoterminowych pożyczek USA o 62,5 miliarda dolarów. Sama tylko Rosja wyzbyła się ich w lipcu 2013 r. za 6 miliardów dolarów.

---

[347] Deutsche Wirtschaftsnachrichten z 17. 08. 2013 r.

Nie jest jasne, dlaczego japoński bank centralny zakupił pożyczki USA w aż takiej ilości. W zasadzie potrzebował każdego dolara na zakup pożyczek japońskich, żeby ich oprocentowanie nie wzrosło, gdyż przy kwocie zadłużenia sięgającej znacznie powyżej 200 procent oznaczałoby to bankructwo japońskiego państwa. Jednym z powodów mogło być to, że w Azji krążyły obawy przed krachem. Były pracownik banku Lehman Brothers, Lawrence G. McDonald, prognozował, że zapaść kredytowa zacznie się w Chinach, a potem, poprzez Indonezję i Japonię, ogarnie cały region. W takiej sytuacji dla Japonii lepiej byłoby być jednym z wierzycieli USA. Banki japońskie bowiem, mając w ręku śmieciowe, a także wysokowartościowe obligacje amerykańskie dysponowałyby aktywami, które mogłyby wykorzystać jako zabezpieczenie pod nowe kredyty.[348]

Polski dziennikarz Mariusz Zawadzki tak ocenia tę sytuację: „Jeszcze długo ludzie na całym świecie będą się uczyć angielskiego i oglądać amerykańskie filmy; jeszcze długo dolar pozostanie dominującą walutą w transakcjach międzynarodowych; jeszcze daleko do bankructwa Ameryki, o którym często się spekuluje w ramach rozrywki, ale nikt nie traktuje go jako realnego zagrożenia. Choć dług publiczny właśnie przekroczył 18 bln dolarów, to rząd USA cieszy się niesłabnącym zaufaniem inwestorów z całego świata. W zeszłym roku amerykańskie obligacje długoterminowe (pięcio-, siedmio- i dziesięcioletnie) były oprocentowane de facto ujemnie (po uwzględnieniu inflacji), ale i tak rozchodziły się jak świeże bułeczki. Oznacza to, że inwestorzy składali zadłużonej po uszy Ameryce następującą ofertę: pożycz od nas jeszcze trochę, to nie będziesz musiała wszystkiego oddawać!"[349]

Zadłużenie USA w % PKB

Z perspektywy produktu krajowego brutto, zadłużenie wyższe niż USA ma dziesięć państw. Są to Japonia, Grecja, St. Kitts i Nevis, Jamajka, Liban, Włochy, Erytrea, Portugalia, Irlandia i Sudan. USA są na jedenastym miejscu. Rozwój ich zadłużenia pokazuje poniższa statystyka:

Rok	1990	1995	2000	2005	2006	2007	2008	2009
% PKB	64 %	71 %	55 %	68 %	65 %	67 %	74 %	87 %

Rok	2010	2011	2012	2013	2014	2015	2016
% PKB	96 %	100 %	104 %	105 %	106 %	106 %	108 %

[348] Deutsche Wirtschaftsnachrichten z 17. 08. 2013 r.
[349] Zawadzki, Mariusz, *Proroctwa mojej babci ...*, op. cit..

<u>Zagraniczni wierzyciele w grudniu 2014 r.</u>

4 marca 2015 r. dług państwowy USA (bez zadłużenia stanów i gmin) wyniósł
ogółem 18.246.104.654.000 $. Odpowiadało to wówczas 56.621 $ na głowę
mieszkańca, czy też 154.120 $ na głowę podatnika. Państwami-wierzycielami były:

Państwo-wierzyciel	miliardy $
obligacje skarbowe	3.777,8
Chiny	1.244,3
Japonia	1.230,9
Belgia	335.4
pożyczki państwowe	335,3
banki na Karaibach	333.2
kraje-eksporterzy ropy naftowej	285.9
Brazylia	255.8
Szwajcaria	190,1
Wielka Brytania	189,2
inni wierzyciele USA	179,4
Tajwan	174,4
Hong Kong	172,6
Luksemburg	171.8
Irlandia	138,6
Singapur	110,0
Rosja	86,0
Meksyk	84,8
Indie	83,0
Norwegia	81,6
Francja	79,2
Turcja	77,0
Niemcy	72,7
Kanada	69,0
Korea	68,3
Filipiny	40,6
Szwecja	39,6
Holandia	36,2
Kolumbia	34,7
Australia	34,5
Tajlandia	33,2
Włochy	31,9
Kazachstan	31,6

Hiszpania	27,7
Polska	27,7
Chile	25,5
Izrael	25,2
Dania	16,7
Wietnam	14,0
Peru	10,9
Urugwaj	10,5

Rozwój zadłużenia państwowego USA

W okresie od 2004 r. do 2016 r. państwowe zadłużenie USA drastycznie narastało; w ciągu owych trzynastu lat zwiększyło się ono ponaddwukrotnie i wzrosło z 8,039 do 19,980 biliona $.

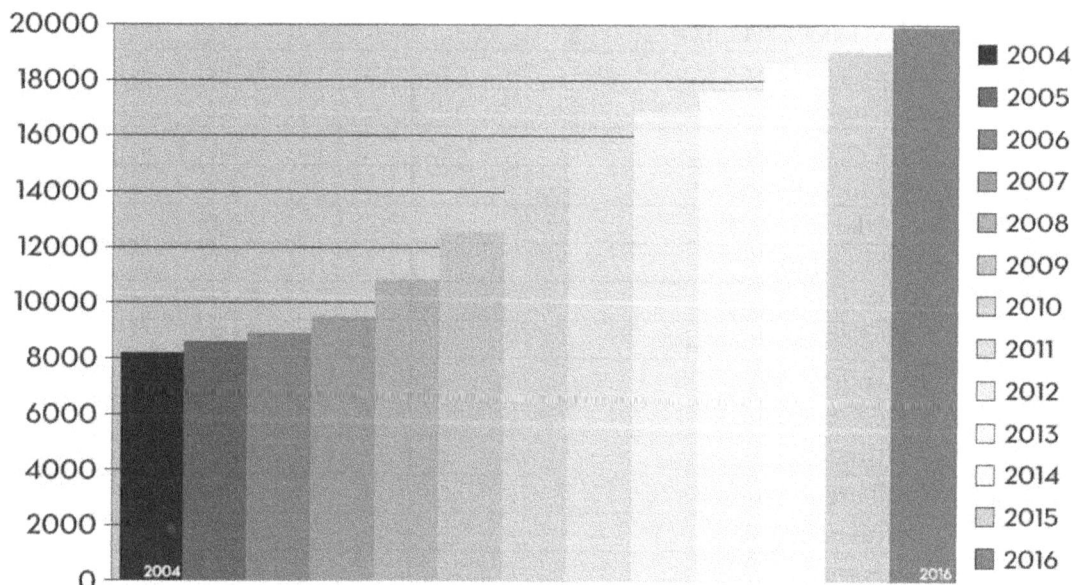

Rozwój zadłużenia państwa (w mld $)

Zadłużenie USA w skali światowej w 2012 r.

Zgodnie z *CIA World Factbook 2013*, zadłużenie państw było na świecie szeroko rozpowszechnione. Już wtedy USA zajmowały miejsce w ścisłej czołówce, lecz od tamtej pory szybko i wyraźnie zwiększały zarówno wysokość bezwzględną zadłużenia, jak i jego procentowy udział w produkcie krajowym brutto.

kraj	w miliardach $	w % PKB	w $ na głowę mieszkańca	% zadłużenia światowego
USA	17.607	73,60 %	55.630	31,27%
Japonia	9.872	214,30 %	77.577	17,53%
Chiny	3.894	31,70 %	2.885	6,91%
Niemcy	2.592	81,70 %	31.945	4,60%
Włochy	2.334	126,10 %	37.956	4,14%
Francja	2.105	89,90 %	31.915	3,74%
Wielka Brytania	2.064	88,70 %	32.553	3,67%
Brazylia	1.324	54,90 %	6.588	2,35%
Hiszpania	1.228	85,30 %	25.931	2,18%
Kanada	1.206	84,10 %	34.902	2,14%
Indie	995	51,90 %	830	1,75%
Meksyk	629	35,40 %	5.416	1,12%
Korea Płd.	535	33,70 %	10.919	0,95%
Turcja	489	40,40 %	6.060	0,87%
Holandia	488	68,70 %	29.060	0,87%
Egipt	479	85,00 %	5.610	0,85%
Grecja	436	161,30 %	40.486	0,77%
Polska	434	53,80 %	11.298	0,77%
Belgia	396	99,60 %	37.948	0,70%
Singapur	370	111,40 %	67.843	0,66%
Tajwan	323	36,00 %	13.860	0,57%
Argentyna	323	41,60 %	7.571	0,57%
Indonezja	311	24,80 %	1.240	0,55%
Rosja	308	12,20 %	2.159	0,55%
Portugalia	297	119,70 %	27.531	0,53%
Tajlandia	292	43,30 %	4.330	0,52%
Pakistan	283	50,40 %	1.462	0,50%
świat	56.308	64,00 %	7.936	100,00%

Résumé

To, co jeszcze kilka lat temu było nie do pomyślenia, dziś jak najbardziej ma miejsce: zależność istniejąca pomiędzy Stanami Zjednoczonymi a innymi krajami się odwraca. To USA są teraz największym globalnym dłużnikiem, a Chiny i Japonia ich największymi międzynarodowymi wierzycielami. W Eurazji mamy do czynienia z przyrostem demokracji, w USA z jej regresem.

W USA zadłużanie się nabrało tymczasem charakteru epidemii i nadal postępuje. Centralny bank Stanów Zjednoczonych od dawna jest największym wierzycielem własnego kraju. „Choroba" USA to z pewnością przypadek chroniczny. W ciągu stu lat 75 razy dochodziło tam do zawieszenia funkcjonowania rządu za przyczyną polityki budżetowej i za każdym razem przyrastało więcej nowych długów.

A teraz? Polityka USA jest zdolna do działania jedynie w ograniczonym stopniu. Ekstremalne siły w Kongresie nie cofają się nawet przed stosowaniem nacisków o charakterze ultymatywnym. W Stanach Zjednoczonych nie ma nawet zaczątków dyskusji w sprawie oszczędzania. Mit USA blednie.

W 2008 r. nadmierne zadłużenie gospodarstw domowych wywołało dramatyczne turbulencje rynków finansowych całego świata. W razie dalszego zadłużania się USA należy się liczyć z podobnym kryzysem gospodarki światowej jak ten, który w październiku 1929 r. zaczął się od krachu nowojorskiej giełdy.

Rozdział 27

Dolar amerykański jako środek sprawowania władzy

Od roku 1775 walutą USA jest dolar. Słowo to pochodzi od niemieckiego *Joachimsthaler* (dosł. pochodzący z doliny Joachimsthal), czyli od talara. Traktowano je jako angielskie słowo na oznaczenie hiszpańskich *reali*, których podczas wojny o niepodległość było w koloniach więcej niż angielskich funtów. Niemal przez cały XIX wiek dolar był walutą dwumetalową (srebro/złoto); później, w okresie wojny secesyjnej, wprowadzono papierowe pieniądze.

W roku 1944, w Bretton Woods, dolar amerykański został uznany za standard międzynarodowy i tym samym wybrany jako waluta wiodąca. Zdefiniowano go w oparciu o jego równowartość w złocie. Z chwilą odejścia w 1971 r. od parytetu złota, dolar przestał wprawdzie formalnie być walutą wiodącą i jego kurs wobec innych walut jest płynny, lecz mimo to odgrywa on ważną rolę w rozliczeniach międzynarodowych, ponieważ ceny wielu towarów, np. baryłek ropy, samolotów czy biletów lotniczych, podawane są w dolarach; stąd praktycznie jest on nadal walutą wiodącą.

System z Bretton Woods

W lipcu 1944 r. w amerykańskim ośrodku wypoczynkowym Bretton Woods w stanie Hampshire odbyła się konferencja, na której wynegocjowana została wielostronna umowa walutowa – *porozumienie z Bretton Woods*. Stanowiło ono jądro zinstytucjonalizowanej sieci, z której pomocą zachodnie państwa przemysłowe próbowały po drugiej wojnie światowej nadać światowej gospodarce nowe podstawy ustrojowe. Z tej przyczyny wszystkie utworzone wówczas instytucje (należy do nich także GATT, *General Agreement on Tariffs and Trade*, czyli Układ Ogólny w sprawie Taryf Celnych i Handlu) nazwano Systemem z Bretton Woods.

Bezpośrednim zadaniem porozumienia walutowego z Bretton Woods było wznowienie międzynarodowego przepływu towarów poprzez ustanowienie powszechnie uznawanych środków płatniczych o ustabilizowanej wartości. Światowy kryzys gospodarczy oraz druga wojna światowa doprowadziły międzynarodowe stosunki handlowe do załamania. Wzajemna wymienialność walut narodowych, czyli ich konwertybilność, była ograniczona, a brytyjski funt utracił swą dawną funkcję jako „światowy środek płatniczy". Zgromadzeni w Bretton Woods przedstawiciele 44 państw stanęli więc przed zadaniem stworzenia prawnomiędzynarodowej umowy w celu umożliwienia wymienialności walut narodowych i stworzenia międzynarodowego środka płatniczego.

System ów, powstały w warunkach amerykańskiej hegemonii na zachodniej półkuli, niewątpliwie przyczynił się w istotny sposób do ponownego ożywienia światowej gospodarki w powojennym okresie. Sygnatariusze porozumienia z Bretton Woods mieli wypełniać swe zobowiązania uwalniając stopniowo obrót płatniczy pomiędzy sobą od ograniczeń dewizowych i zapewniając wymienialność swoich walut. Ponadto zobowiązali się oni do utrzymania, drogą interwencji na rynkach dewizowych, stałego kursu wymiany swoich walut w stosunku do dolara lub złota, przy czym wartość dolara również wyrażana była poprzez stały stosunek do złota (1 uncja złota = 35 $).

USA zobowiązały się do wymieniania na złoto rezerw dolarowych innych krajów na żądanie tychże krajów. Z tego zobowiązania wynikały, po pierwsze, dominująca pozycja waluty amerykańskiej jako „światowego środka płatniczego" oraz, po drugie, system stałych kursów wymiany, od których dopuszczalne odchylenia wobec dolara wynosiły +/– 1 %. Urealnienia kursu (*realignment*) miano dokonywać tylko w przypadkach „fundamentalnej nierównowagi bilansu płatniczego".

System ten pozostawał w mocy do początku lat 70. Wtedy jednak jeden z jego najważniejszych elementów – system stałych, ale możliwych do korekty kursów wymiany – utracił ważność, gdy w roku 1971 USA formalnie wycofały się ze swego zobowiązania do wymiany na złoto światowych zasobów dolarowych na odnośne żądanie innych krajów, a zarazem zdewaluowały swoją walutę. Krok ten był nieunikniony w sytuacji, gdy w latach 60. USA zaczęły uprawiać politykę inflacyjną i rezerwy dolarowe poza krajem przyrosły tak znacznie, że ich wymiana na złoto nie była już faktycznie możliwa.

Od początku lat 70. nie ma już zatem jednolitego systemu stałych kursów wymiany. Wskutek licznych posunięć liberalizacyjnych, międzynarodowe stosunki walutowe coraz silniej determinowane były przez rynki, a w coraz mniejszym stopniu przez banki centralne i rządy. Ram porządkujących to rynkowe działanie, które obowiązywałyby w skali międzynarodowej, jak dotąd brak. *Porozumienie z Bretton Woods* nie zostało stworzone w celu regulowania prywatnych rynków kapitałowych i nie można go też było przystosować w niezbędnym stopniu do porządkowania sterowanego przez rynek, światowego systemu walutowego.[350]

---

[350] Sautter, Hermann, w: Federalna Centrala Kształcenia Politycznego, informacja z 12. 01. 2012 r.

Wallstreet

Wallstreet jest finansowym centrum świata. Tak jest i tak chyba pozostanie przez długi jeszcze czas. Ani giełda w Tokio, ani zachodząca gwiazda Londynu czy wschodząca gwiazda Frankfurtu nie zdołają pozbawić Wallstreet pierwszeństwa.

Na Wallstreet znajduje się giełda, *New York Stock Exchange*, czyli NYSE. Z bezpiecznej galerii widz może się przyjrzeć giełdowemu zgiełkowi i nabrać pojęcia, jak ten interes się toczy i co się na Wallstreet dzieje. To tu co dnia konstruowany jest najbardziej znany indeks giełdowy świata, *Dow Jones*.

Choć wszyscy mówią tylko o NYSE, trzeba też wiedzieć, że na Wallstreet znajduje się również *American Stock Exchange*, czyli AMEX. To druga co do wielkości giełda w USA. Wszystkie wielkie banki świata mają na Wallstreet swoje przedstawicielstwa. Pracowita krzątanina dobrze ubranych pań i panów trwa na Wallstreet i przyległych ulicach bez przerwy przez cały dzień.

Bez żadnych wątpliwości uprawia się tu również politykę, gdyż bankierzy z Wallstreet sprawują ogromną władzę. Nic więc dziwnego, że podczas amerykańskiej recesji na początku lat 90. na Wallstreet cały czas panował znakomity nastrój, akcje, a tym samym i *Dow Jones* rosły, a interesy na giełdzie niezmiennie kwitły. Było to możliwe tylko dlatego, że bankierzy i brokerzy we własnym interesie tak sterowali zakupami i sprzedażą, że sama Wallstreet nie mogła doznać krzywdy. Natomiast źle dzieje się wtedy, gdy wszystko nagle się załamuje. I tak po *Black Friday* 29 października 1929 r. nastąpił wielki światowy kryzys gospodarczy, a *Black Monday* 19 października 1997 r. wywołał wielkie obawy, że do takiego kryzysu dojdzie ponownie.

Dow Jones

Dow Jones Industrial Average (DJIA) – czy też, w skrócie, *Dow Jones Index* – jest jednym z kilku indeksów giełdowych stworzonych w roku 1884 przez założycieli dziennika *Wall Street Journal* i przedsiębiorstwa *Dow Jones*, Charlesa Dow'a (1851-1902) i Edwarda Jonesa (1856-1920). Charles Dow zestawiał ów indeks, by mierzyć rozwój amerykańskiego rynku akcji. Indeks *Dow Jones* na *New York Stock Exchange* jest drugi pod względem starszeństwa wśród istniejących indeksów giełdowych USA i dziś składają się nań notowania 30 największych przedsiębiorstw USA.

Agencje ratingowe

Agencje ratingowe to prywatne przedsiębiorstwa, które zawodowo oceniają, z pomocą *ratingu* (wskaźnik), wiarygodność biznesową przedsiębiorstw wszystkich gałęzi gospodarki, produktów finansowych i wierzytelności, jak również państw i podporządkowanych im jednostek terytorialnych. Na świecie istnieje około 150 agencji ratingowych, jednak trzy największe agencje USA, z około 95 % udziałem w rynku, tworzą oligopol. Są to *Standard & Poor's*, *Moody's* i *Fitch*.

Agencje ratingowe odgrywają ważną rolę na globalnych rynkach finansowych, papierów wartościowych i bankowych, gdyż instytucje kredytowe, inwestorzy, kredytobiorcy, emitenci oraz rządy wykorzystują m.in. ich *ratingi* do uzasadniania podejmowanych decyzji inwestycyjnych i finansowych. Agencje ratingowe mają duże znaczenie dla funkcjonowania rynków finansowych także z tego względu, że europejskie instytucje kredytowe standardowo zobligowane są do uwzględniania ich ratingów. Od ratingów uzależnione są istotne decyzje na całym świecie, gdyż przy złym ratingu inwestorzy instytucjonalni bądź instytucje kredytowe mają obowiązek zbycia produktów finansowych, a w wypadku kredytów podwyższenia ich marży lub ich wypowiedzenia. I odwrotnie: źle ocenione produkty finansowe nie mogą być nabywane, a sprawdziany wiarygodności kredytowej wypadają źle.

W latach poprzedzających kryzys finansowy *Standard & Poor's* oraz obie pozostałe wielkie agencje USA, *Moody`s* i *Fitch*, regularnie przyznawały budzącym wątpliwości papierom hipotecznym w USA najwyższe oceny. Zazwyczaj wystawienie tych ocen było opłacane przez banki, które wydały obarczone ryzykiem papiery. W okresie kryzysu *Subprime* (kredyty hipoteczne o niskiej wiarygodności) oraz kryzysu zadłużenia państwowego agencje te znalazły się w silnym ogniu krytyki. W wyniku ugody zawartej z wymiarem sprawiedliwości USA musiały one zapłacić 1,4 miliarda dolarów kary. Powodem były wątpliwej jakości oceny wiarygodności, jakie przyznano śmieciowym papierom z czasów kryzysu na rynku nieruchomości USA.[351]

Waluta rezerwowa

Wskutek wysokiego zadłużenia państwa, dolar amerykański ucierpiał jako waluta rezerwowa. Ściślej mówiąc, status dolara USA jako wiodącej waluty jest zagrożony już od 15 sierpnia 1971 r., kiedy to prezydent Nixon jednostronnie wypowiedział *porozumienie z Bretton Woods*. Od tej pory dolar nie ma już żadnego pokrycia i w takim razie opiera się tylko na zaufaniu. Jednak w ciągu ostatnich 43 lat zaufanie to sukcesywnie się kurczyło. Prędkość tego spadku zaufania wzrosła w ostatnich latach pod wpływem częstych pakietów pomocowych i innych środków stosowanych przez Bank Rezerw Federalnych. Już mało kto używa dolara jako instrumentu służącego średnio- i długookresowej ochronie wartości pieniężnych. Utrata zaufania może ogromnie przyspieszyć spadek wartości danej waluty, a w ostatecznym rozrachunku to gospodarka i jej funkcjonowanie zawsze decydują o sukcesie bądź niepowodzeniu waluty. Najpóźniej w chwili, gdy pierwsze państwa OPEC odmówią wymiany swych

---

[351] Handelszeitung z 03. 02. 2015 r.

cennych surowców energetycznych na bezwartościowe zielone banknoty dolarowe, dolar utraci swój status rezerwowej waluty świata.[352]

Emmanuel Todd maluje czarny obraz przyszłości amerykańskiego dolara jako waluty rezerwowej: "Każde bankructwo kolejnego przedsiębiorstwa w Ameryce to dla europejskich czy japońskich banków utrata zainwestowanych pieniędzy. Ponadto wiemy z doświadczeń [...], że zmasowane inwestycje w Stanach Zjednoczonych są jakby zapowiedzią nieuniknionej katastrofy. Nie wiemy jeszcze, jak i w jakim tempie inwestorzy z Europy, Japonii oraz innych części świata zostaną pozbawieni swego dorobku, ale możemy być pewni, ze tak się stanie. Najbardziej prawdopodobny scenariusz to niespotykana dotąd panika na giełdzie, która pociągnie za sobą załamanie kursu dolara – będzie to zapewne koniec amerykańskiej hegemonii w sferze gospodarczej"[353]

Résumé

Po wypowiedzeniu *porozumienia z Bretton Woods*, zwłaszcza jednak wskutek nieustannego wzrostu zadłużenia państwa oraz permanentnie wysokiego, ujemnego bilansu handlowego USA, dominacja amerykańskiego dolara jako waluty rezerwowej poważnie ucierpiała. Nie można wykluczyć, że w niezbyt odległym terminie całkiem utraci on tę pozycję i tego rodzaju dominującej waluty w przyszłości już nie będzie. Z pewnością nie pozostanie to bez wpływu na rolę Wallstreet.

---

[352] Bachheimer, Thomas, w: Deutsche Wirtschaftsnachrichten z 17. 03. 2015 r.
[353] Todd, Emmanuel, op. cit., s. 113 i nast.

Rozdział 28

Niemcy i USA

Spytano kiedyś na rynku Sokratesa, jak też ocenia swoją żonę Ksantypę, osławioną megierę? Jego lakoniczna odpowiedź brzmiała: „W porównaniu do kogo?" Wszystko jest więc względne i tak też rzecz się ma z „przyjaźnią niemiecko-amerykańską". Zasadniczo jednak należy stwierdzić, że jeśli spojrzeć chronologicznie, to przeważają sprawy, które łączą.

W rzeczywistości historia „przyjaźni niemiecko-amerykańskiej" to historia jej kryzysów. Pierwszy wynikł jeszcze przed utworzeniem Republiki Federalnej Niemiec, kiedy to późniejszy minister gospodarki Ludwig Erhard, wbrew woli mocarstwa okupacyjnego, zniósł kontrolę cen, czyniąc w ten sposób pierwszy krok od czarnego rynku ku gospodarce rynkowej. Adenauer pozostawał w ostrym klinczu z rządem Eisenhowera, oskarżając go stale o zmowę ze Związkiem Radzieckim kosztem niemieckiego zjednoczenia.

Kennedy był dla kanclerza prawdziwą zgrozą. Czyż to nie on zgodził się na Mur Berliński? Czyż nie on chciał zrezygnować z forpoczty, jaką był Berlin Zachodni? Ludwig Erhard upadł w 1966 r., gdyż pod naciskiem administracji Johnsona musiał znacznie zwiększyć niemiecki udział w kosztach stacjonowania *US Army*. Wschodnia polityka odprężeniowa z okresu Willy'ego Brandta całymi latami podgrzewała wzajemną nieufność: kto kogo zdradzi za cenę ugody z Moskwą? Podczas wojny wietnamskiej przez kraj przeszła fala antyamerykanizmu.

Drugą falę wywołało w latach osiemdziesiątych tzw. dozbrojenie: miliony protestowały wówczas przeciwko rakietom *Pershing* i pociskom samosterującym. Lata dziewięćdziesiąte były spokojne; Niemcy wreszcie byli znów zjednoczeni, a męcząca strategiczna zależność od mocarstwa-protektora zaczęła słabnąć. Na początku nowego tysiąclecia spokój się skończył. Berlin połączył siły z Paryżem i Moskwą, by sabotować wojnę George'a Busha II z Saddamem Husajnem. W tym samym czasie przez kraj przetoczyły się demonstracje, na których George Bush II porównywany był z Hitlerem. Barack Obama i Angela Merkel nigdy nie nawiązali cieplejszego kontaktu, a już z pewnością nie po tym, gdy prezydent próbował zmusić panią kanclerz, by w następstwie Wielkiego Krachu rozdęła wydatki państwa.

Wraz z nastaniem Donalda Trumpa, wartości obrazujące aprobatę dla amerykańskich rządów w Niemczech – i nie tylko tutaj – spadły na najniższy poziom. Po szczycie G7 w Taorminie w maju 2017 r. kanclerz Angela Merkel kilkakrotnie stwierdziła: „Czasy, w których w pełni mogliśmy zdać się na innych, nieco się już oddaliły. Odczułam to w ostatnich dniach." Mówiąc to, miała na myśli Trumpa.

Głęboka przyjaźń, na którą stale się powoływano w patetycznych wystąpieniach, była sformułowaniem uprzejmościowym, aczkolwiek o solidnym fundamencie. Niemcy byli naprawdę wdzięczni Amerykanom za to, że zwycięzca szybko okazał się mecenasem, że obdzielił pieniędzmi z Planu Marshalla, utorował młodej Republice Federalnej drogę powrotu do międzynarodowej społeczności i ułatwił jej dotarcie do ponownego zjednoczenia. Amerykanie odwzajemniali to uczucie, bo przecież Niemcy okazali się pojętnymi uczniami, którzy w krótkim czasie doszli do stabilnej, liberalnej demokracji. Bonn, a później Berlin był najwierniejszym sojusznikiem, rzec można „kontynentalnym szermierzem interesów" USA.

I to tyle na temat wzlotów i upadków przyjaźni karmiącej się przede wszystkim wzajemną zależnością. Od kiedy Związek Radziecki wygasł i osiągnięto ponowne zjednoczenie, przyjaźń mocno osłabła. Nie potrzebowano się już nawzajem w takim stopniu jak kiedyś. USA podejmują próby zrównoważenia (*rebalancing*) spoglądając ku Azji, z wojsk USA w Europie pozostały resztki – 30.000 zamiast niegdysiejszych 300.000. Na strategicznego partnera Niemcy niezbyt się nadają; nie chcą mieć nic wspólnego z działaniami w ramach polityki światowej.

Słuszniej jest mówić o wspólnych sprawach niż o przyjaźni, która i tak nie może istnieć między państwami. Wspólne sprawy dotyczą wartości i kultury, a ponadto interesów, które czasami harmonizują, a czasami kolidują ze sobą. Lista jest długa. Sięga od rzeczy podniosłych (państwo prawa, demokracja), poprzez praktyczne (gęsta sieć wymiany handlowej, inwestycyjnej i naukowej), aż do całkiem prozaicznych (popkultura).

Na koniec pozwólmy sobie na pewną obserwację: żaden kraj w Europie nie jest bardziej „amerykański" niż Niemcy; jemy, słuchamy, tańczymy, oglądamy i ubieramy się na amerykańską modłę – od muffinek i bajgli, poprzez hip-hop i Nike, aż po serialowy hit *Homeland*. „Wyprzedaż" ustąpiła miejsca *Sale*, a „sklep z artykułami używanymi" został zastąpiony przez *second-hand shop*. W stolicy pewna kawiarnia nad Szprewą nazywa się *Capital Beach*. Posługujemy się iPadami i Xboxami, nie mówiąc już o *games*, takich jak *Grand Theft Auto*. O dzieciach mówimy *Kids*, a te z warstw wyższych przynajmniej przez rok powinny uczęszczać do szkoły w USA. Byłoby też dobrze, gdyby potem studiowały na Harwardzie albo w Stanfordzie, a już co najmniej w Georgtown.

USA są potężnym magnesem, czy wręcz uwodzicielem – wciąż jeszcze. Jednak tego uwodziciela się nie kocha, bo ma nad nami władzę i stawia nam nasze własne słabości przed oczy.

Fascynacja *made in USA* jest równie potężna jak z dawien dawna – bez różnicy, z NSA & CIA czy bez. W ciągu dziesięcioleci stała się być może nawet jeszcze silniejsza. Co tylko zostanie wynalezione w USA – *rap, fastfood* czy *gender studies* – pojawi się niechybnie także w Niemczech i innych krajach Europy. *Halloween* stało się świętem narodowym niemieckich dzieciaków; *Thanksgiving Parties*, w komplecie z indykiem i borówkami, zajmują miejsca w domach wyższej klasy średniej.

Czy pielęgnujemy również przyjazne uczucia? Chyba raczej nie. „Krytyka Ameryki" to niemiecka specjalność – bo przecież nie ma „krytyki Francji" czy „krytyki Rosji". Komentarze nacechowane są raczej odrzuceniem i pogardą oraz poczuciem moralnej i społeczno-politycznej wyższości.

Wróćmy wszakże do realnej polityki. Oczywiście, Berlin będzie równie mało skłonny torpedować atlantycką strefę wolnego handlu, co i ścisłą współpracę służb wywiadowczych. À propos NSA: w roku 2012 amerykańskie służby specjalne, według Reutera, blisko 30.000 razy zwracały się do Google & Co. o dane użytkowników. Niemcy robili to ponad 10.000 razy – to podobny rząd wielkości co w przypadku Francji i Wielkiej Brytanii. Płynie stąd wniosek, że robi się, co może – wielcy więcej, mniejsi nieco mniej.

Mimo skandalu podsłuchowego, mimo Trumpa, mimo niepowodzenia TTIP oraz mimo barier handlowych, Niemcy będą dbać o reasekurację zwaną NATO dopóki będzie to tylko możliwe i współpracować z USA w kwestiach Iranu i walki z terrorem. Z przyjaźni? Nie, tak po prostu nakazują niemieckie interesy.

Lord Palmerston, brytyjski premier z XIX stulecia, miał rację głosząc, że „państwa nie mają wiecznych sojuszników, ani wiecznych wrogów, lecz tylko interesy". A John Kornblum ujął to jeszcze zwięźlej, mówiąc 27 października 2013 r. w talk show, w niemieckiej telewizji, o stosunkach z Niemcami: „nie jesteśmy przyjaciółmi, jesteśmy partnerami".

Żywioł niemiecki w USA

Historia Niemców w Stanach Zjednoczonych zaczyna się w XVII wieku wraz z założeniem pierwszej europejskiej kolonii na późniejszym obszarze USA. Niemcy od samego początku uczestniczyli w europejskim zasiedlaniu północnoamerykańskiego kontynentu i do XX wieku – jeszcze przed Żydami, Brytyjczykami, Irlandczykami i Włochami – tworzyli najliczniejszą grupę imigrantów. Największa część mówiących po niemiecku przybyszów napłynęła w okresie między rewolucją niemiecką a końcem pierwszej wojny światowej, czyli w latach 1848-1918. Punkt kulminacyjny migracji nastąpił w roku 1882, kiedy to do USA przybyło około 250.000 Niemców.

Niemieccy imigranci w istotnej mierze współkształtowali społeczne, duchowe i kulturalne życie USA, na przykład poprzez prasę i w sferze religii. Do XX wieku Niemcy byli jedną z najlepiej zorganizowanych i najwyżej cenionych grup imigranckich w kraju, część jej członków porobiła zawrotne kariery gospodarcze i społeczne. Jednak w toku XX stulecia ich kulturalna odrębność niemal całkowicie zanikła. Podłożem tej raptownej asymilacji był udział USA w pierwszej i drugiej wojnie światowej. Pomijając kilka mniejszości, takich jak na przykład Amisze, którzy zachowali elementy swojej kultury aż do czasów współczesnych, u większości Amerykanów pochodzenia niemieckiego pielęgnowanie dziedzictwa kulturowego ogranicza się dziś do elementów folklorystycznych. Nacisk asymilacyjny nie zaszkodził wszakże nigdy migracji Niemców do Ameryki; trwa ona do dziś w postaci migracji ludzi z akademickim wykształceniem w związku z ich pracą.[354]

Żywioł niemiecki jest w USA licznie reprezentowany, ale mało widoczny. Podczas spisu ludności przeprowadzonego w latach dziewięćdziesiątych, do niemieckiego pochodzenia przyznawała się ponad jedna trzecia Amerykanów. Tym samym, jak się zdaje, Niemcy stanowią największą grupę etniczną w kraju superlatyw. Ta pozycja zaskakuje, choć zapewne zasadza się w szczególnej mierze na tym, że Niemcy zasymilowali się bardziej niż wszyscy inni i w przeciwieństwie zwłaszcza do Włochów, Irlandczyków czy Chińczyków zrezygnowali ze swej narodowej tożsamości. W obrębie amerykańskich metropolii bardzo rzadko można dziś znaleźć *Germantown*, podczas gdy *Little Italy* czy *Chinatown* znajduje się w każdym niemal mieście. Także Polacy bardzo mocno trzymają się razem w ramach swojej *Polonii* i stanowią znaczącą, wpływową grupę. U Niemców wygląda to inaczej.

Lecz nie zawsze tak było. Gdy pierwszych trzynaście stanów głosowało w sprawie wspólnej mowy, język angielski bardzo niewielką większością zwyciężył nad niemieckim. W dobie tworzenia Stanów Zjednoczonych istniał ponoć projekt ustawy o wprowadzeniu języka niemieckiego jako oficjalnego języka w Pensylwanii. Prawo to nie przeszło za sprawą jednego jakoby tylko głosu przeciwnego, oddanego przez Amerykanina niemieckiego pochodzenia nazwiskiem Mühlenberg. Mühlenbergowie byli wywodzącą się z Niemiec rodziną, bardzo znaną na gruncie amerykańskiej polityki. Wspomniana pogłoska powstała około 1840 r. i mówi ona, że w głosowaniu nad tym, czy niemiecki ma stać się urzędowym językiem Pensylwanii, liczba głosów za i przeciw

---

[354] Geschichte der Deutschen in den Vereinigten Staaten [Historia Niemców w Stanach Zjednoczonych], w: Wikipedia

była równa. Wtedy rzecznik zgromadzenia, ówże Mühlenberg, miał swoim głosem zdecydować na korzyść angielskiego tak wyjaśniając swój krok:: „Im szybciej Niemcy staną się Amerykanami, tym lepiej."[355]

Podczas II wojny światowej i tuż po niej niemieckie pochodzenie ujawniano z najwyższą niechęcią. Fakt ten z pewnością przyczynił się do tego, że Niemcy zintegrowali się z tym krajem mocniej chyba niż którakolwiek inna nacja. Dlatego też niewiele rzeczy przypomina dziś o niemieckim wkładzie w jego rozwój; jedną z nich jest doroczna *Steuben Parade* w Nowym Jorku, którą w Niemczech nieco się chyba przecenia. Każda grupa etniczna ma swoją paradę na Manhattanie, zatem również Niemcy. Żywioł niemiecki uwidacznia się dziś raczej jako żywioł bawarski. Niemcy mają dziś postać Bawarii: *Oktoberfest*, skórzane spodnie, piwo i biała kiełbasa. Bierze się to w niemałym stopniu stąd, że po 1945 r. w Niemczech służyła niezliczona ilość amerykańskich żołnierzy. Ci z nich, którzy przebywali w Europie, mieszkali najczęściej na południu Niemiec, zgodnie z podziałem naszej ojczyzny na cztery strefy okupacyjne. Stan ten trwał aż do ponownego zjednoczenia, a i dziś jeszcze pozostałe garnizony amerykańskie można spotkać niemal wyłącznie na południu Niemiec.

Można więc powiedzieć, że niemiecki żywioł jest wśród amerykańskiej ludności wprawdzie bardzo liczny, ale i bardzo słabo widoczny.[356]

II wojna światowa
11 grudnia 1941 r., wypowiadając USA wojnę, „führer" włączył największe mocarstwo świata w szeregi oficjalnych wrogów Trzeciej Rzeszy.

Zgodnie z Paktem Trzech, zawartym w 1940 r. między Niemcami, Japonią i Włochami, Trzecia Rzesza nie była zobowiązana do wypowiedzenia wojny USA; obowiązek udzielenia wojskowego wsparcia zaistniałby jedynie w razie ataku USA na Japonię. Poza tym, od końca czerwca 1941 r., od niemieckiej agresji na Związek Radziecki, Japonia wzbraniała się przed wypowiedzeniem ze swej strony wojny Moskwie. Trzecia Rzesza powinna była pozwolić Japonii toczyć konflikt ze Stanami Zjednoczonymi, by samej móc się skoncentrować na wyczerpującym siły froncie wschodnim, na którym Wehrmacht poniósł właśnie pierwszą znaczącą porażkę.

Hitler wystąpił 11 grudnia 1941 r. przed deputowanymi do Reichstagu i ogłosił zawarte właśnie, krótkie porozumienie: „Niemcy, Włochy i Japonia będą wspólnie toczyć narzuconą im przez Stany Zjednoczone Ameryki oraz Anglię wojnę przy pomocy wszelkich środków będących w ich dyspozycji, aż do zwycięskiego końca."

---

[355] Mühlenberg-Legende [Legenda Mühlenbergów] w: Wikipedia
[356] *por.* Spieker, Hartmut i Spieker, Ursula, *4 Jahre USA*, op. cit. s. 81

W tym samym dniu minister spraw zagranicznych Rzeszy, Joachim von Ribbentrop, przekazał chargé d`affaires USA w Berlinie, Lelandowi B. Morrisowi, notę dyplomatyczną. Napisano w niej: „Mimo iż Niemcy ze swej strony, podczas całej obecnej wojny, w stosunkach ze Stanami Zjednoczonymi Ameryki trzymały się ściśle reguł prawa międzynarodowego, rząd Stanów Zjednoczonych Ameryki przeszedł ostatecznie od początkowych naruszeń neutralności do otwartych działań wojennych przeciwko Niemcom. Tym samym stworzył on praktycznie stan wojny." Konkluzja noty brzmiała: „Rząd Rzeszy unieważnia zatem stosunki dyplomatyczne ze Stanami Zjednoczonymi Ameryki i oświadcza, że w tychże spowodowanych przez prezydenta Roosevelta okolicznościach również Niemcy uznają się od dziś za pozostające w stanie wojny ze Stanami Zjednoczonymi Ameryki."

To nawet nie była nieprawda. USA rzeczywiście już od ponad roku mocno wspierały Wielką Brytanię w wojnie. Od września 1940 r. dostarczono jej 50 starych niszczycieli USA w zamian za udzielenie prawa do utworzenia baz na takich brytyjskich terytoriach jak Jamajka, Nowa Fundlandia i Bahamy. W lutym 1941 r. uchwalona została amerykańska ustawa o użyczaniu i dzierżawie sprzętu wojskowego. W lipcu wojska USA zluzowały brytyjskie jednostki obsadzające strategicznie ważną Islandię. 14 sierpnia 1941 r. prezydent USA Franklin D. Roosevelt i premier Wielkiej Brytanii Winston Churchill podpisali wspólnie Kartę Atlantycką będącą podstawą nowego światowego porządku – wyraźnie odnoszącą się do czasu po Hitlerze. Wszystko to razem faktycznie stanowiło wypowiedzenie wojny.

Roosevelt z pewnością chciał przystąpienia USA do wojny z Hitlerem. Słusznie uważał niemieckiego dyktatora za najniebezpieczniejszy czynnik światowej polityki, od kiedy obaj niemal równocześnie trafili wiosną 1933 r. na swoje pozycje. Jednak prezydent wiedział również, że ingerencja w wojnę, którą amerykańska ludność postrzega jako europejską, byłaby krokiem w najwyższym stopniu niepopularnym.

Do początku grudnia 1941 r. Hitler przyjmował prowokacje USA z niewzruszonym spokojem; teraz wszakże, po Pearl Harbor, nagle się to zmieniło. Hitler sądził, że wskutek wojny z Japonią, którą z powodu podstępnego uderzenia na Flotę Pacyfiku uważano w USA za nieodzowną, USA będą tak mocno obciążone, że ów dodatkowy wróg nie będzie stanowił dla Niemiec większego ryzyka. W obliczu gospodarczej potęgi Stanów Zjednoczonych była to dalece błędna kalkulacja.

Historyk wojskowości Bernd Wegener jest zdania, że decyzja z 11 grudnia 1941 r. w każdym razie była paradoksalna. Gdyby bowiem Hitler z niej zrezygnował, Roosevelt zostałby zmuszony przez opinię publiczną w USA do skoncentrowania wszystkich sił na pokonaniu Japonii. Dla Niemiec oznaczałoby to polepszenie ich szans w walce z Wielką Brytanią i Związkiem Radzieckim. Teraz jednak prezydent

USA i brytyjski premier, spotykając się na przełomie lat w Waszyngtonie D.C., mogli wyznaczyć cel: *Germany first*.[357]

Niemcy po 1945 r.

USA zgadzały się ze swymi najważniejszymi sojusznikami Wielką Brytanią, Związkiem Radzieckim i Francją, że końcem wojny z Niemcami może być tylko bezwarunkowa kapitulacja wroga. Nastąpiła ona 8 maja 1945 r. W ramach przygotowań na ten moment, w alianckich stolicach, zwłaszcza w Waszyngtonie, tworzono już plany „na czas po".

Jako najważniejszy, w pierwszej kolejności należy wymienić „plan Morgenthaua". Był to plan sporządzony przez ówczesnego amerykańskiego ministra finansów Henry`ego Morgenthaua. Określał on, jak po zakończeniu II wojny światowej winno się postąpić ze zwyciężonymi Niemcami. Plan ten, który Morgenthau przedłożył w 1944 r., przewidywał rozczłonkowanie Niemiec na „Niemcy Północne", „Niemcy Południowe" oraz „strefę", jak również kompletną deindustrializację państwa i przekształcenie go w kraj rolniczy.

Początkowo plan ten był tajny i miał stanowić przeciwwagę wobec bardziej umiarkowanych planów alianckiego naczelnego dowództwa podległego generałowi Eisenhowerowi. Jednak wskutek umyślnej niedyskrecji już 21 września 1944 r. przedostał się on do wiadomości publicznej. Reakcja opinii publicznej w USA była tak negatywna, że i jego dotychczasowy orędownik Roosevelt zdystansował się od niego. Kilka aspektów wszakże zachowano.

Później plan Morgenthaua był intensywnie wykorzystywany przez nazistowski aparat do przygotowania haseł nawołujących do wytrwania, stanowiąc propagandową pożywkę jako „żydowski morderczy plan w celu zniewolenia". O tyle też, zdaniem niektórych specjalistów, przyczynił się on do przedłużenia wojny, pomógł bowiem wydobyć psychologiczne rezerwy tkwiące w żołnierzach niemieckich wojsk.

Świadczenia reparacyjne, które Niemcy musiały wnosić po zakończeniu wojny, nie były wprawdzie ani *de facto*, ani *de iure* następstwem planu Morgenthaua, jednakże istotne jego elementy były realizowane w latach 1945-1952 i miały wpływ na politykę okupacyjną aliantów. Za przykład niechaj posłużą „denazyfikacja", demontaż i rozbicie obszaru państwowego, rozstrzeliwanie członków NSDAP, SS i gestapo oraz daleko idące środki stosowane wobec niemieckiej ludności cywilnej (obóz Rheinwiesenlager; praca przymusowa). Jedyną okolicznością, która ostatecznie powstrzymała wcielanie planu Morgenthaua w życie, był początek zimnej wojny; od

---

[357] Kellerhoff, Sven Felix, w: „Die Welt" z 10. 12. 2016 r.

ok. 1950 r. zaczęła ona nabierać kształtów, a zniszczone do gruntu Niemcy nie pozwoliłyby jej wygrać.

Już wkrótce po zakończeniu drugiej wojny światowej nowy światowy porządek zaczęły kształtować dwa wrogie sobie obozy – Związek Radziecki ze swymi państwami satelickimi oraz demokratyczny Zachód pod przewodem USA.

Punktem wyjścia była, po pierwsze, doktryna Trumana, zgodnie z którą zasadą polityki zagranicznej USA miało się stać „wspieranie wolnych narodów, które przeciwstawiają się dążeniom do zawładnięcia nimi przez zbrojne mniejszości lub na skutek zewnętrznego nacisku". Było to sprzeczne z radzieckimi zamiarami rozbudowy własnego obszaru panowania w Europie. Sytuacja polityczna w Europie raptownie się odmieniła, a Niemcy na tym skorzystały. Ważną rolę odegrał przy tym Lucius D. Clay, generał *US Army* i w latach 1947 do 1949 wojskowy gubernator amerykańskiej strefy okupacyjnej w Niemczech. Zastanawiał się on nad możliwie najlepszymi formami niemieckiej państwowości – i choć teorie te wydawały się nader abstrakcyjne, można było wszakże dostrzec między wierszami konkretne zamiary amerykańskiej polityki: przy wszelkim poszanowaniu postanowień układu poczdamskiego z 2 sierpnia 1945 r., chciano utworzyć państwo zachodnioniemieckie, którego dano by posmakować Niemcom jako wstępu do ogólnoniemieckiego państwa. Clay nie pozostawiał żadnych wątpliwości co do tego, że „zachodnioniemieckie" zamiary Amerykanów są poważne, gdyż zrozumieli oni, iż nie zdołają w dalszym ciągu ponosić odpowiedzialności za okupowane przez nich Niemcy bez współudziału samych Niemców. Już w 1947 r. dawał on do zrozumienia, że Zachód nie będzie mógł na trwałe zrezygnować z niemieckiego potencjału.[358]

USA zatem już bardzo wcześnie nosiły się z myślą o państwie zachodnioniemieckim, całkiem inaczej niż Francja. Francuski minister spraw zagranicznych Bidault jako ceny za zgodę Francji na utworzenia zachodnioniemieckiego państwa zażądał zobowiązania się USA do zawarcia sojuszu wojskowego z państwami Europy Zachodniej, który nie tylko stanowiłby ochronę przed ewentualną radziecką agresją, ale w co najmniej równym stopniu środek strzegący przed nowym zagrożeniem ze strony Niemców. Tego żądania nie dało się przeforsować, ponieważ USA nie mogły i nie chciały pozwolić na to, by ich program stabilizacyjny dla zachodniej Europy upadł na skutek oporu francuskiej opinii publicznej. USA były po prostu zbyt silne, a Francja zbyt słaba.

Po tym, jak 11 czerwca 1948 r., poprzez uchwalenie *Rezolucji Vandenberga*, amerykański Kongres otworzył USA drogę do udziału w przymierzu atlantyckim,

---

[358] *por.* Schmidt, Carlo, *Erinnerungen* [Wspomnienia], s. 314

tydzień później także francuskie Zgromadzenie Narodowe zaaprobowało w końcu niewielką większością Zalecenia Londyńskie w sprawie powołania zgromadzenia konstytucyjnego dla Niemiec Zachodnich. Tym samym, choć z wieloma zastrzeżeniami i po długiej zwłoce, Francja opowiedziała się za tą formą integracji Niemiec, która łączyła się z utworzeniem dwóch państw niemieckich i trwałą obecnością amerykańskich wojsk na zachodnioniemieckiej ziemi.[359]

Półtora roku po zakończeniu wojny w całej pełni ujawniły się rozmiary gospodarczego ubóstwa Europy: surowa zima stała się katastrofą. Wyżywienie, zaopatrzenie w energię i komunikacja załamały się, jedynie interwencja USA zapobiegła najgorszemu. Jednak pytanie, na jakim praktycznym podłożu mają toczyć się wydarzenia w Niemczech i Europie, nadal pozostawało bez odpowiedzi. Miał ją przedstawić 5 czerwca 1947 r. ówczesny minister spraw zagranicznych USA, George C. Marshall, w swoim wystąpieniu na forum studentów; chodziło mianowicie o koncepcję USA w sprawie odbudowy Europy, czyli o Plan Marshalla. Jako warunku wstępnego amerykańskiej pomocy Marshall zażądał wspólnej inicjatywy państw europejskich. Jesienią 1948 r. do Europy dotarły pierwsze towary w ramach *European Recovery Program*. Do 1952 r. USA dostarczyły ogółem do 18 państw europejskich towary o wartości około 15 miliardów dolarów.[360] Związek Radziecki, mimo panującej u niego, a zwłaszcza u jego satelitów biedy, odrzucił Plan Marshalla. Krok ten wyjaśnia Carlo Schmidt: „Związek Radziecki był głównym wrogiem demokratycznych Niemiec. Chciał wziąć Niemcy pod swoją kontrolę, by stać się wszechogarniającą potęgą w Europie. Nie pasował do tego fakt, że państwa Europy wchodzą w ścisłe związki z USA."[361]

Stosunek do wojny

Wraz ze zwycięstwem nad Niemcami, zwycięskie mocarstwa rozpoczęły reedukację niemieckiego narodu. Jakie stały za tym racje? Wśród licznych prób wydobycia historycznych przyczyn niemieckiego fatum lat 1933 do 1945, na pierwszym miejscu widnieje „pruski militaryzm". Oczami duszy widziano powstawanie karykatury „poddanego", takiej, jaką zaprojektował Heinrich Mann, czyli pruskiego militaryzmu będącego symbiozą narodu i wojska, istniejącą w celu urzeczywistnienia hegemonialnego dążenia „Niemcy, Niemcy ponad wszystko". Ów rzekomy „pruski militaryzm" miał i musiał zostać wykorzeniony. Wraz z „demokratycznym Wielkim Wybuchem 1949 r." zaczął się w Niemczech wielki odwrót od legitymizacji wojny ku powszechnej skłonności do pacyfizmu. Po grozie

---

[359] *por.* Loth, Wilfried, *Geschichte Frankreichs im 20. Jahrhundert*, op. cit., s. 149
[360] Brode, Tatjana, *Der Marshall Plan - Selling Democracy*, w: Bundeszentrale für politische Bildung [Federalna Centrala Kształcenia Politycznego], informacja z 28. 10. 2005 r.
[361] Schmidt, Carlo, *Erinnerungen*, op. cit. s.. 302

drugiej wojny światowej, szoku Holocaustu i późniejszej groźbie wojny atomowej nie było w tym nic dziwnego. Od tej pory wojna była przez Niemców z zasady potępiana i usprawiedliwiona jedynie w wyjątkowych przypadkach. Liczba ludzi, którzy dziś uważają, że wojna zasadniczo nie jest opcją, błyskawicznie pomknęła w górę, przede wszystkim w Niemczech. W żadnym innym kraju poglądy etyczne nie zmieniły się tak radykalnie jak tutaj. Niemcy są krajem „nigdy-więcej-wojny!", krajem „przemoc rodzi tylko przemoc" i „przemoc nigdy nie jest rozwiązaniem". Nigdzie świadomość grozy wojny nie jest tak silnie utrwalona jak w Niemczech.[362]

Nie jest to często spotykana refleksja, inne kraje nie zareagowały tak silnie na drugą wojnę światową. Amerykanie na przykład nie mają tak kategorycznej awersji do wojny; większość z nich potrafi sobie wyobrazić wojnę konieczną lub sprawiedliwą. Wynika to chyba stąd, że od zakończenia w 1865 r. wojny domowej USA nie przeżywały żadnej innej kampanii wojennej na własnej ziemi. Choć z pewnością bierze się to i stąd, że USA w swojej historii prowadziły niewiarygodnie wielką liczbę wojen i często je też wygrywały. Jednak i w USA to nastawienie ulega zmianie – po wojnach w Afganistanie i Iraku (II wojna).

Wspólny interes

Wizyty amerykańskich prezydentów pod Murem Berlińskim zawsze były symbolem bliskich niemiecko-amerykańskich stosunków powojennej doby, a nawet stały się czymś niemal oczywistym. Od Kennedy`ego po Clintona, większość prezydentów USA wykorzystywała możliwość udokumentowania tu swojej więzi z Republiką Federalną Niemiec, partnerem w NATO, oraz poparcia dla żądania ponownego zjednoczenia Niemiec. I faktycznie, jakakolwiek próba realizacji zjednoczenia byłaby bez pomocy Stanów Zjednoczonych nie do pomyślenia. To w pierwszym rzędzie USA, wspierane przez amerykańską opinię publiczną, gotowe były wprowadzić aktualny od ponad czterdziestu lat postulat niemieckiego zjednoczenia na porządek dzienny międzynarodowej polityki i sprawić, by jedność Niemiec stała się rzeczywistością. Mocarstwo gwarantujące powojenny porządek otworzyło drzwi do nowego porządku europejskiego. W Wielkiej Brytanii i Francji poparcie dla sprawy ponownego zjednoczenia zawsze istniało jedynie w sferze słownej – o ile w ogóle, a i wtedy towarzyszyło mu mocne przekonanie, że sprawa i tak jest iluzoryczna.

Po raz kolejny uwidoczniło się więc to, co odnosiło się do całej czterdziestoletniej historii Republiki Federalnej Niemiec: wybitne znaczenie USA dla bońskiej polityki od chwili utworzenia w 1949 r. zachodnioniemieckiego państwa.

---

[362] *por.* Hansen, Eric T., *Die ängstliche Supermacht ...*, op. cit. s. 131/132

Tylko z pomocą Stanów Zjednoczonych możliwe było ponowne odrodzenie po 1945 r. Z całkowicie zniszczonych Niemiec wyrósł partner gospodarczy: Republika Federalna Niemiec. Po zwycięstwie aliantów nad Trzecią Rzeszą, pod osłoną amerykańskich gwarancji bezpieczeństwa rozwinęła się druga niemiecka demokracja. U boku USA, Republika Federalna Niemiec stała się członkiem NATO i protagonistą integracji europejskiej.

I odwrotnie: dla Stanów Zjednoczonych Niemcy stały się ważnym czynnikiem ich europejskiej polityki. Gdy 9 listopada 1989 r. wraz z upadkiem Muru Berlińskiego zniknął symbol podziału Niemiec i Europy, zarysowujące się już niemieckie zjednoczenie zakończyło powojenny porządek europejski. Przez czterdzieści lat amerykańskie gwarancje bezpieczeństwa nadawały stabilność koegzystencji okresu zimnej wojny. Podział Niemiec był warunkiem i ceną tego porządku. Teraz koncepcja amerykańskiej polityki zagranicznej stanęła wobec konieczności rewizji: chodziło o stosunki między USA i Związkiem Radzieckim, które poprzez swą globalną orientację tworzyły ramy regionalnego porządku w Europie, oraz o amerykańską politykę europejską, której centralnym elementem była polityka wobec Niemiec.

Upadek Muru i ponowne zjednoczenie

Ponowne zjednoczenie Niemiec stało się świętem także dla Amerykanów. Proces dokonujący się w Europie w 1989 r., a zwłaszcza sytuację w Niemczech ludność amerykańska przyjmowała z entuzjazmem. Radość z powodu upadku Muru była wręcz przesadna. Wszyscy – od prezydenta po pracownika stacji benzynowej – dawali upust swojej sympatii i radości. Były to bez żadnych wątpliwości uczucia prawdziwe, płynące z serca. Było to wszakże również odzwierciedlenie reakcji na wspomniany już egzamin dojrzałości, zdany przez prymusa: dobry system USA, jak pokazuje przykład Niemiec, przeważył nad złym systemem moskiewskiego komunizmu. Media przez całe miesiące pełne były tematów dotyczących Niemiec.

Wielkie gazety, jak *New York Times, Boston Globe* czy *Washington Post*, informowały w tym czasie niezwykle obszernie na temat Niemiec i wydarzeń w Europie Środkowej. W tych niezliczonych artykułach od samego początku panował zupełnie inny ton niż zwłaszcza w Wielkiej Brytanii, gdzie „Mrs. T" po prostu nie chciała przyznać, że Niemcy stają się większe. W USA było inaczej. Od prezydenta George`a Busha I poczynając, poprzez ministra spraw zagranicznych Jima Bakera i Vernona A. Waltersa, ambasadora w Bonn, aż po zwykłych kierowców ciężarówek – fala radości, sympatii i braterskich uczuć ogarnęła cały naród. Pokazuje to drobny, osobiście przez autora przeżyty epizod.

„10 listopada 1989 r. polecieliśmy do Phoenix w Arizonie. Wieczorem poznaliśmy kilku Amerykanów, którzy następnego dnia zaprosili nas na kolację. Tematem numer jeden był upadek Muru i to, co nastąpi potem. 14 listopada, czyli pięć dni po otwarciu Muru, pojechaliśmy dwoma autobusami w gronie mniej więcej 65 osób z 35 krajów (międzynarodowa grupa oficerów z *US Naval War College*) do westernowego miasteczka, by spędzić tam *Western Night*. Na parkingu stała pięcioosobowa grupa i witała nas dwumetrowym transparentem, na którym wydrukowano: *God bless the Fall of the Berlin Wall*. To byli ci, którzy poprzednio nas gościli! Było to nie tylko bardzo poruszające, lecz i symptomatyczne dla odczuć wszystkich Amerykanów."[363]

Zainteresowanie rozwojem wydarzeń w Niemczech było wyjątkowo duże. Nic więc dziwnego, że ustawicznie byliśmy pytani, jak też to naprawdę wygląda, co będzie dalej, jak ludność podchodzi do nowej sytuacji. Mnożyły się zaproszenia na wykłady, dyskusje podiumowe itd. Szczególnie odczuliśmy to 3 stycznia 1990 r., gdy zaproszono nas na „Polityczny Matinee". Przybyło 15 profesorów i oficerów, by dyskutować o Niemczech. Ich rozmówcami było pięcioro obywateli Niemiec z trzech pokoleń, mianowicie babcia (79), matka (49), ojciec (49), córka (23), syn (22) i dodatkowo przyszła synowa (23) jako Amerykanka niemieckiego pochodzenia. Zainteresowanie było niezwykle duże. Pytania kierowano wszakże głównie do młodego pokolenia, a dotyczyły one opinii na temat możliwego, prawdopodobnego i pożądanego rozwoju wydarzeń w Niemczech.

Ponowne zjednoczenie miało wielu ojców. Punktem wyjścia było niezadowolenie ludzi w obszarze władzy komunistycznej. Powstania w NRD (17 czerwca 1953 r.) i na Węgrzech (1956), „Praska Wiosna" (1968) oraz *Solidarność* w Polsce (1980/81) przygotowały grunt pod „poniedziałkowe demonstracje", które zaczęły się w NRD, pod *głasnost* i *pierestrojkę* ogłoszone przez Michaiła Gorbaczowa i wreszcie pod upadek Muru. Owo przejście pokojowej rewolucji w proces jednoczenia się Niemiec podchwycił Helmut Kohl i pewną ręką pokierował do celu, czyli połączonych Niemiec. Lecz było to możliwe tylko dlatego, że udało się przekonać Michaiła Gorbaczowa i że Helmut Kohl miał pełne poparcie USA, w tym zwłaszcza ich prezydenta George`a Busha I.

Stosunek do polityków

Są tacy prezydenci USA, których Niemcy wręcz ubóstwiają – niezależnie od tego, co robią. I są tacy prezydenci USA, których Niemcy wręcz nienawidzą – niezależnie od tego, co robią.

Do kategorii ulubionych prezydentów należy bez wątpienia John F. Kennedy. Od kiedy w 1963 r. wygłosił on przed ratuszem berlińskiej dzielnicy Schöneberg przemówienie zakończone słowami „*Ich bin ein Berliner*" (jestem berlińczykiem), serca

---

[363] Spieker, Hartmut i Spieker, Ursula, *4 Jahre USA …*, op. cit. s. 85

większości Niemców należały do niego – i dziś nadal tak jest. To, że wcześniej Kennedy nie tylko milczał w sprawie budowy Muru, lecz zasygnalizował Rosjanom, że nie przedsięweźmie niczego przeciwko uszczelnieniu granicy stref, o ile obecność wojsk amerykańskich i wolność Berlina Zachodniego nie będą naruszone, nigdy jego popularności nie zaszkodziło. Ani też to, że w kwietniu 1961, przy zaangażowaniu CIA i kilkuset kubańskich emigrantów, podjął próbę lądowania w Zatoce Świń, by obalić reżim Castro; ani to, że w czasie kryzysu kubańskiego w październiku 1962 r. groził w przemówieniu telewizyjnym wojną atomową, jeśli Rosjanie nie wycofają swoich rakiet z obszaru Karaibów; czy też to, że w znacznej mierze przyczynił się do eskalacji wojny wietnamskiej, zwiększając liczbę żołnierzy USA wysłanych do Wietnamu Południowego w charakterze doradców z nieco więcej niż 700 do ponad 16.000, a nawet godząc się w końcu 1961 r. na użycie napalmu i defoliantów – o to wszystko tak zwykle pacyfistyczni Niemcy nigdy go nie obwiniali. Po dziś dzień Kennedy jest niemal bezkrytycznie czczony w Niemczech jako ucieleśnienie nadziei na nowe czasy.

Do prezydentów USA, którzy „cieszą się" w Niemczech w przeważającej mierze złym image, należy Ronald Reagan. Zwłaszcza intelektualiści w kraju poetów i myślicieli nadal chętnie kręcą nosem i mówią o „aktorze w Białym Domu", prymitywnym antykomuniście, który uważał Związek Radziecki za „imperium zła". Reagana postrzega się tutaj jako patrona SDI, protektora licznych antykomunistycznych reżimów i grup w Ameryce Środkowej i Południowej, czy też mudżahedinów w Afganistanie; w niemałym też stopniu jako tego, który – wraz z kanclerzami Helmutem Schmidtem i Helmutem Kohlem – rozlokował w Republice Federalnej rakiety *Pershing II* i zainicjował wyścig zbrojeń z blokiem wschodnim. Tego, że ów prezydent stale troszczył się o Niemcy, nie zalicza się tu na jego dobro. O wizycie Reagana, wraz ze Schmidtem, na Checkpoint Charlie w czerwcu 1982 r. praktycznie zapomniano; jego historyczne przemówienie pod Bramą Brandenburską 12 czerwca 1987 r., w którym zaapelował do radzieckiego szefa partii Michaiła Gorbaczowa, by ten przybył do Berlina i zburzył mur, rzadko kiedy bywa jeszcze właściwie doceniane.

Faktu, że Niemcy niekoniecznie odpłacają prezydentom USA wdzięcznością za zaangażowanie na rzecz ich kraju, dowodzi też przykład George`a Busha I. Gdy 12 maja 1989 r. – a więc sporo czasu przed wezbraniem fali uchodźców z NRD – wezwał on w Moguncji, podczas swej pierwszej wizyty w charakterze prezydenta, do zakończenia podziału Europy i Niemiec, reakcja na to była bardziej niż powściągliwa. Gwiazdą tego politycznego zwrotu – i do dziś jednym z najulubieńszych polityków – stał się natomiast dla Niemców Michaił Gorbaczow. Oczywiście, bez zgody Związku Radzieckiego ponowne zjednoczenie nie byłoby możliwe. Faktem jest wszakże i to, że „tak" Gorbaczowa wobec niemieckiej jedności i wycofania Armii Czerwonej trzeba było kupić płacąc Związkowi Radzieckiemu miliardowe kwoty – podczas gdy Amerykanie jedynie wyrazili życzenie, by zjednoczone Niemcy zechciały pozostać członkiem NATO, co jak najbardziej leżało i leży w niemieckim interesie.

Z kolei do dziś popularny wśród Niemców jest Bill Clinton. A przecież i na czas jego kadencji przypadają wojny i programy wojskowe. Jednym z nich był *National Missile Defense Act of 1999* – następca programu *SDI*, z powodu którego Ronald Reagan w czasie swego urzędowania nazywany był „gwiezdnym wojownikiem". W tym samym roku Clinton był też odpowiedzialny za udział NATO w wojnie w Kosowie. Bez jakiegokolwiek prawnomiędzynarodowego mandatu wszczęto wojnę przeciwko ówczesnej Federacyjnej Republice Jugosławii. Fakt, że przy tej okazji zbombardowano również chińską ambasadę w Belgradzie, a cywilne ofiary uznano za „szkody uboczne", był co prawda w owym momencie ostro krytykowany, nigdy jednak nie obwiniano o to osobiście prezydenta. Także to, że podczas całej swej kadencji Clinton kilkakrotnie nakazywał przeprowadzanie operacji lotniczych przeciwko Irakowi, gdy tenże naruszał sankcje ONZ, nie przyniosło mu nigdy opinii podżegacza wojennego.

Inaczej rzecz się ma z następcą Clintona, George`em Bushem II. Do dziś obciąża się go winą za wszelkie – faktyczne lub domniemane – występki: zarówno o samowolne działania w wojnie z Irakiem po 11 września 2001 r., jak i o niemądre grożenie „krucjatą" przeciwko islamskiemu terroryzmowi. W wypadku żadnego innego prezydenta nie stosuje się tak wyraźnie podwójnej miary, jak przy ocenie jego polityki. Podczas gdy Bushowi II nadal zarzuca się wystąpienie USA na forum Rady Bezpieczeństwa ONZ z fałszywymi materiałami dowodowymi na temat irackiej broni chemicznej, jego poprzednika Billa Clintona nie wini się o to, że i militarną interwencję w Jugosławii legitymizowano z pomocą nieprawdziwego uzasadnienia (chodziło o rzekomą serbską operację „Podkowa").

Demonstracyjnym wręcz przykładem selektywnej oceny polityki USA jest przeciwstawianie George`owi Bushowi II jego następcy Baracka Obamy. O ile stworzenie specjalnego więzienia w Guantanamo, co nastąpiło w erze George`a Busha II, słusznie poddawane jest ostrej krytyce jako naruszenie elementarnych zasad prawa USA oraz prawa międzynarodowego, o tyle krytyka jego następcy, który z zamknięcia Guantanamo uczynił naczelną obietnicę swojej kampanii wyborczej, a utrzymywał to więzienie do chwili swego pożegnania z Gabinetem Owalnym, jest niemal niesłyszalna. Równie niemrawa była też krytyka dokonanej przez Obamę zmiany metod prowadzenia wojny, sięgającej aż po stosowanie uzbrojonych dronów. Fakt, że laureat Pokojowej Nagrody Nobla z 2009 r. spowodował tymczasem śmierć tysięcy ludzi wskutek anonimowych bombardowań – bez ustalania ich indywidualnej winy przez sąd i bez debaty parlamentarnej na temat sensu tej niewypowiedzianej wojny – ani trochę nie naruszył jego popularności w Niemczech.

Skąd bierze się to ambiwalentne nastawienie do czołowych przedstawicieli Stanów Zjednoczonych? To, że jednego za jego akcje wojskowe obdarza się opinią „zdecydowany w działaniu", zaś drugiemu z powodu takich samych czynów zarzuca się „izolacjonizm"? Skoro prezydenci USA niewiele różnią się między sobą pod względem polityki zagranicznej, natomiast Niemcy reagują na nich w sposób w najwyższym stopniu zróżnicowany, to być może mówi to więcej o samych Niemcach i „opinii medialnej" niż o mężach stanu z drugiej strony Atlantyku.

Fritz Stern, żydowski historyk niemieckiego pochodzenia, wskazał kiedyś – w nieco innym kontekście – na to, że zwyciężone w drugiej wojnie światowej Niemcy po 1945 r. uległy urokowi USA. „Nowa przyjaźń między zwycięzcami a zwyciężonymi zaczęła się w czasie, gdy Niemcy leżały w ruinie, były moralnie unicestwione, gospodarczo znalazły się na dnie i były duchowym bankrutem – natomiast USA znajdowały się w zenicie swojej potęgi. Być może" – mówi Stern – „to «Ich bin ein Berliner» prezydenta Kennedy`ego wywołało taki elektryzujący efekt, ponieważ tym samym odpowiedziano na milczące identyfikowanie się tak wielu Niemców z USA."[364]

Czy zatem przesadne niekiedy, euforyczne owacje dla Kennedy`ego i Obamy są tylko zwykłym następstwem nad-identyfikacji z wielkim partnerem z tamtej strony Atlantyku? Przemawia za tym niemalże histeryczne kibicowanie w Niemczech kandydatowi Barackowi Obamie podczas obu jego kampanii wyborczych do Białego Domu – jak gdyby ten, kto został tam wybrany, był naszym prezydentem.

Z niemieckiego punktu widzenia prezydenci USA mają tę zaletę, że – w przeciwieństwie do własnych kanclerzy – nie trzeba ich oglądać podczas trudów codziennego rządzenia. Najwyraźniej wystarczy, jeśli od czasu do czasu jakiś utalentowany orator przebędzie „wielki staw" i wypowie kilka ciepłych słów. Tylko tak da się wyjaśnić zaskoczenie, z jakim podczas kampanii wyborczej 2012 r. niemiecka opinia publiczna zmuszona była przyjąć do wiadomości fakt, że w USA moc oddziaływania prezydenta Obamy po jednej kadencji wyraźnie osłabła.

Jak w takim razie interpretować odrzucenie, czy wręcz pogardę wobec niektórych innych prezydentów USA? Czy to tylko zwykłe rozczarowanie tym, że najwyraźniej mniej brylują oni jako mówcy, a niekiedy po prostu mówią bardziej szczerze o tym, co w polityce realne? Czy może kryje się też za tym uwolnienie od przeżywanego niegdyś entuzjazmu, teraz uznanego za przesadny? Faktem jest, że w kwestii polityki zagranicznej wszyscy dotychczasowi prezydenci USA tylko marginalnie różnili się od siebie: wojny „odziedziczone" po poprzednikach kontynuowali tak samo, jak i ich starania o pokój. Bilans, co naturalne, dla jednego wypadał lepiej, dla drugiego gorzej.

---

[364] Wywiad z Fritzem Sternem w: „Frankfurter Allgemeine Zeitung" z 16.11.2013 r.

Jedno wszakże u wszystkich prezydentów było wspólne: politykę zagraniczną uprawiali oni w interesie Stanów Zjednoczonych, a nie Niemiec – i robili to, co wraz ze swymi doradcami uznali za dobrze służące ich krajowi.[365]

Niemcy z perspektywy USA

Z rozmów z Amerykanami, z wypowiedzi polityków w niemieckich talk-shows oraz z artykułów w gazetach wyłania się coraz wyraźniejszy obraz Niemiec funkcjonujący w USA. Ogólnie można powiedzieć, że z ich perspektywy Niemcy są mocno zakorzenieni w swojej ziemi, zawsze gotowi na rozważenie propozycji, są uczciwi – być może nazbyt, kochają swoją ojczyznę, cenią sobie przytulną atmosferę, są solidni, mają wielu znakomitych inżynierów i w dużej części są pacyfistami.

To szacunek, a nie głębszy afekt, jeśli idzie o uczucia żywione przez Amerykanów wobec Niemiec: Niemcy są dziś w USA szanowani – choć uczucie, jakim nas się darzy, to nie miłość – przy czym my często za niczym tak nie tęsknimy, jak właśnie za miłością Amerykanów. Ta jednak w zasadzie na zawsze została ofiarowana Anglikom. Nasze szanse na nią zmarnowaliśmy wskutek obu wojen światowych w ostatnim stuleciu. Jesteśmy natomiast bardzo szanowani w tym wielkim kraju na amerykańskim kontynencie. Republika Federalna (ta dawna) była prymusem Amerykanów po II wojnie światowej. Szybko odniesione sukcesy, mianowicie cud gospodarczy, wprowadzenie demokratycznych reguł i stworzenie solidnej bazy dla demokracji przyniosły nam i nadal przynoszą podziw i sympatię. Synonimem Niemców niezmiennie pozostaje solidność. Szef sztabu Naczelnego Dowództwa Sił NATO na Atlantyku (SACLANT), admirał *US Navy*, podczas kolacji, którą wydał dla nas w swoim domu, powiedział w naszej obecności swoim amerykańskim przyjaciołom: *We will miss Hartmut and Ursula. You know, I made one experience in NATO: if you need somebody to talk ask a Brit but if you need somebody to work ask a German* [Będzie nam brakowało Hartmuta i Urszuli. Wiecie, zdobyłem w NATO jedno doświadczenie: jak chcesz z kimś pogadać, rozejrzyj się za Brytyjczykiem, ale jak potrzebny ci ktoś do roboty, to rozglądaj się za Niemcem]. Nic dodać, nic ująć.

USA zawsze były zorientowane na sukces. Kto odnosi sukces, ten jest podziwiany. A sukces mierzy się w twardej walucie. W ten sposób cud gospodarczy, mocna marka niemiecka i powodzenie niemieckich towarów na światowym rynku decydująco przyczyniły się do szacunku okazywanego nam przez Amerykanów. Nierzadko też szacunek ten zamienia się w podziw. Powtórzmy raz jeszcze: takie słowa jak *German engineering* lub mercedes albo BMW przez wielu Amerykanów wypowiadane są zawsze z pewną admiracją. To są wyrazy będące synonimami sukcesu.

---

[365] Nehring, René, w: Rotary Magazin 01/2014

Niemcy skorzystali z lekcji udzielonej im przez Amerykanów, prymus rozwinął skrzydła i 3 października 1990 r., z chwilą ponownego zjednoczenia, zdał swój egzamin dojrzałości. Tym samym zbliżyliśmy się do pozycji partnera. Wprawdzie tylko się zbliżyliśmy, ale to więcej, niż można było oczekiwać. Dla USA nie ma właściwie żadnych partnerów. USA są numerem jeden, *America the greatest country in the world*. Tu nie ma równorzędnych partnerów. Ale zaraz potem jesteśmy my. A zasługujemy na to dzięki stabilnemu, powojennemu rozwojowi, tak politycznemu, jak i gospodarczemu.[366]

Résumé

Z podziwu godną szybkością Amerykanie i Niemcy po II wojnie światowej zostawili brzemię wojny za sobą. Zwycięzca stał się potęgą chroniącą. Od 1945 r. stosunki niemiecko-amerykańskie kształtowane były przez szczególne uwarunkowania okresu powojennego i konfrontację Wschód-Zachód dokonującą się na terytorium podzielonych Niemiec. To w pierwszym rzędzie USA, wielkoduszny zwycięzca, zapewnił zachodnim Niemcom wolność, pokój, prawo i dobrobyt i towarzyszył im na drodze ku funkcjonującej demokracji.

Ten dawny fundament bilateralnych stosunków utracił swoją ważność. Generacja polityków, naukowców, dziennikarzy i żołnierzy, która w okresie powojennym rozwijała i pielęgnowała niemiecko-amerykańskie stosunki, zeszła ze sceny. Teraz to młode pokolenie, które nie zaznało już nieznośnego napięcia zimnej wojny i nie nauczyło się go obawiać, musi ukształtować nową podstawę przyszłego partnerstwa, która weźmie pod uwagę zarówno całkowicie zmienione w latach dziewięćdziesiątych warunki, jak i zmieniające się interesy i oczekiwania po obu stronach Atlantyku. Wojskowe aspekty europejskiej obronności zejdą przy tym raczej na dalszy plan Współdziałanie Niemców i Amerykanów będą determinować, bądź też obciążać, problemy rzetelnego partnerstwa gospodarczego, szeroko rozumianego udziału w zrastaniu się Europy oraz nowej solidarności w osłabianiu światowego potencjału kryzysowego i konfliktogennego.

---

[366] Spieker, Hartmut i Spieker, Ursula, *4 Jahre USA*, op. cit. s. 83/84

Rozdział 29

Antyamerykanizm i filoamerykanizm

Jeszcze w latach pięćdziesiątych XX stulecia niemiecko-amerykańska filozofka Hannah Arendt opublikowała pracę zatytułowaną *Dream and Nightmare*: USA, napisała, są zarazem magnesem i monstrum, jednocześnie przyciągają i odrzucają. Stąd w odniesieniu do USA „Hassliebe" [miłość-nienawiść] jest pojęciem trafniejszym niż „przyjaźń".

Europejski antyamerykanizm jest postawą duchową, której profil zależy od politycznego, kulturalnego i gospodarczego kontekstu. To kulturowy fenomen, nierozłącznie związany ze swym przeciwieństwem, bezkrytycznym filoamerykanizmem, i od dawna zajmujący zarówno naukę, jak i szeroką opinię publiczną w Europie.

Sympatia wobec USA zaczęła topnieć w Europie akurat od 11 września 2001 r. A od czasu zmiany w Białym Domu, tej ze stycznia 2017 r., zaufanie do rządu USA zmniejszyło się jeszcze bardziej i osiągnęło najniższy poziom w historii. Największy i najbardziej znany instytut demoskopijny w USA, *Pew Research Center*, zadał w 37 krajach świata następujące pytanie: „Czy ma Pan/Pani zaufanie co do tego, że prezydent USA postąpi właściwie w związku z danym wydarzeniem światowym?" Pytanie to postawiono w latach 2014-2016 w odniesieniu do Baracka Obamy oraz wiosną 2017 r. w związku z Donaldem Trumpem, a wyniki opublikowano 26 czerwca 2017 r. W końcówce rządów Obamy przeciętna wartość pozytywnych odpowiedzi z 37 krajów wyniosła 63,2 %, podczas gdy po starcie Trumpa spadła do 26,7 %. Wyjątkami od tego trendu były jedynie Rosja i Izrael – co też ma swoją wymowę![367]

kraj	finał Obamy	początek Trumpa
Izrael	49	56
Rosja	11	53
Australia	84	29
Japonia	78	24
Polska	58	23
Kanada	83	22

---

[367] „Spiegel" online z 27. 06. 2017 r.

Wielka Brytania	79	22
Holandia	92	17
Korea Południowa	99	17
Francja	84	14
Niemcy	86	11
Szwecja	93	10
Hiszpania	75	7
Meksyk	49	5

Wizerunek USA funkcjonujący w światowej opinii publicznej zawsze był rozdwojony i – co oczywiste – zmieniał się wraz z każdą zmianą prezydenta. Jednak w XXI wieku zjawisko to nabrało intensywności: darzone podziwem państwo zamieniło się w znienawidzone mocarstwo światowe. Lecz i ten wizerunek jest dwojaki. Jedni krytykują Europejczyków za ich brak wiedzy na temat sytuacji w Stanach Zjednoczonych i zalecają ludziom spoza USA, by spróbowali dostrzec swą nienawiść i ślepotę. Z kolei inni wytykają, jak mało mieszkańcy USA wiedzą o reszcie świata i jak mało ją rozumieją. Ci antyamerykańscy krytycy często przepowiadają stopniowy zmierzch USA.

Według „Dudena", antyamerykanizm jest postawą odrzucenia skierowaną przeciwko systemowi społecznemu, polityce i stylowi życia USA. Antyamerykanizm funkcjonował i funkcjonuje z rozmaitych przyczyn i na rozmaitym tle światopoglądowym. Stąd też nie może być mowy o jednolitym, światowym, antyamerykańskim wizerunku pielęgnowanym przez przeciwników Stanów Zjednoczonych. Jednak w XXI wieku wyjątkowo trwałe antyamerykańskie odniesienia postrzegane są, zwłaszcza w Europie, jako rzucający się w oczy, wspólny element prawego i lewego skraju politycznego spektrum. Jest też coś jeszcze: antyamerykanizm może istnieć tylko wespół ze swym kontrpartnerem filoamerykanizmem – czyli fascynacją USA. Pod względem strukturalnym anty- i filoamerykanizm orientują się nawzajem podług siebie, co oznacza, że antyamerykańskie poglądy często zwracają się bezpośrednio przeciwko filoamerykańskim postawom.

Filoamerykanizm ma co najmniej równie długą historię co antyamerykanizm. Pierwotnie, jeszcze przed rozwinięciem się kapitalizmu przemysłowego i nastaniem nowoczesności, wynikał on z liberalnej wizji USA jako swego rodzaju światowego laboratorium. Jednak już wkrótce europejscy obserwatorzy nabrali obaw, że taka wizja USA ich zmyliła. To była właśnie godzina narodzin antyamerykańskiego dyskursu w ramach filoamerykańskich tendencji.

W dekadach, które nastąpiły po amerykańskiej rewolucji 1776 r., wielu Europejczyków z dużą sympatią odnosiło się do nowego kraju i jego politycznej formy. A ponieważ Wielka Rewolucja Francuska 1789 r. nie przyniosła długofalowych zmian systemowych, na początku XIX stulecia to właśnie USA pozostawały jedynym państwem orientującym się podług zasad oświecenia. W konsekwencji szybko stało się ono obiektem zainteresowania tych wszystkich, których ideały nowoczesnego, demokratycznego społeczeństwa pociągały bądź odrzucały.

Pozytywne opisy amerykańskiego społeczeństwa pozostawały istotnym tematem aż do wybuchu pierwszej wojny światowej. W 1827 r. Johann Wolfgang von Goethe zakrzyknął:

> *„Ameryko, ty masz lepiej*
> *Niż nasz kontynent stary*
> *Nie masz zamków zrujnowanych*
> *Ani bazaltów.*
> *W czasie tworzenia*
> *Nie dręczą cię ciągle*
> *Daremne wspomnienia*
> *Ni spory płonne."*[368]

Tak samo wszakże rozwijały się wśród europejskich społeczeństw po 1776 r. podskórnie tendencje antyamerykańskie, które w XIX wieku przeszły w mocniejszą formę krytyki amerykańskiej kultury i nowoczesności i przetrwały nienaruszone do 1914 r. Kontrast pomiędzy wiekową europejską mądrością a amerykańskim brakiem historii, między europejskim zmierzchem a amerykańskim wigorem do dziś jest w publicznej dyskusji regularnie akcentowany. Mit pucybuta, który w USA został milionerem, wymuszone rugowanie wszelkiego „amerykaństwa" z wartości i języka oraz niezdolność do postrzegania USA jako swoiście ukształtowanego państwa, a nie jaskrawego odstępstwa od europejskiej normy – wszystko to bierze początek w XIX stuleciu, kiedy to Europa przechodziła od społeczeństwa feudalnego do obywatelskiego.

Do pierwszej wojny światowej lęki konserwatywnych elit zostały sformułowane, znajdując wyraz w sprzeciwie wobec nowoczesności i jej symboli w amerykańskich publikacjach, ideach i produktach kultury. W XX wieku pokolenie intelektualistów i obserwatorów, w tym krytyków takich jak Ernst Jünger, Martin Heidegger, Herbert Marcuse i Emmanuel Todd, zaczęło przedstawiać USA jako miejsce gigantycznej ludzkiej katastrofy. Cóż takiego się stało? Po pierwszej wojnie światowej nastąpił

---

[368] Kolekcja Niemieckiej Poezji Klasycznej w przekładach Andrzeja Lama

rozkwit debaty na temat USA – a wraz z nią filo- i antyamerykańskich punktów widzenia – w oparciu o książki, pamflety, komiksy, muzykę, reklamę, film i modę. Fabryka producenta samochodów Henry`ego Forda w Detroit z taśmą produkcyjną oraz wizja transformacji społeczeństwa opartego na rolnictwie w masowe społeczeństwo przemysłowe wywarły po 1918 r. głęboki wpływ na europejskie społeczeństwa.

Spośród wszystkich krajów europejskich początkowo to Rzesza Niemiecka była najbardziej chyba otwarta na amerykańskie wpływy. W okresie Republiki Weimarskiej przeszło kilka fal filoamerykanizmu, w trakcie których państwo to zbliżało się do USA tak kulturowo, jak i pod względem przemysłowym. Wielu obserwatorów i intelektualistów wspierało pobratymstwo z USA. I jak wielu innych Europejczyków, także wielu Niemców podziwiało amerykańskich atletów, na przykład podczas igrzysk olimpijskich 1936 r., kiedy to *African-American* Jesse Owens stał się ulubionym sportowcem widzów.

Zarazem jednak społeczeństwo okresu weimarskiego objawiało zdecydowany antyamerykanizm spowodowany pokojowym Traktatem Wersalskim, 14 punktami Wilsona oraz faktem, że to głównie bierność USA umożliwiła ów traktat i alianckie żądania reparacyjne. Intelektualiści i pisarze, tacy jak Erwin Kisch i Bertolt Brecht, wykorzystywali przykład USA do portretowania zła niesionego przez kapitalizm, bądź też bezdusznego, infantylnego i powierzchownego społeczeństwa.

W „Trzeciej Rzeszy" paradoks ów utrzymywał się nadal. Adolf Hitler uważał USA za kraj słaby i wojskowo niekompetentny, zdominowany przez „niepełnowartościowe rasy" oraz wszechpotężnego dolara. Równocześnie jednak narodowi socjaliści interesowali się rozwojem technologii w USA, podobnie jak masową produkcją, dobrami konsumpcyjnymi oraz metodami modernizacji i racjonalizacji stosowanymi w amerykańskiej gospodarce. I choć kierownictwo Rzeszy zakazało amerykańskich filmów, jazzu i swingu, to do końca wojny były one wysoko cenione przez niemieckich konsumentów i żołnierzy.

Także w europejskich demokracjach utrzymywał się ambiwalentny wizerunek USA. Mimo wszelkiej antypatii istniejącej po stronie francuskich elit oraz intelektualistów, pomiędzy 1900 a 1940 rokiem rząd francuski podejmował znaczne wysiłki w celu pozyskania życzliwości Amerykanów. Prywatnie mogły irytować powszechne w USA opinie o narodowej wielkości, dla francuskich decydentów było wszakże rzeczą oczywistą, że Francja sprawuje większą kontrolę nad swoją tożsamością niż nad swoimi zasobami produkcyjnymi, zasobami, których kraj potrzebował, jeśli chciał być nowoczesnym, wielkim mocarstwem. Stąd też w wielu kręgach łączenie postawy antyamerykańskiej z głębokim sentymentem dla amerykańsko-francuskiej przyjaźni uważano za *trendy*. Mimo wszelkiej politycznej frustracji, francuski antyamerykanizm okresu międzywojnia pozostawał kulturowym fenomenem wypływającym od tej grupy francuskich intelektualistów, którzy USA znali najlepiej. Niektórzy krytykowali masowe społeczeństwo, podczas gdy innych oburzało międzynarodowe władztwo USA. Wspólnym dla jednych i drugich elementem pozostawała retrospektywna postawa wyrażająca się w uskarżaniu na słabnięcie Francji i modernizację społeczeństwa.

Generalnie okres międzywojenny ukazuje istnienie w Europie zróżnicowanej percepcji USA. Oprócz powszechnego podziwu dla amerykańskiego przemysłu i programu gospodarczego Roosevelta, panowała też ogromna fascynacja „amerykańskim systemem" społecznej organizacji. Zarazem jednak cechą kręgów faszystowskich i konserwatywnych pozostawał kulturalny antyamerykanizm, gdyż widziały one w USA zagrożenie dla europejskich tradycji, narodowej i regionalnej tożsamości, jak również dla wewnętrznej odnowy Europy lat 30.

Nie uniknęli tej sprzeczności ani przedwojenni katolicy, ani młodzi przywódcy reżimu Vichy z czasów niemieckiej okupacji. Byli oni przekonani, że chcąc zejść z drogi amerykanizacji kraju i przywrócić Francji jej kulturalną esencję, trzeba współpracować z kolaborantami, nawet jeśli ma to oznaczać dyskryminację Żydów i niszczenie francuskiego ruchu oporu. Stąd też francuscy decydenci okresu drugiej wojny światowej życzyli sobie Ameryki hojnej, ale odległej, a nadzieje zamiast w zbrojnym oporze przeciwko Niemcom pokładali w pewnym rodzaju ożywienia od wewnątrz francuskiego ducha.

Debata o USA zmieniła się drastycznie podczas zimnej wojny, kiedy to uległa ona upolitycznieniu. Krytyka USA istniała „od zawsze", a zwłaszcza od czasu ratyfikowania traktatu wersalskiego. Jednak dopiero w latach 50., gdy w USA powstał szeroki ruch antykomunistyczny, europejscy obserwatorzy zaczęli formułować krytyczne opinie akcentujące ideologię polityczną. Filo- i antyamerykanizm stały się codziennością.

Mimo wszelkiej politycznej kooperacji, jaka istniała w zachodnim sojuszu, w Europie podczas zimnej wojny szerzył się antyamerykanizm; kwestie kulturalne i polityczne wszędzie łączyły się z regionalnym stanem ducha. We Francji antyamerykanizm stał się decydującą postawą podczas rozłamu między komunistami i socjalistami po 1947 r.. Amerykański ekspansjonizm, NATO oraz wpływy amerykańskich artystów jawiły się francuskim elitom jako zagrożenie – ale nie szerokiej opinii publicznej. Młodzi Francuzi z entuzjazmem odnosili się do *American Way of Life* z jej konsumpcyjną kulturą, wyższym standardem życia i gospodarczym rozkwitem. Dla wielu Francuzów USA stały się czymś w rodzaju „anty-mitu", narzędziem w walce z pozbawioną kultury masą; ich postawa miała wszakże niewiele wspólnego z realiami stosunków międzynarodowych.

Podczas gdy francuskich krytyków amerykańskiej kultury zajmowały język, sztuka i konsumpcja, brytyjscy antyamerykaniści martwili się o inne sprawy. Po drugiej wojnie światowej wielu Brytyjczyków czuło, że ich kraj utracił swój status imperium oddając go USA – i chyba słusznie.

W 1957 r. amerykański humorysta Art Buchwald zamieścił w londyńskim „Timesie" ogłoszenie, w którym wezwał „ludzi, którzy nie lubią Amerykanów", by napisali do niego o powodach swojej antypatii. Buchwald otrzymał ponad sto odpowiedzi, które tak podsumował: „Gdyby Amerykanie przestali wydawać swoje pieniądze, rozmawiać głośno w miejscach publicznych, mówić Brytyjczykom, kto wygrał wojnę, gdyby przestali importować ropę ze Środkowego Wschodu, przestali żuć gumę i zabrali z Anglii swoje bazy lotnicze, rozwiązali problemy segregacji rasowej na Południu, wskazali amerykańskiej kobiecie, gdzie jej miejsce, nie eksportowali rock`n`rolla i mówili poprawnym angielskim, wtedy napięcia między obu krajami zelżałyby i Brytyjczycy oraz Amerykanie znów mogliby się tolerować."[369]

W latach 60. ideologicznie podbudowana krytyka USA nabrała intensywności, podsycana frustracją i utratą złudzeń wielu krajów co do tego państwa. Twierdzenie, że USA mają stanowić drogowskaz demokratycznego społeczeństwa, wielu ludziom po drugiej stronie oceanu wydawało się coraz mniej wiarygodne w obliczu amerykańskiej segregacji rasowej i wojny w Wietnamie. Jedno i drugie w znacznym stopniu potęgowało antyamerykanizm. „Całe moje liberalne wykształcenie wzięło początek w Amerykańskim Domu, gdzie studiowałem Deklarację Niepodległości USA", wspominał pewien młody liberał w Niemczech Zachodnich, „to, co się teraz dzieje, to jawne pogwałcenie takich ideałów."

Zachodnioniemiecki antyamerykanizm lat 60. i 70. koncentrował się na interpretacji zachodnich wartości i instytucji. Jego źródłem było stacjonowanie wojsk amerykańskich w Niemczech Zachodnich, a szerzył się głównie wśród intelektualistów, studentów, lewicowców, „grup pokojowych" i ekologów. Awersja do amerykańskiego wojska szła ręka w rękę z odrzuceniem konsumpcyjnego myślenia i atakiem na makdonaldyzację Niemiec.

Nie da się wszakże przeoczyć faktu, że antyamerykańskiej postawie Niemców nawet w najbardziej dla nich burzliwych czasach – czyli w latach 70. i na początku lat

---

[369] Marcus Cunliffe, *The Anatomy of Anti-Americanism*, w: Rob Kroes/Maarten van Rossem (eds.), Anti-Americanism in Europe, Amsterdam 1986, s. 23 I nast.

80. – towarzyszyły objawy filoamerykanizmu. Dla obserwatorów z USA tendencja ta jest trudna do pojęcia: jak bowiem ludzie mogą w widoczny sposób korzystać z produktów amerykańskiej konsumpcji – dżinsów, coca-coli, hamburgerów, filmów, muzyki pop – a zarazem protestować przeciwko kulturze i polityce zagranicznej USA? Nawet zwolennicy szkoły frankfurckiej, nadzwyczaj krytycznie odnoszący się do USA – jak choćby Herbert Marcuse i Theodor W. Adorno – w swoich osobistych wspomnieniach podkreślali pozytywne doświadczenia nabyte w Stanach Zjednoczonych. Sondaże opinii publicznej przeprowadzone w Niemczech Zachodnich w latach 60. do 80. pokazały, że połowa obywateli postrzegała USA jako najlepszego przyjaciela ich kraju, jeszcze przed Francją, że 80 procent wszystkich ankietowanych uznawało za ważne członkostwo Niemiec w NATO i że tylko 20 procent popierało wycofanie żołnierzy USA z Europy Zachodniej.

Zachodnioeuropejskie sondaże spomiędzy lat 1975 i 1983 uwydatniają ten obraz. „W każdym anty-Amerykaninie drzemie filo-Amerykanin”, pisze holenderski historyk Rob Kroes.

Najczęstszym wyróżnikiem europejskiego antyamerykanizmu pozostają regionalne różnice i konserwatyzm. Mechanizmem wyzwalającym antyamerykańskie tendencje często bywają procesy i decyzje z obszaru polityki zagranicznej USA, nigdy jednak nie są one same w sobie przyczyną długotrwałego istnienia tego fenomenu.

Państwa środkowo-wschodnioeuropejskie również w okresie swej zależności od Moskwy pod żadnym względem nie były homogeniczne, zatem także pod względem swego stosunku do USA. Wszędzie jednak stosunek ten cechowało jedno: ludzie ci żyli za żelazną kurtyną, Zachód wydawał im się ziemią obiecaną, a USA wręcz krainą pieczonych gołąbków. Wszyscy mieli jednak ogromne trudności, niemal nie do pokonania, z wyjazdem do Europy Zachodniej i USA i porównaniem własnych, przeważnie wyidealizowanych wyobrażeń z realiami. Skutkiem tego powstawały mity i taki mit istniał też w odniesieniu do USA. W powiązaniu z Zachodem i USA funkcjonowało również pojęcie „podwójnej moralności”: oficjalnie państwa Układu Warszawskiego i ich narody były antyzachodnie i antyamerykańskie, nieoficjalnie wszakże Zachód i USA były obiektem marzeń; im bardziej wydawały się nieosiągalne, tym silniejszy stawał się mit. Dotyczyło to nie tylko „zwykłych” ludzi, lecz w podobnej mierze także przedstawicieli partii i władz, którzy – potajemnie lub pod najróżniejszymi pozorami – starali się jak najczęściej odwiedzać kraje zachodnie, robić tam zakupy i kształcić swoje dzieci. Przy tym ich oficjalna retoryka, ta „na domowy użytek”, nadal była „antyimperialistyczna”, czyli antyzachodnia i antyamerykańska. Komunistyczna propaganda nie była tu w stanie wiele zmienić. W sumie można powiedzieć, że kraje Układu Warszawskiego na zewnątrz były antyamerykańskie, podczas gdy w wielu głowach tak naprawdę panował silny filoamerykanizm.

Ta tendencja utrzymywała się do pierwszej połowy lat 90. Odtąd idealny obraz USA powoli zaczynał się kruszyć: coraz więcej ludzi z coraz liczniejszych obszarów mogło porównać filoamerykański mit z amerykańskimi realiami, a wraz z tym porównaniem przychodziło też rozczarowanie. Początkowo dotyczyło to rozmaitych posunięć i decyzji w polityce zagranicznej Waszyngtonu ostatnich dekad, które powodowały wzrost sceptycyzmu. Były to posunięcia różniące się często od wyobrażeń panujących na ten temat w Polsce, a także w innych krajach byłego „obozu socjalistycznego”.

W tej chwili Polska i inne państwa środkowoeuropejskie nie różnią się już tak bardzo pod względem anty- i filoamerykanizmu od krajów zachodnioeuropejskich, aczkolwiek procentowo filoamerykanizm wydaje się tu być silniej reprezentowany niż antyamerykanizm.[370]

W Związku Radzieckim z kolei zdeklarowanym celem Kremla było przedstawianie USA i *American Way of Life* z pomocą propagandy w jak najgorszym świetle. Jednakże, mimo wszelkiej krytyki, już w czasach rządów Stalina coraz żywsze stawało się zainteresowanie produktami konsumpcyjnymi, komfortem i prestiżem uzyskiwanym dzięki takim towarom jak modny ubiór, samochody i wyroby elektroniczne. Kilku radzieckich artystów naśladowało nawet amerykańskich twórców pop-artu, włączając w swoją sztukę magnetowidy i telewizory – i to dokładnie w chwili, gdy rząd radziecki jak najostrzej potępiał tego rodzaju trendy w USA. USA, podług rusofilów, były materialistycznym krajem bez kultury i historii, podczas gdy Rosja jawiła się jako stara, uduchowiona nacja o długiej tradycji. Równocześnie wśród warstw wykształconych częsty był pogląd, że USA są interesującym krajem z dynamiczną kulturą, „postępowymi” autorami i utalentowanymi muzykami. Spojrzenie to i dziś można odnaleźć w rosyjskiej polityce i społeczeństwie.

W latach 90., jak się wydaje, polityczne komponenty antyamerykanizmu na krótki czas zanikneły. Zmieniło się to po 11 września 2001 r., po wdrożonych przez USA akcjach wojskowych w Afganistanie i Iraku oraz lawinie kontrowersyjnych decyzji politycznych, na przykład o nieratyfikowaniu protokołu z Kyoto, utrzymaniu kary śmierci i nieuznawaniu jurysdykcji Międzynarodowego Trybunału Karnego w Hadze. Zarzuty polityczne znów zaczęły towarzyszyć antyamerykanizmowi w sferze kultury, a niektórzy obserwatorzy wręcz twierdzili, że krytyka polityczna przesłoniła kulturalną.

Interpretacja ta nie zważa wszakże na praźródła i ciągłość europejskiej krytyki w odniesieniu do USA, na zmieniający się stosunek pomiędzy filo- i antyamerykanizmem oraz na fundamentalny wymiar historyczny tego fenomenu. Od XIX wieku europejska debata o USA toczy się w warunkach de facto stopniowego upodobniania się obu kontynentów do siebie pod względem gospodarczym i społecznym. Wraz z nastaniem

---

[370] Seydak, Paweł, list z Warszawy z 12. 08. 2017 r.

nowoczesności, dla większości Europejczyków „amerykanizacja" zmutowała przekształcając się z utopijnej wizji w bardzo prawdopodobną perspektywę przyszłości. Właśnie owo kulturowe zbliżenie spowodowało, że Europa coraz bardziej postrzegała USA jako bezpośrednią projekcję tego, co nadchodzi. Już sam ten proces doprowadził do tego, że po amerykańskiej wojnie domowej w Europie rozwinęła się prowadzona z pasję debata na temat USA, której podstawowy nurt istniał co prawda już wcześniej, lecz nie towarzyszyło mu tak wiele emocji. Po pierwszej, a jeszcze bardziej po drugiej wojnie światowej kulturalna, gospodarcza i polityczna dominacja USA stała się ważną częścią składową tego, co krytycy interpretowali jako „amerykańskie zagrożenie".

Rozwiane złudzenia – te, które Europejczycy sami wiązali z „Nowym Światem" oraz te, których USA nigdy nie zdołałyby ziścić – podobnie jak nieuniknione zbliżanie się amerykanizacji Europy mieszały się z coraz silniej spolaryzowaną debatą odsłaniającą przede wszystkim lokalne konflikty dotyczące systemów wartości, ideałów i oczekiwań. W ostateczności historyczna rzeczywistość odgrywała mniej ważną rolę niż amerykańskie ideały, które Amerykanie realizowali wszakże całkiem inaczej niżby wielu Europejczyków oczekiwało lub sobie tego życzyło.[371]

Stereotypowe poglądy na USA wcale nie muszą skutkować dyskryminacją czy szykanowaniem Amerykanek i Amerykanów, by mogły zostać skrytykowane jako antyamerykanizm.[372]

Résumé

Antyamerykanizm niewątpliwie przeciwstawia się filoamerykanizmowi. Obie postawy są mocno utrwalone w Europie, a zwłaszcza w Niemczech. Podziwowi dla awansu na pozycję jedynego światowego mocarstwa i dla sukcesów, które uzyskał ten kraj i jego ludność, przeciwstawiają się zawiść i nieżyczliwość. Ich pole działania poszerza się jeszcze wskutek sprzeczności pomiędzy oczekiwaniem a rzeczywistością. Gdy jakiś kraj prezentuje się jako wzorzec, jako *the greatest in the world*, chce pełnić w świecie misję i służyć innym narodom za przykład, sam natomiast co chwila mocno narusza postulowane wartości i wymagania, piętnując to zarazem u innych narodów, wtedy wyraźnie traci na wiarygodności. A stąd już tylko krok do postaw „anty". Szeroko rozpowszechniony antyamerykanizm mógłby zostać powściągnięty bądź zredukowany tylko wówczas, gdyby USA znów stały się wiarygodne i odzyskały utracone zaufanie. Pod rządami takiego prezydenta jak D. Trump wydaje się to raczej mało prawdopodobne.

---

[371] *por.* Gienow-Hecht, Jessica, w: Bundeszentrale für politische Bildung [Federalna Centrala Kształcenia politycznego], informacja z 18. 01. 2008 r.

[372] *por.* Knappertsbusch, Felix, *Anti-Amerikanismus in Deutschland - über die Funktion von Amerikabildern in nationalistischer und ethnozentrischer Rhetorik* [Antyamerykanizm w Niemczech – o funkcji wizerunków Ameryki w retoryce nacjonalistycznej i etnocentrycznej]

Rozdział 30

Perspektywy

W poprzednich 29 rozdziałach, po wprowadzeniu mówiącym o niegdysiejszych mocarstwach światowych, wpierw przedstawiono historię powstania USA, a następnie ich drogę ku pozycji jedynego światowego mocarstwa, by wreszcie naświetlić krytycznie ważne aspekty funkcjonowania tej światowej potęgi.

Teraz, w oparciu o powyższe, zbadane zostaną możliwe perspektywy tego państwa. Jak mogą potoczyć się dalej losy światowego mocarstwa USA lub innych, wschodzących potęg światowych? W tym celu trzeba będzie sięgnąć do wybranych treści dotychczasowych rozdziałów, a także przyjrzeć się i ocenić aktualnie dokonujące się procesy.

Z dawien dawna do amerykańskiego poczucia tożsamości należy postrzeganie siebie jako wyjątku pośród narodów oraz jako światowego drogowskazu demokracji i wolności. W latach 40. ubiegłego wieku publicysta Henry Luce ukuł odnoszące się do tego pojęcie „amerykańskiego stulecia". Widział on w USA spadkobiercę mocno nadwątlonego brytyjskiego imperium światowego, które abdykowało z pozycji globalnego supermocarstwa. Jako nowa, wiodąca potęga – domagał się wówczas Luce – USA powinny interweniować w drugiej wojnie światowej. Jego tezy zachowały wpływ także po zwycięstwie nad Niemcami i Japonią. Zimna wojna utrwaliła światową wizję „potęgi dobra", która przeciwstawiła się stworzonemu przez Związek Radziecki „imperium zła" – i wygrała!

W 1990 r., po ustaniu dwubiegunowego porządku świata, rola USA jako geopolitycznego dominanta była początkowo bezdyskusyjna. Jeszcze w 1996 r. prezydent Bill Clinton tłumaczył ingerencję w konflikt bałkański wskazując, że są czasy, w których jedynie USA stoją pomiędzy „wolnością a uciskiem".

Tymczasem jednak ta samoświadomość ustąpiła miejsca głębokiemu otrzeźwieniu. Kampania George`a Busha II w Iraku kosztowała życie setki tysięcy ludzi, nie osiągnęła swych najważniejszych celów i sprawiła, że poparcie amerykańskich wyborców dla militarnych awantur, także tych z dala od własnych granic, spadło. Wojna, uzasadniana na forum Narodów Zjednoczonych fałszywymi argumentami CIA, doprowadziła ponadto do ogromnej utraty zaufania do USA na całym świecie – tak u przyjaciół, jak i u przeciwników.

Barack Obama zwyciężył w walce o Biały Dom w 2008 r. między innymi dzięki obietnicy zakończenia wojen w Iraku i Afganistanie i sprowadzeniu żołnierzy na powrót do domu.

Opinie, zgodnie z którymi Chiny jako największa gospodarka narodowa na Ziemi w ciągu kilku dekad zastąpią USA, są przez niektórych obserwatorów uważane również za oznakę zmierzchu „amerykańskiego stulecia". Zalicza się do tego także wycofanie się Obamy z Bliskiego Wschodu. Partnerzy USA z całego świata będą być może zmuszeni nastawić się na rosnące skupianie Waszyngtonu tylko na własnych sprawach. Wrażenie to potęguje się od chwili objęcia urzędu przez Donalda Trumpa. Czy jednak faktycznie sprawy zaszły już tak daleko?

Ci, których przedwcześnie ogłoszono martwymi, zwykle żyją długo, także w światowej polityce. Ważne czynniki, które umacniają USA w roli wiodącego supermocarstwa, przynajmniej na krótszą metę pozostaną w mocy. Za przykład niechaj posłuży potęga wojskowa: USA nadal dysponują większą liczbą znacznie potężniejszych lotniskowców niż wszystkie inne kraje na Ziemi razem wzięte i mogą z ich pomocą, w dowolnym czasie, zademonstrować swą siłę i wpłynąć na wydarzenia w każdym punkcie świata. Ich gospodarka narodowa nadal jest olbrzymia. Obecnie nie ma kraju, który w krótkim czasie mógłby przejąć pozycję USA jako światowego mocarstwa.

Także pod względem kulturalno-technicznym – od muzyki pop aż po zaawansowaną technologię – wiodąca rola USA jest równie mocna jak zawsze. Na całym świecie rzesze kinomanów podziwiają najnowsze przeboje Hollywoodu właśnie, a nie najświeższe hity rosyjskie bądź filmy z hinduskiego Bollywood. Mając 300 laureatów Nagrody Nobla (aczkolwiek głównie cudzoziemców prowadzących badania w USA) i ponad 1.100 złotych medali olimpijskich, USA stanowią ponadto niedościgłą czołówkę w dziedzinie badań, nauki i sportu. Prezentacja nowego iPhona za każdym razem jest wydarzeniem na światową skalę.

Od zakończenia drugiej wojny światowej Stany Zjednoczone były gwarantem i architektem światowego porządku bazującego na międzynarodowych instytucjach, możliwie najdalej sięgającym prawie międzynarodowym oraz na liberalnym i otwartym porządku handlowym. W tym celu, po części z inicjatywy USA, stworzono takie organizacje jak Narody Zjednoczone (ONZ), Bank Światowy, Międzynarodowy Fundusz Walutowy (MFW) oraz Światowa Organizacja Handlu (WTO). W obrębie tego porządku i w jego instytucjach dominowały USA i ich zachodni partnerzy. Dzięki potędze politycznej, gospodarczej i militarnej, przede wszystkim Waszyngton mógł odtąd kształtować w skali globalnej procesy gospodarcze i polityczne oraz sojusze wojskowe.

USA są zatem nadal przepotężne w wielu obszarach, jednak w coraz większym stopniu wycofują się z roli światowego żandarma. W nadchodzących latach Waszyngton zapewne zwiększy jeszcze militarną wstrzemięźliwość okresu Obamy, o ile USA nie poczują się zmuszone do działania przez nowy atak, taki jak ten z września 2001 r. Postawieni w trudnej sytuacji sojusznicy USA nie będą już mogli zawsze i wszędzie liczyć na odsiecz kawalerii, a konkurenci, jak Rosja czy Chiny, spróbują wykorzystać to na swoją korzyść.

Skutkiem wojen w Afganistanie i Iraku USA utraciły funkcję wzorca i zaufanie świata – także najściślejszych dotąd sojuszników; dość przypomnieć tu hasłowo pięć spraw: rzekoma broń chemiczna Saddama Husajna, Abu Ghraib, *Waterboarding*, Guantanamo i NSA.

Choć trend ku redukcji wpływów USA w świecie był dostrzegalny już w czasach George`a Busha II i Baracka Obamy, to szybko i wyraźnie nabrał on intensywności z chwilą objęcia urzędu przez Donalda Trumpa.

Już poprzednik Donalda Trumpa, Barack Obama, zaczął ograniczać amerykańskie pretensje przywódcze dostosowując się w ten sposób do zmiany układu sił na świecie i wewnątrzpolitycznej sytuacji w USA. Od lat toczą się tam bowiem kontrowersyjne dyskusje o tym, jak dalece USA winny angażować się na arenie międzynarodowej. Gotowość ludności do sprostania choćby wojskowym i finansowym obciążeniom spoczywającym na gwarancie bezpieczeństwa i porządku na świecie wyraźnie spadła. Ponadto również w USA rozprzestrzeniła się krytyka globalizacji, od pewnego czasu sceptycznie ocenia się tam umowy o wolnym handlu, nie zawiera się ich bądź wręcz je wypowiada. Wydaje się, że pod rządami Donalda Trumpa USA swoje hegemoniczne chęci twórcze ostatecznie odłożyły ad acta.

Czy więc USA znów wycofają się na własne podwórko? Przepowiednie o odwróceniu się USA od reszty świata głoszono już niejeden raz. Istnieją wszakże przesłanki wskazujące, że tym razem faktycznie może do tego dojść. Należy do nich rosnący protekcjonizm gospodarczy Waszyngtonu objawiający się między innymi w powszechnym tam sceptycyzmie wobec międzynarodowych umów handlowych.[373] Umowa TPP dotycząca rejonu pacyficznego została wypowiedziana natychmiast po objęciu władzy przez administrację Trumpa, negocjacje w sprawie TTiP w obszarze atlantyckim zostały zerwane w tym samym momencie, a odnosząca się do Ameryki Północnej NAFTA jest renegocjowana.

---

[373] Seibert, Thomas, w: Der Tagesspiegel [program TV] z 08. 11. 2016 r.

Dla nowego prezydenta USA globalne struktury ustrojowe nie były warte wzmianki w jego mowie inauguracyjnej. Podkreślił wprawdzie, że pragnie umacniać stare sojusze, lecz powiedział też, że będzie wykuwał nowe – z nadrzędnym celem „starcia islamskiego terroru z powierzchni ziemi". Tradycyjnych wskazań na uniwersalne wartości, takie jak wolność, demokracja i prawa człowieka, wieloletniej maksymy odnoszącej się do działań USA w polityce zagranicznej, brakowało w przemówieniu Trumpa tak samo, jak i listy priorytetów, którą w styczniu 2017 r. ogłosił na stronie internetowej Białego Domu.

Wydaje się, że zasadą amerykańskiej polityki wewnętrznej i zagranicznej stał się nacjonalizm. Nowemu prezydentowi USA chodzi przede wszystkim o zmaksymalizowanie krótkoterminowych interesów amerykańskich i o odniesienie militarnego zwycięstwa w tzw. wojnie z terrorem. Konsekwencje takiego wycofania się USA z funkcji aktora międzynarodowej sceny, który realizację własnych interesów widzi właśnie w swej roli globalnej siły porządkowej, nie są dziś jeszcze możliwe do przewidzenia. Właściwie sformułował to były niemiecki minister spraw zagranicznych Steinmeier reagując na przemówienie Trumpa: „To, które wizje ustrojowe przebiją się w XXI wieku, jak będzie wyglądać świat jutra, jest sprawą całkowicie otwartą."

Europa konfrontuje się z nowym ukierunkowaniem amerykańskiej polityki zagranicznej w sytuacji i bez tego wystarczająco niestabilnej. Od lat stosunek sił, czy to pod względem ekonomicznym, czy demograficznym, czy w odniesieniu do możliwości finansowych, czy też zdolności wojskowych, kształtuje się gorzej dla Zachodu, a coraz korzystniej dla wschodzących potęg, takich jak Chiny i Indie.

Perspektywy polityczne

Wskutek tego procesu Zachód pod przewodem USA stracił już znaczną część kreatywnej siły emitowanej przez organizacje międzynarodowe. Zamiast jednak zapewnić dążącym do wyższej pozycji mocarstwom większe wpływy w zreformowanych strukturach, dopuszczono do powstania alternatywnych, regionalnych tworów, jak na przykład Asian Infrastructure Investment Bank, które – zdaniem tychże mocarstw – lepiej reprezentują ich interesy. Potęga i siła kreatywna państw zachodnich uległy erozji także na skutek zwiększenia się zagrożeń ponadgranicznych, np. w dziedzinie bezpieczeństwa, ochrony klimatu czy zdrowia, podczas gdy niepaństwowi aktorzy sceny politycznej, jak grupy terrorystyczne czy środowiska szerzące antyzachodnią propagandę, dysponują potencjałem destabilizacyjnym, którego nie można bagatelizować. Zwracają się oni wprost przeciwko zachodnio-liberalnemu porządkowi i próbują go dyskredytować, czy wręcz niszczyć. Osłabianie w tej sytuacji globalnych struktur ustrojowych prowadzi w jednoznacznie złym kierunku.

W miejsce globalnego porządku, takiego jaki znamy, może powstać świat determinowany strefami wpływów. W wyniku odwrotu Trumpa może wytworzyć się próżnia władzy, którą chętnie wykorzystają inne państwa i niepaństwowi aktorzy polityczni. Wycofanie się USA ze Środkowego Wschodu, zwłaszcza po uprzednich błędnych decyzjach, choćby w odniesieniu do Iraku, doprowadziło do dalszej destabilizacji tego regionu wskutek rozlewania się ISIS i innych ugrupowań terrorystycznych; tak powstałą lukę wykorzystuje Rosja.

Chiny będą rozbudowywać w Azji swoją strefę wpływów, co kryje w sobie znaczny potencjał konfliktogenny. Jednocześnie, środkami niemilitarnymi, będą zabezpieczać sobie władzę i wpływy aż po Afrykę i Europę. Dla Europy decydujące znaczenie będzie miała również postawa Trumpa wobec Rosji. Partnerzy z Sojuszu do tej pory czekają, aż Trump potępi anektowanie Krymu przez Rosję jako naruszenie, z punktu widzenia prawa międzynarodowego, terytorialnej suwerenności Ukrainy. Jeśli Trump i Putin poczynią uzgodnienia prowadzące do wycofania się USA z reżimu sankcyjnego, wtedy Niemcy nie zdołają utrzymać jedności Unii Europejskiej w tej kwestii. Wtedy też polityka UE wobec wschodnich sąsiadów, zwłaszcza jeśli chodzi o wspieranie demokratyzacji i ściślejsze związki z UE, stanęłaby pod znakiem zapytania. Ustrój prawny Europy uległby rozpadowi.

Postawa Trumpa kryje w sobie także poważne ryzyko w kwestii polityki obronnej. Start rządu USA następuje przy poważnych sprzecznościach w gabinecie dotyczących choćby stosunku do NATO i gwarancji bezpieczeństwa udzielanych przez USA. Co prawda, tradycyjna, republikańska linia ministra obrony Jamesa Mattisa, demonstrowana podczas senackich przesłuchań, traktowana jest przez sojuszników jako reasekuracja, jednak Trump w swej mowie inauguracyjnej ani razu nie wspomniał o NATO. To nie tylko każe sprzymierzeńcom wątpić w zaangażowanie USA, lecz osłabia też wiarygodność Sojuszu w oczach tych, którzy rzucają mu wyzwanie, i wzmacnia inne mocarstwa. Od chwili zajęcia Krymu w trzech państwach bałtyckich krążą obawy – pomimo artykuły 5 Traktatu NATO.

Najpóźniej od czasu inauguracyjnego przemówienia Trumpa jest rzeczą jasną, że dotychczasowe parametry światowego porządku – np. wolny handel, otwarte stosunki, wspólna postawa zachodnio-liberalnych demokracji wobec ekstremizmu i totalitaryzmu, a także ścisła i oparta na zaufaniu współpraca transatlantycka bazująca na wspólnych wartościach – nie mogą już być uważane za obowiązujące.[374]

---

[374] Schwarzer, Daniela, Deutsche Gesellschaft für Auswärtige Politik [Niemieckie Towarzystwo Polityki Zagranicznej], 23. 01. 2017 r.

W swym historycznym dziele *Mocarstwa świata. Narodziny – rozkwit – upadek* (1987) brytyjski historyk Paul Kennedy stwierdza, że Stanom Zjednoczonym zagraża „imperialne rozdęcie" (*imperial overstretch*). Rozumie on pod tym nadmierne obciążenie militarne, które zwykle ustaje wtedy, gdy relatywna potęga ekonomiczna zaczyna słabnąć. Ambicja skłaniająca do globalnych interwencji militarnych nadweręża możliwości wytwórcze USA – mówi Kennedy – i podkopuje „zdolność konkurencyjną" ich gospodarki. Tezę o imperialnym rozdęciu Paul Kennedy powtórzył sześć lat później w innej swojej książce zatytułowanej *Preparing for the Twenty-first Century*. Teza ta wydaje się znajdować dziś swoje pełne potwierdzenie.

Paul Kennedy podkreśla relatywny regres amerykańskiej ekonomii związany z wysokim i rosnącym zadłużeniem państwa oraz ogromnym „zadłużeniem prywatnym" w sferze kredytowej, a także z deficytem budżetowym i deficytem bilansu handlowego, włącznie z długofalową erozją produktywnego sektora przemysłowego. Ponadto – stwierdza Kennedy – słabnięcie imperium wiąże się też z coraz niższą stopą wzrostu produktu krajowego brutto USA; winne temu są zaniedbania w obrębie infrastruktury w USA, kulejącej na znacznych obszarach, jak również zmniejszające się inwestycje w dziedzinie oświaty publicznej i badań. Kennedy nie ustaje też jednak w kierowaniu uwagi na zjawiska wskazujące na rozluźnianie się porządku społecznego USA (hasła: przestępczość, problemy narkotykowe, społeczna degradacja w obrębie klasy średniej). Trudno jest z nimi walczyć, ponieważ „reformy" z trudem dają się wdrażać w „politycznie zdecentralizowanym, ekstremalnie liberalnym społeczeństwie".[375]

Perspektywy gospodarcze i w sferze polityki finansowej

Wektory rozwoju parametrów gospodarczo- i finansowo-politycznych od wielu lat w USA skierowane są w dół; inne kraje doganiają je lub wyprzedzają. Na przykład w roku 2016 produkt krajowy brutto wyniósł w USA 18,56 biliona dolarów, podczas gdy UE w tym samym czasie osiągnęła PKB rzędu 19,97 biliona dolarów, a Chiny nawet 21,14 biliona.

Zestawienie 20 krajów o największym udziale w globalnym produkcie krajowym brutto, przy ujednoliconej sile nabywczej, plasuje w roku 2016 na pierwszym miejscu Chiny z udziałem 17,8 %, za którymi postępuje (słabnąca) UE mająca 16,69 % udziału, a na trzecim miejscu USA z udziałem 15,49 %.[376]

---

[375] *por.* Strüning, Horst-Dieter, *Zur These vom Niedergang des USA-Imperiums und seiner Weltordnung. Eine kritische Analyse* [Teza o schyłku imperium USA i jego światowego porządku. Krytyczna analiza]
[376] Statista 2017

Mając wysoką roczną stopę wzrostu PKB, wynoszącą w ciągu ostatnich 20 lat przeciętnie 10 %, Chińska Republika Ludowa sytuuje się jednoznacznie na pozycji dogodnej do rzucenia wyzwania gospodarce USA. Stąd też wewnętrzne ekspertyzy ekonomiczne CIA oraz innych tajnych służb USA prognozują, że Chiny prześcigną ekonomię amerykańskiego *Empire* najdalej w ciągu jednej do dwóch dekad.

Jeśli chodzi o produkt krajowy brutto na głowę mieszkańca, to w roku 2016 USA, uzyskawszy na każdego mieszkańca 57.300 $, wyraźnie wyprzedzały Niemcy (18. miejsce – 48.200 $), Francję (25. miejsce – 42.314 $), Japonię (27. miejsce – 41.275 $), Rosję (48. miejsce – 26.490 $) i Chiny (78. miejsce – 15.399 $). Jednak ranking ten absolutnie nie sytuuje USA na pozycji globalnego hegemona. Według danych Międzynarodowego Funduszu Walutowego, klasyfikacji tej przewodzi Katar z kwotą 127.660 $ przed Luksemburgiem ze 104.003 $ i Singapurem mającym 90.151 $ na mieszkańca. Na tej liście rankingowej *Imperium Americanum* plasuje się na jedenastym miejscu.

Statusu amerykańskiego imperium jako najsilniejszej rzekomo globalnej potęgi gospodarczej, która jest w stanie wygospodarować blisko jedną piątą rocznego dochodu światowego, nie potwierdza zatem roczny produkt krajowy brutto na głowę mieszkańca. Ów hegemoniczny status nie ma miejsca także dlatego, że amerykański PKB charakteryzuje się jaskrawą nierównowagą. Z rozdętym procentowym udziałem w produkcie krajowym brutto, wynoszącym w 2016 r. 78 %, które wypracował sektor usługowy USA, koliduje nikła wartość ok. 11 % PKB pochodząca ze sfery produkcyjnej, czyli ok. 10 % z sektora przemysłowego i 1 % z rolnictwa.[377]

Ten nieproporcjonalnie niski udział sfery produkcyjnej sygnalizuje kolejny słaby punkt imperium USA, mianowicie jego niezrównoważony bilans handlowy, który poważnie obciąża gospodarkę krajową, jak również stosunki z innymi krajami. USA są największym na świecie rynkiem zbytu dla towarów importowanych i plasują się tu przed Chinami i Niemcami. Rok 2016 zamknął się dla USA deficytem bilansu handlowego w wysokości 734 miliardów dolarów, czyli mniej więcej takiej samej jak co roku w ciągu ostatnich 10 lat. Dochodzi do tego rosnące zadłużenie państwowe, w roku budżetowym 2017 w wysokości 108,3 %. Oznacza to wzrost o 47 % na przestrzeni ostatnich 10 lat; w 2008 r. zadłużenie to wynosiło 73,62 %.[378]

Perspektywy wojskowo-polityczne

Co się tyczy potęgi militarnej USA, to w roku 2017 państwo to bezsprzecznie gra nadal w swojej własnej lidze. Należy jednak brać pod uwagę wysiłki innych krajów, zwłaszcza Chin.

---

[377] Statista 2017
[378] *por.* Strüning, Horst Dieter: Zur These vom Niedergang …, op. cit.

W przeszłości budżet wojskowy USA regularnie wzrastał i będzie tak zapewne również w przyszłości – przynajmniej dopóty, dopóki prezydentem będzie Donald Trump. Tak więc budżet przewidziany na nadchodzący rok finansowy 2018, który zaczyna się 1 października 2017 r. i trwa do 30 września 2018 r., ponownie się zwiększył. Wynosi on 639 miliardów dolarów USA.

Lecz jak to wygląda z perspektywy możliwych wyzwań dla wojskowej hegemonii USA? Przytoczmy tu dane za lata 2015 i 2016. Chiny, Indie, Japonia i Rosja w roku budżetowym 2016 wydały wspólnie 387 miliardów $ wobec 611 miliardów $ Pentagonu.

	2015	2016	wzrost w %	ubytek w %
globalnie	1.682,0	1.686,0	0,2	
USA	597,5	611,2	2,2	
Chiny	145,8	215,7	47,9	
Rosja	65,6	69,2	5,6	
Arabia Saudyjska	81,9	63,7		22,2
Indie	48,0	55,9	16,5	
Francja	46,8	55,7	19,0	
Wielka Brytania	56,2	48,3		14,0
Japonia	41,0	46,1	12,4	
Niemcy	36,7	41,1	12,0	

Ciekawy jest rozwój następujący w wybranych krajach. Podczas gdy USA, jeśli porównać lata 2015 i 2016, wykazują wzrost o zaledwie 2,2 %, Indie i Francja wyraźnie podbijają stawkę. Decydująca jest wszakże zmiana w wypadku Chin: wzrost chińskiego budżetu obronnego o blisko 50 % ujawnia ambicje Państwa Środka również w obszarze militarnym. Zewnętrznym ich objawem są pretensje do części obszaru Morza Południowochińskiego oraz sztuczne powiększanie wysp archipelagu Spratly.

USA są jeszcze w stanie utrzymać swoją hegemoniczną pozycję w oparciu o *hard power*, jak to nazywa Joseph S. Nye, były minister obrony w administracji Clintona. Nye ma tu na myśli ekonomiczną oraz niedościgłą wojskową potęgę, które są w stanie powstrzymać zmierzch USA. Według tej tezy, twarda siła służy do nakłaniania innych politycznych aktorów do zmiany stanowiska. Funkcjonuje na zasadzie kija i marchewki, opiera się na pokusach i groźbach.

Przeciwieństwem tego jest *soft power*. W tym wypadku mocarstwo jest w stanie osiągać swoje cele na szachownicy światowej konkurencji politycznej, ponieważ inne kraje lub inni aktorzy podążają za nim dobrowolnie, gdyż podziwiają jego wartości kulturalne i polityczne, takie jak indywidualizm, demokracja, równość szans, prawa człowieka itd., chcą iść za jego przykładem bądź też dążą do osiągnięcia jego poziomu wolności i dobrobytu. Ten właśnie aspekt Nye nazywa *soft power*. Miękka siła, zamiast zmuszać, pozyskuje ludzi zgodnie z ich wolą. Opiera się na umiejętności takiego kształtowania politycznej codzienności, by uwzględnione zostały także preferencje innych.

Przez całe lata *Imperium Americanum* owiane było aurą nieskrępowania i swobody. Gdyby więc USA reprezentowały cele i wartości, za którymi mogliby pójść inni, wtedy ich hegemoniczne przywództwo nadal byłoby niekwestionowane, a ich zmierzch pozostawałby poza polem widzenia. Obecnie jednak hegemonii USA nie da się legitymizować nawet jedyną w swoim rodzaju jakością kulturalno-ideologiczną. Jego *hard power* rzucił niszczący cień na wolnościowy i swobodnie rozluźniony ustrój USA. Militarne agresje minionych lat, takie jak dokonana na Afganistan czy w wojnie w Iraku, niezłomne wspieranie Izraela w sytuacji lekceważenia przez to państwo rezolucji ONZ, jak również akcje podsłuchowe NSA w coraz większym stopniu delegitymizują hipermocarstwo. Kamieniami milowymi relatywnego, także moralnego schyłku *Imperium Americanum* są Guantanamo i Abu Ghraib, ergo: schyłek – jeśli w ogóle – można powstrzymać jedynie z pomocą *hard power*.

USA a Chińska Republika Ludowa

Coraz ostrzejsze współzawodnictwo pomiędzy nadwątlonym światowym mocarstwem USA a dążącymi do wyższej pozycji Chinami przyniesie szkody także Europie, a zwłaszcza Niemcom – jej wiodącemu, nastawionemu na eksport krajowi. Podczas gdy na Światowym Forum Ekonomicznym w Davos chiński przywódca Xi Jinping ćwiczy się w internacjonalistycznej retoryce, agituje za otwartymi rynkami i broni globalizacji, nowy prezydent USA nagle opowiada się za protekcjonizmem. W swej mowie inauguracyjnej Donald Trump, tak jak w kampanii wyborczej, grzmiał przeciwko wolnemu handlowi i groził cłami. W roku 2017 świat stanął na głowie: USA patrzą w swój pępek, zaś Chiny demonstrują globalne spojrzenie.

Podczas gdy USA chowają się w swojej nacjonalistycznej skorupie, Chiny ze swą obszerną koncepcją Nowego Jedwabnego Szlaku – *One Belt, One Road* – nie cofają się przed żadną inicjatywą dyplomatyczną ani inwestycją gospodarczą, by podług własnej myśli porządkować na nowo światowy handel.

Z punktu widzenia waszyngtońskich geostrategów to nadzwyczaj groźny scenariusz. Głowy, które nie szukają, tak jak Trump, jedynie szybkiego zysku politycznego, lecz myślą szeroko i strategicznie, dostrzegają jeszcze większe niebezpieczeństwo: jeśli Chiny oddadzą do użytku w Azji, Europie i Afryce dobra publiczne, takie jak infrastruktura czy szlaki handlowe i informacyjne, zwolna lecz niezawodnie będą sobie budować pozycję dominującego mocarstwa. Jeśli, jako mądra potęga, definiując szerzej swoje narodowe interesy pozwolą również innym czerpać z tego korzyści, będą mogły zgłosić pretensje do przywództwa i oczekiwać lojalności. Potwierdza to sukces Pekinu, któremu mimo silnych przeciwnacisków USA udało się pozyskać europejskich partnerów, np. Wielką Brytanię, Francję i Niemcy, dla swego projektu *Asian Infrastructure Investment Bank*. Ponieważ amerykański Kongres przez pięć lat blokował międzynarodowe uzgodnienia przyznające Chinom większe uprawnienia współdecyzyjne w istniejących już, zdominowanych przez USA instytucjach Bretton-Woods (Bank Światowy i Międzynarodowy Fundusz Walutowy), teraz Chiny mogą same tworzyć alternatywne struktury poddane własnym wpływom.

Już dziś pomoc rozwojowa, koordynowana w skali globalnej przez Pekin, usuwa w cień starania Banku Światowego i MFW. Podczas gdy państwu amerykańskiemu brakuje pieniędzy, by samemu, we własnym kraju, odnowić będące w fatalnym stanie drogi, mosty i lotniska, Chiny na całym świecie finansują budowę infrastruktury, tworząc tym sposobem nowe rynki zbytu i mogąc dzięki temu uwolnić się od USA – partnera handlowego, któremu do tej pory pożyczały w dużych ilościach pieniądze, aby mógł on kupować chińskie produkty.

Jeśli Chiny pozbawią USA swoich tanich towarów i rezerw walutowych, dotknie to nie tylko obywateli USA, którzy zostaną wyrwani ze swej iluzji dobrobytu, lecz także amerykańskiego państwa, które już od dawna żyje ponad stan. Chiny nie są już gotowe finansować swoimi rezerwami dewizowymi, w takiej mierze jak dotąd, państwowego budżetu USA, który w dużej części wykorzystywany jest na wymierzone w Chiny wzmacnianie światowego mocarstwa w dziedzinie wojskowej oraz polityki bezpieczeństwa. Te zmiany alarmują w równej mierze przemysł zbrojeniowy USA, co i Wallstreet.

Prekursorzy w amerykańskich *think-tankach*, jak choćby generał Jim Mattis, który przed objęciem funkcji ministra obrony w rządzie Trumpa wykuwał idee w *Hoover Institution*, dopominają się nowej *Grand Strategy*. Także oni biorą na celownik Chiny. Zamiast dotychczasowej zbieraniny pojedynczych strategii odnoszących się do różnych krajów i obszarów polityki (polityka bezpieczeństwa, handlowa lub energetyczna), USA – ich zdaniem – znów powinny przyjąć jedno globalne, generalne ukierunkowanie, czyli właśnie *Grand Strategy*. Powinno to w każdym razie zapobiec sytuacji, że ewentualny rywal zakwestionuje swobodę ruchów USA w euroazjatyckiej przestrzeni morskiej i powietrznej, najobficiej zaludnionym i gospodarczo najciekawszym obszarze Ziemi, i sparaliżuje ich gospodarczą aktywność lub uniemożliwi dostęp do zasobów. Analiza *Congressional Research Service*, ponadpartyjnej służby naukowej Kongresu, stwierdza, że w minionych dekadach operacje wojskowe i działania dyplomatyczne USA służyły właśnie temu celowi.

W przeciwieństwie do swego poprzednika Obamy, który – w powiązaniu ze sprzymierzonymi krajami – zamierzał wykorzystać „zwrot ku Azji" do powstrzymywania Chin działaniami handlowo-politycznymi, z pomocą inicjatywy Partnerstwa Transpacyficznego (TPP), Trump najwyraźniej stawia wyłącznie na domniemaną siłę gospodarczą swego kraju i godzi się przy tym nie tylko na wojnę handlową z Chinami, lecz i na niesnaski z własnymi sojusznikami. W pierwszym dniu swej pracy w Białym Domu ogłosił on wycofanie się z Transpacyficznej Umowy Handlowej (TPP: Australia, Brunei, Chile, Japonia, Kanada, Malezja, Meksyk, Nowa Zelandia, Peru, Singapur i Wietnam) – to znakomita okazja dla Chin, które natychmiast zaproponowały urażonym krajom zajęcie miejsca USA.

Dotychczasowe wypowiedzi Trumpa oraz nominacje w obrębie personelu mającego odpowiadać za politykę handlową prezydenta nie dają podstaw do nadziei, że stosunki handlowe z Chinami, napięte już za czasów jego poprzedników, ulegną poprawie. Przeciwnie: zdaniem Wilbura Rossa, ministra handlu, rząd USA nie może godzić się na „podstępne praktyki handlowe" i dotowaną przez państwo produkcję za granicą. On sam – stwierdził w trakcie przesłuchania w Kongresie ów 79-letni biznesmen i miliarder – ma rozległe doświadczenia jeśli chodzi o „nieuczciwy handel", na przykład w dziedzinie zdominowanego przez Chiny przemysłu stalowego i tekstylnego. Z kolei ekonomista Peter Navarro, przyszły dyrektor Narodowej Rady Handlowej, już od dawna pragnie przeciwstawić się Chinom: *Death by China: Confronting the Dragon* – tak brzmi tytuł jednej z jego książek, w której przedstawia on gospodarcze i militarne zagrożenie ze strony Chin. Navarro wszelkimi, przede wszystkim protekcjonistycznymi środkami chce zastopować „wzlot Chin", który zgodnie z jego rozumowaniem typu 'kto kogo' odpowiada za „podupadanie Ameryki".[379]

Już w okresie urzędowania Obamy Waszyngton krytykował Chiny, a także Niemcy z powodu ich siły eksportowej. Podczas szczytu G-20 w Korei Południowej, w listopadzie 2010 r., Stanom Zjednoczonym nie powiodła się akcja wywierania nacisku na „uciążliwe eksportowo" gospodarki narodowe, jak Chiny i Niemcy, w celu ustanowienia limitu nadwyżek bilansu handlowego (na 4 procent produktu krajowego brutto). Dzięki zręcznej dyplomacji, a zwłaszcza dzięki współdziałaniu z Pekinem, kanclerz Angeli Merkel udało się wykorzystać fakt, że świat miał już dość pouczeń ze

---

[379] *por.* Braml, Josef, Deutsche Gesellschaft für Auswärtige Politik [Niemieckie Towarzystwo Polityki Zagranicznej] dn. 23. 01. 2017 r.

strony USA, i przypomnieć, że to właśnie amerykańskie obchodzenie się z finansami wywołało globalny kryzys gospodarczy i finansowy.

Dodatkowym utrudnieniem dla USA jest fakt, że ich zadłużenie od dawna już znajduje się poza wszelką kontrolą. Od czasu kryzysu gospodarczego i finansowego lat 2007/2008 podwoiło się ono, osiągając obecny poziom 20 bilionów dolarów (nie licząc zadłużenia poszczególnych stanów i gmin). W przyszłości ciężar tych długów jeszcze nieco się zwiększy, gdy czynnik demograficzny w niedługim już czasie rozsadzi kasy ubezpieczeń społecznych, tzn. gdy kolejne roczniki wchodzących w wiek emerytalny *baby boomers* przeciążą *Social Security* (ubezpieczenie emerytalne), *Medicaid* (ubezpieczenie zdrowotne osób o niskich dochodach) i *Medicare* (ubezpieczenie zdrowotne osób starszych i niepełnosprawnych). Prezydent Trump – tak jak jego poprzednicy w Białym Domu – będzie się strzegł przed naruszaniem tych programów, będących dla starszych ludzi (wyjątkowo aktywna grupa wyborców) często na wagę życia. Jednakże bez cięć w obrębie ustawowych uprawnień socjalnych stale powiększającej się grupy seniorów zadłużenie, według prognoz *Congressional Budget Office*, zwiększy się z dzisiejszych (2016) niewiarygodnych 102,5 % PKB do 141 % w roku 2046. Przewyższyłoby to znacznie nawet historyczny, osiągnięty podczas drugiej wojny światowej maksymalny poziom 106 % PKB. Władze ostrzegają, że tak olbrzymie zadłużenie kryje w sobie „fundamentalne ryzyko" dla kraju, grozi finansową zapaścią, a przede wszystkim może sparaliżować zdolność funkcjonowania państwa.

Zadłużenie USA dopóty nie stanowi większego problemu, dopóki zagranica gotowa jest udzielać im kredytów. To w pierwszym rzędzie Chiny i Japonia finansują jak dotąd amerykański sen o nieograniczonej konsumpcji na kredyt, każde kwotą ponad 1 biliona dolarów, choć w niemałym stopniu czyni to również szereg państw europejskich, które nabywają obligacje amerykańskich pożyczek państwowych. Jednak to zewnętrzne finansowanie zadłużenia światowego mocarstwa może zostać poważnie ograniczone, jeśli Trump wprowadzi w czyn swoje pomysły na politykę handlową, a zwłaszcza protekcjonistyczne zapowiedzi z okresu kampanii wyborczej.

Być może – we współpracy z podobnie myślącymi w USA – uda się jednak przywołać biznesmena w Białym Domu do gospodarczego rozsądku, bo tylko wolny handel, a zwłaszcza nadwyżka w handlu zagranicznym pozwala takim krajom, jak Chiny i Niemcy, wygospodarowywać rezerwy walutowe, które mogą one znów zainwestować w USA – także po to, by utrzymać amerykańskie miejsca pracy, podtrzymać finansowaną z kredytów gospodarkę USA i zapewnić amerykańskiemu państwu zdolność do działania.

Od czasów dyplomacji pingpongowej lat 70., czasów Richarda Nixona i Henry`ego Kissingera, Chiny z zapierającą dech szybkością zmieniały się i otwierały na świat. Pekin stara się też ze wszystkich sił rozszerzać swoje wpływy w regionie. Chińczycy posuwają się tu krok za krokiem. Wpierw zaanektowali Tybet. Później przypadł im na powrót Hongkong. Teraz rozciągają swoje wpływy na dziesięć krajów południowego wschodu. Oddech Pekinu czuje się już nad Oceanem Indyjskim. Europa i USA nie potrafią zareagować na wymagania, jakie stawia szybko rozwijająca się Azja. Rośnie tam liczba państw kierowanych w sposób autorytarny. Tajlandia zarządzana jest przez juntę wojskową. Filipinami rządzi pochodzący z wyboru autokrata depczący prawa człowieka. Kambodża radykalnymi metodami zwalcza opozycję. W Laosie „Partia Ludowo-Rewolucyjna" trzyma w szachu swój kraj. Chiny czynią umizgi do wszystkich czterech krajów. Wydaje się, że coraz więcej rządów tego regionu orientuje się na Pekin: o spokój i wzrost gospodarczy zadbać ma autorytaryzm. Chiny oferują sąsiadom koncepcje, których nie ma Zachód. Wpływy, jakie w bieżących latach zdobywają Chiny na swoim przedpolu, są nie do zrównoważenia. Zbyt głęboko wbito już pale, by dało się je jeszcze przestawić. Tym bardziej, że Pekin przejmuje w Azji Południowo-Wschodniej coraz więcej elementów infrastruktury: porty, koleje, centra handlowe i hotele. Nigdy podczas minionych dwustu lat wpływy Chińczyków w Azji Południowo-Wschodniej nie były większe niż obecnie. Nie wynika to jedynie z potęgi Chin, lecz także ze słabości USA i Europy.[380]

Chiny sięgają też po Afrykę i w roku 2016, przeznaczając na to kwotę 36,1 miliarda $, zainwestowały tam wyraźnie więcej niż UE (11,9 miliarda $). Spośród inwestycji poczynionych od 2006 r. przez Chiny w Afryce, 41,5 % przeznaczono na wydobywanie metali, a 32,5 % na pozyskiwanie energii.[381]

Wysokie roszczenia i cele Chin, wschodzącego mocarstwa światowego, ujawnią wyraźnie konflikt na Morzu Południowochińskim. O co tu chodzi?

Od czasu objęcia w 2013 r. funkcji szefa państwa przez Xi Jinpinga, Chiny rozbudowują swoją obecność na tym strategicznie ważnym, obfitującym w ryby i złoża surowców morskim akwenie między Chinami a Malezją, Filipinami i Wietnamem. Pogłębiarki usypują sztuczne wyspy i ławice, chińskie siły zbrojne budują porty i lądowiska, a nawet instalują na nowych wyspach rakiety. Do wielu z tych wysp i ławic zgłaszają wszakże pretensje również inne państwa tego regionu. Większość z nich to sojusznicy USA.

Przez lata rząd chiński powstrzymywał się od wspierania swoich roszczeń argumentem militarnym. Jednak wraz ze wzrostem wagi gospodarczej nabrała mocy

---

[380] *por.* Hein, Christoph, *Chinas Vormarsch in Südostasien* [Chińskie natarcie w Azji Południowo-Wschodniej], w: Frankfurter Allgemeine Zeitung z 9 września 2017 r.
[381] Handelsblatt z 8 września 2017 r., s. 36/37

także pewność siebie Chin. Pretensje Pekinu do blisko 80 procent Morza Południowochińskiego, co ministerstwo spraw zagranicznych ogłasza ostatnio niemal co tydzień, są „bezdyskusyjne".

Lecz i sąsiedzi Chin uważają swoje prawa za bezdyskusyjne – a ponieważ wszyscy oni są wyraźnie mniejsi od swego wielkiego sąsiada, więc obawiają się zdominowania przez Chiny jako rosnącą potęgę morską. Czego chcą Chińczycy? Oficjalnie Pekin uzasadnia swoje roszczenia historycznie: Chińczycy przemierzali wody wokół Wysp Paracelskich i Spratlejów od czasów antycznych. Zatem logiczną koleją rzeczy Pekin zasiedla teraz te wyspy i ich broni. Bezprawnie, mówi na to haski Stały Trybunał Arbitrażowy, przychylając się tym samym do skargi Filipin. Jednak Pekin nie chce zaakceptować tego wyroku.

Prawdziwy powód rozbudowywania wysp przez Chiny jest natury strategicznej. Chiny, największa na świecie potęga handlowa i – jeszcze – druga pod względem gospodarczym, mają poczucie, że na morzu otaczają je dwa łańcuchy wysp: jeden ciągnie się od Japonii przez Filipiny aż do Indonezji, a drugi od Aleutów aż po Guam, wyspę z archipelagu Marianów. Niemal wszystkie te terytoria są albo sprzymierzone z USA, albo też, jak Guam, stanowią część USA. Jeśli kiedykolwiek doszłoby do konfliktu z Waszyngtonem, wówczas – obawia się Pekin – Chiny byłyby okrążone. Dlatego przynajmniej ich morskie przedpole, czyli Morze Południowochińskie, powinno pozostawać pod chińską kontrolą.

Natomiast USA uważają siebie za „kraj pacyficzny". Od zakończenia drugiej wojny światowej okręty *US Navy* krążą po zachodnim Pacyfiku. W Yokosuka (Japonia) Amerykanie utrzymują bazę sił morskich, w której m.in. stacjonuje lotniskowiec *USS Ronald Reagan*. Przynajmniej od czasu wojny wietnamskiej *US Navy* ubezpieczała szlaki morskie tego regionu, a takim państwom, jak Korea Południowa, Tajwan i Japonia, USA umożliwiły osiągnięcie wysokiego poziomu gospodarczego.

Dla Waszyngtonu i jego sojuszników ekspansja Chin na Morzu Południowochińskim oznacza kwestionowanie istniejącego tu od dekad status quo. Wznosząc swoje sztuczne wyspy, Pekin buduje „wielki mur samoizolacji", ostrzegł na konferencji bezpieczeństwa w Singapurze, w czerwcu 2016 r., minister obrony USA Ashton Carter. Większość wojskowych i polityków tego regionu, zajmujących się obronnością, zgodziła się z nim. Jednak ledwie garstka nazwała przy tym Chiny po imieniu – ich gospodarcza zależność od wielkiego sąsiada stała się tymczasem zbyt duża.[382]

---

[382] Zand, Bernhard, w: „Der Spiegel" z 7 czerwca 2016 r.

Berliński historyk Heinrich August Winkler jest zdania, że znaleźliśmy się pośród zmagań kulturowych o przyszłość, toczących się między społeczeństwami wolnościowymi a autorytarnymi reżimami politycznymi; kto w tej walce zwycięży, jest naczelnym pytaniem, na które w XXI wieku musi paść odpowiedź. Jesienią 2017 r. Friedrich Merz jasno i wyraźnie podsumował światową sytuację polityczną stwierdzając, że przyczyną aktualnego położenia Zachodu jest między innymi wycofanie się Trumpa z umowy o wolnym handlu TPP. „Tym samym rząd amerykański ostatecznie rezygnuje ze swych politycznych wpływów w całym regionie pacyficznym, a w polityce próżnia nie istnieje. Tam, skąd ktoś się wycofuje, natychmiast znajdują się inni, którzy wypełniają ową przestrzeń. A kluczową potęgą w rejonie pacyficznym najpóźniej od chwili tej właśnie decyzji amerykańskiego rządu jest Chińska Republika Ludowa. I to w jej rękach spoczywa decyzja o tym, jak potoczy się dalej konflikt o Półwysep Koreański. Chiny czują się nową globalną siłą porządkującą, która próbuje połączyć autorytarne kierownictwo polityczne z ustrojem gospodarki rynkowej, podczas gdy Amerykanie i Europejczycy zajęci są sami sobą."[383]

Możliwy przyszły porządek światowy

„Światowe mocarstwo USA – czy to już schyłek?" – tak brzmi zawarte w tytule pytanie i czeka ono na końcową odpowiedź.

Tak, ten schyłek już się zaczął, a z chwilą objęcia urzędu przez Donalda Trumpa nabrał intensywności i przyspieszenia. Prognozę tę potwierdza jeden z wniosków Paula Kennedy'ego. „Wszelkie znaki", podkreślił on, „wskazują na to, że Stany Zjednoczone nadal będą sobie jakoś tam radzić, podczas gdy debata o schyłku będzie się toczyć. Lecz długoterminową implikacją jakiegoś tam radzenia sobie jest powolny, stały, relatywny spadek standardu życia, poziomu kształcenia, umiejętności zawodowych, regres w dziedzinie opieki społecznej, pozycji przemysłowej i wreszcie w odniesieniu do potęgi państwa."[384]

Jeśli prognoza ta jest słuszna, nasuwa się pytanie o możliwy przyszły porządek świata. Patrząc na wielkich, kluczowych graczy obecnej doby, jak Brazylia, Chiny, Europa, Indie, Rosja czy USA, odpowiedź może być tylko jedna: Chiny.

Chiny byłyby w stanie przejąć w dłuższym terminie rolę USA, a mianowicie w kilku krokach. Zaczęto je robić już z chwilą przejęcia roli potęgi gospodarczej; następnie może przyjść kolej na potęgę polityczną, a w końcu Chiny mogą się też stać czołową potęgą militarną. Polityka izolacjonizmu, której objawy administracja Trumpa wykazuje od 2017 r., może przyspieszyć ten proces. Pod względem gospodarczym

---

[383] Merz, Friedrich, w: Handelsblatt z 8 września 2017 r., s. 12
[384] Kennedy, Paul, *In Vorbereitung auf das 21. Jahrhundert* [Przygotowując się na XXI wiek], s. 414

Chiny już dziś są w wielu dziedzinach silniejsze niż USA, na gruncie politycznym ciężar może się przesunąć jeszcze szybciej. Oznakami tego procesu są

- przyjęty na całym świecie z ogromną aprobatą apel o wolny handel zgłoszony przez Xi Jinpinga na Światowym Forum Ekonomicznym w Davos w 2017 r.,
- postulowany w tym samym czasie przez Donalda Trumpa protekcjonizm i izolacjonizm,
- wycofanie się USA z paryskiego porozumienia klimatycznego 195 państw – krok, który Chiny natychmiast wykorzystały dla siebie..

Podczas XIX zjazdu Komunistycznej Partii Chin w październiku 2017 r. chińscy komuniści wyraźnie sformułowali swoje pretensje do pozycji światowego mocarstwa i przedstawili rozkład jazdy do tego celu. Chińskiemu kierownictwu chodzi o planową modernizację Chin: do roku 2025 ma zostać osiągnięty ogólny dobrobyt; do 2050 r. Chiny chcą wspiąć się na pozycję nowoczesnego, socjalistycznego mocarstwa światowego; wtedy też „piękne Chiny" ze zdrowym środowiskiem i o niewielkim zróżnicowaniu rozwojowym miałyby zająć swoje miejsce na czele świata. Dwa wieki po wojnie opiumowej Chiny znów chcą być potężne jak niegdyś i dołączyć do światowej czołówki. Ważnym punktem opublikowanej w 2017 r. „Myśli Xi Jingpinga" jest jego teoria budowy silnego wojska: armia musi umieć prowadzić wojnę i ją wygrywać. W tym celu Xi przeforsował nową organizację struktury dowodzenia. Do 2035 r. Chińska Armia Ludowo-Wyzwoleńcza ma stać się armią światowej klasy.[385]

Proces przejmowania pozycji potrwa zatem jeszcze dwie do trzech dekad. W tym czasie USA pozostaną oczywiście wielkim mocarstwem, utracą wszakże swą dominującą rolę z XX stulecia, „stulecia amerykańskiego". Zwycięstwo kapitalizmu „wolnego świata" nad komunizmem w latach 90. ubiegłego wieku nie stało się zatem rozstrzygnięciem ostatecznym czy też długofalowym. Komunizm może przejąć wiodącą rolę na świecie. Nie będzie to jednak komunizm typu stalinowskiego czy maoistowskiego, aczkolwiek mimo wszystko ustrój, który z demokracją nie ma wiele wspólnego.

W rok po objęciu przez Donalda Trumpa urzędu jako 45. prezydenta USA, waszyngtoński korespondent dziennika „Berlier Tagesspiegel" tak ocenia sytuację światowego mocarstwa: „Na gruncie wewnętrznym Trump osłabił pozycję głowy państwa w odniesieniu do innych organów konstytucyjnych. W polityce zagranicznej zainicjował wycofywanie się USA z tradycyjnego rozumienia swojej roli otwierając tym samym nowe możliwości przed Chinami i Rosją. Odejście i odwrót to najważniejsze pojęcia w polityce zagranicznej Trumpa. Jego motto „wpierw Ameryka" jest synonimem nowego izolacjonizmu, gospodarczego protekcjonizmu i „transakcyjnego"

---

[385] Kolonko, Petra, w: Frankfurter Allgemeine Zeitung z 25. 10. 2017 r.

rozumienia stosunków zewnętrznych, które wymaga natychmiastowego i konkretnego odwzajemnienia się za zaangażowanie USA. Sto lat po tym, jak prezydent Woodrow Wilson, wezwał USA do szerzenia demokracji na świecie, Trump ogłasza koniec pretensji USA do moralnego przewodzenia na arenie światowej."[386]

W przedmowie do niniejszej pozycji zacytowany został Zbigniew Brzeziński, który w 1997 r. napisał, że wraz z klęską i rozpadem Związku Radzieckiego pewien kraj zachodniej półkuli, mianowicie Stany Zjednoczone Ameryki, urósł do rangi jedynego i w gruncie rzeczy pierwszego mocarstwa o charakterze naprawdę ogólnoświatowym. Wynika stąd – stwierdza Brzeziński – że Ameryka musi pamiętać o geograficznym aspekcie nowopowstałej sytuacji i wykorzystywać swoje wpływy w taki sposób, aby zapewniać stabilizację i równowagę pełniąc rolę politycznego arbitra.[387]

Pisząc to, doradca prezydenta Jimmy`ego Cartera ds. bezpieczeństwa narodowego jak najbardziej miał rację. Najwyraźniej jednak rządy USA, a zwłaszcza prezydenci George Bush II i Donald Trump oraz ich administracje nie przypomniały sobie tej trafnej analizy byłego doradcy.

Po wydarzeniach roku 2017 z udziałem obu prezydentów, Donalda Trumpa w USA i Xi Jinpinga w Chinach, „amerykańskie stulecie" wydaje się kończyć swój bieg, zaś dalszą podróż podejmuje „stulecie Chin".

Fryderyk II Wielki tak pisze w swoim dziele „Antimachiavel": „Tak jak pojedynczy człowiek rodzi się, jakiś czas żyje i umiera z powodu choroby lub wieku, tak też tworzą się wolne państwa, kwitną kilka stuleci i w końcu upadają, czy to przez nadmierną śmiałość któregoś obywatela, czy za przyczyną broni swoich wrogów."[388]

---

[386] Seibert, Thomas, w: „Berliner Tagesspiegel" z 20. 11. 2017 r.
[387] *por.* Brzeziński, Zbigniew, *op. cit.*, s. XXX
[388] Fryderyk II., *Der Antimachiavel*, w: Volz (wyd.), Dzieła Fryderyka Wielkiego, t. 7, s. 41 i nast. [tłum. własne].

Załączniki

Załącznik A

Kamienie milowe powstania USA i ich drogi
ku pozycji światowego mocarstwa

Rok	Wydarzenie / Rozstrzygnięcie
1783	Uzyskanie niepodległości przez 13 kolonii
1803	*Louisiana Purchase* (zakup przez USA obszarów między Missisipi a Górami Skalistymi od Napoleona I za 15 milionów $)
1810	Aneksja części obszarów Alabamy i Missouri
1813	Ohio i Luizjana przystępują do USA
1819	„Nabycie" Florydy od Hiszpanów
1816-1821	Do Unii zostają przyjęte stany Indiana, Missisipi, Illinois, Alabama, Maine i Missouri
1836	Przyjęcie do Unii stanu Arkansas
1837	Przyjęcie do Unii stanu Michigan
1848	Po wojnie meksykańsko-amerykańskiej lat 1846-1848 „nabyte" zostają Teksas, Newada, Utah, Nowy Meksyk, Arizona, Colorado i Wyoming
1846-1859	Dalsze rozszerzanie obszaru państwa na zachód: dochodzą stany Iowa (1846), Wisconsin (1848), Kalifornia (1850), Minnesota (1858) i Oregon (1859). USA się mocarstwem pacyficznym.
1867	USA kupują od Cesarstwa Rosyjskiego Alaskę
1867	Aleuty stają się terytorium amerykańskim
1867	Tracą aktualność plany zajęcia Kanady, która staje się dominium Commonwealthu
1890	Era zdobywania zachodu (na kontynencie) dobiega kresu wraz z zakończeniem wojen z Indianami (1890), gdy granice zostają uznane za ostateczne
1898	Aneksja Hawajów
1898	W ramach „pokoju paryskiego" Hiszpania odstępuje USA Filipiny
1898	Hiszpania odstępuje USA wyspę Guam
1900	Apetyty terytorialne USA są na razie zaspokojone
1917	USA przystępują do powstałego podczas I wojny światowej przymierza państw Ententy. Ich udział w wojnie staje się istotną przyczyną klęski Niemiec. Wzrost znaczenia USA postępuje, zostaje wszakże czasowo

	przyhamowany wskutek polityki izolacyjnej po Wersalu. Izolacjonizm Ameryki staje się dla Niemiec zachętą do realizowania własnych ekspansjonistycznych celów
1940	Przejście od neutralności w II wojnie światowej do powstrzymywania się od działań zbrojnych połączonego z rosnącą pomocą materiałową dla Wielkiej Brytanii. USA uważają się „arsenał demokracji"
1941	Po japońskim ataku na Pearl Harbor (7 grudnia 1941 r.), 8 grudnia 1941 r. USA wypowiadają Japonii, państwu osi, wojnę; 11 grudnia 1941 r. państwa osi, Niemcy i Włochy, wypowiadają wojnę USA
1945	Zrzucenie przez USA bomb atomowych na Hiroszimę i Nagasaki 6 i 9 sierpnia 1945 r.
1945	Koniec wojny; po II wojnie światowej USA są niewątpliwie najpotężniejszym państwem świata. Chcąc zabezpieczyć sobie tę pozycję, utrzymują wydatki na zbrojenia na wysokim poziomie
1946	Minister spraw zagranicznych USA <u>Byrnes</u> wygłasza w Stuttgarcie, we wrześniu 1946, przemówienie będące wstępem do zimnej wojny
1947	Utworzenie <u>CIA</u>
1947	<u>Opracowanie Planu Marshalla mającego wesprzeć państwa</u> Europy
1991	Rozpad Układu Warszawskiego. USA są jedynym mocarstwem światowym, jakie pozostało
2009	Barack Obama jako pierwszy Afroamerykanin zostaje prezydentem USA
2017	Donald Trump zostaje prezydentem USA

Załącznik B

Konstytucja USA[389]
z 17 września 1787 r.

PREAMBUŁA

My, naród Stanów Zjednoczonych, pragnąc udoskonalić Unię, ustanowić sprawiedliwość, zabezpieczyć spokój w kraju, zapewnić wspólną obronę, podnieść ogólny dobrobyt oraz utrzymać dla nas samych i naszego potomstwa dobrodziejstwa wolności, wprowadzamy i ustanawiamy dla Stanów Zjednoczonych Ameryki niniejszą konstytucję.

ARTYKUŁ I

§1. Wszelka niniejszym przyznana władza ustawodawcza przysługuje Kongresowi Stanów Zjednoczonych, który składa się z Senatu i z Izby Reprezentantów.

§2. W skład Izby Reprezentantów wchodzą członkowie wybierani co dwa lata przez ludność poszczególnych stanów; w każdym stanie wyborcy powinni odpowiadać wymogom, określonym dla wyborców tej izby ciała ustawodawczego stanu, która składa się z większej liczby członków.

Nie można zostać członkiem Izby Reprezentantów, nie mając ukończonych lat dwudziestu pięciu, nie posiadając obywatelstwa Stanów Zjednoczonych od lat siedmiu i nie będąc w czasie wyborów mieszkańcem tego stanu, w którym się kandyduje.

Mandaty i bezpośrednie podatki przypadające na poszczególne stany, które przystąpiły do Unii, ustala się odpowiednio do liczby mieszkańców; oblicza się ją dodając do ogólnej liczby osób wolnych, łącznie z osobami zobowiązanymi do służby przez czas określony w latach, ale z wyłączeniem nie opodatkowanych Indian, trzy piąte ogółu pozostałych osób. Najbliższe obliczenie nastąpi w ciągu trzech lat od pierwszego zebrania się Kongresu Stanów Zjednoczonych, a następne spisy ludności dokonywać się będą co dziesięć lat w sposób określony ustawą. Na każde trzydzieści tysięcy nie może przypadać więcej niż jeden przedstawiciel, ale każdy stan musi mieć przynajmniej jednego przedstawiciela; aż do przeprowadzenia takiego obliczenia stan

---

[389]libr.sejm.gov.pl/tek01/txt/konst/usa.html

New Hampshire uprawniony jest do wyboru trzech przedstawicieli, Massachusetts ośmiu, Rhode Island i Providence Plantations jednego, Connecticut pięciu, Nowy Jork sześciu, New Jersey czterech, Pensylwania ośmiu, Delaware jednego, Maryland sześciu, Wirginia dziesięciu, Północna Karolina pięciu, Południowa Karolina pięciu i Georgia trzech.

W razie wygaśnięcia mandatu z jakiegoś stanu władza wykonawcza tego stanu zarządza wybory w celu obsadzenia opróżnionego mandatu.

Izba Reprezentantów wybiera ze swego grona przewodniczącego i inne organy oraz ma wyłączne prawo stawiania przed Senatem wyższych funkcjonariuszy w stan oskarżenia.

§3. Senat Stanów Zjednoczonych składa się z senatorów wybieranych po dwu z każdego stanu przez jego ciało ustawodawcze na lat sześć; każdy senator rozporządza jednym głosem.

Niezwłocznie po zebraniu się w wyniku pierwszych wyborów senatorowie zostaną podzieleni, w miarę możliwości równomiernie, na trzy grupy. Mandaty senatorów pierwszej grupy wygasają z upływem dwu lat, drugiej grupy - z upływem czterech lat, a trzecie grupy - z upływem sześciu lat, tak aby co dwa lata można było wybierać jedną trzecią część Senatu. Jeżeli wskutek zrzeczenia się lub z innej przyczyny mandat wygaśnie w okresie, gdy ciało ustawodawcze zainteresowanego stanu nie obraduje, władza wykonawcza tego stanu może tymczasowo wyznaczać senatora na okres do zebrania się ciała ustawodawczego, które powinno wówczas obsadzić opróżniony mandat.

Nie można zostać senatorem nie mając ukończonych trzydziestu lat, nie posiadając obywatelstwa Stanów Zjednoczonych od lat dziesięciu i nie będąc w czasie wyborów mieszkańcem tego stanu, w którym się kandyduje.

Wiceprezydent Stanów Zjednoczonych jest prezydentem Senatu; nie bierze jednak udziału w głosowaniu, chyba że zachodzi równość głosów.

Senat wybiera inne swoje organy, a gdy wiceprezydent jest nieobecny lub pełni obowiązki prezydenta Stanów Zjednoczonych - prezydenta *ad interim*.

Senat jest wyłącznie uprawniony do sądzenia w sprawach, w których nastąpiło postawienie w stan oskarżenia przez Izbę Reprezentantów. Gdy Senat działa w tym charakterze, senatorowie składają przysięgę lud ślubowanie. W razie oskarżenia prezydenta Stanów Zjednoczonych przewodnictwo obejmuje prezes Sądu Najwyższego. Orzeczenie skazujące wymaga większości dwu trzecich obecnych członków.

Wyrokiem zapadającym w tym trybie nie można orzec kary surowszej niż wydalenie z urzędu oraz utratę zdolności do przyjęcia i pełnienia w służbie Stanów Zjednoczonych jakiejkolwiek zaszczytnej funkcji honorowej lub odpłatnej. Skazanie nie wyłącza zastosowania następnie przepisów o oskarżeniu i rozprawie oraz osądzeniu i ukaraniu stosownie do ogólnych przepisów prawa.

§4. Czas, miejsce i sposób przeprowadzania wyborów do Senatu i Izby Reprezentantów określa w każdym stanie jego ciało ustawodawcze. Zawsze jednak Kongres może w drodze ustawy wydać lub zmienić przepisy w tym przedmiocie, z wyjątkiem przepisów określających miejsce wyborów do Senatu.

Kongres zbiera się co najmniej raz w ciągu roku, mianowicie w pierwszy poniedziałek grudnia, chyba że w drodze ustawy określi inny dzień.

§5. Każda izba bada ważność wyborów, wyniki głosowania i kwalifikacje swoich członków. Quorum wymagane dla ważności uchwał każdej izby wynosi ponad połowę jej członków. Jednak również mniejszy skład może odroczyć obrady z dnia na dzień i zostać upoważniony do wymuszenia stawiennictwa nieobecnych członków w trybie i pod groźbą sankcji, określonych przez daną izbę.

Każda izba może uchwalić swój regulamin, pociągać do odpowiedzialności swoich członków za niewłaściwe zachowanie się oraz większością dwu trzecich wykluczyć członka z posiedzenia.

Każda izba prowadzi swój dziennik obrad i ogłasza go co pewien czas, z pominięciem części, które według uznania izby powinny być zachowane w tajemnicy; w każdej z izb na żądanie jednej piątej obecnych członków wymienia się w dzienniku głosy za i przeciw oddane w poszczególnych sprawach.

Podczas sesji Kongresu żadna izba nie może bez zgody drugiej odroczyć obrad na dłużej niż trzy dni, ani też przenieść ich z miejsca, w którym obie izby mają obradować.

§6. Senatorom i członkom Izby Reprezentantów przysługują za pełnione funkcje diety, określone ustawą i wypłacane ze Skarbu Państwa Stanów Zjednoczonych. W okresie, gdy biorą oni udział w sesji swojej izby, oraz w czasie, gdy udają się na sesję lub z niej powracają, nie mogą być aresztowani, chyba że dopuścili się zdrady lub innego ciężkiego przestępstwa albo zakłócenia spokoju publicznego; za swoje przemówienia lub wypowiedzi w którejkolwiek z izb mogą być pociągnięci do odpowiedzialności tylko na ich terenie.

Żaden senator ani członek Izby Reprezentantów nie może w okresie, na który go wybrano, zostać powołany na jakiekolwiek stanowisko w służbie cywilnej Stanów Zjednoczonych, które w tym okresie zostało stworzone lub stało się wyżej wynagradzane. Ktokolwiek sprawuje urząd w służbie Stanów Zjednoczonych, nie może zostać członkiem którejkolwiek z izb, dopóki na tym urzędzie pozostaje.

§7. W zakresie wszelkich projektów ustaw, dotyczących pobierania dochodów państwowych, inicjatywa przysługuje Izbie Reprezentantów. Senat może jednak do tych projektów, podobnie jak do wszystkich innych, proponować i wnosić poprawki.

Zanim jakikolwiek projekt, uchwalony przez Izbę Reprezentantów i Senat, stanie się ustawą, powinien być przedłożony prezydentowi Stanów Zjednoczonych. Zatwierdzając projekt prezydent podpisuje go, w przeciwnym zaś razie zwraca go wraz ze swoimi zastrzeżeniami tej izbie, z której inicjatywy projekt uchwalono. Izba ta zamieszcza w swoim dzienniku zastrzeżenia w pełnym brzmieniu, po czym wznawia obrady nad projektem. Jeżeli w wyniku ponownych obrad izba większością dwu trzecich wypowie się za projektem, wówczas przesyła go z zastrzeżeniem drugiej izbie, która również poddaje go ponownemu rozpatrzeniu, i jeżeli go przyjmie większością dwu trzecich, projekt staje się ustawą. We wszystkich wypadkach tego rodzaju głosowanie w każdej izbie polega na oświadczeniu tak lub nie, a nazwiska wszystkich głosujących za lub przeciwko projektowi należy wymienić w dzienniku danej izby. Każdy projekt ustawy, który w ciągu dziesięciu dni (nie licząc niedziel) od przedłożenia go prezydentowi nie został przezeń zwrócony, staje się ustawą, tak jakby został podpisany; nie staje się jednak ustawą, jeżeli sam Kongres zwrot uniemożliwił, odraczając swoje obrady.

Wszelkie zarządzenia, rezolucje i uchwały, wymagające zgodnego stanowiska Senatu i Izby Reprezentantów (poza sprawą odroczenia obrad), wymagają przedłożenia prezydentowi Stanów Zjednoczonych i uzyskują moc prawną dopiero gdy zostaną przez niego zatwierdzone. W braku zatwierdzenia wymagają one potwierdzenia większością dwu trzecich członków Senatu i Izby Reprezentantów, zgodnie z zasadami postępowania i ograniczeniami dotyczącymi projektów ustaw.

§8. Kongres ma prawo:

- wprowadzać i pobierać podatki, cła, daniny i opłaty w celu spłacenia długów oraz zapewnienia wspólnej obrony i ogólnego dobrobytu Stanów Zjednoczonych, przy czym wszystkie cła, daniny i opłaty powinny być jednakowe na całym obszarze Stanów Zjednoczonych;
- zaciągać pożyczki na rachunek Stanów Zjednoczonych;
- regulować obrót z zagranicą, między poszczególnymi stanami i plemionami Indian;
- ustalać dla całego obszaru Stanów Zjednoczonych jednolite zasady nabywania obywatelstwa oraz jednolite prawo upadłościowe;
- bić monety, określać ich wartość oraz wartość walut zagranicznych, ustalać jednostki miar i wag;
- wprowadzać kary za podrabianie państwowych papierów wartościowych oraz monet, będących w obiegu w Stanach Zjednoczonych;
- ustanawiać urzędy i drogi pocztowe;
- popierać rozwój nauki i użytecznych umiejętności przez zapewnienie na określony czas autorom i wynalazcom wyłącznych praw do ich dzieł czy wynalazków;
- tworzyć sądy niższe w stosunku do Sądu Najwyższego;
- określać odpowiedzialność i karać za piractwo i ciężkie przestępstwa popełnione na pełnym morzu oraz za naruszenie prawa narodów;
- wypowiadać wojnę, wystawiać listy kaperskie i wydawać przepisy dotyczące prawa do łupu na lądzie i wodach;
- wystawiać i utrzymywać armię, przy czym kredyty na ten cel mogą być przyznawane najwyżej na dwa lata;
- tworzyć i utrzymywać marynarkę wojenną;
- wydawać przepisy o kierowaniu lądowymi i morskimi siłami zbrojnymi oraz służbie wojskowej;
- stosować środki dla powoływania milicji celem zapewnienia wykonania ustaw Unii, tłumienia powstań i odpierania najazdów;
- stosować środki dla zorganizowania uzbrojenia i przeszkolenia milicji oraz dla kierowania tymi oddziałami milicyjnymi, które mogą być użyte w służbie Stanów Zjednoczonych, przy czym we właściwości poszczególnych stanów pozostaje mianowanie oficerów milicji oraz nadzór nad przeprowadzaniem szkolenia milicji na zasadach ustalonych przez Kongres;
- sprawować na zasadach wyłączności i bez żadnych ograniczeń władzę ustawodawczą w okręgu (nie przekraczającym dziesięciu mil

kwadratowych), który może z mocy przekazania go przez poszczególne stany i przyjęcia przez Kongres stać się siedzibą naczelnych władz Stanów Zjednoczonych, jak również sprawować podobną władzę nad wszystkimi terenami, nabytymi za zgodą ciała ustawodawczego zainteresowanego stanu, celem wzniesienia tam fortów, magazynów, arsenałów, doków, lub innych potrzebnych budowli, jak również

— wydawać wszelkie ustawy, które okażą się potrzebne i właściwe dla wykonywania uprawnień wymienionych powyżej oraz wszystkich innych, które niniejsza konstytucja przyznała naczelnym władzom Stanów Zjednoczonych albo poszczególnym ich rodzajom lub funkcjonariuszom.

§9. Do roku tysiąc osiemset ósmego Kongres nie zabroni imigracji lub przywozu osób, które jakikolwiek z istniejących obecnie stanów uzna za stosowne dopuścić; przywóz może być jednak obłożony podatkiem lub cłem w granicach do dziesięciu dolarów od osoby.

Przywilej *Habeas Corpus* może być zawieszony tylko w przypadkach, gdy ze względu na bunt lub najazd wymagać tego będzie bezpieczeństwo publiczne.

Nie można wydawać ustaw proskrypcyjnych ani też ustaw działających w wstecz.

Pogłówne i inne podatki bezpośrednie można wprowadzać tylko proporcjonalnie do wyników szacunku lub spisu ludności, którego przeprowadzanie wyżej nakazano.

Nie będzie się pobierać podatków lub ceł od wywozu przedmiotów z któregokolwiek stanu.

Przepisy handlowe i podatkowe nie będą uprzywilejowywać portów jednego stanu w porównaniu z innymi stanami; nie można też statków płynących z jednego stanu lub do tego stanu zmuszać do zawijania, wyładunku i płacenia ceł w innym stanie.

Wszelkie wypłaty za Skarbu Państwa dopuszczalne są tylko wówczas, gdy ustawa przewiduje na ten cel kredyty; formalne sprawozdania rachunkowe z wpływów i wydatkowania wszelkich środków publicznych powinny być okresowo podawane do wiadomości publicznej.

Stany Zjednoczone nie nadają żadnych tytułów szlacheckich. Nikomu, kto sprawuje odpłatnie lub honorowo jakikolwiek urząd z ramienia Stanów

Zjednoczonych, nie wolno bez zgody Kongresu przyjmować od króla, księcia lub państwa obcego jakiegokolwiek podarunku, wynagrodzenia, urzędu lub tytułu.

§10. Żaden stan nie może zawrzeć traktatu lub sojuszu ani zawiązać konfederacji; wystawiać listów kaperskich; bić monety; wypuszczać banknotów; uznawać za ustawowe środki płatnicze jakichkolwiek środków poza złotą lub srebrną monetą; wydawać ustaw proskrypcyjnych ani ustaw działających wstecz lub naruszających zobowiązania umowne ani też nadawać jakichkolwiek tytułów szlacheckich.

Żaden stan nie może bez zgody Kongresu obciążać importu lub eksportu jakimikolwiek świadczeniami lub cłami, chyba że jest to bezwzględnie konieczne dla wykonywania ustaw stanu o inspekcji; wówczas jednak czysty dochód z wszelkich ceł i świadczeń, nałożonych przez stan na import lub eksport, wpływa na rzecz Skarbu Państwa Stanów Zjednoczonych, a względem wszelkich ustaw w tym przedmiocie służy Kongresowi prawo rewizji i kontroli.

Żaden stan nie może bez zgody Kongresu wprowadzać ceł od tonażu, utrzymywać w czasie pokoju wojska lub okrętów wojennych, zawierać porozumień lub układów z innym stanem albo z państwem obcym ani też przystępować do wojny, chyba że zostanie faktycznie napadnięty albo znajdzie się w niebezpieczeństwie tak bezpośrednim, że jakakolwiek zwłoka jest niemożliwa.

ARTYKUŁ II

§1. Władzę wykonawczą sprawuje prezydent Stanów Zjednoczonych Ameryki. Urząd swój pełni przez okres lat czterech, a wybierany jest wraz z obieranym na ten sam okres wiceprezydentem w następujący sposób.

Każdy stan wyznacza w trybie określonym przez swoje ciało ustawodawcze odpowiednią liczbę elektorów. Liczba ta odpowiada przysługującej temu stanowi w Kongresie ogólnej liczbie senatorów i członków Izby Reprezentantów. Nie może być jednak wyznaczony na elektora senator, członek Izby Reprezentantów ani żadna osoba sprawująca honorowo lub odpłatnie urząd w służbie Stanów Zjednoczonych.

Elektorzy zbierają się w swoich stanach i głosują za pomocą kartek na dwie osoby, z których przynajmniej jedna nie powinna być mieszkańcem tego stanu, co oni. Następnie sporządzają listę, wymieniającą wszystkie osoby, na które głosowano, oraz liczbę głosów, oddanych na każdą z nich, po czym podpisują i poświadczają listę oraz przesyłają pod pieczęcią do siedziby naczelnych władz Stanów Zjednoczonych na ręce prezydenta Senatu. Prezydent Senatu otwiera wszystkie poświadczone listy w obecności Senatu i Izby Reprezentantów, po czym następuje obliczenie głosów. Osoba, na którą padło najwięcej głosów, zostaje prezydentem, jeżeli uzyskała głosy bezwzględnej większości wyznaczonych elektorów. Jeżeli jednak więcej kandydatów uzyskało taką większość, a liczby oddanych na nich głosów są równe, wówczas Izba Reprezentantów niezwłocznie dokonuje w drodze głosowania za pomocą kartek wyboru jednego z nich na prezydenta. Jeżeli zaś takiej większości nie uzyskał nikt, wówczas izba ta w podobny sposób wybiera prezydenta spośród pierwszych pięciu osób z listy, przy czym głosowanie odbywa się stanami i każdemu stanowi przysługuje jeden głos. Wymagane przy tym quorum wynosi dwie trzecie stanów, z których każdy reprezentowany jest choćby przez jednego członka, a wybrany może być tylko ten, za którym wypowiedziała się większość stanów. W każdym z powyższych przypadków ta osoba, która po dokonaniu wyboru prezydenta uzyskała największą liczbę głosów elektorskich, zostaje wiceprezydentem. Jeżeli jednak ta sama liczba głosów padła na dwie lub więcej osób, wówczas wyboru wiceprezydenta dokonuje spośród nich Senat w głosowaniu za pomocą kartek.

Kongres może określić czas wyboru elektorów oraz dzień, w którym mają oni oddać swe głosy; musi to być jednak ten sam dzień na całym obszarze Stanów Zjednoczonych.

Nikt nie może zostać wybrany na urząd prezydenta nie będąc obywatelem Stanów Zjednoczonych od urodzenia albo w czasie uchwalania niniejszej konstytucji. Wybrana na ten urząd może być tylko osoba, która ma ukończone trzydzieści pięć lat i zamieszkuje w Stanów Zjednoczonych od lat czternastu.

W razie usunięcia prezydenta z urzędu, jego śmierci, zrzeczenia się lub niezdolności do sprawowania władzy i zadań tego urzędu przechodzą one na wiceprezydenta. Kongres może w drodze ustawy określić, jakie następstwa pociąga za sobą usunięcie, śmierć, ustąpienie lub niezdolność i prezydenta, i wiceprezydenta, oraz ustalić, który funkcjonariusz ma wówczas pełnić obowiązki prezydenta; funkcjonariusz ten pełni je, dopóki niezdolność ta nie ustanie lub nie nastąpi wybór nowego prezydenta.

Prezydent otrzymuje w określonych terminach uposażenie za swoją służbę, którego nie można ani zwiększyć, ani zmniejszyć przez cały czas, na który został wybrany. W czasie tym nie wolno mu pobierać żadnych innych świadczeń uposażeniowych od Stanów Zjednoczonych lub od któregokolwiek stanu.

Przed przystąpieniem do pełnienia swojego urzędu prezydent składa następującą przysięgę lub ślubowanie: "Przysięgam (lub ślubuję) uroczyście urząd prezydenta

Stanów Zjednoczonych wiernie sprawować oraz konstytucji Stanów Zjednoczonych dochować, strzec i bronić ze wszystkich swych sił".

§2. Prezydent jest głównodowodzącym armii i floty Stanów Zjednoczonych, jak również milicji poszczególnych stanów, gdy zostaje powołana do służby czynnej Stanów Zjednoczonych. Może żądać od każdego kierownika resortu pisemnej opinii w jakiejkolwiek sprawie, związanej z zadaniami jego urzędu. Stosuje prawo łaski w sprawach o przestępstwa przeciwko Stanom Zjednoczonych, z wyłączeniem spraw wszczętych wskutek postawienia w stan oskarżenia przez Izbę Reprezentantów.

Za radą i zgodą Senatu, udzieloną większością dwu trzecich obecnych senatorów, może zawierać traktaty. Wyznacza, a za radą i zgodą Senatu mianuje ambasadorów, innych pełnomocnych przedstawicieli i konsulów, sędziów Sądu Najwyższego oraz wszystkich innych funkcjonariuszy Stanów Zjednoczonych na urzędy utworzone ustawą, chyba że konstytucja przewiduje inny tryb obsadzania ich. Kongres może jednak według swego uznania powierzyć w drodze ustawy prawo mianowania niższych funkcjonariuszy samemu prezydentowi, sądom albo kierownikom resortów.

Prezydent ma prawo obsadzać wszystkie stanowiska, opróżnione w okresie między sesjami Senatu, powierzając je na czas do zakończenia najbliższej sesji.

§3. Prezydent powinien od czasu do czasu kierować do Kongresu orędzie o stanie Państwa, przedstawiając do rozważenia środki, które uważa za potrzebne i właściwe. W razie nadzwyczajnych okoliczności może zwołać obie izby lub jedną z nich, a w przypadku, gdy izby nie mogą uzgodnić czasu odroczenia obrad, może sam je odroczyć na czas, jakim uzna za stosowny. Prezydent przyjmuje ambasadorów i innych pełnomocnych przedstawicieli. Zapewnia ścisłe wykonanie ustaw. Do niego należy wystawianie aktów nominacyjnych wszystkim funkcjonariuszom Stanów Zjednoczonych.

§4. Prezydent, wiceprezydent i każdy funkcjonariusz cywilny Stanów Zjednoczonych zostaje usunięty z urzędu w razie postawienia przez Izbę Reprezentantów w stan oskarżenia i skazania za zdradę, przekupstwo lub inne ciężkie przestępstwa albo przewinienia.

ARTYKUŁ III

§1. Władzę sądową Stanów Zjednoczonych sprawuje jeden Sąd Najwyższy oraz takie sądy niższe, jakie z biegiem czasu Kongres ustanowi i utworzy. Sędziowie zarówno Sądu Najwyższego, jak i niższych sądów pozostają na swym urzędzie, dopóki sprawują go nienagannie. Za swoją służbę otrzymują w określonych terminach uposażenie, które nie może być obniżone, dopóki pełnią swój urząd.

§2. Władza sądowa rozciąga się
- na wszystkie sprawy rozpatrywane według zasad prawa i słuszności pod rządem niniejszej konstytucji, ustaw Stanów Zjednoczonych albo traktatów, które w ich imieniu zostały lub zostaną zawarte;
- na wszystkie sprawy dotyczące ambasadorów, innych pełnomocnych przedstawicieli i konsulów;
- na wszystkie sprawy z zakresu prawa morskiego;
- na spory, w których Stany Zjednoczone są stroną;
- na spory między dwoma lub kilku stanami;
- między jednym stanem a obywatelami innego stanu;
- między obywatelami różnych stanów;
- między obywatelami tego samego stanu, roszczącymi sobie prawa do gruntu, który był przedmiotem nadań, dokonanych przez różne stany, oraz
- między stanem lub jego obywatelami a obcymi państwami, obywatelami lub poddanymi.

We wszystkich sprawach, dotyczących ambasadorów, innych pełnomocnych przedstawicieli i konsulów, oraz w sprawach, w których stroną jest stan, sądem pierwszej instancji Sąd Najwyższy. We wszystkich innych wymienionych powyżej sprawach Sąd Najwyższy, poza przypadkami i zgodnie z przepisami, ustalonymi przez Kongres, działa jako instancja apelacyjna, zarówno w zakresie wykładni prawa, jak też ustalenia stanu faktycznego.

Wszystkie sprawy karne, poza wszczętymi wskutek postawienia w stan oskarżenia przez Izbę Reprezentantów, rozpatruje sąd przysięgłych, a postępowanie toczy się w tym stanie, w którym dane przestępstwa zostały popełnione. Miejsce lub miejsca rozpatrywania spraw o przestępstwo, popełnione poza obszarem któregokolwiek ze stanów, określa Kongres w drodze ustawy.

§3. Zdradą przeciwko Stanom Zjednoczonym może być tylko prowadzenie przeciwko nim wojny albo łączenie się z ich wrogami, udzielanie im pomocy i poparcia. Skazanym za zdradę można być tylko wówczas, gdy sam fakt zostanie wyraźnie stwierdzony zeznaniami dwu świadków albo przyznany na publicznej rozprawie. Kongres ma prawo wyznaczać kary za zdradę, ale nie mogą one dotknąć spadkobierców, a mienie skazanego można przejąć tylko na okres jego życia.

ARTYKUŁ IV

§1. W każdym stanie zapewnia się pełną wiarę i uznanie aktom urzędowym, dokumentom i orzeczeniom sądowym każdego innego stanu. Kongres może w drodze powszechnie obowiązujących ustaw określić środki, dowodzące istnienia takich aktów, dokumentów i orzeczeń, oraz skutki, jakie wywołują.

§2. Obywatele każdego stanu korzystają w innych stanach z wszelkich przywilejów i swobód obywateli miejscowych.

Kto będąc oskarżony w jednym stanie o zdradę albo inną zbrodnię lub występek zbiegnie i zostanie ujęty w innym stanie, a władza wykonawcza stanu, z którego zbiegł, zażąda jego wydania, powinien być wydany i odstawiony do stanu, właściwego do orzekania w sprawie o dane przestępstwo.

Kto będąc na podstawie ustawodawstwa jednego stanu obowiązany do służby lub pracy zbiegnie do innego stanu, nie może być z mocy obowiązujących tam ustaw lub innych przepisów zwolniony od tej służby lub pracy, lecz powinien być na żądanie wydany tej osobie, która ma prawo do jego służby lub pracy.

§3. Kongres może dopuścić do niniejszej Unii nowe stany, nigdy jednak nie mogą być tworzone lub powstawać nowe stany na obszarze, którym włada już inny stan. Nie można bez zgody ciał ustawodawczych zainteresowanych stanów oraz Kongresu utworzyć stanu przez połączenie dwu lub więcej stanów albo ich części.

Kongres ma prawo rozporządzać terytoriami i inną własnością Stanów Zjednoczonych oraz wydawać w tym przedmiocie potrzebne przepisy i zarządzenia; jednak żadne postanowienie niniejszej konstytucji nie może być rozumiane, aby ograniczało jakiekolwiek roszczenia Stanów Zjednoczonych lub poszczególnego stanu.

§4. Stany Zjednoczone poręczają każdemu stanowi w ramach niniejszej Unii republikańską formę rządów, zapewniają każdemu stanowi obronę przed najazdem, a na żądanie ciała ustawodawczego lub (gdy nie można zwołać ciała ustawodawczego) władzy wykonawczej - także przed zamieszkami wewnętrznymi.

ARTYKUŁ V

Kongres proponuje poprawki do niniejszej konstytucji, ilekroć dwie trzecie obu izb uzna to za potrzebne, a na wniosek ciał ustawodawczych dwu trzecich stanów zwołuje Konwencję dla zaproponowania poprawek. W każdym z tych wypadków poprawki uzyskują, zarówno w całej swej treści, jak i intencji, moc równą innym częściom niniejszej konstytucji, ale dopiero po ratyfikowaniu ich bądź przez ciała ustawodawcze trzech czwartych stanów, bądź przez konwencję w trzech czwartych stanów, zależnie od tego, który z tych trybów ratyfikacji zaproponuje Kongres. Jednak przed rokiem tysiąc osiemset ósmym żadna poprawka nie może w jakiejkolwiek mierze dotyczyć ustępów 1 i 4 §9 artykułu I, a żaden stan nie może być bez swojej zgody pozbawiony równego prawa głosu w Senacie.

ARTYKUŁ VI

Wszelkie długi zaciągnięte i zobowiązania podjęte przed przyjęciem niniejszej konstytucji zachowują względem Stanów Zjednoczonych taką samą moc pod rządem tej konstytucji, jaką miały w okresie Konfederacji.

Niniejsza konstytucja i zgodnie z nią wydane ustawy Stanów Zjednoczonych oraz wszystkie traktaty, które zostały lub zostaną zawarte z ramienia Stanów Zjednoczonych, stanowią najwyższe prawo krajowe. Jest ono wiążące dla sędziów każdego stanu, nawet gdyby było sprzeczne ze stanową konstytucją lub ustawą.

Wspomniani wyżej senatorowie i członkowie Izby Reprezentantów, członkowie ciał ustawodawczych poszczególnych stanów oraz wszyscy funkcjonariusze władz wykonawczych i sądowych, zarówno Stanów Zjednoczonych, jak też poszczególnych stanów, obowiązani są złożyć przysięgę lub ślubowanie, że będą służyć niniejszej konstytucji. Nigdy jednak powierzenie w służbie Stanów Zjednoczonych jakiegoś urzędu lub funkcji publicznej nie może być uzależnione od wyznania wiary.

ARTYKUŁ VII

Ratyfikowanie niniejszej konstytucji przez konwencję dziewięciu stanów będzie dostateczne dla jej wejścia w życie w stosunkach między stanami, które ją w takim trybie ratyfikowały.

Przyjęto przez Konwencję za jednomyślną zgodą obecnych stanów siedemnastego dnia września Roku Pańskiego tysiąc siedemset osiemdziesiątego siódmego, a roku dwunastego od niepodległości Stanów Zjednoczonych Ameryki. W dowód czego myśmy tu podpisali się poniżej naszymi nazwiskami.

POPRAWKI DO KONSTYTUCJI

POPRAWKA I

Żadna ustawa Kongresu nie może wprowadzić religii ani zabronić swobodnego praktykowania jej, ograniczać wolności słowa lub prasy ani prawa ludu do spokojnych zgromadzeń lub do składania naczelnym władzom petycji o naprawienie krzywd.

POPRAWKA II

Nie wolno ograniczać praw ludu do posiadania i noszenia broni, gdyż bezpieczeństwo wolnego stanu wymaga dobrze wyszkolonej milicji.

POPRAWKA III

Zakwaterować żołnierza w domu można w czasie pokoju tylko za zgodą właściciela, a w czasie wojny tylko w trybie określonym ustawą.

POPRAWKA IV

Prawa ludu do nietykalności osobistej, mieszkania, dokumentów i mienia nie wolno naruszać przez bezzasadne rewizje i zatrzymanie; nakaz w tym przedmiocie można wystawić tylko wówczas, gdy zachodzi wiarygodna przyczyna potwierdzona przysięgą lub zastępującym ją oświadczeniem. Miejsce podlegające rewizji oraz osoby i rzeczy podlegające zatrzymaniu powinny być w nakazie szczegółowo określone.

POPRAWKA V

Nikt nie może być pociągnięty do odpowiedzialności za zbrodnię główną lub inne hańbiące przestępstwo bez aktu oskarżenia uchwalonego przez wielką ławę przysięgłych z jej własnej inicjatywy lub na wniosek prokuratora, chyba, że chodzi o sprawę dotyczącą lądowych lub morskich sił zbrojnych albo milicji w czynnej służbie podczas wojny lub niebezpieczeństwa publicznego. Nie wolno też nikomu za to samo przestępstwo wymierzać dwukrotnie kary na życiu lub zdrowiu. Nikt nie może być zmuszony do zeznawania w sprawie karnej na swoją niekorzyść, ani też zostać bez prawidłowego wymiaru sprawiedliwości pozbawiony życia, wolności lub mienia. Własność prywatną można przejąć na użytek publiczny tylko za sprawiedliwym odszkodowaniem.

POPRAWKA VI

Przy ściganiu przestępstw przysługuje oskarżonemu prawo do szybkiego i publicznego procesu przed bezstronnym sądem przysięgłych tego stanu i okręgu, w którym przestępstwo zostało popełnione; określenie tego okręgu musi wynikać z wydanej uprzednio ustawy. Oskarżony ma też prawo do zawiadomienia o rodzaju i podstawie oskarżenia, do konfrontacji ze świadkami oskarżenia, wezwania do obowiązkowego stawiennictwa środków obrony oraz do pomocy prawnej przy obronie.

POPRAWKA VII

W prowadzonych według prawa powszechnego sprawach cywilnych, w których wartość przedmiotu sporu przekracza dwadzieścia dolarów, utrzymuje się właściwość sądu przysięgłych, a fakty, ustalone przez taki sąd, nie mogą być ponownie ustalane przez jakikolwiek sąd Stanów Zjednoczonych według innych zasad, niż wynikające z prawa powszechnego.

POPRAWKA VIII

Nie wolno żądać nadmiernych kaucji ani wymierzać nadmiernych grzywien albo stosować kar okrutnych lub wymyślnych.

POPRAWKA IX

Wymienienie w konstytucji określonych praw nie oznacza zniesienia lub ograniczenia innych praw, przysługujących ludowi.

POPRAWKA X

Uprawnienia, których konstytucja nie powierzyła Stanom Zjednoczonym ani nie wyłączyła z właściwości poszczególnych stanów, przysługują nadal poszczególnym stanom bądź ludowi.

POPRAWKA XI

Władzy sądowej Stanów Zjednoczonych nie należy rozumieć w taki sposób, jakoby rozciągała się na jakiekolwiek powództwo wytoczone lub dochodzone według zasad prawa lub słuszności przeciwko jednemu ze zjednoczonych stanów przez obywateli innego stanu albo przez obywateli lub poddanych jakiegokolwiek państwa obcego.

POPRAWKA XII

Elektorzy zbierają się w swoich stanach i głosują za pomocą kartek na prezydenta i wiceprezydenta, przy czym przynajmniej jeden z nich nie powinien być mieszkańcem tego stanu, co elektorzy; kandydatów na prezydenta i wiceprezydenta wymieniają na osobnych kartkach. Następnie sporządzają osobne listy, wymieniając na jednej z nich wszystkich kandydatów na prezydenta, a na drugiej wszystkich kandydatów na wiceprezydenta oraz liczbę głosów oddanych na każdego z nich, po czym podpisują i poświadczają listy oraz przesyłają pod pieczęcią do siedziby naczelnych władz Stanów Zjednoczonych na ręce prezydenta Senatu. Prezydent Senatu otwiera wszystkie poświadczone listy w obecności Senatu i Izby Reprezentantów, po czym następuje obliczenie głosów.

Osoba, która uzyskała największą liczbę głosów, oddanych na prezydenta, zostaje prezydentem, jeżeli liczba ta przekracza połowę ogólnej liczby wyznaczonych elektorów; jeżeli nikt nie uzyskał takiej większości, Izba Reprezentantów niezwłocznie wybiera w głosowaniu za pomocą kartek prezydenta spośród trzech osób zamieszczonych na liście, które w głosowaniu na prezydenta uzyskały najwięcej głosów. Przy takim jednak wyborze prezydenta liczy się głosy stanami, a każdemu stanowi przysługuje jeden głos; quorum wynosi dwie trzecie stanów, z których każdy reprezentowany jest choćby przez jednego przedstawiciela, a dla wyboru trzeba uzyskać głosy ponad połowy stanów. Jeżeli zaś Izba, mając prawo wyboru, nie dokona go przed najbliższym 4 marca, urząd prezydenta przejmuje wiceprezydent, podobnie, jak w razie śmierci lub w innym przypadku niezdolności prezydenta, przewidzianym w konstytucji.

Osoba, która uzyskała największą liczbę głosów oddanych na wiceprezydenta, zostaje wiceprezydentem, jeżeli liczba ta jest większa od połowy ogólnej liczby wyznaczonych elektorów. Gdy nikt takiej większości nie uzyskał, wówczas wiceprezydenta wybiera Senat spośród dwu osób na liście, które uzyskały najwięcej głosów; quorum wynosi wówczas dwie trzecie ogółu senatorów, a dla wyboru trzeba uzyskać głosy ponad połowy ogółu senatorów. Na urząd wiceprezydenta nie może być jednak wybrana osoba, która w myśl konstytucji nie może być wybrana na urząd prezydenta Stanów Zjednoczonych.

POPRAWKA XIII
§1. Nie będzie w Stanach Zjednoczonych lub jakimkolwiek miejscu podległym ich władzy ani niewolnictwa, ani przymusowych robót, chyba jako kara za przestępstwo, którego sprawca został prawidłowo skazany.

§2. Kongres ma prawo zabezpieczyć wykonanie niniejszego artykułu przez odpowiednie ustawodawstwo.

POPRAWKA XIV
§1. Każdy, kto urodził się lub naturalizował w Stanach Zjednoczonych i podlega ich zwierzchnictwu, jest obywatelem Stanów Zjednoczonych i tego stanu, w którym zamieszkuje. Żaden stan nie może wydawać ani stosować ustaw, które by ograniczały prawa i wolności obywateli Stanów Zjednoczonych. Nie może też żaden stan pozbawić kogoś życia, wolności lub mienia bez prawidłowego wymiaru

sprawiedliwości ani odmówić komukolwiek na swoim obszarze równej ochrony prawa.

§2. Liczba mandatów do Izby Reprezentantów zostaje rozdzielona między poszczególne stany odpowiednio do liczby mieszkańców, przy uwzględnieniu wszystkich mieszkańców stanu, z wyjątkiem nie opodatkowanych Indian. Jednak zmniejszeniu ulega podstawa ustalenia reprezentacji tych stanów, w których przy wyborze elektorów dla wyboru prezydenta lub wiceprezydenta albo przy wyborach reprezentantów do Kongresu albo stanowych urzędników władzy wykonawczej lub sądowniczej, albo członków ciała ustawodawczego jakakolwiek część męskiej ludności stanu, pomimo ukończenia dwudziestu jeden lat i posiadania obywatelstwa Stanów Zjednoczonych, pozbawiona jest praw wyborczych albo w jakiejkolwiek mierze ograniczona w tych prawach z innych względów, niż udział w buncie lub popełnienie innego przestępstwa; zmniejszenie reprezentacji następuje w takim stosunku, w jakim liczba upośledzonych obywateli płci męskiej pozostaje do ogólnej liczby męskich obywateli tego stanu, mających ukończone dwadzieścia jeden lat.

§3. Nie może zostać senatorem ani reprezentantem w Kongresie albo elektorem prezydenta i wiceprezydenta ani też sprawować w służbie Stanów Zjednoczonych lub poszczególnego stanu jakiegokolwiek urzędu cywilnego lub wojskowego kto poprzednio jako członek Kongresu lub funkcjonariusz Stanów Zjednoczonych albo któregokolwiek stanu złożył przysięgę na konstytucję Stanów Zjednoczonych, a następnie wziął udział w powstaniu lub buncie przeciwko niej albo udzielał jej wrogom pomocy lub poparcia. Jednak niezdolność ta może być zniesiona przez Kongres większością dwu trzecich głosów.

§4. Nie będzie poddawana w wątpliwość ważność zadłużenia Stanów Zjednoczonych, powstałego zgodnie z prawem, nie wyłączając długów zaciągniętych dla opłacenia uposażeń i nagród za zasługi przy tłumieniu powstania i buntu. Natomiast Stany Zjednoczone ani żaden ze stanów nie może przejąć ani spłacać jakiegokolwiek długu lub zobowiązania, zaciągniętego dla poparcia powstania lub buntu przeciwko Stanom Zjednoczonym, ani też jakiegokolwiek roszczenia z tytułu utraty lub oswobodzenia niewolnika, a wszelkie tego rodzaju długi, zobowiązania i roszczenia uznaje się za sprzeczne z prawem i nieważne.

§5. Kongres ma prawo zabezpieczyć wykonanie przepisów niniejszego artykułu przez odpowiednie ustawodawstwo.

POPRAWKA XV

§1. Ani Stany Zjednoczone, ani żaden stan nie może pozbawić ani ograniczać praw wyborczych obywateli Stanów Zjednoczonych ze względu na rasę, kolor skóry lub poprzednie niewolnictwo.

§2. Kongres ma prawo zabezpieczyć wykonanie niniejszego artykułu przez odpowiednie ustawodawstwo.

POPRAWKA XVI

Kongres ma prawo nakładać i ściągać podatki od wszelkiego rodzaju dochodów i nie musi przy tym uwzględniać ani proporcjonalnego rozdziału między poszczególne stany, ani też jakichkolwiek szacunków lub spisów ludności.

POPRAWKA XVII

Senat Stanów Zjednoczonych składa się z senatorów, wybieranych po dwu przez ludność każdego stanu na sześć lat. Każdemu senatorowi przysługuje jeden głos. W każdym stanie wyborcy muszą odpowiadać warunkom, jakie są przewidziane dla tej izby ciała ustawodawczego, która ma najliczniejszy skład.

W razie opróżnienia mandatów do Senatu z jakiegoś stanu władza wykonawcza tego stanu powinna dla ich obsadzenia zarządzić wybory. Dopuszcza się, aby w każdym stanie ciało ustawodawcze upoważniło władzę wykonawczą do przejściowego wyznaczenia przedstawicieli na okres, dopóki o obsadzeniu mandatów nie zdecyduje lud w wyborach określonych przez ciało ustawodawcze.

Niniejszej poprawki nie należy rozumieć w taki sposób, aby mogła mieć zastosowanie do wyboru lub kadencji senatora, który został wybrany, zanim poprawka ta weszła w życie jako część składowa konstytucji.

POPRAWKA XVIII

§1. Niniejszym zabrania się, poczynając od roku po przyjęciu niniejszego artykułu, wytwarzania, sprzedaży i przewozu przeznaczonych do spożycia napojów wyskokowych, jak również ich importu i eksportu ze Stanów Zjednoczonych oraz jakiegokolwiek obszaru podległego ich zwierzchnictwu.

§2. Kongres i poszczególne stany są w równej mierze uprawnione do zapewnienia przez odpowiednie ustawodawstwo wykonania niniejszego artykułu.

§3. Artykuł ten nie wejdzie w życie, jeżeli w ciągu siedmiu lat od przedstawienia go przez Kongres stanom nie zostanie zgodnie z przepisami konstytucji ratyfikowany przez ciała ustawodawcze poszczególnych stanów jako poprawka do konstytucji.

POPRAWKA XIX

Stany Zjednoczone ani którykolwiek ze stanów nie może obywateli Stanów Zjednoczonych pozbawić praw wyborczych ani ograniczyć ich ze względu na płeć.

Kongres ma prawo zapewnić przez odpowiednie ustawodawstwo wykonanie niniejszego artykułu.

POPRAWKA XX

§1. Kadencja prezydenta i wiceprezydenta upływa w południe dnia 20 stycznia, a kadencja senatorów i członków Izby Reprezentantów w południe 3 stycznia tego roku, w którym kadencja upłynęłaby, gdyby niniejszy artykuł nie został przyjęty; w powyższych terminach rozpoczyna się następna kadencja.

§2. Kongres zbiera się co najmniej raz do roku, a pierwsze posiedzenie rozpoczyna się w południe dnia 3 stycznia, chyba że ustawa określi inny dzień.

§3. Jeżeliby w czasie, wyznaczonym jako początek kadencji prezydenta, prezydent-elekt już nie żył, wówczas prezydentem zostałby wiceprezydent-elekt. Jeżeliby prezydent nie został wybrany przed terminem wyznaczonym jako początek jego kadencji, albo jeżeliby prezydent-elekt nie odpowiadał wymogom przepisanym dla prezydenta, wówczas obowiązki jego przejmuje wiceprezydent-elekt do czasu ustalenia prezydenta, odpowiadającego tym wymogom. Kongres może w drodze ustawy określić, kto i w jakim trybie obrany przejmuje obowiązki prezydenta, w razie gdy ani prezydent-elekt, ani wiceprezydent-elekt nie odpowiada przepisanym wymogom. Osoba ta pełni wówczas obowiązki, dopóki nie zostanie ustalony prezydent lub wiceprezydent, odpowiadający przepisanym wymogom.

§4. Kongres może w drodze ustawy określić zasady postępowania w wypadkach, gdy prawo wyboru prezydenta przechodzi na Izbę Reprezentantów, a jedna z osób, spośród których ma się dokonać wyboru, zmarła, oraz gdy prawo wyboru wiceprezydenta przechodzi na Senat, a jedna z osób, spośród których ma się dokonać wyboru, zmarła.

§5. Paragrafy 1 i 2 wchodzą w życie dnia 15 października następującego po ratyfikacji niniejszego artykułu.

§6. Niniejszy artykuł nie wejdzie w życie, jeżeli w ciągu siedmiu lat od przedstawienia go stanom nie zostanie ratyfikowany jako poprawka do konstytucji przez ciała ustawodawcze trzech czwartych ogółu stanów.

POPRAWKA XXI

§1. Niniejszym uchyla się artykuł będący osiemnastą poprawką do konstytucji Stanów Zjednoczonych.

§2. Przewóz lub wwóz do poszczególnych stanów, terytoriów lub posiadłości Stanów Zjednoczonych napojów wyskokowych w celu ich dalszej dostawy lub spożycia na miejscu jest zabroniony, jeżeli sprzeciwia się miejscowemu ustawodawstwu.

§3. Artykuł ten nie wejdzie w życie, jeżeli w ciągu siedmiu lat od przedstawienia go stanom przez Kongres nie zostanie zgodnie z przepisami konstytucji ratyfikowany przez konwencje poszczególnych stanów jako poprawka do konstytucji.

POPRAWKA XXII

§1. Nikt nie może być wybrany na urząd prezydenta więcej niż dwa razy, a kto sprawował urząd prezydenta albo pełnił jego funkcję w czasie kadencji innej osoby przez ponad dwa lata nie może być wybrany na urząd prezydenta więcej niż raz. Niniejszy artykuł nie ma jednak zastosowania do osoby pełniącej urząd prezydenta w czasie zaproponowania tego artykułu przez Kongres ani też nie stoi na przeszkodzie, aby osoba sprawująca urząd prezydenta lub pełniąca jego funkcję w okresie ratyfikowania niniejszego artykułu sprawowała urząd prezydenta lub pełniła jego funkcje aż do upływu kadencji.

§2. Artykuł ten nie wejdzie w życie, jeżeli w ciągu siedmiu lat od przedstawienia go stanom przez Kongres nie zostanie zgodnie z przepisami konstytucji ratyfikowany przez ciała ustawodawcze trzech czwartych ogółu stanów jako poprawka do konstytucji.

POPRAWKA XXIII

§1. Okręg, będący siedzibą naczelnych władz Stanów Zjednoczonych, wyznacza w trybie określonym przez Kongres elektorów prezydenta i wiceprezydenta w liczbie odpowiadającej liczbie senatorów i członków Izby Reprezentantów, do której okręg byłby uprawniony, gdyby był stanem; nie może to być jednak liczba większa od przypadającej stanowi o najmniejszej liczbie mieszkańców. Elektorzy ci uzupełniają elektorów wyznaczonych przez stany; przy wyborze prezydenta i wiceprezydenta działają tak, jakby zostali wyznaczeni przez stan, a zbierając się w okręgu wykonują te obowiązki, które zostały określone przez dwunasty artykuł poprawek.

§2. Kongres uprawniony jest zapewnić przez odpowiednie ustawodawstwo wykonanie niniejszego artykułu.

POPRAWKA XXIV

§1. Stany Zjednoczone ani poszczególny stan nie mogą ze względu na niezapłacenie podatku wyborczego lub innego pozbawiać lub ograniczać praw wyborczych obywateli Stanów Zjednoczonych przy prawyborach lub innych formach wyboru prezydenta lub wiceprezydenta, przy wyborze elektorów prezydenta lub wiceprezydenta albo przy wyborze senatorów lub reprezentantów do Kongresu.

§2. Kongres uprawniony jest zapewnić przez odpowiednie ustawodawstwo wykonanie niniejszego artykułu.

POPRAWKA XXV

§1. W razie usunięcia prezydenta z urzędu albo jego śmierci lub ustąpienia prezydentem zostaje wiceprezydent.

§2. Ilekroć urząd wiceprezydenta pozostaje nie obsadzony, prezydent mianuje wiceprezydenta, który obejmuje stanowisko po uchwale zatwierdzającej, podjętej większością głosów obu izb Kongresu.

§3. Ilekroć prezydent złoży prezydentowi *ad interim* Senatu i przewodniczącemu Izby Reprezentantów pisemne oświadczenie, że nie może sprawować władzy i zadań swojego urzędu, władzę tę i zadania sprawować będzie wiceprezydent jako pełniący obowiązki prezydenta, dopóki prezydent nie złoży powyższym adresatom pisemnego oświadczenia, że przeszkoda ustała.

§4. Ilekroć prezydent i większość kierowników resortów lub innego ciała określonego przez Kongres w drodze ustawy złoży prezydentowi *ad interim* Senatu i przewodniczącemu Izby Reprezentantów pisemne oświadczenie, że prezydent nie może sprawować władzy i zadań swojego urzędu, wiceprezydent niezwłocznie przejmuje władzę i zadania tego urzędu jako pełniący obowiązki prezydenta.

Jeżeli następnie prezydent złoży prezydentowi *ad interim* Senatu i przewodniczącemu Izby Reprezentantów pisemne oświadczenie, że jego niemożność już nie zachodzi, wówczas przejmuje znów władzę i zadania swojego urzędu, chyba że wiceprezydent i większość kierowników resortów lub innego ciała, określonego przez Kongres w drodze ustawy, złoży do dni czterech prezydentowi *ad interim* Senatu i przewodniczącemu Izby Reprezentantów swoje pisemne oświadczenia, że prezydent nie może sprawować władzy i zadań swojego urzędu. W takim wypadku rozstrzyga Kongres; jeżeli nie jest to okres sesji, zbiera się w tym celu w ciągu czterdziestu ośmiu godzin. Jeżeli Kongres w ciągu dwudziestu jeden dni od otrzymania powyższego pisemnego oświadczenia, a gdy nie jest to okres sesji – w ciągu dwudziestu jeden dni od zebrania się, stwierdzi uchwałą podjętą większością dwu trzecich głosów każdej izby, że prezydent nie może sprawować władzy i zadań swojego urzędu, wówczas wiceprezydent będzie je sprawował nadal; w przeciwnym razie prezydent znowu przejmuje władzę i zadania swojego urzędu.

POPRAWKA XXVI

§1. Stany Zjednoczone ani jakikolwiek stan nie mogą ze względu na wiek pozbawić lub ograniczyć praw wyborczych obywateli Stanów Zjednoczonych, którzy ukończyli 18 lub więcej lat.

§2. Kongres jest władny zapewnić wykonanie niniejszego artykułu przez odpowiednie ustawodawstwo

POPRAWKA XXVII

Żadna ustawa zmieniająca wynagrodzenie senatorów i reprezentantów nie może wejść w życie przed wyłonieniem Izby Reprezentantów w nowej kadencji.

Załącznik C

Lista stanów federalnych[390]

Lp.	Data	Skrót	Rok	Nazwa	Stolica	Mieszkańcy
1	07.12.1787	DE	1787	Delaware	Dover	853.476
2	12.12.1787	PA	1787	Pensylwania	Harrisburg	12.440.621
3	18.12.1787	NJ	1787	New Jersey	Trenton	8.724.560
4	02.01.1788	GA	1788	Georgia	Atlanta	9.363.941
5	09.01.1788	CT	1788	Connecticut	Hartford	3.504.809
6	06.02.1788	MA	1788	Massachusetts	Boston	6.437.193
7	28.04.1788	MD	1788	Maryland	Annapolis	5.615.727
8	23.05.1788	SC	1788	Karolina Południowa	Columbia	4.321.249
9	21.06.1788	NH	1788	New Hampshire	Concord	1.314.895
10	25.06.1788	VA	1788	Wirginia	Richmond	7.642.884
11	26.07.1788	NY	1788	Nowy Jork	Albany	19.306.183
12	21.11.1789	NC	1789	Karolina Północna	Raleigh	8.856.505
13	29.05.1790	RI	1790	Rhode Island	Providence	1.067.610
14	04.03.1791	VT	1791	Vermont	Montpellier	623.908
15	01.06.1792	KY	1792	Kentucky	Frankfort	4.206.074
16	01.06.1796	TN	1796	Tennessee	Nashville	6.038.803
17	01.03.1803	OH	1803	Ohio	Columbus	11.478.006
18	30.04.1812	LA	1812	Luizjana	Baton Rouge	4.287.768
19	11.12.1816	IN	1816	Indiana	Indianapolis	6.313.520
20	10.12.1817	MS	1817	Missisipi	Jackson	2.910.540
21	03.12.1818	IL	1818	Illinois	Springfield	12.831.970
22	14.12.1819	AL	1819	Alabama	Montgomery	4.599.030
23	15.03.1820	ME	1820	Maine	Augusta	1.321.574
24	10.08.1821	MO	1821	Missouri	Jefferson	5.842.713
25	15.06.1836	AR	1836	Arkansas	Little Rock	2.810.872
26	26.01.1837	MI	1837	Michigan	Lansing	10.095.643
27	03.03.1845	FL	1845	Floryda	Tallahassee	18.089.888
28	29.12.1845	TX	1845	Teksas	Austin	23.507.783
29	28.12.1846	IA	1846	Iowa	Des Moines	2.982.085

[390] Biuro US Census z 01 0.4. 2010 r.

30	29.05.1848	WI	1848	Wisconsin	Madison	5.556.506
31	09.09.1850	CA	1850	Kalifornia	Sacramento	36.457.549
32	11.05.1858	MN	1858	Minnesota	Saint Paul	5.167.101
33	14.02.1859	OR	1859	Oregon	Salem	3.700.758
34	29.01.1861	KS	1861	Kansas	Topeka	2.764.075
35	20.06.1863	WV	1863	Wirginia Zachodnia	Charleston	1.818.470
36	31.10.1864	NV	1864	Nevada	Carson City	2.495.529
37	01.03.1867	NE	1867	Nebraska	Lincoln	1.768.331
38	01.08.1876	CO	1876	Kolorado	Denver	4.753.377
39	02.11.1889	ND	1889	Dakota Północna	Bismarck	635.867
40	02.11.1889	SD	1889	Dakota Południowa	Pierre	781.919
41	08.11.1889	MT	1889	Montana	Helena	944.632
42	11.11.1889	WA	1889	Waszyngton	Olympia	6.395.798
43	03.07.1890	ID	1890	Idaho	Boise	1.466.465
44	10.07.1890	WY	1890	Wyoming	Cheyenne	515.004
45	04.01.1896	UT	1896	Utah	Salt Lake City	2.550.063
46	16.11.1907	OK	1907	Oklahoma	Oklahoma City	3.579.212
47	06.01.1912	NM	1912	Nowy Meksyk	Santa Fé	1.954.599
48	14.12.1912	AZ	1912	Arizona	Phoenix	6.166.318
49	03.01.1959	AK	1959	Alaska	Juneau	670.053
50	21.08.1959	HI	1959	Hawaje	Honolulu	1.285.498
W sumie:						310.715.948

Załącznik D

Prezydenci USA i ich wojny[391]

Nr	Nazwisko	Okres urzędowania	Liczba wojen
1	George Washington (1732–1799)	30 kwietnia 1789 4 marca 1797	
2	John Adams (1735–1826)	4 marca 1797 4 marca 1801	1
3	Thomas Jefferson (1743–1826)	4 marca 1801 4 marca 1809	1
4	James Madison (1751–1836)	4 marca 1809 4 marca 1817	1
5	James Monroe (1758–1831)	4 marca 1817 4 marca 1825	
6	John Quincy Adams (1767–1848)	4 marca 1825 4 marca 1829	
7	Andrew Jackson (1767–1845)	4 marca 1829 4 marca 1837	
8	Martin Van Buren (1782–1862)	4 marca 1837 4 marca 1841	
9	William Henry Harrison (1773–1841)	4 marca 1841 4 kwietnia 1841	
10	John Tyler (1790–1862)	4 kwietnia 1841 4 marca 1845	
11	James K. Polk (1795–1849)	4 marca 1845 4 marca 1849	1
12	Zachary Taylor (1784–1850)	4 marca 1849 9 lipca 1850	
13	Millard Fillmore (1800–1874)	9 lipca 1850 4 marca 1853	1
14	Franklin Pierce	4 marca 1853	2

[391] https://de.wikipedia.org/wiki/Liste_der_Militäroperationen_der_Vereinigten_Staaten

	(1804–1869)	4 marca 1857	
15	James Buchanan (1791–1868)	4 marca 1857 4 marca 1861	
16	Abraham Lincoln (1809–1865)	4 marca 1861 15 kwietnia 1865	
17	Andrew Johnson (1808–1875)	15 kwietnia 1865 4 marca 1869	
18	Ulysses S. Grant (1822–1885)	4 marca 1869 4 marca 1877	
19	Rutherford B. Hayes (1822–1893)	4 marca 1877 4 marca 1881	
20	James A. Garfield (1831–1881)	4 marca 1881 19 września 1881	
21	Chester A. Arthur (1829–1886)	19 września 1881 4 marca 1885	
22	Grover Cleveland (1837–1908)	4 marca 1885 4 marca 1889	
23	Benjamin Harrison (1833–1901)	4 marca 1889 4 marca 1893	
24	Grover Cleveland (1837–1908)	4 marca 1893 4 marca 1897	
25	William McKinley (1843–1901)	4 marca 1897 14 września 1901	4
26	Theodore Roosevelt (1858–1919)	14 września 1901 4 marca 1909	7
27	William Howard Taft (1857–1930)	4 marca 1909 4 marca 1913	4
28	Woodrow Wilson (1856–1924)	4 marca 1913 4 marca 1921	12
29	Warren G. Harding (1865–1923)	4 marca 1921 2 sierpnia 1923	4
30	Calvin Coolidge (1872–1933)	2 sierpnia 1923 4 marca 1929	9
31	Herbert Hoover (1874–1964)	4 marca 1929 4 marca 1933	3
32	Franklin D. Roosevelt (1882–1945)	4 marca 1933 12 kwietnia 1945	4

33	Harry S. Truman (1884–1972)	12 kwietnia 1945 20 stycznia 1953	4
34	Dwight D. Eisenhower (1890–1969)	20 stycznia 1953 20 stycznia 1961	5
35	John F. Kennedy (1917–1963)	20 stycznia 1961 22 listopada 1963	2
36	Lyndon B. Johnson (1908–1973)	22 listopada 1963 20 stycznia 1969	8
37	Richard Nixon (1913–1994)	20 stycznia 1969 9 sierpnia 1974	5
38	Gerald Ford (1913–2006)	9 sierpnia 1974 20 stycznia 1977	3
39	Jimmy Carter (* 1924)	20 stycznia 1977 20 stycznia 1981	3
40	Ronald Reagan (1911–2004)	20 stycznia 1981 20 stycznia 1989	12
41	George Bush I (* 1924)	20 stycznia 1989 20 stycznia 1993	9
42	Bill Clinton (* 1946)	20 stycznia 1993 20 stycznia 2001	4
43	George W. Bush II (* 1946)	20 stycznia 2001 20 stycznia 2009	3
44	Barack Obama (* 1961)	20 stycznia 2009 20 stycznia 2017	3
45	Donald Trump (* 1946)	20 stycznia 2017 do ???	2

Załącznik E

Lista operacji wojskowych USA[392]

W tej części zebrane zostały interwencje wojskowe Stanów Zjednoczonych Ameryki. W XIX wieku było to 9 wojen, w XX wieku kolejne 73 wojny, a w XXI stuleciu jak dotąd 6 wojen, w których USA uczestniczyły lub je wywołały. W licznych tajnych operacjach o quasi wojskowym charakterze uczestniczyła również służba wywiadu zagranicznego CIA. Te działania są wyszczególnione w Załączniku G.

XIX wiek
1801 r.

- wojna amerykańsko-trypolitańska (I wojna berberyjska)

1815 r.

- II wojna berberyjska (wojna algierska)

1845

- aneksja Teksasu, który do 1836 r. należał do Meksyku, a następnie był niepodległym państwem. Następstwem jest trwająca do 1848 r. wojna między Meksykiem a USA, która kończy się zdobyciem Kalifornii, Nowego Meksyku, Arizony, Newady, Utah oraz części ziem Kansas, Kolorado i Wyoming. Meksyk traci około połowy swego dotychczasowego obszaru państwowego.

1853

- Japonia – grożąc użyciem siły wojskowej, komodor Matthew Perry wymusza otwarcie japońskich portów.

1854

- Nikaragua, 9-15 lipca 1854 r. – zniszczenie San Juan del Norte w odpowiedzi na zranienie ambasadora USA przez rozgniewany tłum i nieudzielenie odszkodowania.

1898

- Kuba – udział w walce wyzwoleńczej Kubańczyków przeciwko hiszpańskiej kolonizacji. USA wywołują wojnę amerykańsko-hiszpańską, a po klęsce Hiszpanii obejmują Kubę swoim zarządem wojskowym.
- Filipiny, 12 czerwca 1898 r. do 4 lipca 1902 r. – z pomocą Stanów Zjednoczonych, będących w stanie wojny z Hiszpanią, Filipiny odłączają się od Hiszpanii i ogłaszają niepodległość. W wyniku wojny filipińsko-

---

[392] https://de.wikipedia.org/wiki/Liste_der_Militäroperationen_der_Vereinigten_Staaten

amerykańskiej, wbrew wcześniejszym obietnicom, Filipiny zostają podporządkowane Stanom Zjednoczonym, które tworzą tu reżim kolonialny.

- Hawaje, 12 sierpnia 1898 r. – aneksja niepodległego dotąd pacyficznego królestwa.

- Puerto Rico, 10 grudnia 1898 r. – po wojnie amerykańsko-hiszpańskiej, w wyniku klęski Hiszpanii, wyspa zostaje zaanektowana przez Stany Zjednoczone.

XX wiek
1903

- Honduras, 23-31 marca 1903 r. – wojska USA lądują pod Puerto Cortes, by strzec konsulatu Stanów Zjednoczonych i stoczni podczas rewolucyjnych zamieszek.

- Panama, 3 listopada – chcąc zapewnić sobie prawo kontroli nad planowaną budową kanału, Stany Zjednoczone wspierają oderwanie się Panamy od Kolumbii. Panama staje się niezależną republiką, zarazem jednak popada w pełną gospodarczą i polityczną zależność od Stanów Zjednoczonych. Ukończony w 1914 r., a w 1920 r. przyjęty oficjalnie do eksploatacji Kanał Panamski staje się częścią terytorium USA, wskutek czego młoda republika zostaje rozpołowiona na dwie oddzielone od siebie części.

1905

- Interwencja wojskowa w Republice Dominikańskiej

1906

- 1906-1909, interwencja wojskowa na Kubie

1907

- 8 lutego 1907 r. – interwencja wojskowa w Republice Dominikańskiej. Stany Zjednoczone zapewniają sobie finansową kontrolę nad tym państwem (zniesiono ją w 1940 r.).

- Honduras, 18 marca - 8 czerwca 1907 r. – w celu ochrony amerykańskich interesów podczas wojny Hondurasu z Nikaraguą, w Trujillo, La Ceiba, Puerto Cortes, San Pedro Sula, Lagunie i Choloma rozlokowane zostają wojska USA.

1909

- 1909-1925, interwencja wojskowa USA w Nikaragui – amerykańskie siły zbrojne ingerują w wewnątrzpolityczne konflikty kraju.

1911

- Honduras, 1911-1925 – rozmaite interwencje zabezpieczają monopolistyczną pozycję przemysłu bananowego znajdującego się w rękach USA. Kraj popada w całkowitą gospodarczą i polityczną zależność od Stanów Zjednoczonych.

1912

- Interwencja wojskowa USA na Kubie.
- 1912-1925, Nikaragua zostaje podporządkowana finansowej i wojskowej kontroli USA.

1914

- Meksyk, 1914-1915 – ingerencja w wewnątrzpolityczne walki o władzę (objęcie protekcją rządu Venustiana Carranzy).

1915

- Haiti, 1915-1934 – zajęcie tej karaibskiej republiki. Zarządzanie krajem jak protektoratem. Po wycofaniu wojsk amerykańskich nadal utrzymuje się (do 1947 r.) zwierzchność finansowa USA.

1916

- Nikaragua, 18 lutego 1916 r. – Stany Zjednoczone wymuszają prawo tworzenia tu baz wojskowych.
- Marzec 1916/luty 1917 – amerykańska ekspedycja karna w Meksyku.
- 1916-1924 – zajęcie Republiki Dominikańskiej.

1917

- 1917-1919 – udział w pierwszej wojnie światowej po stronie Ententy przeciwko państwom centralnym. Okupowanie terenów niemieckich do 1923 r.
- 1917-1919 – interwencja wojskowa na Kubie.
- 1918-1920 – wspólna, wraz z Brytyjczykami i Francuzami, interwencja w wojnie domowej w Rosji po stronie „białych" w rejonie Archangielska (Polar Bear Expedition) oraz, wraz z Japończykami, w rejonie Władywostoku (American Expeditionary Force Siberia).

1919

- Honduras, 8-12 września 1919 r. – interwencja wojskowa zapobiega rewolucji.

1924

- Honduras, 28 lutego do 31 marca oraz 10-15 września 1924 r. – wojska amerykańskie interweniują w celu ochrony obywateli i interesów USA podczas zamieszek w okresie przedwyborczym.
- Chiny, wrzesień – piechota morska USA ląduje w Szanghaju w celu ochrony Amerykanów i innych obcokrajowców przed zamieszkami.

1925

- Chiny, 15 stycznia do 29 sierpnia 1925 r. – walki pomiędzy różnymi ugrupowaniami chińskimi doprowadzają do ponownego lądowania wojsk USA w Szanghaju.

- Honduras, 19-21 kwietnia 1925 r. – podczas zamieszek politycznych wojska USA lądują pod La Ceiba.

1926

- 1926-1933 – interwencja wojskowa USA w Nikaragui. Okupacja Nikaragui, której przeciwstawia się, tocząc wojnę partyzancką, Augusto César Sandino.

1930

- Stany Zjednoczone pomagają Rafaelowi Leónidasowi Trujillo Molinie w zdobyciu władzy w Republice Dominikańskiej. Tworzy on jeden z najbardziej despotycznych reżimów w historii Ameryki Łacińskiej, który utrzymuje się aż do zamordowania dyktatora w 1961 r.

1940

- Na Kubie Stany Zjednoczone pomagają zdobyć władzę głównodowodzącemu armią generałowi Fulgencio Batiscie y Zaldivar (1901-1973), który całkowicie podporządkowuje kraj interesom amerykańskim. Dyktatura Batisty upada w 1959 r. w wyniku rewolucji Fidela Castro (1926-20016).

1941

- 1941-1945, druga wojna światowa – Stany Zjednoczone angażują się w działania na różnych teatrach wojny w Europie, Azji i Afryce. Głównym przeciwnikiem są Niemcy i Japonia.

1947

- Grecja – by uniknąć przejęcia władzy przez siły komunistyczne, Stany Zjednoczone udzielają ich przeciwnikom wsparcia logistycznego, technicznego i finansowego.

1948

- 1948-1949, berliński most powietrzny – podczas blokady Berlina Zachodniego przez Związek Radziecki, Stany Zjednoczone i ich sojusznicy organizują most powietrzny w celu dostarczania zaopatrzenia do miasta.

1950

- Korea, 1950-1953 – w oparciu o uchwaloną pod nieobecność radzieckiej delegacji Rezolucję nr 85 Rady Bezpieczeństwa ONZ, Stany Zjednoczone przychodzą z pomocą prozachodniemu reżimowi w Korei Południowej, który wskutek zaskakującego ataku komunistycznej Korei Północnej znalazł się w ciężkim położeniu.

1956

- Egipt – w związku z kryzysem sueskim Stany Zjednoczone wysyłają zespół okrętów wojennych, w tym lotniskowce, na wschodni obszar Morza Śródziemnego i zmuszają Zjednoczone Królestwo i Francję do zakończenia ich interwencji wojskowej w strefie Kanału Sueskiego.

1958

- Liban, lipiec-październik 1958 r. – na prośbę chrześcijańskiego prezydenta Kamila Nimr Szamuna, Stany Zjednoczone interweniują w działania zbrojne toczące się w Libanie.

- Chińska Republika Ludowa – podczas konfrontacji między Chińską Republiką Ludową a Tajwanem o należące do Tajwanu, a leżące opodal chińskich wybrzeży wyspy Kinmen i Matsu, Stany Zjednoczone wysyłają w rejon kryzysu, w celu wsparcia Tajwanu, jednostki marynarki wojennej.

1059

- Kuba – Stany Zjednoczone finansują i wspierają operujące z ich terytorium ugrupowania partyzanckie w celu obalenia rządów premiera Fidela Castro na Kubie.

1961

- Kuba, 17 kwietnia 1961 r. – wyszkolona i uzbrojona w Stanach Zjednoczonych grupa partyzancka złożona z kubańskich emigrantów dokonuje zakończonej klęską inwazji w kubańskiej Zatoce Świń. W ramach przygotowania operacji Amerykanie bombardują kubańskie stanowiska obrony przeciwlotniczej.

1962

- Podczas tak zwanego kryzysu kubańskiego (październik/listopad) wyspa zostaje obłożona całkowitą blokadą.

1964

- Laos, maj 1964 r. – amerykańskie samoloty i jednostki lądowe (ok. 10.000 ludzi) przystępują do ataków na rejony zajmowane przez siły Pathet Lao. Mimo wieloletnich walk brak jest perspektywy rozstrzygnięcia militarnego i w marcu 1970 r. wojska interwencyjne USA opuszczają kraj.

- Brazylia, 31 marca 1964 r. – dzięki wsparciu logistycznemu udzielonemu przez CIA, obalony zostaje lewicowy prezydent João Goulart. Tworzy się faworyzowana przez Stany Zjednoczone dyktatura wojskowa, która panuje w kraju do 1982 r.

- Wietnam, 1964-1975 – Stany Zjednoczone intensywnie angażują się w wojnę wietnamską. W jej punkcie kulminacyjnym operuje tam 550.000 amerykańskich żołnierzy.

- Boliwia, 1984-1982 – Stany Zjednoczone wikłają się w szereg wojskowych zamachów stanu i kontrrewolt.

1965

- Republika Dominikańska, kwiecień-wrzesień 1965 r. – po obaleniu lewicowego prezydenta Juana Boscha i zainstalowaniu stworzonej z amerykańską pomocą junty wojskowej, w kraju wybucha wojna domowa.

Stany Zjednoczone interweniują siłami piechoty morskiej w liczbie 42.000 żołnierzy i doprowadzają do nowych wyborów, z których zwycięsko wychodzi Joaquín Balaguer, poprzednie 30 lat służący dyktaturze Trujillo. Przez kolejne 35 lat Balaguer, współpracując ściśle ze Stanami Zjednoczonymi, panuje w Dominikanie.

- Kambodża, maj 1965 r. – Stany Zjednoczone bombardują kambodżańskie wioski leżące wzdłuż przy granicy z Wietnamem. Tym sposobem kraj zostaje wmieszany w wojnę wietnamską.

1967

- Od 1967 r. – po wojnie sześciodniowej Stany Zjednoczone zwiększają finansową i wojskową pomoc dla walczącego z arabskimi sąsiadami Izraela. Izrael staje się najważniejszym amerykańskim sojusznikiem na Bliskim Wschodzie.
- Boliwia – armia boliwijska jest szkolona przez CIA w działaniach przeciwko partyzantom. Z pomocą CIA, w Boliwii zostaje wytropiony i 9 października zastrzelony kubański rewolucjonista Ernesto Che Guevara.

1970

- Kambodża, marzec 1970 r. – korzystając z amerykańskiego wsparcia, generał Lon Nol w wyniku puczu zdobywa władzę. Wojna wietnamska rozszerza się również na Kambodżę.
- Jordania, wrzesień 1970 r. – w jordańskiej wojnie domowej Stany Zjednoczone stają po stronie domu królewskiego i wysyłają okręty, w tym lotniskowce, we wschodni rejon Morza Śródziemnego.

1971

- Indie/Pakistan – w trakcie konfliktu indyjsko-pakistańskiego o niepodległość Bangladeszu, Stany Zjednoczone wysyłają jednostki floty do Zatoki Bengalskiej.

1976

- Angola – Stany Zjednoczone wspierają rebeliantów z ugrupowania UNITA w walce przeciwko marksistowsko-leninowskiemu rządowi MPLA.

1977

- Salwador, 1977-1992 – Stany Zjednoczone wspierają stworzone przez siebie lub za ich aprobatą rządy w walce z marksistowsko-leninowską opozycją. Wskutek tego kraj pogrąża się w dziesięcioletniej wojnie domowej.

1980

- Iran, 25 kwietnia 1980 r. – nieudana operacja wojskowa Stanów Zjednoczonych *Eagle Claw*, której celem było uwolnienie amerykańskich zakładników z okupowanej ambasady USA w Teheranie.

1981

- Nikaragua, od 1981 r. – po uwieńczonej powodzeniem rewolucji sandinistowskiej 1979 r., Stany Zjednoczone kontynuują finansowe, wojskowe i logistyczne wspieranie zwolenników odepchniętej od władzy dyktatury Anastasia Somozy Debayle`a i zwalczają sandinistów, którzy weszli na kurs marksistowsko-leninowski.

- Afganistan, od 1981 r. – Stany Zjednoczone zapewniają mudżahedinom i innym afgańskim bojownikom ruchu oporu rozległą pomoc finansową, wojskową i logistyczną w ich walce przeciwko radzieckiej okupacji kraju.

1982

- Od 1982 r. – operujący z terytorium Hondurasu przeciwnicy sandinistów w Nikaragui, tzw. Contras, otrzymują wojskową i logistyczną pomoc ze strony USA.

- Argentyna, kwiecień 1982 r. – Stany Zjednoczone za pośrednictwem swojej bazy wojskowej na atlantyckiej Wyspie Wniebowstąpienia udzielają wsparcia logistycznego wojskom brytyjskim w wojnie z Argentyną (wojna o Falklandy) oraz przekazują dane rozpoznawcze uzyskiwane z satelitów szpiegowskich.

1983

- Iran otrzymuje pomoc zbrojeniową w celu odparcia wspieranego uprzednio przez USA Iraku w zamian za uwolnienie amerykańskich zakładników z okupowanej ambasady w Teheranie.

- Liban, wrzesień 1983 r. – Stany Zjednoczone, stanowiąc część międzynarodowych sił pokojowych, ingerują w libańską wojnę domową, która wskutek tego wchodzi w swą najkrwawszą fazę. Interwencja kończy się niepowodzeniem po serii krwawych zamachów samobójczych, a siły międzynarodowe opuszczają Liban (luty/marzec 1984 r.).

- Grenada, 25 października 1984 r. – umiarkowanie lewicowy premier Maurice Bishop zostaje poddany przez puczystów egzekucji. Zbliżenie nowego rządu ze Związkiem Radzieckim powoduje wojskową interwencję USA.

1985

- Nikaragua, 1 maja 1985 r. – po wyborczym zwycięstwie lewicowych sandinistów z 4 listopada 1984 r., Stany Zjednoczone nakładają na Nikaraguę całkowite embargo handlowe, ponieważ bardzo szybko dochodzą tam do głosu siły marksistowsko-leninowskie. Trwa też wspieranie opozycji (Contras) zmierzającej do obalenia sprawującego od 1979 r. władzę sandinistowskiego reżimu.

1986

- Haiti, luty 1986 r. – pod silnym naciskiem ludności, Stany Zjednoczone odwracaj się od panującej tam od 1957 r. i objętej ich protekcją dyktatury rodziny Duvalierów. Dyktator Jean-Claude Duvalier, nazywany Baby Doc, ucieka za granicę.

- Libia, 14 kwietnia 1986 r. – w odwecie za libijskie akty terroru, Stany Zjednoczone bombardują cele w Trypolisie i Bengazi (operacja *El Dorado Canyon*).

1988

- Iran, 3 lipca 1988 r. – samolot pasażerski typu Airbus A300 linii Iran Air zostaje zestrzelony nad Cieśniną Ormuz przez amerykański krążownik rakietowy USS „Vincennes". Życie traci 290 osób. Według informacji amerykańskich, załoga nie była w stanie odróżnić cywilnego Airbusa od irańskiego samolotu bojowego ani nawiązać kontaktu z pilotem. W chwili zdarzenia USS „Vincennes" znajdował się na irańskich wodach terytorialnych w ramach operacji *Earnest Will*. Dowódca USS „Vincennes" otrzymał odznaczenie. Stany Zjednoczone wypłaciły później rodzinom ofiar odszkodowanie.

1989

- 20 grudnia 1989 r. zostaje zajęta Panama. (operacja *Just Cause*). Aresztowany generał Manuel Noriega, dzierżący władzę w kraju, zostaje wydany Stanom Zjednoczonym, oskarżony o handel narkotykami oraz pranie brudnych pieniędzy i 10 lipca 1992 r. skazany na karę 40 lat więzienia.

1990

- Od marca 1990 r. – w odpowiedzi na liberyjską wojnę domową przeprowadzona zostaje operacja *Sharp Edge*. W sierpniu 1990 r. z Monrovii i innych punktów zbornych na zapleczu udaje się uratować 1648 cudzoziemców i uchodźców. W końcu obecność obcych wojsk doprowadza do przejściowego uspokojenia się sytuacji.
- Od 1990 r. – podczas wojny narkotykowej w Kolumbii Stany Zjednoczone wspierają jednostki paramilitarne zwalczające komunistycznych rebeliantów.
- Arabia Saudyjska, 8 sierpnia 1990 r. – po irackiej agresji na Kuwejt (2 sierpnia 1990 r.) Stany Zjednoczone wysyłają do Arabii Saudyjskiej swoje siły zbrojne w celu wsparcia tamtejszego reżimu i przygotowania uderzenia na Irak.

1991

- Styczeń/luty 1991 r. – dowodzone przez USA wojska koalicyjne, działające na mocy uchwały światowej Rady Bezpieczeństwa ONZ, wkraczają do Kuwejtu i w ramach operacji *Pustynna Burza* kładą kres irackiej okupacji tego kraju.

1992

- Jugosławia, luty/marzec 1992 r. – po masakrze w jugosłowiańskiej Srebrenicy NATO, mając legitymację Rady Bezpieczeństwa ONZ, przeprowadza pod ONZ-owskim dowództwem kilka operacji wojskowych na korzyść

Chorwatów i Bośniaków obleganych przez Serbów w Sarajewie, stolicy Bośni i Hercegowiny.

- Irak, 27 sierpnia 1992 r. – Stany Zjednoczone ustanawiają w Iraku strefę zakazu lotów dla irackich samolotów na północ od 36 i na południe od 33 równoleżnika N. Wojna powietrzna zostaje podjęta i trwa w ograniczonym stopniu do 2002 r., głównie w celu powstrzymywania Saddama Husajna przed atakami lotniczymi na irackich Kurdów na północy i szyitów na południu kraju oraz zapobieżenia ponownej napaści na Kuwejt.

- Somalia, 9 grudnia 1992 r. – w wyniku apelu Sekretarza Generalnego ONZ i uchwały Rady Bezpieczeństwa, Stany Zjednoczone wysyłają 28.000 żołnierzy do Somalii, by zakończyć wojnę domową (wycofanie sił w 1994 r. po kosztującej wiele krwi, nieudanej próbie ujęcia generała Mohameda Farrah Aidida).

1993

- Irak, 27 czerwca 1993 r. – okręty wojenne podejmują akcję przeciwko Irakowi i odpalają 23 pociski samosterujące na Bagdad.

1994

- Haiti, sierpień/wrzesień 1994 r. – pod naciskiem Rady Bezpieczeństwa ONZ, wojska amerykańskie doprowadzają do przywrócenia obalonego w 1991 r., w wyniku puczu wojskowego, prezydenta Jean-Bertranda Aristide`a.

1998

- Sudan, 20 sierpnia 1998 r. – w odwecie za zamachy terrorystyczne na ambasady USA w Kenii i Tanzanii, Stany Zjednoczone przeprowadzają nalot na rzekomą fabrykę gazów trujących w Chartumie, która później okazała się być fabryką leków Al Shifa.

1999

- Wojna w Kosowie, marzec-czerwiec 1999 r. – NATO, nie mając mandatu ONZ, przeprowadza pod komendą Stanów Zjednoczonych intensywne bombardowania celów w Jugosławii, by wymusić wycofanie się wojsk serbskich i policji z Kosowa. Po zakończeniu zawieszenia broni prowincję Kosowo obsadzają wojska NATO i utworzony zostaje protektorat pod zarządem ONZ.

XXI wiek
2001

- Afganistan, listopad 2001 r. – w następstwie terrorystycznych ataków, przeprowadzonych 11 września 2001 r. przez fundamentalistów islamskich w Nowym Jorku i Waszyngtonie, Stany Zjednoczone uderzają na Afganistan. Tamtejszy reżim talibów zostaje rozbity, a utworzony zostaje rząd tymczasowy.

2003

- Irak, 20 marca 2003 r. – koalicja obejmująca w sumie 48 państw (m.in. Zjednoczone Królestwo, Włochy, Australię i Hiszpanię) uderza w ramach trzeciej wojny w Zatoce Perskiej na Irak i usuwa reżim Saddama Husajna. Irak przejściowo zarządzany jest na podobieństwo protektoratu, w lecie 2005 r. odbywają się wybory, a władza zostaje oficjalnie przekazana wybranemu rządowi. Amerykańskie jednostki bojowe opuszczają kraj w 2011 r.

2004

- Haiti, marzec 2004 r. – po obaleniu prezydenta Jean-Bertranda Aristide`a, Stany Zjednoczone wysyłają w ramach Tymczasowych Sił Wielonarodowych Rady Bezpieczeństwa ONZ swoje wojska na Haiti.

2011

- Wiosna 2011 r. – uderzenia sił powietrznych i morskich z wykorzystaniem pocisków samosterujących wymierzone przeciwko Libii w celu wymuszenia strefy zakazu lotów i niedopuszczenia do ataków sił wojskowych sprawującego władzę Muammara al.-Kaddafiego na ludność cywilną i powstańców w kraju.

2014

- Od czerwca 2014 r. USA prowadzą operację *Inherent Resolve* w celu zwalczania terrorystycznych milicji Państwa Islamskiego.

2017

- Marzec 2017 r. – naloty na Syrię.

Załącznik F

Flota lotniskowców US Navy[393]
Stan na: 23. 07. 2017 r.

Od dziesięcioleci amerykańska marynarka wojenna i jej superlotniskowce klasy Nimitz dominują na morzach świata, dając rządowi w Waszyngtonie możliwość szybkiego reagowania na sytuacje kryzysowe. 22 lipca 2017 r., z chwilą przyjęcia do eksploatacji USS „Gerald R. Ford", do służby wszedł okręt nowej klasy. Wraz z nim US Navy dysponuje 11 lotniskowcami.

Nr	Nazwa	Klasa	W służbie od	Port macierzysty
CVN-68	Nimitz	Nimitz	1975	Everett (Waszyngton)
CVN-69	Dwight D. Eisenhower	Nimitz	1977	Norfolk (Wirginia)
CVN-70	Carl Vinson	Nimitz	1982	San Diego (Kalifornia)
CVN-71	Theodore Roosevelt	Nimitz	1986	Norfolk (Wirginia)
CVN-72	Abraham Lincoln	Nimitz	1989	Everett (Waszyngton)
CVN-73	George Washington	Nimitz	1992	Yokosuka, Japonia
CVN-74	John C. Stennis	Nimitz	1995	Bremerton (Waszyngton)
CVN-75	Harry S. Truman	Nimitz	1998	Norfolk (Wirginia)
CVN-76	Ronald Reagan	Nimitz	2003	San Diego (Kalifornia)
CVN-77	George H. W. Bush	Nimitz	2009	Norfolk (Wirginia)
CVN-78	Gerald R. Ford	Ford	2017	Norfolk (Wirginia)

---

[393] https://de.wikipedia.org/wiki/Liste_der_Flugzeugträger_der_United_States_Navy

Załącznik G

Znane operacje CIA[394]

W naturze rzeczy leży, że skryte operacje wywiadowcze z reguły nie przedostają się do wiadomości publicznej. Poniższe operacje stały się znane najczęściej dzięki badaniom historycznym, poszukiwaniom prowadzonym przez dziennikarzy śledczych, oficjalnym dochodzeniom lub też wskutek ujawnienia dokumentów w ramach *Freedom of Information Act*.

- Operacja *DEMAGNITIZE*: powstrzymywanie komunizmu we Włoszech i Francji począwszy od 1948 r.
- Operacje w Chińskiej Republice Ludowej: w 1952 r. należąca do CIA maszyna C-47 została zestrzelona w chińskiej prowincji Jilin. Zginęli przy tym pilot i drugi pilot. Dwóch innych członków załogi przeżyło, zostało aresztowanych i mogło wrócić do USA dopiero w 1971 bądź 1973 roku.
- Operacja *GLADIO*: tworzenie i utrzymywanie od lat 50. do wczesnych lat 90. paramilitarnych jednostek partyzanckich w Europie Zachodniej, które po części zamieszane były w zamachy terrorystyczne we Włoszech oraz w grecki pucz wojskowy w 1967 r.
- Operacja *ARTISCHOCKE*: program badawczy dotyczący prania mózgu względnie metod przesłuchiwania z użyciem narkotyków i tortur (1952 r.).
- Operacja *M-K-ULTRA*: program kontrolowania świadomości trwający od 1953 r. aż do lat 70.; następca programu *Artischocke*.
- Operacja *AJAX*: obalenie w 1953 r. irańskiego premiera Mosaddegha we współpracy z irańskim generałem Fazlollahem Zahedim.
- Operacja *FORTUNE*: planowane obalenie gwatemalskiego prezydenta Jacoba Arbenzy Guzmána we współpracy z *United Fruit Company* i dyktatorem Nikaragui, Anastasiem Somozą Garcia. Przedsięwzięcie wstrzymano w 1952 r. pod naciskiem ministerstwa spraw zagranicznych USA. Jego warstwę koncepcyjną wykorzystano w operacji *Success* względnie operacji *Pbsuccess*.
- Operacja *PBSUCCESS*: obalenie w 1954 r. Jacoba Arbenzy Guzmána, prezydenta Gwatemali.
- Operacja *ZAPATA* (inwazja w Zatoce Świń): próba inwazji na Kubę dokonana przez kubańskich emigrantów w 1961 r. w celu obalenia rewolucyjnego rządu

---

[394] http://www.americanet.de/html/cia__operationen.html

Castro.

- Operacja *AIR AMERICA*: największe towarzystwo lotnicze Azji Południowo-Wschodniej w okresie wojny wietnamskiej, kontrolowane przez CIA, a od 1962 r. intensywnie wykorzystywane w tajnych operacjach i do przemytu heroiny.

- Pościg za Che Guevarą w 1967 r. w Boliwii, we współpracy z armią boliwijską, który zakończył się jego egzekucją.

- Operacja *PHOENIX*: jej celem było identyfikowanie i zwalczanie komunistycznej kadry dowódczej FNL (Wietkong) w okresie wojny wietnamskiej w połowie lat 60.; ofiarą operacji padło wg. danych amerykańskich 6000, a wg. źródeł południowowietnamskich 20.000 ludzi, doszło też w jej trakcie do naruszeń praw człowieka.

- Operacja *CHAOS*: szpiegowanie 7000 osób i 1000 organizacji w USA, które oponowały przeciwko wojnie wietnamskiej lub należały do ruchu praw obywatelskich; akcja wykryta przez dziennikarza Seymoura Hersha.

- Projekt *FUBELT*: skryte operacje prowadzone w Chile od 1970 r. aż do puczu w 1973 r. w celu podkopywania rządu Allende. Agenci CIA byli także zamieszani w morderstwo prodemokratycznego szefa Sztabu Generalnego René Schneidera. Działania te poprzedziły prowadzone od 1963 r. rozległe akcje propagandowe wymierzone przeciwko patiom lewicowym w Chile.

- Projekt *AZORIAN*: wydobycie z głębokości 5000 m, przez właśnie w tym celu zbudowany statek specjalny *Hughes Glomar Explorer*, radzieckiego okrętu podwodnego *K-129*, który w 1968 r. zatonął u wybrzeży Hawajów.

- Operacja *CONDOR*: wielonarodowa operacja prawicowych dyktatur wojskowych Ameryki Południowej prowadzona w celu wspólnego ścigania i zabijania politycznych przeciwników, wspierana przez CIA pod względem technicznym i logistycznym, jak również poprzez szkolenia.

- Operacja *LA FEATURE*: wspieranie ugrupowania UNITA oraz interwencji Afryki Południowej podczas wojny domowej w Angoli, co doprowadziło do ingerencji Kuby w 1975 r.

- Wojna *CONTRAS*: tworzenie i wspieranie partyzantki Contras podczas wojny przeciwko Nikaragui w latach 1981 do 1990, realizowane przez poprzednika *Special Activities Division*, paramilitarne ramię CIA.

- Afera *IRAN-CONTRAS*: wspieranie nikaraguańskich Contras poprzez sprzedaż broni Iranowi i tolerowanie przemytu kokainy do USA.

- Operacja *CYCLONE*: werbunek i szkolenie, we współpracy z ISI i MI6, ponad 100.000 muzułmańskich rekrutów do działań w Afganistanie.

- Operacja *ROSEWOOD*: po ponownym zjednoczeniu Niemiec CIA udało się zdobyć większość prawdziwych nazwisk agentów NRD działających za granicą.

Inne działania CIA

- Wspieranie, podczas wojny w Afganistanie, pakistańskiej *Inter-Services Intelligence* pod względem szkolenia i zaopatrywania afgańskich mudżahedinów w broń finansowaną przez USA i Arabię Saudyjską.

- W 2006 r. pewien dziennikarz „Chicago Tribune", prowadząc poszukiwania w internecie, znalazł nazwiska 2.600 pracowników CIA, w tym kilku działających „pod przykryciem". W ten sam sposób udało się wykryć samoloty używane w skrytych akcjach CIA oraz tajne instalacje.

- 6 września 2006 r., wyrokiem Sądu Najwyższego prezydent USA George W. Bush został zmuszony do publicznego potwierdzenia istnienia i utrzymywania za granicą tajnych więzień CIA, zwanych *black sites*.

- 31 grudnia 2009 r.: Homam Khaleel Mohammad Abu Mallal, jordański lekarz, został zgodnie z informacjami zwerbowany przez jordański wywiad w celu infiltrowania *Al-Kaidy* w Afganistanie i zdobywania informacji mających decydujące znaczenie dla operacji wojskowych USA w tym kraju. Zamiast tego ów 33-letni Jordańczyk zwrócił się przeciwko Amerykanom. Gdy w Sylwestra wyruszył na spotkanie z agentami USA w *Forward Operating Base Chapman* we wschodniej części Afganistanu, w pobliżu Chost, miał pod ubraniem pas z materiałem wybuchowym. Był podwójnym agentem. Ów rzekomy dezerter pociągnął za sobą na śmierć siedmiu agentów CIA, w tym szefową zespołu, Jennifer Lynn Matthews, oraz swego jordańskiego oficera prowadzącego Sharifa Ali bin Zeida. Wśród zabitych agentów CIA Matthews była drugim pod względem starszeństwa przedstawicielem CIA w Afganistanie.

- W latach 90. osoby ubiegające się o azyl w Niemczech były po przyjeździe przesłuchiwane przez oficera łącznikowego CIA w obozach dla uchodźców, np. w bawarskim Zirndorf.

- CIA dopomogła w aresztowaniu późniejszego laureata Nagrody Nobla, Nelsona Mandeli, przez ówczesny południowoafrykański reżim apartheidu.

Załącznik H

Akty ludobójstwa w historii

Kraj	Okres	Ofiary	Zabici
Chiny	1949-1968	w Tybecie i w Chinach	64.000.00
Niemcy	1939-1945	w obozach koncentracyjnych w Europie	15.000.00
Belgia	1886-1908	w Kongo	8.000.00
Związek Radziecki	1932-1939	w radzieckich gułagach	7.000.00
Japonia	1941-1944	ludność cywilna Japonii	5.000.00
Turcja	1915-1922	Ormianie, Grecy i Asyryjczycy	2.530.00
Kambodża	1975-1979	w Kambodży	1.700.00
Korea Północna	1948-1994	w Korei Północnej	1.600.00
Etiopia	1975-1978	w Etiopii	1.500.00
Biafra	1967-1970	w Biafrze	1.000.00
Związek Radziecki	1979-1982	w Afganistanie	900.00
Ruanda	1994	w Ruandzie	800.00
USA	1789-1901	Indianie w USA	630.00
Irak	1980-1990	w Kurdystanie i w Iranie	600.00
Jugosławia	1945-1980	w Jugosławii	570.00
Indonezja	1965-1966	w Indonezji	500.00
Japonia	1937-1939	chińska ludność cywilna	500.00
Angola	1975-2002	w Angoli	400.00
Afganistan	1986-2001	w Afganistanie	400.00
Uganda	1969-1979	w Ugandzie	300.00
Pakistan	1970-1971	w Bangladeszu	300.00
Chorwacja	1941-1945	Żydzi, Romowie i Serbowie	359.00
Włochy	1934-1945	w Etiopii, Libii, Jugosławii	300.00
Liberia	1989-1996	w Liberii	220.00
Sierra Leone	1991-2000	w Sierra Leone	200.00
Indonezja	1975-1998	w Aceh, na Timorze i Nowej Gwinei	200.00
Wietnam	1953-1956	w Wietnamie	200.00
Burundi	1972	w Burundi	150.00
Jugosławia	1992-1999	w Jugosławii	100.00
Sudan	1989-1999	w Sudanie	100.00
Korea Południowa	1948-1950	ludność cywilna Korei Południowej	80.00

USA	1969-1974	ludność cywilna Wietnamu & Kambodży	70.000
Gwatemala	1982-1983	w Gwatemali	70.000
Haiti	1957-1971	w Haiti	60.000
Republika Dominik.	1930-1961	w Republice Dominikańskiej	50.000
Syria	2012-2013	w Syrii	50.000
Gwinea Równikowa	1969-1979	w Gwinei Równikowej	50.000
Czad	1982-1990	w Czadzie	40.000
Tajwan	1947	powstańcy na Tajwanie	30.000
Związek Radziecki	1917-1920	dysydenci w Związku Radzieckim	30.000
Hiszpania	1936.1939	dysydenci w Hiszpanii	30.000
Kuba	1959-1999	na Kubie	30.000
USA	1963-1968	w Wietnamie	30.000
Salwador	1932	w Salwadorze	30.000
Syria	1980-2000	w Syrii	25.000
Iran	1979-1989	w Iranie	20.000
Zimbabwe	1982-1987	w Zimbabwe	20.000
Wielka Brytania	1900-1901	Burowie	20.000
Argentyna	1976-1983	w Argentynie	13.000
Francja	1956-1957	w Algierii	10.000
Wielka Brytania	1952-1956	w Kenii	10.000
Sierra Leone	1997	w Sierra Leone	6.000
Al-Kaida	1993-2001	na całym świecie	3.500
Chile	1973	w Chile	3.000

Załącznik I

Wydatki wojskowe na świecie w roku 2016[395]

L.p.	Kraj		W milionach $
1	USA		611.186,00 $
2	Chiny		215.176,00 $
3	Rosja		69.245,00 $
4	Arabia Saudyjska		63.673,00 $
5	Francja		55.745,00 $
6	Indie		55.923,00 $
7	Wielka Brytania		48.253,00 $
8	Japonia		46.126,00 $
9	Niemcy		41.067,00 $
10	Korea Południowa		36.777,00 $
11	Włochy		27.934,00 $
12	Australia		24.617,00 $
13	ZEA		23.681,00 $
14	Brazylia		23.676,00 $
15	Izrael		17.977,00 $
Pierwszych	15 państw		1.361.056,00 $
Pozostałych	156 państw		324.944,00 $
Na świecie	171 państw		1.686.000,00 $

---

[395] SIPRI Stockholm, dane z 24. 04. 2017 r.

Załącznik J

Wydatki wojskowe NATO w roku 2016[396]

Państwo członkowskie	W milionach $	% PKB
Stany Zjednoczone	611.186	3,3%
Francja	55.745	2,3 %
Zjednoczone Królestwo	48.253	1,9 %
Niemcy	41.067	1,2 %
Włochy	27.934	1,5 %
Kanada	15.157	1,0 %
Hiszpania	14.893	1,2 %
Turcja	14.803	2,0 %
Polska	9.341	2,0 %
Holandia	9.253	1,2 %
Norwegia	5.998	1,6 %
Grecja	4.973	2,6 %
Belgia	4.063	0,9 %
Portugalia	3.764	1,8 %
Dania	3.514	1,2 %
Rumunia	2.765	1,5 %
Czechy	1.955	1,0 %
Węgry	1.254	1,0 %
Słowacja	1.035	1,1 %
Bułgaria	756	1,5 %
Chorwacja	695	1,4 %
Litwa	636	1,5 %
Estonia	502	2,1 %
Łotwa	407	1,5 %
Słowenia	404	0,9 %
Luksemburg	294	0,5 %
Albania	147	1,2 %
Czarnogóra	67	1,6 %
Islandia	17	0,1 %
bez USA	269.692	

---

[396] SIPRI Stockholm, dane z 24. 04. 2017 r.

Załącznik K

Największe przedsiębiorstwa zbrojeniowe w roku 2015[397]

	Firma	Kraj	Obrót bronią w mln. $	Udział w produkcji w %	Zysk koncernu w mln. $	Liczba zatrudnion
1	Lockheed Martin	USA	36.440	79	3.605	126.
2	BOEING	USA	27.960	29	5.176	161.
3	BAE Systems	GBR	25.510	93	1.456	82.
4	Raytheon	USA	21.780	94	2.067	61.
5	Northrop Grumman	USA	20.060	86	1.990	65.
6	General Dynamics	USA	19.240	61	2.865	99.
7	Airbus Group	EUR	12.860	18	2.992	136.
8	United Technologies	USA	9.500	16	4.356	197.
9	Finmeccanica	ITA	9.300	65	584	47.
10	L-3 Communications	USA	8.770	84	282	38.
11	Thales	FRA	8.100	52	897	62.
12	Huntington Ingalls	USA	6.740	96	404	35.
13	Ałmaz-Antiej	RUS	6.620	95	N.N.	N
14	Safran	FRA	5.020	26	1.644	70.
15	Harris Corporation	USA	4.920	66	324	21.
16	Rolls-Royce	GBR	4.790	23	1.650	50.
17	United Aircraft Corp.	RUS	4.610	80	-1.785	N
18	Bechtel Corporation	USA	4.600	14	N.N.	53.
19	United Shipbuilding	RUS	4.510	87	230	N
20	Pratt & Whitney	USA	4.225	30	1.900	33.

[397] Statista

Załącznik L

Dlaczego Donald J. Trump został prezydentem USA?

od 1945	Po uzyskaniu niepodległości i powiększeniu swego terytorium drogą wojen, zakupów i aneksji, USA co jakiś czas popadały w izolacjonizm, który został przełamany dopiero w wyniku udziału w obu wojnach światowych. To one uczyniły USA światowym mocarstwem – obok Związku Radzieckiego. Przewodzące dotąd światu mocarstwa utraciły swój status. USA były najważniejszym wzorcem wolnego świata.
1991	Pod rządami prezydenta George`a Busha I radzieckie imperium rozpadło się i nagle – w ciągu jednej nocy – USA stały się jedynym pozostałym mocarstwem światowym: zapanował jednobiegunowy porządek światowy, a USA stanęły samotnie na jego czele. Długo wyczekiwany, pokojowy świat wreszcie zdawał się możliwy. George Bush I zasłużył się sprawie pokoju na świecie i zmian w Europie i właściwie należałoby go wyróżnić Pokojową Nagrodą Nobla.
2001 2003 2007	Po zamachu z 11.09.2001 r. na nowojorski World Trade Center, podczas którego zginęło 2.989 ludzi, USA pod rządami prezydenta George`a Busha II zareagowały niezwłocznie i absolutnie przesadnie (dla porównania: w Wietnamie USA odnotowały 58.220 zabitych żołnierzy). George Bush II rozpoczął „wojnę z terrorem“ uderzając wpierw, 7 października 2001 r., na Afganistan, a następnie, 20 marca 2003 r., na Irak. Obie wojny zdestabilizowały cały Bliski Wschód i doprowadziły do wojen domowych, które trwają do dziś. Zwłaszcza wojna a Irakiem została przez George`a Busha II rozpętana w oparciu o sfałszowane dowody i kłamstwa. Dla mnie George Bush II jest przestępcą wojennym i winien stanąć przed Międzynarodowym Trybunałem w Hadze. Te niepokojące fakty: 9/11; Afganistan, II wojna iracka, globalny kryzys finansowy po upadku „Lehman Brothers“ oraz rosnące, budzące obawy, ogromne zadłużenie USA (głównym wierzycielem są Chiny!) doprowadziły do zaskakująco szybkiej redukcji amerykańskiej przewagi na świecie.
	Dla *Joe`go Sześciopaka* następstwa były coraz wyraźniejsze: brak

w kolejnych latach	pieniędzy na zużytą infrastrukturę; brak popytu na amerykańskie towary na światowym rynku; zwykły obywatel USA musi pracować w kilku miejscach, by móc przeżyć; zadłużenie państwa wzrosło niebotycznie, a na świecie coraz bardziej nasila się antyamerykanizm. Nawet w krajach zaprzyjaźnionych (jak np. Niemcy) wzrósł on dramatycznie. W końcu osłabły polityczne i gospodarcze wpływy USA na świecie. Gdzież się podziały stare, dobre czasy, kiedy to USA mówiły, którędy droga?
2017	W tej sytuacji pojawia się zbawca: Donald J. Trump, który wystąpił ze sloganem „wpierw Ameryka" albo „uczyńmy Amerykę znowu wielką" i trafił tym do przekonania dużej części ludności. Teraz, z nowym mesjaszem, wszystko pójdzie lepiej; i Trump został wybrany.

Dlaczego Donald J. Trump został prezydentem USA?

od 1945	Amerykańska hybris Przekonanie – „Jesteśmy najwspanialsi" Idea misyjna

USA -
jedyne pozostałe mocarstwo światowe

1991	

| 2001
2003
2007 | 9/11   Afganistan   II wojna w Iraku   Lehman Brothers   Wydatki wojskowe 600 mld $ rocznie |

| w kolejnych latach | zużyta infra-struktura w kraju | wyraźnie ujemny bilans handlowy | niskie dochody konieczne kilka miejsc pracy | wysokie zadłużenie państwa | antyame-rykańskie nastroje na świecie | mniej władzy w świecie |

zbawca

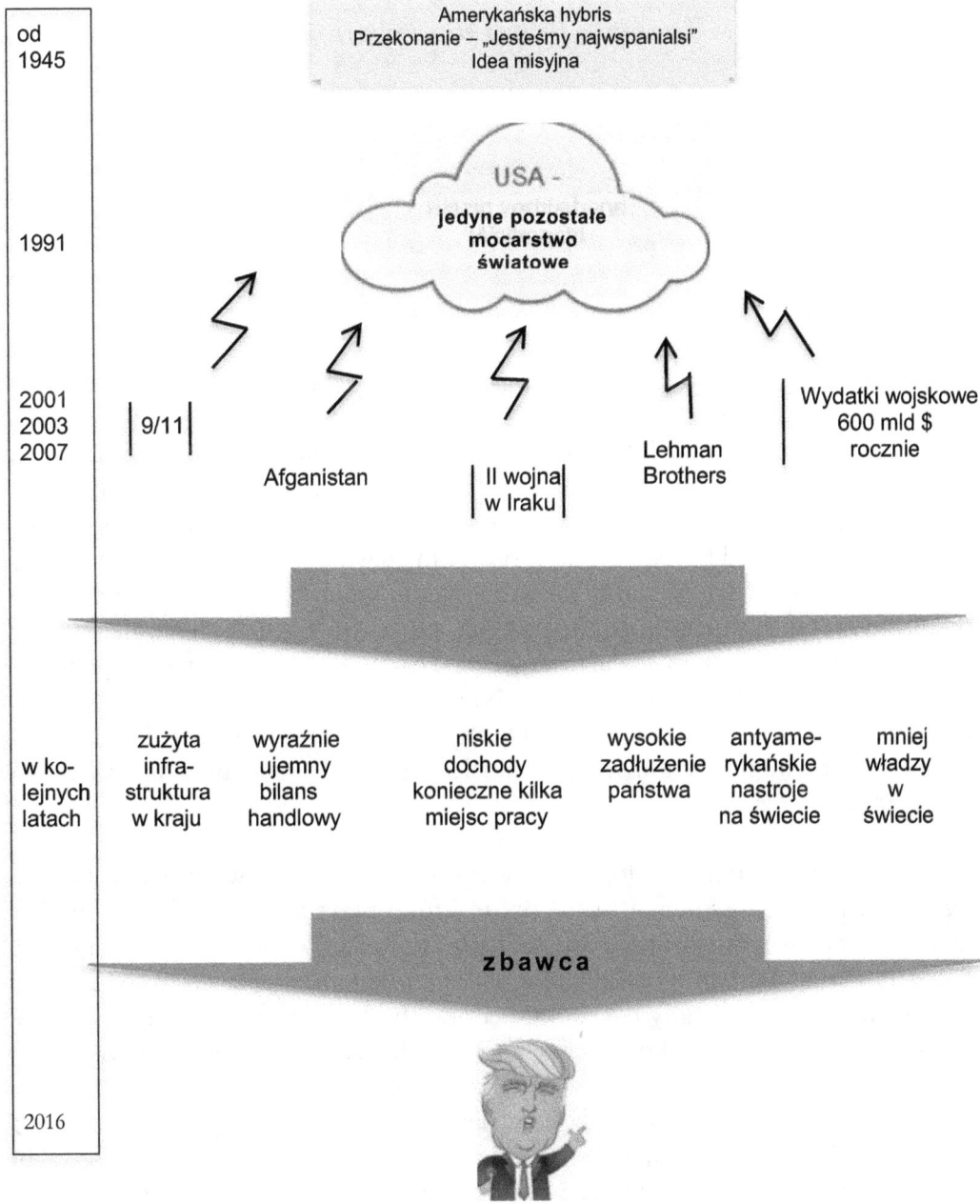

Rozwój wydarzeń w formie graficznej

2016

Załącznik M

Trump a prawo międzynarodowe[398]

Mowa powitalna profesora dr. Thomasa Buergenthala wygłoszona w Berlinie z okazji setnego jubileuszu utworzenia „Niemieckiego Towarzystwa Prawa Międzynarodowego". Profesor dr Thomas Buergenthal jest emerytowanym profesorem George Washington University, byłym sędzią Międzynarodowego Trybunału Sprawiedliwości w Hadze oraz Międzyamerykańskiego Trybunału Praw Człowieka w San José. Jako dziecko przeżył pobyt w Auschwitz.

Sprawia mi ogromną radość, że mogę tu być dziś wraz z Państwem i pogratulować Wam z okazji setnego jubileuszu powstania Towarzystwa. Jak Państwo z pewnością wiecie, *American Society of International Law*, moja naukowa ostoja, jest kilka lat starsza od Waszego Towarzystwa. Nie to wszakże ją wyróżnia – świadomie używam tego słowa – że, podobnie jak niemieckie Towarzystwo, w okresie panowania nazizmu uznała się z punktu widzenia prawa międzynarodowego za zmuszoną do samorozwiązania. Fakt, że zaraz po zakończeniu wojny została utworzona na nowo, wskazuje moim zdaniem na to, że i w tym strasznym czasie przetrwała w umysłach tych szermierzy prawa międzynarodowego, którzy zawsze wierzyli w ważność tego prawa i znów chcieli postrzegać Niemcy jako część owego szczególnego, uniwersalnego porządku prawnego. Dlatego jestem niezmiernie rad, że mogę dziś razem z Państwem obchodzić te doniosłe urodziny. Składam z tej ważnej okazji serdeczne życzenia.

Jestem dziś w Berlinie dopiero czwarty raz. Po raz pierwszy byłem tu w lutym 1945 r.; naprawdę, w lutym 1945 r.! Był to krótki przystanek na jednym z berlińskich dworców, na którym zatrzymał się nasz pociąg towarowy w drodze z Auschwitz do Sachsenhausen. W tym pociągu, głodny i zmarznięty, mając zaledwie dziesięć lat, przeżyłem coś, czego nigdy nie zapomnę: przechodząca obok Niemka, widząc pociąg pełen więźniów obozu koncentracyjnego, dała upust swojej nienawiści mówiąc głośno, tak że zdołałem to usłyszeć: „Znów śmierdzi Żydami". Kilka minut później przechodził jeden ze strażników z SS z parującą filiżanką gorącej kawy z restauracji i zobaczył, jak pożądliwie gapię się na tę kawę, i podał mi ją. Byłem za młody, by już wtedy to pojąć, gdy jednak później rozmyślałem o tym przeżyciu, powstało we mnie przekonanie, że stan ducha tej kobiety symbolizował to, co umożliwiły dopiero nazistowskie Niemcy, podczas gdy ów niespodziewany gest młodego esesmana był

---

[398] Frankfurter Allgemeine Zeitung z 13. 04. 2017 r., s. 7

charakterystyczny dla postawy, która umożliwiła Niemcom pokonanie tej strasznej przeszłości i stanie się tym, czym są dzisiaj – jednym z przodujących na świecie, demokratycznych państw konstytucyjnych

Ostatnio zaskoczyło mnie, gdy jeden z moich trzech synów – wszyscy oni są już po pięćdziesiątce – spytał, czy mam jeszcze niemiecki paszport babci, i dodał: „wkrótce możemy go potrzebować". Usłyszałem też niedawno, jak pewien człowiek opowiadał w restauracji grupie przyjaciół, iż dowiedział się, że mógłby dostać włoskie obywatelstwo, ponieważ jego dziadek przybył do Stanów Zjednoczonych z Włoch. To kilka spośród kwestii, nad którymi Amerykanie zaczynają się zastanawiać, gdy rozmyślają o przyszłości Stanów Zjednoczonych pod rządami prezydenta Trumpa. Nie uważam, żeby sprawy już zaszły tak daleko, ale nie mogę też zaprzeczyć, że polityczny niepokój powstały wskutek wyboru prezydenta Trumpa, oraz to, co powiedział on i uczynił, od kiedy jest u władzy, wzbudza obawy u coraz większej liczby Amerykanów, także u mnie. Myślę wszakże, że Stany Zjednoczone posiadają polityczne, konstytucyjno-prawne oraz instytucjonalne mechanizmy kontrolne oraz ugruntowaną demokratyczną tradycję, które zdołają okiełznać autorytarne instynkty Trumpa. A nie da się zaprzeczyć, że takie instynkty ma.

Instytucjonalnymi bezpiecznikami, które moim zdaniem odegrają najważniejszą rolę, są amerykańskie sądy, zarówno te szczebla federalnego, jak i na szczeblu stanowym. Można to było poznać już po decyzji amerykańskich sądów w sprawie pierwszego zakazu wjazdu dla obywateli siedmiu państw muzułmańskich. Nie zapominajmy też o powtarzających się demonstracjach przeciwko polityce Trumpa wobec muzułmanów. Te demonstracje odzwierciedlają postawę, którą podziela duża liczba Amerykanów odrzucających nietolerancję religijną czy rasową, którzy nadal będą chodzić na barykady, by walczyć przeciwko temu, co postrzegają jako politykę nieamerykańską.

Co się tyczy skutków, jakie prezydentura Trumpa wywrze na angażowanie się Stanów Zjednoczonych na rzecz prawa międzynarodowego, a zwłaszcza na rzecz praw człowieka, to w tej mierze jestem nastrojony bardzo pesymistycznie. Ignorancki i zarozumiały nacjonalizm, znajdujący odzwierciedlenie w polityce Trumpa oraz w jego zapowiedziach, nie przywiązuje szczególnego politycznego znaczenia do prawa międzynarodowego. On respektuje siłę, a nie reguły prawne i będzie się ich trzymał tylko wtedy, gdy będzie do tego zmuszony albo kiedy uzna, że posłuży to jego osobistym politycznym czy gospodarczym interesom. Jedynymi amerykańskimi instytucjami, które w obecnej chwili są zarówno zdolne, jak i zainteresowane tym, by nie dopuścić do osłabienia zaangażowania Stanów Zjednoczonych po stronie prawa międzynarodowego, wydają się być wielkie amerykańskie przedsiębiorstwa, zwłaszcza przedsiębiorstwa technologiczne. Potrzebują one międzynarodowych reguł i rynków, by wspierać swoje globalne stosunki biznesowe. One już zaczęły podnosić głos i bardzo dobrze, że tak się dzieje, bo one mają to, czego potrzeba, by zdobyć posłuch – zwłaszcza w amerykańskim Kongresie.

Z przykrością muszę też przyznać, że prawo międzynarodowe i prawa człowieka nie cieszą się już dziś tym samym powszechnym poparciem i szacunkiem co w ostatnich latach. Narastający w Europie i Stanach Zjednoczonych nacjonalizm osłabia Unię Europejską i NATO. Jeśli wsłuchać się we wrzawę wzniecaną przez nacjonalistyczną prawicę w kilku państwach członkowskich UE, zarówno na zachodzie, jak i na wschodzie, to BREXIT nie jest jedynym zagrożeniem dla zjednoczonej Europy. Osłabione NATO i kuriozalny flirt prezydenta Trumpa z prezydentem Putinem wzmacniają tylko rosyjską żyłkę awanturnictwa – nie mówiąc już o najnowszych ekspansjonistycznych posunięciach Chin na Morzu Południowochińskim, które zagrażają również statusowi Hongkongu. Procesy te oraz obecny niestabilny klimat polityczny marginalizują rolę prawa międzynarodowego i osłabiają międzynarodowe instytucje, jak i działania w celu ochrony praw człowieka. Dlatego bardzo ważne jest, abyśmy my, specjaliści od prawa międzynarodowego, nie chowali głowy w piasek, lecz wykorzystywali nasze polityczne wpływy w ojczystych krajach oraz na arenie międzynarodowej i występowali przeciwko tym nacjonalistycznym nurtom i przywódcom, którzy je wspierają. Nie wystarczy krytykowanie ich błędnej i niebezpiecznej polityki. Musimy ich zdecydowanie i publicznie zwalczać!

Pozwólcie Państwo, że na zakończenie powiem kilka słów w sprawie uchodźców, która nabrała ogromnych rozmiarów. Ta sytuacja pozbawiła miliony ludzi ich korzeni i zaczęła nadwerężać zasoby gospodarcze najważniejszych państw ich przyjmujących. Co ważniejsze: to jest ludzka tragedia, jakiej nie było od czasu drugiej wojny światowej. We mnie osobiście budzi to straszne wspomnienia. Gdy widzę tych migrantów, a zwłaszcza dzieci, jak głodni brną drogami, polami i autostradami z jednego kraju do drugiego w nadziei, że pozwoli im się zająć jedno miejsce lub opuścić drugie, rozpoznaję w tych dzieciach samego siebie, jak w 1939 r. próbowałem wraz z rodzicami przedostać się przez granicę z Czechosłowacji do Polski, a kilka miesięcy później kryć się w Polsce przed nacierającymi niemieckimi czołgami. Te wspomnienia spowodowały, że aktualna sytuacja uchodźców stała się dla mnie czymś bardzo osobistym i wzbudziła we mnie głęboki podziw dla niezwykle humanitarnego gestu pani kanclerz Merkel. Wiem, że wiele osób w Niemczech, a także kilka europejskich osobistości przywódczych krytykowało ją za to, lecz dla mnie i wielu, wielu innych na świecie była to demonstracja ludzkiej twarzy dzisiejszych Niemiec. Oby tylko nasze osobistości przywódcze miały odwagę zrobić to, co ona.

Raz jeszcze składam najlepsze życzenia z okazji Państwa znakomitego jubileuszu. Niechaj „Niemieckie Towarzystwo Prawa Międzynarodowego" nadal z całą mocą występuje na rzecz prawa międzynarodowego, panowania prawa i pokoju.

Załącznik N

Źródła

Autor	Tytuł	Wydawnictwo
Albright, Madeleine	Amerika du kannst es besser	Droemer, München, 2008
Ash, Timothy Garton	Im Namen Europas	Fischer, Frankfurt, 1996
Ash, Timothy Garton	Redefreiheit	Hanser, Köln, 2016
Bamford, James	NSA, Amerikas geheimster Nachrichtendienst	Orell Füssli, 1986
Blom, Philip	Die zerrissenen Jahre 1918 – 1938	BpB 2014
Blum, William	U.S. Military and CIA Interventions since WW II	Common Courage Press, 1995
Brzeziński, Zbigniew	Wielka szachownica	Świat Książki, Warszawa 1998 *)
Brockhaus, tom 10	Brockhaus in 15 Bänden	Bertelsmann, 1998
Buhrow, Tom und Stamer, Brigitte	Mein Amerika, Dein Amerika	Rowohlt, Hamburg, 2006
Bundeszentrale für politische Bildung	rozmaite analizy	Bonn
Carter, Jimmy	Unsere gefährdeten Werte. Amerikas moralische Krise	Pendo Verlag, München, 2006
Clark, Christopher	Die Schlafwandler	DVA München, 2013
Clinton, Bill	Moje życie	Świat Książki, Warszawa 2004 *)
Dempsey, Judy	Das Phänomen Merkel	Edition Körber-Stiftung, 2013
Fabian, Frank	Was wir aus 10.000 Jahren Geschichte lernen können	Kindle Edition
Finkelstein, Norman, G.	Die Holocaust-Industrie	Piper, Zürich, 2001
Frankfurter Allgemeine Sonntagszeitung	różne artykuły z różnych wydań	z okresu 2014 do 2015
Frankfurter Allgemeine Zeitung	Różne artykuły z różnych wydań	z okresu 2013 do 2015

Autor	Tytuł	Wydawnictwo
Gorbatschow, Michail	Perestroika	Droemer, München, 1987
Gorbatschow, Michail	Umgestaltung und neues Denken für unser Land und für die ganze Welt	Dietz-Verlag, Berlin, 1988
Goffman, Alice	On the Run: Fugitive Life in an American City	Fieldwork Encounters and Discoveries
Groß, Barbara	w: „Was ist Was"	24.11.2018
Hacke, Christian	felieton w rozgłośni Deutschlandfunk	01.01.2014
Hansen, Eric T.	Die ängstliche Supermacht	Lübbe , Köln, 2013
Holbrooke, Richard	Meine Mission	Piper, München, 1998
http://www.wissen.de/	USA	Konradin Medien GmbH, Leinfelden-Echterdingen
Huntington, Samuel P.	Kampf der Kulturen	Europaverlag, München, 1997
Joffe, Josef	Die Hypermacht	bpb, 2006
Juchler, Ingo	Politik & Unterricht Heft 4-2006	Landeszentrale für politische Bildung Baden-Württemberg
Junker, Detlef	Power and Mission	Herder, Freiburg, 2003
Junker, Detlef	Schlaglichter auf die USA im 20. und 21. Jahrhundert	Heidelberg Center for America Studies 2013
Kennedy, Paul	In Vorbereitung auf das 21. Jahrhundert	New York 1993
Kennedy, Paul	Mocarstwa świata: narodziny, rozkwit, upadek	Książka i Wiedza, Warszawa 1994 *)
Kissinger, Henry A.	Memoiren, tom 1	Bertelsmann, München, 1979
Kissinger, Henry A.	Memoiren, tom 2	Bertelsmann, München, 1982
Kissinger, Henry A.	Dyplomacja	Philip Wilson, Warszawa 2002 *)
Kissinger, Henry A.	Porządek światowy	Wydawnictwo Czarne, Wołowiec 2016 *)
Kleber, Claus	Amerikas Kreuzzüge	Bertelsmann, München, 2005

Autor	Tytuł	Wydawnictwo
Kohl, Helmut	Erinnerungen 1982 – 1990	Droemer, München, 2007
Kohl, Helmut	Erinnerungen 1990 – 1994	Droemer, München, 2007
Kraus, Hans-Christof	Versailles und die Folgen	Bundeszentrake für politische Bildung, 2015
Kronzucker, Dieter und Emmerich, Klaus	Das amerikanische Jahrhundert	ECON, Düsseldorf, 1989
Lind, Michael	The next Americam Nation	New York 1995
Loth, Wilfried	Geschichte Frankreichs im 20. Jahrhundert	Fischer Verlag 1995
Michener, James A.	Die Kinder von Torremolinos	Random House, Hamburg, 1971
Moore, Michael	Stupid White Men	Piper, München, 2002
Münkler, Herfried	Der neue Golfkrieg	Rowohlt, Hamburg, 2003
Münkler, Herfried	Wir sind der Hegemon	FAZ vom 21.8.2015
N.N.	Konstytucja Stanów Zjednoczonych	1787
Nostitz, Siegfried von	Die Vernichtung des roten Mannes	Verlag Eugen Diederichs, Düsseldorf 1970
Obama, Barack	Ein amerikanischer Traum	DTV, München, 2009
Packer, George	Die Abwicklung	Bundeszentrake für politische Bildung, 2015
Powell, Colin	Mein Weg	Piper, München, 1996
Pradetto, August	Ostmitteleuropa, Russland und die Osterweiterung der Nato: Perzeptionen und Strategien Im Spannungsfeld Nationaler und Europäischer Sicherheit	Verlag für Sozialwissenschaften, 1997
Schmid, Carlo	Erinnerungen	Scherz-Verlag, 1980
Schmidt, Helmut	Menschen und Mächte	Siedler-Verlag, 1991
Schmidt, Helmut	Was ich noch sagen wollte	Beck, München 2015
Schmidt-Häuer, Christian	Michail Gorbatschow	Piper, München, 1988
Schöllgen, Gregor	Der Auftritt	Berlin, 2003
Scholl-Latour,	Die Welt aus den Fugen	2012

Autor	Tytuł	Wydawnictwo
Schwabe, Klaus, Prof. Dr.	Weltmacht und Weltordnung. Amerikanische Außenpolitik von 1898 bis zur Gegenwart	Schöningh, Paderborn, 2006
Spieker, Hartmut und Ursula	4 Jahre USA - eine persönliche Bewertung	Bellona, Warschau, 1995
Steinbrück, Peer	Unterm Strich	Hoffmann & Campe, Hamburg 2010
Stiftung Entwicklung & Frieden	Globale Trends 2010	bpb, 2010
Stiftung Wissenschaft und Politik	rozmaite analizy	Berlin
Stürmer, Michael	Welt ohne Weltordnung	Murmann, Hamburg, 2006
Thatcher, Margaret	Downing Street No. 10	Econ, Düsseldorf, 1993
Todd, Emmanuel	Schyłek imperium – rozważania o rozkładzie systemu amerykańskiego	Wydawnictwo Akademickie, Warszawa 2003 *)
Todenhöfer, Jürgen	Inside IS – 10 Tage im „Islamischen Staat"	C- Bertelsmann, München, 2015
Trojanow, Ilija oraz Zeh, Juli	Angriff auf die Freiheit	DTV, 2010
Ulfkotte, Udo	Gekaufte Journalisten	Kopp-Verlag, 2014
Volz, Gustav Berthold	Werke Friedrichs des Großen	Archiv-Verlag 2006
Watzal, Ludwig	Universeller Missionsgedanke – Amerikanische Außenpolitik	„Das Parlament" z 03. 07. 2006 r.
Weisser, Ulrich	NATO ohne Feindbild	Bouvier, Bonn, 1992
Wellershoff, Dieter	Mit Sicherheit	Bouvier, Bonn, 1999
Winter, Rolf	Gottes eigenes Land?	Rasch & Röhring, Hamburg, 1991
Wolff, Michael	Fire and Fury	Little, Brwon, London 2018
Zahn, Peter von	Verlässt uns Amerika?	Berlin 1987
Zamperoni, Ingo	Fremdes Land Amerika	Ullstein, 2016
Zawadzki, Mariusz	Proroctwa mojej babci. Czy świat stanie na głowie?	Gazeta Wyborcza z 27. 12. 2014 r.

Autor	Tytuł	Wydawnictwo
Zelikow, Philip und Rice, Condolezza	Sternstunde der Diplomatie	Propyläen-Verlag,1997
Zweig, Stefan	Magellan	Książka i Wiedza, Warszawa 1957 *)

*) Polskie wydanie wykorzystano tylko w polskojęzycznej wersji niniejszej książki.

Załącznik O

Indeks osób

A

Abe, Shinzo (1954-), japoński premier 443 -- Acheson, Dean (1893-1971), sekretarz stanu USA 219, 234, 399 -- Adenauer, Konrad, niemiecki kanclerz (1876-1967) 177, 221, 226, 476 -- Adorno, Theodor W. (1903-1969), niemiecki filozof 499 -- Agassi, Andre (1970-) 109 -- al-Masri, Khaled (1963-), obywatel RFN, 343 -- Albright, Madeleine (1937-), sekretarz stanu USA 286, 287, 312, 317, 340, 370, 389, 390, 574 -- Aleksander Wielki (356-323 p.n.e.) 27, 28, Aleksander II (1818-1881), car Rosji 125 -- Alvarado, Juan Bautista (1809-1882), gubernator Kaliforni 101 -- Pedro Alvares Cabral, (1467-1521), portugalski żeglarz 34 i nast. -- Alwan, Rafid Ahmed (1968-), irakijski azylant, 245, Amenemhat I (1991-1962 p.n.e.), faraon 21 -- Andropow, Jurij (1914-1984), sekretarz generalny KPZR 207 -- Arend, Hannah (1906-1975), niemiecko-amerykańska filozofka 493 -- Armitage, Richard (1945-), polityk USA 277 -- Armstrong, Louis (1901-1971), amerykański muzyk jazzowy 86 -- Aron, Raymond (1905-1983), francuski filozof i politolog 198 -- Aspin, Lee (1938-1995), polityk USA 185, 303 -- Aszurbanipal (687-627p.n.e.) 23 i nast. -- Astaire, Fred (1899-1987), amerykański tancerz i aktor 110 -- Astor, Johann Jakob (1763-1848), amerykański przedsiębiorca 105, 116 -- Astyages (ok. 550 p.n.e.), król Medii 26 -- Atlee, Clement R. (1883-1967), brytyjski premier 161 -- Augustin, Norman A. (1935-), amerykański manager gospodarczy 422 -- Austin, Stephen F. (1793-1836), założyciel Teksasu 98

B

Baker, Jim (1930-), sekretarz stanu USA 265, 486 -- Baldwin, Stanley (1867-1947), brytyjski premier 150 -- Barks, Carl (1901-2000), amerykański autor komiksów 106 -- Bartolomeu Diaz (1450-1500), portugalski żeglarz 34 i nast. -- Bell, Terrel (1921-1996), polityk USA 322 -- Belsazar (ok. 540 p.n.e.), babiloński następca tronu 25 -- Bennet, Robert (1933-2016), polityk USA 457 -- Berlitz, Maximilian Delphinus (1852-1921), amerykański pedagog-lingwista 74 -- Bernanke, Ben (1953-), prezes banku centralnego USA 465 -- Beschloss, Michael R. (1955-), amerykański historyk 396 -- Bevin, Ernest 1881-1951), minister spraw zagranicznych W. Brytanii 174 -- Bidault, Georges (1899-1983), francuski polityk 483 -- Biden, Joe (1942-), wiceprezydent USA 62 -- Bismarck von, Otto (1815-1898), kanclerz Rzeszy Niemieckiej 244, 267, 270, 273, 323, 327 -- Block, Adriaen (1567-1627), badacz holenderski 65, 73 -- Bolton, John (1948-), dyplomata USA 340 -- Boone, Daniel (1734-1820), amerykański pionier 82 -- Bradley, Omar N. (1893-1983), amerykański enerał 400 -- Brandt, Willy (1913-1992), niemiecki kanclerz 476 -- Brecht, Bertolt (1898-1956), niemiecki dramaturg 496 -- Breżniew,

Leonid (1906-1982), sekretarz generalny KPZR 46, 48, 202, 206, 207, 224, 230, 250 -- Brown, Michael (1996-2014), obywatel USA, uczeń, ofiara policyjnej przemocy 360 i i nast. -- Bryan, William Jennings (1860-1926), amerykański polityk 141 -- Brzeziński, Zbigniew (1926-2017), polsko-amerykański politolog, strateg i dyplomata 1, 9, 10, 54, 267 i nast., 272, 304, 374, 518, 574, 589 -- Buchwald, Art (1925-2007), amerykański publicysta 498 -- Buck, Pearl S. (1892-1973), amerykańska pisarka, laureatka Nagrody Nobla 108 -- Bush, George I (1924-2018), 41. prezydent USA 16, 183, 203, 239 i nast., 244, 246, 248, 252 i i nast., 261, 265, 268, 271, 276, 278, 286, 291, 302, 304, 307 i nast., 409, 420, 459, 486 i nast., 547, 567 -- Bush, George II (1946-), 43. prezydent USA 10 i nast., 16, 171, 240 i nast., 259, 268 i nast., 271, 276 i nast., 286, 304, 309, 317, 319, 325, 331 i nast., 339 i nast., 342 i nast., 350, 383, 387, 391, 409 i nast., 413 i nast., 419 i nast., 427 i nast., 476, 489, 502, 504, 518, 547, 561, 567 --- Bush, Jeb (1953-), amerykański polityk 277, 309

C

Cabrillo, Juan Rodriguez (1499-1543), hiszpański odkrywca 101 -- Cadillac de, Antoine (1658-1730), francuski odkrywca 94 -- Cameron, David (1966-), brytyjski premier 390 -- Carmichael, Stokeley (1941-1998), amerykański bojownik o prawa obywatelskie 356 -- Carnegie, Andrew (1835-1919), amerykański filantrop 328 -- Carter, Ashton (1954-), minister obrony USA 515 -- Carter, Jimmy (1924-), 39. prezydent USA 9, 16, 64, 202, 226, 303, 305, 324, 432, 459, 518, 547, 574 -- Cash, Johnny (1932-2003), amerykański piosenkarz country 83 -- Castile, Philandro (1983-2016), obywatel USA, ofiara policyjnej przemocy 369 -- Castro, Fidel (1926-2016), kubański polityk 204, 427, 488, 551 i nast., 560 -- Castro, José (1808-1860), gubernator Kalifornii 102 -- Chalid Szajch Muhammad (1964-), terrorysta 346 -- Chamberlain, Neville (1869-1940), brytyjski premier 149 -- Champlain de, Samuel (1567-1635), francuski odkrywca 81 -- Cheney, Dick (1941-), wiceprezydent USA 242, 277 i nast., 410, 414 i nast., 430 -- Cheney, Lynne (1941-), żona Dicka Cheney`a 416 -- Chomejni, Ruhollah (1902-1989), irański przywódca rewolucyjny, ajatollah 237 -- Chruszczow, Nikita (1884-1971), sekretarz generalny KPZR 42, 46, 202 i nast., 198, 212, 220, 227 i nast., 230 -- Chrysler, Walter (1875-1940), amerykański producent samochodów 94, 107, 447 -- Churchill, Winston (1874-1965) 42, 151 i nast., 154 i nast., 157 i nast., 161, 166 i nast., 197, 204, 217, 222, 396 i nast., 408, 481 -- Clancy, Tom (1947-2013), amerykański pisarz 67 -- Clark, William (1770-1838), amerykański odkrywca 105, 117 -- Clausewitz von, Carl (1780-1831), pruski reformator wojskowy 146, 370, 389 -- Clauss, Max Walter (1901-1988), niemiecki dziennikarz 197 -- Clay, Lucius D. (1898-1978), amerykański generał 483 -- Clifford, Clark (1906-1998), amerykański polityk 199 -- Clinton, Bill (1946-), 42. prezydent USA 16, 93, 252, 259, 261 i nast., 266, 268 i nast., 273, 285 i nast., 289 i nast., 302 i nast., 322 i nast., 326, 332 i nast., 339, 343, 355 i nast., 381, 383, 413 i nast., 420, 440, 456 i nast., 459, 485, 489, 502, 509, 547, 574 -- Clinton, Hillary ((1947-) 309, 323, 420 i nast. -- Cody, William Frederic (1846-1917), „Buffalo Bill" 99, 119, Cole,

James (1952-), amerykański polityk 432 -- Comey, James (1960-), dyrektor FBI 342 -- Cook, James (1728-1779), angielski żeglarz i kartograf 105, 126 -- Coolidge, John Calvin (1872-1933), 30. prezydent USA 140, 412 -- Cooper, Gary (1901-1961), amerykański aktor 115 -- Cromwell, Oliver (1599-1658), angielski polityk 41, 390 -- Cuomo, Andrew (1957-), amerykański polityk 308 – Cyrus II Wielki (590-530 p.n.e.), król Persji 25 i nast. -- Czernienko, Konstantin (1911-1985), sekretarz generalny KPZR 207

D

Dariusz Med (601-530 p.n.e.), babiloński władca 26 -- Dariusz III (380-330 p.n.e.), perski władca 27 -- Darwin, Charles (1809-1882), brytyjski przyrodnik 139 -- Daschle, Tom (1947-), amerykański polityk 457 -- Davis, Jefferson (1808-1889), jedyny prezydent Skonfederowanych Stanów Ameryki 132 -- Derycke, Erik (1949-), belgijski polityk 187 -- Dieżniow, Siemion (1605-1673), rosyjski odkrywca 125, Disraeli, Benjamin (1804-1881), brytyjski premier 267 -- Dixon, Jeremiah (1733-1779), brytyjski geodeta 67, 129 -- Dżilas, Milovan (1911-1995), jugosłowiański polityk 156, -- Dodd, William (1869-1940), amerykański dyplomata 148 -- Dole, James (1877-1958), amerykański przemysłowiec 128 – Dole, Robert J. „Bob" (1923-), amerykański polityk 325 -- Dorsey, Jimmy (1904-1957), amerykański muzyk jazzowy 63 – Dorsey, Tommy (1905-1956), amerykański muzyk jazzowy 63 -- Dow, Charles (1851-1902), amerykański przedsiębiorca 473 -- Drake, Francis (1540-1596), angielski odkrywca 101 -- Druyun, Darleen (1947-), urzędniczka pionu uzbrojenia lotnictwa USA 420 -- Dulles, John Foster (1888-1959), sekretarz stanu USA 50, 198, 203, 211 i nast., 217 i nast., 228, 234, 399 i nast. -- Dumas, Roland (1922-), francuski polityk 264 -- Dżeser (ok. 2700 p.n.e.), staroegipski władca 20

E

Echnaton (ok. 1335 p.n.e.), władca starożytnego Egiptu 21 -- Eden, Anthony (1897-1977), brytyjski polityk 42, 202 i nast. -- Edison, Thomas (1847-1931), amerykański wynalazca 84 - Einstein, Albert (1879-1955), niemiecki fizyk 395 - Eisenhower, Dwight D. (1890-1969), 34. prezydent USA 42, 98, 179, 202 i nast., 208 i nast., 211, 217, 220, 224, 228, 355, 400 i nast., 413., 422, 476, 482, 547, 558 -- Eliot, John (1604-1690), angielski misjonarz 66 -- Elżbieta I (1533-1603), brytyjska królowa 40, 72 -- Ellis, John (1953-), amerykański dziennikarz 309 -- Erhard, Ludwig (1897-1977), niemiecki kanclerz 476 -- Evert, Chris (1954-), amerykańska tenisistka 96

F

Faubus, Orval (1910-1994), amerykański polityk 355 -- Faure, Edgar (1908-1988), francuski polityk 202 i nast. -- Felt, William Mark (1913-2008), informator ws. afery Watergate 118 -- Ferdynand II (1578-1637), król Hiszpanii 38 -- Ferdynand VII (1784-1833), król Hiszpanii 40 -- Ferdynand (1863-1914), austriacki następca tronu 392 --

Filip (382-336 p.n.e.), król Macedonii 27 -- Finlay, John (1744-1833), kanadyjski odkrywca 82 -- Fisher, John (1841-1920), brytyjski admirał 42 -- Fitzgerald, Ella (1917-1996), amerykańska wokalistka jazzowa 70 -- Ford, Gerald (1913-2006), 38. prezydent USA 16, 202, 377, 422, 446, 459, 558 -- Ford, Henry (1863-1947), amerykański producent samochodów 94, 447, 496 -- Franciszek II (1768-1835), cesarz Świętego Cesarstwa Rzymskiego Narodu Niemieckiego 52 -- Frey, William (1946-), amerykański demograf 315 -- Fukuyama, Francis (1952-), amerykański politolog 254, 319

G

Gagarin, Jurij (1934-1968), radziecki kosmonauta 46 -- Gama, Vasco da (1469-1524), portugalski żeglarz 33 i nast. -- Gardner, Ava (1922-1990), amerykańska aktorka filmowa 73 -- Garland, Judy (1922-1969), amerykańska aktorka filmowa 104 -- Gates, Bill (1955-), amerykański przedsiębiorca 116, 334 -- Gaulle de, Charles (1890-1970), francuski prezydent 176, 202, 208 i nast., 218, 220 i nast., 397 -- Gebhardt, Dick (1941-), amerykański polityk 308 -- Genscher, Hans-Dietrich (1927-2016), niemiecki polityk 254, 264 i nast. -- Gershwin, George (1898-1937), amerykański kompozytor 72 -- Gibbs, Robert (1971-), amerykański polityk 345 -- Gingrich, Newt (1943-), amerykański polityk 325, 332, 457 -- Goebbels, Joseph (1897-1945), narodowosocjalistyczny polityk niemiecki 197 -- Goethe, Johann Wolfgang von (1749-1832), niemiecki poeta 137, 495 -- Gorbaczow, Michaił (1931-), sekretarz generalny KPZR 47, 49, 51, 202 i nast., 206 i nast.., 213, 232 i nast., 249 i nast., 253, 291, 487 i nast. -- Gore, Al (1948-), amerykański polityk 277, 309 -- Graf, Steffi (1969-), niemiecka tenisistka 109 -- Greysolon, Daniel (1639-1710), francuski odkrywca 103 -- Grisham, John (1955-), amerykański pisarz 310 -- Groves, Leslie (1896-1970), amerykański generał 208 -- Guthrie, Woody (1912-1967), amerykański pieśniarz folk 296

H

Hadrian (76-138), cesarz rzymski 31 i nast. -- Hahn, Otto (1879-1968), niemiecki fizyk atomowy 207 -- Haley, Bill (1925-1981), amerykański muzyk rockowy 95 -- Halvorsen, Gail (1920-), amerykański pilot wojskowy 121 -- Hansen, Eric (1960-), amerykański dziennikarz 296, 326 i nast., 411, 485 -- Hastert, J. Dennis (1942-), polityk USA 419 -- Havel, Vaclav (1936-2011), czeski dramaturg i polityk 186, 340 -- Hayden, Michael (1945-), dyrektor CIA 428, 430 -- Heceta de, Bruno (1743-1807), hiszpański odkrywca 116 -- Heidegger, Martin (1889-1976), niemiecki filozof 495 -- Henryk I (1512-1580), król Portugalii 38 -- Hell, Jonny (1981-), amerykański haker 283 -- Henrietta Maria (1609-1669), małżonka angielskiego króla Karola I 66 -- Henry, Patrick (1736-1799), amerykański bojownik o niepodległość 70 -- Higginson, Henry Lee (1834-1919), twórca bostońskiej orkiestry symfonicznej 141 -- Hilton, Conrad (1887-1977), amerykański hotelarz 123 -- Hirohito (1901-1989), cesarz Japonii 397 -- Hitler, Adolf (1889-1945), niemiecki dyktator 52, 54, 148, 152, 154, 156 i nast., 166, 174, 249, 317,

395, 397, 476, 480 i nast., 496 -- Ho Chi Minh (1908-1969), wietnamski polityk 400 -- Hobbes, Thomas (1588-1679), angielski filosof 219, 284 -- Hollande, Francois (1954-), francuski prezydent 17, 390 -- Hopkins, Harry (1890-1946), amerykański polityk 157 -- Houston, Sam (1793-1863), amerykański polityk 98 -- Howard, Michelle Janine (1960-), amerykańska admirał 358 -- Hull, William (1753-1825) amerykański generał 94 -- Husajn, Saddam (1937-2006), prezydent Iraku, 237 i nast., 270, 276 i nast., 302, 308, 409 i nast., 427, 476, 504, 556 i nast.

I
Inglis, John, (1954-), wicedyrektor NSA 433 -- Irving, John (1942-), amerykański pisarz 69 -- Izabela I (1451-1504), królowa Hiszpanii 38 -- Ismay, Hastings (1887-1965), brytyjski generał i polityk 177

J
Jackson, Andrew (1767-1865), 7. prezydent USA 88, 289 -- Jackson, Jesse (1941-), amerykański bojownik o prawa obywatelskie 68 – Jakub II (1633-1701), król angielski 65, 70 -- Jaruzelski, Wojciech (1923-2014), generał i prezydent Polski 46 -- Jefferson, Thomas (1743-1826), 3. prezydent USA 55, 60, 70, 76, 84 i nast., 105, 132, 543, 545 -- Jelcyn, Borys (1931-2007), rosyjski prezydent 49 -- Jerzy II (1683-1760), brytyjski monarcha 63 – Jerzy III (1760-1801), brytyjski monarcha 84 -- Jobs, Steven P. (1956-2011), amerykański przedsiębiorca 103 -- Joffe, Josef (1944-), niemiecki publicysta 249, 251, 256 i nast., 261 i nast., 269 i nast., 387 -- Jan III (1502-1557), król Portugalii 37 -- Johnson, Lyndon B. (1908-1973), 36. prezydent USA 202, 225, 305 i nast., 356, 363, 402 i nast., 476, 547 -- Joliet, Louis (1645-1700), francuski odkrywca 89, 93 -- Jones, Edward (1856-1920), amerykański statystyk i dziennikarz 473 -- Jünger, Ernst (1895-1998), niemiecki pisarz 495

K
Kagan, Elena (1960-), sędzia Sądu Najwyższego USA 347 i nast. -- Kaligula (12-41), cesarz rzymski 31 -- Kamehameha (1758-1819), król Hawajów 126 -- Kant, Immanuel (1724-1804), niemiecki filozof 143 -- Karkoszka, Andrzej (1945-) 186, 589 -- Karol I (1600-1649), król Anglii 66 i nast., 72, 338 -- Karol II (1661-1700), król Anglii 61 i nast., 65, 68, 70 -- Karol V (1500-1558), cesarz Świętego Cesarstwa Rzymskiego Narodu Niemieckiego 38 -- Kennan, George F. (1904-2005), amerykański historyk i dyplomata 100, 162, 196, 200, 204, 226, 234, 256, 398 -- Kennedy, John F. (1917-1963), 35. prezydent USA 66, 202, 204 i nast., 225, 228, 266, 289 i nast., 313, 389, 401 i nast., 422, 476, 485, 487 i nast., 490, 499, 547 -- Kennedy, Paul (1945-), brytyjski historyk 259, 271, 418, 423, 450 i nast., 461, 490, 507, 516, 575 -- Kerry, John (1943-), amerykański polityk 112 -- King, Martin Luther (1929-1969), amerykański bojownik o prawa czarnoskórych 64, 305, 355 i nast., 367 – King, Peter T. (1944-), amerykański polityk 363 -- King, Rodney (1965-2012), obywatel USA, ofiara policyjnej przemocy

310, 359 -- King, Stephen (1947-), amerykański pisarz 92 -- Kisch, Erwin (1885-1948), niemiecki pisarz 496 -- Kissinger, Henry (1923-), amerykański politolog i polityk 49, 51, 136, 139, 144, 146, 148, 150, 153, 155 i nast., 195, 198 i nast., 202, 205, 207, 209 i nast., 217 i nast., 221 i nast., 224, 227, 231, 234, 251 i nast., 262 i nast., 266 i nast., 271 i nast., 289 i nast., 340, 371, 391, 399 i nast., 402 i nast., 406, 408, 435, 514, 575 -- Kleopatra (69-30 p.n.e.), egipska królowa 22 -- Kohl, Helmut (1930-2017), niemiecki kanclerz 183, 487 i nast., 576 -- Kołodziejczyk, Piotr (1939-), polski admirał i polityk 185 – Kolumb, Krzysztof (1451-1506), włoski odkrywca 34, 38, 55 – Kołbin, Giennadij (1927-1998), radziecki polityk 48 -- Konajew, Dynmuchamed (1912-1993), radziecki polityk 48 -- Kornblum, John (1943-), amerykański dyplomata 478 -- Kosygin, Aleksiej (1904-1980), radziecki polityk 202 -- Kozinski, Alex (1950-), amerykański sędzia 345 -- Kroes, Rob (1940-), holenderski historyk 498 i nast. -- Kserkses (519-466 p.n.e.), władca Persji 26

L
Le Duc Tho (1911-1990), północnowietnamski polityk 225, 404 -- La Vérendrye, Pierre Gaultier de Varennes (1685-1749), francuski odkrywca 112 -- Lee, Peggy (1920-2002), amerykańska piosenkarka 113 -- Lee, Richard Henry (1732-1794), amerykański polityk wczesnego okresu 70 -- Leisler, Jacob (1640-1691), amerykański kolonista niemieckiego pochodzenia 71 -- Lewinski, Monica (1973-), bohaterka skandalu 305 – Lewis, Meriwether (1774-1809), amerykański odkrywca 105, 117 -- Liddel Hart, Basil (1895-1970), brytyjski historyk wojskowości 385 -- Lie, Trygve (1896-1968), norweski polityk 168 -- Lincoln, Abraham (1809-1865), 16. prezydent USA 78, 82, 107 i nast., 117, 130 i nast., 352 i nast., 355, 409, 544, 546, 558 -- Livingston, Robert (1746-1813), amerykański polityk 457 i nast. -- Lodge, Henry Cabot (1850-1924), amerykański polityk 141 -- Lubanga, Thomas(1960-), przywódca kongijskiej milicji 172 -- Luce, Henry 1898-1967), amerykański publicysta 502 -- Ludwik XIV (1638-1715), król Francji 85 -- Lugar, Richard (1932-), amerykański polityk 457

M
Mac Millan (1894-1986), brytyjski premier 43, 202 i nast., 209 -- MacArthur, Douglas (1880-1964), amerykański generał 399 i nast. -- Madison, James (1751-1836), 4. prezydent USA 70, 545 -- Magellan, Ferdynand (1480-1521), portugalski żeglarz 33 i nast., 578 -- Mahan, Alfred Thayer (1840-1914), amerykański strateg morski 146 -- Mala, Ray (1906-1952), amerykański aktor filmowy 126 -- Malenkow, Gieorgij (1902-1988), radziecki polityk, 217 -- Malik, Jakow (1906-1980), radziecki dyplomata 398 -- Mansfield, Mike (1903-2001), amerykański polityk 401 -- Manuel I (1469-1521), król Portugalii 37 -- Marek Aureliusz (121-180), cesarz rzymski 31 i nast. -- Marco Polo (1254-1324), wenecki podróżnik i odkrywca 33, 35 -- Marcuse, Herbert (1898-1979), niemiecko-amerykański filozof 495, 499 -- Marquette, Jaques (1637-1675), francuski odkrywca 89 -- Marshall, George C. (1880-1959), sekretarz stanu USA 100, 162 i nast.,

174, 196, 201 i nast., 216, 256, 291, 391, 399, 402, 451, 477, 484, 521 -- Masaryk, Jan (1850-1937), czechosłowacki polityk 216 -- Mason, Charles (1728-1786), angielski geometra 67, 129 -- Mason, George (1725-1792), amerykański polityk 70 -- Mattis, James (1950-), generał, sekretarz obrony USA 506, 511 -- McCain, John (1936-2018), amerykański polityk 420, 430 -- McDonald, Lawrence G. (1966-), b. pracownik banku Lehman Brothers 466 -- McKinley, William (1843-1901), 25. prezydent USA 78, 546 – McKoy, Maud Ariel (1901-1984), obywatelka USA, matka Colina Powella 358 -- Meir, Golda (1898-1978), izraelska premier 100 -- Mentuhotep II (ok. 2000 p.n.e.), władca starożytnego Egiptu 20 -- Merkel, Angela (1954-), niemiecka kanclerz 17, 476 i nast., 512 -- Merz, Friedrich (1955-), niemiecki polityk 516 -- Miner, Jay (1932-1994), amerykański projektant procesorów 124 -- Mołotow, Wiaczesław (1890-1986), radziecki polityk 45, 203 -- Moltke von, Helmuth (1800-1891), pruski feldmarszałek 246 -- Monroe, James (1758-1831), 5. prezydent USA 136, 139, 142, 164, 545 -- Moore, Michael (1954-), amerykański reżyser filmowy 309, 321 i nast., 339, 341, 344, 353, 366, 576 -- Morgenthau, Henry (1891-1967), amerykański polityk 396, 482 -- Morris, Leland B. (1886-1950), amerykański dyplomata 481 -- Mosaddegh, Mohammad (182-1967), irański polityk 427, 559 -- Mühlenberg, Frederic (1750-1801), amerykański polityk 479 i nast. -- Münkler, Herfried (1951-), niemiecki politolog 244 i nast. -- Mussolini, Benito (1883-1945), włoski dyktator 151, 395

N
Nabonid (609-539 p.n.e.) babiloński władca 25 i nast. -- Nabopolassar (658-605 p.n.e.), babiloński władca 24 i nast. -- Nadżibullah (1947-1996), prezydent Afganistanu 47 -- Naish, Robby (1963-), amerykański windsurfer 128 -- Napoleon I (1769-1821), cesarz Francuzów 51 i nast., 85, 111, 261, 520 -- Naser, Gamal Abdel (1918-1970), prezydent Egiptu 42, 220 -- Naumann, Klaus (1939-), niemiecki generał 277 -- Navarro, Peter (1949-), amerykański polityk 512 -- Nabuchodonozor II (640-562 p.n.e.), babiloński władca 25 -- Neron (37-68), rzymski cesarz 31 -- Ngo Dinh Diem o(1901-1963), wietnamski dyktator 400 i nast. -- Nicholson, Harold (1886-1968), brytyjski polityk 144 -- Nicolet, Jean (1598-1642), francuski odkrywca 100 -- Nixon, Richard (1913-1994), 37. prezydent USA 202, 206 i nast., 224 i nast., 230 i nast., 305, 324, 326, 331, 402, 404, 474, 514, 547 -- Nefertiti (XIV w. p.n.e.), egipska królowa 21 -- Nye, Joseph S. (1937-), sekretarz obrony USA 509 i nast.

O
Obama, Barack (1961-), 44. prezydent USA 18, 58, 235, 278 i nast., 284, 290, 325 i nast., 331., 339, 345, 361, 363, 367 i nast., 390 i nast., 408, 420 i nast., 430, 459, 461, 476, 503 i nast., 521, 547, 576 -- Oglethorpe, James (1696-1785), brytyjski generał 64 – Oppenheimer, Robert (1904-1967), amerykański fizyk 208 -- Osama bin Laden (1957-2011), saudyjski terrorysta 241, 276, 407, 427 i nast. -- Owens, Jesse (1913-1980), amerykański lekkoatleta 90, 496

P

Pahlawi, Mohammad Reza (1919-1980), szachinszach Iranu 427 -- Palmerston, Henry John lord (1784-1865), brytyjski premier 478 -- Parks, Rosa (1913-2005) amerykańska bojowniczka o prawa obywatelskie 354 i nast. -- Paulson, Henry (1946-), amerykański polityk 14 -- Penn, William (1644-1718), gubernator Pensylaanii 61 i nast. -- Perle, Richard (1941-), amerykański polityk 242, 245, 277 -- Perot, Ross (1930-), amerykański przedsiębiorca i polityk 301, 307, 329 -- Perseusz (212-166 p.n.e.), król macedoński 28 – Piotr Wielki (1672-1725), car Rosji 234 -- Pike, Zebulon (1779-1813), amerykański odkrywca 104 -- Pinay, Antoine (1891-1994), francuski polityk 203, -- Pitt, Brad (1963-), amerykański aktor filmowy 122 -- Pollock, Jackson (1912-1956), amerykański malarz 119 -- Powell, Colin (1937-), generał i sekretarz stanu USA 12 i nast., 171, 241 i nast., 277 i nast.., 340, 358, 410, 428, 576 -- Powell, Luther (1898-1978), obywatel USA, ojciec Colina Powella 358 – Powers, Gary (1929-1977) pilot wojskowy USA 228 -- Powers, Richard (1957-), amerykański pisarz 352 -- Primakow, Jewgienij (1929-2015), rosyjski polityk 187 -- Putin, Władimir W. (1952-), prezydent Rosji 407, 506, 572

R

Raleigh, Walter (1552-1618), angielski żeglarz i odkrywca 72 -- Ramzes I (ok. 1290 p.n.e.), władca starożytnego Egiptu 22 -- Ramzes II (1303-1213 p.n.e.), władca starożytnego Egiptu 21 -- Ramzes III (1217-1155 p.n.e.), władca starożytnego Egiptu 21 -- Rapacki, Adam (1909-1970), polski polityk 226 -- Ray, James Earl (1928-1988), amerykański rasista, zabójca M. L. Kinga 357 -- Reagan, Ronald (1911-2004), 40. prezydent USA 16, 50, 89, 176, 202 i nast., 206 i nast., 232, 261, 302 i nast., 305, 358, 381, 418, 421, 425, 459, 461, 488 i nast., 515, 547, 558 -- Ribbentrop von, Joachim (1893-1946), minister spraw zagranicznych III Rzeszy 45, 481 -- Rice, Condolezza (1954-), amerykańska polityczka 188, 277 -- Rifkind, Malcom (1946-), brytyjski polityk 184 -- Roche, James G. (1939-), oficer marynarki wojennej USA 416 -- Rockefeller, John D. (1839-1937), amerykański przedsiębiorca 168 -- Romney, Mitt (1947-), amerykański polityk 331, 421 -- Roosevelt, Franklin D. (1882-1945), 32. prezydent USA 135, 145, 147 i nast., 161, 166 i nast., 173, 195, 290, 324, 395 i nast., 481 i nast., 497, 546 -- Roosevelt Theodor (1858-1919), 26. prezydent USA 137, 139, 546, 558 -- Ross, Wilbur (1937-), amerykański polityk 512 -- Rousseff, Dilma (1947-), prezydent Brazylii 17 -- Rove, Karl (1950-), amerykański polityk 277 -- Rühe, Volker (1942-), niemiecki polityk 184, 273 -- Rumsfeld, Donald (1932-), amerykański polityk 13, 242, 270, 277, 285, 414 i nast., 419 -- Rusk, Dean (1909-1994), sekretarz stanu USA 205

S

Salle Cavelier de La, René-Robert (1643-1687), francuski odkrywca 85, 93, 97 -- Sargon II (721-705 p.n.e.), król imperium nowoasyryjskiego 23 -- Schabowski, Günter

(1929-2015), polityk NRD 251 -- Schäffer, Georg Anton (1779-1836), niemiecki lekarz i poszukiwacz przygód 127 -- Schmid, Carlo (1896-1979), niemiecki polityk 484, 576 -- Schmidt, Helmut (1918-2015), niemiecki kanclerz 212, 303, 488, 576 -- Schroeder, Gerhard (1944-), niemiecki kanclerz 13, 453 -- Schuman, Robert (1886-1963), francuski polityk 174 -- Schwabe, Klaus (1932-), niemiecki historyk 287 -- Schwarzkopf, Norman (1934-2012), amerykański generał 304 -- Sebastian I (1554-1578), król Portugalii 38 -- Sesostris I (ok. 1900 p.n.e.), władca starożytnego Egiptu 21 -- Sesostris III (ok. 1840 p.n.e.), władca starożytnego Egiptu 21 -- Serra, Junipero (1713-1784), założyciel San Francisco 101 -- Seydak, Paweł (1949-), oficer Wojska Polskiego i germanista 500, 589 -- Shalikashvili, John (1936-2011), amerykański generał 262 -- Simon, Gerhard (1937-), niemiecki slawista 49 -- Sinatra, Frank (1915-1998), amerykański piosenkarz i artysta estradowy 63 – Siedzący Byk (1831-1890), wódz Indian z plemienia Siuksów 114 -- Snowden, Edward (1983-), amerykański demaskator 17, 73, 282, 343, 430 i nast., 434 - Solana, Javier (1942-), hiszpański polityk 187 -- Soto de, Hernando (1496-1542), hiszpański żeglarz 85, 93 -- Spieker, Hartmut (1940-), oficer Marynarki Niemieckiej 74, 308, 480, 487, 492 -- Sponeck von, Hans (1939-), dyplomata oenzetowski 244 -- Stalin, Józef (1878-1953), sekretarz generalny KPZR 46, 48 i nast., 135, 154, 156 i nast., 166 i nast., 174, 195 i nast., 198 i nast., 201, 204, 216, 226, 396 i nast., 500 -- Sterling, Alton (1979-2016), obywatel USA, ofiara policyjnej przemocy 361, 368 i nast. -- Stern, Fritz (1926-2016), niemiecko-amerykański historyk 271, 490 -- Stevens, John Paul (1920-), sędzia Sądu Najwyższego USA 347 -- Stikker, Dirk (1897-1979), holenderski polityk 174 -- Stoeckl de, Eduard (1804-1892), ambasador Cesarstwa Rosyjskiego w USA 125 -- Strassmann, Fritz (1902-1980), niemiecki fizyk atomowy 207 -- Stresemann, Gustav (1878-1929), niemiecki polityk, kanclerz Republiki Weimarskiej 144

T

Taylor, Christian (1996-2015), obywatel USA, ofiara policyjnej przemocy 361 -- Tenet, George (1953-), dyrektor CIA 245, 277 i nast. -- Thatcher, Margaret (1925-2013) 43, 577 -- Thieu van, Nguyen (1923-2001), wietnamski generał 404 -- Thomas, Clarence (1948-), sędzia Sądu Najwyższego USA 303 -- Thompson, David (1770-1857), kanadyjski kartograf 105 -- Tutmosis II (ok. 1480 p.n.e.), władca starożytnego Egiptu 21 -- Tutmosis III (1481-1425 p.n.e.), władca starożytnego Egiptu 21 -- Tiglat-Pileser III (ok. 750 p.n.e.), asyryjski król 23 -- Tillich, Paul (1886-1965), niemiecki teolog 317 -- Tirpitz von, Alfred (1849-1930), niemiecki admirał 142 -- Tytus Kwinkcjusz Flamininus (229-174 p.n.e.), rzymski dowódca wojskowy 28 -- Tocqueville de, Alexis (1805-1859), francuski polityk 139 -- Todd, Emmanuel (1951-), francuski historyk 10, 258, 272, 452, 475, 495, 577 -- Trajan (53-117), rzymski cesarz 31 -- Truman, Harry S. (1884-1972), 33. prezydent USA 92, 161 i nast., 174, 196 i nast., 208, 217, 252, 256, 268, 288, 324, 326, 357, 397, 400, 402, 483, 547 -- Trump, Donald (1946-), 45. prezydent USA 8, 10, 18, 140, 305, 309, 326, 369, 387, 420 i nast., 437, 443 i nast., 450,

462, 464, 477 i nast., 493, 501, 503 i nast., 509 i nast., 516 i nast., 521, 547, 567 i nast., 570 i nast. -- Tsongas, Paul (1941-1997), amerykański polityk 308 -- Twain, Mark (1835-1910), amerykański pisarz 65

V

Vaca de, Alvar Nunez Cabeza (1490-1559), hiszpański żeglarz 123 -- Varwick, Johannes (1968-), niemiecki politolog 189 -- Védrine, Hubert (1947-), minister spraw zagranicznych Francji 262 -- Volcker, Paul (1927-), prezes banku centralnego USA 462

W

Wałęsa, Lech (1943-), prezydent Polski 340 -- Walker, Robert (1942-), amerykański polityk 458, 462 -- Walters, Vernon A. (1917-2002), amerykański dyplomata 486 -- Washington, George (1732-1799), 1. prezydent USA 60, 70, 116 -- Wegener, Bernd (1949-), niemiecki historyk 481 -- Weinberger, Caspar (1917-2006), sekretarz obrony USA 418 -- Welles, Sumner (1882-1961), amerykański dyplomata 155 -- West, Thomas (1577-1618), drugi gubernator Wirginii 61 -- Wilder, Bill (1931-), amerykański polityk 308 -- Williams, Roger (1603-1683), twórca baptyzmu w USA 73 -- Williams, Tennessee (1911-1983), amerykański pisarz 88 -- Wilson, Darren (1986-), amerykański policjant 360, 363 -- Wilson, Woodrow (1856-1924), 28. prezydent USA 135, 140 i nast., 143 i nast., 154, 234, 248, 252, 271, 288, 392 i nast., 396, 496, 518 -- Winkler, Heinrich August (1938-), niemiecki historyk 516 -- Wolfowitz, Paul (1943-), amerykański polityk 242, 270, 277 -- Wright, Orville (1871-1941), amerykański pionier lotnictwa 87 -- Wright, Wilbur (1867-1912), amerykański pionier lotnictwa 87

X

Xi Jinping (1953-), chiński prezydent 510, 514, 517 i nast.

Y

Yellen, Janet (1946-), prezeska banku centralnego USA 334 -- Young, Brigham (1801-1877), drugi prorok Kościoła Mormonów 82, 120

Z

Zawadzki, Mariusz (1970-), polski dziennikarz i reportażysta 139, 384, 436, 466, 577

Podziękowania

Moje podziękowania kieruję w pierwszym rzędzie do Zbigniewa Brzezińskiego, który swą wydaną w 1997 r. książką „Wielka szachownica" zmotywował mnie do zajęcia się tematem jedynego światowego mocarstwa. Po obszernych studiach nad źródłami, co nastąpiło w latach 2012 i 2013, w październiku 2013 r. zacząłem przelewać swoje myśli na papier.

Ogromne podziękowania należą się Ursuli, która przy każdym rozdziale była moim znakomitym doradcą i wzięła na siebie odpowiedzialność za pierwsze korekty.

Z kolejnym podziękowaniem zwracam się do mego lektora i przyjaciela Pawła Seydaka z Warszawy. Jako germanista, pułkownik Wojska Polskiego i w swoim czasie wicedyrektor Departamentu Bezpieczeństwa Międzynarodowego w polskim Ministerstwie Obrony Narodowej, a także z racji tego, że wzrastaliśmy w różnych uwarunkowaniach społecznych, często patrzał on pod innym nieco kątem na omawianą tu tematykę, przyczyniając się dzięki temu istotnie do wielu wypowiedzi z tej książki.

Pawłowi Seydakowi należą się podziękowania nie tylko za jego pracę lektora, lecz także za trud włożony w przełożenie tej książki na język polski. Praca nad tłumaczeniem spowodowała też, że niektóre treści z I wydania zostały ujęte bardziej jednoznacznie.

Dziękuję również memu przyjacielowi dr. Andrzejowi Karkoszce, w latach 1995-1998 sekretarzowi stanu i 1. zastępcy polskiego Ministra Obrony Narodowej, za jego rzeczowo-krytyczne, fachowe doradztwo w odniesieniu do tłumaczenia.

Książkę tę dedykuję obu moim wnuczkom, Alyssie Marie Spieker (* 2000 r.) i Liv Kristinie Spieker (* 2002 r.), które posiadają zarówno niemiecką, jak i amerykańską przynależność państwową.

www.ingramcontent.com/pod-product-compliance
Lightning Source LLC
Chambersburg PA
CBHW080352030426
42334CB00024B/2847